# 북원경과 남한강 불교문화

# 북원경과 남한강 불교문화

이 인 재 지음

혜안

그해 2월말 새벽안개를 헤치며 도착한 원주에 자리를 잡아 원주시사原州市史의 일부를 집필하거나 원주역사박물관, 원주문화원 일을 할 때만 해도, 문득 내 일이 되어 버린 원주 관련 낯선 일들이 힘들거나 짜증나지 않았다. 나를 채용해 준 원주에 대한 최소한의 도리라는 생각에서 고마운 마음으로 맡은 바 일을 힘껏 해 내었다.

하루 이틀 연구실 문고리에 손때를 묻히면서 세월을 보내면서 치악산과 섬강, 매지호수와 함께하는 원주와 원주캠퍼스가 지방 같지 않은 경험도 놀라웠다. 필요한 것이 있으면, 인터넷을 검색해서 관련 물품을 찾아내서, 시간이 있으면 주문해서 기다리고, 없으면 광화문까지 조금 속도를 내어 차로 달리면 편도 100분, 넉넉히 반나절이면 모든 문제가 해결되었다. 연구원 시절 서울캠퍼스에 책상하나 차지하고 있는 것이나, 원주캠퍼스에 책상하나 차지하는 것의 차이는 전혀 없었다. 이때만 해도 내가 누리던 교통과 통신, 인터넷의 발달이 개개인의 일상생활 및 사고를 어떻게 바꿀지 생각지도 못했다.

1999년과 2000년, 두 해 원주생활은 원천석의 운곡시사 역주작업과 함께 보냈다. 남은 반생을 원주에서 보내기로 작심한 21세기 '지방' 지식인이 삼을 멘토가, 오백 년 전 원주에서 평생을 보낸 운곡이겠다는 생각으로, 한 수 한 수 정성을 기울였다. 편하게 시작하였는데, 역주하다 보니 운곡이 묘사한 새로운 세상을 마주하게 되었다. 감격에 겨워 선배 학자들의 기왕의 글도 모으고, 동료학자들에게 새로운 글도 작성케 부탁한 결과, 2007년 42편의 글로 『지방지식인 원천석의 삶과 생각』을 만들어 세상에 내놓았다. 그러면서 이제는 '국가' 중심에서 '지방' 중심으로 사고를 전환시켜도 충분한 자격이 있을 것으로 내심 자부하였다.

사실 한국 역사학계에게 20세기는 국가사/민족사를 세우는 데 전력을 다하였던 시기였다. 단지 근대화의 지체일 뿐인 한국사에, 서구가 만든 역사담론과 역사논증 방법으로 무장한 정체성론과 타율성이라는 올가미를 씌워 한국의 전 역사를 부정케 만든 일제의 식민사학에 맞서는 것은 너무나 가혹한 일이었다. 수많은 학자들이, 발전과 자율이라는, 스스로에겐 너무나 당연한 역사적 사실을 또 다시 근대적이라는 역사담론과 역사논증 방법으로 증명하고 또 증명해가면서 보낸 그런 시기였다.

더딜 수도 있고 빠를 수도 있으나 전통의 힘으로 각 시대가 마주하는 외부의 충격을 소화시켜 자율적으로 발전해 나가는 것은 전통과 문명을 가진 국가에게는 너무 자연스러운 일이었으나. 한국사 연구자들에게는 이런 자연스러운 일조차 세계 학계에서 인정받는 과정이 필요했다. 미국의 유명 한국사학자였던 팔레의 'Uniqueness'를 비판했을 때 돌아온 반문은, 팔레는 그나마 한국 역사의 고유성을 드러내기 위해서 'Uniqueness'를 썼는데, 한국인 역사학자들이 생각하는 "중국과 일본과 다른 한국적인 것은 과연 무엇인가?"라는 물음이었다. 그리고 이 질문은 또 다른 측면에서 지방사 연구의 필요성을 촉구한 셈이었다. 무언가 구체적이어야 한다는 적절한 추궁이었던 것이다.

국가사보다 지방사가 구체적인 것은 사실이다. 본인이 살고 있는 고을의 산이 어디에 있고, 내는 어디로 흐르며, 일자리를 만들 수 있는 곳과 없는 곳, 사람들이 많이 모여 사는 곳과 그렇지 않은 곳, 이런 것들은 한 지역에서 오랜 시간, 주의 깊게 살다 보면 알 수 있는 일임에 틀림없다.

익숙하다보니 공간과 시간, 인물과 인물이 만드는 사건과 작품 등, 눈에 선하게 설명할 수도 있겠다는 착각도 든다.

그런데 지방에는 오히려 역사학적 사고의 기반이 되는 <사료>는 지극히 부족하고, 단편적이며, 그나마 계통성 역시 따지기 어렵다. 중국과 일본과 다른, 한국적인 특성을 찾아내려면 사례를 많이 모아야 하고, 그 사례들은 삶의 현장, 즉 지방 곳곳에 산재해야 하는데, 그런 <사료>가 부족하다면, 그러면 한국인의 역사적 정체성은 어떻게 고찰할 것인가? 그것이 문제였다.

그래서 궁리 끝에 도달한 방법이, 20세기 국가사/민족사 연구 성과를 21세기 지방사/주민사 사료에 도입시키는 것이었고, 주제에 맞추어 재활용하는 것이었다. 본서 가운데 그런 노력의 일환을 가장 잘 드러내는 글이 제3편 고려 전기 대장경 연구의 전통과 원주였다. 가령「제12장 김부식과 박호·임존의 의천 평가」는 단지 원주 거돈사 승려 지종이 천태종과 관련이 있다는 한 구절을 해명하기 위해서 쓴 글이고,「제11장 선사 긍양(878~956)의 생애와 대장경」역시, 거돈사 승려 지종과 법천사 승려 해린과 대장경이 어떤 관련이 있는지를 해명하기 위해 작성하였다. 자료 한 구절의 내포와 외연을 풍부히 하지 않으면「제14장 원주 폐사지의 세계 유산으로서의 가치」같은 글은 쓸 수 없을 것으로 생각하였다.

어떤 학자들은 억측이라고 비판할 수 있겠고, 어떤 학자들은 수긍할 수도 있다고 평가할 수 있겠지만, 부족한 <사료>에 생명을 부여하기 위한 노력의 일환이라고 이해해 주기를 기대하고 있다. 그러다보니 기왕의 학계에서 논의하던 전제왕권은 교종, 지방호족은 선종이라던가, 선송승려 역시 왕권과 관련이 있었다는 등의 새로운 불교사 정리 방식의 의의도 일단 미뤄두기로 하였다. 철학과 종교를, 정치사라는 좁은 틀에 가둘 순 없다는 생각에서다.

법천리 고분군의 조영세력이 소속된 마한 소국이 일화국이라거나, 광개토대왕비와 중원 고구려비에 모두 등장하는 고모루성이 원주성이라는 본서의 주장이 조심스럽긴 하다. 사실 문서·문헌 자료와 달리 유물·유적 자료는 그 실체를 파악하기가 쉽지 않은 경우가 많다. 아직 판독되지 않은 글자나 비교할 수 있는 근거가 부족한 지명 확정에 물론 자신이 있는 것은 아니다. 그러나 국가사에서 정리된 사료나 지방사에서 정리된 사료를 모두 모아 한 지역의 구체적인 일로 재탄생시키는 연구 사례로 만드는 일은 즐거운 일이었다. 물론 그 결과가 비판을 받을 수 있다. 그럼에도 불구하고 그 비판으로 대체할 수 없는 새로운 사례를 만들 수 없다면, 본서의 성과라도 한국사의 구체성 확보라는 측면에서 어느 정도 성과를 평가받아도 좋지 않을까 한다.

　　사실 이 책을 내면서 많은 고민을 하였다. 너무 부족한 <사례>와 과감한 인접 <사례>의 적용 등 적지 않은 고민이 있었다. 주변에서 너무 많은 도움을 받았으나 꼭꼭 집어 감사를 표하기조차 어렵다. 그래서 항상 함께 해주는 고전강독회와 학과 교수들을 비롯한 동료 연구자들, 인문도시 원주사업단 시민위원회 운영위원 여러분들, 도서출판 혜안의 김현숙, 김태규 두 분, 그리고 오일주 사장께, 그리고 아내에게 깊은 감사를 드리는 것으로 대신하고자 한다. 덕분에 늙은, 그러면서도 새로운 생각을 세상에 드러낼 수 있게 되었다.

2016년 10월 1일

매지호수와 함께 하는 청송관 연구실에서

이인재 李仁在 씀

# 차 례

# 제2편 북원경(북원부)의 불교문화

# | 서론 |
# 원주 지방사를 보는 관점과 방법

## I. 일방적 관점에서 주체적·관계적 관점으로의 변화

**제국주의·식민지 체제와 일방적 관점의 내면화** : 근대가 시작되면서 등장한 제국주의 탐험가들은 메트로폴리스의 중심에서 출발하여 식민정책의 대상인 이른바 '오지'까지 여행하였다. '오지' 여행을 마치고 탐험가들이 가져온 것은 대량의 원재료였다. 광물 '샘플', 민족지학적 '골동품', 미지 세계에 사는 사람들에 대한 '이야기'였다. 이렇게 탐험가들이 길을 내면, 상인, 식민자, 전염병이 뒤따랐다. 이후 '오지'의 물질 및 지식은 식민지 지배 권력을 가진 제국주의적 시장과 지식체계 속에 편입되어 갔다. 그러므로 제국주의를 극복하려면, 이른바 '오지'의 심장부에서 출발하여 국가/국민적 메트로폴리스, 지구적/세계시민적 메트로폴리스 사유양식에 질문을 던지는 새로운 방법을 가지고 새 출발을 해야 한다.[1] 하지만 정작 식민지 경험 국가의 국민들은 이러한 새 출발이 쉽지 않았다. 많은 경우 이미 제국주의 체제와 지식인이 강요한 극단적 엘리트주의와 극단적 선민사상

---

1) 테사 모리스 스즈키, 2006, 『변경에서 바라본 근대』.

을 내면화한 식민지 근성이 배어 버렸기 때문이다.

현재 사용하고 있는 '지방'(주변)이라는 개념은 '중앙'(중심)이 있고난 다음에 성립되는, 어디까지나 일방적 관점이다. 제국주의와 식민지의 위계질서를 중앙과 지방에 적용한 사람들이, 중앙과 지방을 중심과 변방으로 만들어 버렸다. 제국주의 본국보다 식민지경험국가에서 중앙과 지방이 더욱 위계적이었던 것은 식민지 시장과 지식체계가 제국주의적 시장과 지식체계를 극단적으로 내면화했기 때문이다.[2] 중앙과 지방이 역사적 산물이 아니라 고정불변의 진리처럼 맹신하는 식민지형 지식인들은 역사 속의 중앙과 지방의 관계가 끊임없이 변해 왔다는 사실조차 자각하지 못하는 경우가 많다. 가령 신라 왕조국가의 천년 도성이었던 경주는, 고려시기 황도였던 개성을 기준으로 보면 '이른바' 동경에 지나지 않았고, 조선시기의 한양을 기준으로 보면 '말하자면' 경주에 지나지 않았다. 그러므로 조선시기 이래 21세기 오늘날까지 한양, 경성, 서울, 수도권으로 이어지는 이 지역 문화 역시, 수백 년 동안 중앙문화였지만, 그 시절 그 논의처럼 수도를 이전한다면 앞으로 여러 지역 문화의 하나로 발전해 나갈 여지가 적지 않다. 이렇게 역사적 사고를 구사하면 20세기가 낳은 서울과 지방이라는 차별적·수직적 지역문화관도 앞으로는 문화권역과 생활권역을 중심으로 한 수평적이고 대등한 지역문화관으로 바꾸어 갈 수 있다.

**주체적 관점과 관계적 관점** : 한국사회에서 지방사가 본격적으로 논의되기 이전에는 중앙의 지배와 지방의 복속이라는 일방적인 관점만 존재하였다. 그러다가 1986년 역사학계에서 지방사를 집중적으로 논의하면서 주체적 관점과 관계적 관점이 대두하기 시작하였다.[3] 당시 발표와 토론을

---

2) 이타가키 류타, 2015,『한국 근대의 역사민속지 - 경북 상주의 식민지 경험』.
3) 노명식, 1986,「지방사연구의 역사와 개황 - 프랑스를 중심으로」; 민두기, 1986,

통해 역사학자들은 지방사의 목표가 중앙과 대칭되는 독자성이 있는 정치·사회·문화의 단위인 지방공동체의 기원과 성장, 해체를 연구하는 것이라고 제시하였고,[4] 이에 대해 지방사가 곧 국가사의 구성 요소인데 이를 구분하는 것은 무리라는 조언을 받기도 하였다.[5] 당시 지방의 독자성을 강조하려는 새로운 용어로서 제기된 것이 향토사적 지방사인데, 토론회에서는 후자의 조언이 올바른 지적으로 받아들여져, 그 이후로는 향토사적 지방사와 국가적 지방사로 구분해서 연구해야 한다는 것으로 정리되었다. 그리고 이러한 정리는 중앙의 지배와 지방의 자율이라는 논리로 발전하여, 한편으로는 1998년 역사문화학회와 2000년 한국사연구회의 집중 토론을 거쳤고,[6] 다른 한편으론 지배와 자율의 역사라는 책 제목으로 고려 중앙정

_____

「중국사연구에 있어서의 지방사연구」 ; 오주환, 1986, 「지방사 연구 : 그 이론과 실제 - 영국을 중심으로」 ; 오금성, 1986, 「명대 양자강 중류 삼성지역의 사회변화와 신사」 ; 안승주, 1986, 「호서지방 지방사연구의 현황과 과제」 ; 송준호, 1986, 「남원지방을 예로 하여본 조선시대 향촌사회의 구조와 성격」 ; 이수건, 1986, 「17,8세기 안동지방 유림의 정치사회적 기능」(이상 大邱史學』 30).

4) 吳主煥, 1986, 「앞의 글」.

5) 大邱史學會, 1986, 「토론」『大邱史學』 30, 이 가운데 이광주 교수의 발언.

6) 고석규, 1998, 「지방사 연구의 새로운 모색」 ; 김동수, 1998, 「전남 지방사연구의 현황과 과제」 ; 정진영, 1998, 「영남지역 지방사 연구의 현황과 과제」 ; 박혁순, 1998, 「중국 지방사연구의 현황과 과제」 ; 현명철, 1998, 「일본 지방사연구의 현황과 과제」 ; Pierre Goubert. 1998, 「지방사란 무엇인가」(이상『지방사와 지방문화』 1).
조성을, 2000, 「경기지역의 지방사 연구 현황과 과제」 ; 최홍규, 2000, 「수원지방사 연구 현황과 과제」 ; 오영교, 2000, 「강원지방사 연구현황과 과제」 ; 신영우·김의환, 2000, 「충청지역 지방사 연구의 현황과 과제」 ; 정진영, 2000, 「영남지역 지방사 연구의 현황과 과제」 ; 고석규, 2000, 「전남지방 향토사·지방사 연구의 추이」 ; 김동전, 2000, 「제주지방사 연구현황과 과제」 ; 정병철, 2000, 「중국사에서의 지방사 연구의 현황과 과제」 ; 이계항, 2000, 「일본의 지방사 연구 논리의 추이」 ; 김현영, 2000, 「방법으로서의 지방사 - 조선시기 사족지배체제론을 중심으로」 ; 이훈상, 2000, 「타자로서의 지방과 중앙의 헤게모니 - 지방과 중앙의 이분구도에 기초한 지식권력에 대한 비판담론의 구축」(이상『한국지방사연구의 현황과 과제』).

부의 집권성과 지방사회의 자율성을 균형 있게 서술하여[7] 지방과 중앙의 관계를 이 두 측면으로 보아도 그다지 큰 어려움이 있지 않다는 것을 증명하였다. 이렇게 세 차례에 걸쳐 논의한 역사학계의 성과는 고석규와 이해준에 의해 다음과 같이 정리되었다.

민족국가를 최대 외연으로 한 그 내부의 지역이 대상이라면, 지역학보다는 지방학이라는 명칭이 더 적절하다.[8] 지역학은 그 학문의 탄생부터 타자를 대상으로 하고 있기 때문에 한국에서 이루어지는 지역학에 한국은 없어도 되지만, 지방학은 반드시 민족국가를 전제로 하고 있기 때문에, 한국을 떠난 지방은 상상하기 어렵다. 이러한 지방학은 어떠한 경우에도 지방을 중심에 두고 있지만, 중앙과의 관계 속에서 파악하되, 다만 지방의 시각에서 바라본다는 입장('관계적 관점')도 있고, 지방을 독립된 단위로 보고 그 안에서 연구를 완성하려는 관점('주체적 관점')도 있다.

국가사와의 관계에서 보려는 관계적 관점의 학자들은 헤게모니를 장악한 중앙과 억압받는 지방의 이분화를 지양하면서 중앙에서 본 지배라는 시각과 지방에서 본 자율이라는 시각, 양자 사이의 타협과 공존의 공간으로 지방을 보는 반면에, 지방사가 국가사의 일부이기를 거부하는 주체적 관점의 학자들은, 해당 지방의 주민의 이해와 주체적 입장이 반영되어 자신이 속한 마을이나 고을 공동체의 정체성을 확립하기 위한 문화사·종합사·생활사가 되어야 한다고 생각하면서 지방사를 연구하고 있다.

지방학 연구방법을 생각해 보면, ① 사회학이나 지리학, 인류학 등과 같이 기능으로 구분되는 학문이 아니라 대상에 따라 구분되는 학문이기

---

7) 박종기, 2002, 『지배와 자율의 공간, 고려의 지방사회』(푸른역사).
8) 고석규, 2005, 「한국학과 지방학」『21세기 한국학, 어떻게 할 것인가』. 이하 내용은 지방학에 관하여 21세기 원주 지방사 연구의 필요성만큼, 이 글을 정리, 요약한 것이다. 별도로 각주를 달지 않는다.

때문에, 대상으로 하고 있는 지방의 종합적 인식을 기존의 학문 제 영역의 물리적 결합에 의해서 일종의 혼화(integration)를 할 수 있는 학제적 연구여야 하고, ② 자문화중심(ethnocentrism)을 극복한 지방간 비교 연구를 해야 하며, ③ 일상생활의 '참여'를 통해 내부자적 시각을 얻는 한편, 그 사회와 거리를 두고 '관찰'하는, 말하자면 인류학적 현지조사의 핵심인 '참여관찰'을 적절히 활용하되, ④ 해당 지방의 공간과 경관의 이해를 위한 물리적 환경에 대한 이해(지리학)와 시각적 증거물인 건축물들의 해석과 그것들의 중첩된 상황이 그려내는 궤적을 탐사하여 그 속에 내재된 공동체의 의식변화를 밝혀내는 건축적 시각(도시학 내지 도시계획학)을 활용하는 문화적 경관 연구(Cultural Landscape Studies)로 전환될 수 있어야 한다.

왜냐하면 주민들이 자신의 정체성을 세우고, 주변 사람들과의 사회적 관계를 다듬으며, 문화적 의미를 끌어내기 위해 일상의 공간들 - 건물, 방, 거리, 들판 또는 정원 등 - 을 어떻게 사용해 왔는가에 대한 문화적 경관 연구를 통해, 1) 해당 지방 주민들이 자신이 속한 환경과 문화에 대해 깊이 이해하게 되고, 2) 자신의 주변을 볼 줄 모르고 해석할 줄 모르는 사람들로 인해 초래되는 환경적 위험을 줄임과 동시에, 3) 지방 문화 자원 개발의 기초가 되고, 문화론적 도시 개발의 전제가 되기 때문이다.

그러나 해당 지방의 기초자료의 지속적인 확보와 소재에 대한 광범위한 수집을 하지 않고서는 해당 지방의 지역적 특성을 논의할 수 없다.[9] 어느 날 갑자기 의식이 생기고, 자료가 정리되어서는 의미 있는 재평가가 되지 않기 때문에, 해당 지방의 소재 대학이나 그 외 대하에서 지방학에

---

9) 이해준, 2005, 「고석규의 한국학과 지방학에 대한 토론문」『21세기 한국학, 어떻게 할 것인가』. 이하 내용은 지방학에 관하여 21세기 원주 지방사 연구의 필요성만큼, 이 글을 정리, 요약한 것이다. 별도로 각주를 달지 않는다.

대한 의식, 필요성, 자료 조사와 정리의 경험, 현장 조사의 경험, 종합적 이해의 사고 등과 같은 지방학 교육과정과 교육내용이 확충되어야 한다.

미래에라도 지방문화가 활성화되려면, ① 지방문화를 선도할 주도 집단이 형성되어야 하고, ② 현재와 같이 주인도 없고, 철학도 없이 방황하는 지역문화 활동, 분산·소모·중복적 문화 활동을 총괄·조정·선도하려면 정선되고 개관적인 지방문화 자료를 충실히 확보하여야 하고(지방사 자료 뱅크), 문화의식을 선도하고 변화에 대응하려는 적극적 인식과 가용 인력 (지방사 싱크 탱크)을 갖추어야 한다.

## Ⅱ. 21세기 지방사를 보는 새로운 관점

20세기를 거치면서 한국 역사학계가 지방사를 보는 관점을 일방적 관점에서 주체적 관점으로 바꾸어 나가는 동안, 21세기 세계는 지방사를 보는 보다 새로운 관점들을 제시해 나갔다. 가령 일본에서는 지역학을 넘어 지원학을 생각해 내기도 하고, 한국에서는 마을인문학이라고 하여 생활과 학문을 함께 하며 분석해 내는 새로운 담론을 제시하기도 하였으며, 『뜨는 도시, 지는 국가』의 저자는 인터넷과 교통, 통신의 발달의 결과 지구적 생활의 기본 단위가 국가에서 도시로 바뀌었다는 점을 제시하면서 도시 생활에 대한 새로운 인식을 요구하기도 하였다. 그 내용을 정리하면 다음과 같다.

**지역학**地域學**과 지원학**地元學 : 지역학은 그 고장의 내력을 발굴하여, 지역의 매력 내지는 문제점을 제시해 나가는 학문이다.[10] 일본에서는 지역의

---

10) 니시 마사유키(西正之), 2014, 「일본의 지역학 지원학의 구상과 실천」, 『마을로 간 인문학』. 이하 내용은 지원학에 관하여 21세기 원주 지방사 연구의 필요성만

역사와 문화를 발굴하여 지역의 매력과 아이덴티티를 재발견하고자 하는 지역학도 있지만, 후술하는 미나마타학처럼 지역이 경험한 비극을 배워 그 '마이너스적인 역사'를 후세에 전하고자 하는 지역학도 있다.

원주에 원주학이 있는 것과 마찬가지로 일본 규슈 구마모토현의 미나마타(수오水俣)란 마을에 미나마타학이란 것이 있다. 미나마타학은 1956년 미나마타 시에 있던 신일본질소비료주식회사에서 배출한 메틸수은화합물을 먹은 물고기를 다시 주민들이 먹어 생긴 미나마타병이 일어난 원인을 다각적으로 파헤쳐 미래에 대한 교육으로 삼고자하는 것을 목표로 하는 학문이다.

미나마타학의 중심인물로 '태아성 미나마타병'을 발견한 의사, 하라다 마스즈미原田正純가 있는데, 그는 미나마타학의 주안점을 현장에 의거하여 현장에서 배우는 학문, 현장의 목소리를 진지하게 받아들이고, 과학적인 체계로서 실증하고 구성해 갈 수 있는 전문가의 학문이라고 정의하였다. 이러한 지역학으로서의 미나마타학을 한 단계 확장시킨 학문이 지원학으로서의 미나마타학이다.

지원학地元學의 지원은 천원天元 지원地元 인원人元과 같이 역학에서 쓰던 말인데, 일본에서는 지원을 본 고장이라는 말로 사용하였다. 이 경우 지원은 자신의 출신지나 거주지에 애정을 가진 말로, 지원학은 자신이 몰랐던 본 고장의 역사와 재생에 주체적으로 관련을 맺으려는 의지가 내재되어 있는 단어로 사용하였다.

1995년 일본 구마모토 현 미나마타 시의 시청 직원이었던 요시모토 데츠로吉本哲郎(1948~)는 마을 주민 스스로 내 고장에 존재하는 깃을 소사하고 생각하여, 그 존재하는 것을 새롭게 짜 맞추는 힘을 길러 건강한

---

큼, 이 글을 정리, 요약한 것이다. 별도로 각주를 달지 않는다.

모습으로 만들어 나가고자 하였다. 요시모토는 1956년 발생한 미나마타병과 지역학으로서의 미나마타학이 '외부' 사람들이 조사했지만, 정작 '내부'의 주민 자신들은 자세히 몰랐다는 점을 성찰하였다. 그래서 요시모토는 주민 스스로 자치하는 힘을 가지고, 스스로 조사하고 왜 그렇게 되었는지를 생각한 다음, 그 지역이 가지고 있는 문제점을 해결하고자 하였다. 뿐만 아니라 자신이 사는 고장의 재산과 매력을 가시화하기 위하여 자신이 소중하게 생각하는 것을 인터뷰 등을 통해 조사하여 그림지도 등으로 보여주어 자신이 사는 고장을 좋은 지역을 만들고자 하였다.

**도시브랜드 지수** : 도시브랜드지수는 영국의 사이먼 안홀트(Simon Anholt)가 개발한 용어이다.[11] 20세기까지의 국가 대신, 21세기 대다수 사람들의 삶의 근거지가 도시가 되면서 생성된 용어이겠다. 사이먼 안홀트는 도시브랜드 지수(CBI, City Brand Index)를, 한 도시의 경제, 문화자산, 환경, 시민, 인프라, 여가생활 등을 합한 유·무형의 자산 총합으로 나누어 계산하였다.

요컨대 ① 문화와 과학 등에서 인식되는 대상 도시의 국제적 지명도(Presence), ② 기후·미관 등에서 인식되는 외관상 인지도(Place), ③ 경제, 교육 기회 등 비즈니스, 투자 및 이민 환경 등과 연계되는 지표(Potential), ④ 생동감 넘치는 라이프 스타일(Pulse), ⑤ 주민들의 친절도, 도시의 개방성, 문화적 다양성, 주민들의 다중 언어 사용 정도(People), ⑥ 호텔·학교·스포츠시설·교통수단 등 도시 인프라 구축 정도(Prerequisite) 등 6개 분야별 지수 총합이 도시브랜드 지수가 되는 것인데, 계산 결과 2007년 기준으로 서울이 44위였다.[12]

---

11) Simon Anholt, 2006, 「The Anholt-GMI City Brands Index, How the world sees the world's cities」 『Place Branding 2.1』.

12) 유영호, 2009. 8. 3, 「'도시브랜드' 창안. 안홀트 "한국 브랜드 순위보다 알맹이

**마을 인문학** : 마을 인문학은, 공교육과 대학이 삶을 성찰하는 지혜와 세상을 읽는 방법을 배우고 자신과 사회의 개혁을 위한 방안을 모색하는 장으로서의 대학이 사라지고 있는 21세기 한국, 사람들이 진정으로 알고 싶어 하는 것이, 자신이 살고 싶은 모습으로 살고 싶은 방법이라는 데에서 출발하였다.[13] 마을 인문학자들은 본인들이 중시하는 삶의 가치가 일상의 생활과 사회질서 속에 자리 잡게 하려면, 역시 삶의 공간으로서 마을이 중요하고, 파편화되어 사라져버린 공동체적 삶을 마을에서 재구성하고자 하였다.

도시에서 주민들이 서로에게 배우고 가르치는 배움의 공동체 사례로 서울 마포 성미산마을에 주목한 마을인문학자들은 대학과 달리 배움의 목적과 방향이 달라질 때 마을 주민들의 세계 인식이 어떻게 달라지는가를 인문학적으로 살펴보고자 하였다. 특히 마을살이를 같이 하려는 주민들이 ① 스스로의 세계인식을 바꾸면서 ② 자신의 생활양식을 바꾸어 마을의 변화를 추동하고, ③ 더불어 만드는 '마을의 재구성' 활동이 기성 사회의 인식도 바꿀 수 있다는 생각에서 ④ 현장의 실천과 인문학적 연구가 선순환 할 수 있는지를 고찰하였다. 그 결과는 다음과 같았다.

성미산 마을 사람들이 생각한, 새로운 생각을 가진 주민들의 마을 만들기 과정은 다음과 같다. 우선 1) 기존의 생활방식과 사고방식, 사용 언어를 인문학적으로 하나씩 성찰하여 바꾸는 것이고, 실제 바뀐 언어를 공유하는 것이 마을 배움이라는 생각으로, 2) 함께 진행할수록 새로워진 생활, 사고, 언어를 유지하고 확대해 나가고, 인문학적 사고로 마을 배움의 새로운

---

챙길 때"」『파이낸셜뉴스』.

13) 이경란, 2014, 「마을에서 짜는 배움의 틀과 마을인문학」『마을로 간 인문학』. 이하 내용은 마을인문학에 관하여 21세기 원주 지방사 연구의 필요성만큼, 이 글을 정리, 요약한 것이다. 별도로 각주를 달지 않는다.

틀을 만들어 갔으며, 3) 하나의 실천이 사회적으로 확산되기 위해서는 새로운 '언어'를 가지는 것이 필요하며, 마을 현장 활동가들과 마을 연구자들의 협업을 통해 지속적으로 정확한 언어와 방법을 획득하여 마을 사람들의 실천의 내용을 깊게 하고자 하였다.

그 결과 4) 마을사람들 사이에 사용하는 언어가 바뀌고, 생활이 전환되었는데, 성미산 마을 주민들이 자주 쓰는 단어로는, "마을, 이웃, 주민, 마을공동체, 생활문화, 생활권, 일상, 수다, 커뮤니티 디자인, 커뮤니티 정치, 커뮤니티 비즈니스, 마을계획, 주민자치, 마을학교, 마을문화, 마을경제, 마을복지, 마을안전망, 협동조합, 사회적 기업, 마을 기업, 도시농업, 마을미디어, 거버넌스(governance), 공모사업, 네트워크, 마을활동가, 코디네이터(coordinator), 퍼실리테이터(facilitator), 어우러지는, 즐거운, 행복한, 작은, 평범한, 따뜻한, 있는 그대로, 아름답고 예쁜, 활기찬, 함께, 두루두루, 주체, 관계, 공유, 공익성, 통합, 통섭, 지속 가능성, 다양성, 건강, 힐링, 참여, 평등, 자유, 자립, 협동, 연대, 호혜, 돌봄, 평화, 사랑, 존중, 지금 여기, 생명 등"으로, 현실보다는 꿈을 표현한 것인데, 그 꿈을 실현하고자 하는 사람들이 등장하면서 사람들은 그 언어를 현실의 언어로 받아들이게 되었다고 한다.

『뜨는 도시, 지는 국가』: 2014년 5월 지구를 살리고 사람이 행복한 도시혁명을 목표로 한『뜨는 도시, 지는 국가』라는 책이 번역, 출간되었다.[14] 기후변화나 전 세계적 전염병, 범죄, 전쟁과 테러와 같은 세계적 무질서 상태, 다국적 기업과 같은 독점적 형태에서부터 약탈적 시장경제 등, 21세기 전 지구가 직면하고 있는 수많은 도전은 국가가 해결할 수 없고,

---

14) 벤자민 R. 바버, 2014,『뜨는 도시, 지는 국가(If Mayors Ruled the World)』. 이하 내용은 뜨는 도시에 관하여 21세기 원주 지방사 연구의 필요성만큼, 위 책을 정리, 요약한 것이다. 별도의 각주는 달지 않는다.

도시가 해결해야 한다는 것이다. 본서와 관련된 책의 주요 내용은 다음과 같다.

근대 국민국가는 그 자체로, 국가를 구성하는 자율적 민족과 국가의 자유와 독립에는 완벽한 정치적 해결 주체였으나, 21세기 국경을 넘어서 협력이 필요한 분야에는 비협조적이었다. 경쟁적이어서 서로를 배제하는 성향이 강한 국민국가는, 본질적으로 서로 협력하거나 전지구적 공동선을 확립하는 능력이 결여되어 있다.

현대 민주주의가 직면한 도전은, 새로운 과제에 국민들이 어떤 방식으로 참여할 것이냐이다. 참여란 본래 국민보다는 그 지역에 살고 있는 주민들이 문제와 과제를 제기하고, 행정력과 시민들의 힘을 동반하는 것이 가장 중요한데, 한 때 의미 있는 일을 했던 국민국가가 지역적 특색이 서로 다른 여러 지역의 주민들의 의미 있는 참여를 이끌어 내기에는 너무 크고, 중앙집권화된 전 지구적 힘을 견제하기에 너무 작다.

그러므로 21세기에는 우리가 보유한 도시, 국가, 국가연합 등 여러 정치 연합체 중에 주민들이 직접 참여할 수 있고, 협력할 수 있어서 다문화적이고 창의적이며 실용성을 가장 많이 담보한 도시와 도시연합에 국가가 하지 못하는 일을 맡길 수밖에 없다. 더구나 새로운 문화와 통신망의 발전 및 확대로 도시의 전 지구적 네트워크화는 점점 더 강해지고 있고, 도시를 기반으로 한 지구적 협치 기구를 만들려고 하는 여러 단체들의 자발적 협력과 공감을 통해 자신이 사는 지역에서 전 지구적으로 협력하는 시민의 '지구지역성(glocality)'이 마법처럼 구현될 것이다.

그러나 21세기 도시가 새로운 중심이 되고자 할 때, 여전히 법과 법저 관할권, 재정권, 행정권의 우위를 지닌 국가와의 관계 설정이 매우 중요하다. 국가는 공통의 역사, 언어, 그리고 도시 주민이 마을이라는 경계를 넘어 시민권을 공유하게 만들어주는 공동 서사(시민 종교 civic religion)[15]

안에 뿌리내리는 데에 도움을 준다. 그런데 도시의 이익이 국가의 이익이 될 수도 있고, 반대의 경우도 있을 수 있다. 도시의 이익과, 그 도시가 속한 국가의 이익이 종종 긴장관계에 놓이기도 한다. 그러므로 도시가 전 지구적 거버넌스의 기본 단위가 되려면, 도시의 특성뿐만 아니라 국가의 권력과 관할권, 그리고 영토 경계에 대한 복잡성까지 고려하는 체계적이고 지속적인 논의가 필요하다.

국민국가가 전지구적 협력자로서 역할을 하지 못하는 이유는, 독립, 주권, 국가적 평등과 자유를 수호하겠다는 국민국가의 미덕에서 출발하는 것이기 때문에 도시의 성공은, 이러한 국가의 노력을 보완하고, 국가가 주체적으로 하지 못하는 분야를 보충할 때 가능한 것이겠다. 그렇지만 중앙정부의 국민을 위한 어떠한 조치건 그 실행은 도시 주민과 도시 정부가 하게 되므로, 국가에 대한 도시 주도성은 시간이 갈수록 확대될 것이다.

21세기 도시가 세상의 중심이 되는 이유는 도시 스스로, 다문화적이고, 체제상 경계를 초월하며, 안팎의 구분이 무의미한 세상과 네트워크 되어 있기 때문이다. 21세기 도시의 본질은 정체성보다는 기능에, 문화적 기원 의 실체보다는 문화적 혁신과 창의성의 과정에 있다. 도시의 주민이라면 그들이 누구고, 어디 출신인지 뿐만 아니라 무슨 일을 하며, 앞으로 어떻게 될지를 더 중요시한다. 국민국가 하의 괴물 같은 지방 도시로 만들어 버리는 민족적이고 문화적인 특징의 방해를 덜 받으며, 스스로 만든 공동의 목표와 이익을 중심으로 연합한다. 또한 자신의 도시를 세계적으로 만드는

---

15) 옮긴이들은, 시민종교가 정치사회의 구성원으로서 자신의 의무를 사랑하도록 하기 위한 신앙고백으로서 루소가 『사회계약론』의 마지막에 제시한 논점. 사회계약의 존중과 자연종교의 일반적 교의와 관용을 중심으로 루소가 '사회성 의 감정'이라고 부른 조국애나 내셔널리즘의 핵심을 이루는 개념이라고 설명하 였다. 벤자민 R. 바버(조은경, 최은정 옮김), 2014, 『앞의 책』, 20쪽.

다양성, 다문화주의를 촉진할 가능성도 높다. 도시는 이웃에 대한 애정을 일깨우며, 소통, 교역, 이동성 그리고 생존과 활력을 위한 이민에 의존한다. 21세기 도시는 역사가 아닌 미래에 대한 열망으로 움직이며 앞으로 나아간다.

## Ⅲ. 고·중세 원주문화 연구 방법의 모색

도시브랜드, 지원학, 마을 인문학, 뜨는 도시라는 용어에서 본 바와 같이 21세기의 도시사/시민사는 20세기 국가사/민족사만큼 주도력을 갖는 시대가 되었다. 고속화와 인터넷으로 상징되는 교통, 통신의 발달과 인공지능의 발전은 앞으로의 세상을 국가라는 구역으로 벽을 쌓는 것을 지금보다 더 무의미하게 만들어 버릴 것이다. 국가라는 블록이 이 지경인데, 더구나 한 국가 안의 중앙과 지방을 나누어 양자의 관계를 일방적 관계로 생각하는 것은 지극히 구시대적 사고이다. 여전히 근대 중앙정부의 공문서 결재자나 전국지인 신문·잡지의 편집자들이 대도시 중심주의나 중앙 엘리트 중심주의로서 지방을 논하더라도, '중앙'이 '중앙'이고, '지방'이 '지방'이라는 생각이 고정 불변이어서는 안 된다.

특히 21세기 '지방'은 근대적 '중앙' 의식에 비판을 던지는 개념일 수 있다. 지방사는 국가사나 동아시아사, 세계사의 하위 범주도 아니고, 지방 스스로 완결된 독자적 소우주도 아니다. 세계, 국가, 지방 규모에서 일어나는 어떠한 일도 다양한 형태로 동시대적으로 접속되어 연동되어 있다.16) 지방사가 세계사에 영향을 미치는 것처럼, 세계사도 곧바로 지방

---

16) 이타가키 류타, 2015, 『앞의 책』.

사의 전개에 영향을 미치는 시대인 것이다. 20세기 역사학계에선 주체적 관점으로 지방사를 보는 시각의 대두가 조심스러웠지만, 21세기에는 어느 덧 관계적 관점이 보조적 관점이 되어 버리고 말았다. 그렇다면 이런 시대에 한국 고·중세 원주 역사는 어떻게 정리해야 할 것인가?

**우리나라 인문학 전통과 원주 문화** : 한국의 인문 전통에는 다음과 같은 특성이 있다. 변화가 필요한 기회나 위기의 시점마다 외래의 선진 문화를 적극 끌어들이고, 이를 전통문화와 절충·융합하여 자기 혁신과 자기 성장을 이룰 수 있는 논리와 방법을 개척해 온 역사인 것이다.[17]

이를테면 1) 신라 사회에 내려오던 전통적 문화와 유교·불교의 외래문화를 적극적으로 통합하며 나타나는 풍류도, 2) 신라 말 고려 초에 중국화·유교화가 본격 전개되면서 나타난 당풍唐風과 토풍土風의 논쟁, 그리고 고려대장경의 집성화, 3) 고려 말 조선 초 성리학의 대두로 말미암은 배불론과 삼교일리론의 논쟁과 풍토부동론의 대두, 그리고 그 귀결로 한글 창제로 대표되는 세종대 문화, 4) 조선후기 천주교를 비롯한 서양 사상·학문의 적극 수용과 세계관의 확대, 한말 이래 서구 문화의 활용과 근대사회의 구축에 필요한 가치의 창출, 그리고 실학·조선학의 정립과 민국의 수립, 5) 21세기 인공지능의 등장과 생명문화가치의 추구, 그리고 생명도시로의 진화 등은 그러한 인문 전통의 주요한 사례라 하겠다.

6세기에서 9세기에 이르는 풍류도 논쟁은 소도철폐론과 사원대체론, 골품제 복구론과 공경·사서제론, 태왕론과 천자론, 한식 명칭 사용론과 불가론 등 다양한 국면에서 벌어졌으며, 9세기에서 13세기에 이르는 당풍과 토풍 논쟁은 제도에서 학문에 이르는 여러 부면에서 벌어졌고, 불교계에서는 제종의 교장을 총 집대성하는 대장경론으로 일단락되었다. 14세기부

---

17) 이런 방법을 내재적 발전론, 혹은 내외재적 발전론이라고 부르고자 한다.

터 벌어진 배불론, 삼교일리 논쟁은 불교계뿐만 아니라 유학자들 전반의 각성을 불러 일으켜 유명한 세종학을 성립케 하였으며, 양란 이후의 여러 논쟁도 실학으로 수렴되어 정조학 수립에 주요한 계기가 되었다. 이러한 흐름은 일제강점기에도 예외가 아니어서 서양 지향의 근대화론에 맞서 조선학 운동으로 발전하였으니, 21세기 인공지능의 대두에 생명문화론으로 대처하려고 하는 것도 그다지 생소한 상황은 아니겠다. 이렇듯 우리의 인문 전통은 늘 새로움을 창조하고 자기를 혁신하여 성장함에 필요한 논리를 만들어 왔던 것이다.

**원주 문화의 역사적 추이와 고·중세 원주 문화의 과제** : 원주 문화 역시, 우리나라 인문 전통에 맞추어 때로는 주도하고, 때론 추수하며, 때론 이끌려가면서 국가 규모와 지역 규모에서 발맞추어 성장해 왔다. 도성都城 (수도권) 문화와 원주문화, 원주문화와 여타 지역문화가 밀접하게 연관되어 문화의 충실도를 담아 왔으며, 이런 소통의 역사는 고·중세 중화세계와의 교류에서도 예외는 아니었다. 이런 사례를 고·중세 원주 역사에 한정하여 살펴보면 다음과 같다.

가령 법천리 고분 문화를 주도한 일화국은 백제, 고구려, 신라 삼국뿐만 아니라 남북조 중원문화와의 활발한 교류 흔적을 확인할 수 있고[18] 고모루성을 중심으로 한 평원군의 처려근지는 고구려 천하관 중심의 삼국통일에 매진하였으며, 북원경 시대에서도 삼국 유민을 통합하여 지방정부를 운영하려 하였다. 북원경 장관인 사대등은 경주에서 이주한 진골대등 뿐만 아니라 고구려, 백제의 유민, 원주의 토착세력을 대등층과 촌주층으로 구성하여 지방정부를 운영하였으며,[19] 나말여초 격변기를 슬기롭게 극복

---

18) 이인재, 2004, 「법천리 고분군을 통해 본 삼국시대 원주와 마한 백제와의 관계」 『동방학지』 126.
19) 이인재, 2003, 「나말여초 북원경의 정치세력 재편과 불교계의 동향」 『한국고대

한 11세기에는 법천사를 중심으로 고려 초조대장경 간행의 한 역할을 맡아 한국 중세 불교문화 진흥에 큰 역할을 하였다.[20] 14세기에 활동한 운곡 원천석을 보더라도, 국제 정세와 국내 정세에 매우 해박하면서도 행동에는 매우 신중을 기한 인물이고, 삼교일리론을 주장하여 당대 시대적 과제를 이행하고 있는 것으로 보면,[21] 세종학으로 일단락되는 한국 중세 인문전통에 주요한 역할을 했다고 평가하지 않을 수 없다.

**가풍家風, 학풍學風, 주풍州風** : 이렇게 일화국, 평원군, 북원경, 북원부, 원주로 이어 가는 동안, 한편으론 고·중세 중화세계와, 다른 한편에선 도성을 비롯한 전국 거점 문화계와 교류하고 소통하면서 원주 사람들은 국제적, 국가적 안목을 지닌 가풍家風과 학풍學風, 그리고 주풍州風을 만들고 다듬으며, 원주 문화를 발전시켜 나갔다. 그러나 가풍과 학풍, 주풍은 국풍國風과의 관계에 많은 영향을 받기도 하였다.

가령 이제현에 따르면 고려 성종은 간곡할 정도로 '이풍역속移風易俗'을 자신의 일로 여겼다고 한다.[22] '이풍역속移風易俗'은 『예기禮記』에 나오는 글귀인데,[23] 『주례周禮』에서는 이를 설명하면서 풍風은 정치와 교화에서 베푸는 바를 일컫는 것이고, 속俗이란 민民들이 이를 받아 실행하는 것을 말하기 때문에 군자(중세 지식인)는 예를 행하되 습속이 변하는 것을 강요하지 않는다고 하였다.[24] 왜냐하면 위에서 스스로 모범을 보이면(상이

---

사연구』 31.

20) 이인재 엮음, 2008, 『한국 고·중세 원주지방사 연구 - 법천사와 법상종』(미출간 원고, 2006년 운곡학회 발표 논문).

21) 이인재 허경진 옮김, 2007, 『운곡시사』(도서출판 혜안) ; 이인재 엮음, 2007, 『지방지식인 원천석의 삶과 생각』(도서출판 혜안).

22) 『高麗史』 卷3 성종 16년. "李齊賢 贊曰 成宗 立宗廟定社稷瞻學以養士覆試以求賢勸守令恤其民賚孝節美其俗 每下手扎詞旨懇惻而 以移風易俗爲務"; 박경안, 2007, 「다원적 국제관계와 국가·문화 귀속감」 『고려시대 사람들의 삶과 생각』.

23) 『禮記』「樂記」. "移風易俗 天下皆寧".

풍화上以風化), 모범이라는 것이 영향을 미치기 때문(풍이동지風以動之)이라는 것이다. 계속해서 이제현의 설명을 들으면, 성종대의 국가 정책이라는 것이 최승로의 학풍에 따라 쓸데없이 허세를 부리지 않고 실질에 힘썼으며 옛 사람의 훌륭한 것을 좋아하는 마음으로 백성들을 새롭게 할 방책(신민지리新民之理)를 찾았다고 한다.[25) 이제현은 가령 성종과 최승로가 주도하던 화풍華風이 토풍土風을 압도하던 시대에는 주풍州風 역시 그 영향력에서 벗어나기가 쉽지 않았음을 묘사한 것인데, 사실 어느 시대라도 가풍家風, 학풍學風, 주풍州風, 국풍國風은 서로 영향을 주고받으며 시대에 대처하고 적응하며 주도해 나갔던 것이다.

한편 원주 고중세의 가풍을 설명할 수 있는 사례로는 원주 원씨 집안의 원극유, 원극부, 원길견을 들 수 있다. 재경관반층에 속하면서 삼한공신인 원극유나 재지관반층으로 추정되는 원극부의 경우는 가풍을 이해할 만한 내용이 상당히 제한적이지만, 지광국사 해린의 조부인 원길견의 경우 점도 치고 음양을 살펴 세상이 미혹한데 빠지지 않도록 했다고 한다. 직책이 아관衙官에 버금가고 연리椽吏에 앞선다고 한 것으로 보아 지방사회 공경층에 해당하는 계층의 인물이었을 터인데, 이렇듯 이 집안사람들은 점도 치고, 음양도 공부하고 당연히 불학과 유학도 공부하였을 것이니, 이 시기 원주 원씨 가풍家風은 여러 분야의 공부를 다양한 태도로 공부하는 풍모였다고 할 수 있겠다.

다음으로 원주풍原州風과 학풍學風의 관계를 살펴보자. 원주풍은 지역 제한이 있지만, 비록 어느 학풍이 특정 지역에서 시작하였다하더라도 그 성과는 전국이 공유하게 된다는 점에서 하풍의 국가적 특성이 인정되어

---

24) 『周禮』. "風謂政敎所施 故曰 上以風化 又云 風以動之 是也 俗謂民之承襲 故曰 君子行禮 不求變俗 是也".
25) 『高麗史』 卷3 성종 16년 李齊賢 贊曰.

야 한다. 또한 어느 학풍이 특정 국가에서 시작하였다 하더라도 이웃 국가나 공간적으로 더 떨어진 선진 왕조국가들도 그 성과를 공유한다는 점에서 학풍의 국제적 특성도 인정되어야 하겠다. 그래서 원주학풍이라 하더라도 국가적으로, 혹은 국제적으로 그 특성이 공유된다는 점은 확실하다. 그럼에도 굳이 원주학풍이라고 이름 짓는 것은 원주 혹은 남한강에서 일생을 마감한 학자들의 학문적 성취를 잘 정리해 냄으로써 원주뿐 아니라 국가, 세계가 공유할 수 있으리라 믿기 때문이다.

이 시기 원주와 함께 남한강을 강조하는 이유는 이 시대에는 수로와 해로가 물류와 문화 유통의 중요 경로이기 때문이다. 고대로 갈수록 육로보다는 수로 경유 이동이 보다 자연스럽고 일반적이었다. 실제 나말여초 원주를 둘러싼 유명한 선승들의 활동 경로도 남한강을 중심으로 이동하는 것이 일반적이다. 나말여초 북원부 소속이라면 원주 거돈사의 도헌과 지종, 흥법사의 염거와 충담, 영월 흥녕사의 절중과 영준, 제천 월광사의 대통과 함께 여주 고달사 역시 당시에는 황려현에 들어갈 것이므로 현욱 (787~868), 심희(853~923)와 찬유(869~958) 역시 나말여초 원주문화의 주요 학풍으로 설명해야 하고, 북원부와 중원부의 경계 지역에 있던 충주 정토사의 현휘, 홍법도 검토 대상에 들어가야 할 것이다.

이 경우 검토 기준은 무엇으로 잡아야 할까? 이에 대한 단서는 원종 찬유의 비문에서 찾을 수 있다. 958년(광종 9) 90여 세의 나이로 입적한 찬유 탑비 조성공사는 966년(광종 17)에 시작하여, 977년(경종 2)에 마무리 되었는데, 공사를 시작한 지 6년차인 971년(광종 22) 고려 정부는 대장경과 관련해서 고달원과 희양원, 도봉원을 3대 부동선원으로 선정하였다. 더구나 지증 도헌이 안락사의 명칭을 거돈사로 바꾸고 거주하던 이곳에 원종 찬유의 권유를 받은 지종의 대장경 연구나,[26] 지증 도헌이 심충의 후원을 받아 조성한 희양원의 긍양이 대장경을 연구한 것,[27] 원주에서 태어난 적연 영준이 968년에 오월국의 영명사 연수선사에게 사사하여 지종과 법형제가 된 것을 보면,[28] 역시 이 시기 남한강문화의 중심과제는 대장경 연구였다고 할 수 있겠다.

　요컨대 본서는 고·중세 원주의 행정적 위치, 문화적 위치를 중심으로 21세기 세계 사회의 기본 단위가 되는 도시, 그 가운데 원주를 소재로, 당시 세계 문화의 중심이었던 고·중세 중화세계문화, 그리고 삼국과 남북국, 후삼국과 고려로 이어지는 국가문화와의 교류와 소통을 어떻게 했는지에 대해 정리해 보고자 한 책이다. 누구나 인정하는 사료의 부족은 위험을 무릅쓰고 요리조리 재활용하면서 개별 사건들의 내포와 외연을 확대하여 이용하고자 하였다. 그 과정에서 발생한 여러 문제점에 대해서는 전적으로 필자가 책임져야 할 몫이다.

26) 이인재, 2003, 「나말여초 거돈사 승려활동에 관한 연구 - 도헌과 지종을 중심으로」 『梅芝論叢』 19.

27) 이인재, 2005, 「선사 긍양(878~956)의 생애와 대장경」 『한국사연구』 131.

28) 한국역사연구회 편, 1996, 「영국사 혜거국사비」 『역주 나말여초금석문』(상).

제1편

삼국~고려시대 원주지방사의 전개

# 법천리 고분군과 중원고구려비를 통해서 본 삼국시대 원주原州와 백제·고구려와의 관계

## Ⅰ. 문제의 제기

강원도 원주시 부론면은 남한강과 섬강이 합류하는 지점으로, 현재의 원주권와 여주권, 충주권의 문화가 서로 경계를 맞대고 있는 지역이기 때문에 일찍부터 사람들이 거주하면서 문화를 형성했을 곳이었다. 더욱이 신라 통일기에는 5소경의 하나인 북원경이 설치·운영된 역사적 경험이 있는 곳이었으므로,[1] 그 이전에도 상당한 문화가 꽃피웠을 곳으로 추정된다. 그런데 『삼국사기』를 편찬한 고려시대부터 『고려사』, 『세종실록 지리지』, 『신증동국여지승람』, 『동국여지지』, 『여지도서』, 『대동지지』 등 조선시대 지리지 역대 찬자들은 원주가 본래 고구려 평원군平原郡이었다고만 서술하였다. 삼국시대 원주를 고구려와의 관계에서만 파악했던 것이다.[2]

---

[1] 李仁在, 2003, 「羅末麗初 北原京의 政治勢力 再編과 佛敎界의 動向」『한국고대사연구』 31.

[2] 이 글은 다음 글을 수정한 것이다. 李仁在, 2004, 「법천리 고분군을 통해 본 삼국시대 원주와 마한·백제와의 관계」『東方學志』 126.

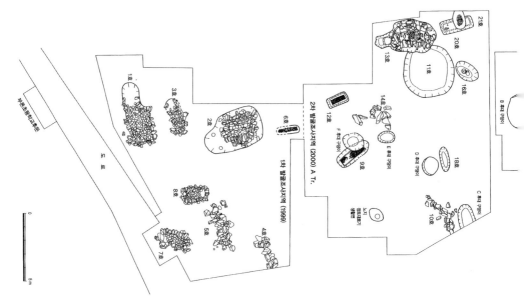

1 · 2 · 3차 조사지역 유구배치도

그러다 1973년 4월 25일 원주 시민 홍병주의 신고와 연이은 김원룡의
학계 보고로 부론면 법천리에 소재한 부론초등학교 옆에 있는 마한·백제·
신라 고분군(이하 법천리 고분군)이 알려졌다.[3]

이 법천리 고분군은 1999년부터 국립박물관 고고부에서 한강유역 학술
발굴조사연구 사업의 일환으로 재조사하여 2000년 8기의 삼국시대 고분에
관한 1차 보고서를 작성하였고,[4] 2002년 2차 보고서를 내면서[5] 법천리
고분군에는 위 그림과 같이 30기의 유구와 740점의 출토 유물이 있음을

---

3) 金元龍, 1973,「原城郡法川里石棺墓와 出土遺物」『考古美術』120 ; 金元龍, 1975,
「百濟建國地로서의 漢江上流流域」『百濟文化』7·8合.

4) 宋義政·尹炯元, 2000,『法泉里 I』(국립중앙박물관 고적조사보고 제31책)(이하
『보고서』로 약칭).

5) 尹炯元, 2002,『法泉里 II』(국립중앙박물관 고적조사보고 제33책).

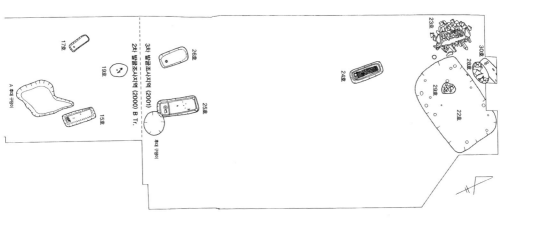

1 · 2 · 3차 조사지역 유구배치도

확인하였다.[6] 이에 따르면 아래 표와 같이 법천리 고분군의 조성시기와 출토유물의 형태는 매우 다양하여, 3세기 말~4세기 초의 것으로 추정되는 토광묘에서부터 횡구식 석실분(4세기 말~5세기 초), 횡혈식 석실분(5세기 전반~중반), 횡구식 석관묘(6세기 중엽~7세기 초)까지 마한과 백제, 신라로 이어지는 이 지역 주인공들의 역사적 흔적이 고스란히 남아 있다. 다음 표는 『보고서 Ⅰ·Ⅱ』에 실린 총 30기의 유구를 대상으로 시기를 나눈 것이다.[7]

---

6) 2001년까지 법천리 고분군에서 조사한 유구는 모두 30기이며, 유물은 지표수습 자료를 포함해 746점이나 된다고 한다(尹炯元, 2002, 「남한강 지역 마한·백제·신라의 무덤 - 원주 법천리 고분군을 중심으로」『삼국의 접점을 찾아서』(제28회 한국상고사학회 학술발표대회 발표문).

7) 尹炯元, 2002, 「위의 글」, 41쪽.

<法泉里 古墳群 分期表(陰影은 存續期間)>

| 分期 \ 무덤 類型 | | I類(土壙墓) | | II類(石室墳) | | III類(石槨墓) |
|---|---|---|---|---|---|---|
| | | A(자갈바닥) | B(木板바닥) | A(橫口式) | B(橫穴式) | 橫口式 |
| 馬韓期 3C말~4 C초 | 法泉 I A | | | | | |
| | | 12, 24, 9 | | | | |
| | 法泉 I B | 6호 | 17, 18, 30 | | | |
| | | | 21, 25, 26 | | | |
| 百濟期 4C후반 ~5C초 | 法泉 II A | | 15호 | 10, 14 | | |
| | 法泉 II B | | | 2, 4, 5호 | 1, 3호 | |
| 新羅期 6C중~7 C초 | 法泉 III | | | | | 7, 8 |
| | | | | | | 13, 23 |
| 비고 | 甕棺墓 | 16, 20(合口式), 27, 28 | | 29는 洗骨葬 유구 | | |
| | 구덩이 | 11, 19 | | | | |
| | 住居地 | 22 : 기원전 5세기 | | | | |
| | 토광묘 | 17,18(특별한 부장유물·시설 없음), 30(28-옹관묘로 일부파괴) | | | | |
| | 석실분 | 10, 14 : 파괴되어 본래의 형태를 알 수 없음 | | | | |

『보고서 I·II』에서는 발굴된 유구 30곳 가운데 당대 구덩이 2(11, 19), 주거지 하나(22), 그리고 토광묘 11기, 옹관묘와 세골장 유구가 5기, 석실분 7기, 석관묘 4기 등이다. 22유구는 B.C. 5세기경(2370±30BP)의 주거지이고, 이 주거지 터에 자리 잡은 유구 29는 매장 후 시신이 육탈된 후 토광의 바닥에 골반 등 크고 넓은 뼈를 놓고, 그 위에 철 화살촉이 박힌 두개골을 놓은 후 네 개의 팔다리뼈를 비스듬히 놓은 세골장 유구이다.[8] 토광묘 유구 가운데 7과 18 유구는 특별한 부장 유물과 시설이

---

8) 이 세골장 유구가 옹관묘와 같은 계통으로 본다면, 16, 20, 27, 28 네 옹관묘 유구는 마한 시대의 것으로 간주해도 좋겠다.

법천리 고분군의 조영 집단 추정

없고, 30 유구는 28 옹관묘로 일부 파괴되었다.[9] 10, 14 석실분도 파괴되어 본래의 형태를 알 수 없다고 하고, 옹관묘 4기도 시기적 특성 파악에서 제외하여 토광묘 8기, 석실분 5기, 석관 4기를 대상으로 시기 구분하였다. 그 결과 고분 17기를 토광묘, 석실분, 석관묘로 나누고, 다시 토광묘와 석실분을 각각 두 소시기로 나누어 모두 5분기로 구분하였다.

사실 무덤에 묻힌 사람들의 사회적 지위는 무덤의 크기나 같이 묻힌 유물들을 보면 일차적으로 알 수 있는데, 이보다 더 중요한 것은 무덤을 만든 사람들(=조영造瑩집단)이 어떤 사람들이었는지를 파악하는 것이다. 무덤 가운데 격식 있고 호화로운 무덤에 묻힌 사람들이 생전에도 정치적이나 경제적, 사회적으로 지위가 있었던 사람들이었을 것이고, 피장자被葬者

---

9) 30 토광묘 유구가 28 옹관묘 유구로 일부 파괴되었다면, 30 토광묘 조영 집안과 28 옹관묘 조영 집안이 서로의 매장 이력을 모르는 사이였다고 보는 것이 좋겠다.

본인뿐만 아니라 무덤을 만든 후손이나 동료들도 나름대로 탄탄한 기반이 있었던 사람들이라 평가할 수 있겠다. 가령 앞 지도를 보고 예상할 수 있는 바와 같이 고분과 가까운 부론이나 흥원창, 조금 거리가 있는 문막, 아니면 원주 중심지에 살거나 아니면 정치적, 경제적, 혹은 사회적 연고가 있는 사람들로 지역에서는 이름을 떨치는 사람들이었다고 간주해도 좋을 것이다. 이 지역에 사람이 거주하기 시작한 이후, 그 이전과 그 이후와 마찬가지로 이 시기에도 흥원창(은섬포)이 물류, 문화 소통의 중심지였을 가능성은 매우 높다. 이러한 점을 염두에 두면서 조영 시기를 알 수 있는 유물들을 대상으로 우선 백제시기(4세기 말~5세기 중반) 추정 유구(석실분)와 출토 유물은 다음과 같다.

『보고서 Ⅰ·Ⅱ』에 따르면 우선 석실분 가운데 4호분은 평양에 있는 영화9년명 벽돌무덤(353년 A.D)과 유사하고, 2호분 출토 양형羊形 청자는 중국 남경 상산象山 7호분(322년 A.D 추정) 출토 양형 청자와, 그리고 1호분 출토 냄비(청동초두靑銅鐎斗)는 중국 남경 상산象山 5호분(358년 A.D) 출토 초두와 유사한 것으로 보아 모두 372년 백제와 동진의 교류가 시작된 이후인[10] 4세기 후반 법천리로 유입된 것으로 상정하여도 큰 무리가 없다. 더구나 1호분 출토 귀걸이(금제이식金製耳飾)는 왕릉인 무령왕(501~523)릉 출토품과 유사하며, 4호분과 1호분 출토 신발(금동식리金銅飾履)은 수장급의 무덤에 부장되는 유물이며, 1호분 출토 등자(철제등자鐵製鐙子) 역시 매우 중요한 유물이었다고 평가받고 있다.[11]

---

10) 『三國史記』 卷24 백제본기2 근초고왕 27년 춘정월.
11) 尹炯元, 2002, 「앞의 글」, 49쪽 ; 서영일, 2003, 「한성 백제의 남한강 수로 개척과 경영」 『문화사학』 20, 32쪽. 서영일은 법천리 출토 백제 토기가 이천 설봉산성, 설성산성, 망이산성 등에서 출토된 토기보다 후진적 양상임에도 불구하고 양형청자등과 같은 최고급 위세품이 함께 출토된 것은 백제가 법천리 세력을 적극 활용할 필요가 있었기 때문이라고 하였다.

『보고서 Ⅰ·Ⅱ』의 보고자는 횡구식 석실분(4세기 말~5세기 초)과 횡혈식 석실분(5세기 전반~5세기 중반)의 유행 시기를 구분하고 있지만, 굳이 시기적으로 나눌 것이 아니다. 주요 유물들의 편년이 322년(2호분 양형청자), 353년(4호분 무덤형태), 358년(1호분 청동초두)이므로, 시기를 구분할 것이 아니라 장례법이 다른 집안의 차이를 거론하는 것이 오히려 적절하겠다.

즉 4세기 말에서 5세기 중반이란, 즉 5~6십년간이라는 시간이 어느 특정 집안의 묘제를 바꿀 정도의 긴 시간이 아니기 때문에 동일 시간대의 두서너 집안, 혹은 두서너 세력 집단의 무덤으로 보는 것이 어떨까 하는 것이다. 가령 횡구실 석실분을 쓰는 집안은 부론이나 문막에, 횡혈식 석실분을 쓰는 집안은 부론이나 문막이나 원주 중심지에 거주하면서 두서너 집안이 법천리 묘터를 공동으로 쓸 정도로 깊은 관계가 있는 사람들일 수 있겠다. 이 경우 횡혈식 석실분을 쓰는 집안이 횡구식 석실분을 사용한 집안보다 현실 권력이 더 상위에 있지 않았을까 추정해 본다.

위 표에서 구분한 마한기(3세기 말~4세기 초)는 토광묘와 옹관묘 조영세력들이 이 지역에서 활동하던 시기이다. 세골장 유구(29)를 포함하여 옹관묘는 모두 5기이고, 토광묘는 모두 11기이다. 특히 6호 토광묘에서 출토된 유물은 굵은 격자문이 타날된 단경호와 어깨가 둥글게 처리된 유견호 2점에 불과하지만, 경질무문토기에서 타날문 토기로 이행하는 과정을 보여준다는 지적도 매우 흥미로운 연구 결과였다. 이는 곧 6호분과 1, 2호분의 유구 및 출토 유물과 편년을 토대로, 지금까지 문헌사료를 기초로 1~3세기와 4~6세기로 구분되어 있는 마한·백제의 역사를 구체화할 수 있는 단서가 될 수 있다고 판단된다.

법천리 고분 유물로서 설명할 수 있는 마지막 시기(신라기新羅期, 6세기 중~7세기 초)가 횡구식 석관묘 4기(7, 8, 13, 23)이다. 주지하다시피 문헌자료가 설명하는 원주와 삼국과의 관계를 보면, 396년(광개토왕 6, 아신왕 5) 광개토대왕의 남정 당시 고구려와의 관계를 맺은 이후,[12] 원주는 고구려 평원군으로 바뀐 것으로 추정된다.[13] 이후 551년(진흥왕 12, 성왕 29, 양원왕 7) 나제동맹으로 고구려를 몰아내고, 553년 나제대결로 백제를 제압하여[14] 한강 상류와 하류가 차례로 신라의 관할 하에 들어선 이후인 553년부터 678년까지 신라 평원군으로 이름을 유지하였다가 678년(문무왕 18) 북원소경, 757년(경덕왕 16) 북원경으로 이름을 바꾸었고, 828년(흥덕왕 3) 북원부라는 광역행정구역으로 확대하였다.

그렇다면 신라 계통의 횡구식 석관묘 4기(7, 8, 13, 23)의 조영세력은 553년 이후 부론 혹은 문막 지역 집안사람들 가운데 삼국통일의 주역을 신라로 생각한 이 지역 어느 집안사람들이 이와 같은 신라식 무덤을 만들었을 것이다. 『보고서 Ⅰ·Ⅱ』의 보고자는 법천리의 백제기 고분들에 비해서도, 그리고 여주나 충주, 청주의 신라계 석실분에 비해서도 무덤의 규모도 작고 출토유물이 소략한 것으로 보아, 신라의 입장에서 원주 법천리의 전략적 중요성은 현저히 감소한 것으로 평가하였다. 그렇다면 횡구식 석관묘 4기(7, 8, 13, 23)를 만든 집안 역시, 원주에서 그다지 큰 역할을 하던 집안사람은 아니었다고 판단해도 되겠다. 지명 역시 평원이란 명칭을

---

12) 이도학, 1988,「영락6년 광개토왕의 남정과 국원성」『손보기박사 정년기념 한국사학논총』; 서영일, 2003,「앞의 글」. 이도학은 고구려의 남하로를, 평양→수안→신계→화천→춘천→원주→충주→단양→죽령으로 판단하였고, 서영일은 신계→평강→김화→화천→춘천→홍천→횡성→원주→제천→단양→충주 길을 제시하였다.

13)『三國史記』卷35 지리2. "北原京, 本高句麗平原郡, 文武王置北原小京, 神文王五年築城, 周一千三十一步, 景德王因之, 今原州". 북원경 시절, 지금의 홍천과 횡성은 삭주의 치소인 춘천의 영현이었고, 제천은 독립, 충주는 중원경, 여주는 한주 소속이었는데, 여주의 영현으로 황려와 양평이 있었다. 그러므로 북원소경의 면적은 지금 원주의 면적과 거의 유사하다고 보아도 좋겠다.

14) 노태돈, 1976,「고구려의 漢水유역 상실의 원인에 대하여」『한국사연구』13.

바꾸지 않았을 것이니, 원주가 신라에게 본격적인 대우를 받았던 시기는 역시 678년(문무왕 18) 북원소경 이후였겠다.

한편 법천리 고분군 유구와 유물에서 고구려 고분이나 고구려 유물이 발굴되지 않은 것은 매우 흥미로운 사실이다. 『삼국사기』에서 본래 고구려 평원군이라고 했으므로 위 표에서 건너뛴 5세기 후반에서 6세기 전반에 고고학적으로 무언가 관련된 자료가 출토되었어야 하는 것이다. 더구나 법천리 유적지에서 30㎞밖에 떨어지지 않은 곳에 같은 시기에 세워졌을 유명한 중원 고구려비가 있음을 상기해 보면, 더욱 그러하다.[15] 평원군원 주시대는 중원 고구려비를 근거로 상상해 보고자 한다.

주지하다시피 중원 고구려비는 1979년 2월 충북 중원군 가금면 용전리 입석부락의 입석에 글자가 있음을 발견한 충주 예성동호회(회장 김풍식)와 장준식이 3월 하순 단국대에 제보하고, 4월 8일 단국대 박물관 학술조사단 의 조사로 세상에 드러난 비이다.[16] 비문에 실린 내용과 관련하여 인명, 지명, 용어, 건립 연대, 건립목적 등과 관련해서 여전히 논란이 분분하지 만,[17] 비문 가운데의 고모루 성이 원주성이라는 주장을 적극 수용하고자 한다.[18] 2000년 고구려 발해 학회에서 중원 고구려 비문의 판독에 많은 노력을 기울였고, 그 가운데 특히 남풍현의 판독이 전체 내용을 이해하는데 많은 도움을 주는데,[19] 구체적인 역주문은 당시 같이 활동했던 여러 학자들 의 해석도 수용하였다. 그 결과 고구려 지배하에 있던 평원군 장관으로서의

---

15) 『三國史記』卷35 지리2. "中原京 本高句麗國原城 新羅平之 眞興王置小京 文武王時 築城周二千五百九十二步 景德王 改爲中原京 今忠州".

16) 이하 정영호, 1979, 「중원 고구려비의 발굴 조사와 연구 전망」 『사학지』 13.

17) 강칭은, 2006, 「중원고구려비의 연구동향과 주요쟁점」 『역사학보』 189.

18) 서영일, 2000, 「중원 고구려비에 나타난 고구려 성과 국방체계 - 우벌성과 고모 루성을 중심으로」 『고구려발해연구』 10.

19) 남풍현, 2000, 「중원 고구려비문의 해독과 이두적 성격」 『고구려발해연구』 10.

처려근지와 고모루성의 수사의 활동 등 여러 면모를 정리할 수 있었다.

그러므로 이 글에서는 우선 『보고서 Ⅰ·Ⅱ』에 수록되어 있는 30기의 고분과 출토유물을 토대로 마한기와 백제기 원주와 고구려기 원주사의 전개과정을 살펴보고자 한다. 원주의 재지세력이라 간주되는 법천리 고분군의 주인공들(묘주와 조성집단)이 맺고자 했던 1세기에서 4세기에 이르는 마한·백제문화와의 관계를 정리하고자 한다. 그리고 뒤이어 중원 고구려비를 적극 활용하여 평원군 고구려시대의 역사상을 되도록 많이 그려볼 수 있는 기회로 활용하였다.

논지 전개과정에서 서술될 이 시기 중국 측 사료와 『삼국사기』 사료에 대한 기왕의 해석에 대한 동향 분석은 후일을 기대하고, 이 글에서는 논지 전개에 필요한 부분만을 언급할 예정이다. 특히 논지 전개과정에서 이용한 중국 측 사료와 『삼국사기』 사료는 작성자의 내용파악과 사서史書 작성의 원칙이 각각 달랐음에 주목하였다. 『삼국사기』 초기자료 긍정론과 부정론은 이점을 간과하고 있다고 보았기 때문이다. 같은 선상에서 법천리 고분군 출토 자료나 중원 고구려 비문의 내용도 마한·백제의 입장이나 고구려의 입장에서만 정리되지 않도록 배려하였다. 동시대 중국 왕조와 삼국의 입장이 달랐던 것처럼 마한·백제·고구려와 원주의 입장이 다를 수 있다고 보기 때문이다. 고고학의 성과인 물질 사료와 문헌사학의 주 자료인 문헌 사료의 연결망 구축의 난점을 절감하면서도 이 글을 작성한 이유는 이 시기 지방자료를 통해 동시대 마한·백제사, 백제·고구려사를 설명하는 단서가 열릴 수 있다고 기대했기 때문이다.

## II. 법천리 고분군을 통해 본 마한백제와의 관계

### 1. 일화국日華國과 6호 토광묘주의 마한백제 내 위치

『보고서 I』에 따르면, 1차 조사의 대상이 된 법천리 고분 8기 가운데 가장 이른 시기에 조성된 고분이 3세기 말~4세기 초에 조성되었을 것으로 추정한 6호 토광묘이다. 삼국시대 원주 재지 세력의 존재형태를 가장 먼저 보여주는 자료이다.

토광묘는 삼국 초기(원삼국기) 한강 이남지방의 보편적인 묘제로서, 청동기시대 이래의 토착문화기반 위에 서북한 지방으로부터 유입된 고조선 유민의 남하 또는 그 문화적 영향을 알 수 있는 무덤이라고 한다. 그리고 토광묘의 조성 연대는 대개 3세기에서 4세기까지이고, 이로 보아 원삼국기 중·서남부 지방의 중심적인 묘제, 곧 마한지역 제 세력들의 주 묘제도 토광묘였을 것이라 한다.[20] 한편 법천리 고분 가운데 6호 토광묘의 고분 형식은 백제의 영향을 많이 받은 토광목곽묘인데, 출토유물 가운데 춘천 중도식이라고 불리는 경질무문토기와 타날문 토기가 나와 예계濊系로 분류할 수 있어 예계濊系 지역의 전통적인 즙석식 적석묘와 토광목곽묘의 관계 설정이 앞으로의 연구 과제임을 제시한 논문도 있다.[21] 연구자에 따라 마한 등의 한계韓系 세력권의 묘제로 보기도 하고, 혹은 예계濊系 세력권과의 상관성이 논의되기도 했던 것인데, 자갈바닥 토광묘 가운데 몇 기에서는 경질무문토기도 나오고 6호 토광묘에서는 타날문 토기도 나와 예계濊系와 한계韓系 관련 유물이 모두 출토되었다고 보고한 바 있다.

---

20) 崔秉鉉, 1994, 「墓制를 통해 본 4~5세기 韓國 古代社會」『韓國古代史論叢』6.
21) 朴淳發, 2001, 「한강유역 백제 기층문화의 전개과정」『漢城 百濟의 誕生』, 79쪽.

이 경우 문제가 되는 것은 즙석식 적석묘의 분포도이다.[22] 즙석식 적석묘는 총 16개인데, 이 가운데 연천에서 발견된 것이 6개이고, 화천과 춘천에 하나씩 있다. 그리고 청원에서 발견된 한 개를 제외하면 원주를 둘러싸고 분포한 즙석식 적석묘는 양평 1, 평창 4, 제천 1이다. 이 세 지역은 신라 통일기 이후 북원경의 세력권에 있던 지역이었다.[23] 그리고 이 묘제가 예계濊系의 묘제라면 법천리 고분군에서도 즙석식 적석묘가 발견되어야 하는 것이다. 그런데 법천리에서는 이 묘제가 발견되지 않고, 단지 출토 유물 가운데 경질무문토기가 나왔을 뿐이다. 이는 토광묘주의 기본 장례 문화 전승은 전통적인 마한 묘제를 잇는 의식을 가지고 있으면서, 이미 3세기에 활발해진 예계濊系 문화의 교류를 후대에 알리고자 하는 의식이 반영된 것이라 해도 좋을 것이다.[24] 그렇지만 여전히 6호 토광묘 조성 세력이 마한 계통의 세력이었는지, 아니면 예 계통의 세력이었는지, 아니면 이미 백제의 영향권에 들었는지를 유구와 출토유물만으로 확정하기는 쉽지 않다. 반드시 문헌 자료의 보완이 필요할 것인데, 그와 관련하여 상기해야 할 것이 동일시기에 있었을 것으로 생각되는 마한 54개국 가운데 한강 유역에 있던 소국과의 관련성 여부이다.

---

22) 이 자료는 박순발이 작성한 도표를 이용하였다. 朴淳發, 2001,『앞의 책』, 133쪽.

23) 李仁在, 2003,「앞의 글」.

24) 권오영은 즙석식 적석총을 고구려식 무기단 적석총이라고 부르고, 이를 고구려 양식의 영향을 받은 백제 적석총 지방형으로 간주하였고, 김승옥은 즙석식 적석묘는 백제 변방 수장층의 묘제임과 동시에 백제의 영역을 상징적으로 표시한 표상적 스타일이라고 하였다. 權五榮, 1986,「「初期百濟의 성장과정에 대한 일고찰」『韓國史論』15 ; 金承玉, 2000,「漢城百濟의 形成過程과 對外關係」『百濟史上의 戰爭』.

〈한강 주변 소재 마한 소국 14개국의 위치 비정〉

| | 정인보 | 이병도 | 천관우 | 『삼국사기』 |
|---|---|---|---|---|
| ① 爰襄國 | 長湍 | 水原 | 臨津江 南 | 臨津縣, 本高句麗 津臨城 |
| ② 牟水國 | 水原 | 水原 | 楊州 | 漢陽郡, 本高句麗 北漢山郡(一云 平壤) |
| ③ 桑外國 | 鳳山 | 水原 | 臨津江 南 | 功成縣, 本高句麗 功木達縣 |
| ④ 小石索國 | 淳昌(赤城) | 京畿道西海의 어느 섬 | 喬洞 | 喬桐縣, 本高句麗 高木根縣 |
| ⑤ 大石索國 | 任實(九皐) | 京畿道西海의 어느 섬 | 江華 | 海口郡, 本高句麗 穴口郡 |
| ⑥ 優休牟涿國 | 쉬움돌 | 富川 | 春川 | 朔州, 賈耽 古今郡國志云 句麗之東南 濊之西 古貊地 (中略) 唐咸亨四年, 置首 若州 |
| ⑦ 臣濆沽國 | 樂安 | 陽城 | 加平 | 嘉平郡, 本高句麗 斤平郡 |
| ⑧ 伯濟國 | 廣州 | 廣州 | 서울 江南 | 漢州 本高句麗 漢山郡 |
| ⑨ 速盧不斯國 | 羅州(潘南) | 通津 | 通津 | 分津縣, 本高句麗 平唯(准)押縣 |
| ⑩ 日華國 | 長湍(臨江) | 未詳 | 楊平<br>原州 | 濱陽縣, 本高句麗 楊根縣<br>北原京, 本高句麗 平原郡 |
| ⑪ 古誕者國 | 金溝 | 未詳 | 砥平<br>橫城 | 砥平懸, 本高句麗 砥峴縣<br>潢川縣, 本高句麗 橫川縣 |
| ⑫ 古離國 | 古阜 | 楊州 豊壤 | 驪州 | 黃驍縣, 本高句麗 骨乃斤縣 |
| ⑬ 怒藍國 | 利川 | 利川 陰竹 | 利川 | 黃武縣, 本高句麗 南川縣 |

위 표는 한강 주변에 소재한 마한 소국에 관한 위치 비정 표이다.[25] 위치 비정의 방법은 연구자 마다 각각 달랐는데 가령 정인보는 국명國名 속에 우리 땅, 우리말이 내포되어 있다는 점에 주목하여 위치를 추적하였고, 이병도는 국명의 열거 순위가 진한과 마한으로 구분되어 서술되어 있다는 전제에서 위치 해명에 주력하였으며, 천관우 역시 열거 순위가 임진강 방면에서 점차 남하하여 전남 해안 방면에 이르는 것으로 보고, 연구 당시까지 위치 비정이 확실하다고 추정되는 곳을 토대로, 음이 비슷한 곳을 찾아 위치를 비정하는 방법을 사용하였다.

---

25) 鄭寅普, 1935,「처음 겪은 興亡」『朝鮮史研究(上)』; 李丙燾, 1959,「南方列行의 諸社會」『韓國史 - 古代篇』; 千寬宇, 1989,「馬韓諸國의 位置試論」『古朝鮮史·三韓 史研究』.

이 가운데 천관우의 연구에 따르면, 마한 54개국 가운데 지금의 경기 동부, 강원 영서지방에 있던 소국이 모두 6국이 있었는데, 북한강 수계에 있던 소국이 춘천의 우휴모탁국優休牟涿國과 가평의 신분고국臣濆沽國이고, 남한강 수계에 있던 소국이 양평 혹은 지평에 있었을 것으로 추정되는 일화국日華國과 고탄자국古誕者國, 이천 음죽의 노람국怒藍國과 여주 지역의 고리국古離國 등이다.

그런데 천관우가 비정한 『삼국지』 마한전의 해당 지역들이 『삼국사기』 지리지에서는 모두 본래 고구려의 군현이라고 서술되어 있다. 사실 지리지의 본本이 구체적으로 어느 시기를 지칭하는 것인지 파악하기 어렵지만, 임진강과 남한강, 북한강, 한강 유역이 모두 고구려의 영역으로 장악되는 시기를 5세기 중엽으로 본다면, 『삼국지』 마한전의 지명은 5세기 초엽 이전까지 유지되었던 것으로 보아야 할 것이다. 이를 토대로 한강 주변 소재 소국들의 위치 비정 근거에 대한 타당성을 검토하기 위하여 긴 지면을 활용하여 비교적 활동시기가 뚜렷한 신분고국臣濆沽國에 대해 살펴 보기로 하자.

A) ① (후한의) 환제桓帝·영제靈帝의 말기(146~185)에 한예韓濊가 강성하여 군현이 통제하지 못하자 많은 백성들이 한韓의 나라로 들어갔다(民多流入韓國). ② 건안建安(196~220) 중에 공손강公孫康이 둔유현屯有縣 이남의 황폐한 지역을 나누어 대방군을 만들고 공손모公孫模·장창張敞 등을 보내어 유민을 불러 모아(收集) 군대를 일으켜서 한예韓濊를 벌伐하자, 옛 백성이 차츰 돌아오고(舊民稍出) 이후 왜倭와 한韓이 드디어 대방군의 관할에 들어갔다(屬). ③ 경초景初(237~239) 중에 명제明帝가 대방태수 유흔劉昕과 낙랑태수 선우사鮮于嗣를 몰래 보내어(密遣) 바다를 건너가 2군을 평정하였다(定). 한韓의 여러 나라의 신지臣智에게 읍군邑君의

인수印綬를 더해 주고 그 다음 사람에게는 읍장邑長을 주었다. 그 풍속이
의책衣幘을 좋아하여 하호下戶도 군군郡에 나아가 조알朝謁할 적에 모두
의책衣幘을 빌려 입으며, 스스로 인수와 의책을 입는 자가 천여 인이다.
④ 부종사部從事 오림吳林이 낙랑군이 본래 한韓의 나라를 통솔하였다는
이유로 진한辰韓의 팔국八國을 나누어 낙랑군에 주었다. 통역하는 관리
가 말을 옮길 때 잘못이 있어서 신지격한臣智激韓이 분노(忿)하여 대방군
기리영崎離營을 공격하였다. 이때 (대방) 태수 궁준弓遵, 낙랑태수 유무劉
茂가 군사를 일으켜 이를 정벌하였는데, 궁준을 전사시켰으나 2군은
마침내 한韓을 멸멸滅하였다.26)


위 자료는 이 시기 중국 측의 대한對韓 정책 추이를 크게 네 시기로
나누어 서술한 것이다. 첫째는 후한後漢 말 황건의 난이 일어날 즈음
한예韓濊가 강성하여 군현(낙랑樂浪)이 제압하지 못하게 된 상황을 서술한
것이고, 둘째는 후한의 지방 통제권이 거의 소멸된 최말기에 해당하는
204년부터 207년 사이 공손탁을 이어 요동의 새로운 강자가 된 태수
공손강의 대한對韓 정책으로 후한이 장악하지 못하던 한韓을 장악하고자
기왕의 낙랑군을 나누어 새로이 대방군을 설치하여 벌하자27) 한韓이

---

26) 『三國志』卷30 魏書 烏丸鮮卑東夷傳 韓條. "桓靈之末, 韓濊彊盛, 郡縣不能制, 民多流
入韓國. 建安中, 公孫康分屯有縣以南荒地爲帶方郡, 遣公孫模·張敞等, 收集遺民, 興兵
伐韓濊. 舊民稍出. 是後倭韓遂屬帶方. 景初中, 明帝密遣帶方太守劉昕·樂浪太守鮮于
嗣, 越海定二郡. 諸韓國臣智, 加賜邑君印綬, 其次與邑長. 其俗好衣幘, 下戶詣郡朝謁,
皆假衣幘, 自服印綬衣幘千有餘人. 部從事吳林 以樂浪本統韓國, 分割辰韓八國以與樂
浪, 吏譯轉有異同, 臣智激韓忿, 攻帶方郡崎離營. 時太守弓遵·樂浪太守劉茂, 興兵伐
之, 遵戰死, 二郡遂滅韓". 그런데 여기서의 臣智激韓忿이 通志에서는 臣濆沽韓忿으
로 표기되어 있다(『通志』卷194 馬韓). 본서에서는 通志를 선택하였다. 이에
대해서는 다음의 논문을 참고할 것. 尹龍九, 1999, 「三韓의 對中交涉과 그 性格」
『國史館論叢』85.
27) 임기환은 이 시기를 건안 년간 가운데 공손강이 공손탁의 뒤를 이은 204년부터,

대방군에 속하게 되었고,[28] 구민舊民들이 점차 한韓에서 나오게 되었다는 사실을 기록한 것이다.

셋째는 중국 삼국시대의 와중에서 군주권이 강화된 위魏나라 명제明帝가 238년 공손씨 정권 공략 과정에서 몰래 펼친 대한對韓정책이다. 당시 위는 공손씨와의 연계를 끊고 자신과의 새로운 관계를 조성하기 위하여 한에 대한 회유책을 썼는데, 위 기록은 바로 한韓의 신지층을 대상으로 읍군과 읍장의 관직을 준다고 하고, 하호층에게는 의책衣幘으로 회유하였던 사실을 기록한 것이다.

넷째는 242년 오吳와 손을 잡은 고구려의 서안평 공격에 대응하기 위하여 위魏나라 재왕齊王 때 유주幽州 자사였던 관구검이 낙랑태수 유무와 대방태수 왕준과 함께 고구려를 공략하는 과정에서 246년(정시正始 7년)에 펼친 대한 정책에 대해 기록한 것이다.

그런데 이 기록에서 흥미로운 부분이 몇 군데 있다. 그중 하나는 후한이 아니라 거의 지방 독립정권에 해당하는 공손 정권이 독자적으로 대방군을

---

조조의 오환 정벌이 이루어져 서번의 위협이 높아지는 207년 사이로 보았고, 낙랑군과 대방군의 태수 파견 기록은 없으나, 공손모와 장창이 각각 낙랑군과 대방군의 태수가 되었을 것으로 추정하였다. 임기환, 2000, 「3세기~4세기 초 위(魏)·진(晉)의 동방정책 - 낙랑군·대방군을 중심으로 - 」『역사와 현실』 36, 7쪽.

28) 이 기록에서 韓을 屬하게 했다는 것은 臣屬이나 服屬을 의미하는 것이 아니라, 管轄한다는 의미이다. 관할한다는 것은 요동태수 공손강 및 대방군과 韓의 교섭을 매개한다는 것이다. 屬, 즉 관할의 의미에 대해서는 권오영의 글이 참고된다(權五榮, 1996, 「三韓의 國에 대한 硏究」, 서울대 박사학위논문, 219쪽). 사실 후한의 이런 동방정책은 오랜 전통이 있는 것이다. 같은 책의 고구려 사례를 보면, 고구려가 교만해져 현도군에 오지 않자, 동쪽 경계에 작은 성을 쌓고서 조복과 의책을 그 곳에 두어 해마다 고구려인이 와서 가져가게 하였다고 한다(『三國志』卷30 魏書 烏丸鮮卑東夷傳 高句麗條. "漢時賜鼓吹技人, 常從玄菟郡受 朝服衣幘, 高句麗令主其名籍. 後稍驕恣, 不復詣郡, 于東界築小城, 置朝服衣幘其中, 歲時來取之, 今胡猶名此城爲幘溝漊. 溝漊者, 句麗名城也").

설치했다는 것과, 기록대로라면 공손 정권이 장악하고 있던 대방군과 이미 환제桓帝·영제靈帝 때부터 한예韓濊 통제 능력을 상실한 낙랑군에 대하여 명제明帝 조정이 뜬금없이 대방태수와 낙랑태수를 몰래 보내어 2군을 평정했다는 사실이다. 이 기록에 나오는 2군은 대방과 낙랑을 의미하는 것임이 분명하므로 정이군定二郡의 실제 내용 파악에 주력해 본다면 공손 정권이 장악하고 있던 대방과 낙랑을 238년 사마의가 중심이 된 공손 정권 공략과정에서 위나라가 중국을 대표해서 대한對韓 정책의 주도권을 행사하게 되었다는 것을 의미한다는 것이겠다.

다른 하나는 전한前漢 이래 전통적으로 중국 측에서 견지하고자 했던 대한 정책의 기본입장이다. 즉 한韓의 국國은 낙랑과 대방이 본통本統했다고 보고, 두 군郡에 분할되어 있다는 전제 하에서 한韓에 대한 정책을 펴고 있는 것이다. 그렇기 때문에 이 시기까지 중국 측 입장에서는 한韓의 국國들이 할거하고 있다고 가정한 전제 하에 소국들을 대상으로 정책을 펴고 있다.29) 당시 중국의 그러한 입장을 알고 있다면 우리가 오히려 주목해야 할 내용은 그럼에도 불구하고 당시 중국 측이 한韓의 국國을 단위로 일괄적으로 하고 있는 것이 아니라 신지층과 하호층을 각각 나누어 어느 한 쪽이라도 회유되기를 기대하는 정책을 쓰고 있다는 것이었다. 이는 곧 위나라에서도 이 두 계층이 한 소국의 기본 계층으로 생각했다는 것임을 증명함과 함께, 격변하는 대륙정세에 신경을 곤두세우고 있던 한韓의 신지층에게는 읍군과 읍장의 칭호로서 회유해야 하고, 계급분화가 상당 정도로 진행된 하호층에게 의책으로 회유해야 한다는 분리 회유 정책을 펴고 있다는 사실이다.

이 기록에 나오는 읍군과 읍장은, 후한이 사이四夷를 외군外郡 체제로

---

29) 이런 對韓 政策의 일환으로 당시 중국 측에서는 辰國을 衆國으로 이해했던 것으로 생각된다(『史記』 卷115 朝鮮列傳. "眞番旁衆國欲上見天子").

편성하는 정책의 일환으로 사이四夷 가운데 후한에 동조하는 해당 지역 소국의 국왕에게 솔중왕率衆王, 귀의후歸義侯, 읍군邑君, 읍장邑長을 주어 군현 대우를 해주겠다는 정책에서 나온 직책이다. 그런데 이 정책을 위나라가 실제 실시한 것이다.30) 그러므로 읍군과 읍장이라는 위나라의 제안을 받아들이면 한韓의 국國들도 낙랑과 대방과 동격은 아니지만 형식적으로는 군현에 해당하는 대우를 받을 수 있다는 것이 된다. 이 기록을 이렇게 이해할 때 동일 자료에 있는 다음 기록에 대한 이해가 훨씬 수월해진다.

> B) ① 진왕辰王이 월지국月支國 신지臣智들을 다스렸는데, ② (그들 가운데) 신운臣雲의 견지보遣支報, 안사安邪의 축지踧支, 분신濆臣의 이아불례離兒 不例, 구사狗邪의 진지렴秦支廉의 호칭에 우대함을 더하여 불러주었다 (가우호加優呼). ③ 그 관官에는 위솔선魏率善의 읍군邑君, 귀의후歸義侯, 중랑장中郎將, 도위都尉, 백장伯長이 있었다.31)

우선 B-③ 부분을 보면, 한韓의 관官에는 위나라의 제도를 잘 지키는(率善) 읍군邑君, 귀의후歸義侯, 중랑장中郎將, 도위都尉, 백장伯長이 있었다고 한다. 이 가운데 읍군과 귀의후의 기재 순서가 솔중왕, 귀의후, 읍군, 읍장이라는 순서와 다른 것은, A-③에서와 같이 238년 이후 본격화된 위魏의 대한對韓 정책의 전개에 따라 초기에는 읍군 칭호 사여로 시작하였다가 후에 귀의후와 함께 병사兵事를 담당하던 관직인 중랑장, 도위,32) 백장 칭호까지 동원하여 대한對韓 정책을 펼친 결과라고 이해하는 것이 역사적 사실에 가까울

---

30) 『後漢書』 志38 百官5. "四夷國王 率衆王 歸義侯 邑君 邑長 皆有丞 比郡縣".

31) 『三國志』 卷30 魏書 烏丸鮮卑東夷傳 韓條. "辰王治月支國臣智 或加優呼臣雲遣支報·安邪踧支·濆臣離兒不例·拘邪秦支廉之號. 其官有魏率善·邑君·歸義侯·中郎將·都尉·伯長".

32) 都尉 : 魏나라 때 郡에서 兵事를 담당했던 5품직.

듯하다.33) 실제 상주尙州에서 출토된 인장印章에 "위솔선魏率善 한韓 백장伯長"이라는 명문이 있는 것을 보면,34) 위나라의 대한對韓 정책이 당시 한반도 남부에서 어느 정도 성과를 거둔 것으로 판단된다.

이렇게 보면 B-①②의 진왕辰王 측 대응이 이해되지 않는 바가 아니다. 238년을 전후한 위나라의 대한對韓 신지층 공략에 적극적으로 대응하지 않으면 안 되는 진왕 측 사정을 이해할 수 있다는 것이다. 이런 상관성에서 본다면 여기서의 진왕은 백제의 고이왕古尒王(재위 234~286)으로 보는 것이 타당하다. 후술하겠지만 그는 9년 후인 246년 낙랑·대방이 고구려 공략의 일환으로 한韓에 대한 회유와 침략할 당시 직접 전쟁에 참가하기도 하였다.35)

그런 그가 신운臣雲의 신지臣智라고 판단되는 견지보遣支報와 안사安邪의 축지踧支, 분신濆臣의 이아불례離兒不例, 구사拘邪의 진지렴秦支廉을 세상에서 부르는 칭호에 우대함을 더하여 불러 주는 정책을 폈다.36) 이른바 가우호加優呼 정책인 것이다. 물론 여기서의 신운臣雲은 신운신국臣雲新國이고, 안사安邪는 안사국安邪國, 분신濆臣은 신분고국臣濆沽國, 구사狗邪는 구사

---

33) 한편 권오영은 당시 회유책의 평가에서 중국 측이 韓의 臣智層에 대해 邑君과 邑長으로 회유하였고, 倭에 대해서는 王으로 대우했던 것에 대해, 중국 측에서는 三韓의 諸 首長을 王으로 인정하기 꺼렸으며, 정치적 위상을 격하하려는 태도로 일관했기 때문이라고 하였는데, 같은 기사 濊條의 不耐濊王을 상기해보면 재고의 여지가 있는 것으로 판단된다(權五榮, 1996, 앞의 서울대 박사학위논문, 186~190쪽). 『三國志』 卷30 魏書 烏丸鮮卑東夷傳 濊條.

34) 김정숙, 1992, 「魏率善韓佰長 銅印」(한국고대사회연구소편, 1992, 『역주 한국고대금석문』 2), 218쪽.

35) 『三國史記』 卷24 古尒王 13年 秋8月. 辰王에 관한 연구사 정리로는 다음 논문이 참고됨. 朴燦圭, 1995, 「百濟의 馬韓征服過程 硏究」(단국대 박사학위논문), 51~61쪽.

36) 尹龍九, 1999, 「앞의 글」; 임기환, 2000, 「앞의 글」; 권오영, 2001, 「백제국(伯濟國)에서 백제(百濟)로의 전환」 『역사와 현실』 40; 尹善泰, 2001, 「馬韓의 辰王과 臣濆沽國」 『百濟硏究』 34.

국구야국狗邪國을 말한다.[37) 바로 이 고이왕의 가우호加優呼 정책은 A-③, B-③의 위나라 대한對韓 정책을 염두에 둘 때 그 의미가 분명해 진다. 읍군과 읍장뿐만 아니라 귀의후, 중랑장, 도위, 백장 등으로 한韓의 신지층을 대상으로 한 회유정책을 펴서 일정한 성과를 거두고 있는 위魏에 대해서 백제 고이왕 역시 같은 방식의 우대책을 개발하지 않으면 신지층의 동요를 막을 수 없을 것이라는 긴장감이 있었다.[38) 해당국 신지층은 위나라의 회유책도 받고, 백제의 회유도 받는 자부심도 커졌지만, 긴장감 넘치는 처지에 서게 된 것이다.

이제 A-④ 부분에 대한 검토가 필요하겠다. 이 일은 궁준弓遵의 사망을 단서로 해서 보면 246년에 벌어진 사건임이 틀림없다. 그런데도 불구하고 기사 앞부분에 시기를 명기하지 않은 점을 우선 지적해 둘 필요가 있다. 같은 위나라 시기였기 때문에 구체적인 시기를 적시하지 않았다고 볼 수도 있지만, 그보다 다른 이유를 찾아보는 것도 흥미롭기 때문이다.

사실 246년(정시正始 7) 위나라 유주 자사 관구검의 한예韓濊 공략은 고구려 공격의 일환으로 실시된 대단위 공격이었다.[39) 242년(정시正始 3) 오吳나라와 연합한 고구려의 서안평 공격과 이에 대한 보복으로 244년(정시正始 5)에 시작하여 245년(정시正始 6) 5월에 종료된 위나라의 1차 반격과, 뒤 이은 고구려의 2차 공격과 이에 대한 반격의 일환으로 진행된 245년과 246년에 진행된 고구려와 동옥저, 예, 한에 대한 전면적인 2차 반격이 그것이었다.[40)

---

37) 千寬宇, 1989,「目支國攷」『古朝鮮史·三韓史研究』, 360쪽.
38) 윤선태는 4국을 특별대우한 것은 해로의 중요 거점(대방군 - 목지국 - 신운신국 - 안야국)과 육로의 중요 거점(신분고국 - 진왕에 속한 진변한 12국 - 구야국)이기 때문으로 파악하였다(윤선태, 2001,「앞의 글」).
39) 임기환, 1992,「魏 貫丘儉紀功碑」(한국고대사회연구소 편,『역주 한국고대금석문』1).

위魏의 처지에서는 동이東夷 지역을 전반적으로 장악하지 않으면 촉오蜀吳와의 다툼을 승리로 이끌 수 없을 것이라는 위기 상황에서 단행한 사건이었기 때문에 이렇듯 전면전을 감행하지 않을 수 없었다. 그리고 이를 위해 관구검은 오랜 동안 동이를 관할하던 유주 소속의 현도, 낙랑, 대방의 태수뿐만 아니라 오환烏丸 출신의 구루돈寇婁敦까지 동원하였다.[41] 당시 위나라가 고구려와 한예에게 요구했던 것은 항복을 하여 조공체제에 들어오라는 것이었다. 촉오蜀吳와의 대결이 급하였던 위魏의 처지에서는 당연한 요구일 수 있었고, 실제 고구려와 동옥저, 예 지역에서는 어느 정도 성과를 거두었다. 문제는 한韓이었다.

> (고이왕) 13년(정시 7년) 가을 8월에 위魏의 유주자사 관구검이 낙랑 태수 유무와 삭방 태수 왕준과 더불어 고구려를 정벌하고자 하였다. (고이) 왕이 그 틈을 타서 좌장 진충眞忠을 보내어 낙랑의 변민을 빼앗았다. 유무가 듣고 분노하므로 왕이 침략을 받을까 두려워 그 백성을 돌려주었다.[42]

경초景初(A.D 237~239) 년간에 위魏 명제明帝가 대방태수 유흔劉昕과 낙랑태수 선우사鮮于嗣를 몰래 보내어(밀견密遣) 실시한 대한對韓 정책에

---

40) 『三國志』卷28 毌丘諸葛鄧鍾傳. "六年, 復征之, 宮遂奔買溝. 儉遣玄菟太守王頎追之, 過沃沮千有餘里, 至肅愼氏南界, 刻石紀功, 刊丸都之山, 銘不耐之城. 諸所誅納八千餘口, 論功受賞, 侯者百餘人";『三國志』卷30 烏丸鮮卑東夷傳 東沃沮. "毌丘儉討句麗, 句麗王宮奔沃沮, 遂進師擊之. 沃沮邑落皆破之, 斬獲首虜三千餘級, 宮奔北沃沮";『三國志』卷30 烏丸鮮卑東夷傳 濊. "正始六年, 樂浪太守劉茂·帶方太守弓遵以領東濊屬句麗, 興師伐之, 不耐侯等擧邑降".

41) 임기환, 1992,「魏 貫丘儉紀功碑」(한국고대사회연구소 편,『역주 한국고대금석문』1).

42) 『三國史記』卷24 古尒王 13年 秋8月. "魏幽州刺史毌丘儉與樂浪太守劉茂·朔方太守王遵伐高句麗, 王乘虛, 遣左將眞忠, 襲取樂浪邊民, 茂聞之怒, 王恐見侵討, 還其民口".

맞서 가우호加憂呼 정책으로 관할 소국들을 안정시키고자 했던 고이왕은 관구검의 침입을 틈타 오히려 낙랑을 공격하는 적극적인 정책을 펼쳤다. 결과적으로는 두려움에 민구民口들을 돌려주었다고 서술되어 있지만, 고이왕의 적극적인 대응이 소국들에게 미친 영향력을 적은 것이 아니었다. 유명한 기리영崎離營 전투는 그 과정에서 벌어진 일이었다.

A) ④ 부종사部從事 오림吳林이, 낙랑군이 본래 한韓의 나라를 통솔하였다는 이유로 진한辰韓의 팔국八國을 나누어 낙랑군에 주고자 하였다. 통역하는 관리가 말을 옮기면서 잘못이 있어서 신분고한臣濆沽韓이 분노하여 대방군 기리영崎離營을 공격하였다. 이때 (대방) 태수 궁준弓遵, 낙랑태수 유무劉茂가 군사를 일으켜 이를 정벌하였는데, 궁준을 전사시켰으나 2군은 마침내 한韓을 멸滅하였다.[43]

이 자료에 등장하는 부종사部從事는 위진남북조 시대 때 지방관제인 주부州府에 소속된 속관으로 군내郡內의 행정 전반을 규찰하고, 주州의 정령政令을 전달, 집행하였던 직책을 의미한다.[44] 그렇다면 오림吳林은 유주자사 관구검의 속관으로, 낙랑군의 행정 전반을 규찰하기 위해서 파견된 인물이라고 할 수 있다. 그리고 그가 맡은 임무는 진한팔국辰韓八國을 분할하여 낙랑군에 주는 것이었다.

이 자료에 나오는 오림吳林의 말을 상주尙州에서 출토되었다고 전해지는 위솔선한백장魏率善韓佰長 동인銅印을 근거로[45] 보면, 진한팔국辰韓八國은

---

43) 『三國志』 卷30 魏書 烏丸鮮卑東夷傳 韓條. "部從事吳林 以樂浪本統韓國, 分割辰韓八國 以與樂浪, 吏譯轉有異同, 臣智激韓忿, 攻帶方郡崎離營. 時太守弓遵·樂浪太守劉茂, 興兵伐之, 遵戰死, 二郡遂滅韓". 그런데 여기서의 臣智激韓忿이 通志에서는 臣濆沽韓忿으로 표기되어 있다(『通志』 卷194 馬韓).

44) 部從事는 部郡從事라고도 한다. 張晉藩 編. 1992, 『中國官制通史』, 245쪽.

말 그대로 진한에 소속된 8국을 의미하는 것이겠다.[46] 오림이 무슨 근거로 진한팔국辰韓八國을 지목하였는지는 기술되어 있지 않으나, 상주에서 나왔다는 동인에서 알 수 있듯이 경초景初(A.D 237~239) 년간의 대한對韓 회유책은 어느 정도 성과를 거두었다고 판단하는 것이 사실이겠다. 그러므로 오림의 처지에서는 이런 소국들에 대한 낙랑의 관할권을 주장하는 것은 아마도 당연하다고 생각하였을 것이다.

그런데 자신의 주장을 신분고한臣濆沽韓에 전하면서 문제가 생겼다. 관련 자료에서는 이에 대해 통역하는 관리가 말을 옮기면서 잘못을 저질렀기 때문에 오해가 생긴 것이라고 해명하고 있지만, 결과는 신분고한이 감행한 대방군 관할 하의 기리영 공격이었다. 여기서 우선 흥미를 끄는 것이 바로 통역자가 잘못 옮겼다는 내용이다. 잘못된 통역이 곧바로 전쟁을 일으킨 것인데, 그것은 아마도 고구려와 동옥저, 예와의 전투에서 승리로 일관했음을 자만했던 오림의 언동에서 기인되었을 가능성이 크다.[47] 즉 따르지 않으면 전쟁을 할 것이라는 협박을 했을 것으로 추정하는 것인데, 이 협박은 고이왕의 가우호加憂呼 정책에 적극적이었던 신분고한의 입장에서는 전쟁을 강요한 협박이라고 받아들이지 않을 수 없었을 것이다.

---

45) 김정숙, 1992, 「魏率善韓佰長 銅印」(한국고대사회연구소 편, 『역주 한국고대금석문』 2), 218쪽.

46) 辰韓八國은 辰韓 지역에 소재한 8國인 것은 사실일 것이나, 이것이 곧바로 진한 12국 가운데 8국을 의미하는 것은 아닌 듯하다. 고구려를 공격하는 과정에서 동반된 예맥 공격의 결과 한나혜 등 수십국이 항복했다는 것을 보면, 8국 역시 훨씬 작은 규모의 소국들을 지칭하는 것이라 생각되기 때문이다『三國志』卷4 魏書4 三少帝紀第4. "(正始)七年 春二月, 幽州刺史毌丘儉 討高句驪, 夏五月, 討濊貊, 皆破之. 韓那奚等數十國各率種落降").

47) 당시 臣濆沽韓이 분노한 배경에 대해서 최근 연구에서는 모두 낙랑이 직접 辰韓八國과 교역함으로서 臣濆沽韓이 가질 수 있는 중간 교역 이익을 배제하려고 했기 때문이라고 설명하였다. 尹龍九, 1999, 「앞의 글」, 127쪽 ; 임기환, 2000, 「앞의 글」, 22쪽 ; 권오영, 2001, 「앞의 글」, 36쪽 ; 尹善泰, 2001, 「앞의 글」, 37쪽.

당시 이 한위韓魏 전쟁이 상당히 격렬했음은 분명하다. 240년(정시원년正始 元年) 대왜對倭 외교를 담당하였고,[48] 245년(정시 6) 대동예對東濊 전쟁에 혁혁한 공을 세웠던[49] 위나라 대방태수 궁준의 전사는 당시 한위韓魏 전쟁이 얼마나 격렬했던가를 보여주는 사례라 할 것이다. 전쟁의 결과는 멸한滅韓이었다.[50] 그러나 멸한滅韓의 내용은 예濊의 경우와 마찬가지로 한韓도 위魏에게 1년에 네 번 낙랑군을 방문해 태수를 만나보는 것(사시예군 조알四時詣郡朝謁)과 군대를 동원하거나 조달품을 부과할 때(군정부조軍征賦調) 그에 관련된 물품과 인력을 동원해 주는 것(공급역사供給役使)뿐이었겠다.[51]

이상이 3세기에 활약한 신분고국에 관한 검토이다. 이 작업은 천관우가 가평에 존재했을 것으로 추정한 마한 소국의 하나인 신분고국의 위치 비정 타당도를 검토하기 위하여,[52] 비교적 긴 지면을 할당하여 해당 자료들을 정리한 것이다. 그 결과는 신분고국이 기리영과 상주로 연결되는 교통로의 중간에 있다는 것이다. 기리영의 위치에 대해서는 일찍이 황해도 평산군 인산면 기린리麒麟里 일대로 추정한 바 있고,[53] 상주의 위치는 명확하다. 최근에 권오영은 파주 주월리, 포천 영송리, 성동리와 자작리, 개성지역

---

48) 『三國志』卷30 魏書 烏丸鮮卑東夷傳 倭條.

49) 『三國志』卷30 魏書 烏丸鮮卑東夷傳 濊條. "正始六年, 樂浪太守劉茂·帶方太守弓遵 以領東濊屬句麗, 興師伐之, 不耐侯等舉邑降. 其八年, 詣闕朝貢, 詔更拜不耐濊王. 居處 雜在民間, 四時詣郡朝謁. 二郡有軍征賦調, 供給役使, 遇之如民".

50) 같은 시기 백제 역시, 낙랑·대방 계통의 정치세력과 대결을 벌인 바 있었다. 『三國史記』卷24 古尒王 13年 秋8月. "위의 유주자사 관구검이 낙랑태수 유무와 삭(대)방태수 왕군과 더불어 고구려를 정벌하므로, 왕이 그 틈을 타서 좌장 진충을 보내어 낙랑의 변민을 빼앗았다. 유무가 듣고 분노하므로, 왕이 침략을 받을까 두려워서 그 백성을 돌려주었다."

51) 『三國志』卷30 魏書 烏丸鮮卑東夷傳 濊條.

52) 千寬宇, 1989, 『앞의 책』, 417쪽.

53) 李丙燾, 1936, 「三韓問題의 新考察 4 - 辰國及三韓考」『震檀學報』5.

등의 유적과 출토 유물에 주목하여 신분고국이 경기 동부지역이 아니라 경기 북부에 존재했을 가능성을 지적한 바 있고,[54] 영서領西 예濊의 활동에 주목한 윤선태는 여전히 영서지역에 존재했을 가능성을 주장한 바 있다.[55] 그런데 앞에서 서술한 바와 같이 기리영 전투의 발발 계기가 상주 방면의 진한팔국辰韓八國이라는 점을 염두에 두면, 당연히 서울을 거쳐 한강을 따라 상주로 가는 길을 연상하게 된다. 그렇기 때문에 양자를 중개하던 신분고국의 위치를 한강을 중심으로 찾아야 할 것이고, 그런 의미에서 천관우가 지적한 가평은 여전히 의미가 있는 곳이라고 생각할 수 있다.

  이제 이 장의 원래 과제인 법천리 소재 6호 토광묘주의 마한백제 내 위치에 대해 살펴보기로 하자. 이 토광묘와 출토유물을 통해 알 수 있는 것은 다시 한 번 요약해 보면 머리말에서 제시한 발굴책임자들의『보고서』와「발표문」에 따라 조성 시기는 3세기말에서 4세기 초이고, 출토된 토기를 통해 경질무문토기에서 타날문 토기로 이행되는 시기라는 것이다. 그리고 지금까지 동 시기에 존재했던 한강 소재 마한 소국들에 관한 천관우의 위치 비정의 신뢰도 검사를 하였다. 그리고 한 예에 불과하지만, 신분고국이 가평에 존재했을 것이라는 주장에 상대적인 믿음을 가지게 되었다. 사실 이 장은 천관우가 남한강 수계에 있던 소국이 양평 혹은 지평에 있었을 것으로 추정한 일화국日華國과 고탄자국古誕者國이 원주와 횡성이 아니었을까하는 역시 필자의 추정에 관한 근거를 찾기 위하여 서술한 것이다. 천관우가 원주의 문화가 예계濊系라고 단정하고 마한 소국의 위치 비정에서 원주를 배제하였지만, 그 가정은 잘못되었다는 것이다. 이는 법천리 발굴 유구와 출토 유물은 모두 마한과 백제 계통이라는 것이『보고서』와「발표문」의 결론에서 확인할 수 있었다. 그러나 천관우의

  54) 권오영, 2001,「앞의 글」, 35~36쪽.
  55) 尹善泰, 2001,「앞의 글」, 37쪽.

한강 부근에 소재한 것으로 판단한 위치비정은 크게 잘못된 것이 아니었다. 이는 이 시기 신분고국의 활동에서 확인할 수 있었던 것이다. 그러므로 이 장에서는 한계는 많지만 일단 법천리 소재 6호 토광묘주를 일화국 소속의 지배자(신지층)라고 잠정 결론을 내리고자 한다.

## 2. 1·2호 석실분 조성 세력과 백제와의 관계

신분고국臣濆沽國의 위치 비정을 통해서 6호 토광묘가 마한 소국의 하나인 일화국日華國에 소속되어 전통을 둔 지배자집단의 묘라고 보았을 때, 기왕의 연구 성과와 비교하여 해명해야 할 분야들이 많이 있지만 이 글의 연구소재상 특별히 필자의 보충 설명을 피할 수 없는 부분이 백제와 한강 소재 마한 소국들의 관계에 대한 것이었다. 즉 백제왕인 고이왕(234~286)이 마한 소국의 신지층을 다스렸다(치治)고 하였는데,[56] 백제의 이런 전통이 언제부터 시작되었을까 하는 점이다.[57] 이는 법천리 고분군의 유구와 출토유물을 보면서 생각해 왔던 것이다.[58] 그렇게 좁은 유적 현장에서 그렇게 다양한 장례문화의 전통을 가진 묘제가 있을 수 있었다는 점과, 매우 다양한 수준의 유물이 풍부하게 출토될 수 있다는 것을 보면서 당시 원주 재지세력의 문화 수용에 대한 입장 해명이 필요하다고 생각하였

---

56) 『三國志』 卷30 魏書 烏丸鮮卑東夷傳 韓條. "辰王治月支國臣智".

57) 최근 몇 연구에서는 대체로 고이왕대를 전후해 伯濟에서 百濟, 十濟에서 百濟로 주도권이 바뀌었다고 서술하고 있다. 권오영, 2001, 「앞의 글」; 李鍾旭, 1996, 「百濟 初期國家로서 十濟의 形成」 『국사관논총』 69. 한편 노중국은 기리영 전투를 분석하여 『三國史記』에 온조왕대 관련 자료가 고이왕대의 기록일 것으로 교정한 바 있다. 盧重國, 1987, 「馬韓의 成立과 變遷」 『馬韓·百濟文化』 10.

58) 1999년 5월 3일부터 6월 30일까지 진행된 법천리 고분군 1차 발굴조사의 현장설명회가 그해 7월 부론초등학교에서 있었는데, 당시 설명회는 故 한영희 선생이 주관하였다.

다. 더욱이 2장에서 언급한 바와 같이 고이왕과 마한 소국의 관계가 가우호加憂呼 정책의 대상이면서 동시에 신분고국의 예에서와 같이 소국 스스로 독자적인 군사행동을 할 수 있었던 이 시기 지방과 중앙의 관계는 매우 궁금하였다. 그리고 이 문제는 4세기 중·후반에서 5세기 초에 조성되었다는 고분을 분석하면서 종합 정리하는 것이 타당할 것으로 생각하였다.

『보고서』에서 4세기 중·후반에서 5세기 초에 조성되었을 것으로 추정하는 법천리 고분이 1호분·2호분 석실분이다. 1호분 출토유물 가운데 연대를 추정할 수 있는 것이 청동초두靑銅鐎斗이다. 초두鐎斗는 술을 데우는 온주기溫酒器인데 1호분에서 나온 청동초두는 350년 전후에 제작된 것으로 알려졌다.[59] 2호분 출토유물 가운데에는 양형羊形 청자가 있는데, 그 모양이 중국 남경南京 상산象山 7호 동진묘東晋墓 출토의 양羊 모양 청자와 유사하다. 이를 근거로 2호분의 조성 시기는 4세기 중반을 상한으로 삼는다.[60] 당연히 이들 묘주와 조성세력은 동진東晋(306~418)과 교류가 활발했던 백제 문화의 영향권에 있었던 것으로 파악하는 것이 자연스러웠다.

그런데 김원룡이 1호분과 2호분 모두, 4세기 중반에 조성되었을 것으로 본 것에 반하여 송의정·윤형원은 2호분의 조성 시기는 4세기 중·후반인 것이 맞지만 1호분은 5세기 전반에서 중반 때인 것으로 판단하고 있다.[61] 특히 윤형원은 1호분에 대해서 우편제 연도 횡혈식 석실분이라는 축조의 계획성과, 금제이식金製耳飾, 금동식리金銅飾履, 청동초두靑銅鐎斗와 철제등자鐵製鐙子 등으로 보아 조성 연대는 백제 한성 도읍기에 해당하는 5세기 전반에서 중반으로 보는 것이 타당한데, 그 이유는 청동초두의 제작 연대는 4세기 후반으로 보더라도 장기간에 땜질하면서 사용한 흔적이 있고, 신라

---

59) 金元龍, 1973, 「앞의 글」.
60) 金元龍, 1975, 「앞의 글」.
61) 宋義政·尹炯元, 2000, 『앞의 책』, 164쪽.

지역에서도 5세기에서 6세기에 걸쳐 성행한 점으로 보아 1호분에 청동초
두가 매납된 시기는 5세기 전반의 것으로 보는 것이 타당하다는 것이다.[62]

이러한 출토유물의 편년과 더불어 원주 재지세력의 계통과 관련해서
주목되는 사항은 이들 묘주와 조성세력에 대한 것이다. 이에 대한 연구
성과를 보면 ① 1호분 주인공이 수장층의 위치인 것은 확실한데,[63] ②
이들 수장층에게 청자와 같은 당대의 희귀품이 수도에서 멀리 떨어진
지역까지 확산되는 데에는 복속지역의 수장층을 제어하려는 백제 지배층
의 의도가 짙게 깔려 있는 것이고[64] ③ 백제의 의도라는 것은 구체적으로는
수장층으로 하여금 백제의 대對 예계濊系지역 진출과 관련된 교두보적
역할을 담당하려는 것이었다고 한다.[65] 4~5세기 백제와 원주 재지세력(수
장층)의 관계가 복속과 제어라는 관점에서 파악한 것이다.

그런데 앞에서 구체적으로 서술한 바와 같이 3세기 백제와 신분고국의
관계는 가우호加憂呼 정책의 대상이면서 동시에 독자적인 군사행동을
할 수 있었던 관계였다. 양자 간의 상관성과 독자성이 분명히 존재했다는
것이다.[66] 그리고 이런 전통은 오랜 역사적 경험을 갖고 있는 것이었다.

마한 소국 중의 하나였던 백제 쪽의 기록을 보면, 이미 B.C 6년(온조왕
13)에 강역을 넓혀 북쪽으로는 패하貝河, 남쪽으로는 웅천熊川 서쪽으로는
서해 바다(大海), 동쪽으로는 주양走壤에 이르렀다고 한다.[67] 여기서의 주양

---

62) 尹炳元, 2002, 「앞의 글」, 49쪽.

63) 崔秉鉉, 1992, 『新羅古墳硏究』.

64) 권오영, 1988, 「4세기 백제의 지방통제방식일례」『한국사론』18.

65) 朴淳發, 2001, 「백제의 성장과정」『漢城 百濟의 誕生』, 227쪽.

66) 원삼국기가 되었건, 초기국가가 되었건, 1~3세기 삼국의 국가체제 성격에
대해서는 학계의 논란이 많다. 고고학계에서는 비교적 원삼국기라는 용어가
주도적인데 반하여 문헌사학계에서는 초기국가부터 여러 접두어가 붙는 연맹
혹은 연합이라는 용어를 사용하고 있다. 權五榮, 1996, 「앞의 글」, 209~212쪽.
이 글에서는 상관성과 독자성에 주목하여 집권적 고대국가로 추정하고 있다.

은 673년(문무왕 13)에 보이는 수약주首若州 주양성走壤城으로[68] 많은 연구자들이 공감하고 있는 춘천임에 틀림없다.

그리고『삼국사기』의 기록대로라면 A.D 6년(온조왕 24) 백제가 웅천에 책柵을 세우자 마한이 사신을 보내 항의하면서 온조가 처음 왔을 때 동북 1백리의 땅을 떼어 주어 편안케 하였는데, 이제 국가체제가 완성되고 민이 모여 우리(백제)에게 대적할 자가 없다고 하면서 크게 성지城池를 만들어 나(마한)의 봉강封彊을 침범하니 유감스럽다하여 온조가 그 성을 헐어버린 것을 보면[69] 온조 13년의 백제 강역 기사는 믿을 만하다 할 것이고, 온조로 대표되는 백제계 문화가 한강을 따라 이천, 여주, 그리고 원주, 횡성에도 영향을 미쳤을 것임은 분명하겠다.

실제 이 시기 백제가 횡성에도 밀접한 영향력을 행사했다는 기록이 있다. 즉 온조왕의 아들인 다루왕이 즉위한 지 4년째 되던 해 가을 8월에 고목성高木城의 곤우昆優가 말갈과 싸워 크게 이기고 200여 명의 머리를 베는 전과를 거두고, 9월에 왕이 횡악橫岳 아래에서 사냥하였는데 한 쌍의 사슴을 연달아 맞히니 여러 사람들이 탄복하고 칭찬하였다고 하는데,[70] 이 기록에 보이는 횡악이 바로 횡성이다.[71] 그렇다면 온조왕대 기사 백제의 동쪽 경계는 춘천에서 횡성에 이르는 것이 되고, 이는 우휴모탁국優休牟涿國과 신분고국臣濆沽國, 일화국日華國, 고탄자국古誕者國, 노람국怒藍國, 고리국古離國 등, 이 지역에 있던 마한 소국이 모두 백제의 관할 하에 들어갔다는 것이 된다.

그런데 경초년간에 대방군 기리영 전투에서 본 바와 같이 가평에 자리

---

67)『三國史記』卷23 溫祚王 13年 8月.
68)『三國史記』卷7 文武王 13年 9月.
69)『三國史記』卷23 溫祚王 24年 秋7月.
70)『三國史記』卷23 多婁王 4年.
71) 金起燮, 1996,「百濟 近肖古王代의 東境」『百濟文化』25, 8쪽.

잡고 있던 신분고국은 백제와 같이 대방군과 낙랑군에 독자적으로 대항하고 있다. 뿐만 아니라 고이왕 이전의 백제는 말갈·낙랑 등의 지속적인 공격을 받고 있어, 온조왕대의 사실로 믿기에는 상당한 어려움이 따른다. 그렇기 때문에 최근의 몇몇 연구에서도, 온조왕대의 백제 영역 기록은 후대 곧 근초고왕대의 역사적 사실을 반영하는 것으로 보는 것이 일반적이다.[72]

만약 이렇게 본다면 곧 바로 해결해야 할 과제 중의 하나가, 백제와 신라와의 교류 문제이다. 즉 다루왕이 영토를 개척하여 낭자곡성娘子谷城에 이르렀고, 사신을 신라에 보내 만나기를 청하였으나 (신라가) 듣지 않았다거나, 다루왕이 군사를 보내 신라의 와산성蛙山城을 공격하였으나 이기지 못하자, 군사를 옮겨 구양성狗壤城을 공격하였는데, 신라가 기병 2천 명을 일으켜 맞아 쳐서 패주시켰다거나, 와산성을 공격하여 빼앗고 (군사) 200명을 남겨 두어 지키게 하였는데, 얼마 안 있어 신라에게 패하였다는 등등의 기사가 있는데,[73] 주지하다시피 이 기사에 등장하는 낭자곡성娘子谷城은 충북 청주, 와산성蛙山城은 충북 보은, 구양성狗壤城은 충북 괴산 혹은 옥천 등으로 추정되는 곳으로 백제의 영역이 어느 정도 확보되었을 때 가능한 사실들이다. 비록 이때의 신라가 실제로는 진한으로 보더라도 마찬가지이다.

그러므로 앞에서 제시한 온조왕 13년의 "마침내 강역을 구획하여 정하였다(획정강장劃定疆場)"는 기사의 내용은 상당히 음미해야 할 내용이 된다. 그리고 이에 대하여 마한왕이 한 말 가운데 "내가 동북쪽의 100리의 땅을 떼어 주어 편히 살게 하였는데(오할동북일백리지지안지吾割東北一百里

---

72) 盧重國, 1987, 「앞의 글」 ; 金起燮, 1996, 「앞의 글」 ; 유현용, 1997, 「溫祚王代 馬韓征服記事의 재고찰」『史叢』46.
73)『三國史記』卷23 多婁王 36·37·39·48·49年.

之地安之)" 이제 백성들이 모여들자 성지城池를 크게 설치하여 "우리 영역을 침범했다(침범아봉강侵犯我封疆)"는 표현도 크게 주목해야 할 대목이다.[74] "획정강장劃定疆場"은 마한왕이 말한 바와 같이 "봉강封疆"을 의미하는데, 봉강封疆은 말 그대로 제후를 봉한 땅을 의미하는 것이다. 마한왕과 마한 소국과의 관계는 그런 관계였는데, 이 체제를 깼다는 말로 이해할 수 있는 것이다. 이런 선상에서 본다면, A.D 9년(온조왕 27)의 "마한이 마침내 멸하였다(마한수멸馬韓遂滅)"는 기록도[75] 마한왕의 할지割地, 봉강封疆으로 운영되던 봉강체제가 무너졌다고 이해하는 것이 옳겠다.[76] 이는 곧 온조왕 대의 강역기사가 근초고왕대의 기사를 반영한 것으로 보기는 어렵다는 것을 의미한다. 원래 온조 당시의 기록인 것이다. 그리고 1~3세기 마한·백 제와 원주 재지세력과의 관계를 살펴보려면 이 봉강체제라는 용어가 매우 중요해짐을 의미한다.

사전을 찾아보면 봉강封疆은 말 그대로 제후를 봉한 땅을 의미한다. 그런데 위 자료에서는 온조왕 13년 이전에는 마한왕이 봉강의 주체였는데 (아봉강我封疆), 그해 백제가 봉강의 한 담당자로 나서게 된 후(획정강장劃定 疆場) 온조왕 27년에 백제는 앞에서 서술한 바와 같이 마한수멸馬韓遂滅이라 고 하여 마한왕의 봉강체제를 무너뜨렸다고 간주하였다. 여기서의 멸滅은

---

74) 『三國史記』 卷23 溫祚王 24年 秋7月. 백제 온조왕대의 통치체제를 조공 관계로 분석하고자 한 연구자가 이종욱이다. 그리고 노중국도 시기조절은 있었지만, 이 기록 자체를 같은 방식으로 해석하고 있다. 최근 박사학위논문을 제출한 박찬규도 비슷한 입장을 취하고 있다. 李鍾旭, 1996, 「百濟의 國家形成 - 三國史記 百濟本紀를 중심으로」 『大邱史學』 11 ; 盧重國, 1987, 「앞의 글」 ; 朴燦圭, 1995, 「앞의 글」.

75) 『三國史記』 卷23 溫祚王 27年 夏4月.

76) 마한왕의 封疆체제를 무너뜨린 이 시기 백제의 지방통치체제에 대해 박현숙은 부체제로 이해하였다. 박현숙, 1991, 「百濟初期의 地方統治體制 研究 - 部의 成立 과 變化過程을 中心으로」 『百濟文化』 20 ; 박현숙, 1998, 「三國史記 百濟本紀 溫祚王 祚條의 檢討」 『선사와 고대』 10.

마한왕이 해 왔던 할지割地(오할동북일백리지지지吾割東北一百里之地)의식을 백제왕이 대신하겠다는 의미이다. 그리고 이 할지割地, 봉강封疆은 고이왕으로 간주되는 진왕이 목지국의 신치층을 다스리는 과정에서, 신지臣智 가운데 신운臣雲(신운신국臣雲新國)의 견지보遣支報, 안사安邪(안사국安邪國)의 축지踧支, 분신濆臣(신분고국臣濆沽國)의 이아불례離兒不例, 구사狗邪(구사국狗邪國)의 견지렴秦支廉의 호칭을 우대함을 더하여 불렀다(가우호加優呼)는 것으로 보아,[77] 마한의 여러 소국들의 신지층을 중심으로 봉강체제를 유지해 온 것으로 이해할 수 있다. 그리고 고이왕으로 간주되는 진왕辰王 시절에도[78] 마한 소국의 하나인 신분고국이 위나라의 대방태수를 상대로 독자적인 군사행동을 한 것으로 보아 1~3세기까지 여전히 봉강체제 속에서 마한 소국들이 움직였다고 할 수 있다. 그리고 진왕이 고이왕인 것처럼 삼국지의 마한 소국 역시 중국 측 입장에서는 마한으로 인지되었지만, 백제인들은 백제가 진조辰朝를 계승한 왕조라고 간주했던 것이다.[79]

그렇다면 1·2호 석실분 조성 세력, 즉 원주 일화국의 신지층이 동진제 양형청자와 청동 초두를 부장할 수 있게 된 배경은 무엇이었을까? 이와 관련하여 주목되는 것이 근초고왕 당시 지방제도의 변화이다.[80]

기노스누노쓰구네(紀角宿禰)를 백제百濟에 보내어 처음으로 국군國郡의

---

77) 『三國志』卷30 魏書 烏丸鮮卑東夷傳 韓條. "辰王治月支國. 臣智或加優呼 臣雲遣支報·安邪踧支·濆臣離兒不例·拘邪秦支廉之號. 其官有魏率善·邑君·歸義侯·中郎將·都尉·伯長".

78) 천관우는 진왕이 바로 고이왕이라고 설명한 바 있다. 千寬宇, 1974, 「目支國攷」 『韓國史研究』 24.

79) 韓國古代社會研究所 編, 1992, 「扶餘隆 墓地銘」 『譯註 韓國古代金石文』 제1권. "公 諱隆 字隆 百濟辰朝人也".

80) 근초고왕대의 일반적 성격에 대해서는 다음 저서가 참고된다. 金起燮, 2000, 『百濟와 近肖古王』, 학연문화사.

66　제1편 삼국~고려시대 원주지방사의 전개

경계(강장疆場)를 나누고 빠짐없이 고루 조사하여 향토의 산물을 기록하였다.[81]

이 자료를 근초고왕대의 지방제도로서 이용하는 것은 상당히 조심스럽지만,[82] 국군國郡으로 영역을 나누어 향토의 소출을 기록했다는 것은 근초고왕대 지방제도의 성격을 이해하는데 매우 흥미로운 기록이다. 국군國郡이라는 단어가 의미가 있다면, 이는 앞서 인용한 자료와 같은[83] 형식을 취한 것이라 생각된다. 그러므로 여기서 주목되는 것은 향토의 산물을 기록했다는 것이다.

> 치성治城을 고마固麻라고 하고, 읍邑을 담로檐魯라고 하니, 중국의 군현郡縣과 같다. 그 나라에 22개의 담로가 있으니, 모두 자제와 종족을 나누어 거처하게 하였다.[84]

백제 담로제의 성립 시기와 구체적인 운영 실태에 대해서는 좀 더 고찰할 필요가 있지만,[85] "모두 자제와 종족을 나누어 거처하게 하였다(개이자제종족皆以子弟宗族분거지分據之)"는 것은 온조왕대 마한왕이 봉강했던

---

81) 『日本書紀』 卷11 仁德紀 41年 春3月. "遣紀角宿禰 始分國郡疆場 俱錄鄕土所出".
82) 인덕기 41년은 353년으로 근초고왕 8년에 해당한다. 盧重國, 1985, 「漢城時代 百濟의 地方統治體制 - 檐魯體制를 中心으로」『邊太燮博士華甲紀念史學論叢』, 135쪽.
83) 『後漢書』 志28 百官5. "四夷國王 率衆王 歸義侯 邑君 邑長 皆有丞 比郡縣".
84) 『梁書』 諸夷傳 百濟. "號所治城曰固麻 謂邑曰檐魯 如中國之言郡縣也 其國有二十二檐魯 皆以子弟宗族分據之".
85) 盧重國, 1985, 「앞의 글」; 박현숙, 1993, 「백제 담로제의 실시와 그 성격」『송갑호 교수 정년 퇴임기념논문집』. 이러한 담로제에 대한 최근 연구 성과 검토는 다음 글이 참고된다. 金英心, 1996, 「百濟地方統治體制研究 - 5~7세기를 중심으로」(서울대 박사학위논문), 3~5쪽.

것과 같은 원리로 이제 백제가 봉강을 하게 되었다는 것을 의미한다. 그러나 마한왕과 다른 것은 근초고왕대 백제는 향토의 소출을 기록하면서 지방을 운영했다는 점이다. 이는 지방 수장의 입장에서는 상당히 고려를 많이 해야 할 사항이었다. 백제의 한 군현, 일화국이 아니라 일화국군日華國郡으로서 존재해야 함을 의미하는 것이기 때문이었다. 1·2호 석실분 조성 세력이 동진제 양형청자와 청동초두를 부장할 수 있게 된 것은 기왕의 봉강체제에 군현제적 요소를 가미하는 새로운 지방 질서를 수용하라는 백제 중앙정부의 회유책을 일화국원주에서도 받아들였음을 의미하는 것이다.


Ⅲ. 중원 고구려비를 통해본 평원군과 고구려와의 관계

법천리 고분군에는 5세기에서 6세기 전반으로 추정될 고구려식 무덤이 없다. 6세기 후반에 조영되었을 신라식 무덤(횡구식 석관묘 4기, 7, 8, 13, 23)이 있는 것을 염두에 두면, 무언가 사정이 있었을 것이다. 그래서 혹자는 백제시대까지 법천리에 고분을 조영하던 집안이 고구려에 의해 해체되었기 때문에 평원군 시대에는 고구려식 고분이 만들어지지 않았을 것이라고 추정해 보기도 하였다.[86]

그런데 기록에 충실하게 생각하여 5세기 후반에서 6세기 전반 고구려가 원주를 평원군이라고 불렸다는 삼국사기 기사를 염두에 둔다면 일화국 원주시대의 신지층이건 하호층이건 원주 토착민 가운데 시대가 바뀌어 평원군고구려가 되었다면, 고구려와 호흡을 같이하는 집안이 있었을 것인

---

86) 서영일, 2003, 「앞의 글」, 40쪽.

데, 그 물적 증거는 전혀 나오지 않고 있었다.

그러다 마침 원주시 문막읍 건등리 1440번지 일원의 아파트 신축공사 전에 실시된 발굴조사에서 고구려 토기가 출토된 주거지 3기와 구상 유구 등 여러 유구 등[87] 고구려 관련 자료가 세상에 드러났으나, 그 실체를 파악하기에는 그 자료의 양과 질이 조금 아쉬웠다.

더구나 고구려 평원군이라고 하나『삼국사기』지리2, 3의 고구려 ○○군(현), 백제 ○○군(현) 등 군현 명칭은 통일 이후에 붙여졌을 가능성도 있다고 하고,[88] 고구려 군제郡制 역시 제한적으로 시행된 것이라는 평가여서[89] 평원군고구려 시대의 원주가 어떤 상태였는지를 파악하기가 쉽지 않긴 하다. 그래서 이 글에서는 광개토왕비문과 중원 고구려비문에 나오는 고모루성이 원주가 아닐까하는 추정을 과감하게 수용하여[90] 이 시기 원주의 사정을 추정해 보기로 하겠다. 중원 고구려비 좌측면을 보면,[91] 고모루성古牟婁城 수사守事 하부下部 대형大兄 야□耶□가 나오는데, 이 고모루성이 원주성일 가능성이 높다는 추정에 동의한다는 것이다.

---

87) 예맥문화재연구원, 2006,『원주건등리 아파트신축부지내 유적 발굴조사 약보고서』. 남한강 유역에는 충북 충주시 이류면 두정리 355번지 일원의 두정리 고분 6기(중원문화재연구원, 2008,『충주시 클린에너지파크 건설사업부지내 문화재 연장발굴조사 지도위원회 자료』)와 함께 건등리 고구려 유적만 있다고 한다. 백종오, 2008,「남한 내 고구려 유적 유물의 새로운 이해 - 최근 발굴유적을 중심으로」『선사와 고대』28.

88) 노중국, 1995,「삼국사기의 백제 지리 관계 기사 검토」『삼국사기의 원전검토』.

89) 노태돈, 1996,「5~7세기 고구려의 지방제도」『한국고대사논총』8.

90) 서영일, 2000,「앞의 글」. 고모루성은 ① 충남 덕산, ② 충북 음성, ③ 포천 고모리산성, ④ 한강 하류 강북지역, ⑤ 남한강 상류지역 설 등이 있는데, 남한강 상류, 즉 원주, 춘천 가능성은 1979년 변태섭이 처음 제시했다고 한다. 우벌성에 대해서는 ① 경주 ② 충주 ③ 순흥 설이 있다. 지명뿐 아니라 인명 등에 대한 주요 연구동향에 대해서는 다음 논문이 참고된다. 장창은, 2006,「앞의 글」.

91) 徐永大, 1992,「중원 고구려비」(한국고대사회연구소편, 1992,『역주 한국고대금석문』1).

고모루성을 원주로 볼 경우, 우리가 해결해야 할 과제는 다음과 같다. 우선 고모루성 수사守事와 평원군수平原郡守, 고모루성 수사守事와 고모루성민城民, 곡민谷民과의 관계, 고모루 성민城民, 곡민谷民과 평원군민平原郡民과의 관계를 해명해야 한다. 그리고 고모루성 수사守事와 우벌성 당주幢主와의 관계 역시 해명 대상이다.

한문대사전에서는 묵자를 인용하여[92] 수사守事를 공무公務로 해석하였다. 적이 공격해 왔을 때 수비하는 일을 집어치우고 사사로이 집안일을 돌보면(석수사이치사가사釋守事而治私家事) 집안사람들과 어린아이들까지도 용서 없이 처단해야 한다고(가실영아 개단무사家室嬰兒 皆斷無赦) 할 때, 수사라는 단어를 썼다. 그런데 묵자의 소제목으로 쓴 호령號令이 군기軍紀를 유지하기 위한 조치이고 대부분의 관련 내용이 군사 관련 사례인 것을 보면 수사는 좁게는 수비하는 일, 넓게는 군사관련 업무로 보는 것이 자연스럽다. 실제 277년 전후에 조왕륜이 평북장군으로서 업성鄴城의 수사를 감독한 사례를 보면,[93] 중국에서의 수사守事는 수제군사守諸軍事, 즉 지방관이 아니라 군軍에 관한 여러 일을 담당하는 사람임에 틀림없다.

그러면 고구려의 수사는 어떠한 사람일까? 중국과 같이 군기 담당 직임을 가진 직책일까 아니면, 고구려 독자적인 전통을 가진 지방관일까가 고민인데, 이 난제를 해결할 수 있는 단서가 중원 고구려비이다. 비문의 내용은 다음과 같다.[94]

1) (480년)[95] 5월 중의 일이다. 고려 태왕이신 조왕(할아버지 태왕=장수

---

92)『묵자』卷70 號令.
93)『진서』卷59 趙王倫. "咸寧中 改封於趙 遷平北將軍 督鄴城守事 進安北將軍"; 김미경, 1996,「고구려의 낙랑·대방지역 진출과 그 지배형태」『학림』17.
94) 비문의 판독과 해석은 다음 논문을 위주로 하였다. 남풍현, 2000,「앞의 글」.
95) 비문 가운데 연대를 알 수 있는 단어는 高麗, 일간지인 十二月 廿三日甲寅,

왕)께서는 신라 매금[96](소지마립간)으로 하여금 서원誓願을 하게 하되,
세세世世로 형제와 같이 위 아래(상하)가 화목하고 하늘의 도리를 지키
도록 하라고 영을 내렸다.

2) (그런데) 동이매금(소지마립간)이 (장수왕을 대신하여 이 일을 주관하
던) 태자 공(문자명왕의 아버지인 조다의[97] 동복 혹은 이복 형제로
추정)을 기피하였다.

3) 전부 대사자인 다우환노와 주부인 귀덕이 (무언가의 조치를 하여)
(동이 매금=소지마립간 대신에 신라에서 온) 모인某人(제弟)으로 하여
금 이곳에 이르러(도지到至) 영천營天에[98] 꿇어 앉게 하였다.

4) 태자 공이 (동이 매금을 대신하여 신라에서 온 모인某人=제弟에게)
말할 때 (영천營天 안의) 제사단 위(전상壂上)를 향하면서 (모인某人=제弟
와) 함께 (동이 매금의 대리자임을 보증하는) 부절符節을[99] 보고, (확인
절차를 마무리한 다음) 콩잎 모양의 촉을 가진 화살(태곽추太藿鄒)를
하사(賜)하고 食芍과 동이 매금(에게 보내는) 의복을 수여하였다.

5) (앞으로 동이매금이 직접 와서 의식을 거행할 제의식祭儀式의) 건립처는
사용자使用者(신라측)에게 (선택권을) 주었다.

---

연간지인 辛酉, 셋인데 이를 모두 충족시키는 연대가 480년과 481년이다. 비문
가운데 고려태왕과 조왕이 한 사람이라는 논증과, 국제적으로 고구려가 고려로
바뀐 시기가 463년 이후 479년 전후라는 논증은 다음 글을 따른 것이다. 박진석,
2000, 「중원 고구려비의 건립연대 고증」『고구려발해연구』10.

96) 매금은 마립간의 異寫로서 君長의 뜻이다. 이병도, 1979, 「중원 고구려비에
대하여」『사학지』13.

97) 태자 공을 왕자이면서 고추대가였던 문자왕의 아버지 助多로 볼 수도 있지만,
일찍 죽었다는 기사와 맞지 않아, 다른 인물로 추정하는 것이 어떨까 한다.
『三國史記』卷17 문자왕.

98) 營天 : 하늘 같이 높으신 이가 있는 營으로 태자의 營이거나 天神을 모셔 놓은
營 가운데, 후자이다. 남풍현, 2000, 「앞의 글」.

99) 박진석, 2000, 「앞의 글」.

6) (모인某人(제弟)을) 따라온 자들인 이때의 (신라) □□노객인배奴客人輩에 게도 (고구려의) 제위諸位에게 명하여 (신라의) 신료(상하上下)에게 의복을 내어 주도록(사賜) 하였다.[100]

7) (그러면서 고려 태왕께서는) 동이 매금이 (나중에) 뒤따라 돌아올 것을 교敎(지시)하였다.

8) 이때에 (고려 태왕께서) 매금토내의 여러 사람들에게도 □□을[101] 주도록 명하고, (공을 세운) □□국토國土(고구려의)의 태위太位와 제위 諸位의 신료(상하)들도 의복을 와서 받으라고 명하여 영營에 (와서) 꿇어앉게 하였다.[102]

9) (480년) 12월 23일(갑인) (동이 매금 대신에) 동이매금의 신료들(상하)이 우벌성에[103] 이르렀다.

10) (같은 시각 고구려 태자 공이) 명을 내려 전부 대사자 다우환노와 주부 귀덕을 오게 하여 동이(=신라)의 경내에서 모집코자 한 사람이 300명(모인삼백募人三百)이었다.

11) (300명 모집하는 일에) 신라 토내 (에 주둔하고 있던 고구려) 당주인

---

100) 6) "(고구려의) 諸位에게 명하여 (신라의) 신료(上下)에게 의복을 내어 주도록(賜) 하였다." "9) (480년) 12월 23일(갑인) (동이매금 대신에) 동이매금의 신료(상하) 가 우벌성에 이르렀다." 임기환, 2000, 「중원고구려비를 통해 본 고구려와 신라의 관계」『고구려발해연구』 10.

101) 의복보다 질이 떨어지는 하사품. 남풍현, 2000, 「앞의 글」.

102) 1) 五月中 高麗大王 祖王 令□新羅寐錦 世世爲願 如兄如弟」上下相和 守天. 2) 東夷之 寐錦 忌太子共. 3) 前部太使者多亏桓」奴·主簿 貴德 細類□等聆鄒去 弟□ 到至 跪營天. 4) 太子共語」向壂上 共看節 賜太霍鄒 受食苟·東夷寐錦之衣服. 5) 建立處」用者 賜之. 6) 隨者 節□□奴客人輩 敎諸位 賜上下衣服. 7) 敎東」夷寐錦 遝還來. 8) 節敎賜 寐錦土內 諸衆人 □□□□王國土」太位 諸位上下衣服 來受 敎 跪營之.

103) 『三國史記』卷37 지리4. "伊伐支縣(一云 自伐支……右) 高句麗郡縣, 共一百六十四, 其新羅改名及今名 見新羅志";『三國史記』卷35 지리2. "岐山郡, 本高句麗 伐山郡, 景德王改名, 今興州, 領縣一, 鄰豐縣, 本高句麗伊伐支縣, 景德王改名, 今未詳"; 손영 종, 1985, 「중원 고구려비에 대하여」『역사과학』 85-2.

하부 발위사자 보노가 奴□□(노객인)에게 □疏(협조를 요청)하였고, □□(노객인 중의 한 사람인) 개로가 신라 땅 안에서 □(적籍)를 공여하면서 사람들을 모집하니 여러 사람(중인衆人=나머지 노객인과 회의장에 온 동이 매금의 신료)들도 머뭇거리면서 움직였다.[104]

12) 촌사村舍 (중략) 이에 481년[105] 1월[106] (태자가 아닌) 고추가의 자격으로 온 공共이 군대를 이끌고 오고, 고모루성 수사인 하부下部 대형大兄 야□耶□ 역시 □□하자,[107]

이상이 중원 고구려비문의 내용이다. 이를 보면 중원 고구려비는 495년 문자왕이 고추대가이자 태자였던 공共의 480년과 481년 두 해에 걸친 대신라 전략의 업적을 기념하기 위해 조성한 비였다. 문자명왕의 할아버지(조왕祖王)였던 장수태왕長壽太王은 475년 백제 한성을 함락시킨 후 신라와의 새로운 관계(형제지국兄弟之國)를 수립하고자 노력하였고, 그 일을 태자 공共이 주도하게 하였다. 태자 공은 이 일을 위해 480년 5월과 12월, 그리고 481년 모월 세 차례에 걸쳐 신라에게 전략적 우위를 차지하기 위한 조치에 매진하였다.

480년 5월은 서로간의 탐색전이었다. 먼저 탐색전을 벌인 쪽은 신라였

---

104) "十二月 卄三日甲寅 東〕夷寐錦上下 至于伐城. 10) 教來 前部太使者多亏桓奴 主簿貴□」□夷境□ 募人三百. 11) 新羅土內幢主 下部拔位使者 補奴」□疏奴□□ □□盖盧共□募人 新羅土內 衆人 跰動□□」".
105) 신유년의 인정 역시, 박진석의 논증을 따랐다. 박진석, 2000, 「앞의 글」.
106) 481년 3월 고구려와 말갈의 신라 북변 공격을 기준으로 1월로 추정하였다. 『三國史記』 卷3 소지마립간 3년 3월.
107) 12) □□□中□□□□城不□□村舍□□□□□□□沙□」□□□□□□□□□剌功□□□□□□□□節人□□□」□□□□□辛酉□□□□□□□□□□太王國土□」□□□□□□□□□□□□□□□□」□□□□□□□□□□上有□辛酉□□□□東夷寐錦土□」□□□□□□方□桓□沙□斯色□□古鄒加共軍至于」伐城□□□古牟婁城守事下部大兄耶□」

다. 즉위한 지도 얼마 안 되었고, 마침 이해 5월엔 서라벌에 봄 가뭄이 들어[108] 본인이 직접 협상에 갈 수도 없는 형편이었다. 이에 소지마립간이 선수를 쳐 태자 공을 상대로 두렵다는 이유로 기피신청을 해 버렸다. 본인이 태자 공을 상대로 형제지국이라는 의식을 거행할 수 없다는 것이었 겠다.

그러자 고구려 측에서도 신라측의 제안을 가볍게 응대하였다. 다우환노 (전부 대사자)와 귀덕(주부)이 모종의 제안을 하여 소지마립간 대신 그 동생을 국원성 회의에 참석케 하였다. 대접도 융숭하였다. 우선 두 나라가 의식을 거행할 임시 건물(전墅)의 위치 선정 우선권을 신라에게 주었다. 아마도 다우환노와 귀덕이 제안한 것이 바로 이것이 아니었을까 추정된다.

소지왕의 대리인 접대도 태자 공이 직접 하였다. 고구려 측이 생각한 임시 건물(전墅) 현장에 직접 가서 설명하되 신라 국왕 대리인의 신분을 부절로 확인하고, 대리인에게는 콩잎 모양의 촉을 가진 화살(태곽추太藿鄒) 과 음식을 내려 주고, 미래에 회의에 참석할 소지왕(동이 매금)이 입을 옷도 제공하는 한편, 대리인과 함께 온 노인배奴人輩에게도 각각 등급에 맞는 사람들(제위諸位)에게 명하여 의복을 나누어 주게 하였다. 다음에는 소지왕이 직접 와야 한다는 당부를 전하면서 말이다.

그러나 480년 12월 23일 회의에서도 소지왕이 직접 오지 않았다. 두 달 전인 10월 흉작으로 백성들이 굶어 곡식을 내어 구휼해야 했고, 전달인 11월 고구려가 말갈을 보내 공격해 오는 상황에서[109] 두 나라 사이의 회의가 쉬운 일은 아니었을 것이다. 하지만 위기의 순간에서도 신라가 협상을 하러 간 곳이 바로 순흥(우벌성于伐城)이었다. 그러나 고구려는 더욱더 압박정책을 강화시켜 나갔다. 태자 공이 다우환노와 귀덕을 보내

---

108) 『三國史記』卷3 소지마립간 2년 하5월. "京都 루".
109) 『三國史記』卷3 소지마립간 2년 10월, 11월.

순흥 남쪽 지역 신라 땅에서 300명의 군인들을 모집케 하였다. 300명의 군인 모집에는 신라 땅이었던 우벌성 지역에 주둔하고 있던 당주 보노가 앞장서고, (우벌성 출신의) 개로가 나섰다. (우벌성 지역 사람들 가운데) 여러 사람들(중인衆人)이 머뭇거리며 따라 했다.

이 주저함을 매듭지은 사건이 481년 1월 고추가의 자격으로 국원성(충주)에서 군대를 이끌고 온 태자 공共과 이를 지원한 고모루성古牟婁城(원주) 수사守事 야□耶□의 참전이었다. 그리고 이 여세를 몰아 481년 3월 고구려와 말갈은 호명성(청송) 등 7성을 취하고, 미질부(흥해)까지 이르는 장수왕 남하정책의 최고점을 찍게 되었다.[110] 중원 고구려비는 495년[111] 7월 문자왕이 남쪽을 돌아보고 망제를[112] 지내고 돌아오면서 십 수 년전 국원성에[113] 머물면서 남하정책에 큰 공을 세운 태자 공의 업적을 기념하기 위해 세운 공적비였다.[114]

공적의 주요 내용은 우벌성에서 300명의 군인 모집(모인삼백募人三百)에 성공한 일이었다. 고구려 태자 공은 이 사업의 성공을 위해 다우환노와 귀덕을 파견 책임자로 하고, 당주 보노를 현지 책임자로 하며, 노객 개로의 장부 제공을 바탕으로 사업을 성공시킬 수 있었다. 짧은 기간 안에 사업이 진행될 수 있었던 결정적 공로는 개로의 장부 제공이었겠다.

---

110) 『三國史記』 卷3 소지마립간 3년 3월.

111) 『三國史記』 卷17 문자왕 4년 7월. "南巡狩, 望海而還" ; 남풍현, 2000, 「앞의 글」.

112) 望祭 : 먼 곳에서 조상의 무덤이 있는 쪽을 바라보고 지내는 제사.

113) 국원성은 396년 광개토대왕의 남진정책의 일환으로 고구려 국원성이 된 이후, 550년(진흥왕 11) 신라가 장악하여, 557년(진흥왕 18) 국원소경이 설치될 때까지는 150여 년간 존재하였다(이도학, 1988, 「영락6년 광개토왕의 남정과 국원성」 『손보기박사 정년기념 한국사학논총』 ; 신형식, 1992, 「신라의 발전과 한강」 『한국사연구』 77).

114) 공적비로 보는 설은 다우환노(손영종), 태자 공(김창호)으로 나뉜다. 손영종, 1985, 「앞의 글」 ; 김창호, 2000, 「중원고구려비의 건립연대」 『고구려발해연구』 10.

| 직명 | 부명 | 관등명 | 인명 |
|---|---|---|---|
| | 前部 | 太使者 | 다우환노 |
| | (前部) | 主簿 | 귀덕 |
| 新羅土內 幢主 | 下部 | 拔位使者 | 보노 |
| | | 奴客人 | 개로 |
| 古牟婁城 守事 | 下部 | 大兄 | 야□ |

　　그럼에도 불구하고 우벌성 현지에서 입장을 정하지 못하는 사람들이 생기자 곧 바로 국원성에 머물고 있던 태자 공이 군대를 이끌고 들어가고, 고모루성 수사 야□가 새로 모집된 300여 명을 대상으로 호령號令을 발표하여 군기軍紀 유지를 위한 제반 조치를 시행했다.[115] 이후의 사건에 대해서는 비문에서 확인할 수 없지만,『삼국사기』의 기록대로 두 달 정도의 정비 과정을 거쳐 3월에 곧바로 신라 북변 공격에 나서게 된 사정이 기록되어 있을 것이다.

　　우벌성(순흥)의 신규 병력 군기 유지에 고모루성(원주성) 수사를 동원한 사람은 당연히 태자 공이었겠다.[116] 그런데 태자 공이 국원성(충주)도 아닌 고모루성(원주)의 수사를 우벌성(순흥)까지 불러 일을 시킬 수 있었던 것은 어떤 사정이었을까? 고모루성(원주성) 수사의 활동 범위가 원주→충주→순흥을 포괄하는 것일까? 아니면 원주의 군사적 업무만 보면 되는데, 태자 공이 특별히 고모루성(원주성) 수사가 능력이 탁월하다고 파악해서 개별적으로 요청한 것일까를 판단해 봐야 하지 않을까를 해명해야 하겠다.

　　이와 관련해서 참고되는 자료가 광개토왕(국강상대개토지호태왕)대에

---

115) 이로 보면 수사는 지방관이 아니라 군사적인 일을 담당한 직책이라 할 수 있겠다.

116) 최희수, 2012, 「5~6세기 고구려 지방통치의 운영」『한국고대사탐구』10 ; 백미선, 2013, 「5세기 고구려 지방제도와 守事」『진단학보』119 ; 여호규, 2014, 「11장 지방통치조직의 정비와 대민지배의 강화」『고구려 초기 정치사연구』; 이동훈, 2015, 「2장 3절 1항 수사의 성격과 유형」『고구려 중·후기 지배체제연구』(고려대 박사학위논문).

이르러 모두루와 □모 두 사람이 광개토대왕의 교敎에 따라 보내어져 북부여北夫餘의[117] 수사守事가 되게 하였다는 기록이다.[118] 모두루의 증조 (혹은 고조) 할아버지 염모가 346년 모용선비의 침공을 물리친 공으로, 모두루의 할아버지 형제가 북도北道의[119] 성민城民과 곡민谷民을 통솔할 수 있었고,[120] 아마도 모두루 형제 역시, 염모의 공으로 북부여 수사 일을 맡게 되었을 것이다.

그런데 수사守事에 관한 중원 고구려비와 모두루 묘지 기사 사이에는 차이가 있다. 1) 관할 지역이 각각 고모루성과 북부여라는 것이고, 2) 담당자도 고모루성에는 한 사람, 북부여는 두 사람이며, 3) 관할지역도 북부여는 성민과 곡민, 고모루성은 성민과 촌민으로 되어 있다는 것이다.

그러나 해결 방안이 없는 것은 아니다. 고모루성은 396년 광개토대왕이 공략한 국성國城인 58성 700촌 가운데 한 성이고, 신래한예新來韓穢한 성 가운데 하나이다.[121] 북부여는 추모의 탄생지여서 천하 사방이 이 국군國郡 을 가장 성스럽다고 받든 곳이라는 것인데,[122] 여기서 주목되는 단어가

---

117) 북부여는 장춘시, 길림시에 중심지가 있었을 것이다. 노태돈, 1989, 「부여국의 경역과 그 변천」『국사관논총』 4.

118) "遝至國罡上大開」土地好太聖王緣祖父個」尒恩敎奴客牟頭婁□□」牟敎遣令北夫餘 守事." 노태돈, 1992, 「牟頭婁墓誌」(한국고대사회연구소 편, 1992,『역주 한국고 대금석문』 1).

119) 북도는 무순에서 철령, 사평, 장춘, 길림으로 이어지는 길인데, 모두루 할아버지 형제들은 이 부근의 성민과 곡민들을 통솔하였던 셈이 된다. 여호규, 2014, 『앞의 책』. 예족, 예국, 맥족, 맥국 등의 국가가 원래 자리 잡았던 지역은 四平에서 長春을 거쳐 大安에 이르는 공간이다. 김용섭, 2016, 「고조선 기자조선 의 쇠망과 그 유민들의 국가재건」『역사교육』 137.

120) "祖父□□大兄 慈△ 大兄 □□ □世遭官恩 恩販祖之 △道 城民谷民并領".

121) "以六年丙申, 王躬率□軍, 討伐殘國. 軍□□,」[首]攻取寧八城, (중략) 古牟婁城, (중략) 仇天城, □□□□,」其國城. 殘不服義, 敢出百戰." 노태돈, 1992, 「廣開土王陵碑」(한 국고대사회연구소 편, 1992, 『역주 한국고대금석문』 1).

122) "河泊之孫 日月之子 鄒 牟聖王 元出北夫餘 天下四方 知 此國郡最聖." 노태돈, 1992, 「牟頭婁墓誌」(한국고대사회연구소 편, 1992, 『역주 한국고대금석문』 1).

국군國郡이다. 이 국군國郡과 비교할 만한 자료가 앞서 백제 관련기사에서 인용한 "기노스누노쓰구네(紀角宿禰)를 백제百濟에 보내어 처음으로 국군國郡의 경계(疆場)를 나누고 빠짐없이 고루 조사하여 향토의 산물을 기록하였다(遣紀角宿禰 始分國郡疆場 俱錄鄕土所出)."는 기사인데,[123] 고구려의 경우 28년(대무신왕 9) 개마국蓋馬國을 친정親征하여 그 왕을 죽이고, 그 땅을 군현郡縣으로 삼을 당시부터[124] 경계를 정하고 향토의 산물을 파악하며, 성민城民과 곡민谷民, 혹은 성민城民과 촌민村民으로 인구를 파악할 수 있으면 그 군현이 곧 국군國郡이 되고, 중심지가 국성國城이 되었던 것이다.

그러므로 중원 고구려비문에서와 같이 고모루성 수사 야□가 태자 공과 함께 내려와 우벌성에서 모집된 군인들을 대상으로 군기를 잡는 일을 담당할 수 있었던 것은, 비록 481년 당시에는 고모루성에 소속되어 있었으나 단독으로 혹은 북부여에서와 같이 복수로 그런 일을 했는지 좀 더 확인해 봐야 하겠으나 담당 업무가 신래한예한 지역, 가령 죽령길 주변 일체였기 때문에 참전 가능하였을 것이다.

그리고 고모루성 수사 야□가 우벌성에서 자신의 일을 할 수 있기 위한 군인 모집을 한 인물이 수사 야□와 같은 부(하부) 출신인 신라토내新羅土內 당주幢主 대형 보노였다. 당시 고구려에는 중국의 위장군衛將軍과 중랑장中郎將과 비교할 수 있는 대모달과 말약이 있었는데, 막하라수지莫何邏繡支라고도 하는 대모달大模達은 조의두대형이 맡은 대당주이고, 군두郡頭라고 하는 말약末若은 대형이 맡은 당주였다.[125] 위장군은 수도의 제군諸軍을

---

123) 『日本書紀』卷11 仁德紀 41年 春3月.
124) 『三國史記』卷14 대무신왕 9년 10월. "冬十月, 王親征蓋馬國, 殺其王, 慰安百姓, 毋虜掠, 但以其地爲郡縣".
125) 『翰苑』卷30 蕃夷部 高麗. "又其諸大城置褥薩比都督, 諸城置處閭區刺史, 亦謂之道使, 道使治所名之曰備, 諸小城置可邏達比長史, 又城置婁肖比縣令. 其武官曰大模達 比衛將軍 一名莫何邏繡支 一名大幢主 以皂衣頭大兄 以上爲之 次末若 比中郎將 一名郡頭

통괄하여 왕실과 수도를 보위하는 일종의 금위군 사령관이고, 중랑장은 휘하의 병졸로 궁문과 성문의 수비를 위시한 숙위의 업무를 맡았으며, 황제의 순행 때에는 거가車駕의 호위와 위장대의 임무를 수행하였던 무관이었다.[126]

그러므로 대모달은 대당大幢을 관할하는 대당주로서 일종의 금위군 사령관이라고 할 수 있고, 말약은 제당諸幢을 관할하는 무관이라고 할 수 있다. 태자 공을 도와 우벌성에서 모인삼백募人三百을 한 당주 보노가 바로 하부 출신의 대형으로 제당諸幢을 관할하던 말약이라고 할 수 있겠다. 이들을 군두郡頭라 불렀던 것은 수도권 출신과 수도권 소속이었지만 이벌지현伊伐支縣, 우벌성 모인삼백募人三百처럼 남하정책으로 새롭게 확장되는 지역에서 활동하는 일이 많았기 때문에 붙여진 이름이었겠다.

이제 마지막이 평원군과 고모루성과의 관계이다. 『삼국사기』 지리지에는 고구려 주·군·현이 모두 164개라고 하였고,[127] 『신구당서』에서는 모두 176성이 있었다고 하였다.[128] 평원군도 당연히 164개 주·군·현, 혹은 176성의 하나이다. 그런데 앞에서 서술한 바와 같이 평원군은 향토의 소출이 파악된 국군國郡이면서 국성國城이었다. 원주는 행정적으로는 국군國郡으로 평원군이면서, 국성國城으로서는 고모루성이었다.

고구려는 국성國城을 대성大城과 성城, 소성小城으로 나누어 파악하였다.[129] 대성, 성, 소성에는 각각 중국의 도독都督, 자사刺史, 장사長史, 현령縣令

---

　　以大兄以上爲之 其領千人 以下各有等級".

126) 노태돈, 1996, 「5~7세기 고구려의 지방제도」 『한국고대사논총』 8.

127) 『三國史記』 卷37 지리 4. "右高句麗州郡縣, 共一百六十四, 其新羅改名及今名, 見新羅志".

128) 『舊唐書』 卷199上 高麗. "高麗國 舊分爲五部 有城百七十六 戶六十九萬七千 乃分其地 置都督府 九州 四十二縣 一百 又置安東都護府 以統之." ; 『新唐書』 卷220 高麗. "執藏男建等 收凡五部百七十六城 戶六十九萬".

129) 『翰苑』 卷30 蕃夷部 高麗. "又其諸大城置褥薩比都督, 諸城置處閭區刺史, 亦謂之道使,

에 준하는 욕살褥薩, 처려處閭, 가라달可邏達, 루초婁肖를 두었다. 대당전쟁과
정에서 요동성 도독의 예하에 있던 가라달(장사)이 부하의 손에 피살되자,
같은 요동성 도독의 예하에 있던 성사省事가[130] 가라달의 처자들을 받들어
백암성으로 달아나니, 이 이야기를 들은 당 태종이 가라달을 위하여 상여를
만들어 평양으로 돌려보냈다는 이야기가 있다.[131] 이로 보면 가라달은
욕살이나 처려근지의 고위 요좌僚佐이면서, 욕살이나 처려근지 관내에
있는 특수 군사단위인 진鎭·보堡·수成·관關 등과 같은 소성小城도 통괄하였
을 것이다.[132]


## Ⅳ. 맺음말


이상에서 살펴 본 바와 같이 이 글에서는 원주 법천리에서 발견된
30기의 고분 가운데 3기의 고분과 출토유물을 중심으로 삼국시대 원주
재지 세력의 역사적 형태를 살펴보고자 하였다. 삼국초기 원주 재지세력에
관한 문헌자료가 전무한 관계로 고고학 발굴 성과를 중심으로 살펴볼

道使治所名之曰備, 諸小城置可邏達比長史, 又城置婁肖比縣令. 其武官曰大模達 比衛
將軍 一名莫何邏繡支 一名大幢主 以皂衣頭大兄 以上爲之 次末若 比中郎將 一名郡頭
以大兄以上爲之 其領千人 以下各有等級";『舊唐書』卷199 下東夷列傳149 高麗.
"外置州縣六十餘城. 大城置褥薩一, 比都督. 諸城置道使, 比刺史. 其下各有僚佐, 分掌
曹事";『新唐書』卷220 東夷列傳145 高麗. "大城置褥薩一, 比都督. 餘城置處閭近支,
亦號道使, 比刺史. 有參佐".
130) 묘주를 시종하는 인물들의 職名(記室, 省事 등)은『晉書』職官志에 의하면 태수급
    의 屬官이다. 서영대, 1992,「安岳 3號墳 墨書銘」(한국고대사회연구소 편, 1992,
    『역주 한국고대금석문』1).
131)『三國史記』卷21 보장왕 4년 5월. "先是, 遼東城長史爲部下所殺, 其省事奉其妻子,
    奔白巖, 帝 憐其有義, 賜帛五匹, 爲長史造靈輿, 歸之平壤, 以白巖城爲巖州, 以孫代音爲
    刺史".
132) 노태돈, 1996,「앞의 글」.

수밖에 없었으나 되도록 물질 자료와 문헌 자료와의 관계를 설정해야 한다는 것을 가장 많이 염두에 두었다. 그렇기 때문에 이름도, 지위도 모르는 고분의 묘주와 조성 세력을 분석해야 한다는 어려움에도 불구하고 이들이 아마 신지층이었을 것으로 간주하는 무리함을 선택하였다. 당시 원주에는 이 정도의 고분을 조성할 수 있는 계층과 그럴 수 없는 계층이 존재할 것이라는 다소 거친 계급구성을 해 두고, 고분 조성층 가운데 신지와 신지가 될 수 있는 계층이 있을 것이라는 것을 염두에 둔 것이다. 그런 전제하에 이들 신지층이 마한·백제와 어떤 관계에 있었는가를 살펴보고자 하였다. 무엇보다도 해명하고 싶었던 것이 원주 법천리 재지 세력의 성장이 어떤 역사적 전통에서 가능했겠는가 하는 점이었지만, 구체적인 증거를 찾으려면 앞으로도 많은 노력이 필요할 것이다. 이런 한계를 전제로 하면서 지금까지 논증한 법천리 고분군을 통해서 본 삼국시대 원주와 마한·백제와의 관계는 다음과 같다.

첫째, 3세기 말~4세기 초의 것으로 추정되는 6호 토광묘에서 경질무문토기와 타날문 호가 나올 수 있었던 것은 이 시기 한강 부근에 소재한 마한 소국 상호간에 활발한 문화교류가 있었기 때문에 가능한 것이었다.

둘째, 이 과정에서 원주 법천리 고분군의 조성 세력은 마한 소국의 하나인 일화국이나 고탄자국의 신지층에서 계통이 이어지는 것으로 볼 수 있는데, 이 가운데 일화국이 원주일 가능성이 높다.

셋째, 4세기 중·후반에서 5세기 전반에 조성되었을 것으로 추정되는 1호분·2호분 석실분에서 출토된 청동초두와 양형청자는 근초고왕대 지방 통치방식의 변화에 따라 이들 묘주와 조성 집단을 회유하기 위한 조치였다. 이는 곧 1~3세기 백제의 봉강체제 속에 일화국의 신지층이 존재하다가 4세기에 들어오면서 군현제 요소가 가미되는 것을 의미하는 것이다.

넷째, 이렇게 보았을 때 마한·백제와의 관계라는 것은 우선 원주 재지세력 내부에 마한이라는 역사적 계승의식과 백제의 봉강을 받는 현실적 위치가 반영되는 것을 의미한다. 이렇듯 봉강의 주도권을 진조辰朝를 계승한 백제가 가졌다는 점에서 1세기 이후 4세기까지는 삼국시대라는 연속선상에서 변화를 살피는 것이 타당할 것으로 생각한다.

다섯째, 396년부터 551년까지의 평원군고구려시대의 원주는 고모루성 (=원주성)에 처려근지가 근무하면서, 평원군 예하의 군사적 업무를 총괄 하는 가라달과 평원군을 넘어 한예 지역을 지원하는 수사가 함께 일하는 체제로 운영되고 있었다. 고모루성 예하에는 다수의 소성이 있었을 것이고, 그와 함께 10여 개의 촌이 있었을 것이다. 고모루성의 처려근지는 본성 성민들과 10여 개의 예하 촌민들을 관할하면서 지역 일과 국가 일을 진행하고 지원하는 일을 하였다.

여섯째, 그러나 551년 이후 신라의 영향력이 확대되면서 평원군신라시 대를 맞이하게 된다. 평원군신라시대에 원주는 법천리 고분군의 신라고분 예에서 보는 바와 같이 신라의 영향력이 그다지 크게 미치지 않았다. 그러다 삼국통일전쟁의 대미를 마친 668년(문무왕 18) 이후 북원경이 되면서 다시 통일기 신라의 새로운 중심 역할을 수행하게 되는 것이다.

| 제2장 |

# 신라 통일기·나말여초 북원경과 북원부

## Ⅰ. 머리말

원주는 신라 통일기 5소경 가운데 하나인 북원경이었다. 『삼국사기』를 보면, 원주는 본래 고구려 평원군이었다가 678년(문무왕 18) 신라가 북원소경을 설치한 다음 685년(신문왕 5)에 둘레 1,031보의 성을 쌓았으며, 경덕왕 때에 북원경으로 명칭을 바꾸었다고 서술하였고, 『고려사』에서는 본래 고구려 평원군으로 신라 문무왕 때 북원소경을 설치하였다가, 고려가 후삼국을 통일한 이후인 940년(태조 23)에 지금의 명칭인 원주로 고쳤다고 하여,1) 원주는 685년부터 940년까지 255년 동안 소경이었음을 말해 주고 있다. 이외에 북원경에 관한 기록이 희소해서 소경으로 있었던 255년 동안 원주에서 어떤 일이 있었는지 알기가 어려운데도 불구하고 굳이 북원경에 관한 글을 정리하려고 하는 이유는 다음과 같다.

현재 강원도 지역에서는 원주를, 조선시대 강원도 수부首府 도시이고, 신라 통일기 전국 6대 도시의 하나임을 강조하곤 한다.2) 그런데 구체적으로

---

1) 『三國史記』 卷35 地理2 北原京 ; 『高麗史』 卷56 地理1 楊廣道 原州.

2) 9주 治所 장관의 위계와 관원 수를 미루어 9주 치소가 5小京보다 더 우월한

7~8세기 북원경이 어떠한 실체를 가진 도시인지 알 수 없다. 주민들의 삶은 물론이거니와 관할 영역, 주민 구성과 같은 기본적인 사실조차 파악하지 못하고 있는 것이다.

다른 하나는 9~10세기 원주에서 매우 중요한 역사적 사건들이 일어난다는 것이다. 864년(경문왕 4)부터 879년(헌강왕 5)까지 희양산문의 지증도헌이 거돈사에 머물고 있을 때 벌어진 사건들이나[3] 889년(진성여왕 3) 이후 양길·궁예와 같은 인물이 원주 역사에 등장하면서 일어나는 사건들은 나말여초 사회변동을 이해할 때 매우 중요한 사건들인데, 이런 사건들은 북원경 정치·불교세력의 역사적 대응자세를 염두에 두지 않고서는 설명하기가 난감하다.

그런데 다행히 지금까지 소경제의 설치와 운영에 대한 연구가 여러 편 있고,[4] 9세기 소경 운영의 변화에 대한 연구도 있어[5] 이를 잘 활용하면 북원경 설치와 운영, 그 변화에 대해 개괄적인 설명이 가능할 것 같다.

---

지위에 있었다는 9주 5소경 연구를 상기해 보면 원주를 6대 도시 가운데 하나가 아니라 15대 도시 가운데 하나로 말해야 한다. 韓沾劤, 1960, 「古代國家成長過程에 있어서의 對服屬民施策 - 其人制起源說에 對한 檢討에 붙여서(上)(下)」 『歷史學報』 12·13, 114쪽.

3) 이인재, 2003, 「나말여초 거돈사 승려 활동에 관한 연구 - 지증 도헌과 원공 지종을 중심으로」 『梅芝論叢』 19.

4) 小京에 대해서는 다음 연구가 참고된다. 藤田亮策, 1953, 「新羅九州五京攷」 『朝鮮學報』 5 ; 韓沾劤, 1960, 「古代國家成長過程에 있어서의 對服屬民施策 - 其人制起源說에 對한 檢討에 붙여서(上)(下)」 『歷史學報』 12·13 ; 林炳泰, 1967, 「新羅小京考」 『歷史學報』 35·36 ; 朴泰佑, 1987, 「統一新羅時代의 地方都市에 對한 硏究」 『百濟硏究』 18 ; 梁起錫, 1993, 「新羅 五小京의 設置와 西原京」 『湖西文化硏究』 11 ; 張俊植, 1998, 『新羅中原京硏究』 ; 全德在, 2002, 「新羅 소경의 설치와 그 기능」 『震檀學報』 93 ; 余昊奎, 2002, 「한국고대의 지방도시 - 신라 5小京을 중심으로-」 『강좌 한국고대사』 제7권 ; 李在桓, 2007, 「고고학자료를 통해 본 통일신라시대 북원경연구」(강원대 석사학위논문) ; 양정석, 2009, 「공간구조를 통해 본 신라의 오소경과 발해의 오경」 『역사와담론』 53.

5) 배종도, 1989, 「新羅下代의 地方制度 개편에 대한 고찰」 『學林』 11.

특히 9세기의 소경은 당나라 유수부留守府를 본받아 부제府制로 운영하였기 때문에 경사京師에 버금간다는 느낌을 갖게 하는데,[6] 이를 기초로 나말여초 북원경의 정치세력 재편과 불교계의 동향에 대한 전반적인 설명을 할 수 있으면, 이 시기 원주지역에서 일어났던 정치·사상적인 변화상을 살펴볼 수 있지 않을까 하는 것이다. 다소 무리한 시도이지만, 지역사를 체계화하기 위한 하나의 시도로 이해 받기를 기대하고 있다.


## Ⅱ. 7∼8세기 북원경의 설치와 운영


7세기 후반 삼국 통일전쟁에서 승리한 신라는 673년(문무왕 13) 전국을 9주로 재편하고, 수도인 경주가 한반도 한쪽 편에 치우쳐 있음을 보완하기 위해 5소경을 두었다. 이러한 조치의 일환으로 9주 가운데 하나인 수약주首若州(=삭주朔州)의 치소治所를 지금의 춘천에 두고, 5년 후인 678년(문무왕 18) 원주에는 북원경北原京을 설치하였다.[7] 양안치와 소태재의 두 고개를 사이에 두고 아주 가까운 거리에 중원경中原京(현 충주)이 기왕에 있었음에도 불구하고 원주에 북원경을 설치한 것은 신라 중앙정부에서 계립령 방면과 죽령 방면의 교통로를 전통적으로 구별하였기 때문일 것이다.[8]

『삼국사기』에서는 신라가 소경을 설치한 목적을 구체적으로 설명하고 있지는 않다. 그런데 514년(지증왕 15) 정월 아시촌에 소경을 설치한 다음 7월에 육부六部와 남쪽 땅南地의 인호人戶를 옮겼고,[9] 557년(진흥왕

---

6) 『舊唐書』卷8 玄宗 上 開元 元年 12月, 開元 11年 春正月 ; 『舊唐書』卷10 肅宗 至德 2年 12月.
7) 『三國史記』卷35 地理2 北原京.
8) 서원경과 남원경도 추풍령과 팔랑치를 넘는 교통로선상에 있다.
9) 『三國史記』卷4 智證麻立干 15年 春正月. "置小京於阿尸村" ; 同 秋七月. "徙六部及南

18) 인접한 충주에 소경을 두었을 때에도 경주의 귀척자제貴戚子弟와 육부호민六部豪民를 옮겼다(사민徙民)는 구체적인 사례도 있으며,[10] 674년(문무왕 14) 진골 출신 육도진골六徒眞骨들을 9주의 치소治所와 5소경에 이주시켰다는 것을 보면[11] 소경 설치와 사민 정책과는 밀접한 관련이 있었을 것이다.

사실 남쪽 땅의 인호人戶가 사민 대상이었다는 점은 충분히 음미할만한 사항이다. 삼국 초기 실직국이 반하였을 때 신라가 군대를 동원하여 평정한 후 남은 무리들을 사민하는 정책을 편 사례를 상기해 보면,[12] 정복전쟁이 한창일 시절에 정복지 지배층을 연고지로부터 유리시켜 연고지와의 공동체적 유대를 단절시키는 한편 그 지배층을 회유하기 위한 정책은 오랜 전통이 있는 정책이었다.[13] 그와 동시에 육부六部 호민을 이주시킨 것 역시 신라 사민정책의 중요한 특징인데, 이는 9주와 5소경의 치소의 영역을 육부로 구분케 한 것에서 알 수 있는 바와 같이 왕경 문화를 이식한 다음 경제·문화의 중심지로 만들기 위한 특별한 조치였다.[14]

그러나 이는 일방적인 왕경문화의 전파가 아니라 쌍방적인 사회통합정책의 정신아래 진행되었다. 별칭관명別稱官名에 주목하면 진골귀족조차 9주와 5소경에 강제로 옮겨 일종의 향직鄕職에 봉사케 했음을 알 수 있다.[15] 사실 이런 쌍방적인 사회통합정책의 대상에는 해당 지역 토착세력뿐만 아니라 옛 고구려와 백제 유민들도 포함되었을 것이다. 이런 전통은 674년 경주 진골 출신과 호민들을 소경에 옮겨 살게 한 지 십여 년만인 685년(신문

---

地人戶充實之".

10) 『三國史記』 卷4 眞興王 19年 春2月. "徙貴戚子弟及六部豪民 以實國原".

11) 『三國史記』 卷40 職官 下 外位. "文武王十四年 以六徒眞骨出居 然五京九州 別稱官名".

12) 『三國史記』 卷1 婆娑尼師今 25年 秋7月. "悉直叛, 發兵討平之, 徙其餘衆於南鄙".

13) 林炳泰, 1967, 「앞의 글」, 108쪽.

14) 全德在, 2000, 「앞의 글」, 49~50쪽.

15) 한우근, 1960, 「앞의 글」(상), 114쪽.

왕 5) 남원 소경에 여러 주군州郡의 민호民戶를 나누어 거주케 한 조치로 알 수 있다.[16]

앞서 신라는 551년(진흥왕 12) 가야의 궁중악사였던 우륵于勒을 충주에 안치安置시킨 후 신라인인 대나마 주지와 계고, 대사 만덕 등을 보내어 가야금 공부를 시킨 일이 있었다.[17] 그런데 흥미로운 점은 신라 출신 3인이 우륵이 원래 가르쳐 준 열한 곡을 배웠는데, 신라인이 듣기에는 원 노래 열한 곡이 너무 번잡하다고 하여 다섯 곡으로 줄이니 이에 우륵이 반발하였다가 실제 다섯 음률을 듣고 수용했다는 것이다. 그러나 문제는 여기에 그치지 않았다. 경주에 거주하던 일부 인사들은 신라출신들이 변주한 곡들조차 문제가 있다고 지적한 것이었다. 가야에서 나라를 망친 음악이라는 것이다. 이에 진흥왕이 직접 의견 조율에 나서서 가야가 망한 것은 가야왕의 문제이지 음악 때문이 아니라고 강력 변호하였다. 그 결과 우륵의 음악이 신라에 널리 통용될 수 있었다는 것이다.

이렇게 가야금이 국원소경이 있었던 충주와 관련되어 신라에 퍼졌다면, 거문고는 남원소경이 있던 남원과 관련되어 신라에 퍼졌다. 고구려사람 왕산악이 만든 곡조 1백여 곡은 신라출신 옥보고가 지리산 운상원에서 연구하여 30곡으로 신라인에 정서에 맞는 변주곡을 만들었고, 이 곡이 속명득과 귀금에게 이어져 나왔지만 지리산에 국한되어 곡이 연주되어 신라에 퍼지지 않았다고 한다. 이에 신라왕이 이찬伊湌 윤흥允興을 남원경의

---

16) 『三國史記』 卷8 神文王 5年 3月. "置南原小京, 徙諸州郡民戶分居之".
17) 『三國史記』 卷32 樂. "羅古記云 '加耶國嘉實王 見唐之樂器而造之. 王以謂諸國方言各 異聲音, 豈可一哉. 乃命樂師省熱縣人于勒造十二曲. 後于勒以其國將亂, 携樂器投新羅 眞興王. 王受之, 安置國原, 乃遣大奈麻注知·階古·大舍萬德傳其業. 三人旣傳十一曲, 相謂曰 此繁且淫, 不可以爲雅正. 遂約爲五曲. 于勒始聞焉而怒, 及聽其五種之音, 流淚 歎曰 樂而不流, 哀而不悲, 可謂正也, 爾其奏之王前」 王聞之大悅. 諫臣獻議. 加耶亡國 之音, 不足取也. 王曰 加耶王淫亂自滅, 樂何罪乎. 蓋聖人制樂, 緣人情以爲撙節, 國之理 亂不由音調. 遂行之, 以爲大樂".

장관으로 임명하여 고구려 계통의 악곡을 전수받고자 하였다. 윤흥이 남원 출신 안장과 청장을 선발하여 귀금에게 보내 거문고 악곡을 공부시켰으나 중요한 부분은 3년이나 지나는 동안에도 수업을 받지 못했다. 이에 남원경 장관이었던 윤흥이 처와 함께 부부가 직접 귀금을 찾아가 호소한 결과 전체 악곡을 전수받을 수 있었다고 한다.[18]

그런데 이찬 윤흥이 866년(경문왕 6) 동생들과 반역에 나서는 것을 보면 이 기록에 나오는 신라왕은 아마도 경문왕이나 혹은 헌안왕이었을 것인데, 그렇다면 신라인인 옥보고와 속명득, 귀금으로 전래되는 기간을 한 세대 30년 총 90년으로 잡아도 776년, 그렇다면 고구려가 멸망한 후 100여 년간은 고구려 출신이 직접 거문고 악곡을 계승하고 있었다는 것이 된다. 이 기록과, 앞서 685년(신문왕 5) 여러 주군州郡의 민호民戶를 남원소경에 나누어 거주케 했다는 것을 염두에 두고 보면, 남원으로 사민된 민호 중에는 고구려 유민이 있었을 것이고, 신라의 통합 정책을 적극적으로 수용한 백제 유민 역시, 남원으로 사민된 사람들의 하나였을 것이다. 그리고 이러한 조치를 북원경에 적용해 보면 북원경에도 원주 토착세력과 경주 출신 이주 세력들뿐만 아니라 고구려와 백제계 유민들도 옮겨와 거주했을 가능성이 매우 높다. 이와 관련하여 원주의 토착세력인 원주

---

18) 『三國史記』卷32 樂. "新羅古記云 '初晉人以七絃琴, 送高句麗, 麗人雖知其爲樂器而不知其聲音反鼓之之法, 購國人能識其音而鼓之者, 厚賞. 時, 第二相王山岳存其本樣, 頗改易其法制而造之, 兼製一百餘曲以奏之, 於時玄鶴來舞, 遂名玄鶴琴, 後但云玄琴. 羅人沙湌恭永子玉寶高, 入地理山雲上院, 學琴五十年, 自製新調三十曲, 傳之續命得, 得傳之貴金先生. 先生亦入地理山, 不出. 羅王恐琴道斷絶, 謂伊湌允興, 方便傳得其音, 遂委南原公事. 允興到官, 簡聰明少年二人, 曰安長·淸長, 使詣山中傳學. 先生敎之而其隱微不以傳. 允興與婦偕進曰 吾王遣我南原者, 無他, 欲傳先生之技, 于今三年矣. 先生有所秘而不傳, 吾無以復命. 允興捧酒, 其婦執盞膝行, 致禮盡誠, 然後傳其所秘飄風等三曲. 安長傳其子克相·克宗, 克宗制七曲. 克宗之後, 以琴自業者非一二, 所製音曲有二調, 一平調, 二羽調, 共一百八十七曲, 其餘聲遺曲, 流傳可記者無幾, 餘悉散逸, 不得具載".

원씨의 시조를 고구려 계통의 원경에 대고 있는 것은,[19] 신라 통일기 원주에 고구려 유민들이 거주하면서 생긴 이야기였을 것이다.

북원경의 주민 구성이 이렇게 다양했기 때문에 북원경 장관은 여러 계통의 주민들을 통합할 만한 정책을 펼 수 있는 인물이 맡았다. 당시 북원경 장관의 임무를 유추할 수 있는 것이 바로 사대등仕大等이라는 명칭이다. 사대등은 대등大等을 사仕하는 존재인데, 사仕는 벼슬한다, 혹은 살핀다는 뜻이 있으므로 사대등의 임무는 대등을 살피고 관리하는 일을 맡았다고 할 수 있다.[20]

북원경 장관이 관리하던 대등大等의 존재가 자료상으로 확인되는 것은 원주 흥법사 터에 있는 진공대사 충담의 비 음기이다. 충담이 입적한 940년 이후 얼마 되지 않아 세웠을 이 비의 음기에는 재가제자在家弟子와 삼강전三綱典, 주관州官이 기록되어 있는데 주관州官에는 낭중 2인과 시랑 2인과 함께 상대등上大等 1인이 나오고 있다.[21] 이 자료의 상대등은 고려 성종 2년 향직 개편 시에 호장戶長과 부호장副戶長으로 개편되는 당대등堂大等과 대등大等 가운데 당대등을 말하는데,[22] 그렇다면 북원경에도 상대등과 함께 대등층大等層이 있었을 것이고, 이는 흥덕왕대 복식규정에서 경주에 진골대등眞骨大等이 나오는 것으로 보아 이들 대등은 9주 5소경제를 시행하던 시기부터 신라 통일기 수도였던 경주와 주치州治所·소경小京이 있었던 곳에 존재하였던 직제였을 것으로 판단된다.[23] 그리고 이 대등층은

---

19) 原州元氏大同譜所, 1986,「原州元氏世譜』卷1.

20) 林炳泰, 1967,「앞의 글」, 100~103쪽.

21) 하일식, 1999,「고려 초기 지방사회의 주관(州官)과 관반(官班) - 금석문 자료 분석을 통한 시론적(試論的) 해석 -」『역사와 현실』 34.

22)『高麗史』卷75 選擧3 銓注 鄕職 成宗 2年. "성종 2년에 州府郡縣의 吏職을 고쳐 兵部를 司兵으로, 倉部를 司倉으로 하였으며, 堂大等을 戶長으로 大等을 副戶長으로 郎中을 戶正으로 員外郎을 副戶正으로 執事를 史로 兵部卿을 兵正으로 筵上을 副兵正으로 維乃를 兵史로 倉部卿을 倉正으로 삼았다."

기본적으로 국왕에의 신속臣屬과 일정한 임무 수행을 전제로 하는 관직에 해당하며,[24] 그러면서도 촌주와 같은 지방 정부 실무층과 구분되는 국가적 차원의 상급 공무 수행을 하는 별칭관명別稱官名이라고 할 수 있겠다.

이들 대등층이 지방사회에서 한 역할로서는 음악과 마찬가지로 전통적인 신라의 지식과 기술과 통일 이후 지역사회 고유의 지식과 기술을 소통시키는 역할을 하였을 것이다. 문무왕에게서 문장文章으로 고구려와 백제를 평정하는데 공을 세웠다는 평가를 받은 강수強首가 중원경 사량인으로 표기된 것이나, 현재 지명으로는 천안시 수신면 장산리 장명부락에 해당되며 1895년 이전에는 청주군에 속했던 장산지역에서 만든 기와가 청주 상당산성에서 사용된 것을 보면,[25] 통일이후 신라 전국 각지에서 지식과 기술의 교통이 활발했음을 알 수 있고 아마도 이런 문화와 기술 전파의 중심에는 대등층이 있었을 것이다.

북원경의 장관은 17관등으로 서열화된 신라 관등제에서 9등급인 급벌찬에서 4등급인 파진찬 사이의 경위京位에 있던 인물이 임명된 사신仕臣(=사대등仕大等)이었다.[26] 초대 장관이었던 오기吳起는 경위 5등급인 대아찬으로 임명되었는데,[27] 이후 북원경 장관에 대해 더 이상의 기록이 나오지 않지만 경위 5등급 정도의 인물이 이후에도 계속 장관직을 수행했을 것이다.

7~8세기 북원경의 관할 영역은 지금의 원주시를 포괄하는 정도에서

---

23) 김광수, 1979, 「나말여초의 호족과 관반」『한국사연구』 23, 127쪽.
24) 김광수, 1996, 「신라관명 대등의 속성과 사적추이」『역사교육』 59, 68쪽 ; 강은경, 2002, 「지방통치체제의 정비와 호장층의 형성과정」『高麗時代 戶長層 硏究』, 49쪽.
25) 충청북도, 1982, 『상당산성지표조사보고서』 ; 全德在, 2000, 「앞의 글」, 43~46쪽.
26) 『三國史記』 卷40 職官 下 外官.
27) 『三國史記』 卷7 文武王 18年 春正月.

약간의 가감이 있었을 것으로 추정된다. 지금의 횡성은 당시 수약주首若州의 영현領縣이었고, 제천도 영현을 거느린 주현이었으며, 북원경과 인접해 있던 중원경中原京은 한주漢州에 속해있던 소경으로 중원경과의 경계는 지금과 같이 소태재였을 것으로 추정되고, 여주 쪽도 한주漢州에 속했던 황효현이었으므로 당시 북원경의 관할 영역은 지금의 원주시 정도로 보는 것이 타당할 것이다.

북원경의 치소治所가 정확히 어디였는지는 기록에 나와 있지 않다. 단지 북원경성北原京城만 둘레 1,031步의 성성城으로 나와 있다.[28] 이 성성城에 대해서는 평지에 있던 나성羅城으로 보기도 하고[29] 지금의 영원산성鴒原山城으로 보기도 하는데,[30]『증보문헌비고』와『대동지지』에 기록된 바와 같이 영원산성의 둘레가 1,031보였다는 것을 보면[31] 영원산성이 바로 북원경성이었다고 생각된다. 그러므로 북원경성은 비상시에 사용하던 성城이었을 것이고, 영원산성에 오르는 주 진입로가 지금과 같이 금대리 영원사로 올라간다면 북원경의 평지성 치소治所는 역시 원주천을 끼고 있는 현재 강원감영 터 부근이었을 것으로 상정하는 것이 상식적이다.

북원경의 하급실무층에 해당하는 존재로는 촌주층村主層이 있다. 신라 촌락문서의 서원경 사례에서 보듯이 당시 소경의 관할 하에는 촌村이 있었다. 촌에는 물론 촌주가 있었겠지만 소경에 촌주 한 명이 있는 것은 아니었다. 856년(문성왕18)의 규흥사 종명을 보면, 현령 밑에 상촌주·제이

---

28) 『三國史記』卷25 地理2 北原京. "神文王五年 築城, 周一千三十一步".

29) 朴泰祐, 1987,「앞의 글」. 박태우는 井上秀雄의 연구를 근거로 봉산, 현재 원주시 봉산동 주변 조사도 하였으나, 그 흔적을 찾지 못했다고 한다.

30) 차용걸, 1998,『原州 鴒原山城·海美山城 地表調査報告書』, 23~24쪽.

31) 『增補文獻備考』卷28 興地考 16 關防4 城郭4. "原州鴒原山城 在雉岳山南麓 石築周一千三十一步 內有井一泉五";『大東地志』卷15 江原道 原州 城池 鴒原山城. "在雉岳山之南 新羅神文王築 高麗改築 本朝改築 周一千三十一步 井泉六 四面皆峻險".

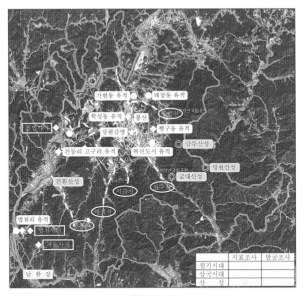

북원경의 치소

촌주·제3촌주가 있는 것으로 보아,[32] 소경의 행정업무도 다수의 촌주층이 담당하였을 것이고, 이들이 행정업무를 맡았을 때 소요되는 비용은 촌주위답村主位畓에서 나오는 비용으로 충당하였을 것이다. 그렇다면 북원경의 장관은 대등층의 합의를 이끌어 내면서 행정을 운영하였고, 촌주층을 동원하여 지방정부 실무를 담당하는 방식으로 북원경을 통솔한 것으로 이해할 수 있겠다.

---

32) 窺興寺鐘銘(856년). "節 縣令 舍梁萱榮 時 都乃 聖安法師 上村主 三重沙干 堯王 第二村主 沙干龍河□ 第三村主 及干貴珍 大匠大奈末 獻溫衾".

## Ⅲ. 9~10세기 후반 북원부 정치세력의 동향과 불교계의 역할

### 1. 9세기 북원부의 설치와 정치·불교계의 동향

북원경의 관할 영역을 확대하여 부제府制를 실시한 시기는 828년(흥덕왕 3)에서 840년(흥덕왕 12) 사이로 추정된다. 당시 신라가 소경의 영역을 확대한 배경은 우선 당나라에서 713년에서 757년에 걸쳐 5경·5부 제도를 실시하였을 뿐만 아니라, 국내적으로 농민유망이 확산되는 것을 막아 안정시키기 위한 정책과 골품체제의 붕괴를 막고 왕권을 강화하기 위한 조치의 일환으로 시행된 것이었다. 이러한 정책에 따라 북원경에도 북원부北原府가 설치되었다.[33]

북원경이 북원부로 바뀌면서 북원부의 관할 영역은 고려시대의 원주와 같이 바뀌었을 것이다. 즉 고려시대 원주의 속현으로 영월군·제주·평창현·단산현·영춘현·주천현·황려현 등이 있는 것을 상기해 보면,[34] 북원부의 관할 영역 역시 고려시대 원주가 이끄는 속현屬縣 중에서 신라 통일기 9주 가운데 하나인 명주溟州 관할 하의 영월군과 평창현, 영춘현, 주천현, 한주漢州 관할 하의 황려현을 제외한 제천·단양 일부를 아우르는 지역이었을 것으로 추정된다. 이를 표로 제시하면 다음 표와 같다.

북원경이 북원부로 확대하면서 신라 정부는 9세기 전반 이 지역의 농민 유망을 막아 통일기 신라의 지방 행정지배를 안정시키려 했으나 그 결과가 기대에 부응하지는 않았던 것 같다. 부론면의 거돈사에는 864년 (경문왕 4)에서 879년(헌강왕 5)까지 희양산문이 지증 도헌이 주지로 있었

---

33) 배종도, 1989, 「앞의 글」 ; 황선영, 1994, 「新羅 下代의 府」『한국중세사연구』 창간호 ; 尹京鎭, 2000, 「高麗 군현제의 구조와 운영」(서울대 박사학위논문).
34) 『高麗史』 卷56 地理1 楊廣道 原州.

〈원주의 영현과 속현〉

| | | | |
|---|---|---|---|
| 領縣 | 原州<br>(州司) | | 部曲：刀谷(蔡·尹)·刀乃<br>所：所呑(池)·金亇谷·射林 |
| 屬縣 | 寧越郡<br>(屬郡司) | 高麗初 來屬<br>恭愍王21年 陞知郡事 | 部曲：直谷<br>鄉：買乃·亇伊呑<br>所：楊等·梨木·耳達·省旀呑·注文伊·居呑 |
| | 提州<br>(屬州司) | 顯宗 9년 來屬<br>睿宗 元年 監務 設置 | 部曲：買林·陽城·小堂<br>所：空梓<br>處：山尺 |
| | 平昌縣<br>(屬縣司) | 高麗初 來屬<br>忠烈王25年 置縣 | 部曲：沙西良<br>所：沓谷·古林·新林·石乙項·梁呑·乃火谷 |
| | 丹山縣<br>(屬縣司) | 提州 領顯<br>顯宗 9년 來屬<br>忠肅 5년 知丹陽郡事 | 所：金衣谷<br>莊：買浦 |
| | 永春縣<br>(屬縣司) | 高麗初 來屬<br>속현으로 계속 남음 | 部曲：立石·畓谷·所耻谷<br>所：澤坪·於上川 |
| | 酒泉縣<br>(屬縣司) | 新羅 時 寧越郡 領縣<br>顯宗 9年 來屬<br>속현으로 계속 남음 | |
| | 黃驪縣<br>(屬縣司) | 顯宗 9年 來屬<br>後置監務<br>忠烈 31年 陞驪興郡 | |
| 江：蟾江 漕倉：興原倉 | | | 驛道：平丘道 |

다. 경문왕의 누이였던 단의장옹주端儀長翁主의 주선으로 지증 도헌이 거돈
사에 와서 제일 먼저 했던 일이 기왕에 부론면 일대에 세력을 떨쳤던
안락사安樂寺의 사원지배체제를 교체하는 일이었다. 실제 지증 도헌은
사찰의 이름을 거돈사로 바꾸고 주존불을 1장 6척의 철불로 바꿈과 동시에
후원세력인 단의장옹주의 시주와 토지만 500결이나 되는 자신의 재산을
거돈사에 기증함으로써 경제적 측면의 보강을 시도하였다.[35) 이들의 시도

---

35) 이인재, 2001, 「나말여초 원주불교계의 동향과 특징」『원주학연구』2, 214쪽 ;
    이인재, 2003, 「나말여초 거돈사 승려 활동에 관한 연구 - 지증 도헌과 원공
    지종을 중심으로」『梅芝論叢』19.

는 거돈사 주변 지역에서 일정기간 상당히 성과를 거두고 있지만, 전반적인 사정은 낙관적이 아니었다. 오히려 이들의 영향력이 미치지 않는 이 시기 원주 부론면 일대에는 이미 통일기 신라의 행정과 사원 지배체제에서 이탈하려는 움직임이 있었던 것으로 생각하지 않을 수 없다.

이러한 비非신라적 농민·촌주세력들의 움직임이 본격화되어 신라 하대 행정구역으로서 북원부의 지배구조가 깨지기 시작한 것은 역시 9세기 농민항쟁이 격화되고, 호족의 시대를 맞이한 시기부터였다. 이런 움직임을 원주에서 결집한 사람이 바로 양길梁吉이다. 양길의 등장에 대해 안정복은 889년(진성여왕 3) 양길이 북원北原에서 반란을 일으켰다고 서술하고 있다.[36] 889년 전국의 주군州郡이 공부거납貢賦拒納에 나섰을 때[37] 북원부의 저항세력의 하나로 성장했다고 한 것이 공식 기록인 셈이다. 그러나 886년 (정강왕 1) 북원부의 속현이 된 영월군 수주면 흥녕선원에 주석하고 있던 징효대사 절중이 상주로 몸을 피한 것을 보면 이 시기에 이미 농민반란이 시작된 것으로 보아야 할 것이다. 이에 대해 당시 기록에서는 왕실이 위태롭기가 달걀을 쌓아 놓은 것 같아 곳곳에 불타는 연기와 말달리는 먼지가 갑자기 일어나니 요사스런 기운이 절까지 미칠 것을 두려워하였다 고 서술하고 있다.[38]

비非신라적 농민·촌주세력들의 움직임을 결집하여 영원산성을 중심으로 봉기한 양길세력이 등장하게 된 배경으로는 우선 8세기 말~9세기 전반 경주에서 벌어진 왕위쟁탈전이 소경인 북원경에도 많은 영향을 미쳤을 것이라는 점을 들 수 있다. 신라 소경 정책의 일환으로 북원경에

36) 『東史綱目』 卷5上 己酉年(眞聖女主 3年).

37) 『三國史記』 卷11 眞聖王 3年.

38) 한국역사연구회 나말여초연구반, 1996, 「흥녕사 징효대사 보인탑비」 『역주 나말여초금석문』(하), 211쪽.

이주해 왔던 경주계 진골출신들이 왕위쟁탈전으로 동요하였을 것임은 분명하다. 그리고 822년(헌덕왕 3) 3월 아버지 김주원이 왕이 되지 못한 것을 빌미로 웅주(현 공주) 도독이었던 김헌창이 반란을 일으킨 것도 주요한 영향이었을 것이다. 반란 당시 김헌창 측에 선 국원경(현 충주)과 달리 북원경(현 원주)은 경주 편에 섰지만 적극적인 가담이기보다는 관망하는 자세로 일관하였을 것이다. 그러므로 864년 경문왕이 북원부 서쪽 거돈사에 왕실세력의 지원하에 지증 도헌을 주석하게 했던 것은 그런 사정을 이용하려는 신라 왕실의 의도를 보여주는 것이다.

둘째, 지증 도헌을 동원한 무마책에도 불구하고 북원경에 거주하던 경주계 진골귀족세력, 고구려와 백제의 유민세력, 촌주층과 농민세력들의 안정을 도모하지는 못하였던 것 같다. 880년대 북원부 동쪽에 있던 흥녕선원에 헌강왕과 정강왕의 요청으로 사자산문의 징효대사 절중이 주석을 하였지만 이마저 불타버리고 만 것은 촌주·농민 세력들의 조세 납부 거부운동을 막기에는 역부족이었을 것으로 생각되기 때문이다.

이러한 상황에서 비非신라적 농민·촌주세력들을 결집하여 봉기한 양길로서는 영원산성을 거점으로 안으로는 북원부의 여러 정치·사회 세력들을 안정시키고 밖으로는 인근 지역의 저항을 막아야 했다. 이를 위해 서남쪽으로 9세기 전반 김헌창의 난 때 김헌창 편에 섰던 국원경의 민심안정을 꾀함과 동시에 동북쪽으로는 북원부로 확대되면서 새롭게 북원부로 편입된 영월과 제천 등 명주세력들과 협조하지 않을 수 없었다. 8세기 중반 내성군柰城郡(영월) 태수로 있던 김주원의 증손 김흔金昕 세력을 무시하지 않을 수 없기 때문이다.

이 명주계 김흔 세력과 관련하여 주목해야 할 사찰로 석남사石南寺와 세달사世達寺를 검토할 필요가 있다. 석남사는 최근 원주군 신림면 성남리에 있던 절골로 그 위치가 확인된 바 있다.[39] 이 석남사는 원래 고대신앙의 신성지역에서 불교가 들어온 후 무불융합적인 사찰이었는데,[40] 8세기 중엽에서 9세기 초 의상계 화엄승려인 신림神琳이 영향을 미쳤던 곳이다.[41]

한편 세달사는 이후 흥교사興敎寺로 사찰명을 바꾼 곳으로 소재지는 강원도 영월군寧越郡 남면南面 흥월리興越里 흥교동興敎洞 대화산大華山이다. 세달사는 유명한 궁예弓裔가 어린 시절 머물렀던 사찰로 대화산의 영월 쪽에 이 절이 있었다면, 영춘 쪽에는 화엄십찰의 하나인 비마라사가 있었다.[42] 이 세달사는 의상계 화엄사찰로 보는 것이 자연스럽다.

그렇다면 9세기 중반 명주군왕 김주원의 증손이면서 영월태수를 역임한 김흔과 관련된 주요 사찰로는 석남사를 거론하지 않을 수 없다. 8세기 후반에서 9세기 후반까지 화엄사찰이었던 석남사가 김흔이 영월군수로 있을 즈음에 명주의 세력권에 들어가고 847년 입당구법入唐求法한 후 귀국한 범일梵日이 명주 굴산사에 자리잡아 영향력을 행사하기 시작한 후 언젠가 의상계 화엄사찰이었던 석남사가 사굴산문의 선종사찰로 전환된 것이 아닐까 한다.

하여간 이러한 상황에서 비非신라적 농민·촌주세력들을 결집하여 봉기한 양길로서는 안으로는 북원부의 여러 정치·사회 세력들을 안정시키고 밖으로는 우선 서남쪽에 있던 국원경의 민심안정을 꾀함과 동시에 동북쪽으로는 영월과 제천 등 명주세력들과 관계를 맺지 않을 상황에 있었던

---

39) 신종원, 1994, 「치악산 석남사지의 추정과 현존 민속」『정신문화연구』 17권 1호.
40) 『輿地圖書 (上)』 江原道 原州 古跡. 505쪽. 석남사라는 절의 명칭은 乾巽石의 남쪽에 세웠다는 것에서 유래하는 것으로 추정된다. 건손석은 신라말 노선이 원주의 乾巽 방향 즉 동남쪽이 공허하다고 하여 돌을 두어 눌렀다고 한 바위인데, 아마도 이 바위 남쪽 방향에 있다고 하여 석남사가 된 것이 아닌가 생각된다.
41) 이인재, 2001, 「앞의 글」, 203쪽.
42) 이인재, 2001, 「앞의 글」.

것은 확실했던 것 같다. 그리고 이런 양길의 정치·사회적 과제를 일부 풀어줄 수 있는 인물이 바로 궁예였다.

양길이 보기에 궁예에게는 헌안왕 혹은 경문왕의 아들이었다는 풍설도 있었고, 어린 시절은 세달사에서 보냈으며, 바로 전해에 지금의 경기도 안성군 죽산면에 자리잡은 죽주竹州 장군 기훤 밑에서 신라말 농민항쟁에 대한 경험을 한 인물이었다.[43] 북원경과 명주의 낙향 진골세력들과 화엄계 사찰세력, 농민세력들의 요구와 해결책을 모두 갖출 경험이 있는 인물인 것이다. 그러니 이런 경력을 가진 궁예에게 명주세력의 일정한 영향력 아래에 있었던 석남사를 비롯한 치악산 동쪽을 맡기면 여러 가지 정치적 효과가 있을 것으로 생각했을 것이다.

실제 궁예는 892년(진성여왕 6) 양길을 도와 기병 100명을 동원하여, 자신이 승려로 있을 때 지역 사정을 숙지하고 있었던 영월군 관내의 평창·주천 등을 습격하였다.[44] 그리고 두 해 후인 894년(진성여왕 8) 궁예는 따르는 무리 600여 명을 이끌고, 원주에서 영월을 지나 강릉을 공략하는 전공을 세웠다.[45] 그 과정에서 궁예의 세력은 급격히 성장하여 원주 이동以東 지역의 공격을 마무리 짓는 강릉 공격 때에는 따르는 무리가 3,500명이나 될 정도였고,[46] 무리의 추대를 받아 스스로를 장군이라 칭하여 거의 거대한 독립 호족의 단계에 이르렀다.[47] 이렇듯 『삼국사기』 기록에는 궁예가 전투에 승리하여 원주 이동 지역에서 명주까지 장악한 것으로 되어 있지만, 실제로는 명주의 관할 하에 있었던 영월 이동 지역의 호족들과 궁예의 정치적 이해관계가 일치하였기 때문에 궁예가 그렇게도 쉽사리

---

43) 『三國史記』 卷50 列傳10 弓裔. 궁예가 기훤 밑에 들어간 해는 891년이었다.
44) 『三國史記』 卷11 眞聖王 5年 冬10月.
45) 『三國史記』 卷11 眞聖王 8年 冬10月.
46) 『三國史記』 卷50 列傳10 弓裔.
47) 『三國史記』 卷50 列傳10 弓裔.

이 지역을 관할 하에 두었을 것으로 생각된다. 894년 강릉에 들어간 이때 이미, 궁예는 양길과의 결별을 생각했을 것이다.

한편 양길은 원주 이동 지역을 궁예에게 맡기고 자신은 원주 이서以西 지역, 즉 국원경 공략에 나섰다. 양길이 국원경을 비롯한 30여 개 성을 빼앗는 구체적인 과정은 사료에 기록되어 있지 않지만 아마도 894년 원주 이동 지역의 공략을 맡기고 곧바로 자신은 이서 지역 공략에 나섰을 것으로 생각된다. 속설에 부론면 주포리 미륵산에 양길이 진陣을 쳤다는 것을 보면 지금과 같은 경로인 양안치 고개와 소태재를 넘어 국원경을 공략했을 것으로 생각된다.

양길과 궁예의 격돌은 894년 강릉 장악이후 궁예가 인제·화천·금화·금성·철원 등 강원 북부지역을 장악하고, 경기 북부와 중부 지역으로 세력을 넓혀 가면서 본격화되었다. 이때 이미 국원경 등 30여 성을 장악하면서 북원에 웅거하고 있었던 양길은 궁예가 배반할 것이라는 불안감에 빠졌다. 이에 양길은 899년(효공왕 3) 충주, 청주, 괴산 지역의 호족들과 연합하여 궁예를 공격하였으나 비뇌성에서[48] 오히려 패배하였다.[49] 이 기록을 마지막으로 양길에 관한 기록이 보이지 않는 것으로 보아 아마도 이 전투에서 양길이 전사하였을 것으로 생각된다.

양길의 패전 후 북원부의 동향이 어떠했는지에 관한 기록은 현재 확인되

---

48) 非惱城은 『三國史記』 卷27 地理4 三國有名未詳地分에 수록된 곳인데, 『高麗史』 卷94 智蔡文傳에 나오는 거란 침입을 피하던 현종의 이동 경로 가운데 鼻腦驛이 나와 廣州 - 安城 중간 지점으로 보기도 한다. 安永根, 1992, 「羅末麗初 淸州勢力의 動向」 『朴永錫敎授華甲紀念 韓國史學論叢(上)』, 401쪽. 이도학은 비뇌역이, 음이 비슷한 分行驛(『新增東國輿地勝覽』 卷8 죽산현 역원 분행역)일 것이라고 추정한 다음, 지금의 안성군 이죽면 매산리에 소재한 죽주산성 북쪽 마을이 분행이므로, 비뇌성은 죽주산성일 것으로 추정하였다. 이도학, 2007, 「궁예의 북원경 점령과 그 의의」 『동국사학』 43.

49) 『三國史記』 卷12 孝恭王 3年 秋7月.

지 않는다. 실제 궁예는 다음해인 900년(효공왕 4)에 왕건을 보내 충주·청주·괴산 지역과 협상하였는데,[50] 그 결과 이 지역의 호족인 청길·신훤 등이 투항하는 성과를 거두었고,[51] 그 공으로 왕건은 아찬이 되었다.[52] 이후 궁예는 901년에 스스로 왕을 칭한 후 내외의 관직을 칭하고 국호를 고려로 칭하였다.[53] 따라서 이러한 역사적 흐름 속에서 양길이 웅거하고 있었던 북원 지역이 궁예로부터 어떠한 대우를 받았는지 알 수 없다. 단지 904년 궁예가 청주인들을 사민徙民하여 철원으로 도읍을 옮겨 마진을 건국하였음을 볼 때,[54] 충주·청주 지역의 호족세력들과 협조적이었고, 궁예가 북원부 속현인 영월 세달사에서의 경험과 양길에게 투탁한 후 2년여를 북원에 머물렀다는 사실과 북원경이 신라 통일기부터 경주에서 안동·죽령을 지나 단양·제천·원주와 홍천·춘천·철원을 잇는 주요 교통로라는 점에서[55] 충주와 청주에 걸맞는 대우를 받았을 것이라고 추정될 뿐이다.

## 2. 10세기 전반 정치세력의 동향과 불교계의 역할

고려 건국과정에서 개경 정부는 군현 정책을 통해 재지세력과 재지민을 포섭하는 정책과 함께 새로운 불교정책을 통해 사원과 승려, 재지 호족과 재지민을 수용하려는 정책을 병행하고 있었다. 실제 왕건은 죽기 얼마 전인 943년 박술희를 불러 훈요십조를 주면서 앞으로 국가의 왕업은

---

50) 『三國史記』卷50 列傳10 弓裔.
51) 『三國史記』卷12 孝恭王 4年 10月.
52) 『三國史記』卷50 列傳10 弓裔.
53) 『三國遺事』王歷 後高麗 辛酉.
54) 『三國史記』卷50 列傳10 弓裔.
55) 서영일, 1999, 『신라 육상교통로 연구』; 서영일, 2005, 「남한강 수로의 물자유통과 흥원창」 『사학지』 37.

반드시 모든 부처의 도움을 받아야 하며, 부처님을 섬기는 연등회는 반드시 시행해야 한다고 천명한 바 있다.[56] 불교세력들을 적극 포섭하려 했던 스스로의 입장을 후세 고려국가 운영의 기준으로 내세웠던 것이다.

이와 함께 고려초 개경정부는 불교세력의 견제책도 아울러 제시하였다. 가령 왕족이나 대신들이 원당願堂을 세운다고 원칙 없이 사원을 세우는 경우가 많으니 도선이 제시한 바와 같이 산수山水의 순역順逆에 따라서 세울 곳에만 세운다거나, 대신과 주지과 결탁하여 사원간의 쟁탈이 생기는 것을 방지하라는 것은 대표적인 견제책이라 할 수 있다.[57] 특히 사원의 남설濫設은 훈요십조 기사에 보이듯이 왕건 자신이 신라 멸망의 한 요인으로 간주할 만한 것이었다. 이 문제는 40여 년이 지난 982년(성종 1) 최승로가 시무책을 제시할 때에도 거론될 만큼 심각한 문제였다.[58] 가령 사원을 짓다보면 불상과 불경이 필요한 데 이를 금은을 사용하면 그만큼 사치스럽게 되고, 사원을 운영하다보면 불보佛寶의 전곡錢穀을 고리대와 같은 무리한 방법을 동원하게 될 뿐만 아니라(6조) 사원간의 경쟁으로 왕실과의 결합을 위해 승려들의 궁중출입이 잦아들게 되어 갖은 폐단이 생길 가능성은 충분한 것이었다(8조). 이에 더하여 승려들이 지방을 왕래할 때에 관·역에 유숙하는데 따르는 폐단도 만만찮을 것이고(10조), 이에 임금도 가세하여 공덕재功德齋를 올린다하여 생기는 갖가지 폐단이나(2조), 임금이 직접 나서서 길가는 사람에게까지 보시해야 한다는 사소한 데에까지 신경을 쓰게 되어(4조) 갖가지 폐단이 생기는 것의 원인이 되는 것이기 때문이었다.[59] 고려 태조 왕건이 제시한 불교정책의 요체는 본래 사찰의 역할은

---

56) 『高麗史』 卷2 太祖 26年 夏4月. 訓要 기사 중 제1조와 제6조 참조.

57) 『高麗史』 卷2 太祖 26年 夏4月. 訓要 기사 중 제1조와 제2조 참조.

58) 『高麗史』 卷93 列傳6 崔承老.

59) 하현강, 1975, 「최승로의 정치사상」『이대사원』12 ; 하현강, 1988, 『한국중세사연구』.

인정하지만 그로 인해 사찰의 대민 지배나 수탈은 받아들일 수 없다는 것이었다.

고려 정부의 이러한 불교계 포섭책과 견제책을 원주 불교계佛教界에서는 일단 수용했을 것으로 간주된다. 궁예의 불교정책이 미륵정토 사상을 중심으로 발전하였을 뿐만 아니라 스스로 경전經典 20여 권을 저술하면서 이에 대한 비판에 대해 가차없이 징벌할 정도였던 것에 비하여[60] 고려 정부의 불교정책은 일단 전래의 신라 불교정책을 계승하였을 뿐만 아니라 불교계 자체의 신앙적인 독자성은 인정하면서 사찰의 대민 지배나 수탈을 견제하는 방향이었기 때문에 원주 불교계가 이를 거부할 이유가 없었을 것이기 때문이다.

특히 주목해야 할 사항은 고려가 후삼국을 통일한 후 곧바로 진공대사 충담을 흥법사에 머물게 한 조치이다. 충담은 태조의 왕사로서 940년 가을 7월 원주 명봉산 흥법사에서 열반하였다. 그러자 왕이 친히 비문을 짓고 탑을 세웠다.[61] 이 해는 태조 23년으로 그해 3월 왕건은 전국 주부군현州府郡縣의 명칭을 개칭하였고, 이에 따라 원주도 북원부에서 원주로 개칭된 해였다.[62] 고려 개경정부 역시 군현 명칭과 지방세력 개편이라는 행정적인 조치와 함께 당대 이름을 날리던 선종승려를 통해 민심 수습책을 시도했다는 것이다. 이렇게 본다면 사회적 변동기 정치계와 종교계가 각기 담당했던 역할은 상당히 명확한 것이라 할 수 있다.

---

60) 『三國史記』卷50 列傳10 弓裔. "자신이 經典 20여 권을 저술하였는데 그 말이 요망하여 다 신빙하지 못했다. 때로는 단정히 앉아 佛說을 강론하니 僧 釋聰이 말하기를 '다 邪說怪談으로 訓戒가 될 수 없다'고 하였는데, 궁예가 듣고 그를 鐵槌로 쳐 죽었다."

61) 『高麗史』卷2 太祖 23年 秋7月.

62) 『高麗史』卷2 太祖 23年 春3月.

# Ⅳ. 맺음말

이상과 같이 나말여초 북원경의 정치세력 재편과 불교계의 동향에 대해 살펴보았다. 7~8세기 북원경의 설치와 운영을 통해 신라 통일기 소경설치가 갖는 의미와 북원경의 개괄적 실체를 파악하고자 하였고, 이를 전제로 나말여초 북원경에서 일어났던 정치사회적 격동의 양상과 그 의미를 생각해 보았다. 이를 요약하면 다음과 같다.

삼국통일 후 신라는 국토의 균형발전을 위해 수도를 옮기는 대신 전국 다섯 곳에 소경을 설치하였다. 북원경은 678년 삭주 방면(현재의 강원지역)의 지역발전을 도모하기 위하여 설치한 소경이다. 북원경을 만들어 신라는 이 지역에 사는 옛 삼국 유민들을 하나로 통합하려고 하였다. 삼국시대에 각각 고구려 식과 백제 식으로 살아왔던 사람들을 대상으로 쌍방적인 사회통합정책 정신아래 신라 식으로 통합하려는 것이었다.

북원경의 영역은 지금의 원주시와 같은 규모였고, 치소(治所 : 관청 터)는 현재 감영 터라 생각된다. 북원경의 주민은 원래 원주에 거주하던 사람들과 경주에서 이주해 온 사람들, 고구려와 백제의 유민으로 구성되어 있었다. 북원경의 장관은 사대등이다. 이 시기 북원경의 대등과 촌주는 경주 진골계 뿐만 아니라 고구려, 백제의 유민, 원주의 토착세력들을 대표하는 사람들이다. 북원경의 장관은 이들 지방 유력층의 의견을 수렴하면서 북원경을 통치하였다.

신라통일기 삼국통합 정책은 신라 왕실의 일부 기득권 세력의 반발을 불렀다. 그 결과 왕위쟁탈전이 심해졌고, 유명한 김헌창이 반란이 일어났다. 8세기 말부터 9세기 초까지 일어났던 왕위쟁탈전으로 말미암아 지방사회에 대한 신라 국가의 통제력이 약화되자, 신라 왕실은 소경의 관할 영역을 확대하여 왕실의 영향력을 확대하고자 하였다. 이른바 소경의 광역화를 의미하는 부제府制의 실시이다. 그러면서 김헌창의 반란 당시 중립을 지켰던 북원경의 정치세력을 친親왕실 세력으로 포섭하기 위해 불교 승려를 동원하였다. 864년 거돈사의 창건은 선종승려인 도헌과 왕실 세력인 단의장옹주가 연합하여 북원경의 정치세력을 친 왕실세력으로 만드는데 성공했다는 것을 의미하는 사건이었다.

그러나 이들의 노력도 사원전의 농민 수탈 강화로 9세기 말 북원경의 촌주·농민세력들이 반신라세력이 되는 것을 막지 못하였다. 그에 따라 9세기 말에서 10세기 초까지 북원경에는 양길과 궁예와 같은 지방세력들이 북원경의 촌주·농민세력을 대표하고자 하였고, 지방세력끼리 서로 대결하는 시기를 겪었다. 그리고 이런 혼란은 고려 태조의 토지제도·지방 제도 개편으로 극복할 수 있었다. 당시 고려 태조가 약속한 조세제도와 지방제도 개편은, 이미 신라가 원칙적으로 표방했지만 현실에서는 지키지 않았던 조세제도 개편(1/10세)과 지방 행정구역의 광역화였다.

| 제3장 |
# 나말여초 사회변동과 후삼국

## I. 머리말

  지금부터 천여 년 전, 9세기 후반에서 10세기 전반 사이 전근대 한국사회
에서는 크나큰 사회변동이 있었다. 삼국통일 전쟁이후 남북국으로 발전해
오던 신라와 발해가 후삼국을 거치면서 고려로 재통일되는 과정을 겪었다.
이른바 나말여초 사회변동이다. 천년 왕조 신라의 붕괴와[1] 오백년 왕조
고려의 건국은, 단순한 왕실의 교체가 아니었다. 고조선 건국 이래 열국시
대, 삼국시대, 남북국 시대의 오랜 역사를 거치면서 성장해 온 경제와
사회, 정치와 문화에 여전히 남아 있던 전근대 진기, 이른바 고대적 진재를
청산하면서 이루어진 하나의 사건이었다.[2]
  사실 이 시기는 신석기혁명 이후 고대국가 성립 과정을 거친 후,[3]

---

[1] 나말여초 사회변동 가운데 신라의 멸망원인에 관한 여러 학자들의 논의는
   다음 글에 잘 정리되어 있다. 신호철, 2008, 「신라의 멸망원인」, 『한국고대사연구』
   50 ; 한국고대사연구회편, 1994, 『신라말 고려초의 정치사회변동』.
[2] 이인재, 2002, 「한국 중세의 기점」 『한국 전근대사의 주요 쟁점』 ; 이인재,
   2009, 『논쟁으로 읽는 한국사1-전근대』.
[3] 김용섭, 2000, 「토지제도의 사적 추이」 『한국중세농업사연구』.

국내적으로 수천 년의 왕조국가 운영 경험을 축적한 시기였으며, 전근대 중국과 일본을 비롯한 세계와의 밀접한 교류를 통해 동아시아 문명과 주체적으로 교류할 국제적 안목도 쌓은 상태였다.[4] 가령 농업 부문에서는 농기구 및 수리, 관개, 토목 기술과 농사 경험의 축적으로 농지 확대가 이루어졌으며,[5] 농민층 내부에서는 소유 및 경영의 분화와 더불어, 지속적인 전쟁과 정쟁政爭으로 인한 가족과 친족, 마을과 촌락 등 사회 내부의 분화도 다양해졌다. 이러한 분화과정에 맞추어 한국 전근대 전기 왕조국가들은 시기별로 중국 주대, 진한대, 남북조, 수당 시기를 거치면서 발전해 온 법과 제도, 정책의 역사를 수용하거나 참조하는 한편, 한국 고유의 결부제와 편호제를 바탕으로 한 조세·공부제도 및 식읍·녹읍 등의 토지분급제를 시행하고, 군현제와 봉건제, 관등제와 관료제를 수용, 운영하면서 지방제도 및 중앙제도를 통해 국가를 통치하는 역사적 경험을 축적해 가고 있었던 것이다. 특히 결부제는 역사문헌 전면에 등장하지 않은 대소 농민들의 파종량 대비 수확량 확대라는 오랜 농사 경험을 수렴하고, 그에 따른 자연호의 다양한 수확능력 차이를 편호제를 활용하여 국가제도에 반영함으로써 한국 전근대 토지제도에서 농민들의 존재형태도 추정할 수 있는 장치를 마련할 수 있었다.[6] 요컨대 나말여초 사회변동은 이러한 동아시아 문명의 변화와, 고조선에서 남북국시대에 이르는 역사적 경험의 연속선상에서 이루어지고 있었던 것이다.

그런데 지금까지의 나말여초 사회변동에 관한 연구는 국내적으로는 이른바 골품제사회론과, 국제적으로는 조공·책봉체제론이라는 국내·국제 질서를 중심으로 진행된 바가 크다. 골품제사회론은 남북국기 신라까지

---

4) 김용섭, 2008, 『동아시아 역사속의 한국문명의 전환』.
5) 이경식, 1986, 「고려전기의 평전과 산전」 『이원순교수화갑기념논총』.
6) 이인재, 1995, 『신라통일기 토지제도연구』(연세대 박사학위논문).

가족과 친족, 촌락과 지방제도, 중앙제도 운영의 중심에 혈족 원리가 주요하게 작동한다는 것으로서, 그에 의한 국가성격이 전제왕권론으로 정리되고,[7] 조공·책봉체제론은 국가와 국가와의 관계조차 힘의 강약에 따른다는 것으로서,[8] 두 이론 모두 역사발전의 다양한 동력을 무시하고, 지나치게 정치적인 논리에 편재될 위험성이 있었다.

　이 글은 이러한 인식을 배경으로 해서, 나말여초 사회변동과 후삼국 정립에 대한 몇 가지 사항을 점검하려고 한다. 우선 889년 주민州民들의 불수공부不輸貢賦 사건은, 공부에 국한되는 것이 아니라 협의의 조세를 포함한 모든 조세 운영항목에 대한 이의제기(항세운동)일 뿐만 아니라 조세를 단서로 한 국가운영체계에 대한 문제제기(反)임을 서술하고, 그 다음으로 호족이라는 용어 사용 문제와, 호족에 내포된 비혈연적 친속에서 행정촌, 영속관계, 경외상잡, 당이상잡의 진행과정을 살펴보고자 한다. 이를 토대로 거주반據州反의 문제를 살펴야 귀부를 중심으로 한 후삼국의 정립 문제를 해명할 수 있다는 것이다. 사실 나말여초 사회변동을 정리하려면, 사회발전에 따른 농민층분해론과 국가재조론, 천하화론을 종합적으로 제기해야 그 실상을 이해할 수 있을 것으로 판단하고 있다.


## Ⅱ. 주군州郡의 반부叛附와 신라 나마奈麻 영기令奇의 공포심

　나말여초 사회변동의 배경에 대해 이 시기를 살았던 최치원은, 889년(진성여왕 3)부터 895년(신성여왕 9)까시 전쟁과 흉년이라는 두 가지 재난이

---

7) 김기흥, 2000, 「골품제 연구의 현황과 전망」『한국고대사논총』 9 ; 주보돈, 2009, 「신라 골품제 연구의 새로운 경향과 과제」『한국고대사연구』 54.
8) 임기환, 2003, 「남북조기 한중 책봉·조공관계의 성격」『한국고대사연구』 32.

당나라(서쪽)에서 다하고 신라(동쪽)로 와서 더 이상 나빠질 것이 없을 정도로 굶어 죽거나 싸우다 죽은 시체가 들판에 즐비하였다고 하였고,[9] 해인사 승려 훈은, 889년부터 895년까지 7년 동안(자유급묘自酉及卯) 천지가 온통 난리로 어지러워 들판이 전쟁터가 되고, 사람들은 방향을 잃고 짐승같이 행동하였다고 서술하였다.[10]

그런데 고려의 주요 정치가이자 역사가인 김부식은 7년 재난을 설명하면서 진성여왕 재위 3년차인 889년부터 시작된 '도적봉기盜賊蜂起'라는 현상과 함께 그 원인으로서의 '불수공부不輸貢賦 사건'을 거론하였다.[11] 전근대 이상기후에 따른 자연재해와 이에 동반되는 질병의 확산은 전근대 어느 왕조국가든지 해결 능력이 제한적인 반면에, 전쟁은 전근대에 맞는 정치가들의 정책 기획 능력에 따라 조정 가능하리라는 판단이 가미된 것이었겠는데, 7년 재난의 원인을 '불수공부不輸貢賦'라는 구체적인 제도의 마비로 특정함으로써, 김부식은 최치원, 승 훈과 대비하여 국정경험이 풍부했다는 자신의 안목을 드러내는 효과를 거둘 수 있었다.

그럼에도 불구하고 김부식이 '불수공부'로 제한하여 거론한 정확한 이유를 파악하기는 쉽지 않다. 사실 전국의 이른바 '도적'들이 봉기했다면 신라 정부의 개별 정책 운영의 미비가 아니라 오히려 여러 문제가 종합하여 분출된 결과였을 것이다. 예를 들어 이른바 '도적'의 처지에서 보면, '불수공부'는 항세抗稅 문제였을 것인데, 이 문제에만 국한시켜 본다고 하더라도 신라에는 공부만이 아니라 조세도 있었다.[12] 그런데 왜 공부 항목으로만

---

9) 정병삼, 1992, 「海印寺 妙吉祥塔記」(한국고대사회연구소편, 1992, 『역주 한국고대금석문』 3).

10) 정병삼, 1992, 「五臺山寺 吉祥塔詞 除序」(한국고대사회연구소편, 1992, 『역주 한국고대금석문』 3).

11) 『三國史記』 卷11 眞聖王 3年.

12) 이인재, 1995, 『신라통일기 토지제도연구』(연세대 박사학위논문).

제한하여 문제를 제기하였을까?

사실 진성여왕이 거두지 못한 공부에 대해 40여 년이 지난 932년 고려 태조도 문제로 여기고 있었다. 전국적으로 노역勞役이 그치지 않고, 공비供費가 이미 많은데도 공부貢賦를 덜어줄 수 없으니, 걱정이라는 것이다. 더구나 군국軍國의 공부를 면제해 줄 수도 없었다. 그러므로 중앙정부에서 공도公道를 행하지 않아 백성들도 하여금 원망과 한탄케 하여, 변이變異에 이르게 하면 안 되니, 군신群臣들은 각자 마음을 고쳐서 화가 미치지 말게 하라고 하였다.[13] 이 조치를 이어받아 이보다 십수 년이 지난 949년 광종이 즉위하자마자 했던 조치 가운데 하나가 주현의 세공 액수를 정하는 것이었다.[14] 그렇다면 각 주현, 주군에 책정해야 할 공부貢賦는 공도公道에 맞추어 징수했어야 했는데, 여러 가지 이유로 그렇게 하지 않았기 때문에 진성여왕 당시에 '불수공부不輸貢賦' 문제가 터질 수밖에 없었던 셈이 된다. 그렇다면 진성여왕 당시 공도를 넘어 공부를 수취하게 된 배경은 무엇일까?

이 점을 보다 깊이 이해하기 위해서는 공부가 조세와는 달리 지地, 즉 군현의 편호에게 부과된 세 항목이라는 점을 염두에 두어야 한다.[15] 당시 군현은 전국의 민인·토지·산림·천택에 대한 통치·관할의 총체적

---

13) 『高麗史』卷2 태조 15년 5월. "今四方 勞役不息 供費旣多 貢賦未省 竊恐緣此 以致天譴 夙夜憂懼 不敢遑寧 軍國貢賦 難以蠲免 尙慮群臣 不行公道 使民怨咨 或懷非分之心 致此變異 各宜悛心 毋及於禍".

14) 『高麗史』卷78 식화1 공부. "定宗四年 光宗卽位命 元甫式會元尹信康等 定州縣歲貢 之額".

15) 정도전은 고려의 조세제와 관련지위 설명하면서 "田租는 田에서 나오는 것을 官에 내는 것이고, 常徭·雜貢은 地의 소출을 官에 납부하되, 庸 = 常徭는 身이 부담하는 것이고, 調 = 雜貢은 戶가 부담하는 것"이라고 하였다(鄭道傳「朝鮮經國 典」上 賦稅『三峰集』卷7). 이를 통해 租庸調와 貢賦는 田의 소출, 地의 소출로 대별되는데, 地의 소출은 다시 身이 부담하거나 戶가 부담했음을 엿볼 수 있다. 이인재, 1995, 『신라통일기 토지제도연구』(연세대 박사학위논문).

개별기구로서 국가·국왕의 공적公的 치소治所이고 왕경王京의 번병藩屛이기 때문에 그 자체 공부를 납부하는 위치에 있었다.[16] 공부는 상공과 별공, 공역으로 구별하여 부담하였는데,[17] 특히 고려시대에도 자주 문제가 되었던 것은 공역貢役이었다. 품목이 정해져 있던 상공과 별공보다는 공역 운영에 자의성이 개재될 여지가 컸던 것이다. 진성여왕 당시에는 바로 이런 공부를 공도에 맞지 않게 '마음대로' 운영하기 때문에 문제가 되었던 것이다.

사실 공부만이 문제는 아니었다. 전정제田丁制에 기초하여 운영되는 조세 영역도 문제는 심각하였다. 가령 이 시기 문제가 되었던 전조田租 과다 징수 문제(근세폭렴近世暴斂 일경지조一頃之租 수지육석收至六石)도 심각하였다. 원래는 2석 정도 거두어야 하는데, 3배인 6석이나 거두었다는 것이다. 태조 왕건이 이 문제를 바로 잡으면서 내건 사유가 후삼국이 서로 대립하면서 생긴 급한 재정용도, 즉 '전공戰功'이 아무리 급하더라도 공도公道에 맞는 전조 징수가 지켜져야 한다는 소신을 펼친 것을 보면,[18] 조세 영역에서도 혼란을 겪기는 마찬가지였을 것이다. 조세 영역이 흔들리기 시작하면, 그에 기초한 녹읍이나 식읍 역시 운영상의 혼란을 겪었을 것임은 불문가지이다.

이렇게 공부 영역, 조세 영역 모두 혼란스러웠지만, 김부식이 '불수공부不輸貢賦'를 특정했던 이유는, 당시 이른바 '도적'들이 거주반據州叛하였기 때문이었겠다. 이들이 굳이 거주據州를 표방했던 이유는 반민叛民들이 공감할 수 있던 주민州民들의 공동 문제가 있었기 때문이었을 것인데,

---

16) 이경식, 2005, 『韓國 古代·中世初期 土地制度史』.

17) 『高麗史』 卷78 식화1 공부. "睿宗 三年 二月 判 京畿州縣 常貢外徭役煩重 百姓苦之 日漸逃流 主管所司 下問界首官 其貢役多少酌定施行 銅鐵瓷器紙墨雜所別貢物色 徵求過極 匠人艱苦而逃避 仰所司 以其各別常貢物多少酌定奏裁".

18) 『高麗史』 卷78 식화1 녹과전. 신우 14년 7월 七月 大司憲趙浚等上書.

그런 공동 문제로 조세 영역은 적절하지 않았다. 왜냐하면 조세 영역의 토대가 된 전정제에는 다양한 이해관계가 표출될 수 있는 사적 소유지 문제가 내포되어 있었기 때문에 이해관계가 상이할 수 있었다. 이에 반해 공부 납부 거부 문제는 참여 반민叛民들이 공감하기 쉬운 문제였을 것이다. 그러므로 김부식이 도적봉기를 공부 문제로 특정했다 하더라도, 공부만이 문제라는 것은 아니었겠다. 국정 전반에 걸친 대책마련이 필요하였겠다. 그런데 막상 진성여왕의 경주 중앙정부가 대처 방안이라고 기껏 내놓은 것이 공부 납부를 재촉하는 '발사독촉發使督促'이었고, '도적' 토벌이었다. 그나마 도적 토벌도 실패로 끝나고 말았다. 당시 경주정부의 이른바 '도적' 토벌 실패 상황에 대해 김부식은 다음과 같이 기록하였다.[19]

즉 중앙에서 나마奈麻 영기令奇를 파견하고, 지방에서는 촌주村主 우련祐連이 관군官軍의 주력군이 되어 상주를 근거로 하여 반란을 일으킨 원종과 애노 등 농민 연합군과 맞서게 했다는 것이었다. 결과는 패배였다. 그런데 패배의 양상이 더욱 흥미롭다. 경주에서 파견된 영기군은 원종·애노군이 포진해 있는 것을 바라보고 두려워 공격조차 하지 못했던 반면에, 우련만이 촌주군을 이끌고 애써 싸우다가 전사해 버렸다는 것이다. 현지에 살던 우련은 현실을 파악하고 있었지만, 경주에서 생활하던 영기는 현실이 공포였던 것이다. 영기의 공포는 당시 경주 중앙정부가 안주했던 진성여왕의 공포이기도 했겠다. 당시 진성여왕은 전쟁에 소극적인 영기를 베고, 겨우 10여 세 된 우련의 아들을 촌주직을 잇게 한 것으로 사건을 마무리 지었다. 영기, 즉 경주 귀족의 공포심이 자신의 죽음을 초래했던 것이다.

그러니 신라가 말년에 쇠약해져 징치가 이지러워지고 백성들이 흩어지자, 왕기王畿 밖의 주현들의 반은 예전과 같은 부附 상태였고, 반은 반叛한

---

19) 『三國史記』 卷11 眞聖王 3年.

상태였는데(반부반반叛附半半), 반란을 일으킨 원근의 주현들에는 군도群盜들이 벌떼처럼 일어나고 개미처럼 모여들었다고 판단하였던[20] 김부식의 입장에서는 진성여왕 정부의 이런 대책을 납득하기 어려웠을 것이다. 그는 이런 대책의 미숙성이 궁정의 소인배들이 측근으로 있으면서(嬖竪在側) 정권을 농락하여 나라 기강이 문란하였고, 여기에 더해 기근이 겹쳐 생긴 일이라고 하였다.[21] 소인배들에 의한 기강문란이 요인이고, 기근이 계기였다는 것이고, 체제적이고, 구조적인 문제가 아니라, 운영주체의 경륜 부족에서 야기된 운영상의 문제라는 것이었다. 경륜 부족의 대표적인 사례로 거론된 인물이 나마 영기였지만, 경주 귀족들과 진성여왕 정부가 그 평가 대상에서 제외되는 것은 아니었겠다.

## Ⅲ. 사회변동의 주인공들 : 호족층豪族層, 호부층豪富層

**군도群盜에서 호족豪族으로의 호칭 변화** : 9세기 후반에서 10세기 전반까지 신라 말의 상황은 김부식이 설명한 대로 왕기王畿 밖의 주현들의 반은 예전과 같은 부附 상태였고, 반은 반叛한 상태였다(반부반반叛附半半). 후하게 설명해서 반반이지, 신라왕조에 이반한 사람들은 그 이상이었겠다. 진성여왕이 왕위에서 물러나면서 중국에 보낸 사양위표謝讓位表에서 최치원은 당시 상황을 묘사하면서 전국의 군읍이 '모두' 적의 소굴이 되었고, 산천이 '모두' 전쟁터가 되었다고 하였다.[22] 이 지적이 사실과 가까웠을 것이다. 그런데 이렇게 신라왕조를 이반한 수많은 사람들, 지금 우리가

---

20) 『三國史記』 卷50 궁예 ; 『三國遺事』 卷2 후백제 견훤.
21) 『三國史記』 卷50 견훤.
22) 崔致遠, 「謝讓位表」 『東文選』 卷33. "今也 郡邑遍爲賊窟 山川皆是戰場".

나말여초 사회변동의 주인공이라 부르고자 하는 사람들을 최치원은 모두 적이라고 불렀다. 이러한 인식은 김부식도 예외는 아니었다. 이들은 적수賊帥이고,[23] 초적草賊이며,[24] 군도群盜였다.[25]

부정적 의미의 군도를 긍정적 의미의 군웅으로 바꿔 인식한 사람이 고려 말 조준이었다. 그는, "삼국이 세발달린 솥처럼 우뚝 솟아(삼국정치三國鼎峙) 군웅이 각축하던 시기(군웅각축群雄角逐)였기 때문에 전쟁 비용으로 재화의 쓰임이 급하였다(재용방급財用方急이아태조후전공而我太祖後戰功)"고 서술하고 있다.[26] "우리 태조께서는 시기심 많고 포악스러운 군주, 궁예 밑에서 벼슬을 했다"고[27] 이해하고 있던 고려왕조 사람들의 처지에서 나말여초 변동기를 삼국정치三國鼎峙로 정리하는 것은 매우 자연스럽다. 조준으로 인하여 나말여초 변동기의 주역은, 이전의 초적·군도에서 군웅群雄으로 승격되고, 김부식 당시에는 열전에 배치할 수밖에 없었던 견훤과 궁예가 삼국이라는 왕조국가의 건설자로 인정받게 되었던 것이다. 조준이 인정한 삼국이 바로 우리가 현재 사용하고 있는 후삼국이다.

조준 이후 오백여 년이 지난 1950년대 남북한 역사학자들은 군웅(이병도)과 토호(박시형)라는 용어를 사용하였다. 신라 하대 중앙정계에서 벌어졌던 왕위쟁탈전의 배경으로 ① 국토의 확대, ② 산업의 증진, ③ 외래문물의 수입, 특히 신보된 대륙제도의 채용으로 인해 그 이전 '씨족적 단결'을 중시하던 정신에서 '개인'의 힘을 존중하는 풍조로 바뀐 결과로 정리한 이병도는, 원종·애노·양길·기훤 등의 활동을 '군웅할거群雄割據'의 상태라 하였으며, 이 시기의 역사적 추이를 신라의 붕괴, 후삼국의 출현, 고려의

---

23) 『三國史記』 卷12 경명왕 2년 추7월.
24) 『三國史記』 卷10 헌덕왕 11년 3월.
25) 『三國史記』 卷50 궁예.
26) 『高麗史』 卷78 식화1 전제 녹과전 우왕 14년 7월 조준 상서.
27) 이제현, 『익재난고』 卷9 하 사찬.

통일로 정리하였다.[28] 고려 말 조준이 후삼국 군주들에게만 제한해서 사용했던 군웅을, 이병도는 폭넓게 사용하여 나말여초 사회변동의 주인공들을 모두 군웅으로 격상시킨 것이다.

같은 시기, 9세기 말 농민봉기의 원인을 지방 봉건세력 및 관리들이 조세를 납부하지 않아 국고가 파산된 것을 보충하기 위해 각 지방에 조세독촉 관리들을 파견하였는데, 그 대상이 횡령 장본인이 아닌 하층농민이 되었기 때문이라고 파악한 박시형은 고려왕조에 참여한 사람들은 신라 귀족사회와는 관련이 없는 '지방토호地方土豪' 출신자들이라고 평가하면서, 이들이 참여한 국내 내전은 태봉국, 후백제 및 신라의 3개 봉건왕국의 분립으로 정리되었다가 왕건의 고려왕조 통일로 종결되었다고 평가하였다.[29]

그런데 정작 6, 70년대 한국의 나말여초 역사상 구축에 지대한 영향력을 행사한 논리는 하타다 다카시(旗田巍)의 '호족사회론'이었다.[30] 이병도가 호족은 '금입택金入宅'의 '부윤대택富潤大宅'을 '부호대가富豪大家', 즉 대토지의 소유와 수입을 가진 계층이라는 의미에서 호족이라는 용어를 사용했던 것에 반해,[31] 하타다의 호족은 일련의 연구를 통해 일본의 중국 고대사학계에서 중요하게 거론되어 오던 '호족'이라는 용어와 같은 맥락에서 '호족'을 사용하면서 나말여초 사회변동의 주역으로 만들어 버렸다.

하타다의 호족론은 지금은 대부분 극복되었지만, 당시에는 그 영향력이 얼마나 컸던지 김철준의 고대국가발달사와, 친족제도론, 신라 하대 선종을 중심으로 한 중세 지성론 조차 한동안 사소하게 여겨질 정도였고, 1988년

---

28) 이병도, 『한국사 - 고대편』(진단학회), 714, 718쪽.
29) 박시형, 1960, 『조선토지제도사(상)·(중)』, 181~184쪽.
30) 旗田巍, 1960, 「高麗王朝成立期の府と豪族」『法制史研究』10 ; 旗田巍, 1972, 『朝鮮中世社會史の研究』.
31) 이병도, 『한국사 - 고대편』(진단학회), 703쪽.

창립한 한국역사연구회 고중세사분과의 첫 작업도 하타다의 '호족사회론'에 대한 연구사 검토일 정도였다.[32] 당시 정리된 바를 중심으로 하타다의 '호족사회론'을 간단하게 요약하면 다음과 같다.

호족은 신라 촌주에 기원을 둔다(촌주기원설). 당시 촌락은 15호 정도의 자연촌락으로, 혈연을 중심으로 거주하던 미분화된 소공동체(혈족집단)로서, 촌주는 혈연집단의 장이었다(공동체미분화설). 이런 촌주들이 나말여초 촌락민을 사병으로 만들고, 주변 부락들을 복속시키면서 호족으로 등장하였다. 하타다는 계속해서 고려시대 친족 조직 내에서 전개되는 토지의 적장자 단독상속론과, 군현의 신분적 편성론 및 주속현체제론을 통해 고려 전기 내내 고대사회적 특성이 지속됨을 논증하고자 하였던 것이다. 이러한 하타다의 호족사회론은 종래 경주 중심의 신라 골품제 사회론에 더하여 50년대 이전에는 다룰 수 없었던 촌락문서 연구를 토대로 한 촌락론, 군현제론을 첨가함으로써 한국 고대에서 고려까지 이어지는 경제구조론, 사회조직론, 국가조직론의 특성을 일괄 정리했다는 점에서 무게감을 가질 수밖에 없었고, 이후 연구에도 지대한 영향력을 미칠 수 있었다.

사실 하타다의 논리를 따르면 한국 고중세사회의 가족친족론, 향촌사회론, 중앙정부 상층지배사론 및 지배기구들의 조직, 편성의 원리가 모두 혈연사회론에 기초하게 된다. 그가 설명한 바와 같이 국가의 최하부 단위인 촌락에서 벌어지는 토지소유의 미숙성이 가족친족 편성에서 중앙정부 편성에까지 영향력을 줄 수밖에 없었고, 그 결과 지배층의 피지배층에 대한 과다한 수탈이 일반적인 양상으로 설명할 수밖에 없었다. 하지만 그런 사회로 이해하기에는 한국 고중세의 사회 특성은 훨씬 다양하고

---

32) 박종기, 1990, 「고려전기 사회사연구동향」 『역사와 현실』 2 ; 나말여초연구반, 1991, 「나말여초 호족의 연구동향」 『역사와 현실』 5.

역동적이었다. 그러므로 이후 연구자들이 호족이라는 용어를 사용하여 나말여초 사회변동을 설명하더라도 그 내용은 판연히 달랐다. 이 글과 관련하여 세 가지 점만을 서술하면 다음과 같다.

첫째, 촌락문서에 투영된 신라 기층사회의 모습에 대한 이해가 달라졌다. 이 시기만 하더라도 휴경, 상경을 중심으로 농업생산력 수준의 미숙성이 연구의 기초가 되었던 것에 반하여 이후 휴경-상경 단계설론에 이어[33] 최근에는 고조선 이래 토지의 상경전과 휴경전이 병존했다는 설이 유력하다.[34] 이에 더해 촌락문서의 성격도 편호와 행정촌, 전정제적 수취제도의 반영이라고 보는 것이 타당하다.[35]

둘째, 가족친족의 운영 원리도 신라 하대를 기준으로 조상을 기준으로 한 친족집단이 와해되고 자신을 기준으로 한 친속으로서의 친족관계가 확대 발달되었으며,[36] 권력집단의 구성도 친족집단을 토대로 한 것이 아니었다는 것이다.[37] 뿐만 아니라 향촌사회의 편제 원리도 단순히 혈연적인 관계가 아니라 호부층과 지역민이 향촌의 자위를 위해 호부층의 선진적인 농업경영 능력과 향촌교화의 주재자, 권농의 기능과 향촌 공동제사, 향도조직 등을 통해 자율적으로 편성되었음이 밝혀졌다.[38]

셋째, 군현제와 부곡제, 군현제 내의 주현과 속현이라는 영속관계의 등장도 나말여초 혈족관계의 대소관계에 따른 신분적 편성론이 아니었다. 부곡제는 4~6세기 생산력 발전에 따라 광범위하게 형성된 새로운 촌락

---

33) 이태진, 1986, 「畦田考」『한국사회사연구』.
34) 이경식, 2005, 『韓國 古代·中世初期 土地制度史』.
35) 이인재, 1995, 『신라통일기 토지제도연구』(연세대 박사학위논문).
36) 노명호, 1988, 『고려시대 양측적 친족조직에 관한 연구』(서울대 박사학위논문).
37) 노태돈, 1978, 「羅代의 門客」『한국사연구』21·22합 ; 노명호, 1986, 「고려초기 왕실출신의 향리 세력 - 여초 친속들의 정치세력화 양태」『고려사의 제문제』.
38) 채웅석, 2000, 『고려시대의 국가와 지방사회- 본관제의 시행과 지방지배질서』.

가운데 토지나 인구가 군현이 될 수 없는 지역이 국가의 지방질서 재편 의지에 따라 형성되었는데, 나말여초 사회변동에서도 이러한 경향은 계속되었으며, 이에 더해 나말여초 시기에 반왕조적인 지배세력을 편성하는 과정에서 새로운 속성이 첨가되었으며, 영속관계 역시 남북국기 신라의 주·군-영현체제에서 비롯된 것으로서 정치·경제·군사적으로 중요한 지역에 주현을 설치하고 미약한 지역에 속현을 설치함과 동시에 소규모촌락(부곡)이나 특수물품생산지역(소)을 주현에 예속시킨 주속현 체제였던 것이다.39)

물론 토지제도 연구를 연구 출발로 삼았던 첫 번째 입장과 사회사를 연구 출발로 삼았던 두 번째 입장 사이에 크나큰 연구 간격이 있다. 가령 첫 번째 입장에서는 호족 성립의 배경이 되었던 남북국기 신라 사회의 가족친족과 지배집단의 결합 원리를 연호들의 단혼 소가족과40) 상층지배층의 친속관계로 이해하면서 두 번째 입장의 연구 전제가 되었던 남북국기 신라까지의 친족공동체론41)과 그에 기반한 부역部役 질서에 대해서는 의견을 달리한다. 이 가운데 부역질서에 대한 두 자료를 검토하면 다음과

---

39) 박종기, 2002, 『지배와 자율의 공간 - 고려의 지방사회』 ; 윤경진, 1996, 「고려 태조대 군현제 개편의 성격 - 신라 군현제와의 상관성을 중심으로」 『역사와 현실』 22 ; 윤경진, 2001, 「고려 군현제의 운영원리와 주현-속현 영속관계의 성격」 『한국중세사연구』 10.

40) 허흥식, 1981, 「고려시대의 가족구조」 『고려사회사연구』 ; 노명호, 1988, 「고려시대 향촌사회의 친족관계망과 가족」 『한국사론』 19 ; 이인재, 1993, 「신라통일기 연호의 토지소유」 『동방학지』 77·78·79합.

41) 친족공동체론에 대해서는 초기의 7세대 공동체론에서 5세대 공동체론을 거쳐 최근 3세대 공동체론으로 의견을 모아나가고 있고, 최근 논문에 의하면 고구려 초기 왕위계승 원리도 전왕과의 혈연관계보다 신성한 권능 및 군사지휘력 등 비혈연적 요소가 더 중요하게 작용하였다고 한다. 김철준, 1968, 「신라시대의 친족집단」 『한국사연구』 1 ; 이광규, 1977, 『한국가족의 사적형태』 ; 이종욱, 1999, 『신라골품제연구』 ; 여호규, 2010, 「고구려 초기의 왕위계승원리와 고추가」 『동방학지』 150.

같다.

하나가 모량 익선 아간이 죽지랑의 낭도였던 득오를, 화랑인 죽지랑도 모르게 급하게 차출하여 부산성 창직에 임명하고, 죽지랑이 방문할 당시 득오가 익선의 밭에서 예에 따라 역을 수행하고 있다(금재익선전今在益善田 수례부역隨例赴役)는 사실이다.42) 이 기록에서 득오가 부산성 창직을 맡아 역을 수행해야 했던 것은 죽지랑이 지적한 바와 같이 '공사公事'임이 분명한 데, 이 공사가 '부역部役'인지, '국역國役'인지가 문제가 되고, 다른 하나는 익선전益善田이 부장部長으로서의 익선의 토지(부전部田)인지, 당전幢典으로서의 익선이 관할하는 둔전屯田인지가 문제가 된다. 부역部役, 부전部田이라는 설이 김철준 이래 노태돈, 채웅석이 주장하는 설이고,43) 국역, 국전이라는 설이 필자가 이해하고 있는 바이다.44)

두 번째가 진정사가 출가 전에 군 복무(졸오卒伍)를 하였는데, 집안이 가난하여 장가를 들지 못하고 부역部役 틈틈이 품을 팔아 곡식을 얻어 홀어머니를 봉양했다는 기록(백의시白衣時 예명졸오隸名卒伍 이가빈부취以家貧不娶 부역지여部役之餘 용작수속傭作受粟)의 부역部役이다.45) 선입견 없이 부역部役을 보면, 졸오와 연관시켜 자연스럽게 부오지역部伍之役이라는 군역을 설명하는 용어라 판단된다.46)

한편 부곡제와 군현의 영속관계의 형성에서는 남북국기 신라와 고려전기 제도의 계승성에 대해서는 공감되는 점이 많지만, 영속관계 형성의

---

42) 『三國遺事』 卷2 孝昭王代 竹旨郞.
43) 김철준, 1962, 「新羅 貴族勢力의 基盤」 『人文科學』 7, 노태돈, 1975, 「삼국시대 부에 관한 연구」 『한국사론』 2, 채웅석, 2000, 『앞 책』.
44) 이인재, 1995, 『신라통일기 토지제도연구』(연세대 박사학위논문).
45) 『三國遺事』 卷5, 眞定師孝善雙美.
46) 초창기 노태돈은 이를 신라 육부의 部 단위 혹은 部內部 단위의 역으로 해석하였다(노태돈, 1975, 「앞의 글」).

원동력에 대해서는 이견이 있을 수 있다. 정치·경제·군사적 중요성의 다소보다는 무언가 구체적인 국가운영원리의 고려가 있었을 것으로 판단되기 때문이다.

이러한 과정을 거쳐 나말여초 사회변동의 주인공은 군도群盜에서 호족豪族으로 격상할 수 있었다. 그리고 이 호족(혹은 호부)은 하타다의 호족사회론의 호족과 달리, ① 사적토지소유의 발전과정에서 스스로의 사회경제적 정체성을 확인하고, ② 자신을 기준으로 한 친속으로서의 친족관계를 정립하며, ③ 향촌사회, 혹은 중앙정부에서 정치경제사회적 지위를 확보해 나갈 때, 자신의 선진적인 농업경영 능력과 향촌교화의 주재자, 권농의 기능과 향촌 공동제사, 향도조직 등을 활용하거나 문객이나 종당, 족당과 같이 비혈연적 요소로서 정치경제사회적 관계를 형성하는 존재로서, ④ 군현의 영속관계나 부곡제 영역에서의 활동에 참여하는 존재였던 것이다.

**호족의 정체성과 시대적 과제** : 신라는 삼국통일전쟁을 전후하여 중국을 중심으로 한 이차 천하화와 천하체제에 적극적으로 대응하고 있었다.[47] 중국에서는 진한시대를 거치면서 작제와 봉건제 및 관료제 및 군현제에 대한 논의가 후자를 중심으로 수렴되었던 반면에,[48] 한국에서는 열국기와 삼국기에 관등제와[49] 봉읍·봉국체제 및 관료제와 군현체제 병행론을 유지하면서[50] 식읍제와 조용조제를 병행하다가[51] 삼국통일전쟁을 전후하여 당과의 연합을 통해 통일전쟁을 수행하고 고구려와 백제의 유민들을

47) 하일식, 2000, 「당 중심의 세계질서와 신라인의 자기인식」 『역사와 현실』 37 ; 김용섭, 2008, 『동아시아 역사속의 한국문명의 전환』.
48) 민후기, 2004, 『古代 中國에서의 爵制의 形成과 展開』 (연세대학교 박사학위논문).
49) 하일식, 2000, 「삼국시대 관등제의 특성에 대하여」 『한국고대사논총』 9.
50) 서의식, 2006, 「한국고대국가의 이종용립 구조와 그 전개」 『역사교육』 98.
51) 이인재, 2006, 「부여·고구려의 식읍제」 『동방학지』 136.

융합할 수 있도록 한당 유학을 본격 수용하면서 이차 천하화를 진행하고 있었던 것이다. 김부식은 이를 '당이상잡唐夷相雜'이라고 하였다.[52)

'당이상잡唐夷相雜'이 진행되면서 왕조국가의 국제적 지위에서부터 조세·수조권분급에 이르기까지 통일기 신라 사회 내에서는 다양한 사회현상이 드러나게 되었다. 가령 어떤 이는 신라국가를 황제국으로 보기도 하고,[53) 혹은 제후국으로 보기도 하였고,[54) 관등제와 관료제의 융합을 전제로 한 당의 육전체제와 삼국기 신라의 전통적인 국가운영체제가 서로 섞여 운영되기도 하였으며,[55) 봉읍·봉국론과 군현제의 신라식 적용 가능성이 논의되면서 후자적 성격이 강한 군현제가 시행되기도 하고[56) 그에 대한 반발로 경주를 포함한 전국에서 전자적 성격이 강한 96각간의 난이 일어나기도 하였으며,[57) 녹읍이 폐지되고 부활되기도 하였다.[58) 당연히 그 사이의 균형을 잡는 것이 나말여초의 첫 번째 과제라 할 수 있겠다.

국제적으로 '당이상잡唐夷相雜'이 하나의 흐름이었다면, 국내적으로는 '경외상잡京外相雜'이 주요한 흐름이었다. 674년(문무왕 14) 경주의 진골(육도진골六徒眞骨)들을 9주와 5소경의 치소治所로 이주시켰다는 것이 그 시작이었다.[59) 그런데 이 조치에서 흥미로운 점은 진골 정착 지역 관위의 고유성을 인정하고(별칭관명別稱官名), 그 관등을 경위에 준하게 했다는

---

52) 『三國史記』 38 雜志7 職官 上. "新羅官號, 因時沿革, 不同其名言, 唐·夷相雜".
53) 김창겸은 갈경사석탑기의 경신대왕·소문황태후, 『삼국사기』의 先皇이라는 용어에 주목하여 다음 논문을 작성한 바 있다. 김창겸, 1999, 「신라 원성왕계 왕의 황제·황족적 지위와 진골 초월화」 『백산학보』 52.
54) 장일규, 2008, 『최치원의 사회사상 연구』.
55) 정덕기, 2009, 「신라 중고기 중앙행정체계 연구」(연세대학교 석사학위논문).
56) 『三國史記』 卷9 경덕왕 16년 12월.
57) 『三國遺事』 卷2 혜공왕.
58) 이경식, 2005, 『韓國 古代·中世初期 土地制度史』.
59) 『三國史記』 卷40 職官 下 外位. "文武王十四年 以六徒眞骨出居 然五京九州 別稱官名 其位視京位".

것인데, 이 조치의 주요 목적은 당연히 삼국기 이래의 신라지역이 아니라, 옛 백제지역과 옛 고구려지역의 관명 사용 전통을 허용하겠다는 것이었겠다. 그런데 이 조치와 통일전쟁 이후 민족융합정책에 나섰던 신라가 바로 전해인 673년(문무왕 13) 백제인들을, 10여 년 후인 686년(신문왕 6)에 고구려인들을 신라 관등에 편입시킨 조치와 연결시켜 보면,[60] '경외상잡京外相雜' 현상은 자연스럽게 나타날 수밖에 없었겠다.[61] 사실 전근대 농업국가에서 농토를 이동시킬 수 없을 바에야 관할 농지가 넓어진 남북국기 신라 사람들이, 유민이건 사민이건 금입택주건 녹읍주건 전국의 농토를 중심으로 이동하여 거주하는 것은 매우 자연스러운 현상이다.

실제 9세기 상황을 전해 주는 몇몇 주요 선사들의 가족 상황을 보면, 왕경 출신이면서도 지방에 거주하면서 활동하는 이들이 적지 않다. 진철이엄(870~936)의 원조遠祖는 경주에 거주하다가 통일전쟁 전후기에 세도를 잃고 유랑하다가 공주(웅천熊川)에 내려가 거주하게 되었고, 아버지는 부성富城(서산)에 머물면서 정작 이엄을 출산한 곳은 소태蘇泰(태안)였다. 대경 여엄(862~930)의 원조遠祖 역시 경주에서 벼슬 때문에 남포로 이주한 후 아버지 김사의 때까지 남포에 거주하면서 여엄을 낳았고, 자적 홍준(882~939)도 선대는 경주에 거주하다가 적어도 할아버지 때부터는 □주(□州)에 거주하였다.[62] 8세기 후반에도 이런 사례를 예측할 수 있는데, 보조

---

60) 『三國史記』卷40 職官 下 高句麗人 官等, 百濟人 官等.

61) 김철준 이래 지금까지의 호족 연구는, 이들 진골의 지방 이주를 낙향귀족으로 정의하여, 즉 지방거주가 곧 중앙권력에서의 소외나 族降에 따른 비자발적 이주로 보아 반신라성을 부각시키는 방향으로 연결시켜 왔으나, 그렇게 보기는 어렵다. 다구나 신라 행성체계의 일부였던 군진이나 촌주 등도 비골품세력이기 때문에 반신라적 존재였을 것으로 평가해 왔으나, 그 또한 수긍하기 어렵다. 해상세력 역시, 남북국기 신라 국가체제에서 활동이 활성화되었을 것이므로, 역시 납득하기가 쉽지 않다(김철준, 1964, 「후삼국시대의 지배세력의 성격」 『이상백박사회갑기념논총』 ; 이기백, 1990, 『한국사신론』 ; 정청주, 1996, 『신라말고려초 호족연구』).

체징(804~880)의 종성이 김씨이고 웅천사람(종성김宗姓金, 웅진인야熊津人也)이라는 것으로 보아, 선대가 경주에서 살다가 언젠가 웅진으로 이주한 인물이었을 것임이 분명하다.[63]

그렇다고 한다면 674년(문무왕 14) 육도 진골들의 9주 및 5소경 이주는 이주처가 치소에 국한되지 않고 전국을 대상으로 한 셈이 되는데, 그 중에서 여엄 집안처럼 7세기부터 9세기까지 한 곳에 오래 머물기도 하고, 이엄 집안처럼 한 대에도 이주를 거듭하기도 하였다.

이러한 활발한 이주는 경주에서 지방으로의 이주뿐만 아니라 지방에서 지방으로의 이주도 활발했던 듯하다. 가령 정진 긍양이나 요오 순지, 법인 탄문처럼 공주, 패강, 광주 고봉 등 한 지역에서 누대에 걸쳐 거주하기도 하였지만, 징효 절중이나 원랑 대통, 혜거 지□ 집안처럼 모성에서 휴암, 취성에서 통화부 중정리, 명주에서 황려로 거주처를 옮기면서 살기도 하였다.[64] 특히 절중의 경우 원조遠祖가 지금의 금화면 일대인 모성에서 군족郡族으로 편입되었다가(기선인모성其先因牟城 수위군족遂爲郡族) 아버지 대를 전후하여 지금의 봉산인 휴암 사람이 되었다.

절중(826~900)이 태어날 무렵 휴암에는 철감 도윤(797~868) 집안이 여러 대에 걸친 호족으로 자처하고 있었다.[65] 절중의 성씨가 확인되지 않아 도윤과 절중이 같은 집안 사람(족인族人)인지 아닌지는 파악할 수 없지만, 절중 집안이 족인을 찾아 이주했더라도[66] 이주 후 도윤 집안에 곧바로 편입되지는 않은 것으로 보아 이주 사유는 매우 개별적이었을

62) 한국역사연구회 나말여초연구반, 1996, 『역주 나말여초금석문』(상·하).
63) 김남윤, 1992, 「4. 寶林寺 普照禪師塔碑」(한국고대사회연구소편, 1992, 『역주 한국고대금석문』3).
64) 한국역사연구회 나말여초연구반, 1996, 『역주 나말여초금석문』(상·하).
65) 『조당집』卷17 쌍봉화상 도윤. "累葉豪族 祖考仕宦 郡譜詳之".
66) 최병헌, 1972, 「신라하대 선종구산파의 성립」『한국사연구』7.

것이다. 이렇게 개별 가족들이 개별적인 여러 사정으로 거주처를 옮기고 군적郡籍에 편입됨으로써 정치, 경제, 문화적으로 서로 섞이는 현상, 즉 '경외상잡京外相雜'과 이와 동시에 진행되었을 '외외상잡外外相雜'은 이 시기 매우 자연스러운 현상이었다.

당이상잡과 경외상잡 현상은 특정 호족들의 성씨 취득에서도 드러난다. 전통성을 중시하던 대부분의 이 시기 지방 거주 호족들이 무성씨無姓氏를 유지하고 있음에도 불구하고,[67] 어느 특정 집안 사람들은 굳이 자신들의 집안을 중국에서 이주해 왔다고 주장하는 것이다. 가령 보통의 경우에는 요오 순지(생몰년 미상) 집안이나 정진 긍양(878~956) 집안, 법인 탄문 (900~975) 집안, 진관 석초(912~964) 집안처럼 자신들이 국내의 전통 있고 오랜 집안(① 가업웅호家業雄豪 세위변장世爲邊將, ② 군읍지호郡邑之豪, ③ 화현명가花縣名家, 난정무족蘭庭茂族, ④ 적유가문積有家門 심명예약深明禮 樂)이었음만을 주장했던 반면에, 법경 현휘(879~941) 집안은 자신의 집안 이 노자의 후예임을 특별히 거론하기도 하고, 법경 경유(871~921) 집안은 대한종지大漢宗枝, 선각 형미(864~917) 집안은 박릉 땅의 높은 귀족(박릉관 개博陵冠盖), 낭공 행적(832~916) 집안은 주나라 태상공의 후예(주조지상보 하묘周朝之尚父遐苗 제국지정공원예齊國之丁公遠裔)임을 주장하기도 하였는 데,[68] 이는 이 시기 특정 개별 집안사람들이 경외상잡에 더하여 당이상잡 유행 추세까지 수용하여 시대의 선각임을 증거하려던 결과였겠다.

이에 더하여 정치, 경제적으로 상하상잡上下相雜도 심화되었다. 이의 가장 극적인 사례는 역시 후삼국의 맹주로 등장했던 견훤 집안과 궁예 집안이었다. 당시 사벌주에는 '불수공부不輸貢賦 사건' 발생에 불과 2~3년 앞선 885년에서 887년 사이(광계년간光啓年間)에 농업으로 성장한(이농자

---

67) 이종서, 1997, 「나말여초 성씨 사용의 확대와 그 배경」 『한국사론』 37.
68) 한국역사연구회 나말여초연구반, 1996, 『역주 나말여초금석문』(상·하).

활以農自活) 아자개가 장군을 자칭(자칭장군自稱將軍)하고 있었다.[69] '이농
자활'은 사적 소유권이 발달해 있던 신라 천년동안 언제든지 가능한
사안이지만, '자칭장군'은 이 시기에 발견할 수 있는 특징적인 '사건'이었
다. 이른바 문무왕 이래 신라 정부가 인정한 '별칭관명別稱官名'의 자격
요건으로 조정할 수 없는 사건이기 때문이다. 궁예 집안의 존재 역시
흥미롭다.[70] 헌안왕(재위 857~860) 혹은 경문왕(재위 861~874)의 아들이
라는 김부식의 평가엔 의문이 있지만 최소한 신라 왕실, 혹은 낙향진골귀족
의 후예라는 점을 수용한다면,[71] 신라 최상층에서 단계적으로 몰락하여
경제적으로 아주 어려운 처지에 빠진 집안이 된다. 이러한 농민 집안으로부
터의 '성장'과 왕실 집안으로부터의 '몰락'은 이 시기 상하상잡上下相雜의
주요 사례라 할 수 있겠다.

　나말여초 호족들은 이러한 시대적 환경에서 살고 있었다. 당이상잡,
경외상잡, 외외상잡, 상하상잡이 일상화 되었던 시대 환경에 적응하는
주체는 중세적 '개인'과 가족이었으며, 농업경영이나 사회적 관계, 정치적
관계 역시 혈족집단을 중심으로 맺어졌던 것이 아니라, 종당宗黨이나
족당族黨이라는 비혈연성을 중심으로 관계로 맺을 수밖에 없는 사회였다.
농민에서 성장하건 사회 최상층에서 추락하건 적어도 지방사회에서 호부,
호족이라면 호세부민豪勢富民이면서 양가자제良家子弟로서 활동할 수 있었
다. 지방에서 '이농자활'로 성장한 사람이나 경주에 거주하면서 경향
각지에 전장田莊을 소유한 부윤대택富潤大宅이 바로 그런 사람들이었겠다.
이런 호부층이 거주 지역에서 인품을 구비하고, 덕목을 실천하며, 자위조직

---

69) 『三國遺事』 卷2 後百濟 甄萱. "父阿慈个, 以農自活, 光啓中據沙弗城(今尙州), 自稱將
　　軍".
70) 『三國史記』 卷50 궁예.
71) 조인성, 2007, 『태봉의 궁예정권』; 이재범, 2007, 『후삼국시대 궁예정권연구』;
　　김용선, 2008, 『궁예의 나라, 태봉』.

을 운영하며 몰락농민들과의 유대를 강화시키고, 선승과 지방학교를 통해 교화를 담당함과 동시에 공동제사나 향도조직을 운영하기도 하였다.[72] 하지만 경제적으로나 정치적으로 위기에 처하고, 이에 더하여 병흉兵凶이 더해져 대처를 못하면, 언제든지 유민이 될 수도 있는 존재였다.

이러한 상황이었기 때문에 남북국기 신라의 농민들과 호족들은 국가의 제도 운영에 민감할 수밖에 없었다. 녹읍의 폐치와 부활은 녹읍주에게만 영향을 주는 것이 아니라, 녹읍에 편제될 녹읍민에게도 긴박한 상황이었으며, 녹읍이 전정제에 입각하여 운영되는 한 녹읍에 편입되지 않은 일반 전정민들에게도 영향력이 미칠 수밖에 없었다. 이 점은 지방제도 개혁에 있어서도 마찬가지였겠다.

경덕왕대 신라 지방제는 관료제와 군현제에 입각한 주州 - 군郡 - 현縣이라는 분명한 위계를 지향하고 있었는데,[73] 이러한 방향은 녹읍·식읍제에 내포되어 있던 관등제와 봉읍·봉국제적 전통과는 충돌할 수밖에 없었다. 그러므로 촌주는 예외로 한다고 하더라

〈신라 통일기의 군현수〉

| 州名 | 郡數 | 縣數 |
|---|---|---|
| 沙伐州(尙州) | 10(10) | 31(30) |
| 揷良州(良州) | 12(12) | 40(34) |
| 菁州(康州) | 11(11) | 30(27) |
| 漢山州(漢州) | 28(27) | 49(46) |
| 首若州(朔州) | 12(11) | 26(27) |
| 河西州(溟州) | 9(9) | 26(25) |
| 熊川州(熊州) | 13(13) | 29(29) |
| 完山州(全州) | 10(10) | 31(31) |
| 武珍州(武州) | 15(14) | 43(44) |
| 계 | 120(117) | 305(293) |

* ( )안은 경덕왕대 기준

도, 군현까지 외관 파견 범위를 집권성을 강화하는 방향으로 잡을 것인가, 아니면 군현 명칭과 상관없이 외관 파견 유무를 중심으로 영속관계를 정할 것인가 하는 점도[74] 농민, 호족들에게는 중요한 관심사가 아닐 수

---

72) 채웅석, 2000, 『고려시대의 국가와 지방사회- 본관제의 시행과 지방지배질서』.
73) 표는 다음 논문에서 재인용한 것임. 하일식, 2010, 「신라 말, 고려 초의 지방사회와 지방세력」 『2010 한국중세사학회 학술발표대회 발표집』.

없었다. 지방제도 개혁의 토대에는 양전과 호구조사가 전제되어 있었고, 이를 중심으로 군현제 지향의 조세제와 봉읍·봉국제 지향의 녹읍제가 운영되고 있었기 때문이다.

이와 함께 전통적인 신라 사회 신분제에 대한 문제도 호족들에게는 여전히 해결해야 할 과제였다.[75] 사실 이 시기 신라에서는 최치원이 지적한 바와 같이 여전히 골·두품 성립의 역사에 역사성을 둔 5품제가 영향력을 발휘하고 있었다.[76] 이 기록은 낭혜 무염(800~888)이 821년 왕자 흔의 도움으로 당나라에 유학간 사이, 아버지 김범청이 822년 김헌창의 난에

---

74) 하현강, 1993, 「지방의 통치조직」『한국사』 13.
75) 주보돈, 2009, 「신라 골품제 연구의 새로운 경향과 과제」『한국고대사연구』 54.
76) 최치원, 「성주사 낭혜화상비」. "俗姓金氏 以武烈大王爲八代祖 大父周川 品眞骨 位韓粲 高曾出入皆將相 戶知之. 父範淸, 族降眞骨一等 曰得難. 國有五品 曰聖而眞骨 曰得難 言貴姓之難得 文賦云 或求易而得難從言 六頭品 數多爲貴 猶一命至九, 其四五 品 不足言"(무염의 속성은 김씨로 무열대왕이 8대조가 된다. 조부 주천의 품은 진골이며, 위는 한찬(5위 대아찬)이다. 고조와 증조가 나가서는 장수가 되고, 들어와서는 재상이 되었음은 집집마다 알고 있다. 아버지는 범청으로 진골에서 한 등급 족강되었으니, 득난이라 한다. 나라에 다섯 품이 있는 바, (첫째는) '성스러우면서도 참된 골(聖而眞骨)'이며, (둘째는) 득난(필자 첨가 : 어려운 것을 얻음)이다. 득난은 귀성의 얻기 어려움을 말함이니, 문부의 "혹 쉬운 것을 찾되 어려운 것을 얻는다"를 따라서 말한 것이다. (셋째는) 육두품이니 수가 많음을 귀하게 여긴 것으로, 일명에서 구(명)에 이르는 것과 같다. 네, 다섯 번째 품은 족히 말할 게 없다.) 이 해석은 아래 남동신의 해석을 따른 것이다. 단 "聖而眞骨"의 聖을 남동신은 9세기 후반 경문왕가의 성골의식 강화와 관련이 있는 것으로 보았지만, 오히려 詞에서 언급한 "海東金上人 本支根聖骨"에 주목할 필요가 있다. 낭혜는 범청의 아들이므로 당연히 득난층이었을 것이고, 8대조인 무열왕은 진골이다. 그럼에도 불구하고 詞에서 언급한 성골에 뿌리를 두고 있다는 서술은 진골의 역사성을 설명하기 위해 필요한 설명이었겠다. "聖而眞 骨"이 또 하나의 계층이 아니었다는 것이다. 이렇게 진골과 6두품 사이에 있던 득난은 진골 분화에서 생성된 계층(남동신)일 수도 있고, 진골 분화와 함께 6두품의 성장에서 생성된 계층(서의식)일 수도 있겠다. 서의식, 1995, 「9세기말 신라의 득난과 그 성립과정」『한국고대사연구』 8 ; 남동신, 2002, 「성주사 무염비의 '득난'조에 대한 고찰」『한국고대사연구』 28.

연루되면서 족강된 사실을 전한 것이다. 난에 가담한 사람 가운데 종족과 당여 239명이 죽임을 당했으나,[77] 김범청은 족강에 그치었다.[78] 그런데 흥미로운 것은 최치원이 서술한 5품제이다.

이 기록에서 우리가 유의해야 할 점은 4, 5품에 대한 설명이다. 왜냐하면 골품제의 변화 과정에서 진골의 역사성은 詞에서 성골 유래설을 주장하고, 현재성은 본문 주에서 귀성 즉 김씨 성이라는 얻기 어려운 지위를[79] 얻었다, 혹은 유지했다는 득난으로의 분화로 설명하고 있고, 이에 반하여, 6두품의 역사성에 대해서는 '수다위귀數多爲貴'라고 본문 주에서 설명하고 있는데, 두품제의 현재성을 설명해야 하는 4품과 5품에 대해서는 단지 족히 말할 것이 없다(부족언不足言)고만 서술하고 있기 때문이다.[80] 최치원의 글 솜씨로 봐서 자신이 설명한 4, 5품은 말하자면 '수다위하數多爲下'가 되기 때문에 3품인 6두품의 '수다위귀數多爲貴'와 상충되기 때문에 그 자체로도 무언가 주가 있어야 하고, 득난과 같이 시대성을 반영하더라도 주가 필요하기는 마찬가지이다.

그럼에도 불구하고 보충 설명을 하지 않은 것은 아마도 문무왕대 이래 지방에서 활용되던 '별칭관명' 즉 재지관반과 관련된 용어가 혼효되어 있기 때문에[81] 역사성과 현재성을 설명할 수 없었기 때문에 족히 말할

---

77) 『三國史記』卷10 헌덕왕 14년 3월 ; 황선영, 1988, 「신라 하대 김헌창 난의 성격」『부산사학』35 ; 주보돈, 2008, 「신라 하대 김헌창의 난과 그 성격」『한국고대사연구』51.

78) 김범청의 족강과 김헌창 난의 연루와의 상관성은 다음 논문이 참고된다. 최병헌, 1972, 「신라 하대 선종구산파의 성립」『한국사연구』7. 족강은 친족공동체 전체의 지위 하락이 아니라 게인에 국한된 처벌이라는 것은 낭혜의 兩朝國師 활동에 저해 요소로 작용하지 않았음에서 유추할 수 있다.

79) 귀성은 진골의 성이라는 주장은 다음 논문이 참고된다. 윤선태, 1993, 「신라 골품제의 구조와 기능」『한국사론』30.

80) 지금까지는 모두 4두품과 5두품, 혹은 5두품(4품)과 4두품(5품)으로 해석해 왔던 구절이다.

것이 없다고만 서술한 것이 아닌가 생각된다. 요컨대 최치원의 5품제는 비록 전통성이 강한 진골과 6두품이 있고, 현재성이 강한 득난과 4·5품이 섞여 있지만, 나말여초 호족들이 지향하던 인품제와는 뚜렷이 구분되는 것이기도 하겠다.[82]

## Ⅳ. 미완의 왕조국가 건설자들 : 후백제 견훤 정권과 태봉 궁예 정권

당이상잡, 경외상잡, 외외상잡, 상하상잡의 시대상은 전통적인 신라왕조나, 신흥 왕조국가를 건설하려던 후백제 견훤 정권과 태봉 궁예 정권 모두에게 기회가 될 수도 있었고, 위기가 될 수도 있었다. 가령 신라의 경우 경문왕은 삼교를 융합한 인물(심융정교心融鼎敎)이고,[83] 그의 아들 헌강왕은 중국풍으로 폐풍弊風을 일소(이화풍소폐以華風掃弊)코자 한 인물이었다.[84] 경외상잡을 삼교융합으로 대처하고, 당이상잡을 화풍 중심 정책으로 정립하고자 한 덕에 신라의 국력이 다시 세워지는 듯하였다.[85] 그러나 정강왕의 예기치 않은 재위기간 단축과, 헌안왕이 선덕과 진덕의 고사를 들어 선택하지 않았던 여왕의 재위를,[86] 골법骨法의 역사성을 거론하며[87] 즉위한 진성여왕의 정책이 서로 균형을 유지하기는 어려웠겠

---

81) 김광수, 1979, 「나말여초 호족과 관반」, 『한국사연구』 23.
82) 『高麗史』 卷78 식화1 전시과 경종 원년 11월.
83) 남동신, 1992, 「봉암사지증대사탑비」(한국고대사회연구소편, 1992, 『역주 한국 고대금석문』 3) ; Vladimir Tikhonov, 1996, 「경문왕의 유불선 융화정책」, 『아시아 문화』 2.
84) 남동신, 1992, 「봉암사지증대사탑비」(한국고대사회연구소편, 1992, 『역주 한국 고대금석문』 3).
85) 『三國史記』 卷11 헌강왕 6년 봄2월.
86) 『三國史記』 卷11 헌안왕 5년 춘정월.

다. 김부식이 언급한 바와 같이 왕기王畿 밖의 주현들의 반은 예전과 같은 부附 상태였고, 반은 반叛한 상태였음에도 불구하고(반부반반叛附半半),[88] 궁정의 소인배들이 측근으로 있으면서(폐수재측嬖竪在側) 정권을 농락하여 나라 기강이 문란해지고, 여기에 더해 기근이 겹쳐 발생했던 것은[89] 결국 이 시기 정책 운영자들의 역사성과 현재성의 균형 잡히지 못한 안목에서 발생한 것이었겠다.

그렇다면 9세기 말·10세기 초 기왕의 신라 국가나 새로이 신왕조국가를 건설하려는 세력들도 반叛 상태의 이른바 '군도群盜'들이 체제와 제도에 포섭될 수 있도록 균형 잡힌 정책 철학을 바탕으로 한 체제 보완과 제도 보완을 했어야 했다. 그렇게 되었을 때, 이른바 '군도'들의 처지에서는 구왕조가 되었건 신왕조가 되었건 국가체제에 다시 귀부歸附할 수 있는, 즉 반叛 상태에서 부附 상태로 돌아간다는 상당히 위험성이 높은 결정을 감행할 수 있는 여지가 생기는 것이다. 그러므로 귀부 조건에 대한 검토는 나말여초 왕조교체의 성격을 검토하는 데 매우 중요한 단서가 된다고 할 수 있는데, 이러한 귀부 사례를 가장 잘 표현해 주고 있는 사례가 유명한 공직龔直의 귀부 사건이다.[90]

공직은 연산군의 영현인 매곡현 장군이었다. 연산군은 원래 백제의 일모산군이었다가 신라 경덕왕 때 연산군이라고 하였으며, 매곡현은 백제의 미곡현이었는데, 경덕왕 때 매곡현으로 이름을 바꾸었다가 고려 초에 회인현으로 바뀐 곳이다.[91] 연산군은 지금의 충북 청원군 문의면 일대이고, 매곡현은 보은군 회인면 일대로서, 대청호 상류에 있는 두 곳의 거리는

---

87) 『三國史記』 卷11 정강왕 2년 5월.
88) 『三國史記』 卷50 궁예 ; 『三國遺事』 卷2 후백제 견훤.
89) 『三國史記』 卷50 견훤.
90) 『高麗史』 卷92 龔直.
91) 『高麗史』 卷56 청주목.

대략 20㎞ 내외이다.

이 가운데 매곡현 장군 공직의 귀부 사건은 932년 6월에 발생했다.[92] 그 이전까지 견훤의 복심이라 불렸던 공직이 고려에 귀부하기까지의 과정을 보면 몇 단계를 거친다. 1단계에서 공직은 장자 직달과, 왕건에의 귀부 필요성을 논의하였다. 물론 이 논의는 자발적 논의이다. 2단계는 조알朝謁이다. 귀부를 하면, 해동천자론에 입각하여 황제의 지위를 자처한[93] 왕건과는 번병藩屏의 관계가 된다. 그렇기 때문에 왕건의 입장에서는 내조이지만, 공직의 처지에서는 조알朝謁이 된다. 조알의 목적은 당연히 폐읍 보존이다. 3단계는 조알의 결과이다. 공직이 조알을 하면서 왕건에게 인질을 보냈을 것이라는 점은 사료에 나와 있지 않지만, 자연스럽게 유추할 수 있다. 그런데 공직의 귀부 행위에서 주목되는 점은 왕건의 조치이다.

왕건은 공직과 그의 큰 아들에게 대상大相과 좌윤佐尹이라는 향직을 주고, 이에 더하여 공직에게는 백성군白城郡(지금의 안성)의 녹읍을 하사하고, 작은 아들은 왕건 예하의 정조 준행의 딸과 혼인케 하였다. 향직과 녹읍 하사와 함께, 혼인 정책을 병행하고 있는 것이다. 향직수여정책은 당시 지방에서 광범위하게 운영되고 있었던 지방 관반층을 수용할 수 있는 왕건 정권의 고유 정책이고, 녹읍 하사 정책은 여전히 운영되고 있던 신라의 후기 녹읍체계 속에 공직 역시 편입됨을 인정하는 조치라 할 수 있다. 상징적인 조치가 아니라 실질적인 조치인 것이다.[94]

그러자 공직은 추가 조치를 요청하였다. 접경지역으로서 왕건에 귀부하려는 매곡과 달리 여전히 후백제에 귀부되어 있는 연산군, 즉 일모산군의

---

92) 『高麗史節要』 卷1 태조 15년 6월.

93) 노명호, 1999, 「高麗時代의 多元的 天下觀과 海東天子」 『한국사연구』 105 ; 추명엽, 2005, 「高麗時期 '海東' 인식과 海東天下」 『한국사연구』 129.

94) 신호철은 이 조치가 상징적인 조치일 것으로 추정하였다. 신호철, 1996, 『후백제 견훤정권연구』, 99쪽.

공격 가능성에 대해 왕건군이 방어해 줄 것을 요청한 것이다. 공직의 군대와 왕건의 군대의 연합군 형성을 요청한 것이다. 마치 889년 상주에서 원종과 애노에 대항하여 중앙의 영기군과 지역의 우련군이 연합군을 형성한 것과 같은 모양이었다. 당연히 왕건은 허락하였다.

공직의 귀부 사건에서 불수공부不輸貢賦와 납부공부納付貢賦의 요건까지 직접적으로 설명되어 있지는 않다. 단지 기록에서는, 있을지도 모를 일모산 군의 공격을 방어해야 할 필요성으로 매곡현민들이 약탈을 당하지 않고 오로지 농상에 힘쓸 수 있다는 점(사폐읍지민使弊邑之民 불피구절不被寇竊 전무농상專務農桑)을 들고 있다. 왕건에 귀부한 매곡현민의 입장에서는 약탈당하는 것(구절寇竊)이지만, 공격하는 후백제 견훤에 속해 있던 일모산 군 입장에서는 전공戰功이 된다. 구절寇竊이라 하건 전공戰功으로 표현하건, 이러한 상황이 계속되면 농민들의 입장에서는 농상農桑에 전념할 수 없는 형편이 된다.

조준은 이 전공戰功이 폭렴暴斂의 원인이라고 분석한 바 있다. 태조 왕건의 위대한 공의 하나로, 전쟁을 수행하느라 재정이 많이 들어 1경에 6석씩 거두는 것(3/10세)이 일상적인 것에 대해, 십일세법을 썼다는 것이다.[95] 납부공부納付貢賦의 요건이 전통적인 십일세법으로의 복귀에 있고, 그래야만 오로지 농상에 힘쓸 수 있다는 사실의 반증이라고 할 수 있겠다.

요컨대 나말여초 격동기에 국가에 반叛하고 있었던 호부호족, 관반호족의 처지에서는 신라와 같은 옛 왕조국가가 되었건, 백제, 고려와 같은 신 왕조국가가 되었던 당시 자신들이 신라왕조에 반叛하지 않을 수 없었던, 그래서 불수공부不輸貢賦할 수밖에 없었던 조건들이 해소되지 않으면, 어떠한 국가에도 귀부하기가 어려웠다. 고려의 왕건정권과 같이 1) 지방의

---

95) "近世暴斂 一頃之租 收至六石 民不聊生 予甚憫之 自今宜用什一 以田一負 出租三升".

관반체계를 어느 정도 인정한 향직체계가 마련되어 있던가, 2) 관반호족들이 필요로 하는 군사적 지원책이 마련되거나 3) 신라의 전통적인 녹읍이라던가 4) 조세관행에 대한 확고한 시행의지가 있지 않으면 내항來降으로도 인식되는 귀부 행위를 할 수가 없었던 것이다.96) 이런 점이 체제 보완책이며, 제도 보완책이라 할 수 있겠다. 그러면 과연 견훤 정권과 궁예 정권에서도 이런 조치가 시행될 수 있었을 것인가?

지금까지의 연구를 보면, 견훤과 궁예도 신왕조 개창에 강한 의욕을 가지고 정권을 운영하고 있었음을 확인할 수 있다. 견훤 정권이 칭왕稱王, 국호國號 제정, 입도立都, 설관분직設官分職 했던 점도 어느 정도 알려져 있고,97) 궁예 정권 역시 칭왕稱王, 국호國號 제정, 입도立都, 설관분직設官分職 했을 것으로 연구되어 왔다.98) 그럼에도 불구하고 견훤과 궁예의 신왕조건설을 미완으로 보아야 하는 이유는 어디에서 찾을 수 있을까?

사실 많은 호부호족, 관반호족들의 입장에서는 국가 운영주체에 대한 불신과 이에 입각하여 신라왕조의 국가 운영 능력을 부정하고 있었기 때문에 누구라도 기회가 되면 견훤과 같이 '자왕自王'하거나 궁예가 '개국칭군開國稱君' 하듯이 할 수 있었을 것이다. 그리고 궁예의 예와 같이, 896년 '도철원성都鐵圓城'하고, 897년 '이도송악군移都松嶽郡'할 정도라면,99) 신왕조건설을 꿈꾸었던 호부호족, 관반호족이라면 자신이 거주한

---

96) 『高麗史』 卷2 태조 15년 6월. "六月 丙寅 百濟將軍龔直來降".

97) 신호철은 견훤 정권 성립 단계를 1기(889년 이전), 2기(889~892), 3기(892~900), 4기(900년 이후)로 구분하였고, 3기를 稱後百濟王, 후백제 건국기로 설명한 바 있다. 신호철, 1996, 『후백제견훤정권연구』, 47~48쪽.

98) 궁예의 후고구려 건국 시점에 대해 신호철과 김용선은 895년 8월 후고구려를 건국하였다고 하였고, 이재범, 조인성, 신호철은 901년 건국했다고 하였다. 신호철, 1996, 『후백제견훤정권연구』, 229쪽 ; 김용선, 2008, 『궁예의 나라, 태봉』, 5쪽 ; 이재범, 2007, 『후삼국시대 궁예정권연구』 ; 조인성, 2007, 『태봉의 궁예정권』.

지역에 누구라도 입도立都 의지를 천명할 수 있었겠다. 이 점이 이 시기 신왕조건설을 꿈꾸었던 나말여초 사회변동 주인공을 평가함에 있어서 용어에 지나치게 집착하지 말아야 하는 이유이기도 하다. 문제는 '9세기 말 본격적으로 신라정부에 반叛했던 이들이 부附로 돌아갈 수 있도록 체제보완을 하고 제도 보완을 할 수 있는 철학적 자세와 정책 마련 능력을 갖추고 있느냐'이다.

가령 918년 7월 상주의 관반호족 아자개가 고려 왕건에 귀부할 당시,[100) 귀부 행사를 주관하던 고려에서 광평낭중과 직서관이 반열班列을 다투는 사건이 있었다. 왕건 정권 역시 그만큼 미숙한 점이 없지 않았다. 그런데 이때 왕건이 제시한 귀부 자세에 대해 겸양은 예의 으뜸이고, 공경은 덕의 근본이라고 설득하였다. 이런 자세가 필자가 평가하는 철학적 자세이고, 정책 수립의 태도라고 할 수 있겠다. 호세부민豪勢富民이면서 양가자제良家子弟이며, 거주 지역에서 인품을 구비하고, 덕목을 실천하며, 관반제와 자위조직을 운영하며 몰락농민들과의 유대를 강화시키고, 선승과 지방학교를 통해 교화를 담당함과 동시에 공동제사나 향도조직을 운영하던 관반호족들이 국가에 반叛하지 않고, 부附할 수 있는 즉, 국가의 법과 제도 속에 안착할 수 있도록 하는 장치를 갖추는 것이 당시 신왕조 건설자라면 마땅히 갖추어야 할 자세였다고 할 수 있겠다.

그런데 견훤과 궁예에게는 이런 점을 찾아 볼 수 없다. 비록 자료에는 찾아지지 않지만 마련되어 있을 것이라고 추정되는 견훤 정권의 중앙 설관분직이나, 구체적인 예가 제시되어 있는 궁예 정권의 설관분직이라고 하더라도, 미완이라고 생각하는 이유는 윗긴의 항직과 녹읍가 같은 관반호족들에 대한 제도적 지원책의 궁리가 찾아지지 않고, 관반호족 예하의

99) 『三國遺事』卷1 왕력 후고구려.
100) 『三國史記』卷12 경명왕 2년 7월 ; 『高麗史』卷1 태조 원년 7월.

농민들을 위한 구휼정책이나 조세제도 안정책의 모색이 찾아지지 않는다면, 견훤과 궁예의 신왕조건설 노력은 미완이라고 하지 않을 수 없는 것이다. 앞서 제시한 공직이 일찍부터 견훤 정권에 조알하고 장자 직달을 인질로 보내, 견훤 정권의 예하에서 살게 하였으나 왕건 정권으로 귀부처를 바꾸면 당연히 죽음이 예상되어 있는 직달이 귀부처 변경을 권유했던 것도 당시 호부호족, 관반호족층이 새로운 왕조에의 기대치를 보여주는 주요한 증거라고 판단하고 있다.

요컨대 나말여초 사회변동에 대처하는 왕조국가 건설자들간의 경쟁이 정쟁政爭이 아니라 전쟁戰爭 양상으로 발전한 것도, 9세기 후반에서 10세기 초반에 걸쳐 국가에 반叛할 수밖에 없었던 호족과 농민들을 포섭할 수 없는 철학과 정책의 부재에서 찾아야 할 것이다. 신라의 행정체계를 법흥왕대 당이상잡唐夷相雜적 자세에서[101] 출발하였음에도 불구하고, 삼국 통일 전쟁 승리 후 발전된 국력을 배경으로 한 경덕왕대 급격하고 성급한 한화정책, 즉 당제 우위정책의 추구가 9세기 신라에 많은 혼란을 초래했다고 한다면, 그 혼란을 극복하는 방법은 왕건이 제시한 바와 같은 '수방이토론殊邦異土論'에서[102] 찾아질 수밖에 없었다는 것이다.

---

101) 정덕기, 2009, 「신라 중고기 중앙행정체계 연구」(연세대학교 대학원 석사학위논문).
102) 이인재, 2009, 「선사 충담의 생애와 충담비 마멸자 보완 수용문제」『원주금석문집』 2.

# V. 맺음말

신라 천년의 역사는 매 순간마다 격동의 역사였다. 삼국기 신라의 성립기나 통일전쟁 전후한 시기의 신라, 그리고 신라왕조 체제가 파열음을 내던 신라 말도 예외는 아니었다. 그럼에도 불구하고 매 시기 신라사 평가에 제약요건이 되었던 것이 이른바 골품제 사회론이었다. 가장 단순하게 요약하면 골품제 사회론은 김씨라는 특정 혈족집단(진골)의 국가 지배가 왕경인조차 골품과 두품으로 차별하고, 왕경의 골품과 두품이 연대하여 지방을 차별하였다는 이른바 전제왕권론으로 구조화되어 있다. 그 결과 골품제 사회론은 신라사의 역동성을 설명하는 데 제약 요건이 되었고, 신라 말·고려 초 사회변동조차 골품과 반골품, 중앙의 전제왕권과 지방의 반전제왕권 세력의 갈등으로 볼 수밖에 없었다.

다행히 2000년을 전후하여 등장한 득난에 대한 새로운 해석을 통해 골품제에 대한 새로운 이해가 가능해지면서, 이 시기 문객이나 종당, 족당 등 비혈연집단 존재와의 관계성이 명확해지고, 미흡하지만 군현의 영속 관계나 그 속에 내포되어있던 녹읍제와 조세제, 공부제에 대한 설명도 유기적으로 이해할 수 있는 여지가 생기게 되었다.

사실 나말여초 사회변동은 이미 수많은 연구 성과들이 제시한 바대로, 당시 동아시아에서 벌어지고 있던 2차 천하화에 대한 역사성과 고유성을 절충시키려는 인물, 세력, 제도를 중심으로 매우 다양한 모습으로 전개되어 있었다. 그러므로 후삼국의 대결 양상도 전통왕조의 재조와 신흥왕조의 건설 방향과 이를 위해 그들이 수립했던 정책과 제도를 중심으로 이해할 필요가 있다. 이 글은 그러한 연구 방향을 목표로 할 때 필요한 몇 가지 사항을 중심으로 정리한 것이다.

# 제4장

# 고려시대 원주의 행정체계와 원주인의 동향

## I. 고려 건국기 원주의 역사 지리적 배경

원주는 신라 통일기 5소경의 하나인 북원경北原京이었다. 삼국을 통일한 문무왕은 새롭게 확보된 옛 고구려 지역과 옛 백제 지역을 효율적으로 통치하기 위하여 김해·남원·청주·충주·원주에 5소경을 설치하였다.[1] 5소경 제도는 진흥왕대에 고구려 관할 지역이었던 문경 새재를 넘어 남한강 유역을 거쳐 한강지역까지 관할하도록 충주에 중원소경中原小京을 설치한 경험을 바탕으로,[2] 소백산맥에 가로 막혀 서울 구실을 제대로 할 수 없었던 경주의 집권력을 보완하기 위하여 문무왕 때 죽령竹嶺을 넘어 단양, 영월, 제천, 원주로 해서 양평, 가평, 춘천, 화천으로 진출하는 교통로의 중간 거점인 원주에 북원소경北原小京을 설치하였고,[3] 옛 가야지역에는 문무왕 20년 김해에 금관소경金官小京을 설치하여 동남해안 유역을 관할하게 하였던 것에 기원을 두고 있다.[4] 옛 백제 지역에는 이보다 늦은 신문왕

---

1) 임병태, 1967, 「신라소경고」 『역사학보』 35·36합.
2) 『三國史記』 卷35 지리2 한주 중원경.
3) 『三國史記』 卷35 지리2 삭주 북원경.

5년에 2소경을 두었는데, 함양을 지나 지금의 호남지역을 관할하는 남원소경南原小京,5) 추풍령을 넘어 호서지방을 관할하는 청주의 서원소경西原小京이 그것이었다.6) 통일전쟁 기간 동안에는 동해안 지역을 관할하는 강릉에 하슬라소경(북소경北小京)도 설치하였으나, 무열왕이 이곳은 말갈과 연이어 있어 사람들이 편안할 수 없다하여 경京을 폐지하여 주州로 만들어(파경위주罷京爲州) 도독都督을 두어 지키게 하였다.7)

소경이 경으로 바뀌는 것은 경성京城으로서의 자격을 갖춘 성을 쌓느냐에 달려 있었다. 중원소경은 문무왕대에 축성을 하여 경덕왕대에 중원경으로 되고, 북원소경은 신문왕 5년에 축성을 하고 난 후 경덕왕대 북원경이 되었다.8) 축성기록은 없지만 금관소경이 경덕왕대 김해경金海京이 된 것도 같은 맥락에서 이해할 수 있다.9) 이는 서원경과 남원경의 사례를 통해 확인할 수 있는데, 남원소경은 신문왕 11년에 남원성을 쌓았고,10) 그 지역에서는 경덕왕 14년에도 스스로를 남원경으로 인식했음에도 불구하고11) 경덕왕 16년 군현 명칭 개편 때 남원소경으로 남아 있는데 반하여,12) 서원소경은 신문왕 9년 경성을 쌓은 후13) 서원경으로 개명한 것을 미루어

---

4) 『三國史記』 卷7 문무왕 20 "加耶郡置金官小京".
5) 『三國史記』 卷36 지리3 전주 남원소경.
6) 『三國史記』 卷36 지리3 웅주 서원경.
7) 『三國史記』 卷5 태종 무열왕 5년 3월. 통일 이전 신라는 514년(지증왕 15) 경북 의성에 阿尸村 소경 설치를 시작으로, 557년(진흥왕 18) 충주에 국원소경, 639년(선덕왕 8) 강릉에 북소경을 설치한 경험이 있었다.
8) 『三國史記』 卷35 지리2 한주 중원경 ;『三國史記』 卷35 지리2 삭주 북원경.
9) 『三國史記』 卷34 지리1 양주 김해소경.
10) 『三國史記』 卷8 신문왕 11년 3월 13일 "築南原城".
11) 李基白 編, 1987, 「新羅 白紙墨字 大方廣佛華嚴經 寫經 跋文」『韓國上代古文書資料集成』, 27쪽.
12) 『三國史記』 卷36 지리3 전주 남원소경.
13) 『三國史記』 卷8 신문왕 9년 9월 26일 "築西原京城".

생각할 수 있다.[14)]

이러한 소경제 운영에 따라 원주는 고구려 시대에 평원군平原郡으로 불리다가, 통일전쟁을 마친 직후인 670년대(문무왕대)에 북원소경이 되고, 757년(경덕왕 16) 북원경으로 개명되었다. 이후 북원경은 신라의 소경 운영원칙 변동의 일환으로 부제府制를 실시함에 따라, 관할 영역이 확대되었다.

소경의 관할 영역을 확대하여 부제를 실시한 시기는 흥덕왕 3년에서 12년 사이로 추정된다.[15)] 당시 신라가 소경의 영역을 확대한 배경은 우선 당나라에서 713년에서 757년에 걸쳐 5경·5부 제도를 실시하였을 뿐만 아니라,[16)] 국내적으로 농민유망이 확산되는 것을 막아 안정시키기 위한 정책과 골품체제의 붕괴를 막고 왕권을 강화하기 위한 조치의 일환으로 시행된 것이었다.[17)] 이러한 정책에 따라 북원경에도 △강부△江府, 즉 북원부北原府를 설치하기에 이른 것이다.[18)] 고려시대에 원주의 속현으로 영월군·제주·평창현·단산현·영춘현·주천현·황려현 등이 있는 것을 상기해 보면,[19)] 북원부北原府의 관할 영역 역시 고려시대 원주가 이끄는 속현屬縣 중에서 신라 통일기 9주 가운데 하나인 명주溟州 관할 하의 영월군과 평창현, 영춘현, 주천현, 한주漢州 관할 하의 황려현을 제외한 제천·단양 일부를 아우르는 지역이었을 것으로 추정된다.

신라 하대 행정구역으로서 북원부의 지배구조가 깨지기 시작한 것은

---

14) 『三國史記』 卷36 지리3 웅주 서원경.

15) 배종도, 1989, 「신라하대 지방제도 개편에 대한 고찰」 『학림』 11, 43쪽.

16) 『舊唐書』 卷8 현종 상 개원 원년 12월, 개원 11년 춘정월 ; 『舊唐書』 卷10 숙종 지덕 2년 12월.

17) 배종도, 1989, 「앞의 글」, 44~46쪽.

18) 이지관, 1993, 「충주 월광사 원랑선사 대보선광탑비문」 『역주 역대고승비문』 ; 배종도, 1989, 「앞의 글」, 38~39쪽.

19) 『高麗史』 卷56 지리1 원주.

9세기 농민항쟁이 격화되고, 호족의 시대를 맞이한 시기부터였다. 889년 (진성여왕 3) 전국의 주군州郡이 공부거납貢賦拒納에 나섰을 때[20] 북원부의 저항세력의 하나로 성장했다고 추정되는 양길의 휘하에 892년(진성여왕 5) 지금의 경기도 안성군 죽산면에 자리 잡은 죽주竹州 장군 기훤 밑에 있던 궁예가[21] 들어오면서부터 이 지역 세력 판도는 새로운 양상을 띠게 되었다.[22] 궁예는 양길을 도와 기병 100명을 동원하여, 자신이 승려로 있을 때 지역 사정을 숙지하고 있었던 영월군 관내의 평창·주천 등을 공격하였다.[23] 894년(진성여왕 8) 궁예는 따르는 무리 600여 명을 이끌고, 원주에서 영월을 지나 강릉을 공략하는 전공을 세웠던 것이다.[24] 그 과정에서 궁예의 세력은 급격히 성장하여 원주 이동以東 지역의 공격을 마무리 짓는 강릉 공격 때에는 따르는 무리가 3,500명이나 될 정도였고,[25] 무리의 추대를 받아 스스로를 장군이라 칭하여 거의 거대한 독립 호족의 단계에 이르렀다.[26] 이후 궁예는 인제·화천·금화·금성·철원 등 강원 북부지역을 장악하고, 경기 북부와 중부 지역으로 세력을 넓혀 가자, 북원 지역에 웅거하고 있었던 양길이 궁예가 배반할 것이라는 불안감에 빠졌다. 이에 양길은 899년(효공왕 3) 충주, 청주, 괴산 지역의 호족들과 연합하여 궁예를 공격하였으나 오히려 패배하였다.[27] 이에 900년(효공왕 4) 궁예는 왕건을 보내 충주·청주·괴산 지역과 협상하였는데,[28] 그 결과 이 지역의 호족인

---

20) 『三國史記』 卷11 진성여왕 3년.
21) 『三國史記』 卷50 열전10 궁예. 궁예가 기훤 밑에 들어간 해는 891년이었다.
22) 『三國史記』 卷50 열전10 견훤전.
23) 『三國史記』 卷11 진성여왕 5년 동10월.
24) 『三國史記』 卷11 진성여왕 8년 동10월.
25) 『三國史記』 卷50 열전10 궁예.
26) 『三國史記』 卷50 열전10 궁예.
27) 『三國史記』 卷12 효공왕 3년 추7월.
28) 『三國史記』 卷50 열전10 궁예.

청길·신훤 등이 투항하는 성과를 거두었고,[29] 그 공으로 왕건은 아찬이 되었다.[30] 이후 궁예는 901년에 스스로 왕을 칭한 후 내외의 관직을 칭하고 국호를 고려로 칭하였다.[31]

이러한 역사적 흐름 속에서 양길이 웅거하고 있었던 북원 지역이 궁예로부터 어떠한 대우를 받았는지 알 수 없다. 단지 904년 궁예가 청주인들을 사민徙民하여 철원으로 도읍을 옮겨 마진을 건국하였음을 볼 때,[32] 충주·청주 지역의 호족세력들과 협조적이었음을 알 수 있고, 더구나 북원경이 신라 통일기부터 경주에서 안동·죽령을 지나 단양·제천·원주와 홍천·춘천·철원을 잇는 주요 교통로라는 점에서 그에 걸맞는 대우를 받았을 것이라고 추정될 뿐이다.

## II. 고려 전기 원주의 지배구조와 행정체계

원주가 북원경의 지위에서 주현의 지위로 변경된 것은 고려 태조 대이다. 이른바 주현主縣 시대를 맞은 것이다. 주현이 주현인 이유는 주현이 이끄는 속현屬縣이 있기 때문이다. 주지하다시피 고려는 전국 500여 개의 군현 가운데, 110여 곳에만 외관을 파견하였다. 그러므로 외관이 파견된 주현은 대략 5군데 외관이 파견되지 않은 지역을 속현으로 하여 영속관계를 유지하였다.[33] 외관 파견을 위주로 생각해 보면, 이른바 주현의 광역

---

29) 『三國史記』 卷12 효공왕 4년 10월.

30) 『三國史記』 卷50 열전10 궁예.

31) 『三國遺事』 卷1 왕력 후고려 신유.

32) 『三國史記』 卷50 열전10 궁예.

33) 이인재, 1990, 「고려 중·후기 지방제 개혁과 감무」 『外大史學』 3 ; 하현강, 1993, 「지방통치구조의 정비와 그 구조」 『한국사 13』(국사편찬위원회) ; 尹京鎭, 2001,

지방 지배를 목표로 한 지방제도를 구축한 것이다. 조선왕조는 속현에 외관을 파견하는 고려 후기 지방제도 개편을 수용하는 방향으로 지방제도를 완성시켰고, 지방사 연구는 조선시대를 중심으로 행해졌기 때문에 지방을 군현으로 간주하고 있으나, 고려시대의 경우 지방이라고 하더라도 조선과 다른 상대적으로 광역 지방 네트워크를 단위로 지방사가 전개되었음을 염두에 두지 않으면 안 되겠다.[34]

## 1. 태조~성종 대 원주의 지배구조와 행정체계

『고려사』의 기록에 따르면, 원주는 940년(태조 23)에 북원부北原府에서 지주관知州官의 원주原州로 되고, 다시 1018년(현종 9)에 지주사知州事의 원주原州로 바뀌었다.[35] 이 기록대로라면 원주는 나말여초 신라의 소경小京 등급의 대우에서 940년 고려의 지주관知州官 등급으로 바뀌었고, 이보다 80여 년 후인 1018년에 지주사知州事 등급이 파견되었다는 것이다. 그런데 지주관의 주州에서 지주사의 주州로 바뀐 것을, 조선의 서거정은 '강위지주降爲知州' 즉 주격州格이 낮추어졌다고 표현하였다.[36] 그렇다면 북원부에서 원주로 개칭할 때의 원주 지위는 1018년(현종 9)보다 높았던 것으로 이해했다는 것이다.

사실 개경 정부의 군현 파악은 983년(성종 2) 12목을 설치하면서 시작된다.[37] 당시 원주 부근의 목牧 설치 지역은 양주와 광주, 충주와 청주였는데, 목의 장관은 목재牧宰였다.[38] 같은 기록에 주현에는 지주관知州官·지현관知

---

「高麗 郡縣制의 운영원리와 主縣-屬縣 領屬關係의 성격」『한국중세사연구』10.
34) 역사문화학회, 1998, 「토론」『지방사와 지방문화』1.
35) 『高麗史』 卷56 지리1 양광도 원주.
36) 『新增東國輿地勝覽』 卷46 원주목 객관 서거정 중신기.
37) 『高麗史節要』 卷2 성종 2년 2월. "始置十二牧".

縣官을 두었다고 했으므로,[39] 원주에는 지주관知州官이 있었던 것이 된다.

1018년 주에 지주사知州事를 둘 바로 그 때, 주의 일(주사州事)로서 인민들의 고통을 살피고, 장리長吏들의 잘잘못을 살피며, 도적과 간사 교활한 자를 살피고 백성들이 금지 규정을 위반하는지를 살피며, 백성들 중에서 효도하고 우애하고 청렴하고 결백한 자를 살피고 장리들이 나라의 돈과 곡식을 손실시키는 것을 살피라는 이른바 수령 육사를 제정하였다.[40] 원주의 일을 맡은 지사知事가 가장 중요하게 수행해야 할 분야로서 당시 고려 국가는 대민 분야 넷과 이직吏職에 대한 감찰 두 조항을 제시했던 것이다.[41]

그렇다면 지주관은 어떤 일을 하였을까? 용어 그대로 해석하면 주州의 관官을 맡는다(지知)는 말이 되는데, 관은 아마도 고려 전기의 관반官班이 될 것이다.[42] 건국기 원주에 보임輔任된 주의 관반은 「흥법사진공대사탑비」에 보인다.[43] 이에 따르면 당시 사원의 관리는 상좌上座인 통현通玄과 장로長老인 광휴廣休·혜공惠恭이 맡았고, 원주 지역의 관반으로는 모두 다섯 사람이 등장하는데, 낭중郎中으로는 민회旻會 내말·김순金舜 내말 두 사람이 있고, 시랑侍郎으로는 흥림興林 대내말·수영秀英 대내말 두 사람이 있으며, 상대등上大未으로는 신희信希 대등大未 한 사람이 있었다고 한다.[44]

38) 『高麗史節要』卷2 성종 6년 8월.
39) 『高麗史節要』卷2 성종 6년 8월.
40) 『高麗史』卷75 선거 3 선용수령 현종 9년 2월.
41) 이는 현종 9년에 지방세력을 규제하는 제도적인 조치가 취해졌으며, 특히 지방관이 파견된 지방의 지방세력은 중앙 행정력의 강력한 통제를 직접 받게 되었음을 증명하는 것이다. 하현강, 1977, 「고려초기의 지방통치」『고려지방제도의 연구』; 하현강, 1988, 『한국중세사연구』.
42) 金光洙, 1979, 「羅末麗初의 豪族과 官班」『韓國史研究』23 ; 金光洙, 1984, 「高麗官班體制의 變化와 兩班戶籍 整理」『歷史敎育』35.
43) 劉燕庭, 1832, 「晉高麗興法寺眞空大師忠湛塔碑銘」『海東金石苑』上, 249쪽.
44) 이 기록 중 上大未과 大未은 계속 大奈末로 판독했는데, 하일식의 비문 판독결과

<표 제목>〈도관의 기구와 직명〉

| 道官 | 敎法廳 | ? | 上聽 | |
| | | | 下聽 | 長老 |
| | 三剛司 | 三剛典 | 直歲僧 | 上座 |
| | | | 典座僧 | |
| | | | 院主僧 | |
| | | | 都維那 | |

이 가운데 상좌는 삼강사三剛司에 소속된 삼강전三剛典의 하나이고, 장로
도 선종에서는 주지승을 말한다.45) 그런데 삼강사는 해당 관청이 담당하여
관할하는 것으로 보아 국가의 관할 아래 있었던 데 반하여,46) 장로들의
모임은 아마도 독자적인 역할을 하였을 것으로 보이는데 이에 해당하는
것으로 상청上聽과 하청下聽이 있다.47) 이는 원주 흥법사 사원조직이 이원화
되었음을 추측케 하는 것인데, 원주 재지 호족의 조직도 낭중으로 알
수 있는 읍사 조직과 함께, 시중·상대등 등의 토관사 조직이 있어 지배구조
가 국가와 지역사회로 이원화되어 있어 주목된다.

낭중은 당대등과 대등·낭중·원외랑·집사 가운데의 낭중이다. 성종 2년
주부군현의 향리직 개편 때 호정戶正이 되는 직제로 향리직의 하나이다.48)

木을 等의 초서체로 본 것이 타당하다고 생각하여 수정한 것이다. 하일식,
1997, 「신라통일기 왕실직할지와 군현제」『동방학지』97, 26쪽 ; 강은경, 1997,
『고려후기 호장층의 변동연구』(연세대 박사학위논문), 17쪽.
45) 中村元, 1981, 「長老」『佛敎語大辭典』, 964쪽.
46) 「勸誠諸寺院三剛司存敎書」『東文選』23.
47) 김혜원, 1996, 「각연사통일대사탑비」(한국역사연구회, 1996, 『역주 나말여초금
석문』(상·하), 혜안). 鮎貝房之進에 의하면 上聽·下聽은 승려의 직위를 나타내는
것으로 보이지만 중국·일본에는 없었던 것이라 한다. 그리고 聽은 '敎法의
廳'이라는 뜻으로 바뀌어 宗派의 曾職位號가 된 것이 아닐까 추정하였다(鮎貝房之
進, 1942, 「覺淵寺通一大師塔碑」『雜攷 俗字攷·俗文攷·借字攷』, 國書刊行會, 487쪽).
48) 『高麗史』卷75 선거3 전주 향직 성종 2년. "성종 2년에 州府郡縣의 吏職을 고쳐
兵部를 司兵으로, 倉部를 司倉으로 하였으며, 堂大等을 戶長으로 大等을 副戶長으
로 郎中을 戶正으로 員外郎을 副戶正으로 執事를 史로 兵部卿을 兵正으로 筵上을

향리직의 하나라면 당연히 읍사에 소속되었을 것인데, 낭중은 원주의 읍사 즉 주사州司에 소속된 사람들이었을 것이다.49) 그런데 시랑은 성종 2년 향리직 개편 때에는 찾아 볼 수 없다. 925년(태조 8) 경북 영천지역인 고울부 장군 능문이 왕건에게 귀부할 때 휘하의 시랑 배근과 대감大監 명재·상술·궁식 등을 개경에 머무르게 한 기사에 보인다.50) 이 경우 대감은 촌장村長임이 분명하나,51) 시랑의 지위는 불분명하다. 시랑이 개경의 광평 성(시중·시랑·낭중·원외랑)과 서경의 낭관(시중·시랑·낭중·상사·사)에 보이므로, 지방호족들도 그와 같은 기구를 만들어서 지방통치에 임했을 것이다.52) 이들을 일단 읍사와 병존했고, 서경의 낭관과 유사한 사회적 역할을 했던 가칭 '토관사土官司'에 소속된 이들이라 파악해야 할 것이다.

당시 토관土官의 대표적인 용례로는 현풍현 누정에 실린 이첨李詹의 기記에 "현풍에 감무를 둔 지는 이미 오래였는데 중간에 밀성에 소속되어서 아전(리吏)들이 명령을 받고 이 현에 나가 다스리는 자는 반드시 토관土官을 업신여기고" 등에 나온다.53) 후대 기록이지만, 호장을 주州의 토관으로서 한 읍邑 민호民戶의 장長이라고 표현한 것을 보면,54) 토관과 토관사의

副兵正으로 維乃를 兵史로 倉部卿을 倉正으로 삼았다".

49) 고려시대 州司의 존재에 대해서는 다음 기록이 참고된다.『慶尙道地理志』慶州道 慶州府. "天福己亥(939, 태조22) 改爲安東大都護府. 邑號慶州司".

50)『高麗史』卷1 태조 8년 동10월 기사.

51)『高麗史』卷3 성종 6년 9월. "諸村의 大監·弟監을 고쳐 村長·村正으로 하였다".

52) 하현강, 1975,「고려초기의 지방통치」『고려지방제도의 연구』, 13쪽 ; 하현강, 1988,『한국중세사연구』; 김광수, 1979,「나말여초 호족과 관반」『한국사연구』 23, 124쪽 ; 김갑동, 1990,「지방세력과 지방제도」『나말여초의 호족과 사회변동 연구』, 154~158쪽.

53)『新增東國輿地勝覽』卷27 현풍현 누정 李詹記.

54) 영남대 민족문화연구소편, 1990,「慶州府司安逸房考往錄 序文」『朝鮮後期 鄕吏關 係資料集成』. "夫戶長 州之土官 而一邑民戶之長也 朝家 賜之以印而行公 又 有安逸啓 功之資級 自府 定給書員·急唱·房子·庫子·食母 以土地所産 使之專管 (下略)".

존재는 충분히 전제할 수 있을 것이다.

〈읍사의 기구와 직명〉

| 관할 | 기구 | | 職名 | | | |
|------|------|------|------|------|------|------|
| | 屬官 | | 使·副使·判官·司錄參軍事·掌書記·法曹·醫師·文師 | | | |
| 知州官<br>(邑司:<br>州司) | 鄕職<br>(土官·<br>俗官) | 土官司<br>(司戶) | (侍中?)<br>堂大等<br>(戶長) | 侍郎<br>大等<br>(副戶長) | 大監·弟監<br>(村長·村正) | |
| | | | (事審官) | 大等<br>(副戶長) | 郎中<br>(戶正) | 員外郎<br>(副戶正) | 執事<br>(史) |
| | 鄕吏職<br>(州吏) | 兵部<br>(司兵) | | | 卿<br>(兵正) | 筵上<br>(副兵正) | 維乃<br>(兵史) |
| | | 倉部<br>(司倉) | | | 卿<br>(倉正) | | |

그렇다면 고려 건국기에 지방 지배는 위 표와 같은 구조로 운영되었을 것이다. 위 표는 나말여초 불교관계 금석문에 나오는 지방사회에 현실적으로 존재했던 향직 계통의 지배조직과[55] 고려가 이끌려고 했던 향리직 계통의 지배조직,[56] 외관外官과 외관을 보좌해야 할 필요성에서 생긴

---

55) 武田幸男, 1964,「高麗時代の鄕職」『東洋學報』47-2.

56) 有井智德, 1955,「高麗の鄕吏について」『東洋學論集』3 ; 金鍾國, 1962,「高麗時代の鄕吏について」『朝鮮學報』25 ; 武田幸男, 1962,「淨兜寺五層石塔造成形止記の研究」『朝鮮學報』25 ; 李佑成, 1964,「高麗朝의 吏에 대하여」『歷史學報』23 ; 深谷敏鐵, 1964,「高麗初期の鄕吏について」『鈴木俊敎授 還曆紀念東洋史論叢』; 茶谷十六, 1965,「高麗時代の長吏について」『北陸史學』13·14 ; 武田幸男, 1966,「高麗·李朝の邑吏田」『朝鮮學報』39·40 ; 李成茂, 1970,「朝鮮初期의 鄕吏」『韓國史硏究』5 ; 朴京子, 1974,「高麗 鄕吏制度의 成立」『歷史學報』63 ; 李樹建, 1974,「朝鮮朝 鄕吏의 一硏究 - 戶長에 대하여 -」『文理大學報』3(영남대) ; 北村秀人, 1976,「高麗末·李朝初期の鄕吏」『朝鮮史硏究會論文集』13 ; 조영제, 1980,「高麗 初期 鄕吏職의 由來에 대한 小考 - 鄕吏職名의 變化를 中心으로」『釜大史學』4 ; 조영제, 1982,「高麗前期 鄕吏制度에 대한 일고찰」『釜山史學』6 ; 이순근, 1983,「高麗初 鄕吏制의 成立과 實施」『金哲俊博士華甲紀念史學論叢』; 이혜옥, 1985,「高麗時代의 鄕役」『梨花史學硏究』17·18합 ; 李勛相, 1985,「高麗中期 鄕吏制度의 변화에 대한 일고찰」『東亞硏究』6 ; 박경자, 1986,『高麗時代의 鄕吏 硏究』(숙명여대 박사학위논문) ; 홍승기,

속관屬官 계통의 지배기구를 모두 포괄하여 작성한 것이다.[57] 그러므로 실제 이 시기에 위와 같은 향직·향리직·속관직 병존 체계로 지배조직이 구성된 것이 아니라 고려 국가의 지방지배 질서가 완비되어 가면서 외관·속관제를 시행하고, 지방 세력도 향직 계통에서 점차 향리직 계통으로 전환해 가는 것으로 보아야 할 것이다.

실제 자료를 보더라도 성종 2년 향리직 개편이 있은 후 1019년(현종10) 약목군 정도사 오층석탑 조성형지기에 나오는 일의 주관자나 시주자가 모두 호장·부호장 등으로 나오는 것으로 보아 확인할 수 있고,[58] 토관에 관한 기록도 고려말 화녕부와 평양부에서만 찾을 수 있는 것으로 보아[59] 남도와 양계로 구성된 고려 지방사회에서 두 지역 외에는 법제적으로 모두 향리 계통으로 일원화되어 갔음을 보여 주는 것이다.

이를 전제로 다시 「흥법사진공대사비」에 나오는 고려 건국기 원주의 통치 구조를 재구성해 보기로 하자. 비문은 940년(태조 23)에 왕건이 직접 지었으므로, 위 기사는 고려 초 인물들을 가장 생생하게 알 수 있는

1989, 「高麗 後期 事審官 제도의 운용과 鄕吏의 중앙진출」『동아연구』 17 ; 羅恪淳, 1990, 「高麗 鄕吏의 신분변화」『國史館論叢』 13 ; 朴京子, 1992, 「高麗 鄕吏의 경제적 기반」『國史館論叢』 39 ; 羅恪淳, 1992, 「高麗 鄕吏의 신분적 특성과 그 변화」『史學研究』 45 ; 具山祐, 1993, 「高麗 성종대 향촌지배체제의 강화와 그 정치·사회적 갈등」『韓國文化研究』 6 ; 李慶喜, 1994, 「高麗時代 鄕吏制度에 관한 研究史的 檢討」『釜山女大史學』 12 ; 具山祐, 1995, 『高麗 前期 鄕村支配體制研究』(釜山大 博士學位論文) ; 李慶喜, 1995, 「高麗 初期 尙州牧의 군현편성과 屬邑통치의 실태 - 若木郡內 鄕吏조직의 운영실태를 중심으로 - 」『韓國中世史研究』 2 ; 李載龑, 1996, 「朝鮮前期 土豪의 實態와 性格」『國史館論叢』 68 ; 尹京鎭, 1997, 「高麗前期 鄕吏制의 구조와 戶長의 직제」『韓國文化』 20 ; 강은경, 2002, 『고려시대 호장층 연구』, 혜안.

57) 朴宗基, 1992, 「高麗時代 外官 屬官制 研究」『震檀學報』 74 ; 박종기, 1997, 「고려시대의 지방관원들 - 속관을 중심으로」『역사와 현실』 24.

58) 허흥식편, 1988, 「정토사오층석탑조성형지기」『한국의 고문서』.

59) 吉田光男, 1981, 「十五世紀朝鮮の土官制 - 李朝初期地方支配體制の一斷面」『朝鮮史研究會論文集』 18 ; 李載龑, 1984, 「朝鮮初期의 土官」『朝鮮初期社會構造研究』.

〈원주 읍사의 향직과 향리직〉

| 관할 | 기구 | | 職名 | | | | |
|---|---|---|---|---|---|---|---|
| 知州官 (邑司: 州司) | 鄉職 | 土官司 | 堂大等 信希 大等 | 侍郎 興林 大奈末 秀英 大奈末 大等 王侃 大等 | 大監·弟監 | | |
| | | | (事審官) | 大等 | 郞中 旻會 奈末 金舜 奈末 | 員外郞 | 執事 |
| | 鄉吏職 (州吏) | 兵部 | | | 卿 | 筳上 | 維乃 |
| | | 倉部 | | | 卿 | | |

자료라고 할 수 있다. 비문에서는 낭중 두 사람을 가장 먼저 쓰고, 다음 시랑 두 사람을 썼으며 맨 뒤에 당대등 한 사람을 썼다. 전술한 바와 같이 왕건은 918년 건국 후 북원출신 원극유의 도움으로 이 지역을 장악한 이래 이때까지 북원부란 이름을 그대로 사용하고 있었다. 따라서 이 20여 년 동안 북원지역은 당대등 신희를 중심으로 한 지배질서가 여전히 유효하게 작용했을 것이다. 그럼에도 불구하고 낭중을 가장 먼저 기재한 이유는 역시 국가의 지방통치를 우선하였기 때문일 것이다.

신희가 대등이면서 상대등 즉 당대등이란 직책을 가진 것으로 보아, 신희 이외의 대등이 있었을 것으로 보인다. 실제 영월 흥녕사에 있는 「징효대사보인탑비」를 보면,[60] 원주출신으로 왕간王侃 대등大末이 나오는데,[61] 이를 보면 원주에도 대등이 여러 명 있다고 보아야 한다. 대등과 함께 시랑으로 기재된 사람도 두 사람이 나오는데, 통일기 신라의 관직

---

60) 한국역사연구회편, 1996, 「흥녕사징효대사보인탑비」『역주 나말여초금석문』.
61) 大末은 大奈末로 판독했는데, 하일식의 비문 판독결과 末을 等의 초서체로 본 것이 타당하다고 생각하여 수정한 것이다. 하일식, 1997, 「신라통일기 왕실직 할지와 군현제」『동방학지』97, 26쪽 ; 강은경, 1997, 『고려후기 호장층의 변동 연구』(연세대 박사학위논문), 17쪽.

계통인 시랑 등과 중고기 신라 관계 계통인 대등 등이 모여 토관사를 구성하였을 것이라 간주된다. 이들이 조선시대 재지 양반과 속성이 같은 재지 관반들이다.[62] 이들은 현종대 이후 호장층이 되는 이들로,[63] 지주관知 州官의 고문을 맡았을 것이다.

## 2. 현종~원종대 군현정책과 원주민의 대응

1018년(현종 9) 원주에 지주사知州事가 파견되면서, 원주는 남도 주현의 특징인 영속관계에 들어가게 된다.[64] 영속관계란 영현을 중심으로 몇 개의 속현이 묶여 있는 광역 지방 통치조직을 말한다. 영현은 외관이 파견된 지역이고, 속현은 외관이 파견 안 된 지역이다.[65] 당시 원주의 영속관계를 살펴보면 다음 표와 같다.

---

62) "조선의 향리는 호장층과 육방 향리층과 색리층의 세 층이 있었다. 戶長層은 수령의 고문역을 맡고, 육방 鄕吏層은 이·호·예·병·형·공 육방의 직임을 분담하며, 色吏層은 기타 각종 吏役을 담당하였다. 고려시대의 향리도 大相·中尹·左尹 등의 鄕職을 받는 戶長層과 兵正·倉正·獄正 등의 지방행정 실무를 담당하는 記官層과 각색 잡무를 담당하는 색리층이 있었다. (中略) 또한 고려시대에 향리가 맡았던 州縣軍의 都令·別正·校尉 등 都軍職은 조선시대에 將校로 바뀌었다. (中略) 고려시대에 주현군의 別將은 戶長層이, 校尉·隊正은 記官層이 담당한 것으로 보아 將校에도 두 층이 있었을 것이라 생각한다."(이성무, 1978, 「조선 전기 중인층의 성립문제」『동양학』8, 283쪽).

63) 강은경, 1997, 「앞의 글」.

64) 원주는 1259년(고종 46) 州人이 왕명에 거역하였다고 하여 一新縣으로 일시적인 강등이 있었다가, 다음해(원종 1)에 다시 지주사가 되었고, 1269년(원종 10) 정원도호부, 1291년(충렬왕 17)에 합단적을 물리친 공으로 익흥도호부가 되었다가 1308년(충렬왕 34) 원주목이 되었다.

65) 이인재, 1990, 「고려 중·후기 지방제 개혁과 감무」『外大史學』3 ; 하현강, 1993, 「지방통치구조의 정비와 그 구조」『한국사 13』(국사편찬위원회).

〈원주의 영속관계〉

| | | | |
|---|---|---|---|
| 主縣 | 原州<br>(州司) | | 部曲: 刀谷(蔡·尹)·刀乃 |
| | | | 所: 所呑(池)·金亇谷·射林 |
| 屬縣 | 寧越郡<br>(屬郡司) | 高麗初 來屬<br>恭愍王21年 陞知郡事 | 部曲: 直谷 |
| | | | 鄕: 買乃·亇伊呑 |
| | | | 所: 楊等·梨木·耳達·省旀呑·注文伊·居呑 |
| | 提州<br>(屬州司) | 顯宗 9년 來屬<br>睿宗 元年 監務 設置 | 部曲: 買林·陽城·小堂 |
| | | | 所: 空梓 |
| | | | 處: 山尺 |
| | 平昌縣<br>(屬縣司) | 高麗初 來屬<br>忠烈王25年 置縣 | 部曲: 沙西良 |
| | | | 所: 沓谷·古林·新林·石乙項·梁呑·乃火谷 |
| | 丹山縣<br>(屬縣司) | 提州 領縣<br>顯宗 9년 來屬<br>忠肅 5년 知丹陽郡事 | 所: 金衣谷 |
| | | | 莊: 買浦 |
| | 永春縣<br>(屬縣司) | 高麗初 來屬<br>속현으로 계속 남음 | 部曲: 立石·畓谷·所耻谷 |
| | | | 所: 澤坪·於上川 |
| | 酒泉縣<br>(屬縣司) | 新羅 時 寧越郡 領縣<br>顯宗 9年 來屬<br>속현으로 계속 남음 | |
| | 黃驪縣<br>(屬驪縣司) | 顯宗 9年 來屬<br>後置監務<br>忠烈 31年 陞驪興郡 | |
| 江: 蟾江　漕倉: 興原倉 | | 驛道: 平丘道 | |

이 표에 따르면,[66] 원주의 속현은 현종 이전에는 영월·평창·영춘현이었다가, 현종 9년에 제주·단산·주천·황려현이 속함으로서 영속관계는 일단 마무리지어 졌다. 지원주관知原州官이었을 때 영월·평창·영춘의 관반官班을 통솔하다가, 지원주사知原州事가 되었을 때, 모두 7개 현을 속현으로 두었음을 뜻하는 것이다.

수령의 임무는 전술한 바와 같이 주의 일(주사州事)로서 ① 인민들의 고통을 살피고, ② 장리長吏늘의 살살못을 살피며, ③ 도적과 간시 교활한

---

66) 위 표는『高麗史』卷56 지리1 원주 이하 해당 항목과 박종기, 1990,『고려시대 부곡제연구』의 부록을 참고로 하여 작성한 것이다.

자를 살피고 ④ 백성들이 금지 규정을 위반하는지를 살피며, ⑤ 백성들 중에서 효도하고 우애하고 청렴하고 결백한 자를 살피고 ⑥ 장리들이 나라의 돈과 곡식을 손실시키는 것을 살피는 등의 수령 육사이다.[67]

당시 중앙정부는 원주의 일을 맡은 지사知事가 가장 중요하게 수행해야할 분야로서 대민 분야 넷과 이직吏職에 대한 감찰 두 조항을 제시했다.[68] 대민 분야 넷은 어느 시대에나 있을 수 있는 문제이기 때문에 주안점은 수령守令과 장리長吏의 관계를 설정하는 것이라 하겠다. 그렇기 때문에 3년 후인 현종 12년 판이부사判吏部事였던 최사위는 주현州縣 장리長吏들의 호칭이 너무 혼잡하니, 군현 이상의 리吏는 호장戶長으로 부르고, 향·부곡·진·정·역의 리吏는 단지 장長으로 부르자는 건의를 올렸던 것이다.[69] 군현 지역과 부곡지역을 구별하고자 한 이 조치는 영·속현관계를 보다 체계적으로 운영하려는 고려의 조치일 것이다.

〈원주 읍사의 기구와 직명〉

| 管轄 | 機構 | | 職名 | | | | |
|---|---|---|---|---|---|---|---|
| 知州事<br>(邑司 :<br>州司) | 屬官 | | 使 1 人·副使 1 人·判官 1人·法曹 1人 | | | | |
| | 鄕職<br>(土官·俗官) | 土官司<br>(司戶) | 上戶長<br>(事審官) | 戶長層<br>(副戶長) | 村長·村正 | | |
| | | | | | 戶正 | 副戶正 | 史 |
| | 鄕吏職<br>(州吏) | 司兵 | | | 兵正 | 副兵正 | 兵史 |
| | | 司倉 | | | 倉正 | | |

주현인 원주와 속현인 영월·평창·영춘현·제주·단산·주천·황려현과의

---

67) 『高麗史』 卷75 선거 3 선용수령 현종 9년 2월.
68) 이는 현종 9년에 지방세력을 규제하는 제도적인 조치가 취해졌으며, 특히 지방관이 파견된 지방의 지방세력은 중앙 행정력의 강력한 통제를 직접 받게 되었음을 증명하는 것이다. 하현강, 1977, 「고려초기의 지방통치」 『고려지방제도의 연구』; 하현강, 1988, 『한국중세사연구』.
69) 『高麗史』 卷94 최사위전.

관계는 읍사邑司를 중심으로 이루어졌다. 읍사는 모든 주부군현과 향소부곡에 있는 지방 통치조직을 말하는데, 주현의 호장이 속현의 향리들을 통괄하면서 지방통치를 하고 중앙과의 연계를 맺었다.[70] 속현의 향리는 5일에 한 번씩 주현의 읍사에 가서 명령을 받고 이를 시행해야 했다.[71] 주현의 호장은 수령의 지휘 하에 주현과 속현의 호구와 전결을 조사하여 보고하면, 중앙에서는 이를 근거로 조세액을 책정하였다. 그런데 만약 예하 속현이 조세액을 내지 못하면 주현에서 부족액을 대여하여 내기도 하였다.[72] 그러나 주현과 속현은 일종의 상하관계이기 때문에, 주현의 호장이 속현에 가서 속현리와 속현민을 욕보이는 일도 있고, 토관을 능멸하기도 하였다.[73]

지원주사知原州事와 함께 원주의 속관屬官으로는 사使 1인·부사副使 1인·판관 1인·법조 1인이 있었다. 판관判官은 군현의 장관인 외관을 보좌하였으며, 법조法曹는 군현 수령의 주요 역할 중의 하나인 옥송獄訟에 관여하거나 외관의 법률적인 자문을 맡은 이였다. 고려 국가는 주현에만 감옥을 설치하고 속현에는 국가가 인정하는 감옥은 설치하지 않았다.[74] 중앙정부가 파견하고 국왕을 대리하는 외관만이 감옥의 설치 및 운영권을 행사함으로써 주현의 인민뿐만 아니라 속현의 인민들까지도 외관만이 사법 및 재판을 직접 관할토록 한 것이었다.

**계수관읍 충주와 계내읍 원주와의 관계** : 1018년(현종 9) 원주가 외관이 파견된 110주현의 하나로 주격州格이 변하여 지주관 등급에서 지주사

---

70) 하현강, 1993, 「앞의 글」, 174쪽.
71) 상주와 상주의 속현인 비안현의 관계에서 그와 같은 내용을 알 수 있다.『新增東國輿地勝覽』卷25 비안현 누정 하륜의 기록.
72) 이인재, 1990, 「앞의 글」.
73)『태종실록』卷28 태종 14년 7월 을해.
74) 박진훈, 2003, 「고려시대 감옥의 설치와 운영체계」『역사와 현실』 47.

등급으로 바뀌면서 충주계의 계내읍界內邑이 되었다.[75] 원주가 계내읍으로 주격이 바뀌었다는 것은 다음과 같은 의미를 지닌다.

우리나라 동남부에 있던 신라의 서울 경주와는 달리 고려는 중부지방에 위치하였다. 경주가 소백산맥을 넘는 곳곳에 북원경, 중원경, 서원경, 남원경을 설치하여 금관경과 함께 5소경을 두고, 한주, 삭주, 명주, 웅주, 전주, 상주, 무주, 강주, 양주의 9주를 운영하였던 것은 발해이남 지역 지배의 효율성을 위함이었음은 말할 필요도 없다.

그런데 신라 입장에서 보면 변경지대였던 개성을 서울로 한 고려는 지방제도 정비가 완비된 건국(918) 이후 현종 9년(1018) 이전까지 100년 동안 여러 차례 지방제도 개편을 하였다. 그 가운데 흥미로운 조치가 양경(개경과 서경)을 이어 설치한 성종 2년(983)의 12목이다.

12목은 개성의 배후 지역이라 할 수 있는 황주黃州와 해주海州 두 곳이 새로 배치된 것을 제외하면, 대체로 예전 9주 5소경의 치소 가운데 선정되었다. 대표적인 곳이 한주漢州의 치소인 광주廣州와 중원경中原京인 충주忠州, 웅주熊州의 치소인 공주公州와 서원경西原京인 청주淸州, 전주全州의 치소인 전주全州, 상주尙州의 치소인 상주尙州, 강주康州의 치소인 진주晉州 등 모두 7곳이다. 나머지 세 곳은 개성과 광주를 잇는 교량역인 양주楊州 즉 지금의 서울과 전라남도의 나주羅州 그리고 순천順天(승주昇州) 등이었다.

이른바 12목 중심의 고려 계수관 설치 과정에서 통일신라 당시 무주武州의 치소인 광주光州와 전주全州 소속의 남원경南原京인 남원南原, 양주良州의 치소인 양산梁山과 금관경金官京이 있던 김해金海, 삭주朔州의 치소인 지금의 춘천春川과 북원경北原京인 원주原州, 그리고 명주溟州의 치소인 강릉江陵은 완전히 배제되었다. 그 이유를 곰곰이 짚어본 적은 없지만, 죽령을 넘어

---

75) 이인재, 2006, 「고려 초기 원주 지방의 역사와 문화」 『한국사상과 문화』 32.

원주·춘천으로 가고, 팔랑치를 넘어 남원·광주를 통제하는 등, 육로 중심의
통제를 강조하던 신라와는 달리 고려는 영산강과 섬진강, 낙동강 등 수로와
해로를 통해 나주, 승주, 진주를 장악하려고 했기 때문이었을 것이다.

그런데 12년 후인 성종 14년(995) 12목의 목사牧使를 12주 절도사節度使
체제로 바꾸는 한편, 10도제 실시를 천명하였다. 서경 중심의 패서도浿西道
①, 개경과 양주·광주·해주·황주 중심의 관내도關內道②, 공주 중심의 하남
도河南道③, 전주 중심의 강남도江南道④, 나주·승주 중심의 해양도海陽道⑤,
진주 중심의 산남도山南道⑥, 상주 중심의 영남도嶺南道⑦, 동경 중심의
영동도嶺東道⑧와 춘천·강릉과 함께 함남 영흥에 이르는 삭방도朔方道⑨,
원주·충주·청주를 잇는 중원도中原道⑩가 십도이다.[76]

이러한 십도제 실시가 형식적이었는지, 실질적이었는지 현재로서는
지속 연구 과제이긴 하지만, 12목에서 제외된 옛 삭주 지역과 명주 지역,
그리고 양주 지역을 고려 행정체계 내에 재배치해야 한다는 점에서는
12목을 통한 지방지배에서 배제된 지역에 대한 통치를 목표로 했다는
점에서 어느 정도 실질적인 의미가 있는 조치였다고 생각된다.

그런데 이와 함께 해명해야 할 일이 계수관邑界首官邑으로서의 충주와
계내읍界內邑으로서의 원주와의 관계이다. 양자 간의 실질적인 교류 상황
에 대한 구체적인 관련 기록은 미미하지만 최근 계수관에 관한 주요
연구를 살펴보면 고려 초기 충주와 원주간의 관계를 엿볼 수 없는 것은
아니다.[77] 즉 이들 연구의 결과를 충주와 원주에 적용하면 다음과 같다.

첫째, 고려 전기 원주에서 사형에 해당하는 죄를 범하면, 원주의 지사知事,

---

76) 홍연진, 1993, 「고려전기 도제의 성립과 그 성격」 『부대사학』 17,
77) 구산우, 2002, 「고려시기 계수관의 지방행정 기능과 위상」 『역사와 현실』 43 ; 윤
    경진, 2003, 「고려전기 계수관의 설정원리와 그 변화」 『진단학보』 96 ; 박종진,
    2005, 「고려시기 계수관의 기능과 위상」 『역사와 현실』 56.

향리鄕吏등과 함께 충주에서 파견한 계원界員이 참가하여 양형量刑을 관리하였다. 이는 다른 말로 사형에 해당하지 않은 죄에 대해서는 충주에서 해당 관리를 파견하지 않았다는 것이다.

둘째, 양전과 호구조사에 입각한 조세 부담의 경우 원주와 원주에 부속된 속현이 알아서 부담을 하기 때문에 충주에서 간섭을 하지 않았다. 그렇지만 양전에 쓰이는 도량형기의 제작은 중앙정부가 충주에 표준 도량형기를 예시하도록 했기 때문에 이를 참고하였을 것으로 보인다. 그리고 여러 가지 이유로 진휼을 할 경우도 중앙정부의 지도에 의해 원주를 단위로 진행하였기 때문에 이에 대한 충주의 개입을 상정하기 어렵다.

셋째, 원주에서 주현군이 활동할 때에도 충주가 개입하였다고 볼 수는 없다. 1291년 카단적이 원주와 충주에 침입하였을 때 원주 방어에 충주 목사가 지시를 내렸다는 증거는 어디에도 없고, 오히려 중앙정부의 지원은 확인할 수 있다.[78]

넷째, 그렇지만 왕실이나 국가 기념일에 글을 올리거나 선물을 올릴 때, 혹은 국가 제사가 충주와 충주 계내界內에서 벌어질 때, 원주에서 실시한 향공鄕貢을 중앙정부에 올릴 때, 외국 사신을 접대할 경우 등에는 충주가 대표권을 갖고 원주는 그 권한이 없었다.

이렇게 본다면, 북원경 그리고 지주관으로서의 원주와 계내 읍으로서의 원주는 국가 행정체계에서 볼 때 그 지위가 많이 하락했다고 할 수 있겠다. 그러므로 여기서 우리는 양안치와 소태재 두 고개로 차단되었을 것으로 보이는 원주와 충주를, 계수관과 계내읍으로 편입시킨 고려 중앙정부의 정책 배경에 대해 궁금증을 가지지 않을 수 없다. 사실 북원경과 중원경은 신라 하대 정치적, 종교적 선택의 방향이 서로 달랐다. 김헌창의 난 당시

---

78) 李仁在, 2000, 「1291년 카단(哈丹)의 치악성 침입과 원충갑의 항전」『韓國 思想과 文化』 7.

원주와 충주는 선택이 달랐고, 고려 건국 당시에도 구체적인 양상은 충주와 원주가 달랐다. 충주는 정종과 광종을 배출할 정도로 능동적인 자세를 취하였다. 신라 편에 서서 보면, 김헌창의 난이건 고려 건국이건 반신라라는 점에서 동일한 사건이라 할 수 있다.

그렇다면 북원경 전통의 원주를 계내읍으로, 중원경 전통의 충주를 계수관 읍으로 배치한 이유로 정치적 이유를 들 수 있을 것인가? 원주에 대한 정치적 견제 때문일 것인가? 이러한 생각도 할 수 있지만, 역시 고려 12목의 설치는 개경과 양주, 광주, 충주, 그리고 조령을 넘어 영남지역으로 가는 교통로상의 중요성 때문에 충주를 계수관 읍으로 지정한 것으로 생각된다. 12목이 대체로 한강과 금강, 만경강, 영산강, 섬진강, 낙동강 등 수계를 중심으로 배치된 점을 보아도 당시 해운·수운 교통 중심의 고려 국가 운영의 틀을 엿볼 수 있다.


## Ⅲ. 고려 전기 지방지배층의 동향과 문화의 특성

### 1. 지방지배층의 동향

900년(효공왕 4) 왕건의 충주·청주·괴산 호족과의 대 타협 이후 원주는 후삼국 쟁패기에서 일단 벗어나 있었다. 궁예 역시 어린 시절 자신이 성장하였고 기신起身의 대전환을 맞이할 수 있었던 원주에 대해 10여 년긴 양길의 영향 하에 있었다고 해서 별다른 조치를 취했을 것으로 보이지는 않는다. 뿐만 아니라 후삼국 쟁패의 전장戰場도 이제 북원부와 떨어져 있어 상당한 기간 평화 상태를 유지했을 것으로 보인다.

그러나 왕건이 고려를 건국한 918년 이후 사정은 달랐다. 이 사건으로 말미암아 북원의 재지 호족과 재지민은 앞으로의 운명을 가늠할 매우 중요한 역사적 선택을 해야 했다. 왕건이 즉위한 초창기에 궁예의 관할 하에 있던 각 지역에서는 왕건의 등장을 인정할 것이냐의 여부를 가지고 많은 고민을 하였을 것이다. 이러한 양상은 궁예 관할하의 각지에서 모두 겪어야 할 것이었는데, 실제 청주지역 출신 가운데에는 왕건의 등장에 노골적인 적개심을 드러내기도 하였다.[79] 이를 무마하기 위해 왕건은 혼인정책을 비롯한 다양한 호족정책을 구사하였고, 그 결과 즉위 후 5년 정도를 전후하여 명주를 비롯한 여러 지역의 호족들이 투항하기 시작하였다.[80]

이러한 역사적 전환기에 북원의 호족들도 나름대로의 입장을 취해야 했다. 섣불리 적대감을 드러낼 수도 없었지만, 그렇다고 왕건에 우호적인 태도를 보이기도 어려웠다. 이 지역은 원래 북원소경 지역으로서 신라의 골품 관료들이 수백 년 동안 자리를 잡고 있던 지역이었고, 양길이 10여 년 동안 이 지역의 대표적인 호족으로 있다가 무너진 지 20여 년밖에 지나지 않았고, 이후 20여 년은 궁예의 영향 하에서 보냈다. 양길과 궁예에 호의적이었던 사람들이 왕건에게 급격히 기울기는 매우 어려운 형편이었다.

이러한 정세를 파악하고 있었던 왕건은 지방민을 포섭하기 위한 다양한 조치를 마련했다. 그 일환으로 왕건이 918년 6월에 즉위한 후 첫 번째 취한 군현민 정책은 군현민이 부담하는 부세를 줄여 주겠다는 것이었다. 왕건은 즉위한 제 일 성으로 궁예가 부역을 번거롭게 하고 과세를 과중하게 하여 인구는 줄어들고, 국토는 황폐해졌다고 하였다.[81] 그리고 나서 한

79) 김갑동, 1985, 「고려건국기의 청주세력과 왕건」『한국사연구』 48.
80) 하현강, 1974, 「고려왕조의 성립과 호족연합정권」『한국사』 4.
81) 『高麗史』 卷1 太祖 元年 6月 丁巳.

달 뒤 종래 좋은 토지 1결에서 6석을 내던 것을 2석으로 줄이겠다는 조치를 취하였던 것이다.[82]

두 번째로 왕건은 앞으로 지방제도의 기조는 신라의 정책을 따른다고 하였다. 신라의 관계나 관직, 군읍郡邑의 호칭 등에 문제가 있다고 해서 궁예는 이를 모두 새로운 제도로 바꾼 듯하다. 분명 원주도 이전의 북원부로 두지 않고, 무엇인가 새로운 명칭으로 바꾸었을 것이다. 그러나 왕건은, 백성들이 새로운 명칭에 익숙해지지 않고 혼란만 가중되니 다시 신라의 제도로 바꾼다는 조치를 내렸다. 그러면서 단서 조항으로 궁예가 고친 이름 가운데 알기 쉬운 것만은 새 제도를 쫓아도 무방하다고 하였다.[83]

세 번째로, 왕건은 이와 함께 신하로서 제왕의 창업을 도와 특출한 책략으로 세상에 드문, 높은 공훈을 세운 자는 봉토를 나누어주고, 높은 품계와 벼슬을 주어 표창하겠다는 조서를 반포하였다.[84] 이러한 조치는 재지在地 호족으로서 왕조 건국기의 혼란상을 극복하는데 도움을 주면, 재경 관인으로 대우할 수 있다는 조치였다. 그리고 이 조치는 그대로 시행되었다.[85]

네 번째로 재지 호족에 대한 정책으로는 왕건에 협조하면 독자적인 세력기반을 어느 정도 인정해 주겠다는 의지를 밝혔다.[86] 예를 들어 921년

---

82) 『高麗史』卷78 食貨1 田制 祿科田 辛禑 14年 7月 大司憲 趙浚 上書. "自今 宜用什一 以田一負 出租三升". 이는 결국 신라 통일기의 조세 정책으로 회귀하겠다는 의미를 담고 있다(이인재, 1995, 「신라통일기 토지제도연구」, 연세대 박사학위 논문).

83) 『高麗史』卷1 太祖 元年 6月 戊辰.

84) 『高麗史』卷1 太祖 元年 秋7月 辛亥.

85) 실제 고려 전기 지배세력 가운데 토성 출신이 많은 것을 보면, 이러한 조치는 어느 정도 시의성과 현실성이 있는 조치라 할 수 있다(이수건, 1984, 「고려 전기 지배세력과 토성」『한국중세사회사연구』).

86) 하현강, 1988, 「태조의 대내정책과 정치사상」『한국중세사연구』.

(태조 3) 강주 장군 윤웅이 자신의 아들 일강을 개성에 보내어 볼모로 삼게 한 일이 있었다. 그러자 왕건은 일강에게 아찬의 관계官階를 주고, 중앙 고급 관인의 여자와 혼인을 시켜 주었다. 그리고 윤웅에게는 그대로 강주 지역의 독자적인 세력기반을 인정해 주었을 뿐만 아니라 사절을 파견하여 위로하기도 하였던 것이다.[87]

이러한 고려 초 개경정부의 군현민 정책의 수용여부를 놓고 원주지역의 재지 호족在地豪族과 재지민在地民들은 상당한 고민을 하였을 것이다. 실제 북원부 사람들 가운데에는 이전 북원경 시절부터 신라식 관제와 조세제에 익숙했던 집안도 있었을 것이고, 양길과 궁예의 영향력은 사라졌더라도 두 사람이 영향력이 있었던 지난 30년 동안 궁예식 질서에 익숙해졌던 사람도 있었을 것이다. 그럼에도 불구하고 기본적인 군현민 정책을 신라식 제도로 복귀하고, 이에 호응하는 사람들은 그에 걸맞는 대우를 해 주겠다는 왕건의 조치는 매우 호감이 가는 조치였을 것이다.

따라서 북원부 사람들 가운데에서는 태조의 군현민 정책을 수용하는 사람들도 있었을 것이고, 왕조 교체에 무관한 사람도 있었을 것이다. 기록에 보이는 원주에 대표적인 토성인 원주 원씨의 원극유元克猷와 원극부元克富는 전자를 대표하는 인물이었고, 지광국사 해린의 선조와 할아버지 원길견은 후자를 대표하는 인물이었다.

원극유는 신라 북원인北原人이었다.[88] 그는 918년 태조 왕건이 고려를 건국한 이후 태봉 관할 하에 있던 주군현州郡縣을 평정시킬 때에 북원경

---

87) 『高麗史』 卷1 太祖 3年 春正月.
88) 이하 원극유에 관한 서술은 다음 자료와 논문에 의거하여 작성하였다.
『高麗史』 卷107 列傳20 元傅 ; 崔瀣 『拙藁千百』 卷1, 卷2 ; 「元冲墓誌銘」 ; 「元善之墓誌銘」 ; 「元昭信墓誌銘」 ; 김광수, 1973, 「고려태조의 삼한공신」 『사학지』 7. 이수건, 1984, 「고려전기 지배세력의 성관분석」 『한국중세사회사연구』. 김갑동, 1988, 「고려 초기 관계의 성립과 그 의의」 『역사학보』 117. 김갑동, 1990, 「고려초기의 관계제와 공신제」 『나말여초의 호족과 사회변동연구』.

지역에서는 원극유가 보좌하여 무사히 고려의 관할 하에 둔 공로가 있었기 때문에 삼한공신의 칭호를 받았다.[89] 원래 삼한공신三韓功臣이란 태조가 후삼국통일의 유공자에게 준 공신 호칭이었기 때문에, 삼한공신이 된 이는 직첩職牒을 받고 공신당功臣堂을 마련하였으며, 기존 세력의 독자성도 유지할 수 있었다. 이를 보면 원극유 역시 북원경에 독자적인 세력 기반을 가지고 있었음을 알 수 있다.

그가 고려에서 취득한 관직은 병부령이었으며, 관계는 정4품 문산계인 정의대부正議大夫에 이르렀다고 한다. 그런데 원극유가 취득한 병부령의 역할이 어떠한 것인지는 분명하지 않고, 그가 삼한공신이 된 후 바로 개경으로 갔는지는 의문이다. 병부령은 건국기에 개경 병부의 장관이었 다.[90] 개경의 병부는 태봉의 관제를 계승한 것으로,[91] 무관의 선발·군무軍務·행사가 있을 때 왕을 따라가서 보위하는 의장병을 관할하는 일·공문서 나 관원들의 왕복을 위한 역참 관계 업무 등을 관할하였다. 918년(태조 1)에 병부와 병부 령·병부 경·병부 낭중을 두었으나 934년(태조 16)에 병관으로 고치고, 병관 어사·병관 시랑·병관 낭중·병관 원외랑을 두었다 고 한다. 그러다가 성종 14년에 상서병부로 고쳤다.[92] 그렇다면 원극유는 918년에서 934년 사이에 병부령을 역임한 것이 된다. 개경에 살게 되면서 원극유는 지역의 토성과 함께 태조 23년 역분전을 받았을 것이고,[93]

---

89) 왕건은 918년 6월에 고려를 건국한 후 2달째인 8월에 1등공신 4명, 2등공신 7명과 3등공신 2000여명을 포상하였는데(『高麗史』 卷1 太祖 元年 8月 辛亥), 이들이 開國功臣이다. 이후 태조 23년 신흥사를 중수하여 공신당을 설치하고, 동·서벽에 삼한공신을 그려 놓고 하루 밤낮동안 무차대회를 열었는데(『高麗史』 卷1 太祖 23年), 이들은 三韓壁上功臣이다. 이와 함께 "佐太祖爲功臣"으로 표기되 는 인물들도 많은데, 이들이 三韓功臣이다. 원극유도 삼한공신이었다.

90) 『高麗史』 卷1 太祖 元年 6月 辛酉. "波珍粲林曦爲兵部令".

91) 『三國史記』 卷50 列傳10 弓裔. 天祐 元年 甲子.

92) 『高麗史』 卷76 百官1 兵曹.

원주의 사심관으로서의 역할도 했을 것이다. 이후 원극유는 광종대 정치적 변혁기를 거쳐 경종 2년에 개국공신으로서 훈전을 받았을 것으로 추정된다.[94]

한편 원극부는 원주지역의 향리직을 대대로 계승한 인물로 파악된다. 조선시대 미수 허목의 세계도를 보면 원극부는 고려 말 유학자인 원천석元天錫의 7대조 할아버지로 기록하고 있지만, 이는 아마도 재지 관반이었던 원극부 가문의 세계가 잘못 파악되었기 때문으로 보인다. 그러므로 원극부는 고려 태조의 군현민 정책을 수용하여 대대로 향리직을 수행한 인물로 파악하는 것이 옳다.

해린이 속한 원씨의 행적은 분명하지 않은데, 그의 아버지를 설명하면서 직책은 아관衙官에 버금가고, 명예는 연리椽吏에 앞선다고 한 것으로 보아, 중앙 관계에서 활동하지는 않았지만, 그렇다고 해서 지방의 향리직에만 머문 집안은 아니었다고 생각된다.

이 집안사람들이 사회변동에 대처하는 방식은 정세 변동에 적극적이지도 않고, 그렇다고 너무 무심하지도 않은 그런 자세를 취했던 것 같다. 이는 신라 하대 사회변동이 극심했던 시기 고조와 증조 할아버지의 삶을 서술한 관련 자료에서 유추할 수 있다. 이 시기 그들은 선을 쌓고 경사로움을 늘려 편하게 자리잡아 변하지 않는 역사를 꿰뚫고, 선인들이 검약하던 풍모를 쫓아 그 질박함을 끊지 않았다고 한다. 이름이 원길견인 해린의 할아버지도 점을 치고 음양을 살펴 세상으로 하여금 미혹한데 이끌리지 않았다고 한다.

---

93) 『高麗史』 卷78 食貨1 田制 田柴科 太祖 23年.
94) "開國功臣 및 向義歸順城主 등에게 勳田을 주었는데, 50결에서 20결까지로 차등 있게 주었다"(『高麗史』 卷78 食貨1 田制 田柴科 功蔭田柴 景宗 2年 3月).

## 2. 원주 문화의 특성

그러면 이제 남는 것은 각각 소경의 지위에 있던 원주와 충주를 충주 중심으로 재편할 수 있었던 이유를 추적하는 것이라 하겠다. 이와 관련하여 흥미로운 문화 현상이 석불과 철불이다.

〈고려초기 원주 출토 철불〉

| 번호 | 철불명 | 수인 | 높이(㎝) | 國博番號 | 출토지 | 비고 |
|---|---|---|---|---|---|---|
| ① | 釋迦如來坐像 | 降魔觸地印 | 87 | 본1973 | 原州郡 本部面 邑玉坪 | |
| ② | 釋迦如來坐像 | 降魔觸地印 | 93 | 본1972 | 原州郡 本部面 邑玉坪 | |
| ③ | 釋迦如來坐像 | 降魔觸地印 | 117 | 본1976 | 原州郡 本部面 邑玉坪 | 석조대좌 |
| ④ | 藥師如來坐像 | 右手藥盒 | 110 | 본1970 | 原州郡 本部面 邑玉坪 | |
| ⑤ | 阿彌陀佛坐像 | 上品上生印 | 106 | 본9976 | 原州郡 本部面 본저전동 | 석조대좌 |
| ⑥ | 山澗寺鐵佛 | | | 不傳 | | |
| ⑦ | 居頓寺鐵佛 | | 丈六像 | 不傳 | 원주시 부론면 거돈사지 | 석조대좌 |

\* 原州郡 本部面 邑玉坪 : 학성동 정지옥뜰
\* 原州郡 本部面 본저전동(우산동)

원주에는 모두 7구의 철불이 있다.[95] 번호 ①②③의 석가여래좌상이 이른바 원주철불이다.[96] 그런데 이 철불의 문화계통이 매우 흥미롭다. 최성은은, 중부지방 철불의 계보를, 경기도 개풍군 영남면 평촌동 옛 절터(적조사터→오관산 용암사터)인 '전적조사터 철불' 계열과 경기도 광주군 하사창리 즉 지금 하남시 하사창동에서 출토된 높이 2.88m의 '광주철불'과 함께 '원주철불'을 구분하였다.[97]

그러면서 광주철불과 원주철불의 공통점을 항마촉지인을 결結하고

---

95) 김혜완, 2000, 「普願寺 鐵佛의 조상 - 고려초 原州鐵佛과 관련하여」『史林』14, 7쪽.

96) 崔聖銀, 1996, 「나말여초 중부지역 철불의 양식계보」『강좌미술사』8.

97) 崔聖銀, 1995, 「高麗初期 廣州鐵佛研究」『佛敎美術研究』2.

어깨도 장대하게 벌어졌으며 대의를 우견편단식으로 입었고 결가부좌한 다리 중앙에 옷자락이 부채꼴로 모여 있는 것은 같으나, 원주철불 ①②③은 대의가 몸매를 그대로 드러내듯이 몸에 완전히 달라붙은 듯이 얇게 표현되었고, 대의 깃이 왼편 어깨에서 반전된 형태로 나타나고 있으며, 존안尊顔의 모습도 독특한 웃음을 띤 인간적인 얼굴과 도식화된 옷 주름, 상반신의 괴체감 때문에 철원 도피안사 풍을 계승한 말기 신라파로, 신라 불교조각의 토착화와 불교 신앙의 지방화 과정에서 광대뼈가 튀어 나온 네모진 한국인 특유의 얼굴상을 한 불상이 나타났다고 하였다.[98]

그리고 이 불상은 광종 즉위년(949) 충남 서산 보원사 터에서 나왔다는 보원사 철불좌상과 동일 유파의 조각가 집단이 만들었다고 설명하고 있다.[99] 이 원주철불과 보원사 철불좌상은 크기는 다르지만 최인선은 모두 동일인이 한 장소에서 만들었을 것으로 추정하였으며, 이에 더하여 충주철불들도 동일인이 만들었을 것으로 추정하였다.[100]

최성은이 광주지역의 철불과 중부지역의 철불 계보를 쓸 때에는 미처

---

98) 최성은의 이 설명은 김원룡과 김리나를 인용한 것이다. 崔聖銀, 1996, 「앞의 글」, 32~33쪽 ; 金元龍, 1980, 『韓國 古美術의 理解』 ; 金理那, 1989, 「한국의 고대 (삼국·통일신라) 조각과 미의식」 『韓國古代佛敎彫刻史硏究』.

99) 보원사 터에서 나왔다는 철불은 국립박물관 번호 1971과 번호 5191이 있다. 普願寺鐵佛坐像으로 불리는 1971은 높이 263cm 크기의 철불로 1918년 3월 충남 서산군 운산면 보원사터에서 옮긴 것이라는 기록(국립중앙박물관, 1965, 『진열품도감』 2집)이 있고, 傳普願寺址鐵佛坐像이라 불리는 5191은 150cm 크기의 철불로 국립박물관 수장품 카드에 1918년 4월 20일 충남 서산군 운산면 절터에서 옮긴 것이라는 기록이 있다. 李仁英, 1988, 「高麗時代 鐵佛像의 考察」(동국대 석사학위논문).

100) 崔仁善, 1998, 「韓國鐵佛硏究」(韓國敎員大學校 博士學位論文), 152쪽. 충주철불은 충주 시립박물관에 모셔져 있는 보물 98호 충주 철불좌상(98cm)을 말한다. 이외 충주에는 백련암 법당에 모셔져 있는 백운암 철불좌상(90cm, 충주시 엄동면 괴동리)과 단호사 대웅전에 모셔져 있는 보물 512호 단호사 철불좌상(130cm, 충주시 단월동)이 있다.

파악하지 못했지만, 원주에는 최성은이 명명한 원주철불과 다른 계통의
철불도 있었다. 거돈사 철불이 그것이다. 김혜완에 의하면, 거돈사 금당터
에 주불을 안치했을 것으로 추정되는 불상대좌 내부 적심석이 있는데,
1변의 길이가 2.9m 정도로 성주사 철불대좌(850년 이전에 철불 조성)와
크기가 비슷하다는 것이다.[101] 사실 거돈사의 주지였던 도헌은 860년대
거돈사에 철불 1기를 조상한 다음 890년 즈음 문경의 호족인 심충의
요청에 따라 희양산에 봉암사를 세우고 이곳에 철불 2기를 조상하였다.

그렇다면 거돈사 철불과 봉암사 철불은 동일한 형태를 띠었을 것으로
추정되는데, 그 상의 형태는 석굴암 본존불의 형식을 따라 우견편단한
대의의 깃과 항마촉지인이 있고, 좁은 콧날과 작은 입, 통통한 얼굴, 우람한
어깨의 장대한 체구 모습은 광주철불과 전보원사지 철불좌상과 계통을
같이하고, 이러한 조각은 융성기 신라 경주의 조각가들이 불상조상에
참여했을 가능성이 매우 많은 것이다.[102]

최근 최성은은 이에 더하여 약사여래좌상(④)에 대해서도 새로운 견해를
내놓았다. 이 약사여래좌상의 조상 시기에 대해 최인선은 리본 모양의
매듭을 근거로 고려 후기로 추정하였고,[103] 이인영의 경우 중국의 경우
906년 석조삼존불좌상이나 957년 응력7년명 석조석가불좌상에서 나타나
는 것으로 보아 고려 전기로 생각해 보려는 것이 보통이었다.[104]

그런데 최성은은 우선 원주시립박물관에 옮겨놓은 석불좌상이 이러한
매듭의 표현에서 지극히 섬세하고 현실화된 사실성의 일면을 읽을 수
있다는 점에서 태봉시대 불교 미술과 일치하고 더욱이 약사여래좌상(④)과

---

101) 김혜완, 2000, 「앞의 글」, 40쪽.
102) 崔聖銀, 1996, 「앞의 글」, 23쪽.
103) 崔仁善, 1998, 「앞의 글」, 122쪽.
104) 李仁英, 1988, 「앞의 글」, 51쪽.

는 현실화되어 세속적인 느낌마저 드는 얼굴모습, 좁고 둥글게 처진 어깨, 물결처럼 흐르는 대의 옷주름 등등에서 봉산동 석불좌상과 유사하므로 이 철불 역시 태봉 미술의 계통으로 설명하였다.[105] 최성은은 같은 글에서 '궁예미륵'에 대해서도 설명하였다. 즉 궁예미륵은 궁예가 입었다는 "금책과 방포"를 입은 미륵상인데, 이 옷차림은 고구려 왕공 귀족의 복식과 일치하고 당시 중국 승려의 복장과도 유사하여 왕으로서의 이미지와 미륵으로서의 이미지를 동시에 표현하려고 했다는 것인데, 그 형태가 신선암 보살 입상과 유사했다는 것이다.[106]

이렇게 정리하고 보니, 원주불상에 나타난 당시 원주민들은 앞에서 본 원씨 가문 인물들의 행동과는 또 다른 당시 원주의 실상이 드러나고 있음을 알 수 있다. 즉 거돈사 철불처럼 전형적인 신라 중앙 사람들의 후원을 받는 사람들도 있고, 약사여래좌상(④)과 신선암 여래입상과 같이 궁예에 대한 민간 신앙을 갖고 있는 이들도 있었던 것이다. 그리고 그와 동시에 원주철불 ①②③에 나타난 바와 같이 신라 문화가 토착 문화를 만나 지방화하고, 그것이 다시 고려로 이행하는 것처럼 원주 사람들도 서서히 그런 과정을 거쳤을 것으로 생각된다. 그러나 이런 것을 근거로 각각 소경의 지위에 있던 원주와 충주가 충주 중심으로 재편한 사정을 설명할 수는 없을 것이다. 서산 보원사의 예에서 보는 바와 같이 서로 다른 문화 흐름들이 한 지역에 병존하고 있었기 때문이다. 그렇다면 충주가 계수관이 되고 원주가 계내읍이 된 이유는 여전히 교통상의 편의밖에 남을 것이 없다. 그리고 이상과 같은 연구에서 우리는 비록 소경小京에서 주州로 읍격邑格이 떨어지더라도, 계수관 읍이 아니라 계내읍이 된다하더

105) 최성은, 2002, 「나말여초 중부지역 석불조각에 대한 고찰 - 궁예 태봉(901~918) 지역 미술에 대한 시고」 『역사와현실』 44.
106) 최성은, 2002, 「앞의 글」.

라도 원주가 갖는 사회적 문화적 영향력은 변하지 않고 있음을 확인할
수 있을 것이다.


## Ⅳ. 고려 후기 원주의 지배구조와 행정체계

### 1. 고종~충렬왕 대의 주격州格 변동

　1259년(고종 46) 원주가 지주사知州事에서 일신현一新縣으로 주격州格이
변동하게 된 배경은 우선 1257년(고종 44) 원주에서 안열·송비·돈정·당로
등이 반란을 일으킨 것과 관련이 있겠다.[107] 이들은 300여 명을 동원하여
흥원창에서 반란을 일으켰는데, 이를 장군 윤군정과 낭장 권찬이 군사를
일으켜 물리친 바 있다. 이들이 난을 일으킨 시기는 대몽항쟁기로서 개경정
부가 강화도로 피난 갔을 때인데, 그런 와중에서 대정부 항쟁을 일으켰다는
것은 민심이 이미 최씨 정권에서 멀어졌기 때문이었다.[108] 그러나 강격降格
의 직접적 원인은 주의 사람(주인州人)이 명을 거역했기 때문인데,[109]
그 원주 출신은 아마도 원부元傅를 말하는 것이라 생각한다. 원부는 39세
때(1258년, 고종 45)에 최씨 정권을 소탕할 때 정당政堂으로 뽑혀 들어간
사람이다.[110] 그로 인해 1259년(고종 46) 잠시 일신현으로 강격되었다가,
곧 바로 1260년(원종 1) 지주사로 복격되었을 것이다.
　그런데 이 시기 주목할 만한 것은 원주가 지주사에서 도호부로 주격이

---

107) 『高麗史』 卷24 고종 44년 4월 을해.
108) 신안식, 1994, 「대몽항쟁기 민의 동향」 『14세기 고려의 정치와 사회』.
109) 『新增東國輿地勝覽』 卷46 원주목 건치연혁 ; 『高麗史』 卷56 지리1 원주.
110) 『高麗史』 卷107 원부 「元傅墓誌銘」.

변동한다는 것이다. 1269년(원종 10) 무인집권기 마지막 정권을 담당한 임씨 정권의 임유무의 외향이라고 하여 정원靖原도호부로 바꾸고, 1291년 (충렬왕 17) 카단적의 침입을 방어한 공로로 익흥益興도호부로 이름을 바꾸었다가, 1308년(충렬왕 34) 목으로 승격할 때까지 무려 40여 년간 도호부체제로 운영되었다.111)

## 2. 충선왕대 원주목·성안부로서의 주격州格 변동과 원주민의 대응

원주가 도호부都護府에서 목牧(원주목原州牧)으로 승격한 것은 1308년(충렬왕 34) 충선왕이 복위하고 난 직후 수취체계를 바로 잡고 국가 재정의 충실을 기하기 위한 조치, 즉 전국적으로 은닉된 토지와 호구를 파악하기 위한 행정적 보완책으로 실시되었다.112) 충선왕은 10년 전(1298년, 충렬왕 24) 즉위한 5월부터 개혁교서를 반포하여 개혁정치를 추진한 바 있었다. 이 개혁교서는 2년 전 홍자번이 제시한 개혁안을 대폭 수용한 것으로서113) 지방사회와 관련이 있는 내용만 추려 보면, 군현의 관격官格은 정전丁田의 많고 적음에 따라 차등을 두었는데, 당시 세력 있는 양반들이 자신의 출신지나 외향外鄕의 군현郡縣을 때도 없이 승격시켜 제도에 어긋남이 심할 뿐만 아니라,114) 절이나 기도를 드리는 여러 곳에서 양반의 전지田地를 거집據執하고자 함부로 사패를 받아 농장을 경영하는데 앞으로는 해당 기관(안렴사와 수령)에서 철저히 조사하여 본주本主에게 각각 돌려주도록

---

111) 『新增東國輿地勝覽』 卷46 원주목 건치연혁 ; 『高麗史』 卷56 지리1 원주.
112) 박경안, 1990, 「갑인주안고」『동방학지』66 ; 박종기, 1994, 「14세기 군현구조의 변동과 향촌사회」『14세기 고려의 정치와 사회』.
113) 노용필, 1984, 「홍자번의 편민십팔사에 대한 연구」『역사학보』102.
114) 『高麗史』 卷84 형법1 직제 충렬왕 24년 정월 충선왕 즉위하교왈 ; 이인재, 1996, 「고려 중·후기 수조지탈점의 유형과 성격」『동방학지』93.

해야 한다는 것을 들 수 있다.[115]

충선왕은 2개월 후 관제 개혁에 본격적으로 나섰다가 이것이 문제가
되어 즉위한 지 8개월 만에 퇴위하고 말았다.[116]

〈1308년의 군현 승격〉

| | 1308年 以前 名稱 | 1308年(忠烈34·忠宣 即位) | 1310年(忠宣2) |
|---|---|---|---|
| 京 | 開京 | 開城府(城內)·開城縣(城外) | |
| | 南京 | 漢陽府 | |
| | 東京 | 鷄林府 | |
| 都護府 | 桂陽都護府 | 吉州牧 | 富平府 |
| | 盆州都護府 | 盆州牧 | 南陽府 |
| | **益興都護府** | **原州牧** | **成安府** |
| | 興安都護府(京山府) | 金州牧 | 金海府 |
| 知事府 | 金州 | 星州牧 | 京山府 |
| | 安東 | 福州牧 | △△△ |
| | 水州牧(元宗12) | △△△ | 水原府 |
| | 禮州牧(高宗46) | △△△ | 寧海府 |
| | 懷州牧(元宗06) | △△△ | 長興府 |
| | 昇州牧(忠宣01) | △△△ | 順天府 |
| | 光州牧(高宗46) | △△△ | 化平府 |
| | 東州牧(高宗46) | △△△ | 鐵原府 |
| | 貞州(知事府) | △△△ | 海豊郡 |
| | 天安府(太祖13) | △△△ | 寧州 |
| | 南原府(太祖23) | △△△ | 帶方郡 |
| | 龍灣府(顯宗05) | △△△ | 龍州 |
| 州·郡 | 瑞山郡(富城) | 瑞州牧 | 瑞寧府 |
| | 交州 | 淮州牧 | 淮陽府 |
| | 鹽州 | 溫州牧 | 延安府 |

---

115) 『高麗史』卷84 형법1 직제 충렬왕 24년 정월 충선왕 즉위하교왈 ; 이인재, 1996,
「고려 중·후기 수조지탈점의 유형과 성격」『동방학지』93.

116) 이에 대한 전후 사정은 다음 논문이 참고된다. 이기남, 1971, 「충선왕의 개혁과
사림원의 설치」『역사학보』52 ; 이익주, 1994, 「충선왕 즉위년(1298) 관제개혁
의 성격」『14세기 고려의 정치와 사회』.

위 표와 같이117) 충선왕은 전민계점사田民計點使를 파견하여 해당 지역의 전정田丁 파악을 원활히 하기 위하여 가능한 지역을 목牧으로 승격시켰다. 이곳을 중심으로 주변 지역의 전민계점을 수행하기 위한 것이었다.118) 그러나 이렇게 한 결과 이전에 경京이었던 지역은 부府로 강격되었는데 기타 지방이 목으로 승격되므로, 전체 지방사회와 서울 지역의 관격에 문제가 되었다. 따라서 2년 후 목牧으로 승격한 지역까지 모두 부府로 강격하여 전체 관격을 재조정하게 된 것이다.119) 원주가 성안부成安府가 된 사정이다. 이후 40여 년이 지난 1353년(공민왕 2) 원주 치악산에 태胎를 모셨다고 하여 다시 원주목으로 승격하였다.

117) 박종기, 1994, 「14세기 군현구조의 변동과 향촌사회」 『14세기 고려의 정치와 사회』의 172쪽 표 재인용.
118) 박경안, 1990, 「갑인주안고」 『동방학지』 66 ; 박종기, 1994, 「14세기 군현구조의 변동과 향촌사회」 『14세기 고려의 정치와 사회』.
119) 박종기, 1994, 「14세기 군현구조의 변동과 향촌사회」 『14세기 고려의 정치와 사회』, 174쪽.

# 제5장

# 1291년 카단哈丹의 치악성 침입과 원충갑의 항전

## Ⅰ. 머리말

치악성은 치악산 남쪽 등성마루에 있는 석성石城으로 통일신라 때 고쳐 쌓은 성이다. 이 성은 신라 말에 양길이 의거하던 곳이었고, 고려 후기에는 원충갑이 여기에 웅거하여 카단哈丹의 군사를 깨뜨렸다.[1] 원충갑의 카단적 방어에 대해서는 고려 말 원주의 목사를 지낸 설장수, 김도와 조선 건국의 주역인 조준의 시가 남아 있다. 설장수偰長壽는 "영웅과 같은 위엄으로 홀로 천 사람의 군진을 쓸어 버렸다"고 하였고, 김도金濤는 "한 칼로 공을 이루고, 의로써 일을 하였다"고 평가하였으며, 조준趙浚은 "백면의 젊은이 가 한 칼로 전공을 높이 세웠다"고 칭송하였다.[2] 사실 원충갑의 치악성 전투에 대한 평가는 고려시대 산성전투의 양상과 군사력 동원 문제와 관련하여 상당히 중요한 작업일 것으로 생각되지만, 최근까지 전문 연구 성과가 그다지 많지 않다.[3]

---

1) 『新增東國輿地勝覽』卷46 原州牧 古跡, 鴿原城. 치악성은 조선시대이후 현재까지 영원산성이라고 부른다.
2) 『新增東國輿地勝覽』卷46 原州牧 人物.

문헌 자료를 보면, 고려시대 원주에는 세 번의 외적 침입이 있었다. 첫 번째는 1216년 거란 유족遺族인 금산金山왕자와 금시金始왕자가 고려를 침범했을 때의 일이고, 두 번째는 1251년 몽골의 3차 고려 침입 당시 쑹주松主가 이끄는 동로군이 강릉과 철원, 춘천, 양근성을 공략할 당시 별동대를 보내 원주를 공격하게 하였을 때의 일이며, 세 번째는 1290년 카단哈丹이 침입하였을 때의 일이다.

원주가 외적 침입 때 공략 대상이 되었던 것은 외적의 입장에서는 원주가 철령을 넘어 중부 내륙지방을 공격하는 과정에서 피할 수 없는 지리적 요충지였을 뿐만 아니라, 현지에서 식량을 조달하지 않으면 병력을 유지할 수 없는 외적의 입장에서는 흥원창에 모아져 있는 곡식들을 사용하지 않으면 안 되었기 때문이었다. 따라서 치악성과 원충갑의 항전을 사실대로 이해하자면, 거란 유족의 침입과 몽골군의 3차 침입, 카단의 침입에 대해 일단 정리할 필요가 있겠다. 2절에서는 이점을 염두에 두면서 카단적의 침입과 치악성의 원충갑 항전의 내용을 서술하고자 한다.

둘째, 원주의 카단 항전에서 원충갑 활동의 의의를 살펴 볼 필요가 있다. 고려 말 이첨李詹은 원충갑의 치악성 전투성과를 인정하면서도, 그와 함께 원충갑이 원래 수성책守城策을 알고 한 것은 아니라고 서술하였다.4) 이첨의 지적은 원충갑 항전의 한계를 지적한 유일한 글이라고 할

---

3) 그 결과『新增東國輿地勝覽』의 번역문조차 카단적을 거란의 침입으로 오해하고 쓴 부분이 없지 않다. 원문의 丹兵을 거란병으로 오해하고 쓴 글인데, 사소한 부분이겠지만 오류는 바로 잡을 필요가 있겠다.『新增東國輿地勝覽』卷46 原州牧 古跡 鴒原城에 기재되어 있는 丹兵을 거란으로 번역하였다. "영원성 : 치악산 남쪽 등성 마루에 있으며, 돌로 쌓았는데 둘레가 3천 7백 49척이다. (중략) 세상에 이르기를 이 성은 양길이 웅거하던 곳으로서, 뒤에 원충갑이 여기에 웅거하여 글안의 군사를 깨뜨렸다고 전한다." 지금까지 외적의 침입과 치악성에서의 항전에 대해서는 다음 논문이 참고된다. 주채혁, 1995, 「외적의 침입과 강원지방」『강원도사 - 역사편』; 신호철, 1998, 「哈丹賊의 侵入과 元冲甲의 鴒原城(雉岳城) 勝捷」『原州 鴒原山城·海美山城』(忠北大學校 中原文化硏究所).

수 있는데, 그러한 비판이 나오게 된 배경을 살펴 볼 필요가 있다. 사실 카단적과의 항쟁을 기록하는 글에서 원충갑의 활동에 대해서는 ① 50명의 카단적 기병이 치악산 아래에서 약탈을 자행하자, 원충갑이 보병 6명을 인솔하고 이를 추격하여, 적의 말 여덟 필을 빼앗아 돌아 왔다거나, ② 400명의 카단적이 치악성 아래에서 운반 중인 녹전미를 약탈하자, 원충갑이 결사대 중산仲山 등 7명과 함께 적의 행동을 엿보고 있었는데, 중산이 먼저 적들 속으로 뛰어 들어가 한 놈을 베고 형문荊門 밖까지 추격해 가니 적들이 안장 얹은 말들을 버리고 달아났다거나, ③ 카단적이 성을 포위하고 양근성에서 포로로 잡은 여자 2명을 보내어 항복을 강요하자 동쪽 봉우리에 달려 올라가 한 놈의 목을 베었다는 세 가지 전과만 기록되어 있을 뿐이다.

그럼에도 불구하고 고려에서는 원충갑의 항전을 매우 중요한 전투 성과로 기록하고 있는데, 현재까지 그 이유는 밝혀지지 않았다. 그러므로 3절에서는 당시 동원된 병력의 성격과 전투 방법을 고려하면서, 원충갑 항전의 의의를 밝히고자 하였다. 이를 통해 카단적 침입과 원충갑 항전의 의의가 제자리를 찾게 되기를 기대하는 바이다.

---

4)『東文選』卷77 東萊城記.

## II. 외적의 침입과 치악성의 항전

### 1. 거란 잔적殘賊의 침입과 원주의 대응

1216년(고종 3) 8월에 거란후예 금산왕자가 압록강 - 영삭진 - 정융진을 공격하는 것으로 고려를 침략하기 시작하면서 시작된 고려와 거란 잔적殘賊과의 전쟁은 1219년(고종 6) 정월 거란의 함사喊捨왕자가 강동성江東城에서 목매어 자살할 때까지 2년 반 동안 계속되었다.

13세기 초 몽골(후의 원元)이 대륙 북부의 지배자로 성장하고, 이에 따라 이 지역을 통치하고 있던 금金의 세력이 약화되자, 중국 북부지역에서는 요遼를 제압했던 금金(여진)에 대항하여,5) 거란의 남은 무리(거란유족遺族·유종遺種)들이 반기를 들었다. 1212년(강종 1) 거란인 야율유가耶律留哥가 융안隆安(지금의 농안農安)에서 10여만 명을 모아 함평咸平(지금의 개원開原)을 도읍으로 하고 스스로 요왕遼王이라 한 것이다.

이에 금에서는 포선만노蒲鮮萬奴를 함평로 선무사咸平路 宣撫使로 삼아 토벌케 하였는데, 야율유가에게 대패하였다. 그러다가 몽골이 요동지방을 공략하자 포선만노는 항복하고, 두만강 유역으로 도망가 1217년 동하국東夏國(동진국東眞國)을 세웠다. 한편 야율유가 역시, 내분으로 말미암아 몽골로 도망가자, 나머지 무리들이 1216년(고종 3) 징주澄州(지금 요동반도의 해성)에서 국호를 대요수국大遼收國이라고 하는 국가를 세웠다. 그런데 몽골이 요동으로 진출하면서 거란족을 압박하기 시작하자, 이들이 수만 명의 군사로 1216년 8월 을축일乙丑日에 고려 서북면을 침략하기 시작한 것이었다.6)

---

5) 거란이 세운 요나라는 1125년 금나라가 요의 天祚帝를 應州 동쪽에 있는 余睹谷에서 사로잡음으로써 멸망하였다.

고종 3년 거란의 유족인 금산金山왕자와 금시金始왕자가 하河·삭朔(황하이북黄河 以北)지방에 압력을 가하면서 대요수국왕이라고 자칭하고 천성天成이란 연호를 썼는데, 몽골이 대병력으로 그를 토벌하였다. 두 왕자가 근거지를 버리고 동으로 와서 금나라 군대 3만명과 개주관開州館에서 교전하였는데, 금나라 군대가 승전하지 못하고 대부영大夫營으로 퇴각하여 방어하고 있었다. 두 왕자가 또 진공하면서 사람을 보내, 우리 북계 병마사에게 통고하기를 "식량을 보내어 돕지 않으면 우리는 꼭 너희 강토를 점령할 것이다. 며칠 후에 황색 깃발을 올릴 것이니, 너희는 그곳으로 와서 황제의 명령을 들으라. 만약 오지 않으면 군사행동을 취할 것이다."라고 하였다. 지정한 날 황색 깃발이 올랐으나 병마사는 가지 않았다. 다음날 금산이 부하 장수 아아鵝兒와 걸노乞奴로 하여금 군사 수만 명을 거느리고 압록강을 건너와서, 영삭 등 진을 공격하며 성밖에 있는 주민들의 재물과 곡물이며 가축들을 약탈하여 갔으며, 그 이튿날에는 의주·정주·삭주·창주·운주·연주 등과 선덕진·정융진·영삭 진 등을 침공하였는데, 그들은 모두 처자를 데리고 왔으며, 산과 들로 돌아다니면서 마음대로 알곡을 거두고 말과 소를 잡아먹으면서 한 달 이상 살다가 먹을 것이 없어지자 운중도로 들어왔다.[7]

대요수국의 고려 침략 동기는 기록에 나온 그대로 식량을 확보하기

6) 『高麗史節要』卷14 高宗 3年 8月 乙丑.
7) 『高麗史』卷103 金就礪. "高宗三年契丹遺種金山王子金始王子脅河朔民自稱大遼收國王建元天成蒙古大擧伐之. 二王子席卷而東與金兵三萬戰于開州館金兵不克退守大夫營. 二王子進攻之遣人告北界兵馬使云:'爾不送糧助我我必侵奪汝疆. 我於後日樹黃旗汝來聽皇帝詔. 若不來將加兵于汝.' 至其日果樹黃旗兵馬使不往. 明日使其將鵝兒乞奴引兵數萬渡鴨綠江攻寧朔等鎮掠城外財穀畜産而去又明日闌入義靜朔昌雲燕等州宣德定戎寧朔諸鎮皆以妻子自隨彌漫山野恣取禾穀牛恋而食之居月餘食盡移入雲中道".

위한 것이었다. 그러나 대요수국과 협력관계에 있었던 동진국의 포선만노로 인하여 고려침략의 가능성은 상당히 높았다. 포선만노는 여진족으로 함경도나 강원도 지역에 대한 지식이 상당히 축적되어 있었다. 대요수국의 고려 침략이 수월하게 결정된 것은 바로 이런 요인이 있었기 때문이었다.

이러한 대요수국과의 전쟁기간 동안 원주와 관련이 있는 시기는 침략 10개월째인 1217년 5월이었다.[8] 5월 4일 동주東州(철원)와 춘주春州(춘천)를 함락시키고 남쪽으로 내려와 17일 원주를 침략하였으나, 원주 사람들이 힘껏 싸워 적을 물리쳤다. 이에 거란군이 횡천橫川(횡성)으로 퇴각하여, 군대를 주둔시켰다. 이후 원주는 중앙의 지원도 없이 7일 동안 9차례의 공격을 버티며 거세게 싸웠음에도 불구하고, 23일 함락되고 말았다. 그러다 7월 5일 중군병마사 최원세 장군과 전군병마사 김취려 장군이 원주의 속현이었던 황려현 법천사 길로 거란군을 추격하다가 맥곡에서 교전하였는데, 적병 3백여 명을 죽이고 적을 제주提州(제천)의 개울가까지 육박하였는데 적의 시체가 개울물을 덮고 지나갔다고 한다. 다시 7월 8일 적을 추격하여 박달 고개에 이르니 임보의 부대도 모여 적군을 대패시키니, 명주의 대관령 고개로 도망갔다는 것이다.[9]


## 2. 몽골의 5차 침입과 원주의 대응

1253년 7월 몽골의 5차 침입이 재개되면서, 원주는 다시 외적의 침입을 맞게 되었다. 1251년 몽골에서는 유목경제의 기반을 갖는 본지파本地派를 물리치고 농업경제의 기반을 갖는 한지파漢地派 몽케蒙哥가 제위帝位에 올랐다. 원元 헌종憲宗 몽케는 남송南宋과 고려를 동시에 공략하고자 하였다.

---

8) 『高麗史』 卷22 高宗 4年 5月 癸巳.
9) 『高麗史』 卷22 高宗 4年 7月 庚辰 ; 『高麗史』 卷103 金就礪 傳.

이를 위해 몽케는 고려의 왕이 육지로 나와서 몽골에 직접 조공하러 온다던 강화조건을 이행하지 않았음을 문제 삼았다. 고려에서는 이를 조정하려는 외교정책을 폈으나 실패하였고, 이에 1253년 원에서는 예구也窟를 사령관으로 하고, 아무간阿母侃과 고려인 홍복원洪福源(1206~1258)을 부장으로 하여 고려 침공을 개시하였다.

이 전쟁에는 당시 몽골에 사신으로 갔던 이현李峴이 자청하여 앞잡이 노릇을 하였다. 이현은 강화도의 피난 정부가 내륙의 물자를 조운하여 버티고 있다는 점을 간파하여, 몽골군에게 고려의 조세와 공물 수입이 강화정부로 반입되는 것을 막을 것을 권유하였다. 이에 몽골군은 서경에서 내륙 서부(서로군西路軍)와 동부(동로구東路軍)로 각각 나누어 고려를 공략함으로써 원주도 몽골의 침략과 전면 대응하게 되었다.

쌍주松主가 이끄는 몽골의 동로군은 강릉을 비롯한 동해안의 여러 고을을 공격하면서 8월 27일 동주東州(철원)를 함락시켰다. 당시 철원에는 강화정부에서 파견된 방호별감防護別監 백돈명白敦明이 전투를 지휘하고 있었으나, 몽골군이 들어오기 전에 벼를 베어 식량을 확보하자는 현지 관리를 처형하는 바람에, 항전이라 할 것도 없이 무너져 버리고 말았다. 이어 몽골군은 9월초 춘주(춘천) 봉의산성을 포위하였다.

춘천 전투에서는 안찰사 박천기朴天器가 부근 여러 고을의 백성과 군사를 이끌고 지키고 있었다. 그러나 춘천을 포위한 몽골군은 성을 공격하는 전술을 구사하였다. 먼저 성안의 수비병이 기습하지 못하도록 고려 포로를 동원하여 봉의산성 주위에 목책을 세우고 구덩이를 깊게 팠다. 봉의산성을 고립시켜 시간을 보낸 후에 성안의 물자가 떨어져 스스로 지치기를 기다리는 전형적인 공성 전투방식이었다.

이러한 방법으로 시작된 몽골군의 춘천 공략은 보름 넘는 기간 동안 지속적으로 계속되었다. 이에 성을 수비하던 박천기와 고려군들은 외부와의 통로를 마련해야 했고, 마침내 결사대 600명을 이끌고 성 밖 탈출을 감행하였다. 그러나 몽골군의 집중 공격으로 봉의산성 탈출은 실패하고, 9월 20일 마침내 봉의산성이 함락되고 말았다. 봉의산성 공략 후 몽골군은 그들의 전통적인 전투 마감인 방어민 학살(도성屠城)을 자행하였다.

춘천 봉의산성 전투이후 몽골군은 양근현으로 진군하는 한편, 별동대를 원주로 보내 공격하게 하였다. 몽골군이 양근현을 공격하자, 10월 4일 이 지역 방호별감 윤춘尹椿은 곧바로 투항해 버렸고, 오히려 몽골군의 앞잡이가 되어, 10월 9일 충북 중원에 있는 천룡성天龍城의 공격에 결정적인 역할을 하였다. 이때 충주에서는 몽골의 동로군과 맞서 김윤후가 방호별감으로 충주민을 지휘하고 있었다. 김윤후는 이전 용인의 처인성 전투에서 몽골군 총사령관 살리타이를 사살한 인물이었다. 그는 처인성 전투의 교훈을 잊지 않고, 충주의 천민·노비를 총동원하는 방식으로 몽골군의 침략을 막을 수 있었다.

몽골군의 원주 공격은 양근현이 함락된 10월 4일에서 천룡성을 공격한 10월 9일 사이에 있었다. 그러나 원주에서는 치악성을 근거로 하여 단호한 의지로 몽골군과 맞서 싸웠고, 이에 몽골군은 정면 공격을 포기하고 성 부근 지역을 약탈하면서, 고려군과 대치하였다. 자연히 원주지역의 피해는 최소화할 수 있었다.


## 3. 카단哈丹의 침입과 원주의 대응

### 1) 원과 대립한 나이얀·카단 반란의 전개과정

1290년(충렬왕 16) 카단哈丹의 고려 침입이 있었다. 몽골이 서서히 세력을 확장할 무렵, 칭기스칸의 막내 동생 테무게오치긴鐵木哥斡赤斤의 5세 손인 나이얀乃顔은 흥안령 동남쪽 조아하洮兒河 하류 부근을 중심으로 요동 지역까지를 봉지封地로 삼고 있었다. 그러다가 원 세조 쿠빌라이가 남송南宋을 통일하여 한지파漢地派를 중심으로 몽골세계제국을 갖추는 과정에서 고비 이북의 몽골 본지파本地派를 위주로 하는 비한지파 분봉왕分封王들과 충돌이 생겼다. 그 결과 1267년 이후 1308년까지 원 세조 쿠빌라이와 카이두海都와의 분쟁이 일어났는데,[10] 1287년(충렬왕 13) 나이얀乃顔의 반란도 이런 과정에서 발생하였다.[11]

당시 나이얀은 동방의 제왕諸王을 끌어 반란을 일으켰다. 원 세조는 그해 7월 친정親征을 행하여 마침내 나이얀을 사로잡고 그의 당류黨類를 무찔렀다. 다음 해(1288, 충렬왕 14) 초 나이얀의 잔당인 카단哈丹이 막북漠北의 반왕叛王 카이두와 호응하여 다시 반기를 들었다. 카단은 나이얀 군의 한 부장으로, 역시 칭기스칸의 둘째 동생 카치운哈赤溫의 손자이다.[12] 이에 세조는 자신의 손자인 테무르울제이투鐵木耳(뒷날 성종)에 명하여 출정케 하고, 이수테무르鐵木兒는 동으로 쳐 나와 각지를 평정하게 한 다음, 1289년(충렬왕 15) 정월에 회군하였다.

그러나 이수테무르鐵木兒가 이끄는 관군이 다시 돌아가자 카단이 또다시 일어났으므로, 1289년(충렬왕 15) 6월 원장元將 나이마타이那蠻歹가 조아하洮兒河 유역에서 쳐 크게 파하였다. 그러자 카단은 원 세조의 군대에 쫓기다가 1290년 고려의 동북부로 들어오게 된다. 이후 그는 3년 동안 고려를 괴롭히다가 결국 원군과 고려군의 합동 토벌전에 밀려 1292년 자취를 감추고 만다. 1287년 나이얀과 카단을 중심으로 재개된 원의 내전은 14년 동안 계속되다가 1302년 카단의 손자인 토곤脫觀이 원나라에 투항함

---

10) 카이두는 원 태종 우구데이의 손자이며 카시의 아들이다. 원 세조 쿠빌라이와 카이두의 대결에 대해선 다음 글이 참고된다. 르네 그루쎄, 1939, 『초원제국』; 김호동·유원수·정재훈 옮김, 1998, 『유라시아 유목제국사』, 421~426쪽.

11) 『新元史』 卷105 烈祖諸子 帖木哥斡赤斤傳 附 乃顔傳.

12) 『新元史』 卷105 烈祖諸子 哈準傳 附 哈丹傳.

으로써 일단락 맺게 된다.[13] 카단의 고려 침략, 원주 침략은 이 과정에서 일어난 것이다.

## 2) 카단적의 침입과 고려高麗·원주原州의 대응

1290년(충렬왕 16) 정월 원나라에 갔던 장군 오인영吳仁永이 돌아와 장차 카단이 고려 동북지방을 공격할 것이라는 사실을 알렸다. 당시 충렬왕은 1289년 11월에 원에 건너가 아직 돌아오지 않은 상태였다.[14] 이에 홍자번洪子藩과 정가신鄭可臣이 중심이 되어 병부兵部에서 군사를 선발하게 하고, 경상도·전라도·충청도에 각각 안전安戩과 김지숙金之淑, 송분宋玢을 보내어 지휘부를 꾸리게 하였다. 이와 함께 2월에는 원元의 관할 하에 있던 쌍성에서 고려로 들어오는 주요 길목인 철령과 철령 주위 지역에 1차 방어선을 꾸리고자, 중군 만호中軍萬戶 정수기鄭守琪를 보내어 철령에 있는 금기산동禁忌山洞을 막게 하고,[15] 좌군만호左軍萬戶 박지량朴之亮을 이천현계伊川縣界에, 우군만호右軍萬戶 김흔金忻을 환가현계豢猳縣界(고성高城)에 배치하는 등 삼군三軍을 배치한 다음 나유羅裕를 통천지계通川地界에 둔진屯陣케 하여 영동지방의 침입에 대처하고, 한희유韓希愈를 쌍성雙城(영흥永興)에 전진 배치하여 선봉에서 카단의 무리를 방어하게 하였다.

그러나 충렬왕도 원에서 돌아오지 않았고, 충분히 군량미도 확보되지 않은 상태에서 적병이 이미 국경에 들어왔다는 유언비어가 돌았다. 순간적

---

13) 주채혁, 1995, 「외적의 침입과 강원지방」『강원도사』, 598~599쪽 ; 신호철, 1998, 「합단적의 침입과 원충갑의 영원성(치악성) 승첩」『원주 치악성·해미산성』, 92~105쪽.

14) 충렬왕은 1289년 11월에 왕후와 세자와 함께 원나라에 갔다가, 3월에 돌아왔다. 『高麗史節要』 卷21 忠烈王 15年 11月 壬子. 16年 3月.

15) 禁忌山洞이 철령에 있음은 다음 글이 참고된다. 李齊賢, 「櫟翁稗說」 前集 2(『高麗名賢集』 卷2, 357쪽).

으로 개경의 지휘부가 혼란을 일으켜 홍자번을 중심으로 강화도로 이도移都하자는 의논까지 일어났으나, 허공許珙과 최유엄崔有渰이 반대하여 곧 안정을 찾게 되었다.

3월 충렬왕이 원에서 돌아오고, 원元에서도 체리테무르闍梨帖木兒를 보내어 한희유와 함께 쌍성을 지키게 하였다. 5월 카단이 해양海陽(길주吉州)을 공격한 후 점차 남하할 기세를 보였다. 이에 현재의 강원 동북지방을 지키고 있던 김흔과 나유, 정수기 등이 카단이 해양지방에 침입하였다는 보고를 올리고, 장군 김연구를 원나라에 파견하여 카단의 침입을 통고하였다.

6월 고려에서는 대장군 한신韓愼으로 하여금 서경의 군사를 거느리고 동계에 가서 카단을 방어하게 하고, 원에서도 "역적 토벌군을 고려로 보내면 길이 멀고 또 우회할 것이니, 함평부로부터 남경, 해양으로 나가서 적군의 길을 끊어 버리는 것이 좋겠다."는 조서를 내려 함평부(지금의 개원)에서 남경 해양(길주)에 이르는 길을 차단하고자 하였다. 고려에서도 충청도 도지휘사로 임명된 송분에게 명령을 내려, 경병京兵을 점검, 사열하도록 하여 카단적의 침입에 대비하였다.

7월 서북의 여러 성들에 수령들을 배치하였고, 장군 정복균을 서경유수로 임명하여 준비를 하였으나. 지금의 함경도 지역에서의 카단의 침략이 계속되자, 그 달에 인후印侯의 건의로 왕의 친정親征이 검토되었다. 8월 대장군 유비柳庇를 원나라에 파견하여 구원병을 청함과 동시에 비상시에 강화로 대피할 것을 논의하였다.

10월 카단적의 기병들이 남경·해양 지방에 침입히지, 고려에서는 여자와 늙은이, 어린아이를 강화도로 대피시키고, 산성과 해도에 들어가서 방어하는 입보책을 수립하였다. 11월에는 국사國史와 보문각, 비서시의 문적을 옮겼으며, 그 달에 카단이 쌍성(영흥)까지 침입해 온 것을 듣고 궁인들을 대피시키고, 태조소상太祖塑像을 옮겼다. 카단의 침략을 전해들은 원에서도 체리테무르闍梨帖木兒를 보내어 합동으로 카단의 침입에 대비하도록 하였다.

12월 수 만의 적군이 화주和州와 등주登州(안변安邊)를 공격하여 함락시킨 다음 사람을 죽여 양식을 삼았으며, 부녀자를 잡아 짐승처럼 윤간한 다음 죽여서 포를 떴다. 이에 원에서도 세체겐薛闍干·체리테무르闍梨帖木兒·타이츄塔出 등이 보병과 기병 1만 3천명을 인솔하여 왔다. 12월 18일 왕은 강화도로 피난을 가서 선원사禪源社에 거처를 정하였다. 그런 다음 개경 방어는 송분宋玢에게 맡기고, 서경 방어는 정인경鄭仁卿에게 맡겼으나, 두 사람도 모두 난을 피해 강화로 철수해 왔다.

1291년(충렬왕 17) 정월 카단이 철령을 공격하였다. 그러자 그곳을 지키던 중군 만호 정수기는 물자와 양곡을 버리고 달아났다. 철령이라는 곳은 고갯길이 좁아서 한 사람씩 말에서 내려 줄지어 올라올 수밖에 없는 요새였고 적들도 몹시 굶주린 상태였으나, 정수기가 방어를 하지 않고 곡식을 남겨두고 도망쳐 버렸던 것이다. 그 덕분에 카단적은 며칠 동안 배불리 먹고, 회양을 거쳐 내려왔다. 그런데 철령 주위를 지키고 있던 김흔 등도 모두 지키지 않고 달아나 버렸다. 이에 카단은 춘천, 가평을 거쳐 곧 양근현(양평)을 공격하여 함락시켜 버렸다.

이러한 과정으로 전개되던 카단적의 침입과 원주와의 관련은 1291년(충렬왕 17) 1월 15일부터 시작되는데, 이에 대한 항전은 원충갑 중심으로 이루어졌다.[16] 원충갑은 향공진사鄕貢進士로서 원주의 별초別抄에 소속되어 있었다. 1월 15일(갑인일) 카단적이 원주에 주둔하고, 50여 명의 기병이 치악성 아래에 이르러 소와 말을 약탈해 갔다. 이에 원충갑이 보병 6명을

---

16) 이하의 내용은 다음 자료를 옮긴 것이다.『高麗史』卷104 元冲甲 ;『高麗史節要』 卷21 忠烈王 17年 春正月.

인솔하고 이를 추격하여, 적의 말 여덟 필을 빼앗아 돌아 왔다.

1월 19일(무오일) 카단적은 투라트都剌闍·두오나이禿於乃·부란孚蘭 등의 인솔하에 군사 400여 명으로 다시 치악성 밑에 와서 관리들의 녹으로 줄 쌀을 가져가려고 하였다. 원충갑이 결사대 중산仲山 등 7명과 함께 적의 행동을 엿보고 있다가, 중산이 먼저 적들 속으로 뛰어 들어가 한 놈을 베고 형문荊門 밖까지 추격해 가니 적들이 안장 얹은 말들을 버리고 달아났다. 방호별감防護別監 복규卜奎가 크게 기뻐하여 붙잡아 왔던 말 25필을 모조리 그들에게 주었다.

1월 20일(기미일) 적이 다시 와서 기치를 많이 펴들고 성을 몇 겹이나 둘러싼 후 사절 한 명을 보내어 항복하라고 권유하였다. 원충갑이 돌진해 나가서 사신을 쳐 죽이고 그 돌을 머리에다 매어 던지니, 적들이 퇴각하여 성을 공격하는 도구를 많이 만들므로 성안에서는 공포에 떨게 되었다.

1월 21일(경신일) 적들이 또 양근성에서 포로가 되었던 여자 2명을 내세워 항복을 권고하였으나, 원충갑은 또 그들을 베어 버렸다. 적들이 북을 치고 소리를 지르면서 진공해 와서 모든 술책을 다하여 화살을 빗발같이 쏘면서 성을 공격하니, 성이 거의 함락될 지경에 이르렀다. 그러나 이때 흥원창興元倉 판관判官 조신曹愼이 성 밖에 나가서 적들과 싸웠으며, 원충갑은 급히 동쪽 봉우리에 달려 올라가 한 놈의 목을 베었다. 그리하여 적들이 약간 동요하자 별장 강백송康伯松 등 30여 명이 원충갑을 도우러 나갔으며, 원주 주리州吏 원현元玄과 부행란傳行蘭, 원종수元種秀 및 국학國學 양정재養正齋의 유생인 안수정安守貞 등 100여 명이 서쪽 봉우리로 내려가 협공하였다.

조신이 북을 칠 때에 화살이 그의 바른 팔꿈치를 꿰뚫었으나 북소리는 낮아지지 않았다. 적군의 선봉이 약간 뒤로 물러서자, 뒤에 선 자들이 저희끼리 짓밟으면서 퇴각하게 되었다. 주병州兵이 힘을 합쳐 공격하니 그 소리가 산을 울렸다. 전후 10회의 전투에서 적들을 크게 격파하였다. 이 전투에서 투라트都剌闊 등 68명을 베여 죽였으며, 쏘아 죽인 적군의 수는 거의 절반에 이르렀다. 이로부터 적들의 예봉이 꺾이고 감히 공격도 노략질도 하지 못하게 되었으며, 여러 고을들도 굳게 방어하게 되었다.[17] 원주방어별감 복규는 이때 포로로 잡은 53명을 4월에 개경에 이송하였다.

원주에서 패한 카단은 주력부대를 충주로 보내고, 일부는 개경부근에 보냈다. 3월 개경에 보낸 10여 명의 기병 가운데 3명은 고려 대장군 송화宋華에게 죽고, 1명은 생포 당했다. 당시 이천利川 사람 신비申費가 카단의 간첩과 함께 음모를 꾸미었고, 용강龍岡 사람 김철金哲이 카단적에 투항하였으므로, 두 사람 모두 거리에서 참형에 처하였다. 충주를 공격한 카단의 주력부대도 4월 충주 산성별감을 비롯한 충주 방어군에 대패하고, 다시 남으로 향하여 5월 1일 연기현燕岐縣에 주둔하게 되었다.

그 사이 원元에서 보낸 지원군이 도착하였다. 고려는 원주에서 카단을 막은 후 2월에 원나라에 세자를 보내 구원병을 요청하였다. 당시 원 황제는 "너의 나라는 당 태종이 친정親征하여도 이기지 못하였으며, 또 우리 원나라(아조我朝)에게도 처음에는 귀부歸附치 아니하므로 정벌을 하였으나 쉽사리 이기지 못하였는데, 이제 이 소구小寇를 무엇이 그리 두려워할 것이 있느냐" 하면서 야전夜戰을 할 것을 일러주었다고 한다.

여몽연합군의 몽골측 군사는 1290년 12월에 세체겐薛闊干과 체리테무르闍梨帖木兒, 타이츄塔出 등이 보병과 기병 1만 3천명을 이끌고 왔었고, 1291년 1월에 나이마타이那蠻歹가 원 황제의 명령으로 군사 1만을 이끌고 와 있었다. 이들이 4월말 용인현의 금령역金嶺驛에 머물면서 전략을 의논하다

---

17) 『高麗史節要』卷21 忠烈王 17年 春正月. 원주에서 벌어진 1월 전투에서 사로잡은 포로 58명은 그해 4월 원주 산성 방호별감 복규가 중앙으로 호송하였다. 『高麗史節要』卷21 忠烈王 17年 夏4月.

가, 다시 목주木州(목천)에 주둔하고 있었다.

여몽연합군과 카단의 무리가 맞붙은 곳은 그해 5월 1일 연기燕岐 북쪽 15리에 있는 정좌산正左山이었다. 원나라의 세체겐 군과 고려의 삼군三軍이 새벽에 적진에 접근하여 포위를 해 버리자, 카단 군은 모두 말을 버리고 산 위로 올라가 험한 지리를 이용하여 대응하고자 하였으나, 고려군의 보병이 앞을 막고 기병이 뒤를 쫓아 추격을 계속하였다. 이에 카단적이 활을 쏘아 고려군의 선봉 두 사람을 쏘아 떨어뜨리니, 고려군이 두려워 머뭇거리고 있었다. 이때 김흔이 보졸 500여 명을 이끌고 결사적으로 싸워 나갔다. 이 전투에서 병졸 이석李碩과 전득현田得賢 등이 돌격하여 적장 두 명을 베자, 카단적의 대열이 무너지면서 연기현의 남쪽 공주강을 넘어 카단적 1천여 명이 도망을 갔다. 5월 1일 전투를 승리로 이끈 여몽연합군은 다시 연기 북쪽으로 회군하여 진을 정비하였다.

5월 8일(갑진일) 카단 군이 진용을 정비하여 여몽연합군과 다시 전투가 시작되었다. 몽골군에서는 나이마타이 대왕이 5월 1일 전투에 참여하지 못하였다고 하여 교전을 주도하려고 하였다. 그러나 고려군 한희유가 창으로 공격을 해 카단적을 패배시키자, 카단적은 무너져 뿔뿔이 흩어졌다. 이에 나이마타이 대왕이 적장을 잡지 못하였다고 하여 추격하고자 하였으나, 세체겐이 만류하여 5월 8일 전투는 일단락 되었다. 그 사이 카단적 3천여 기騎가 철령을 넘어 교주交州(회양)에 주둔하고 있었고, 그 가운데 1천여 기騎가 철원까지 진출하였으나, 연기에서 카단적이 대패했다는 말을 듣고, 철령을 다시 넘어 물러갔다.

이에 6월 1일 왕과 공주가 깅회에서 돌아왔고, 카단의 남은 적들을 뿌리 뽑기 위하여 죽전竹田에는 김흔을, 충청도에 한희유를, 교주도에는 나유를 보내어 맡은 바 임무를 수행하도록 하였다. 그 결과 카단적 580명이 충청도에서 한희유에게 투항하였다.

이상이 고려시대 원주에서 발생한 세 번의 외족 침입과 그에 대한 방어를 기록한 것이다. 대요수국大遼收國과 몽골의 5차 침입, 카단적哈丹賊이 공격할 당시 원주가 비교적 적극적으로 대응할 수 있었던 것은 역시 치악성을 중심으로 한 전통적인 산성 전투의 강점을 살렸기 때문이었을 것이다.

## Ⅲ. 카단적의 침입과 원주의 항전 방식

### 1. 산성전투의 방법

고려 말 이첨李詹은 동래성에 대한 기문記文을 쓰면서, 원충갑의 치악성 항전에 대하여 "한 사람의 충의와 용맹이 여러 사람을 격려할 수 있었다"고 평가하면서, 그렇지만 원래 수성책守城策을 알고 한 것은 아니라고 서술하였다.[18] 이첨이 원충갑의 전투 방식을 부정적으로 평가한 것은, "성벽을 굳건히 하여 지키는 일에 힘쓰지 않고, 특별히 들판을 깨끗이 하여(청야수성淸野守城) 적이 자진하여 물러서기를 기다리며 해안 지방을 따라 수자리하게 한 것을 비판한 것인데, 만약 그런 방법을 쓰면 도적을 끌어 깊이 들어오게 하고, 우리 편 군사들은 도리어 의지할 곳이 없게 하는 전략이라는 것이다. 따라서 망산성望山城을 쌓고, 기구와 법을 갖추어 놓으면 적이 성벽에 달라붙더라도 여러 사람들이 성을 굳건히 지키면서 화살과 돌을 부으면 쉽게 적을 물리칠 수 있다고 하였다는 것이었다.[19]

그러나 이첨의 원충갑 전투 방식 비판은 주현군의 수성방어책守城防禦策

---

18) 『東文選』 卷77 東萊城記.
19) 『東文選』 卷77 東萊城記.

을 강조한 것이지, 원충갑의 군공軍功 자체를 부정한 것이라 생각되지는 않는다. 원충갑의 전과戰果는 기록에 따르면 ① 50명의 카단적 기병이 치악산 아래에서 약탈을 자행하자, 원충갑이 보병 6명을 인솔하고 이를 추격하여, 적의 말 여덟 필을 빼앗아 돌아왔다거나, ② 400명의 카단적이 치악성 아래에서 운반 중인 녹전미를 약탈하자, 원충갑이 결사대 중산仲山 등 7명과 함께 적의 행동을 엿보고 있었는데, 중산이 먼저 적들 속으로 뛰어 들어가 한 놈을 베고 형문荊門 밖까지 추격해 가니 적들이 안장 얹은 말들을 버리고 달아났다거나, ③ 카단적이 성을 포위하고 양근성에서 포로로 잡은 여자 2명을 보내어 항복을 강요하자 동쪽 봉우리에 달려 올라가 한 놈의 목을 베었다는 세 가지로서, 전형적인 산성 방어책의 하나이기 때문이었다. 그러므로 이첨이 원충갑의 공을 평가한 것은 그가 원래 주현군 소속이 아니라 별초 소속이면서도 과감한 전투행위를 구사한 것이었으며, 전형적인 수성책을 구사하지 않았다는 것은 당시 일반적인 전투 방식의 문제점을 지적한 부분이라 할 수 있겠다.

고려는 전통적으로 산성을 중심으로 한 요새 방어로 외적의 침입에 대항하였다.[20] 산지가 많은 지형적 이점을 살려 우리 민족은 전통적으로 산성을 구축하고, 이를 중심으로 적을 막는 전술을 발달시켜 왔다. 청주의 상당산성이나 충주의 충주산성, 춘천의 봉의산성, 원주의 치악성 등과 같은 산성은 자연 지형을 이용해서 쌓은 산성이다. 일단 외적이 침입하면 평지에 살던 주민들은 적에게 도움이 될 만한 것을 남기지 않은 채 산성에 집결하여 적과 싸울 준비를 하였다(청야수성淸野守城). 이럴 경우 적이 산성을 공격하는 무기, 즉 공성攻城 무기라는 깃들은 대게 사다리와 투석기, 성문을 충돌하여 문을 부수는 충차衝車 등을 활용하여 공격하는데, 우리나

---

20) 이에 대한 서술은 이기훈, 1997,『전쟁으로 보는 한국역사』가운데 관련 부분을 참고하였다.

라 고지대의 산성은 주위를 제압할 수 있는 적절한 지점에 건설되어 효과적으로 외적의 침입을 방어할 수 있었다.

산성을 공략하기 위한 가장 좋은 방법은 포위하고 농성자를 굶기는 것이다. 간헐적인 공격을 퍼부어 식량과 무기 그리고 농성자의 사기를 떨어뜨려 스스로 붕괴하기를 기다리는 것이다. 그러나 장기적인 농성준비를 갖춘 산성 수비자에게 이런 방법을 쓰다가 공격 측이 먼저 보급이 떨어지는 사태가 생긴다. 이 방법 외에는 가파른 산의 꼭대기까지 운제雲梯나 당차撞車, 발석차發石車를 밀어 올려 공격을 하고 충차를 동원하여 성문을 부수면서 공격을 한다. 참고로 몽골의 귀주성 공격 방식을 상기해 보면, 몽골은 큰 수레 위에 높은 누각을 올리고, 그 위에 병사들이 올라가 성벽을 내려다보며 공격하는 방법을 쓰거나, 수레 위에 뚜껑을 씌워 성 위에서 쏘는 화살을 막으면서, 수레 안의 병사들이 성벽 밑을 파게 하는 방법으로 성을 공격하는 방법을 사용하였다. 카단 적 역시 전형적인 몽골의 공성 방식으로 치악성을 공략하였을 것이다. 공성 무기를 동원하여 성을 깨뜨리고, 성벽에 기어올라 성을 함락시키는 방법을 구사하였을 것이다.

산성에서 방어하는 방법은 일단 목책을 쌓아 적의 공격을 지연시키고, 성 위에서 발석기로 돌무더기를 쏘거나 화살을 쏘아 방어하는 방식을 사용하게 된다. 그러다가 적의 공격이 무디어지는 시기를 보아, 성 밖으로 나가 기습을 하는 방식을 사용하는 것이 일반적이다. 원충갑이 합류한 치악성에서의 방어도 이런 방법을 동원하였을 것이다. 이 전투 장면의 복원은 원충갑과 흥원창 판관 조신의 북을 단서로 할 수 있는데, 당시 카단적은 치악산 치악성 동쪽 성벽을 기어올라 거의 백병전을 하게 된 상태에서 원충갑이 동쪽 봉우리에 달려 올라가 한 놈의 목을 베는 것으로서, 산성 방어군의 사기를 진작하였을 것으로 생각된다. 방어군의 사기 진작에는 조신의 북소리도 한 몫 했을 것이다.

전투에 동원된 군인들을 통솔하기 위해서는 깃발을 흔들어 신호하거나, 북과 나팔소리를 신호로 공격이나 방어하게 된다. 많은 군기軍旗들은 명령을 전달하는 중요 수단이었다. 그리고 깃발이 잘 보이지 않을 때에는 북을 두드려 명령을 전달하는 것이 훨씬 더 효과적이다. 조신이 북을 칠 때에 화살이 그의 바른 팔꿈치를 꿰뚫었으나 북소리는 낮출 수 없었던 것은 북을 쳐 전투를 지휘하지 않으면 안 되기 때문이었다. 이런 상황에서 치악성 서쪽 봉우리를 지키고 있던 원현과 부행란, 원종수가 국학에서 공부하다 돌아온 안수정 등 100여 명을 이끌고 카단적을 협공함으로서 전쟁은 승리로 마감할 수 있었던 것이다.

이렇게 원충갑과 조신이 부각된 치악성 방어전의 승리는 이전 원충갑의 평지 전투의 습격이 몇 차례 성공함으로서 거둔 것으로 추정된다. 앞에서 서술한 50명의 카단적 기병이 치악산 아래에서 약탈을 자행하자, 원충갑이 보병 6명을 인솔하고 이를 추격하여, 적의 말 여덟 필을 빼앗아 돌아온 전과나 400명의 카단적이 치악성 아래에서 운반 중인 녹전미를 약탈하자, 원충갑이 결사대 중산仲山 등 7명과 함께 적진에 들어가 25필의 말을 빼앗은 전과는 평지에서도 카단적의 기병들과 싸워 승리를 거둘 수 있다는 가능성을 확인하는 전과이기 때문이었다.

이렇듯 원충갑의 치악성 승리가 가능했던 것은 치악성이 춘주의 봉의산성이나 양근현, 충주산성 보다 험준한 지세에 의존하고 있었다는 점도 주요한 요인 중의 하나였겠지만, 원충갑 개인의 죽음을 불사한 평지 기습전의 승리도 무시할 수 없는 요인의 하나라고 할 수 있다. 외적이 침입했을 당시 주현병의 활약도 무시할 수 없지만, 해당 지역의 군현민들이 총동원 방식으로 외적 침략에 대응하여야 만 효과적인 방어책이 수립된다고 했을 때, 원주의 대표적인 성씨 집단의 하나인 원주 원씨 출신이면서,[21] 향공 진사까지 올랐던 지방 지식인 출신인 원충갑의 참여와 적극적인 항전은 카단적 침입을 방어하는데 매우 결정적 승리 배경이라 할 수 있겠다. 이 점은 카단적 침입 당시 동원된 원주의 군제를 살펴보면, 보다 명확히 확인할 수 있다.

## 2. 카단적의 침입과 원주의 군제 편성

고려의 정규 병제는 수도방위를 위한 2군 6위의 경군京軍과 5도 양계 가운데 5도道의 주현군州縣軍, 양계의 주진군州鎭軍으로 구성되어 있었다. 경군 가운데 2군은 궁성의 호위를 맡았고, 6위는 수도방위와 치안, 그리고 변방 수비를 맡았다. 주현군은 정용과 보승의 전투군과 일품군·이품군·삼품군 등의 노동부대로 구성되어 있었다. 따라서 실제 외적 침입에 주요 역할을 한 것은 양계의 주진군이었다. 사실 고려시대의 북방 수비지역에서는 상당수의 진鎭이 설치되어 국토방위를 담당하고 있었는데, 각 진은 읍성이나 산성 등의 성곽을 쌓고, 진장鎭長의 지휘 하에 전투를 담당하고 있었다.

이러한 체제의 고려 병제 하에서 만약 외적의 공략으로 주진군과 개경에서 지원하는 군사력이 무너지면, 5도 각 지역의 방어체제는 상당히 어려움을 겪는다. 물론 전쟁이 일어나면 중앙에서 파견한 병력도 일부 있을 수 있으나, 대부분은 현지의 토착민 중심으로 외적을 방어해야 했다. 이 점은 카단적 침입 당시 원주의 사정에서도 마찬가지였다.

카단적의 침입 당시 치악성을 중심으로 산성 방어전을 수행한 원주의 군제편성을 살펴보면 다음과 같다. 1291년 카단적의 원주 침입시 활약한 사람과 부대로는 주병州兵과 원충갑과 중산 등 6~7명의 결사대가 소속되

---

21) 원충갑은 고려 건국기 삼한공신으로 추숭된 원극유 집안의 11세 손이라고 한다. 『原州元氏族譜』 제2편 世表, 源譜世紀 ; 신호철, 1998, 「앞의 글」, 97쪽.

어 있는 별초別抄가 있으며, 방호별감 1인·흥원창 판관 1인·별장 1인과 노병奴兵 30여 명·주리州吏 3인와 국학 양정재 소속의 안수정 등 100여 인이 있다.

여기서의 주병州兵은 주현군을 말하는 것이다.[22] 『고려사』 권83 병지3 주현군 항목에 기록되어 있는 주현군 일람표를 보면, 원주도原州道에 보승군 122명, 정용군 203명, 일품군 248명을 포함하여 모두 573명이 있다. 이들 외에 촌류이삼품군村留二·三品軍이 있다. 보승·정용군의 임무는 전투와 방수防戍 및 치안유지였던데 비하여 일품군은 노동부대였다. 촌에 남아있던(촌류村留) 이·삼품군도 노동부대인데, 일품군이 중앙정부의 명령에 의하여 인원수가 파악되고 중앙의 명령에 의해 동원되는 부대로서 향리가 1품군의 지휘관을 겸한 것에 반하여, 이·삼품군은 향리가 아닌 촌장村長과 촌정村正이 지휘한 것에 차이가 있다.

원충갑이 소속된 부대는 별초別抄이다.[23] 별초의 어의는 용맹한 자들을 뽑는다는 것으로서, 서울에는 삼별초가 있었고, 지방에는 양반 별초와 노군·잡류 별초가 있었다. 몽골 침입 당시 충주의 부사로 있던 우종주와 판관 유홍익이 양반 별초와 노군 잡류 별초를 각각 거느리고 대항하였는데, 우종주와 유홍익, 양반별초는 도망가고, 노군·잡류 별초가 협력하여 물리쳤다는 기록이 있다.[24] 몽골의 침략 당시 우종주와 유홍익이 조직한 양반·

---

22) 이기백은 『高麗史』 卷83 兵3 州縣軍 항목에 나오는 정용·보승군을 중앙정부에서 파견되기는 하지만, 지휘는 주현군이 설치된 단위행정구획의 장관들이 맡았다고 한다. 이기백, 1968, 「고려주현군고」 『고려병제사연구』.

23) 깅당태, 1983, 「무신정권시대의 규제」 『고려규제사』(육군본부).

24) 『高麗史』 卷130 李子晟. "처음 忠州副使 于宗柱가 매양 文簿 처리에 있어 判官 庾洪翼과 틈이 있더니, 蒙兵이 장차 이를 것이라는 소문을 듣고, 城을 지킬 것을 의논하는데, 의견이 달랐다. 宗柱는 兩班 別抄를 거느리고, 洪翼은 奴軍·雜類 別抄를 거느리고, 서로 시기하더니 蒙兵이 다다름에 미처 宗柱·洪翼과 兩班 등은 모두 성을 버리고 달아나고, 오직 奴軍·雜類가 협력하여 쳐서 물리쳤다."

노군·잡류층이 구성한 별초는 각각의 계층 구성원이 모아 조직한 임시 전투부대였음에 틀림없다. 물론 이 시기에는 외적의 침입이 있을 때 일시적으로 조직된 별초가 아니라 경별초京別抄와 함께 전정田丁의 지급을 받는 외별초外別抄가 있었다. 이들은 임시로 조직된 별초가 아니라 상비 조직이었다.[25] 그러나 원충갑은 누대로 원주의 이름난 가문출신인데다 향공 진사 출신이므로, 카단적 침입 시에 급조된 양반 별초에 소속되었을 것이다.

별장 강백송이 노奴 도니 등 30여 명과 싸웠다면, 이 부대는 일반 백성들과 천민들, 노비들로 구성된 노군·잡류 별초이거나 노예군으로서의 연호군烟戶軍일 것이다. 그러나 전술한 충주의 사례로 보아 노군·잡류 별초일 가능성이 높다.

방호별감防護別監은 산성山城 방호별감,[26] 제성諸城 방호별감,[27] 산성별감[28] 등으로 표현되기도 하는데, 몽골 침략 당시 개성에서 전국 산성에 파견되었던 관직이었다. 방호별감은 몽골 침략 당시 죽주 방호별감이 몽골군과 싸워 승리하고, 충주 산성별감이나 원주 산성별감이 카단적을 물리치는 등 직접 적과 교전하기도 하였으나, 해당 지역의 인민을 산성이나 해도 등 적군의 접근이 곤란한 장소로 피난케 하여 이들을 방호하는 것이 본래의 임무였다. 적과의 교전은 방호를 위해 필요한 경우에 수행해야 하는 부수적인 직임일 것이다.[29] 치악성의 방호별감이었던 복규가 한 일을 보아도 피난시키고 방호하는 것이 본래의 의무였다.

---

25) 『高麗史節要』卷19 元宗 14年 10月 敎曰. "지난번 耽羅를 토벌할 때, 京外別抄들 가운데 도망간 자가 많아 징벌하지 않을 수 없기에, 그 田丁을 모두 환수하였다. 지금 天文이 여러 번 변의가 있으므로, 덕을 닦아 재앙을 막으려 하니 거두었던 田丁을 모두 돌려주어라."

26) 『高麗史』卷23 高宗 23年 6月 丁酉 ; 『高麗史』卷24 高宗 39年 7月.

27) 『高麗史』卷24 高宗 44年 5月 甲戌.

28) 『高麗史』卷79 食貨2 農桑 高宗 20年 3月.

29) 김남규, 1989, 「지방봉사자로서의 별감과 그 기능」『고려양계지방사연구』.

주리州吏 3인과 국학 양정재 소속의 안수정 등 100여 인이 소속된 부대는 아마도 한량품관閑良品官과 재지한산在地閑散이 포함된 한산군閑散軍이었을 것이다. 원래 호장층은 교육과 함께 향공鄕貢을 통한 과거 응시의 특혜나 잡과雜科를 통한 진출, 삼정일자三丁一子에게 허용된 중앙의 서리직 진출을 포함한 다양한 성장 경로가 있었다.[30] 그러다가 고려 후기 지방통치의 중심이 호장층에서 외관으로 옮겨지고 향리의 정치적 역할이 축소되면서 호장층은 여러 경로로 성장을 모색하다가 재지한산화하였다.[31] 이런 이들이 고려말 왜구와 홍건적의 침입 당시 군사동원의 주요 대상이 되곤 하였는데,[32] 카단적이 원주를 침입해 왔을 때, 주리와 호장층에서 교육을 통해 성장하려던 안수정 등과 같은 이들이 바로 호장층에서 재지한산화한 사람이었을 것이고, 이들이 동원된 것이 한산군이었다.

이상과 같다면, 카단적 침입 당시 원주 치악성에서 동원된 병력으로는 우선 전투병과 노동부대가 합친 573명의 주현군이 있었을 것인데, 당시 강화도에 천도해 있던 중앙정부에서도 방호별감을 파견해 지방민을 피난시키고 방호하는 임무를 맡겼음을 알 수 있다. 그러나 카단적의 공격을 효과적으로 방어할 수 있었던 것은 지방 양반으로 구성된 양반 별초 부대가 원충갑의 지휘하에 적극적인 참여를 하였음을 지적하지 않을 수 없다. 이들 양반 별초가 결사대를 구성하여 적극적으로 방어 전쟁을 수행하였기 때문에 별장 강백송이 이끄는 노군·잡류 별초들도 흔들림 없이 전쟁에 참여하였을 것이다. 뿐만 아니라 원주 지역 향리들과 개성에서 과거 공부를 하다가 일시 돌아온 안수정, 그외 향리 집안 자제들로 구성된

---

30) 김광수,1969,「고려시대의 동정직」『역사교육』11·12 ; 김광수, 1969, '고려시대의 서리직」『한국사연구』4.

31) 강은경, 1998, 『고려후기 호장층의 변동연구』.

32) 『高麗史』卷81 兵1 兵制 恭愍王 16年 2月 ;『高麗史』卷82 兵2 宿衛 恭愍王 16年 8月.

한산군들의 적극적인 참여를 기반으로 카단적의 고려 침략 기세를 꺾는 중요한 전과를 수행할 수 있었던 것을 알 수 있다. 그리고 이러한 승리한 가운데, 원충갑을 비롯한 원주 양반 별초들의 적극적인 참여가 계기가 되었음을 부인할 수 없는 역사적 사실이라 할 수 있다.


## Ⅳ. 맺음말


카단적이 고려를 침입하였을 때, 원충갑이 중심이 된 치악성의 승리는 작게는 원주를 구하였고, 크게는 고려를 구하는데 결정적인 역할을 하였다. 뿐만 아니라 고려는 여몽연합군과 함께 카단적을 물리침으로써, 몽골와의 전쟁과정에서 지배권을 상실한 동녕부와 쌍성총관부의 회복에 결정적인 성과를 거둘 수 있었다.[33] 이러한 역사적 성과를 거두는데, 중요한 단서가 되었던 사건이 원충갑의 치악성 승리였다. 그러나 고려 말 원충갑 항전의 평가는 양면적이었다. 쌍매당 이첨李詹이 서술한 것과 같이 원충갑의 치악성 항전에 대하여 "한 사람의 충의와 용맹이 여러 사람을 격려할 수 있었다"고 평가할 수 있지만, 그가 원래 수성책守城策을 알고 한 것은 아니라고 하였다. 그러므로 이 글에서는 고려시대 원주에서 벌어진 세 차례 외적 침입과 항전 과정을 서술하여, 카단적의 침입과 원주의 대응 과정을 정확히 이해하고자 하였고, 당시 산성 전투의 방식과 카단적 침입 당시 원주의 군제 편성을 정리함으로써, 외적 침입 당시 고려 지방민의 효과적인 항전 방식은 전 지방민의 총동원 체제뿐임을 확인하고자 하였다. 이러한 점을 목표로 정리한, 각 장의 서술 내용을 요약하면 다음과 같다.

---

33) 신호철, 1998, 「앞의 글」, 100쪽.

첫째, 고려시대 원주에서는 대요수국大遼收國과 몽골의 5차 침입, 카단적 등 세 번의 외족 침입과 그에 대한 방어 기록이 있다. 이들이 공격할 당시 원주가 비교적 적극적으로 대응할 수 있었던 것은 역시 치악성을 중심으로 한 전통적인 산성 전투의 강점을 살렸기 때문이었을 것이다.

둘째, 원주에서 카단적과의 전투는 1291년 1월 15일, 19일, 20일, 21일 4차례 벌어졌는데, 그 중심에는 항상 원충갑의 활약을 간과할 수 없었다.

셋째, 산성에서 방어하는 방법은 일단 목책을 쌓아 적의 공격을 지연시키고, 성 위에서 발석기로 돌무더기를 쏘거나 화살을 쏘아 방어하는 방식을 사용하게 된다. 그러다가 적의 공격이 무디어지는 시기를 보아, 성 밖으로 나가 기습을 하는 방식을 사용하는 것이 일반적이다. 원충갑이 합류한 치악성에서의 방어도 이런 방법을 동원하였을 것이다.

넷째, 카단적 침입 당시 원주 치악성에서 동원된 병력으로는 우선 전투병과 노동부대가 합친 573명의 주현군이 있었을 것인데, 당시 강화도에 천도해 있던 중앙정부에서도 방호별감을 파견해 지방민을 피난시키고 방호하는 임무를 맡겼음을 알 수 있다. 그러나 카단적의 공격을 효과적으로 방어할 수 있었던 것은 지방 양반으로 구성된 양반 별초 부대가 원충갑의 지휘 하에 적극적인 참여를 하였음을 지적하지 않을 수 없다. 이들 양반 별초가 결사대를 구성하여 적극적으로 방어 전쟁을 수행하였기 때문에 별장 강백송이 이끄는 노군·잡류 별초들도 흔들림 없이 전쟁에 참여하였을 것이다. 뿐만 아니라 원주 지역 향리들과 개성에서 과거 공부를 하다가 일시 돌아온 안수정, 그외 향리 집안 자제들로 구성된 한산군들의 적극적인 참여를 기반으로 카단적의 고려 侵掠 기세를 꺾는 중요한 전과를 수행할 수 있었던 것을 알 수 있다. 그리고 이러한 승리 한 가운데, 원충갑을 비롯한 원주 양반 별초들의 적극적인 참여가 계기가 되었음을 부인할 수 없는 역사적 사실이라 할 수 있다.

제2편

북원경(북원부)의 불교문화

# 제6장

# 비마라사와 세달사

## I. 머리말

나말여초 원주 불교계는 국가의 불교 정책과 중앙 불교계의 변화에 동반하여 여러 활동을 전개하였다.[1] 신라 통일기 의상계 화엄종이 세력을 펼쳐나갈 시점에는 비마라사와 함께 세달사 출신 신림과 질응 스님이 활동하였고, 나말여초 사회적 격변기에 견훤과 궁예·왕건을 중심으로 남악계의 관혜와 북악계의 희랑이 대립할 무렵에는 북악계의 중심 승려인 희랑이 영월 흥녕선원의 원주院主로 활약하였다. 나말여초 선종이 한국 중세 불교계의 중심에 섰을 때에는 원주 서부 지역에 9산 선문 가운데 가지산문과 희양산문의 승려가 거돈사와 흥법사에서 활동하였으며, 원주 동부지역이라 할 수 있는 영월 수주면 흥녕선원에서는 사자산문 승려가 활동하였다. 나말여초 천태종 연구가 필요할 때에는 거돈사의 지종 스님이 중요한 역할을 하기도 하였다. 이렇듯 시기에 따라 원주 불교계 인물 가운데에는 중앙 불교계의 변화와 발맞추어 전국적으로 성장하기도 하였

---

1) 이인재, 2000, 「고려의 불교정책과 원주불교계의 역할」『원주시사』; 이인재, 2000, 「지광국사 해린의 생애와 활동」『평론원주』3.

지만, 원주 사회 내부에서는 여러 계통의 불교 사찰이 서로 공존하면서 원주 불교계를 이끌어갔다.


## Ⅱ. 의상계 화엄사상과 비마라사

고려 후기 일연이 저술한 『삼국유사』를 보면, 의상이 창건한 사찰 가운데 비마라사가 있다. 의상이 열 곳의 절로 하여금 불교를 전하게 하였는데, 태백산 부석사와 원주의 비마라사, 가야산 해인사, 비슬산의 옥천사, 금정산 범어사, 남악산 화엄사가 그곳이라는 것이다.[2]

904년 최치원이 쓴 『법장화상전』을 보면 "해동海東에 화엄대학이 십산에 있었는데, 중악 공산 미리사와 남악 지리산의 화엄사, 북악 부석사, 강주 가야산의 해인사 및 보광사, 웅주 가야협의 보원사, 계룡산의 갑사, 양주 금정산의 범어사, 비슬산의 옥천사, 전주 모산의 국신사, 한주 부아산의 청담사 등의 십여 곳"이라 하였다.[3]

화엄 10대 사찰이라고는 하지만 10의 의미가 열 개 사찰을 의미하는 것은 아니다. 그리고 의상이 창건했다고는 하지만 의상 자신이 아닌 제자들이 창건한 사찰도 일연은 의상이 창건한 것이라고 하여 자료를 읽는 방식에 주의를 요한다.[4]

---

2) 『三國遺事』 卷4 義湘傳敎. "湘乃令十刹傳敎 太伯山浮石寺·原州毗摩羅·伽耶之海印·毗瑟之玉泉·金井之梵魚·南嶽華嚴寺等 是也".

3) 崔致遠, 「唐大薦福寺故寺主翻經大德法藏和尙傳」(崔英成, 1999, 『譯註崔致遠全集』 2.). "海東華嚴大學之所有十山焉 中岳公山美理寺 南岳知異山華嚴寺 北岳浮石寺 康州迦耶山海印寺·普光寺 熊州迦耶峽普願寺 鷄龍山岬寺 括地志所云鷄藍山是 朔州華山寺 良州金井山梵語寺 毗瑟山玉泉寺 全州毋山國神寺 更有如漢州 負兒山靑潭寺也 此十餘所".

4) 부석사는 의상이 당에서 귀국한 후 676년(문무왕 16)에 창건되었고, 화엄사는

| 『법장화상전』 | | | 『삼국유사』 | | |
|---|---|---|---|---|---|
| ① 중악 | 공 산 | 미리사 | | | |
| ② 남악 | 지리산 | 화엄사 | ⑥ 의상창건 | 남악 | 화엄사 |
| ③ 북악 | | 부석사 | ① 의상창건 | 태백산 | 부석사 |
| ④ 강주 | 가야산 | 해인사·보광사 | ③ 의상창건 | 가야산 | 해인사 |
| ⑤ 웅주 | 가야협 | 보원사 | | | |
| | 계룡산 | 갑 사 | | | |
| ⑥ 삭주 | | 화산사 | | | |
| ⑦ 양주 | 금정산 | 범어사 | ⑤ 의상창건 | 금정산 | 범어사 |
| ⑧ | 비슬산 | 옥천사 | ④ 의상창건 | 비슬산 | 옥천사 |
| ⑨ 전주 | 무악산 | 국신사 | | | |
| ⑩ 한주 | 부아산 | 청담사 | | | |
| | | | ② 의상창건 | 원주 | 비마라사 |
| | | | ⑦ 제자 오진 | 하가산 | 골암사 |
| | | | ⑧ 제자 표훈 | | 불국사 |

위 표에서 알 수 있는 바와 같이 화엄 십찰은 신라의 전통적인 오악신앙에 화엄 불교가 들어와 세력을 확장하면서 그 역할을 대체한 것이라 할 수 있다. 신라 오악 가운데 동악은 토함산, 남악은 지리산, 서악은 계룡산, 북악은 태백산, 중악은 부악(일운 공산)으로 중사中祀의 대상지이다.[5]

신라에서는 대사大祀라고 하여 경주 부근의 세 산에 대한 제사가 있었고, 소사小祀라고 하여 신라 영토 각지에 있는 산천에 제사를 지냈는데, 중사中祀 는 신라 동서남북 사변을 원칙으로 하고 그 중 오악에는 중악이 끼어 있는 형태로 되어 있다. 특히 오악 제사는 국경의 사변에 해당하는 조건과 그 방면의 정치세력을 진압하려는 목적으로 행해졌는데, 이 오악을 중심으

---

677년(분부왕 1/)에 칭긴된 반면 범어사는 ㄱ 이전인 655년(무열왕 2), 해인사는 한참 후인 802년(애장왕 3년)에 창건되었다.

5) 『三國史記』卷32 雜志1 祭祀. "三山五岳已下名山大川, 分爲大中小祀. 大祀三山：一 奈歷 習比部, 二骨火切也火郡, 三穴禮大城郡 中祀五岳：東吐含山大城郡 南地理山菁 州 西雞龍山熊川州 北太伯山奈已郡 中父岳一云公山押督郡. 四鎭 (中略) 四海 (中略) 四瀆 (中略) 小祀 (下略)".

로 화엄 십찰이 세워진 것은 매우 의미 있는 사건이었다.[6] 이에 기대어 보면 최치원의 화엄십찰에는 동악을 제외한 사악이 서술되어 있는데 반하여 일연의 경우에는 토함산 불국사를 동악으로 보면 남악과 북악 등 삼악이 기재되어 있다.[7]

그런데 일연이 밝힌 10대 의상계 화엄 사찰과 최치원이 꼽은 화엄 10대 사찰 가운데 부석사와 해인사, 옥천사, 범어사, 화엄사 등 5대 사찰은 양자가 공통되지만, 일연이 거론한 원주 비마라사에 대해서 최치원은 거론하지 않았다.[8] 최치원이 화엄 십찰十刹을 십산十山을 중심으로 서술한 이유는 신라에 화엄교학이 두루 퍼지게 된 데에는 법장의 공이 컸음을 강조하기 위해서인데,[9] 그렇기 때문에 의상계 화엄사찰 몇몇이 빠졌다.[10] 이에 반하여 일연이 굳이 원주라는 행정구역명을 지칭하면서 비마라사를 거론한 것을 보면, 최치원의 법장화상전을 읽은 일연이 화엄 십찰 부분에 대해서 최치원과 의견이 다른 부분이 있었을 것이고, 최치원이 법장계 화엄을 중심으로 십찰을 기록한 것에 반하여 의상계 화엄으로 계보를 재정리하는 가운데 원주의 비마라사가 수록된 것이라 생각되는 것이다.

그렇다면 일연이 원주 비마라사를 의상의 10대 사찰로 판단한 근거가

---

6) 이기백은 이와 함께 오악은 통일신라의 상징적 존재이며, 전제왕권의 상징이라고 평가한데 반하여, 김상현은 최치원의 말 가운데 오악에 대한 언급이 없었던 것을 들어 오악과 화엄십찰과의 상관성은 없다고 한 바 있다. 李基白, 1972, 「新羅 五岳의 成立과 그 意義」『震檀學報』33 ; 李基白, 1974, 『新羅政治社會史研究』 ; 金相鉉, 1984, 「新羅中代 專制王權과 華嚴宗」『東方學志』44.

7) 일연이 미처 서술하지 않은 십찰 가운데에는 서악과 중악이 있었을 가능성이 높다.

8) 위 표는 추만호, 1992, 『나말여초 선종사상사연구』, 210쪽에서 옮겨 실은 것이다.

9) 「법장화상전」을 쓰면서 화엄 십찰을 언급한 것으로 보아 알 수 있는 부분이다.

10) 김상현은 화엄 10찰에 대해 서술하면서, 9~10세기에 쓴 최치원의 법장화상전이 일연의 삼국유사보다 더 정확한 표현인 것으로 파악하였다. 金相鉉, 1984, 「앞의 글」.

무엇일까?[11] 아마도 그 이유는 의상의 10대 제자 가운데 한 사람인 상원相元의 제자 신림神琳을 염두에 두었기 때문이 아닐까 생각한다. 신림은 '신림神琳' 혹은 '신림神林'으로 표기하는데, 부석 적손浮石 嫡孫으로 인식되고 있었으며 불국사에 주석을 한 인물이었다. 신림의 제자 순응이 766년(혜공왕 2) 당에 유학한 것을 보면 그 즈음인 8세기 중엽 인물이라 할 수 있는데, 신림 역시 당나라에 유학하여 융순融順 밑에서 공부하고 귀국한 의상계 화엄의 계보를 잇는 주요 승려였다.

그런데 고려 초 균여의 기록에 따르면 이 신림을 '세달사 사문 신림'으로 표기하고 있다.[12] 영월군寧越郡 남면南面 흥월리興越里 흥교동興敎洞 대화산大華山 동복東腹에 있던 세달사는[13] 궁예와 관련하여 유명한 사찰인데, 마침 신림의 이름 역시 영월 주천으로 넘어가는 길에 있는 신림이라는 지명과 음이 유사할 뿐만 아니라 궁예가 잠시 머물렀다고 하는 석남사 역시 이 지역에 있어서, 일연이 바로 의상계 화엄 승려의 대표적 인물인 신림을 염두에 두고 원주 비마라사를 의상이 창건한 화엄 10찰 가운데 하나라고 추정한 듯하다. 그리고 일연 스스로 그러한 추정에 자신을 가졌던 것은 신림의 제자로서 8세기 말에서 9세기 초에 활동했다고 여겨지는 질응質應 역시 세달사에서 '기신론起信論'에 대해 강의하였던 것을 방계 증거로 생각하였을 것이다.[14]

---

11) 의상의 화엄사상은 원융사상과 보현행원사상인데, 원융사상은 전체를 구성하는 개체와 개체 또는 개체와 전체 사이의 조화와 평등을 의미하며, 보현행원사상은 중생제도를 강조하는데, 의상과 의상의 제자들은 이러한 화엄사상을 바탕으로 지방에서 교단소식을 동한 실천수행과 교화활동에 전념하였다. 남동신, 1996, 「의상화엄사상의 역사적 이해」『역사와현실』20.

12) 均如, 『十句章圓通記』卷上 『韓國佛敎全書』4.

13) 장준식, 1999, 「세달사의 위치에 대한 고찰」『문화사학』11·12·13합집.

14) 『法界圖記叢髓錄』卷下之二 (大正藏 45). "梵體德云 昔 質應德在世達藪 講起信論時 云".

세달사와 비마라사는 어떤 관계에 있었을까? 비마라사에 대해 조사를 하려면 우선 절의 위치에 대해 파악을 해야 하는데,[15] 원주 인근 지역에서 비마라사의 존재에 대해 기술한 문헌 자료로서는『여지도서輿地圖書』가 유일하다. 이 기록에 "비마사는 비마라산에 있는데, 영춘현에서 10리 거리이다. 전해오는 이야기에 따르면 의상스님이 여러 지역을 선택하고 이어서 이 절을 지었는데, 화적火賊 때문에 불탄 것을 신해년 사언 스님이 고쳐지었다고 하는데, 지금은 폐해졌다"고 적고 있다.[16] 같은 자료 산천조 에 "비마라산은 영춘현 서쪽 8리에 있는데 태화산大華山이 갈라지는 줄기 (태지兒支)에 있다"라고 하였고, "태화산은 강원도 원주 치악산으로부터 뻗어내려 영춘현 땅의 뒤쪽을 바친다"고 하였다.[17] 이곳은 북에서 남으로 흐르다가 다시 남에서 북으로 흐르는 남한강의 한 꼭지점인데, 부석사에서 죽령을 넘어 마주치는 남한강 물길의 양쪽을 다 갈 수 있는 그런 곳이다.

이 기록에 나오는 비마사가 비마라사라고 추정할 수 있는데, 운곡 원천석 의 글 가운데 "동짓날 영춘永春에 도착했는데 밤에 찾아온 비마라毘麼羅 스님의 시운에 차운함"이라는 시가 있는 것으로 보아 이때까지는 절이 있었던 것을 알 수 있다.[18]

그런데 만약 1392년 원천석이 위 글을 썼을 때 비마라사가 존재했다면

---

15) 張忠植, 1973,「新羅 毘摩羅寺址考」『東國思想』12 ; 金顯吉, 1982,「毘摩羅寺址를 찾아서」『中原文學』4 ; 김성찬, 1998,「三國遺事 原州毘摩羅寺 位置考 - 原州關聯 文獻을 중심으로」『博物館誌』7(忠淸大學). 비마라사의 위치에 대해서는 원주시 봉산동 일대로 보는 설과 충북 단양군 영춘면 사지원리 비마루로 보는 설이 있다.

16)『輿地圖書』忠淸道 永春縣 寺刹. "毘摩寺在毘摩羅山 距縣十里 俗傳 僧義湘 彈丸點地 仍搆此寺 爲火賊所燼 辛亥 僧師彦改創云 今廢".

17)『輿地圖書』忠淸道 永春縣 山川.

18) 元天錫,「次冬至日到永春夜 毘麼羅僧來訪詩韻」『耘谷詩史』卷5(高麗名賢集 卷5), 362쪽.

『신증동국여지승람』영춘현의 불우佛宇 기록이나 고적古跡 기록에 비마라사 관련 기록이 있을 만한데, 해당 기사를 찾을 수 없다. 반면에『승람』권46 영월군 불우 기록에 흥교사가 있는데, 바로 이 절이 영월군 서쪽 대화산大華山 자락에 있다는 기록이 있다.[19] 그렇다면 비마라사보다는 흥교사가 대표적인 사찰로 기록된 것이라고 볼 수 있다. 이 흥교사가 바로 세달사이다. 결국 흥교사와 비마라사는 영춘현 대화산 자락의 동서에 각각 있었다고 판단된다.

이렇게 영춘현에 있던 비마라사가 원주 비마라사로 일연이 서술하였다면, 비마라사의 창건 연대는 영춘현이 원주의 속현이었던 시기라고 볼 수밖에 없다. 즉 신라 오소경의 하나였던 북원경이 북원부로 확대된 시기인 것이다. 소경의 관할 영역을 확대하여 부제를 실시한 시기는 흥덕왕 3년에서 12년 사이로 추정된다.[20] 당시 신라가 소경의 영역을 확대한 배경은 우선 당나라에서 713년에서 757년에 걸쳐 5경·5부 제도를 실시하였을 뿐만 아니라,[21] 국내적으로 농민유망이 확산되는 것을 막아 안정시키기 위한 정책과 골품체제의 붕괴를 막고 왕권을 강화하기 위한 조치의 일환으로 시행된 것이었다.[22] 이러한 정책에 따라 북원경에도 △강부△江府, 즉 북원부北原府가 설치되기에 이른 것이다.[23]

고려시대에 원주의 속현으로 영월군·제주·평창현·단산현·영춘현·주

---

19) 경북대출판부, 1998,『東輿備攷』, 97쪽. 대화산과 흥교사는 1682년(숙종 8)에 제작된 것으로 추정되는 동여비고에도 명확하게 표시되어 있다.
20) 배종도, 1989,「신라하대 지방제도 개편에 대한 고찰」『학림』11, 43쪽.
21)『舊唐書』卷8 현송 상 개원 원년 12일, 개원 11년 춘정월 -『舊唐書』卷10 숙종 지덕 2년 12월.
22) 배종도, 1989,「앞의 글」, 44~46쪽 ; 이인재, 2003,「나말여초 북원경의 정치세력재편과 불교계의 동향」『한국고대사연구』31.
23) 이지관, 1993,「충주 월광사 원랑선사 대보선광탑비문」『역주 역대고승비문』; 배종도, 1989,「앞의 글」, 38~39쪽.

천현·황려현 등이 있는 것을 상기해 보면,[24] 북원부北原府의 관할 영역 역시 고려시대 원주가 이끄는 속현屬縣 중에서 신라 통일기 9주 가운데 하나인 명주溟州 관할 하의 영월군과 평창현, 영춘현, 주천현, 한주漢州 관할 하의 황려현을 제외한 제천·단양 일부를 아우르는 지역이었을 것으로 추정된다. 비마라사의 창건 연대를 신라 하대라고 생각하는 이유이다.[25]

## Ⅲ. 세달사(=흥교사)의 유명승려와 경제력

**세달사의 위치** : 기왕의 세달사의 위치에 대해서는 흥교사라는 이름을 가진 절이 있는 경기도 풍덕군 백련산 설(『신증동국여지승람』 권13)과 강원도 영월군 태화산 설(『신증동국여지승람』 권46)이 있었는데, 영월군 태화산 흥교사 터에서 세世와 달達, 흥興과 교敎 등의 명문 기와가 나옴으로 써,[26] 영월군 태화산(1,027m) 해발고도 545~548m의 완만한 경사면에 있는 흥교 분교(폐교) 주변이 흥교사이자 세달사 터인 것으로 학계의 의견을 모아가고 있다. 태화산 정상에서 남한강으로 이어지는 가지 능선이나 곡부 사이의 평탄지는 험준한 산악지대에 해당되어 접근하기는 어려우나, 일단 올라가면 전망이 양호해 산지사찰의 입지로서는 상당히 선호되던

---

24) 『高麗史』卷56 지리1 원주.

25) 충북대학교에서 조사한 자료에 따르면, 丹陽 永春面 斜只院里 소재 비마라사 절터에서 나오는 기와의 무늬, 초석의 다듬은 수법 등은 고려시대 사찰로 추정된다고 하며, 앞면 8칸 옆면 5칸으로 여겨지는 법당지와 석축연지가 남아 있다고 한다. 忠北大學校博物館, 1985, 『忠北 遺蹟·遺物 地名表 - 調査報告 第15冊』, 271쪽.

26) 장준식, 1999, 「세달사의 위치에 대한 고찰」 『문화사학』11·12·13, 471쪽. 장준식은 1차 조사 때 흥할 '興'자와 가르칠 '敎'의 부수 일부가 양출된 명문 기와를 수습하였고, 2차 조사 때(1997. 9. 19) 인간 '世'자가 양출된 기와와, 사무칠 '達'자를 양출한 기와를 수습하였다고 한다.

세달사 터

곳이다.[27] 주변에 흥월리사지, 팔괴리사지, 정양사지, 서산사지, 비마라사지 등이 있다.

　**세달사의 크기** : 1차 조사 당시 전체 조사지역은 6,630㎡(2,009평)이었고,[28] 흥교분교(폐교) 자리 크기가 총 4,515㎡(1,368평)인데,[29] 2차 조사 당시의 흥교분교(폐교) 운동장은 2,274㎡(689평)이었다.[30] 흥교분교(폐교) 자리가 흥교사 중심지역이었을 것인데, 운동장 자리에 요사채가 있었던 것 같고, 그 북쪽에 금당자리가 있었을 것이다. 그런데 통일신라시대

---

27) 중부고고학연구소, 2012.12, 『영월흥교사지 주변유적 발(시)굴조사 약식보고서』, 2쪽.

28) 중부고고학연구소, 2012.12, 『앞의 책』, 1쪽.

29) 장준식, 1999, 「앞의 글」.

30) 중부고고학연구소, 2013.6, 『영월흥교사지 2차조사 발(시)굴조사 약식보고서』. 1쪽.

유물포함층, 즉 흥교사가 세달사였던 시기는 조사지역 남서쪽에 위치하는 트렌치 4부분에만 확인되지만,[31] 전체 지형과 층위 양상으로 추정해 보면, 조사 범위 전체 면적에 걸쳐 퇴적되어 있을 가능성이 있다.[32] 2004년에 발간된 영월군 문화유적 분포지도에서는 전체 사역을 93,967㎡(28,475평)으로 보았으나, 2012년 중부고고학연구소에서는 지표조사 결과 변경된 흥교사지 사역범위를 173,596㎡(52,605평)으로 보고 있다.[33]

**세달사의 유명 승려** : 세달사의 유명 스님으로는 균여均如(923~973)의 글에 <세달사 사문 신림>이라고 표기되어 있는 신림神林 스님이 있다.[34] 의천義天(1055~1101)이 <흥교사예신림조사영興敎寺禮神林祖師影>이라는 찬讚을 쓴 것을 보면, 적어도 의천이 살던 시기까지 흥교사에는 신림 스님의 진영眞影이 봉안奉安되어 있었음을 알 수 있다.[35] 신림 스님은 의상(625~702)의 10대 제자 가운데[36] 한 사람인 상원相元의 제자 신림神琳이다. 생몰년은 정확히 알 수 없으나, 신림의 제자 순응順應이 766년(혜공왕 2)에 당에 유학했다는 사실에 주목하면, 의상의 몰년과 순응의 유학 사이인 8세기 전기에서 중기에 걸쳐 활동한 셈이 된다.

신림의 제자로서[37] 8세기 말에서 9세기 초에 활동했다고 여겨지는 의상의 4대 법제자 질응 역시 세달사에서 '기신론起信論'을 강의하였다.[38]

---

31) 중부고고학연구소,2013.6,『앞의 책』, 14쪽.
32) 중부고고학연구소,2013.6,『앞의 책』, 18쪽.
33) 중부고고학연구소, 2012.12,『앞의 책』, 13쪽.
34) 均如,『十句章圓通記』卷上『韓國佛教全書』4, 385쪽.
35) 『大覺國師文集』卷18의 목차에 제목만이 보이고, 본문은 판본의 마멸로 전해지지 않고 있다고 한다. 이상의 내용은 김상현의 다음 글을 인용한 것이다. 金相鉉, 1984,「新羅華嚴學僧의 系譜와 그 活動」『新羅文化』1, 56쪽.
36) 의상의 10대 제자는 悟眞·智通·表訓·眞定·眞藏·道融·良圓·相源·能仁·義寂인데, 이 가운데 相源은 常元·相圓·相元·相源으로도 불리었다. 金相鉉, 1984,「新羅華嚴學僧의 系譜와 그 活動」『新羅文化』1.
37) 신림의 제자로는 法融·崇業·融秀·質應·順應 등이 있다.

질응質應은 태백산 사찰에서 하안거를 하면서 화엄경과 지엄의 화엄경華嚴經 공목장孔目章을 공부하였고, 자신이 공부한 바를 세달사 신림과 의논하였으며, 본인도 세달사에 머물면서 화엄경의 십중十重 해석과 기신론의 팔중八重 해석에 대해 강조한 바 있다.

**세달사의 전장田莊과 장사莊舍** : 세달사가 운영했던 농장의 전체 규모에 대해 파악하기는 쉽지 않다. 우리가 알고 있는 정보는 세달사 농장의 일부일 뿐이다. 신라 하대 사찰은 산전과 진전 개발에 활발히 참여하면서, 농장경영을 활성화하고 있었다. 가령 선종 사찰은 도회지에 자리 잡았던 교종 사찰에 반하여 주로 산곡山谷에 자리 잡았는데, 이 경우 제방堤防과 같은 대규모 수리시설은 아니라하더라도 산곡의 물을 막아 수리시설을 확보하여 농법 개량에 이용하였을 뿐만 아니라 이것을 이용하여 산전山田 개발을 감행하였다고 한다.39) 그런데 교종사찰인 세달사는 도회지가 아니라 산곡 간에 절터를 잡았다. 676년(문무왕 16) 의상이 부석사를 창건한 이후 교종사찰 역시 산지 가람이 많아졌을 것이다.

세달사의 농장경영을 엿볼 수 있는 신라시대 기록이 바로 조신調信 이야기이다. 일연은 낙산사와 관련해서 관음보살과 정취보살에 대한 이야기를 하면서, 스님 세 사람(의상과 원효, 범일) 이야기와 함께 후일 정토사를 창건한 조신調信 스님 이야기를 채록하였다.40)

조신調信이 활동하던 시기를 알 수 있는 단서는 조신이 짝사랑하던 여인의 아버지 김흔金昕이 849년 8월 27일 소백산 서재에서 세상을 떠났다는 것이다.41) 그렇다면 조신調信 이야기의 시대적 배경은 9세기 전반이었겠

---

38) 『法界圖記叢髓錄』 卷下之二(大正藏 45, 767쪽). "梵體德云 昔 質應德在世達藪 講起信論時云".

39) 위은숙, 1985, 「나말여초 농업생산력발전과 그 주도세력」『부대사학』 9, 131쪽.

40) 『三國遺事』 卷3 洛山二大聖 觀音 正趣 調信.

41) 『三國史記』 卷44 金陽 ; 『三國史記』 卷10 헌덕왕 17년 5월. "夏五月, 遣王子金昕,

다. 일연은 이때를 "옛날 서라벌이 서울이었을 때(석昔, 신라위경사시新羅爲京師時)"라고 표현하였다.

조신은, 의상의 2대에서 4대 법제자인 상원, 신림, 질응과는 화엄사찰에서의 위치와 역할이 다르다. 맡은 바 일도 관련 농민들과 밀접한 상대를 하였을 지장知莊이었고, 개인의 바람도 일반민들과 유사하였다. 비록 꿈이라고는 하나 태수 김흔의 딸을 사모하여 낙산대비상洛山大悲像에 자신의 소망을 빌어 꿈속에서나마 그녀와 결혼하여 40여 년 동안 풍상을 겪었다. 이러한 인생 역정을 겪은 조신은 돌미륵을 얻어 자신이 지은 정토사에 봉안하고 정토신앙으로 선업善業을 닦는 일이었다.

그런데 조신 스님이 관할했던(지장知莊) 세달사의 장사莊舍가 있던 곳이 명주 날이군捺李郡이었다.42) 문제는 날이군의 위치를 일연조차 파악하지 못했다. 그러면서 일연은『삼국사기』지리지를 근거로 영월 설과43) 영주 설,44) 두 가지 가능성을 제시하였다. 현 세달사 절터에서 보면, 날이군은 어느 한 곳일 수밖에 없겠지만, 세달사의 장사는 두 곳 모두에 있었을 가능성도 있다. 본사유승本寺遺僧이라는 표현에 주목해 보면, 세달사가 운영하던 장사는 상당히 여러 곳에 있었을 가능성도 많다. 요즘 식으로

---

入唐朝貢, 遂奏言".

42)『三國遺事』卷3 洛山二大聖 觀音 正趣 調信. "昔, 新羅爲京師時, 有世逵寺(今興敎寺也)之莊舍, 在溟州捺李郡(按地理志, 溟州無捺李郡, 唯有捺城郡, 本捺生郡, 今寧越. 又牛首州領縣有捺靈郡, 本捺已郡, 今剛州. 牛首州今春州, 今言捺李郡, 未知孰是), 本寺遺僧調信爲知莊".

43)『三國史記』卷35 地理2. "奈城郡, 本高句麗奈生郡, 景德王改名, 今寧越郡";『高麗史』卷56 地理1 原州. "寧越郡 本高句麗奈生郡 新羅景德王改奈城郡 至高麗更今名來屬 恭愍王二十一年 以鄕人延達麻實里院使在 大明有功於我陞知郡事".

44)『三國史記』卷35 地理2. "奈靈郡, 本百濟奈已郡, 婆娑王取之, 景德王改名, 今剛州";『高麗史』卷57 地理2 安東府. "順安縣 本高句麗奈已郡新羅婆娑王取之 景德王改爲奈靈郡 成宗十四年 稱剛州都團練使 顯宗九年 來屬 仁宗二十一年 更今名爲縣令官 高宗四十六年 以衛社功臣金仁俊內鄕陞知榮州事別號龜城[成廟所定]險阻處有馬兒嶺".

보면 조신은 사판승이었던 셈이다.

**세달사와 궁예** : 세달사는 궁예가 처음 머리를 깎은 곳이며,[45] 장년壯年까지 머물렀던 곳이다. 『삼국사기』 궁예 열전에 나온 이야기는 다음과 같다. 궁예가 나이가 10여 세가 되도록 장난이 심하고, 그 버릇을 고치지 않으므로, 젖을 먹이던 종이 말하기를 "네가 태어나 나라에서 버림을 받았는데, 내가 차마 이를 볼 수 없었으므로 몰래 길러 오늘에 이르렀다. 그런데 미친 짓이 이와 같이 심하니, 반드시 남에게 알려질 것이다. 그렇게 되면 나와 너는 함께 죽음을 면할 수 없을 것이다. 이것을 어찌하면 좋겠는가?"라고 탄식하자, 궁예가 울면서 말하기를 "만약 그렇다면 제가 떠나 어머니의 근심이 되지 않도록 하겠습니다."라고 하고, 곧바로 세달사로 떠나갔다고 한다. 그 세달사가 바로 흥교사인데, 궁예는 머리를 깎고 중이 되어 스스로 선종善宗이라고 칭하였다.

전술한 바와 같이 당시 세달사는 신림과 질응 등 유명 학승들이 강의를 했던 절이다. 그리고 조신과 같은 이들이 세달사 예하의 수많은 전장을 운영하던 절이었다. 연구나 교육적인 측면에서 보나, 경제적인 측면에서 보나 야심이 있었던 궁예가 능히 몸을 의탁할 만한 절이었다. 물론 같은 기록에 "장년이 되면서 승려의 계율에 구애받지 않고, 기상이 활발하여 담기가 있었다."고[46] 하였으니, 궁예는 염불보다는 잿밥에 훨씬 관심이 많던 스님이었겠다.

북원부 산하에 있던 비마라사나 세달사의 영향력 속에서 성장한 궁예가 891년 나이가 들어 시작한 세상일을, 북원경에서 시작하지 않고 북원부의 영향력을 벗어난 죽주 장군 기훤 예하에서 시작한 것도 예사롭지 않은

---

45) 『三國史記』卷50 弓裔. "弓裔泣曰 若然則吾逝矣 無爲母憂 便去世達寺 今之興敎寺是也 祝髮爲僧 自號善宗".

46) 『三國史記』卷50 弓裔. "及壯, 不拘檢僧律, 軒輊有膽氣".

사건이었다. 물론 1년도 되지 않아 당시 북원을 장악하고 있던 양길 치하로 들어가 치악산에서 충주까지는 양길이 맡고, 치악산에서 강릉까지는 궁예가 맡아 치악산 석남사에서 출발해 강릉까지 점령한 것을 보면, 세달사에서 교육만 받은 것이 아니라, 일정 수의 동료와 자금, 그리고 세상을 제압할 수 있는 안목 역시 마련하였을 것이다. 899년(효공왕 3) 충주, 청주, 괴산 지역의 호족들과 연합하여 자신을 제압코자 했던 양길을 오히려 죽주산성(비뇌성)에서[47] 제압했던 것은,[48] 우연이라고 보기 어렵다. 수원승도나 승군의 하급 실무자 정도로 치부해 버릴 수준은 아니었던 셈이다.

**세달촌주世達村主 혹은 촌주村主 세달世達** : 세달촌주가 나오는 자료는 징효 절중(826~900) 비문이다.[49] 입적 당시 다비 후 취득한 절중의 사리가 천여 립이나 되었고, 당초 스님과 신도들은 이를 강화도 은강선원 석실에 모셨다. 그러다 사리 도굴사건이 일어나, 906년 전남 낙안 동림사의 승탑으로 옮겼다가, 944년(혜종 1) 6월 17일 동림사 승탑을 흥녕사로 이전하고, 최치원의 탑 비문에 음기를 더하여 탑비를 세웠다. 승탑 이전과 탑비 건립을 주도한 인물이, 당대 최고 실력자였을 왕요군王堯君(후일의 정종)과 왕조군王照君(후일의 광종), 그리고 충주 유씨들이었다.

---

47) 非惱城은『三國史記』卷27 地理4 三國有名未詳地分에 수록된 곳인데,『高麗史』 卷94 智蔡文傳에 나오는 거란 침입에 피하던 현종의 이동 경로 가운데 鼻腦驛이 나와 廣州 - 安城 중간 지점으로 보기도 한다(安永根, 1992,「羅末麗初 淸州勢力의 動向」『朴永錫敎授華甲紀念 韓國史學論叢(上)』, 401쪽). 이도학은 비뇌역이, 음이 비슷한 分行驛(『新增東國輿地勝覽』卷8 죽산현 역원 분행역)일 것이라고 추정한 다음, 지금의 안성군 이죽면 매산리에 소재한 죽주산성 북쪽 마을이 분행이므로, 비뇌성은 죽주산성일 것으로 추정하였다. 이도학, 2007,「궁예의 북원경 점령과 그 의의」『동국사학』43.

48)『三國史記』卷12 孝恭王 3年 秋7月.

49) 이인재, 2008「충주 정토사 玄暉와 영월 흥녕사 折中 - 고려 혜종대 정변과 관련하여」『한국고대사연구』49. 징효비의 원문과 번역문은 한국역사연구회편, 1996,『역주 나말여초금석문』(상·하)에 수록되어 있는 글을 기본으로 하였다.

절중 생전 인연을 맺었을 동림사의 승탑을 옮기고, 924년 경명왕의
명을 받은 최언위의 비문을 기초로 탑비를 세우는 기념행사였던 만큼
초청 인사를 선정하면서 많은 고려를 했을 것이고, 음기에 새길 명단
확정도 신중을 기했을 것이다. 반 백년만에 세우는 만큼 절중과 인연이
있는 인사들 섭외도 중요했을 것이고, 탑비 조성주도 세력이 필요한 인사들
도 적절히 교섭할 필요가 있었다. 그만큼 많은 수의 인물들이 초청되었을
것인데, 실제 음기에 기재된 인사만도 승려 대표 8인, 속인 대표 58인,
삼강전 관련 승려 7인과 속인 3인 등 총 76인이다. 세달촌주는 속인대표
58인 명단에 나온다.50)

　세달촌주의 세달이 촌명인지, 인명인지를 가늠하기 위해 속인대표 58인
가운데 촌주 4인만 정리하면, 48) 평직平直 촌주村主 제주提州, 50) 견필
堅必 촌주村主 냉정冷井, 55) 세달世達 촌주村主 나생군奈生郡, 57) 명환明奐
촌주村主 주연군酒淵縣 등이다. 이를 보면 세달은 촌명이 아니라 인명이다.

---

50) 1) 王堯 君 2) 王照 君 3) □□ 大匡 4) 弼榮 大匡 5) 英章 正匡 6) 王景 大承
　　7) 淸端 □主 8) 金鎰 蘇判 9) 兢達 蘇判 10) 王規 佐承 11) 權悅 佐承 12) 王詢
　　佐承 13) 王廉 佐承 14) 誠俊 元甫 15) □□ 大相 16) 金奐 阿湌 17) 金休 長史
　　18) 鎰休 郎 19) □順 元甫 20) 希悅 助 21) 兢悅 助 22) 式榮 韓湌 23) 寬質
　　韓湌 24) 兢鎰 海湌 25) 賢逢 元甫 26) 官憲 元甫 27) 廉相 海湌 28) 允逢 元甫
　　29) 憲邕 元尹 30) 師尹 一哲湌 31) 侃榮 阿湌 32) 章劍 史上 33) 弼邢 大監 34)
　　姚謙 郎 35) 崔芳 元尹 36) 奇悟 元尹 37) 奇達 元尹 38) 知連 正衛 39) 與一
　　正朝 40) 平直 阿干 溟州 41) 剋奇 奈 溟州 42) 金芮 卿 溟州 43) 連世 大監 溟州
　　44) 王侃 奈 原州 45) 德榮 沙干 竹州 46) 弟宗 沙干 竹州 47) 宋嵒 史上 公州
　　48) 平直 村主 提州 49) 貴平 一吉干 提州 50) 堅必 村主 冷井 51) 堅奐 沙干
　　新知縣 52) 越志 山人 新智縣 53) 哀信 沙干 又谷郡 54) 能愛 沙干 又谷郡 55)
　　世達 村主 奈生郡 56) 式元 大監 冷水縣 57) 明奐 村主 酒淵縣 58) 康宣 助 別斤縣.

# Ⅳ. 맺음말

신라 하대 남한강 화엄종계의 상황을 보면, 8세기를 전후해서 세달사와 비마라사를 중심으로 의상의 3대, 4대 법제자들이 활약하였고, 8세기 중반에는 조신調信과 같은 부류의 사람들을 위해서 미륵과 정토사상을 수용하였으며, 9세기 전반 희랑의 예에서와 같이 선종사찰의 원주院主를 지내면서 선교일치禪敎一致에 대한 공부 및 교육도 하면서 본인의 주 연구 분야인 불타발타라 화엄경 연구도 병행하는 그런 모습을 보이고 있었다.[51]

그러나 886년 흥녕사에 머물던 징효 절중이 피신해야 할 정도로 남한강 주변 민심은 어수선했고, 궁예와 양길은 새로운 리더십으로 인재를 모으고 새로운 사회의 전망을 제시하면서 민심을 수습코자 하였다. 그 와중에 한 때 힘을 합쳤던 양길과 궁예가 대결하면서 단 한 명의 절대자가 될 수 있기를 기원하였다. 하지만 궁예조차 새로운 사회 건설에 필요한 불교계의 협조를 얻는데 실패하였다. 자신을 키워준 화엄종 세력뿐만 아니라 남한강 주변의 선종세력들도 궁예보다는 고려 왕실 편이었다. 이렇게 불교계의 협조를 유도하기 위해 지역적 연고도 하나 없는 절중의 승탑을 영월 흥녕선원에 세운 후일 정종과 광종이 될 두 왕자의 유연한 대처는 궁예가 배워야 할 그런 자세였던 것이다.[52]

---

51) 조신과 희랑의 예와는 달리 거돈사에 머물던 지종은 교종사찰인 안락사를 바꾸어 선종사찰인 거돈사로 절 이름을 바꾸어 있으면서, 역시 미륵과 정토신앙을 수용했던 것으로 보인다. 이인재, 2003, 「나말여초 거돈사 승려활동에 관한 연구 - 도헌과 지종을 중심으로」『梅芝論叢』19.

52) 이인재, 2008, 「앞의 글」.

| 제7장 |

# 나말여초 거돈사 승려의 활동
## - 지증 도헌과 원공 지종을 중심으로 -

## I. 문제의 제기

　강원도 원주시 부론면 정산리의 현계산(정상 535m) 아래 담안 마을에 거돈사란 옛 절터가 있다. 지금의 원주시청에서 서남쪽으로 40㎞ 정도 떨어진 이 절터는 고·중세 한반도 내륙 중심지의 주요 교통로였던 남한강에서는 4㎞ 이내의 가까운 거리이며, 주변에 흥원창 터, 법천사 터가 있고, 여주 쪽의 흥법사 터, 충주 쪽의 청룡사 터 등 신라 통일기에서 고려시대에 걸쳐 조성된 수많은 절터가 산재해 있어, 이곳이 이 시기 불교문화의 거점 지역이었음을 짐작케 해 준다.[1] 더욱이 거돈사의 역사를 살피다보면, 신라 하대에는 도헌道憲이라는 유명한 선종 승려가 머문 적도 있었고, 고려 초에는 지종智宗이라는 법안종 승려가 머문 적도 있어 통사적으로 정리되고 있는 교종의 시대(신라통일기) →선종의 시대(나말여초)→교선융합의 시대(고려 초)라는 불교사의 시대적 추이를 한 절터에서

---

　1) 새한건축문화연구소, 1986, 『거돈사지 석물실측 및 지표조사보고서』(원성군).

살펴 볼 수 있는 매우 흥미로운 곳으로, 충분히 연구할 만한 가치가 있는 사찰이다. 주지하다시피 지금까지 고려시대사에서 일반적으로 서술하고 있는 나말여초 불교사의 전개는 다음과 같다.

신라 하대 교종의 전통과 권위에 대항하여 참선參禪을 통해 마음속에 내재된 불성佛性을 깨닫는 것을 종지로 하는 선종이 성립하게 되는데(선종禪宗의 성립成立), 이는 중국에서 교종의 타락한 현상과 선종의 유행과 맞물려 신라에서도 선종의 유행을 가져오게 된다. 이들 선종 승려들은 신라 중앙정부와 결별하고 지방세력과 결합하면서 여러 선문禪門을 형성하였다(신라 하대 선종과 사회세력과의 관계).

고려 태조는 지방세력과 결합된 유력한 고승들과 관계를 맺었는데, 개경 주위의 산문山門으로 초청하거나 사후 탑비塔碑를 세워 그 문도를 회유하였다. 통일전쟁이 진행되는 동안에 지방사원을 전략적 거점으로 삼는 과정에서 많은 포섭이 있었으며, 그를 통하여 통일에 대한 주도권과 정당성을 얻으려 하였다. 개경에 정도定都와 함께 창건된 사원 중 보제사·구산사 등 6개처 사원은 선종사원이었다. 태조는 선종뿐만 아니라 교종, 나아가 불교와 습합된 무속·풍수·도참과 같은 신앙에 대해서도 수용의 자세를 보여주고 있었다(고려 태조의 불교정책).

그러나 광종대에는 왕권의 강화와 함께 화엄종이 크게 부각된다. 화엄종은 이미 태조 때부터 개경의 영통사·흥국사, 그리고 연산에 건립한 개태사를 근거사원으로 삼아왔다. 특히 태조가 개태사의 화엄법회소를 직접 쓰고 화엄승 윤언輪言·승담承談을 초청한 것으로 미루어 보아, 화엄종은 태조 때부터 개경과 지방에 근거를 마련하기 시작하였음을 알 수 있다.

광종은 963년(광종 14) 귀법사를 창건하여 균여를 주지로 삼았는데, 균여는 후삼국기에 분립된 해인사 화엄종의 남악파(지리산 화엄사의 관혜觀惠)와 북악파(가야산 해인사의 희랑希朗)를 통합하였으며, 화엄사상 안에 법상종을 융화한 성상융회性相融會사상을 표방하였다. 이는 군소 토호(광종 신정책의 정치기반)를 통합하는 이념이며, 왕권 강화에 유리한 사상이다(광종의 불교정책1).

광종은 선종에 대해서도 배려하고자 법안종法眼宗에 대해 후원하였다. 971년(광종 22) 고달원과 희양원·도봉원 등을 부동사원으로 지정하였는데, 지곡사·구산사·거돈사와 함께 법안종의 중요 사원이 되었다. 법안종은 교·선일치敎·禪一致를 주장하여 앞서 화엄종의 성상융회사상과 상통한다. 이 시기의 대립의 극복과 융회를 지향하는 점에서 광종대의 정치이념에 상응하고 있다(광종의 불교정책2).

이상의 서술 가운데 거돈사와 직접 관련 있는 항목은 신라 하대 선종의 성립과 사회세력과의 관계, 그리고 고려 광종대 법안종의 특성과 광종 정치와의 상관성 부분이다.

그러므로 이 글에서는 먼저, 거돈사의 지증 도헌을 중심으로 신라 하대 선종 승려와 사찰이 교종의 타락과 관련하여 어느 정도 차별성을 가지고 있었는지를 살펴보고, 다음으로 선종 승려와 사회세력과의 관계를 살펴보고자 한다.

다음으로 거돈사의 원공 지종을 중심으로 광종대 법안종의 성립을 교선일치의 관점에서 분석할 수 있는지를 살펴보고, 그와 함께 법안종 승려들이 과연 광종 후반기 정치세력간의 대립의 극복과 융회를 지향하는 점에서 어느 정도 역할을 할 수 있었는지에 대해 살펴보고자 한다.

## Ⅱ. 지증 도헌과 거돈사

거돈사는 864년(경문왕 4)에서 879년(헌강왕 5)까지 선종 희양산문의 지증 도헌이 주지로 있으면서 붙여진 이름이다.[2] 지증은 879년부터 881년까지 3년 동안 경북 문경군 가은면 원북리에 있는 봉암사에 머물렀지만, 881년 봉암사에서 하던 일을 마치고 다시 거돈사로 돌아와 1년여 머물다가, 882년 12월 18일 거돈사에서 입적하여 현계산에 가매장 당했다가 1년이 지난 883년 다시 희양산 들판에 옮겨 장사를 지낸 후, 924년 봉암사에 그의 탑비를 세웠다.

〈지증 도헌의 생애〉

| 나 이 | 연대 | 활동 |
|---|---|---|
| 1세 | 824(헌덕왕16) | 4월 8일 출생(父 : 贊壊 母 : 伊氏) |
| 9세 | 832(흥덕왕07) | 아버지의 죽음을 계기로 부석사에 출가 |
| 17세 | 840(문성왕02) | 구족계를 받음 |
| 20~30대 | | 계룡산 수석사와 주변 사찰에서 교화 |
| 30대말 | | 경문왕의 초정을 거절 |
| 41세 | 864(경문왕04) | 겨울. 단의장옹주가 현계산 안락사를 시납하자 옮김 |
| | | 그해 김의훈의 명복을 기리고자 장육철불주조, 거돈사 개명 |
| 44세 | 867(경문왕07) | 단의장옹주가 토지와 노비를 시납 |
| 56세 | 879(헌강왕05) | 개인 소유의 전장 12구와 토지 500결 희사 |
| | | 심충의 땅 희사로 문경 봉암사 창건, 철불상 2구 주조 |
| 58세 | 881(헌강왕07) | 절 경계 확정, 월지궁에 가서 헌강왕과 선을 이야기함 |
| 59세 | 882(헌강왕08) | 거돈사로 돌아와 입적 |
| | 885(헌강왕11) | 최치원이 비문을 지음(왕명) |
| | 924(경명왕08) | 비석 건립 |

지증 도헌이 거돈사에 머물게 된 배경은 신라 통일기 이래 이곳에

---

2) 새한건축문화연구소, 1986, 「거돈사의 역사, 지리적 환경」『거돈사지 석물실측 및 지표조사 보고서』, 123~124쪽.

있었던 안락사安樂寺가 경주의 경문왕과 정치적 이해관계를 달리했기 때문이었다. 비문에 의하면 안락사는 원래 아름다운 곳이긴 하였지만 영향력이 있는 스님이 없었기 때문에 무주공산과 다름없었다고 한다. 이러한 안락사에 지증이 머물면서 취한 조치가 1장丈 6척尺이 되는 거돈사 철불을 만들어 금도금을 입히는 일이었다.[3] 이 철불로 인해 지증은 기존의 절을 진압하고 돌아가신 부모나 외로운 혼이 저승으로 갈 수 있는 길을 얻어(진인우鎭仁宇 도명로導冥路) 은혜를 입은 이가 많고 의를 소중히 하는 교풍敎風을 생기게 했다고 한다. 지증이 안락사를 진압하려는 의도가 있었음을 암시하는 구절인데 이때 그가 안락사를 거돈사로 바꾸었던 것이다.

사실 지증이 879년(헌강왕 5) 희양산 봉암사에 가서 한 업적도 이 지역에서 새롭게 일어나고 있는 신흥세력을 무마하는 일이었다. 문경 지역의 호족이면서도 신라 정부정책에 순응하고 있었던 심충沈忠이라는 인물이 자신이 소유한 토지를 기증하면서 지증 도헌에게 사찰 신축을 요청하였던 것도 문경에 새 사찰을 건립하지 않고서는 도적들이 봉기할지도 모른다는 불안감 때문이었다. 실제 문경에 봉암사를 짓고 농민 교화에 나섰음에도 불구하고 몇 년 동안은 산에 사는 농민들이 봉기를 일으켰다가 제압되었다는 것을 보면 지증 도헌의 농민 수습책은 상당히 수준에 있었던 것으로 생각된다.

하지만 지증은 경문왕(861~874)의 요청을 처음부터 받아들이지는 못했다. 비문에 보면 경문왕이 지증 도헌에게 국정을 도와달라고 부탁하기

---

3) 최성은, 1996, 「나말여초 중부지역 철불의 양식계보」『강좌 미술사』 8 ; 김혜완, 2000, 「보원사 철불의 조상 - 고려초 원주 철불과 관련하여」『사림』 14 ; 최성은. 2002, 「나말여초 중부지역 석불조각에 대한 고찰」『역사와 현실』 44 ; 최성은, 2013, 『고려시대 불교조각연구』.

위하여 원성왕의 6대손이었던 김입언金立言을 보내 제자의 예를 갖추고 모시기를 요청하였으나, 지증 도헌은 "자신을 닦고 남을 교화하고 있는데 고요한 곳을 버리고 어디로 가겠는가?" 하면서 정중히 거절하였다. 그러나 지증의 거절은 매우 정치성이 강한 대응이었다.

경문왕은 유儒·불佛·노老 삼교三敎를 융회融會하고자 한 임금으로,[4] 864년(경문왕 4) 지리산 실상사에 있던 수철화상을 초빙하여 선종과 교종의 같고 다름을 설명케 한 군주였다.[5] 그리고 지증대사를 미래에 반드시 성불할 큰 스님(당래불當來佛)이라고 하여 현계산의 안락사에 모신 단의장옹주端儀長翁主는 경문왕의 누이로 30여년 후 수철화상을 진성여왕의 명으로 양주 심원사로 모신 사람이었다.[6] 그렇다면 862년이나 863년, 즉 경문왕이 즉위하고 난 2~3년 사이에 자신을 초빙하려 할 때, 지증 도헌이 나서도 그리 큰 문제가 되는 것은 아니다.

그럼에도 불구하고 1~2년 정도 기다린 후 단의장옹주의 초빙에 응한 것은 지증 도헌의 개인적인 인연 때문이었다. 지증은 이에 대해 "돌아가신 한찬韓餐 김의훈金嶷勳 공公이 나를 제도하여 승려가 되게 하였다"고 설명하였다. 840년(문성왕 2) 17세의 지증 도헌에게 도첩을 주어 승려가 되게 한 김의훈은 838년(민애왕 1) 달구벌 전투에서 김흔金昕과 함께 민애왕 편에 서서 10만 대군을 지휘한 의훈義勳, 바로 그 사람이었다.[7] 이 일로 김주원의 증손 김흔金昕은 관계官界에서 물러나 소백산小白山에 들어가 칡옷을 입고 나물밥을 먹으면서 승려들과 지내다가 847년 8월 27일 사망한

4) 이지관, 1993, 「봉암사 지증대사 적조탑비」『역주 역대고승비문 - 신라편』.
5) 정병삼, 1992, 「심원사 수철화상탑비」(한국고대사회연구소편, 1992,『역주 한국 고대금석문』3).
6) 정병삼, 1992, 「심원사 수철화상탑비」(한국고대사회연구소편, 1992,『역주 한국 고대금석문』3).
7) 『三國史記』卷10 민애왕 2년 정월.

인물이고,8) 김의훈 역시 김흔과 같은 정치적 역정을 마쳤을 것으로 추정되는데, 그 과정에서 김의훈이 소백산 부석사에서 지증 도헌에 도첩을 주어 승려가 되게 한 것으로 생각된다. 그러므로 이러한 정치적 인연이 있었던 지증으로서는 경문왕의 최초 제의를 매우 신중하게 생각할 수밖에 없었을 것이다. 그러다가 경문왕이 실상산문 수철화상을 초빙하였다가 교선의 같고 다름을 문답하였다는 이야기를 듣고, 경문왕 누이인 단의장옹주의 제안을 수락했던 것이다.

당시 부론면은 비록 북원경의 관할 하에 있었지만,9) 남한강을 끼고 충주와 여주를 잇는 교통로에 있던 지역이었다. 그리고 822년(헌덕왕 3) 3월 김헌창의 난이 발생하였을 때, 국원경(현 충주)은 김헌창 지원을 했던 곳이었고, 북원경(현 원주)은 비록 경주 편에 섰지만 적극적인 입장을 표명하기보다는 관망하는 자세로 일관하였던 지역이었다. 그렇기 때문에 신라에서는 반란에 가담한 지역과 비록 적극 가담하지는 않았지만 관망하는 자세를 보인 지역에 대해서 새로운 정책을 실시하지 않을 수 없을 것인데, 지증의 비문에 굳이 "826년 흥덕왕이 즉위한 후 선강태자 충공忠恭을 감무監撫로 삼아 '사邪를 제거하여 나라를 평안하게 하였다'는 원칙을 제시한 것도 같은 맥락에서 이해할 수 있겠다.10) 그러나 비문에 안락사는 원래 아름다운 곳이긴 하였지만 영향력이 있는 스님이 없기 때문에 무주공산과 다름없었다고 서술한 것을 보면, 지증 도헌이 이곳에 오게 된 864년까지 근 40여 년간 충주와 원주, 여주를 잇는 남한강 유역은 여전히 정치적 입장을 모호하게 취해왔던 것 같다.

8) 『三國史記』 卷44 김흔.
9) 이인재, 2003, 「나말여초 북원경의 정치세력 재편과 불교계의 동향」 『한국고대사연구』 31.
10) 이지관편, 1993, 「봉암사지증대사적조탑비」 『역주 역대고승비문 - 신라편』, 301쪽.

단의장옹주端儀長翁主가 지증을 안락사에 모신 또 다른 이유는 이 지역이 단의장옹주의 식읍食邑이었다는 것이다.11) 단의장옹주로서는 이곳에 영향력을 회복할 필요성이 있었고, 지증 도헌의 입장에서도 선종 대중화 정책에 든든한 사원 경제력이 필요했던 만큼 거부할 이유가 없었다. 실제 지증 도헌은 구래의 안락사를 진압하고 거돈사로 개명하면서 1장 6척이 되는 거돈사 철불을 불대좌에 모셨고, 9세기 석탑으로서는 가장 신라적이고 전형적인 거돈사 삼층석탑을 건립하기 위해서는 그에 걸맞는 경제력이 뒷받침되어야 했다. 거돈사에 머문 지 15년만인 879년, 봉암사로 떠나기 직전에 자신이 소유하고 있던 토지 500결을 절에 기증한 것도 지증이 불사佛事에 얼마나 힘썼는지를 보여주는 사례라 할 수 있다.

그렇다면 지증 도헌이 선종禪宗이라는 새로운 체계를 가지고 나름대로 불사佛事를 성공적으로 수행할 수 있었던 힘은 무엇이었을까? 주지하다시피 선종은 821년 도의道義가 남종선을 처음 전해 온 이후 신라사회에서 본격적으로 수용되기 시작했다. 번잡한 교학체계에 사로잡혀 자신들만의 사상을 고집하고 부처와 열반, 해탈이라는 관념에 사로잡혀 있던 당시 교종 불교계에 정면으로 도전한 것이 선종이었다. 이 시기 선종은 의상이 체계화한 화엄일승법계도華嚴一乘法界圖(십현문十玄門·사법계四法界)에 입각한 불학佛學과 승관제僧官制라는 전국 사찰 및 승려조직을 내용으로 하는 교종과는 달리 4구표방四句標榜(불립문자不立文字·교외별전敎外別傳·직지인심直旨人心·견성성불見性成佛)의 불학과12) 산문山門이라는 거점 중심

---

11) 비문에는 이를 邑司所領으로 표현되어 있는데, 이는 곧 단의장옹주의 식읍지였음을 증명하는 것이다. 신라 통일기에는 지배층의 토지지배권을 인정하는 방식으로 식읍과 녹읍을 놓고 정치적 갈등이 계속되고 있었다. 이인재, 1995, 『신라통일기 토지제도연구』.

12) 四句 가운데 不立文字는 달마 설이라는 血脈論에서 보이고, 直旨人心과 見性成佛은 石頭가 그 의의를 밝힌 반면에 敎外別傳은 1098년 『祖庭事苑』에서 한번 정리되고, 1290년 천책이 『선문보장록』에서 선 우위를 강조하기 위한 주장이라

의 사찰·승려조직이라는 점에서는 차이가 있었다.

그렇다면 문자(불경이나 화두)에 구애받지 않고(불립문자不立文字) 곧바로 마음으로 들어가(직지인심直旨人心) 본성을 살펴 부처가 되라는(견성성불見性成佛) 선종의 가르침은 교종의 불학과 어느 정도 차이가 있는 것일까? 동同 시대 선종승려인 경유慶猷(871~921)가 '선종이란 본래 문자를 떠나 마음을 통해 속세의 번뇌를 터는 것'이라고 강조하였지만, 낭혜朗慧(801~888)가 양자에 대해 차이가 없다고는 할 수 없지만 전혀 다르다는 주장은 인정하지 않았던 것과 같다. 실제 9세기 선사들이 대부분 화엄 10찰에서 수학을 하거나 구족계를 받은 것을 보면,[13] 이들은 불경 공부는 충실히 하되 불경 자구에 구애받지 않고 절대 본질(승의勝義)를 자각하여 해탈하는 것을 목표로 삼고 있었다. 불학佛學에 있어서는 기왕의 교종과 본질적인 차이가 없었겠다는 것이다.

오히려 구체적인 차이점은 산문山門이라는 거점 중심의 사찰·승려조직에 있었겠다. 가령 낭혜의 사례에서 알 수 있는 바와 같이, 노동관의 도입, 종교 실천성의 회복 등은 이전의 체계와는 상당히 다른 점이 있다.

제자들을 깨우치기 위하여 다음과 같이 말하였다. "마음이 비록 몸의 주인이지만, 몸은 마땅히 마음의 스승이 되어야 할 것이다. 그런 생각을 하지 않음이 걱정이지 도道가 너희를 멀리하는 것은 아니다. 비록 (배우지 못한) 시골뜨기라고 할지라도 속세 얽매임에서 벗어날 수 있다. 내가

---

는 점을 근거로 9~10세기에는 교외별전을 제외한 三句를 중심으로 禪을 이해해야 한다고 한다. 추만호, 1992,「선종의 사회적 기반과 성격」『나말여초선종사상사연구』.

13) 혜철과 무염, 도헌과 절중은 부석사에서 공부를 하였고, 체징과 긍양은 보원사에서 구족계를 받았으며, 이관과 행적은 해인사에서, 도선과 경보는 화엄사에서 공부하였다.

달리면 반드시 나아가게 될 것이니, 부처와 스승이라고 해서 별다른 종자를 가지고 있는 것은 아니다."

또 다음과 같이 말하기도 하였다. "저 사람이 마신 것이 나의 갈증을 해소시키지 못하고, 저 사람이 먹은 것이 나의 배고픔을 채워주는 것이 아니다. 그러므로 노력하여 스스로 마시고 먹어야 하지 않겠는가! 교종과 선종이 같지 않다고 말하는 사람도 있지만, 나는 그 다르다는 종지宗旨를 보지 못하였다. 쓸데없는 말이 많은 것이고, 나는 알지 못하는 바이다. 대개 나와 같은 것을 한다고 해서 옳은 것이 아니고, 나와 다르다고 해서 그른 것도 아니다. 마음을 편안히 가지고 생활하며, 교사巧詐한 마음을 버리는 것, 이것이 수도하는 사람의 행동에 가까울 것이다. (부처의) 그 말은 분명하니 그대로 따르고, (부처의) 그 뜻은 오묘하니, 그대로 믿어라. 도道를 부지런히 행할 뿐 샛길 속의 샛길은 보지 말아라."

(대사는) 젊어서부터 노년老年에 이르기까지 스스로를 낮추어서 먹는 것을 남과 다르게 하지 않았고, 입는 것은 늘 같은 옷이었다. 건물을 짓고 수리할 때에는 남들보다 앞장서서 일하고, 늘 다음과 같이 말씀하셨다. "가섭께서는 진흙을 이기신 적이 있었는데, 내가 어떻게 편히 있을 수 있는가." 때로는 물을 길어 나르고 땔나무를 나르는 일까지 직접 하시면서 "산이 나 때문에 더럽혀졌는데 내가 어떻게 편히 있을 수 있겠는가"라고 말씀하시기도 하였다. 자기의 몸을 다스리고, 일에 힘쓰는 것이 모두 이와 같았다.

대사는 어려서 유가의 경전을 읽었고, 그 공부한 것이 여전히 입에 남아 있었으므로, 이야기를 주고 받을 때에는 위와 같이 운을 맞추어

말씀하시는 경우가 많았다. (이상 낭혜화상비)

　이는 결국 불문佛門 내에서 교종과 선종의 차이를 생각하지 않던 선종 도입 초기의 상황을 보여주는 것이고, 또한 대중적 실천 역시 불문佛門에 국한시키지 않고 당시 사회에서 풍미하고 있던 자급자족적 노동관을 수용한 상태를 보여준 것이라 하겠다.
　뿐만 아니라 지증 도헌 역시,『논어論語』의「삼성三省」곧 "남을 위하여 일을 도모해 줌에 충성스럽지 못한가? 붕우朋友와 더불어 사귐에 성실하지 못한가? 전해 받은 것을 제대로 익혔는가?"[14]와「구사九思」곧 "밝게 보고, 얼굴빛은 온화하게 하며 얻는 것을 보면 의를 생각하는가?"[15]를 고민하도록 훈계하는 수준까지 이르렀던 것이다.[16]
　그렇다면 결국 지증 도헌이 거돈사에서 20여 년간 머물면서 큰 성과를 거둘 수 있었던 것은 불교계 내부의 교종과 선종의 차이도 인정하지 않고, 그리고 대중 교화에 있어서 유교적 지식인들까지 포함할 수 있었던 삼교회통적 사고가 있었기 때문이 아니었을까 생각한다. 하지만 이러한 삼교회통적 사고가 거돈사 승려들의 일반적 사고는 아니었던 것 같다. 지증 도헌이 입적한 후 얼마 되지 않은 시점에 원주지역에 농민봉기가 일어나고, 이 봉기를 이어받아 유명한 양길이 등장하는 것을 보면 9세기

---

14)『論語』卷1 學而. "曾子曰 吾日三省吾身 爲人謀而不忠乎 與朋友交而不信乎 傳不習乎".
15)『論語』卷16 季氏. "孔子曰 君子有九思 視思明 聽思聰 色思溫 貌思恭 言思忠 事思敬 疑思問 忿思難 見得思義".
16) 이러한 선종 승려들의 교화력은 상당한 영향력을 발휘했던 것 같다. 한 예로 玄暉가 충주 정토사의 머물렀을 때의 상황을 살펴보면 다음과 같다. "그 州의 소문을 듣고 기꺼이 나아간 자가 百千이었다. 대사가 잠시 慈軒에 머물며 禪楊을 폈는데 사방에서 온 자가 茅堂에 가득하여 빽빽하기가 벼와 마를 세워 놓은 것 같았다. (중략) 在家弟子들이 孔子를 찬양함은 顏氏의 무리처럼 하고, 석가를 服膺함은 반드시 아난의 무리처럼 했다".

말 지중 도헌과 같은 원주 거돈사의 새로운 흐름은 원주 불교계 전체를 각성시킬 수 있을 정도로 넘쳐 있었다고 판단할 수는 없다.


## Ⅲ. 원공국사 지종의 생애와 거돈사

부론면 정산리 거돈사 터에는 1013년(현종 4)부터 1018년(현종 9)까지 왕사를 지내고, 1018년 국사로 추증된 원공 지종의 탑비가 남아 있다.[17] 글은 현종의 명에 따라 최충이 지었으며, 글씨는 김거웅이 썼다.[18]

지종은 930년(태조 13)에 태어난 이로, 속성은 이씨이고 전주 출신이다.[19] 아버지는 행순行順이고 어머니는 김씨였다. 8살 때에 개경에 있던 사나사숨那寺에서 출가했다는 것으로 보아 적어도 아버지 때부터 개경에 살았던 것이 되는데, 전주 출신이 개경에 살았다면, 아마도 왕건의 후삼국 통일전쟁과정에서 고려와 인연을 맺어 이주하였을 것이다.

지종이 8살에 출가하여 17살에 계를 받을 때까지 있었던 곳은 사나사와 광화사, 영통사 등이다. 사나사는 919년에 창건된 선종 사찰이고, 광화사廣化寺는 다른 기록에서 찾을 수 없으나 일반적으로 선종 승려들이 수업하는 과정에서 찾은 절이 선종 사찰이라 생각되므로 개경 부근의 선종 사찰이라 추정되며, 계를 받은 영통사靈通寺는 919년에 창건된 화엄종 사찰이다.[20]

---

17) 지종에 관한 연구로는 다음 논문이 참고된다. 김두진, 1983, 「고려 광종대 법안종의 등장과 그 성격」『한국사론』 4(한국정신문화연구원) ; 김용선, 1996, 「고려 전기의 법안종과 지종」『강원불교사연구』.
18) 아래 표는 김용선, 1996, 「고려 전기의 법안종과 지종」『강원불교사연구』를 참고하여 작성하였다.
19) 최충, 1025, 「거돈사원공국사승묘탑비」『한국금석전문』 중세 상.
20) 허홍식, 1986, 「개경사원의 기능과 소속종파」『고려불교사연구』.

| 나이 | 연대 | 활동 |
|---|---|---|
| 1세 | 930(태조13) | 全州人. 李氏. 父：行順 母：金氏 |
| 8세 | 937(태조20) | 舍那寺에 있던 인도 승려 弘梵三藏에게 出家하였으나, 弘梵의 歸國으로 廣化寺의 景哲和尙에게 受業. |
| 17세 | 946(정종 1) | 靈通寺에서 受戒함. |
| 24세 | 953(광종 4) | 曦陽山 鳳巖寺의 逈超禪師를 찾아 감. |
| 25세 | 954(광종 5) | 僧科 及第 |
| 30세 | 959(광종10) | 璨幽의 現夢으로 중국유학 결심. 光宗에게 출국을 고하자 송별연을 베품. 吳越國에 도착. 永明寺의 延壽禪師를 만나고 心印을 전해받음. |
| 32세 | 961(광종12) | 國淸寺로 옮겨 淨光大師에게 大定慧論으로서 天台 敎理를 배움. |
| 39세 | 968(광종19) | 僧統 贊寧과 天台縣宰 任埴의 부탁으로 傳敎院에서 大定慧論과 法華經을 강의 |
| 41세 | 970(광종21) | 璨幽의 現夢으로 귀국. 광종의 환대로 大師가 되며, 金光禪院에 거주. |
| 46세 | 975(광종26) | 重大師 磨衲袈裟를 하사받음→ 三重大師 水晶念珠를 하사받음(경종). |
| 61세 | 990(성종 9) | 積石寺로 이주. 법호：慧月, 왕의 친서로 궁궐에 올라가 설법. 磨衲袈裟를 하사받음 |
| 67세 | 998(목종 1) | 禪師. 佛恩寺·護國外帝釋院 등의 住持 역임 |
| 79세 | 1009(현종 1) | 大禪師. 廣明寺 住持 역임. 法號 寂然. |
| 84세 | 1014(현종 4) | 王師 |
| 87세 | 1016(현종 7) | 法號에 普化 첨가. 風疾을 앓음. 병으로 歸山을 권유받음. |
| 89세 | 1018(현종 9) | 4월 原州 賢溪山 居頓寺로 下山. 4월 17일 入寂. |

태조가 철원에서 즉위한 후 개경으로 도읍을 옮긴 다음 10곳에 사찰을 세웠는데 그 중의 하나가 사나사이다.[21] 사나사는 사나내원·사나선원·사나원 등으로 불린 사찰로, 일찍이 왕순식의 아버지 허월이 승려로 있었고, 920년에서 30년 사이 후삼국 통일전쟁 기간에 수미산문의 진철대사 이엄이 사나내원의 주지를 역임한 절이었으며,[22] 949년 이후 어느 시기에는 봉림산문의 원종대사 찬유가 국사로 책봉될 때 왕과 내신에게 설법하였던

---

21) 『三國遺事』 卷1 왕력 태조.
22) 한국역사연구회 편, 1996, 「광조사진철대사보월승공탑비」 『역주 나말여초 금석문』(상·하).

곳이고,[23] 951년 희양산문의 정진대사 긍양이 왕사로 책봉될 때 머물던 절이었던 곳이다.[24] 그리고 937년 지종이 출가한 다음 해인 938년 서인도의 승려인 실리전일라가 와 있었다.[25] 그가 홍범대사인데, 삼장三藏이라고 불린 것은 경·율·논의 3장을 밝히 알고 이를 유포하는 승려이기 때문이었다. 지종은 홍범에게서 삭발하였으나, 곧 귀국하였으므로 실질적인 수업은 광화사의 경철화상景哲和尙에게 받았다고 한다.

지종이 공부한 곳이 광화사이긴 했지만 사나사와의 교류는 항상 있었을 것이다. 17세 때 화엄종 사찰이었던 영통사 관단에서 계를 받고, 24세 때까지 개경에 머물렀다. 20세를 전후하여 원종대사 찬유와 정진대사 긍양이 사나사에 머물렀을 때 만났거나 설법을 들었을 법하다. 그런 이유로 24세 때에 긍양이 봉암사로 돌아가자 얼마 후 희양산 봉암사를 방문하여 형초선사를 만났을 것이고, 958년에 입적한 찬유가 꿈에 나타나 오월국으로 유학을 권했다는 일화도 생겨났을 것이다. 특히 긍양이 924년 유학에서 돌아와 강주 백암사에 머무르게 되었을 때, 921년 귀국하여 강주 삼랑사에 머물던 찬유가 개경으로 왕건을 찾아갔다는 것을 상기해 보면, 찬유와 긍양이 강주 시절 교류했을 가능성도 있고, 원종대사가 머물던 고달원이 후대 지종이 머물던 거돈사와 함께 천태종 연구를 이끈 주요 사찰로 지적된 곳이었음으로 미루어 보아,[26] 삼자간의 관계는 상당한 연관성이 있을 것이다. 그런 인연으로 24살 때에 봉암사를 찾아갔는데, 긍양의

23) 한국역사연구회 편, 1996, 「고달원원종대사혜진탑비」 『역주 나말여초금석문』 (상·하).
24) 한국역사연구회 편, 1996, 「봉암사정진대사원오탑비」 『역주 나말여초금석문』 (상·하).
25) 『高麗史』 卷2 태조 21년 춘3월 ; 임존, 「선봉사대각국사비」 『한국금석전문』 중세 상.
26) 허흥식, 1986, 「천태종의 형성과정과 소속사원」 『고려불교사연구』 ; 임존, 「선봉사대각국사비」 『한국금석전문』 중세 상.

제자 형초선사와의 짧은 만남이 다음과 같은 일화로 전해진다.

광순 3년(953, 광종 4) 지종이 희양산의 형초선사를 찾아갔다. 그 때 시자 스님이 법당에 물을 뿌리며 청소를 하고 있었는데, 마침 물을 뿌리지 않은 곳이 조금 있었다. 형초선사가 몇 군데 물 뿌리지 않은 곳이 있는데, 어떻게 할 것이냐고 묻자 시자 스님이 대답을 하지 못하고 있었다. 이에 지종이 대신 나서서 '다시 물 뿌릴 필요가 있습니까? 한번 청소를 맡겼는데요.'라고 거들었다. 형초 대사는 지종이 선한 마음으로 대답을 하는 것을 듣고, '깊이 알아 도가 생겼다(심식도존深識道存)'고 생각하였다고 한다.[27] 이후 지종은 개경 사나사로 돌아와 있다가, 954년 이후 25살에서 27살 때쯤 언젠가에 승과에 합격하였다.[28]

당시 광종이 승과를 실시하게 된 배경은 비문에 실려 있는 대로 광종이 왕위에 오른 뒤 법문法門을 숭상하여 원종대사 찬유의 3대조 스승인 단하丹霞 화상, 즉 선종에서는 목불을 소각하는 방법 등을 동원하여 되도록 불교의 형식에 구애되지 말고 스스로 불성을 찾아야 한다고 주장한 단하 화상과 같은 승려를 선발할 목적이 있었다.[29]

30살을 전후하여 오월국으로 유학을 결정한 것은 지종으로서는 당연한 공부의 귀결이었다. 승과 급제 후 동기생들이 모두 유학을 생각할 때 지종은 유학가지 않아도 공부를 계속할 수 있을 것으로 생각했다. 그러한 그가 유학을 결심하게 된 계기는 고달원 원종대사 찬유의 현몽이었다. 그가 굳이 찬유의 현몽을 강조한 것은 광종의 승과 실시와 관련이 있을 것이다. 뿐만 아니라 그가 처음 머리를 깎았을 때에 서인도 승려 실리전일라를 만났고, 크게 영향을 받은 찬유와 긍양도 모두 유학 승려였다. 더구나

---

27) 최충, 1025, 「거돈사원공국사승묘탑비」 『한국금석전문』 중세 상.
28) 허흥식, 1986, 「승과제도와 그 기능」 『고려불교사연구』.
29) 최충, 1025, 「거돈사원공국사승묘탑비」 『한국금석전문』 중세 상.

당시 중국에서는 법안종이 법안 문익 - 천태 덕소 - 영명 연수로 이어지면서 상당한 학풍을 조성하고 있었고, 이에 큰 도움을 준 승려가 고려 출신 제관과 의통이었다.

당시 오월왕 전홍숙이, 당 현각이 천태 지관의 입장에서 선종을 해석한 『선종영가집』을 읽다가 「동제사주同除四住」라는 어귀가 나와 그 의미를 물어 보려고 덕소를 불렀더니, 덕소도 스스로 해석하기보다 의적을 소개해 주었고 의적은 그 말이 『법화경 현의』에 나온 말이나 책이 없어 해외에서 구할 수밖에 없다하여, 오월왕 전홍숙이 직접 고려에 요청을 하였고, 고려는 그에 따라 961년(광종 12)에 제관을 보냈다는 일화의 주인공이 제관이다.[30] 이보다 앞서 의통이 오월에 간 때는 947년으로 추정되므로,[31] 당시 법안종이나 후의 천태종의 발전과 관련하여 고려 측의 역할도 무시할 수 없는 사정이었다. 이보다 앞서 도봉원의 혜거도 오월국에 유학을 갔다 왔고,[32] 그의 제자로 지종보다 두 살 어린 적연국사 영준도 지종이 유학갔다 돌아올 때쯤인 968년에 오월국의 영명사 연수선사에게 사사하여 지종과 법형제가 되었다.[33] 이러한 상황에서 원종대사 찬유가 입적한 후 꿈에 나와 "태산을 보지 않고서는 노나라가 작음을 알 수 없고, 바다를 보지 않고서는 황하가 좁음을 알 수 없다"고 권유하였다고 하니,[34] 지종의 유학 결심은 당연한 결과라 하지 않을 수 없다.

오월국에 건너가 만난 스승이 영명사의 연수선사였다. 연수延壽선사(904

---

30) 『佛祖統紀』卷23 吳王錢俶 ; 김철준, 1968, 「고려초의 천태학연구」 『동서문화』 2 ; 김철준, 1975, 『한국고대사회연구』, 337~338쪽.

31) 허흥식, 1986, 「천태종의 형성과정과 소속사원」 『고려불교사연구』 337~338쪽.

32) 『경덕전등록』 권25 고려 도봉산 혜거국사. 혜거국사는 청량 문익의 30문도중의 하나로 기록되어 있다.

33) 한국역사연구회 편, 1996, 「영영사 혜거국사비」 『역주 나말여초금석문』(상).

34) 최충, 1025, 「거돈사원공국사승묘탑비」 『한국금석전문』 중세 상.

~975)는 고려 승 혜거와 동문인 덕소의 제자이고, 960년부터 15년 동안 영명사의 주지로 있었다.[35] 연수선사가 영명사의 주지를 하는 동안 고려의 광종이 대사의 설법을 전해 듣고 사신을 보내 제자의 예를 올리고 금실로 짠 가사와 자수정으로 만든 염주와 금 차관 등을 바쳤으며, 고려에서 이후 36명의 승려를 보내 공부한 후 고려로 돌아와 제각기 한 지방을 맡아 교화하도록 하였다고 한다.[36]

그렇다면 36명의 승려 가운데 한 사람인 지종이 959년 중국으로 건너가 960년에 영명사의 연수선사를 만났으니, 지종이 승과에 합격한 후 광종의 후원 하에 연수선사를 만난 첫 번째 승려라 해도 좋을 것이다. 당시 지종을 만난 연수선사가 불법은 너희 나라에도 있는데 왜 바다 건너 먼 곳까지 왔는지에 대해 묻자, 지종은 법이 있는 곳은 어디든지 찾아본다고 답변하여 연수선사에게 크게 인정을 받고 심인心印을 받았다고 한다.[37]

연수선사는 당시 선종이 신비주의로 흐르는 것을 상당히 경계하였다. 당시 상황을 "오늘날 법을 잇는 것이 옛 가르침을 보지 않으면서 다만 자신의 생각만을 오로지 함으로써 절대적 가르침에 맞지 않는다"고 하였고,[38] "오늘날 배우는 이들이 대체로 보고들은 것을 적으면서 스스로의 생각에 집착하여 훌륭한 가르침을 열어 보지 않는다"고 하는 등,[39] 많은 선종 승려들이 경전을 읽지 않고 지식이 결여된 것을 지적한 바 있다.[40]

---

35) 『경덕전등록』卷26 항주 혜일 영명사 지각 연수선사.

36) 『경덕전등록』卷26 항주 혜일 영명사 지각 연수선사.

37) 최충, 1025, 「서돈시 원공국사승묘탑비」『한국금석전문』중세 상.

38) 『종경록』卷43.

39) 『종경록』卷61.

40) "擧一心爲宗 照萬法如鏡"을 제목으로 정한 『종경록』은 선종에서의 마음과 천태 화엄 법상에서의 마음과의 같고 다름을 연구한 글이라고 한다. 현견·김동숙, 2015, 「종경록 집성의 시대적 배경과 그 사상적 가치」『철학사상』 55. 한편 또 연수의 다른 저서인 『만선동귀집』은 선과 염불과의 관계를 밝히는 선정쌍수

이러한 입장에 있었던 연수선사로서는 법, 즉 경전이 있는 곳은 어디든지 간다는 지종의 의지를 높이 평가하였음에 틀림없다.

이후 지종은 국청사로 옮겨 정광대사에게서 「대정혜론」을 배웠다. 국청사는 절강성 태주부 천태현 천태산에 있는 절로 회창 폐불 사건(845) 이후 황폐해진 곳이고, 천태종의 중흥조라고 할 수 있는 의적義寂(919~987)은 고려와 일본 등지에서 전적典籍을 구하여 연구하고 955년 이후 같은 천태산에 있는 전교원傳教院의 개산조가 된 승려였다.[41] 그가 오월왕의 명으로 법화경을 강하여 정광대사라 칭하였으므로, 지종이 의적에게 배우고, 이후 승통僧統 찬녕贊寧과 천태현의 현령인 임식任埴에게 「대정혜론」과 『법화경』을 강의했다는 것은 7~8년 동안의 유학생활이 마칠 때가 되었다는 것을 의미하는 것이었다. 지종이 귀국을 결심하게 된 배경 역시 원종대사 찬유의 현몽現夢이었다. 찬유와 찬유의 스승인 단하, 단하를 모델로 한 광종의 승과 실시, 광종과 연수선사와의 관계, 찬유의 유학 및 귀국 권유 등 일련의 사건을 감안해 보면, 지종과 광종은 매우 친밀한 관계였을 것이다.

970년(광종 21) 41살의 나이로 광종의 환대를 받으며 귀국한 지종은 이후 20여 년 동안 금광선원에 머물면서 제자들을 가르쳤다. 승계僧階도 무난히 올라 광종 당시 대사에서 중대사로 올랐고, 경종대 삼중대사로 올랐으며, 마납가사도 받고 수정염주도 받았다. 『육조단경』에 서술된 바와 같이 당 중종이 6조 혜능에게 비단으로 짠 가사와 수정 염주를 하사한 것처럼 대우를 받았다. 61살 때 적석사로 옮겨 주지하였고, 성종이

의 정토신앙에 대해 연구한 글이라고 한다. 영명 연수는 선과 정토가 함께 있으면, 현세에서는 인간의 스승이 되고, 내생에서는 부처와 조사가 된다고 했다. 인경, 2000, 「선정일치에 관한 사상사적 고찰」『대각사상』3 ; 정광균, 2015, 「영명 연수의 원융심성과 귀결점」『정토학연구』24.

41) 『송고승전』卷7 송천태산 나계 전교원 의적전.

부르자 궁궐로 찾아가 설법을 하였으며, 목종대 79살 될 때까지 불은사, 호국외제석원의 주지를 역임하였다.

현종 때에는 광명사의 주지를 지냈다. 그러다 1014년(현종 5)에 현종이 대사를 왕사로 모시자는 조서를 내리자 여러 신하들이 모두 찬성하였다. 이에 현종은 당시 아상亞相이었던 유방庾方과 장연우張延祐·이방李昉 등을 보냈는데, 대사는 여러 번 사양하다가 마침내 왕사가 되었다. 왕사를 맞이하는 예에 따라 현종은 친히 가서 절하고, 금실과 은실로 짠 비단 법의法衣와 여러 도구, 그리고 차와 향을 바쳤다. 왕사로서 지종은 3년 동안 충실한 역할을 다하였다. 이후 병이 들자 주위에서 물러나 쉬기를 권하였으나, 지종 자신이 개경에 머무는 것은 자신만을 위한 것이 아니라고 하여 거절하였으나, 마침내 2년 후인 1018년(현종 9) 4월 원주 현계산 거돈사로 하산하였고 그 달 17일 89세의 나이로 입적하였다. 나중에 이규보가 설명하는 바에 따르면 지종이 원주 거돈사로 하산한 이유는 광명사의 본사가 거돈사이기 때문이었다.[42]


## Ⅳ. 맺음말

이 글은 869년부터 879년까지 20년 동안 거돈사에 머물렀던 지증 도헌을 중심으로 신라 하대 선종 승려와 사찰이 교종의 사회적 역할 감소와 관련하여 어느 정노 자별성을 가지고 있었는지를 살펴보고, 선종 승려와 사회세력과의 관계가 지방세력 중심으로 되어 있었는지를 살펴 본 다음, 이로부터 140여 년이 지난 1018년 4월초 언저리 거돈사에 하산하여 4월

---

42) 『東國李相國集』卷35. "임금이 광명사가 궁궐에 가까우므로 거기에 머물기를 청하고 따라서 거돈사를 본사로 삼아 향화의 경비를 충당하게 하였다".

17일 입적한 원공 지종을 중심으로 광종대 법안종의 성립을 교선일치의 관점에서 분석할 수 있는지를 살펴보고, 그와 함께 법안종 승려들이 과연 광종 후반기 정치세력 간 대립의 극복에서 어느 정도 역할을 하였는지에 대해 살펴보았다. 이러한 목표에 따라 지금까지 정리한 내용을 요약하면 다음과 같다.

첫째, 화엄사찰로 추정되는 원주 소재 안락사에 선종 승려인 지증 도헌이 머물게 된 것은 경문왕의 불교 정책 때문이었다. 경문왕은 유儒·불佛·노老를 융회融會하고자 한 임금이었는데, 그는 교종과 선종의 차이도 인정하지 않고, 대중 교화에 있어서 나름대로의 역할을 하였던 유교 지식인까지 포괄하고자 하였다. 경문왕이 삼교융회정책을 실시한 배경에는 당시 신라에 삼교융회三敎融會을 추구하는 지식인들과 신앙집단들이 있었기 때문이었다.

둘째, 그러나 부석사에서 구족계를 받고 계룡산 수석사와 주변 사찰에서 신앙생활을 하던 지증 도헌이 북원부 안락사로 옮기게 된 직접적인 계기는 단의장옹주와의 개인적인 친분 관계 때문이었다. 오랜 기간 왕실 불교세력을 이끌었던 단의장옹주는 자신의 식읍이 있었고, 김헌창의 난을 겪은 후 애매한 정치적 입장을 취했던 북원부 지역을 안정시킬 목적이 있었다. 이에 희양산문의 지증 도헌을 초빙하여 북원부민北原府民의 정신적 안정을 도모하려 했고, 이러한 단의장옹주의 의도에 따라 지증 도헌이 20여 년간 이 지역에 머물면서 신라의 입장에서 북원부의 동요를 막을 수 있었다.

셋째, 거돈사에 머물면서 지증 도헌은 원주 농민들의 동요를 막았을 뿐만 아니라 879년 심충의 요청으로 문경에 봉암사를 창건함으로써 문경 농민들의 동요도 막고자 하였다. 그 공로로 881년 지증 도헌은 헌강왕과, 선종의 사회적 역할에 대해 의견을 교환할 수 있었고, 헌강왕도 그 공로를 인정하여 882년 지증 도헌이 입적한 후 얼마되지 않은 885년 최치원에게 비문을 짓게 하고, 비를 세워 기념케 하였다.

넷째, 희양산문의 지증 도헌이 882년 거돈사에서 입적한 후 140여 년이 지난 1018년 4월초 개성에 머물던 법안종 승려 원공국사 지종이 거돈사로 하산하여 그해 4월 17일 입적하였다. 그가 원주 거돈사로 하산한 이유는 나중에 이규보가 설명한 바에 따르면 광명사의 본사가 거돈사이기 때문이었다.

다섯째, 지종은 8세에 출가하여 959년 30세의 나이로 유학가기 전에는 선종을 공부하였다. 희양산문의 형초선사와의 교류나 봉림산문의 원종 찬유와의 교류로 보아 유학전 그가 선종을 깊이 공부하였음을 알 수 있다.

그런데 오월국에 건너가 만난 스승이 영명사의 연수선사였다. 연수선사 는 당시 선종이 신비주의로 흐르는 것을 상당히 경계하여 선종 승려들에게 경전을 읽을 것을 상당히 장려한 인물이었다. 이러한 스승의 가르침에 따라 유학시절 지종은 「대정혜론」과 『법화경』을 깊이 있게 공부한 후 귀국하였다.

여섯째, 그러나 지종의 행적만으로 법안종의 교선일치적 성격을 파악하 기는 쉽지 않다. 「대정혜론」과 『법화경』을 심도 있게 공부했다고 해서, 교선일치적이라고 보기는 어렵다. 그러므로 이러한 성격은 앞으로 좀 더 규명되기를 기다려야 한다.

요컨대 9세기 선종 사찰의 건립은 교종의 타락에 따른 것이 아니라 신라 왕실의 산교융합정책의 일환으로 된 것이며, 그리고 동시대 신라 왕실의 지방정책에 따라 여러 산문의 승려들이 지방에 거수하면서 지방 유력층의 정신적 지주이면서 농민들의 교화를 담당하게 되었다고 할 수 있다. 하지만 10세기 법안종 성립의 의의에 대해서는 분명한 증거를 찾기 어렵다. 원공 지종이 유학시절 「대정혜론」과 『법화경』을 주로 공부한 것은 사실이지만, 이를 근거로 법안종의 교선일치적 성격을 내세우기는 어려운 측면이 많다. 이 점이 확인되어야만 법안종 성립의 역사적 의미를 보다 분명하게 파악할 수 있을 것이다.

# |제8장|

# 흥법사 선사禪師 충담忠湛(869~940)의 생애와
## 충담비 마멸자磨滅字 보완 수용 문제

## Ⅰ. 문제의 제기

강원도 원주시 지정면 안창리 흥법사 터에는 충담 승탑비(이하 충담비)의 귀부, 이수와 함께 흥법사 3층 석탑이 있다. 임진왜란 당시에 조각난 충담비의 일부 비신碑身은 사라지고 나머지는 현재, 국립중앙박물관에 일부 소장, 전시되어 있으며, 충담 승탑과 석관 역시, 국립중앙박물관 야외에 전시되어 있다. 나말여초 여러 선사들의 승탑과 승탑비가 상당히 많음에도 불구하고, 승탑, 승탑비와 함께 석관이 모두 갖추어진 사례는 충담의 경우가 유일하다.

충담비는, 비문碑文을 고려 창업주인 태조 왕건이 직접 짓고, 비문의 글씨도 쇵희지체로 쓴 당나라 태종의 글씨를 최언위의 아들 최광윤이 집자集字함으로써, 충담비의 성가聲價를 세상에 드높일 수 있었다. 이 시기 임금이 비문을 지은 사례는 신라 경명왕의 봉림산문 심희비와 고려 왕건 태조의 흥법사 충담비 둘 뿐이고, 더구나 당 태종의 글씨를 집자한 것은 충담비가 유일하므로, 글씨를 쓰는 사람뿐만 아니라, 역사 정치 불교에 관심에 있던 많은 사람들의 관심이 집중된 것은 어쩌면 당연한 일이겠다.

그런데 1635년(인조 13) 강원도 관찰사로 부임했던 이민구李敏求 (1589~1670)는 충담비에 대하여, "이 비는 (사람들이) 탁본을 (하도) 많이 하여, 어떤 관리가 (너무 많은 사람들이) 탁본하는 것을 귀찮게 여겨 고을 관아에 옮겨 놓았는데, 근년에 한 무인이 이 고을 영장으로 와서 대장간을 설치하고, 그 위에 쇠를 단련하다가 돌이 깨어져 여러 조각으로 망가졌다. 을해년(1635)에 내가 강원도에 부임하여 돈을 주고 (그 조각들을) 찾았는데, 주춧돌이나 담장 밑돌, 다듬잇돌로 쓰이고 있었다. 크고 작은 것이 8조각이고, 그 중 2조각은 끝내 구하지 못하였다. 공인으로 하여금 탁본케 하여 비석 모양으로 만들어 대강 글을 읽었다. 숭정 9년(1636) 병자 4월 일"이라고 기록해 두었다.[1]

흥법사 터에 있어야 할 충담비가 감영 자리로 옮겨 가게 된 내력에 대해서 오경석(1831~1879)은 또 다른 정보를 제공하고 있는데, 1856년 도천서원(흥법사 터의 후신)에 재직 중인 분의 구술에 따라 임진왜란 당시 왜구가 수레에 싣고 동쪽으로 이동시킨 일이 있음을 확인한 바 있다. 그러므로 충담비는 임진왜란 당시 이동과정에서 조각이 났고, 조각 가운데 일부가 감영에 있다가, 이민구가 보았을 즈음 다시 8조각인 상태로 남아 있었는데 그 가운데 6조각만 수습했던 것으로 이해된다. 1856년 당시 실제 오경석이 본 것은 인터뷰 당일 원주 감영에 남아 있던 2조각, 다음날 객관이었던 학성관 동쪽에 있던 1조각, 그리고 원주 주민이 빨래하면서 빨래판으로 쓰고 있던 작은 조각 하나 뿐이었다.[2] 이민구 때의 6조각이 오경석 때에는 비 상단부 1조각, 비 하단부 3조각 등 모두 4조각만

---

1) 李敏求, 1636,「興法寺碑歌幷序」『東州先生前集』7 ; 金惠婉 편, 2004,「興法寺眞空大師塔碑」『原州金石文大觀』.
2) 吳慶錫, 1858,「興法寺眞空大師碑」『三韓金石錄』.

남게 된 것이다.

이 4조각이 일제강점기 때 이왕가박물관에 옮겨졌다가, 현재는 국립중앙박물관 수장고에 보관되어 있다. 그렇다면 임진왜란 당시 중간부분 조각들은 모두 사라진 것으로 이해된다. 그런데 이런 상황에 대해 남은 의문이 없는 것은 아니다. 가령 오경석이 본 충담비 남은 조각 탁본에는 "통현상좌, 광휴장로, 혜태장로"로 쓰여진 조각이 있었던 것이 분명한데, 『조선금석총람』에는 없다. 그리고 원주시청의 김성찬이 제공한 탁본 사진에는 "공지구요恭地久天" 네 자가 있는데, 이 조각도 현재 전해지지 않는다. 그러므로 충담비는 큰 조각, 작은 조각, 아주 작은 조각 등 여러 조각으로 쪼개졌다고 할 수 있다.

한편 비문은 모두 30행인 것은 확실하나, 한 행에 몇 자씩 있었는지는 확인하기 어렵다. 중간 부분이 잘려 나간 탓이기도 하고, 당태종의 글씨를 모아서 모각摹刻하였기 때문에 글자 크기가 같지 않기 때문이기도 하다. 이번 복원 과정에서는 일단 총 30행, 1행 평균 65자로 하였다. 1행 65자 추정은, 허흥식의 『금석전문』을 활용하였다. 물론 복원과정에서 『금석전문』 추정글자에 대해서 의문을 갖지 않은 것은 아니었다. 원래 금석문이라는 것이 원석과 탁본을 근거로 하는데, 원석과 탁본이 없는데도 불구하고 허흥식은 충담비의 없어진 부분에 대한 추정글자를 제시했다. 그럼에도 불구하고 허흥식의 추정 보완 글자에 대해 필자가 기본적으로 신뢰하는 것은 오래전 『금석전문』을 저본으로 금석문 공부를 시작한 탓도 있지만, 『금석전문』의 많은 한계에도 불구하고 충담비 복원 과정에서 허흥식이 시도한 추정에 믿을 만한 부분이 많다고 판단하기 때문이다. 그 결과 충담비의 경우 필자가 추정하더라도, 허흥식이 추정한 바와 같을 것이라는 생각에 1행 65자를 주장하게 된 것이다.[3]

특히 양기 가운데에서도 흥법사 절 이름이라든가 영봉산 산 이름, 왕사라는 승직 이름 등등의 추정 사항은 음기에 들어 있는 용어이기도 하고, 다른 비문들과 대비하여 사용했을 가능성이 농후하므로 추정 자리에 들어갈 수 있다는 생각도 든다. 나머지 추정 보완자도 태조 왕건이 그런 용어와 문장을 썼을 가능성은 매우 높다.

  물론 의심이 가는 글자도 있다. 가령 추정 글자 가운데 "근자강서近自江西 유어해예流於海裔" "봉림가우鳳林家于 장경증손章敬曾孫"이라는 구절은 수용하기 어렵다. 누구나 예상하겠지만, 이 구절은 이 시기 충담의 소속 산문을 밝히는데 결정적인 자구이다. 충담이 봉림산문이라는 것이다. 이 구절에 대해 지관당은 "봉림가자鳳林家子 장경증손章敬曾孫"으로 교정, 수용하였으며,4) 필자도 함께 참여한 한국역사연구회 나말여초 연구반에서도 "봉림가우장경증손鳳林家于章敬曾孫"이라는 자구를 받아들여 충담을 봉림산문으로 분류하였으며,5) 필자 개인 논문에서도 충담을 봉림산문 스님이라는 견해

---

3) 이준성, 2009, 「흥법사비 교감문 작성요령 및 범례」『이인재 편, 원주금석문집 제2집』. 당시 탁본은 네 개를 활용하였는데, 탁본1은 조동원본, 탁본2는 김명성 소장본, 탁본 3, 4는 국립박물관 소장본을 말한다. 탁본1의 경우 비면에 글자 새김이 가능한 칸 수는 30행 x 65(자)=1,950자(실제 1,954칸)인데, 공란이 확실한 칸 수는 21칸이고, 중간부분이 망실되어 결락한 칸 수가 776칸, 탁본1에서 마멸된 칸 수가 128칸, 마멸되었지만 추정한 글자 수가 2, 그러므로 탁본1에서 확인 가능한 글자는 모두 1,052자이다. 그런데 탁본 2, 3, 4를 통해 결락 칸 가운데 확인 가능한 글자가 70자이고, 마멸 칸 가운데 확인 가능한 글자가 56자이므로, 총 1,178자가 현재 확인할 수 있다. 그런데『이인재 편, 원주금석문집 제2집』수록 탁본(금석원 포함)에는 없지만,『금석전문』에만 보이는 양기 글자가 128자이다. 허흥식이『금석전문』에서 추정 보완한 글자 가운데에는 신뢰할 수 있는 글자가 많다. 가령『총람』에는 없는 음기 부분의 통현상좌, 광휴장로, 혜태장로 등 12자는 1856년 비석 조각을 본 오경석이, 상좌, 장로를 인용하여 본인이 그 역사적 의미를 설명하고 있어서 원래 비문에 있었던 것이 틀림없다.
4) 李智冠, 1994, 「原州 興法寺 眞空大師塔碑文」『歷代高僧碑文 - 高麗篇1』.
5) 한국역사연구회 나말여초연구반, 1996, 「興法寺眞空大師塔碑」『역주 나말여초 금석문』(상·하).

를 수용한 바가 있다.[6] 그런데 실제 봉림산문 소속 스님들의 일대기를 분석해 본 결과 오히려 봉림산문이 아닐 가능성이 더 높다고 지금 현재 판단하고 있다.

그러므로 이 글에서는 우선 충담이 봉림산문 소속 스님이 아닐 가능성을 서술한 다음, 이를 기초로 『전문』의 추정 보완 글자를 선택 수용한 가운데, 고려 태조 왕건이 충담비를 직접 지은 이유를 살펴본 후, 충담의 생애를 정리하는 방식으로 논지를 전개해 보고자 한다.


## Ⅱ. 충담의 봉림산문 소속 여부

충담 소속 산문의 추정은 남아있는 충담 승탑비 하단부 13행에 있는 "경등운개선우俓登雲蓋禪宇 건례정원대사虔禮淨圓大師"라는 구절과,[7] 허흥식이 추정 보완한 "근자강서 유어해예近自江西 流於海裔" "봉림가우장경증손鳳林家于章敬曾孫"이라는 구절의 수용 여부에 따라 달라진다. 운개선우雲蓋禪宇는 운개사雲蓋寺를 말하는데 중국 남창부南昌府에 있던 절이다. 정원대사淨圓大師는 같은 비문에 석상石霜 경저慶諸(807~888)의 제자로 나오므로, 정원을 운개 지원志元으로 해석하는 것도 인정할만하다.[8] 그러므로 충담이 허흥식이 추정 보완한 강서江西[9], 즉 마조 도일의 법통을 이었다고 보려면 몇 가지 보완 설명이 필요하다.

가령 찬자인 태조 왕건이 서문의 서문에서 마조 도일로 법통을 잡고,

---

6) 이인재, 2001, 「나말여초 원주불교계의 동향과 특징」『원주학연구』 2.

7) 현 탁본에는 이 부분도 잘 보이지 않는다.

8) 崔柄憲, 1978, 「新羅末 金海地方의 豪族勢力과 禪宗」『韓國史論』 4.

9) 江西 : 馬祖 道一(709~788). 713년에서 741년 사이에 남악 회양에게서 선을 익히고, 766년에서 779년 사이에 江西 개원사에서 선풍을 드날렸다(불운).

서문의 본문에서 운개 지원에게 공부한 사실을 기록할 수도 있었겠다. 당시 유행했던 스님들의 중국 유학 생활을 보면 충담 역시 법통이 다른 스님들을 만났을 가능성은 많다. 예를 들면 지금까지 같은 봉림산문이라던 원종 찬유 역시, 마조 도일 계통이 아닌 청원 행사의 법통을 잇는 스님(투자 대동)을 만났다. 찬유의 법 스승인 현욱이 마조 도일의 법통을 잇는 장경 회혼에게서 공부한 것과 비교하면, 원종 찬유는 공부의 폭을 한층 넓혔다고 이해할 수 있겠다. 그럼에도 불구하고 원종 찬유의 경우 비문 서문의 서문에서 마조 도일의 법통을 잇는다는 표현은 없는데, 태조 왕건이 글을 지으면서 굳이 충담의 두 법통을 모두 적었을까 하는 의아함은 여전히 남는다. 그럼에도 불구하고 충담이 봉림가鳳林家일 가능성이 있으므로, 혹시 충담이 살아가면서 심희, 혹은 현욱, 찬유와 한번 정도 만났을 것인가를 따져보지 않을 수 없다. 충담비에서 현욱과 찬유와 만났으리라는 추정이 되는 자구는 현재로는 하나도 없고, 심희와는 만났을 가능성만 있다.

일단 이 문제를 해결하기 위해서 현욱과 심희, 찬유의 공통점을 찾기 위해 세 사람의 일대기를 정리하면 아래 표와 같다. 세 사람 모두 혜목산 고달사 생활을 하였다. 찬유와 충담이 같은 해에 태어났으므로, 충담 역시 고달사 생활을 할 수도 있었겠지만, 비문 상에서는 그 흔적을 찾을 수 없다. 뿐만 아니라 충담이 귀국하여 입적할 때까지, 즉 김해 생활과 개경 생활에서 찬유와 겹쳐 생활한 흔적도 없다. 그러므로 봉림산문의 현욱과 찬유가 충담을 만났을 가능성은 현재로서는 없었다.

그러면 이제 심희와 충담이 만났을 가능성에 대한 검토만 남게 된다. 현존하는 두 비문에 의거해서 두 사람이 만날 가능성을 추정해 볼 수 있는 단서가 충담비에서 중국 유학 중인 충담이 918년 6월 김해로 귀국하였다는 사실과, 심희비에서 같은 해 10월 심희가 김해에서 경주로 갔다는 사실이다. 그러므로 6월에서 10월, 이 넉 달 사이에 두 사람이 만났을

〈혜목산문 주요 승려의 이력〉

| 연도 | 현욱 | 이관 | 심희 | 찬유 | 충담 |
|---|---|---|---|---|---|
| 787(원성03) | 김씨,동명관족 | | | | |
| 808(애장09) | | | | | |
| 824(헌덕16) | 당유학(38) | | | | |
| 837(희강02) | 귀국(51) | | | | |
| 840(문성02) | 혜목산(54) | 입문(20?) | | | |
| 850 | | | | | |
| 853 | | | 탄생 | | |
| 861 | 고달사(75) | | | | |
| 863(경문03) | | | 입문(09) | 864? | |
| 868(경문08) | 입적(82) | | | | |
| 869(경문09) | | | | 탄생 | 탄생 |
| 873(경문13) | | 설산(43) | 구족계 | | |
| 880 | | 입적(50) | | | |
| 881(헌강7) | | | | 입문(13) | |
| 888 | | | 송계(34) | | |
| 889 | | | | | 구족계(무주 영신사, 21) |
| 890 | | | | 구족계(22) | |
| 892 | | | | 유학(24) | |
| 893 | | | 설악 | | |
| 899 | | | 명주피란(45) | | |
| 900 | | | 봉림사 | | |
| 918 | | | | | 귀국(52) |
| 921 | | | | 귀국(53) | |
| 923 | | | 입적 | | |
| 924 | | | | 혜목산(57) | |
| 940 | | | | | 입적 |
| 952 | | | | | |
| 953 | | | | 사나원(85) | |
| 954 | | | | 혜목산 | |
| 958 | | | | 입적(90) | |

가능성이 있다. 실제 충담비를 보면, 귀국 후 활동에 대해 "구어문신倶於問訊 경변교심慶抃交深, 수월론선數月論禪 주년문법周年問法"이라고 하여 근 1년 동안 선禪과 법法에 대해 토론을 했다는 것을 보면, 토론 상대 중에 심희가 있었을 가능성도 있다. 그런데 이러한 서술은 스승과 제자가 만나는 장면 묘사는 아니다. 찬유의 경우 스승 심희와의 첫 만남은 융제선사가 추천한 결과였고, 921년 찬유 귀국 후 봉림사로 심희를 만나러 갈 때 스승 심희가 제자와의 해후를 기뻐하고, 앞으로 제자에게 기대하는 당부 묘사 장면이 있다. 충담이 4개월 사이에 제자로서 스승인 심희를 만났다면, 태조 왕건 역시 비슷한 분위기를 묘사하는 서술 장면이 있었을 것이다. 그런데 단지 "선을 논하고(논선論禪), 법을 물었다(문법問法)"라고만 서술하고 있다. 찬 유와 심희가 만나는 장면묘사와는 현저한 차이가 있는 것이다. 그렇기 때문에 현재 자료만으로는 충담과 심희가 사제관계라는 증거는 어디에도 없다. 그러므로 충담을 봉림산문이라고 평가하기에는 주저하는 면이 없을 수 없고, 그리고 이는 허흥식이 추정 보완한 "근자강서 유어해예近自江西 流於海裔" "봉림가우장경증손鳳林家于章敬曾孫)"이라는 구절의 수용이 매우 어렵다는 판단의 근거가 되기도 한다.


## Ⅲ. 태조 왕건이 충담 비문을 직접 작성한 이유

940년 7월 18일 입적한 충담의 소식을 들은 태조 왕건은, "가슴이 미어져 충담 스님의 큰 덕을 추모함이 더욱 애절하다"고 하였다. 충담을 처음 만났을 때 "과인은 어려서부터 무武에 전념하느라 학문을 정밀히 하지 못하여 선왕의 법을 알지 못한다"고 했던 태조 왕건이고 보면, 개인적 인 친분만으로 충담의 비문을 직접 짓겠다는 생각을 했을 가능성이 매우 컸겠다. 그럼에도 불구하고 한 왕조의 창업군주로서 수없이 많은 불교계 인사들과 교류한 태조 왕건이 굳이 충담의 비문을 직접 지어, 당대 사람들이 보기에 다른 불교계 인사들과 다른 대우를 한 것에 대해, 무언가 특별한 사유가 없었을까 하는 생각을 안할 수도 없다. 이러한 문제를 풀기 위해 주목해야 할 몇 가지 사항을 정리하면 다음과 같다.

우선 관심을 끄는 비문 서술 내용 중의 하나가, 왕건이 충담의 생애를 압축하면서, "설산성도雪山成道 연동증심塵洞證心 전십팔대지조종傳十八代之祖宗 통삼천년지선교統三千年之禪敎"했다는 것이다. '설산성도雪山成道 연동증심塵洞證心'은 당연히 석가와 가섭의 이야기로서, 선禪의 기원에 대한 설명이다. 이 이야기는 나말여초 선사들의 법통을 설명할 때, 용어 선택에는 차이가 있지만 어느 누구를 설명할 때도 항상 거론되는 구절이다. 그런데 선禪의 가르침, 즉 선교禪敎의 계보를 설명할 때 태조 왕건은 특별히 고대 인도 불교사의 정리를 충담 업적 평가의 중심에 두었다. 서문의 서문에서 12조 마명馬鳴10)과 14조 용수龍樹11)를 거론한 것도 그러한 맥락에서 이해할 수 있을 것이다. 이러고 보면 필자가 충담을 보는 관점이나, 허흥식의 관점이 상당히 유사함을 엿볼 수 있다. 그는 비가 깨져버려 사라진 글자를 추정 보완하면서 2조 경희慶喜12)와 3조 화수和修13)를 거론한

---

10) 馬鳴 : 중인도 마갈타국 사람. 불멸 후 6백년경에 출세한 대승의 논사. 본디 외도의 집에 나서 논의를 잘하며 불법을 헐뜯다 협존자가 북쪽으로 와서 토론을 하여 설복하여 그의 제자가 되었다고 한다. 저서에는 『大乘起信論』 1권, 『大莊嚴論經』 15권, 『佛所行讚』 5권 등이 있다고 한다(불운).

11) 龍樹 : 인도의 내승불교를 크게 드날린 이. 기원전 3~2세기 남인도 사람. 마명의 뒤를 이어 대승불교를 성대히 선양하니, 대승불교가 이로부터 발흥하였다(불운).

12) 慶喜 : 阿難陀 줄여서 阿難. 無染, 歡喜, 慶喜라 번역. 부처님의 사촌 동생으로서 8세에 출가하여 수행하는데, 미남인 탓으로 여자의 유혹이 여러 번 있었으나 지조가 견고하여 몸을 잘 보호하여 수행을 완성하였다(불운).

13) 和修 : 商那和修. 인도에서 付法藏의 제3조. 중인도 왕사성에서 출생, 뒤에 아난의

것은 필자의 관점에서도 충분히 수긍할 만한 사항이다. 즉 충담의 불교 연구가 당대까지의 중국 불교보다는 인도 불교 정리에 초점을 두고 있다는 허흥식의 평가는 매우 뛰어난 안목이라 판단하지 않을 수 없다.

사실 태조 왕건은 943년(태조 26) 후대 왕들이 지켜야 할 고려 국가 통치 원칙의 대강大綱을 설명하면서, "우리나라는 오래 전부터 당나라 풍을 존중하여 문물예약이 모두 당제를 준수해 왔는데, 풍토도 다르고 인성도 다르니(수방이토殊方異土) 반드시 같을 필요가 없다(불필구동不必苟同)"고 하였다.14) 이러한 태조 왕건의 수방이토론殊方異土論은 아들인 광종이 주장한 '용하변이론用夏變夷論', 즉 중국의 제도를 써서 고려를 변화시킨다는 정책 입론하고는 상당히 강조점이 다르다. 아마도 태조의 수방이토론殊方異土論은 신라 통일기에 수·당隋唐제도를 당이상잡唐夷相雜적 관점에서15) 수용했던 역사성을 염두에 둔 정책이기도 하다.

그러므로 왕건이 추진한 여러 불교 정책 가운데의 하나인 대장경 연구 후원은 매우 흥미롭다. 「긍양비」의 "민중과 구녕에 사신을 보내 대장경 진본을 구했다"거나 『고려사』에 서술된 바와 같이 "928년(태조 11) 신라 스님 홍경이 당나라 민부에서 대장경 1부를 배에 싣고 예성강에 도착하니, 왕건이 친히 영접하여 제석원에 머물게 했다"던가16) 하는 사항들은 중국 대장경 연구 후원과 매우 밀접한 관련이 있는 사실들이다. 그리고 나말여초 스님들의 중국 대장경 연구는 매우 다양한 경로로 진행되어 왔음은 한

---

제자가 되어 阿羅漢果를 증득, 아난이 죽은 뒤 불교선전에 전력했다고 한다(불운).

14) 『高麗史』 卷2 태조 26년 4월. "其四曰 惟我東方 舊慕唐風 文物禮樂 悉遵其制 殊方異土 人性各異 不必苟同 契丹是禽獸之國 風俗不同 言語亦異 衣冠制度 愼勿效焉".

15) 唐夷相雜에 대해서는 정덕기, 2008, 「신라 중고기 중앙행정체계 연구」(연세대학교 석사학위청구논문).

16) 『高麗史』 卷1 태조 11년 8월.

차례 지적한 바 있다.[17] 그런데 같은 원고에서 언급한 929년(태조 12) 6월 천축국의 삼장법사 마후라가 귀산사에 있다가 1년도 안되어 사망했다던가,[18] 938년(태조 21) 서천축 스님 홍범대사 질리부일라가 와서 사나사에 머물다 돌아간 일에[19] 관한 전후 사정은 설명하지 못하였다. 나말여초 스님 가운데 인도 불교사 연구에 성과를 거둔 스님을 확인하지 못했기 때문이었다.

그런데 태조 왕건의 수방이토론과 인도 불교에 대한 관심을 직접적으로 살펴 볼 수 있다고 판단되는 구절이 바로 충담에 대한 왕건의 평가, '전십팔대지조宗傳十八代之祖宗'이다.[20] 조금 앞서 해석해보면, 왕건의 불교계 수방이토론의 또 다른 근거가 될 수 있는 인도 불교사의 체계화가 충담을 통해 이루어졌다고 추정하는 것이다. 이렇게 보면 충담이 중국에서 만난 운개선우의 정원대사도 아마, 석상의 제자 가운데 지원志元과 달리 인도 불교사에 정통한 인물이 아닌가 생각된다. 사실 비문의 정원淨圓을 지원志元이라고 단정해 버리기엔 무언가 수긍할 수 없는 부분이 있었다. 고려 창업군주인 왕건이 쓴 글은 많은 사람들이 윤문을 했을 가능성이 있는데, 지원志元과 정원淨圓을 구분하지 못했을 리 없다.

요컨대 태조 왕건이 충담 비문을 직접 작성한 배경으로, 수방이토론에 입각하여 고려 불교의 독자성을 정립하기 위해 중국 불교사와 인도 불교사에 관심이 많았던 태조 왕건이 많은 사람들이 정리할 수 있던 중국 불교사와는 달리, 충담만이 인도 불교사를 정리했다는 업적을 기념하기 위해서

---

17) 이인재, 2005, 「선사 긍양의 생애와 대상경」『한국사연구』131.
18) 『高麗史』卷1 태조 12년 6월.
19) 『高麗史』卷2 태조 21년 3월.
20) 인도 불교사 정리에서 二十八祖相傳說과 二十四祖相傳說 가운데 어느 쪽 입장이 있는지는 알 수 없으나, 충담이 이 가운데 十八祖에 대한 정리는 마친 것으로 추정된다. 李智冠, 1969, 「禪宗」『韓國佛教所依經典研究』.

본인이 직접 충담비를 작성한 것이 아닌가 하는 추론을 첫 번째로 거론하고 자 한다.

그와 함께 충담비에서 주목되는 용어가 '사서土庶'이다. 충담비 24행을 보면, "○○비영○○悲盈 사부천인四部天人 증절학지애增絕學之哀 녕유통철寧 惟慟徹 제방사서諸方土庶 읍망사지통泣亡師之痛"이라는 구절이 있다. 충담의 입적을 전해들은 사람들의 반응을 설명하는 구절인데, 이 구절 가운데 '사부천인四部天人'과 '제방사서諸方土庶'가 나온다. 사부四部는 사중四衆으 로, 비구·비구니·우바이·우바새를 지칭한다. 천인天人은 천중天衆이라고 도 하는데, 제천諸天에 살고 있는 유정有情들을 말한다. 그러므로 이 구절은 사부 가운데 천인이라고 해석해야 하는 것이다. 당연히 제방사서諸方土庶는 여러 지방에 살고 있는 사서土庶로 해석하는 것이 자연스럽다. 이 사서가 법경비에 나오는 '여인사서黎人土庶'이고, 징효비에 나오는 '군신이 의지하 고 사서가 귀의하였다(군신의뢰君臣倚賴 사서귀의자야庶歸依者也)'는 구절 의 사서土庶이다.[21] 왕조국가의 신민臣民을 사서화土庶化 시키기 위해서는 이를 위한 교육 방향과 교육 과정, 그리고 그를 위한 교재가 필요하다. 가령 사서 용어 등장의 배경으로 전제할 수 있는 것은 가족이나 친족의 범위를 넘어선 자료와 경험의 축적일 것이고, 이때 가장 필요한 사항이 가족(친족)의 재생산을 넘어선, 예를 들어 가족(친족)의 희생도 감당할 수 있는 나라의 재생산을 위한 경륜이라는 것이다. 수방이토론을 당대 정책 방향으로 내건 태조 왕건이지만, 전국에 사서층土庶層이 등장하기를 희망했던 것이, 충담비를 직접 작성하게 된 두 번째 이유일 것이다.

자신의 생각을 당태종의 글씨를 집자集字하여 비문에 새긴 것도 두 번째 이유의 연장선상에서 해석할 수 있다. 신라 경명왕은 심희비를 지은

---

21) 이인재, 2008, 「충주 정토사 현휘와 영월 흥녕사 절중」『한국고대사연구』 49.

다음, 자신의 글을 심희의 문하 스님인 행기幸期로 하여금 글씨를 쓰게 했다. 이에 반하여 고려 태조 왕건은 당태종의 글씨를 집자케 함으로써 당태종의 업적(정관지치貞觀之治)을 문화 상징으로 삼고자 했었다.[22] 요컨대 태조 왕건이 충담비를 직접 작성한 것은 첫째로 중국 불교사와 함께 인도 불교사 정리의 중요성을 염두에 둔 태조 왕건이 충담을 통해 그 필요성을 인식시키는 한편, 둘째로 고려사회에 사서층土庶層 등장의 중요성을 당태종 글씨에 담아 후대에 알리고자 했기 때문이라는 것으로 현재 필자는 생각하고 있다. 그러나 수방이토殊方異土, 사서층 중시土庶層 重視, 중폐비사重幣卑辭, 취민유도取民有度 등 태조 왕건의 조심스러운 왕조 개창 정책 등이 얼마나 성과를 거두었는지 사실 장담할 수 없다.

충담비의 음기는 찬자가 누구인지 밝히고 있지 않다. 그 대신 나말여초 원주지방 불교계와 공경층公卿層이 집단적으로 이름을 올리고 있다. 음기 말미에 나오는 통현상좌, 광휴장로, 혜태장로는 원주 불교계의 대표적인 인물들로 생각되고, 낭중 민회 내말 김순 내말, 시랑 홍림 내말 수영 내말, 상대등 신희 대등은 원주 지방지배층의 대표자였을 것이다. 이들이 대표자로서 나서면서 음기의 찬자를 앞세우지 않은 것은, 양기를 직접 작성한 태조 왕건에 대한 예우 차원이었을 것이긴 하지만, 자신들의 의견이 태조 왕건과는 조금 다를 수 있었던 사유도 있었을 것이다.

가령 이들은 태조 왕건을 설명하면서, 충담의 말을 인용하여 탕왕과 주 문왕, 순임금을 거론하고 있다. 태조 왕건이 당태종의 글씨를 집자함으로서 드러내 보이고자 했던 당태종과 같은 군주 상과 원주 불교계와 지방세력이 은근히 강요하고 있는 주 문왕이라는 군주 상온 역사적 맥락에서 보면 차이가 있다. 고려 내내 거론되던 당태종과 이제삼왕二帝三王

---

22) 고려시기 이상군주의 하나가 당태종이고, 다른 하나가 이제삼왕(二帝三王)이라고 한다. 도현철, 1995, 「고려말기 사대부의 이상군주론」『동방학지』88.

가운데 후자에 방점을 찍은 것이다. 특히 "탕왕멸하湯王滅夏 종부개망지인終敷開網之仁"이라고 하여 탕왕이 하나라의 전통을 배제하는 쪽이 아니라 좀 더 폭넓게 수용했다는 점으로 해석해 주었다는 당시 원주 지방지식인들의 언급은 신라에서 고려로 넘어가는 와중에 양길과 궁예라는 여러 고비를 넘긴 원주 지방민에게는 어쩌면 간절한 소망을 담았던 것이고, 이러한 소망은 원주 사람들에게만 국한된 소망은 아니었을 것이다.

달마 이전의 불교계 역사에 대해서도, 태조 왕건은 인도 불교사 정리에 강조점을 둔 것에 비해 음기 작성자들은 현실인정에 방점을 찍었다. 중국 양나라 무제가 양나라 불교에 대해 보공23)과 함께 논의하면서 당시 양나라의 현실과 맞추는 이야기를 함으로써 조신朝臣들의 거마를 많이 모아 보공스님을 맞이하는 모임을 할 수 있었다는 것이다. 기왕에 이제삼왕二帝三王에 방점을 찍은 지방지식인들의 처지에서 자신들의 의견 수렴을 통해 고려 정부의 정책이 시행되기를 간절히 바랐던 구절임을 간과할 수 없다.


## IV. 충담의 생애와 활동


충담은 869년에 태어났다.24) 비문에서 충담 집안, 즉 경주 김씨에 대해 설명하면서 경주의 으뜸가는 집안출신(계림관족鷄林冠族)으로 우리나라의 종파와 지파에 계통을 세웠는데(토군종지兎郡宗枝) 그 모양이 마치 봉래산

---

23) 寶公 : 保誌. 호는 寶誌·寶公·誌公 또는 公이라 한다. 謚號는 妙覺大師로 7세 때 出家 道林寺에서 得道해 음식을 무시로 먹으면서 머리를 길렀다. 誌公의 異跡을 확인한 梁 武帝가 華林園에 迎住케 했다. 梁 武帝 天監 13년(514) 97세로 죽었다. 僧檢에게 禪을 배우고 宋, 梁 때에 예언을 많이 행하였다.
24) 이하 충담에 관한 서술은 다음 글을 참조하여 작성하였다. 한국역사연구회편, 1996,「흥법사 진공대사탑비」『역주 나말여초금석문』(하).

(우리나라)에 자리 잡아 영화를 나누고(□□島以分榮), 동쪽 나루(우리나라)에 의탁하여 별도의 파보를 세우는 것과 같았다(탁상진이별파託桑津而別派)고 한다.[25]

면 조상에 대해서는 비문이 마멸되어 알 수가 없고, 이어서 나오는 이야기는 아버지에 대한 이야기로 판단된다. 그런데 아버지는 도잠을 모델로 해서 왕과 제후를 섬기지 않았으며(□도잠이불사왕후□陶潛而不事王侯) 가후같은 사람처럼 녹봉과 관직을 구하지 않았다(희가후이녕구록위希賈詡而寧求祿位)고 하면서, 유유자적하게 도道를 즐기면서 장자 계통의 책이나 읽고, 숨어 지내는 선비들과 이야기나 나누면서 세속의 명예를 피했다고 한다.

이를 보면 충담은 본래 경주 김씨로서 신라 왕족이었으나, 몇 대조 이전에 지방에 나가 살다가 마침내 아버지 대에 와서는 관직에서 아주 떠나 은거생활을 하고 있는 가문 출신이라고 할 수 있다.[26] 충담이 태어난 곳이 어디인지는 현재 알 수 없다. 단지 그가 구족계를 받은 곳이 무주武州 영신사였던 것을 근거로 무주 경내 어느 곳이었을 것으로 추정할 뿐이다. 어려서 부모를 여의었다고 하는데, 부모 살아생전 충담의 관상을 보니 12살에 출가할 것으로 예언했다는 것을 보면 충담이 아주 어렸을 때 부모가 돌아가신 것으로 추정된다.

12살 즈음 충담은 아버지 친구였던 장순선사長純禪師에게 출가하였고, 20세 되던 해(889, 진성여왕 3) 무주 영신사에서 구족계를 받았다. 십대 충담의 이야기 가운데 흥미로운 구절은 무엇인지 모르지만 인도에서 거듭 발전하다가 마침내는 서로 전해져 능가가 다시 널리 퍼진 셋(인인도중

---

25) 김용섭, 2001, 「고려 충열왕조의 「광산현제용시설」의 분석 - 신라 김씨가 관향의 광산지역 정착과정을 중심으로 -」『역사학보』172.
26) 최병헌, 1978, 「앞의 글」.

광認印度重光 종지상전終至相傳 규능가재천窺楞伽再闡)을 알게 되었다는 것이다. 이 구절에 나오는 능가는 비문 서문의 서문에 나오는 용수龍樹를 근거로 해석해 보면, 능가현기가 가장 가깝다.

능가현기楞伽懸記는 능가산의 예언을 말하는 것으로, 석가가 능가산에서 입멸한 뒤 남천축에 용수보살이라는 덕이 높은 비구가 이 세상에 출현하여 대승 무상의 법을 설할 것이라는 예언을 말한다. 그렇다면 인도에서 거듭 빛을 발한다는 것도 1조에서 14조에 이르는 것을 말한다고 해석할 수 있는데, 이는 앞에서 설명한 바와 같이 충담의 생애가 인도 불교사 정리에 매진한다는 것을 10대 당시의 일화로서 설명하는 것으로 이해할 수 있다.

구족계를 받은 후 20대의 충담을 묘사하는 구절이 "상부를 익히고(습기 상부習其相部) 비니를 면밀히 연구하였다(정구비니精究毗尼)"는 것이다. 여기서의 비니毗尼는 부처님이 제자들을 위하여 마련한 계율의 총칭이니, 계율을 면밀히 연구하였다고 해석해야 할 터인데, 그 계율 연구의 단서를 상부相部를 통해서 했다는 것으로 이해하는 것이 자연스럽겠다. 상부相部는 당나라 스님 법려法礪(569~635)가 세운 사분율의 하나인 상부율相部律을 말하는 것인데, 이는 선승으로서 법상을 익힌 매우 희귀한 예가 된다.[27]

20대의 충담이 중국 유학을 결심하게 된 시기나 동기에 대해서는 현재로선 파악하기 어렵다. 비문에 "선승 차한禪僧 此閒 관폭골지허觀曝骨之墟 견강시지처見殭屍之處 타산정경他山靜境 기무피지지방豈無避地之方 차지위방此地危邦 종절거산지계終絶居山之計"라고 한 것을 보면 유학 동기는 "관폭골지허觀曝骨之墟 견강시지처見殭屍之處"에서 찾지 않을 수 없다. 구족계를 받은 후 수련한 곳이 무주 영신사인지, 무주 어느 지역인지 확인할 순 없지만 시체가 널려 있다는 것으로 보아 후삼국 통일전쟁의 격전장에

---

27) 김남윤, 1996, 「고려 전기의 법상종과 해린」 『강원불교사연구』, 121쪽.

아주 가까운 지역임은 분명하겠다. 전쟁의 참상을 겪고 수련하던 절을 도저히 견디지 못하고 유학 결심을 한 것이 아닌가하는 추정은 현재로서도 가능하다.

900년 전후 20대 후반 혹은 30대 초반에 무주를 떠나 중국으로 유학했던 충담이 귀국한 때는 50대(918)였다. 그러니 충담의 유학 생활은 20년 전후이었을 것이다. 20년 동안의 중국 유학생활에서 기록에 남은 것은 석상石霜 경저慶諸(807~888)의 제자와의 만남이었다. 굴산문의 낭공郞空 행적行寂(832~930)이 880년 즈음에 석상에게 공부하였으니, 이후 20여 년이 지난 후에 석상의 제자와 충담이 다시 공부를 같이 하게 된 것이었다.

충담과 만난 석상의 제자가 누구인지에 대한 설명은 비문에 "경등운개선우徑登雲蓋禪宇 건례정원대사虔禮淨圓大師"로 되어 있다. 운개선우雲蓋禪宇는 중국 호남성湖南省 담주潭州 장사부長沙府 선화현善化縣의 서쪽 60리에 위치한 절이다. 처음에는 이 시기에 운개사에 머물던 석상의 제자는 지원志元일 것으로 판단하였다. '무위무사無爲無事' 문제로 석상과 나눈 대화로 유명해진 지원이 충담과 만났을 것으로 추정하고, 비문에 나온 정원대사를 지원의 다른 이름으로 본 것이다.[28] 그런데 초기 연구에서는 충담이 당시 고려 불교계에서 상대적으로 소홀했던 인도 불교사 정리에 자신의 일생을 던졌다는 관점은 배제한 상태였다. 그러므로 필자는 전술한 바와 같이 정원이 지원이 아니라, 지원과 함께 있었던 당시 중국 불교계에서 인도 불교사에 정통했던 스님이 아닐까 생각하고 있다. 정원과 만난 후 여러 시역을 돌아다닌 충담의 행적에 대해 태조는 한번 좋은 불경을 보면 옆에 조그마한 토굴을 짓고 오랫동안 연구하였으며(초규성전初窺聖典 구서우혈지방久栖禹穴之旁), 스님들의 신령스러운 자취를 보면 곁에 머물며 떠나

---

28) 최병헌, 1978, 「앞의 글」.

지 않았다(시람령종始覽靈蹤 방도연대지반方到燕臺之畔)고 기록해 두었다.

충담이 20대 후반 당나라에 가서 20여 년간 공부를 마치고 돌아온 시기는, 왕건이 고려를 건국한 918년 6월, 그의 나이 50세가 다 된 해였다. 귀국 후 그가 머물던 곳은 김해소경이었다. 김해 주변에서 여러 사람들과 선을 논하고(논선論禪) 법을 물으며(문법問法) 대화를 나누며 지냈다. 그런 충담의 모습을 비문에서는 인도 불교의 중국화에 크게 기여한 석도안釋道安 (312~385)과 같다고 하였고, 인도 마가다국의 바라문 출신으로 사리불의 막내 동생이었던 인도 스님 이일離日과 같다고 하였다. 태조 왕건이 보기에는 충담이 중국 불교와 함께 인도 불교의 고려화에 크게 기여할 것만 같다고 생각한 것이다.

그러던 충담이 김해를 떠나게 된 동기를 비문에서는 갑병甲兵이 횡행하던 것이 근심스러웠기 때문이라고 하였다. 마치 후삼국 통일전쟁의 한복판에 있던 김해에서 개경으로 방향을 잡은 것으로 기술하여 충담이 전쟁을 피해 자발적으로 태조 왕건을 선택한 것으로 되어 있지만, 사실이 꼭 그렇다고 판단하기는 어렵다. 오히려 태조 왕건이 초대한 것이 아닌가 생각되는 것이다. 929년(태조 12) 6월 천축국의 삼장법사 마후라가 귀산사에 있다가 1년도 안되어 사망했을 때,[29] 태조 왕건은 인도 불교사에 정통한 인물이 필요하였고, 전국에 수소문한 결과 충담이 인도 불교사에 정통하다는 소문을 듣고 초청에 나섰을 것이라고 판단하고 있다.

태조를 만난 후 충담은 곧바로 흥법선원에 가서 머물렀다. 음기를 보면, 충담이 요청해서 태조 왕건이 허락하는 형식으로 되어 있는데, 그 구절에 태조 왕건의 허락 사유가 담겨있다. 즉 "□□□동화東化"하고 싶다는 것이다. 이 동화東化와 흥법사와의 관계가 마지막으로 해결해야 할 과제이다.

---

29) 『高麗史』 卷1 태조 12년 6월.

흥법사는 건등산建登山 옆에 있었다. 건등산은 원주 지역의 산지 분포에 따르면,[30] 성상봉과 봉명산 중간쯤에 자리 잡고 있다. 이 지도에는 표시되어 있지 않지만, 청구도에는 건등산이 명기되어 있다. 건등은 왕건이 산에 올랐다고 해서 붙여진 이름이다.[31] 왕건이 직접 이 산을 방문했는지 모르지만, 당시 이 지역의 불교계가 상당히 다양한 성향을 갖고 있었다는 것을 생각하면, 왕건이 이 지역에 상당한 관심을 갖는 것은 당연한 일이었다. 당시 원주 불교계에는 다양한 성격의 불교 세력이 있었다.[32]

충담비 음기의 찬자는 이 흥법사에 대해 오래된 절이면서(종위고사縱爲古寺) 항상 어짐을 행하는 방법을 모색하던 곳(상재인방尙在仁方)이라고 하였고, "◎◎和尙 생전영작서황지처生前永作栖遑之處 ◎◎大師 ◎◎◎◎ ◎◎ ◎◎"라고 하여, 충담 이전에도 어떤 화상(◎◎和尙)이 살아생전 영원히 무언가를 탐색하느라 근심하여 가슴이 탁 막혀서 생활하던 곳(栖遑[33]之處)이었으므로, 충담도 학문연마에 매진하라고 당부했다는 것이었다. 필자는 당시 태조 왕건이 바랐던 학문 연마 방향이 바로 동화東化, 즉 수방이토론에 입각한 인도 불교와 중국 불교의 고려 불교화였던 것으로 생각하고 있다.

---

30) 정장호, 1997, 「원주의 지리적 환경」 『원주의 역사와 문화유적』, 52쪽.
31) 『여지도서』상, 498~499쪽. 강원도 원주 "麗祖 討賊振旅 登此山勒石 後人 回以名之". 이기의 『송와잡실』에 기록된 비에 외하면, 고려 태조가 태봉에 벼슬하면서 많은 군사를 거느리고 백제를 정벌하던 날에 좌우 군사를 산 남쪽과 북쪽 들판에 머물러 두고 이 산에 올라 기를 꽂았다고 한다.
32) 이인재, 2000, 『원주시사』.
33) 栖遑 : 離索 憂迫(근심하여 가슴이 막힘, 신기철)의 뜻(한문7141). 棲遑. 몸 붙여 살 곳이 없음(신기철).

# V. 맺음말

현재 충담비의 비신碑身은 여러 조각으로 나뉘어져 있고, 그중 가운데 부분은 망실되었다. 임진왜란 당시 충담비 반출이 시도되면서 반절이 났고, 그 후에도 불교문화재 관리소홀로 여러 조각으로 부셔졌던 것으로 생각된다. 그러므로 충담의 생애를 비문을 통해 복원하고자 할 때, 망실된 조각과 마멸된 글자로 애로사항이 많다. 이 글은 이상과 같은 사정을 염두에 두면서 가능한 선상에서 충담의 생애를 복원하고자 했고, 망실 조각에 실린 글자와 마멸자를 연상해보려고 많은 노력을 기울였다. 많은 한계가 있겠지만, 몇 가지 중요한 사항을 결론에 대신하여 요약하면 다음과 같다.

첫째, 망실 조각을 포함하여 비문은 30행, 각행 65자로 추정된다. 집자한 글자이기 때문에 글씨크기가 각기 다른 점을 고려하면, 각행 65자라는 추정에 무리가 없는 것은 아니나, 그렇게 판단해야 비문의 해석에 일관성이 있을 것으로 생각했기 때문이다.

둘째, 후삼국통일전쟁기와 고려 건국기에 수많은 스님들과 교류해 온 태조 왕건이 충담스님의 비문만 직접 작성한 이유는 충담의 인도 불교사 연구를 인정해 주었기 때문이라고 판단된다. 새로운 왕조 개창을 준비한 태조 왕건의 처지에서는 고려본 대장경의 작성이 무엇보다 필요했고, 그때까지의 중국 불교사 정리와 인도 불교사 정리는 왕조의 과제였을 것으로 생각한다. 이에 더하여 자신의 이상군주 상으로 당태종을 염두에 두었기 때문에 그의 글씨를 집자시킨 것으로 간주하였다.

셋째, 이를 논증하는 과정에서 충담의 소속산문이 봉림산문은 아닐 것으로 생각되었다. 그러므로 허흥식이 제공한 충담스님 비문 복원과 관련된 여러 추정자 가운데 봉림산문 관련 조항에는 이견을 제시하여 두었다.

넷째, 결국 충담스님의 생애는 인도 불교사 정리에 두었던 것으로 최종 결론을 내렸고, 흥법선원에는 충담 이전에 머물던 스님들도 학승이었기 때문에 태조 왕건의 권유로 흥법선원에 머물러 공부를 계속했을 것으로 추정하였다.

이상과 같이 충담의 생애와 망실조각과 현존 비문 조각 가운데 마멸자를 부분 수용하는 과정에서 선학들의 도움을 많이 받았다. 그럼에도 불구하고 필자의 추정 과정에서 생긴 무리한 결론은 전적으로 필자의 책임이다.

## VI. 원문, 번역문 및 각주

**【전액篆額】**

眞空大師

진공대사眞空大師

**【비문碑文】**

高麗國原州靈鳳山興法寺王師眞空之塔

　　　　　　　　臣崔光胤奉 教集 太宗文皇◎◎◎◎◎◎

고려국高麗國 원주原州 영봉산靈鳳山 흥법사興法寺 왕사王師 진공眞空의 탑塔.

최광윤崔光胤34)이 (황제의) 교敎를 받들어 당唐 태종太宗 문황文皇35)의

---

34) 최광윤(崔光胤) : 최인연(崔仁渷[崔彦撝])의 맏아들. 일찍이 빈공진사(賓貢進士)
　　로서 후진(後晉)에 유학 갔다가 거란에게 포로로 잡혔으나, 재주로 인하여

글씨를 모아 작성함.


**1-1)** 盖聞 微言立敎 始開鷲嶺之譚 妙旨專心 終入雞山之定 雖曰別行法眼
竊惟同稟玄精. 慶喜於是當仁 和修以其嗣位 至於馬鳴繼美 垂妙法於三乘
龍樹揚芳 見其◎◎◎◎ 非相離相 非身是身. 降乃◎◎◎◎ ◎◎◎◎◎◎
◎◎◎◎◎ ◎◎◎◎◎◎ ◎◎◎◎◎◎ ◎◎◎◎◎◎.


(과인은) 다음과 같이 들었다. 미묘한 말씀[미언微言36)]으로 가르침을
세운 것은 (석가께서 하신) 취령鷲嶺37) 이야기부터 시작되었고, 묘한 뜻[묘
지妙旨38)]으로 마음을 전한 것은 계산雞山39)에서 (가섭이 염화미소를 알아
차려 석가로부터 받음으로써 도달한) 선정禪定40)에서 마무리 된 것이니,
(석가와 가섭은 각각) 별도로 법안法眼41)을 행하였지만, 현묘玄妙하고 정밀

---

등용되었으며, 사행차 귀성(龜城)에 왔다가 거란의 침략사실을 알리기도 하였
다.

35) 태종 문황(太宗 文皇) : 당태종 문황제(文皇帝, 627~649). 이름은 세민(世民).
왕희지(王羲之) 글씨를 사숙하였으며, 행서와 초서를 잘하였다. 『삼국사기』
卷5 진덕왕(眞德王) 2년조에 의하면, 김춘추(金春秋)가 당나라에 사신으로 갔을
때 당태종이 자신이 지은 온탕비(溫湯碑)와 진사비(晉祠碑)를 하사하였다고
한다.

36) 미언(微言) : 미묘한 말. 함축이 있는 말.

37) 취령(鷲嶺) : 영취산(靈鷲山). 중인도 마갈타국 왕사성 부근에 있던 산. 부처님이
설법하시던 곳. 이 산에는 신선들이 살았고, 또 독수리가 많이 있었으므로
영취산이라고 하였다.

38) 묘지(妙旨) : 묘한 뜻.

39) 계산(鷄山) : 계족산(鷄足山). 중인도 마갈타국에 있는 산의 이름. 마하 가섭이
죽은 곳. 세 봉우리가 나란히 솟아 세 봉우리가 닭발처럼 생겨 계족산이라
함.

40) 선정(禪定) : 선나바라밀(禪那波羅密). 선나바라밀은 육바라밀의 하나. 진리를
올바로 사유하며, 조용히 생각하며 마음을 한 곳에 모으는 일.

41) 법안(法眼) : 정법안장(正法眼藏). 석가가 성각(成覺)한 비밀의 극의. 바로 사람의
마음을 가르쳐 성리(性理)를 깊이 깨닫게 하는, 곧 직지인심(直指人心) 견성성불

함은 같은 수준이었다고 할 수 있다.

(이러한 가르침을 이어 받아 2조) 경희慶喜[42)]는 (1조 가섭의) 어짐을 행할 때에는 (1조 가섭에게라도) 양보하지 않았고[당인當仁[43)]], (3조) 화수和修[44)]는 (대대로 내려오는 조사의) 지위를 이었다[사위嗣位[45)]]. (12조) 마명馬鳴[46)]에 이르러서는 선배 조사祖師들의 아름다움을 이어받아[계미繼美[47)]] 삼승三乘[48)]에 묘법妙法[49)]을 수립하고, (14조) 용수龍樹[50)]는 아름다운 이름을 전하여[양방揚芳[51)]] □□에 □□케 하였으니, 상상이 아닌 것에서 상상을 떠날 수 있었고[비상이상非相離相], 몸이 아닌 데에서 몸이 될 수 있었던

---

(見性成佛)의 묘리. 석가가 영산회(靈山會) 상에서 꽃을 꺾어 보일 때 가섭만이 그 뜻을 알고 웃었으므로 석가는 "나에게 정법안장(正法眼藏)과 열반묘심(涅槃妙心)이 있다."고 가섭에게 설하였다고 함.

42) 경희(慶喜) : 아난타(阿難陀). 줄여서 아난(阿難). 무염(無染), 환희(歡喜), 경희(慶喜)로 번역. 부처의 사촌동생으로서 8세에 출가하여 수행하는데, 미남인 탓으로 여자의 유혹이 여러 번 있었으나 지조가 견고하여 몸을 잘 보호하여 수행을 완성하였다.

43) 당인(當仁) : 당인불양(當仁不讓)으로 추정됨. 어짐을 행할 때에는 비록 스승이라 할지라도 양보하지 않는다는 말.

44) 화수(和修) : 상나화수(商那和修). 인도에서 부법장(付法藏)의 제3조. 중인도 왕사성에서 출생, 뒤에 아난의 제자가 되어 아라한과(阿羅漢果)를 증득, 아난이 죽은 뒤 불교선전에 전력했다고 한다.

45) 사위(嗣位) : 임금의 자리를 물려받음.

46) 마명(馬鳴) : 중인도 마갈타국 사람. 불멸 후 6백년 경에 출세한 대승의 논사. 본디 외도의 집에 나시 논의를 질 하며 불법을 헐뜯다 협존자가 북쪽으로 와서 토론을 하여 설복하여 그의 제자가 되었다고 한다. 저서에는 『대승기신론(大乘起信論)』1권, 『대장엄론경(大莊嚴論經)』15권, 『불소행찬(佛所行讚)』5권 등이 있다고 한다.

47) 계미(繼美) : 앞선 사람의 아름다움을 계승함.

48) 삼승(三乘) : 성문, 연각, 보살에 대한 세 가지 교법.

49) 묘법(妙法) : 신기하고 묘한 법문.

50) 용수(龍樹) : 인도의 대승불교를 크게 드날린 이. 기원전 3~2세기 남인도 사람. 마명의 뒤를 이어 대승불교를 성대히 선양하니, 대승불교가 이로부터 발흥하였다.

51) 양방(揚芳) : 양송분방(揚送芬芳). 아름다운 이름이 전해짐을 비유한 말.

것[비신시신非身是身]이다. 이후 내려와 (34자 마멸 ; 28조 달마까지의 인물 업적을 설명한 부분일 것).


**1-2)** 初聞圓覺 東入梁朝 始見大弘 北遊魏室 於是 師資所契 付囑同風 租法相承 心燈不絶 所以 一花欻現 六葉重榮 近自江西流於海裔 亦有□□ □□(鳳林家于) □□□□(章敬曾孫) 惟我大師 再揚吾道者焉.


(과인은) 원각圓覺52)은 양梁나라 조정[양조梁朝] 당시에 중국中國으로 들어왔음[동입東入]을 처음 들었고, 대홍大弘53)은 위魏나라 왕실[위실魏室] 당시에 북쪽을 돌아다녔음[북유北遊]을 비로소 알게 되었다. 이로부터 스승과 제자가 부합하여[소계所契54)] 종풍宗風을 같게 하기를 부탁[부촉附囑55)]하였다.

선조가 시작한 법[조법租法56)]이 서로 이어지고 마음의 등불[심등心燈57)]이 끊어지지 않았으니, 한 꽃[일화一花]이 홀연히 나와 여섯 잎[육엽六葉]이

---

52) 원각(圓覺) : 달마(達摩). 중국 선종의 시조(?~528?). 남인도 향지국(香至國)의 셋째 왕자. 반야다라에게 불법을 배워 크게 대승선(大乘禪)을 제창하고, 양(梁) 무제(武帝) 때에 중국에 건너와 왕의 존숭을 받고 소림사에서 9년간 면벽참선을 하여 오도(悟道)하였다고 함.

53) 대홍(大弘) : 혜가(慧可, 487~593). 중국 스님. 선종(禪宗)의 제2조. 40세에 숭산(崇山) 소림사(少林寺)로 보리달마(菩提達磨)를 찾아가서 눈 속에 앉아 가르침을 구하였으나 허락하지 않으므로, 드디어 자신의 왼팔을 끊어 굳은 뜻을 보여 마침내 허락을 받고 크게 깨달았다. 대홍이 혜가임은 「광조사 진철대사비」의 "始遇大弘 因物表心 付衣爲信"이라는 표현과 「무위사 선각대사비」의 "至於圓覺深仁 遠居南海 大弘碩德 曾栖[崇]山"이라는 표현에서 유추할 수 있다. 한국역사연구회 편, 1996, 『역주 나말여초금석문』(상·하).

54) 소계(所契) : 계합(契合). 부합(附合). 꼭 들어맞음.

55) 부촉(付囑) : 부촉(附囑). 부탁하여 맡김.

56) 조법(租法) : 선조가 시작한 법. 원문에는 '조법(租法)'.

57) 심등(心燈) : 심령(心靈)을 비유한 말. 심령은 마음의 작용을 일으킨다고 생각되는 근원적 존재.

거듭 피어나는 것과 같은 이치이다. 근래에 강서江西58)가 우리나라[해예海裔59)]에 (선종을) 전했는데, (그 가운데) □□□□(봉림산문鳳林山門의 제자)이며 □□□□(장경章敬60)의 증손)이 우리 대사大師이니, 우리나라의 불도佛道를 다시 드높인 분이다.

**2-1)** 大師 法諱忠湛 俗姓金氏. 其先 鷄林冠族 兎郡宗枝 ◎◎島以分榮 託桑津而別派.

대사의 법휘法諱는 충담忠湛이요, 속성은 김씨이다. 선대先代는 경주[계림鷄林61)]에서 높은 벼슬아치[관족冠族62)]를 하였고, 토군兎郡63)에서 종파와 지파를 이룬 집안[종지宗枝64)]으로, 우리나라[봉도蓬島65)]에 의지66)하여 영화榮華를 나누었으며, 우리나라[상진桑津67)]에 의탁하여 별도의 파보[별파別派68)]를 이루었다.

---

58) 강서(江西) : 마조 도일(馬祖 道一, 709~788). 713년에서 741년 사이에 남악 회양에게서 선(禪)을 익히고, 766에서 779년 사이에 강서(江西) 개원사에서 선풍(禪風)을 드날렸다.

59) 해예(海裔) : 해우(海隅). 우리나라를 말함.

60) 장경(章敬) : 장경 회혼(章敬 懷暉, 754~815).

61) 계림(鷄林) : 경주의 옛 이름.

62) 괸족(冠族) : 괸개(冠蓋)의 족(族). 관개(冠蓋)는 높은 벼슬아지를 뜻함.

63) 토군(兎郡) : 현토군(玄兎郡)으로 추정됨.

64) 종지(宗枝) : 종지(宗支)와 같음. 종지(宗支)는 종중에서의 종파와 지파의 계통.

65) 봉도(蓬島) : 원문에는 '□□島以分榮 託桑津而別派'로 되어 있어 마멸자이나, 상진(桑津)과 대구(對句)를 이루므로 일단 봉도(蓬島)로 추정함. 이 경우 봉도는 봉래산, 즉 중국에서 상상하던 삼신산의 하나로, 동쪽 바다 가운데에 있었다고 힘.

66) 의지 : 원문에는 '□□島以分榮 託桑津而別派'로 되어 있어 마멸자이나, 탁(託)의 대구(對句)로 생각하여 의(依)로 해석함.

67) 상진(桑津) : 상(桑)은 동쪽이라는 뜻이 있으므로, 동쪽 나루로 해석할 수 있을 것으로 추정됨. 또는 불문(佛門)의 별칭(別稱).

**2-2)** 遠祖 多◎◎◎◎ ◎◎◎◎◎◎◎ ◎◎◎◎◎◎ ◎◎◎◎◎ ◎◎
◎◎◎◎ ◎陶潛而不事王侯 希賈詡而寧求祿位 所以考盤樂道 早攻莊列
之書 招隱攀吟 常避市朝之譽.


먼 조상[원조遠祖69)]은 (중략). (할아버지와 아버지는)70) 도잠陶潛71)과
같은 삶을 원해 제왕과 제후[왕후王侯72)]를 섬기지 않았으며, 가후賈詡73)
같은 사람을 희망하였으니, 어찌 녹봉과 작위[녹위祿位74)]를 구하였겠는
가? 현명한 사람들이 세상을 피해 즐거움을 이루듯이[고반考盤75)] 도道를
즐겨 일찍부터 장자와 열자의 책[장□지서莊□之書76)]들을 공부하였으며,
숨은 사람들을 불러 세상에 나오게 하듯이[초은招隱77)] 노래에 매달리되
[반음攀吟] 세상[시조市朝78)]의 명예로움은 피하였다.


**2-3)** 母於◎◎ ◎◎◎◎ ◎◎◎◎ ◎◎◎◎ ◎◎◎◎ ◎◎◎◎ ◎◎◎◎◎
◎◎◎賢之子 豈無修聖善之心 感此靈奇求生法胤 以咸通十年正月一日

---

68) 별파(別派) : 별도의 파보(波譜)로 해석함. 별파(別派)는 별도의 유파.

69) 원조(遠祖) : 먼 조상.

70) (할아버지와 아버지는) : 원문에는 마멸되었으나 내용상 할아버지와 아버지로
해석함.

71) 도잠(陶潛) : 도연명(陶淵明, 365~427). 405년에 팽택의 현령이 되었으나, 80여
일 만에 귀거래사(歸去來辭)를 남겨두고 떠났다. 은사(隱士)로 유명한 인물.

72) 왕후(王侯) : 제왕(帝王)과 제후(諸侯).

73) 가후(賈詡) : 삼국시대의 위(魏)나라 고장(姑藏) 사람. 자는 문화(文和). 조조를
섬겨 집금오(執金吾) 도정후(都亭侯)가 되었으며, 문제(文帝) 때 태위를 지냈다.

74) 녹위(祿位) : 녹봉과 작위.

75) 고반(考盤) : 현자(賢者)가 은거(隱居)하며 세상을 피해 그 즐거움을 이루는 일.

76) 장□지서(莊□之書) : 원문에는 마멸자이나 내용상 장열(莊列) 즉, 장자와 열자가
가장 가까우므로 장자와 열자의 책으로 번역함.

77) 초은(招隱) : 은거한 현사(賢士)들을 불러 출사(出仕)케 함.

78) 시조(市朝) : 시정(市井)과 조정(朝廷).

誕生.

어머니는 (중략) 아들을 (얻고자) 하였으니, 어찌 어머니[성선聖善79)]의 마음을 닦아 신령스럽고 기이함[영기靈奇]에 감응하여 불법佛法의 적자[법윤法胤80)]를 낳기를 구하지 않았겠는가! 함통咸通81) 10년(869, 신라 경문왕 9) 정월 1일에 태어났다.

**3-1)** 大師 生有殊相 弱無戱言 ◎◎◎◎ ◎◎◎◎ ◎◎◎◎ ◎◎◎◎ ◎◎◎◎ ◎◎◎◎ ◎◎◎◎ ◎◎ 性靈超衆 神悟絶倫 槐市橫經 杏園命筆.

대사는 태어날 때부터 남다른 골격[수상殊相82)]을 지녔고, 어릴 때에도 실없는 소리[희언戱言83)]를 하지 않았다. (중략) (대사의) 성품이 신령스러움[성령性靈84)]은 일반 사람들을 넘어섰고[초중超衆], 정신의 깨달음[신오神悟85)]은 두드러지게 뛰어나[절륜絶倫86)] 시장[괴시槐市87)]에서도 경서經書를 펴 들었고[횡경橫經88)], 잔치 때[행원杏園89)]에도 글감을 이야기할 정도

---

79) 성선(聖善) : 어머니를 높여 부르는 말.
80) 법윤(法胤) : 불법(佛法)의 정윤(正胤)으로 해석함.
81) 함통(咸通) : 당(唐) 익종(懿宗)의 연호. 860~873년.
82) 수상(殊相) : 이상(異相). 남과 다른 인상(人相). 인상은 사람의 생김새와 골격.
83) 희언(戱言) : 웃음거리로 하는 실없는 말.
84) 성령(性靈) : 넋.
85) 신오(神悟) : 오해신속(悟解神速). 신속(神速)은 신기로울 정도로 빠름. 그러므로 신오는 깨달아 풀어냄이 신기로울 정도로 빠름을 의미하는 것으로 추정됨.
86) 절륜(絶倫) : 매우 두드러지게 뛰어남.
87) 괴시(槐市) : 한대(漢代) 장안성(長安城) 동쪽 상만창(尙滿倉)의 북쪽에 있었던 시장(市場)의 이름.
88) 횡경(橫經) : 경서(經書)를 펴 듦.
89) 행원(杏園) : 당대(唐代)에 진사(進士) 급제한 사람에게 잔치를 베풀던 곳.

[명필命筆90)]였다.

### 3-2) 二親 嘗邀相者 相之云 若至甘羅之歲 鳳擧難量 終臻賈誼之◎ ◎◎◎
◎ ◎◎◎◎ ◎◎◎◎.

일찍이 부모[이친二親91)]가 관상보는 사람[상자相者92)]을 만난 일이 있었
는데, (그가) 관상을 본 후 말하기를, "12세[감라지세甘羅之歲93)]가 되면
위엄을 떨치매[봉거鳳擧94)] (그 크기를) 헤아리기 어려울 정도일 것이고,
마침내 20세[가의지◎賈誼之◎95)]에 이르러서는 (중략).96)"

### 3-3) ◎◎◎◎ ◎◎◎◎ ◎◎◎◎ ◎◎◎◎ 至失於怙恃 唯恨栖遑. 爰有長
純禪師 是導師 修度世之緣 當亡父結空門之友◎大師 隨其長老 得居◎◎
◎◎◎◎ ◎◎◎◎ ◎◎◎◎ ◎◎◎◎.

---

90) 명필(命筆) : 집필을 위해 이야기를 함.
91) 이친(二親) : 양친(兩親).
92) 상자(相者) : 관상쟁이.
93) 감라지세(甘羅之歲) : 12세를 말한다. 감라(甘羅)는 전국시대 진(秦) 예하에 있던
   채나라 사람 무(茂)의 손자이다. 12세에 진나라 승상 여불위를 섬겨 조나라로
   사신을 가게 되었는데, 조나라 왕을 잘 설득하여 5성을 진나라로 바치게 한
   공로로 돌아와 상경(上卿)이 되었다. 전체 비문의 내용으로 보아 충담이 12세
   전후로 출가함을 추정케 하는 구절이라 생각됨.
94) 봉거(鳳擧) : 사신, 신선이 됨, 위엄을 떨침.
95) 가의지◎(賈誼之◎) : 원문에는 가의(賈誼) 뒤가 마멸자이긴 하지만, 감라지세와
   비교해 보면 가의지년(賈誼之年)일 가능성이 높다. 가의(賈誼, 201~168 B.C)는
   중국 전한(前漢)시대의 문인. 20세 때에 문제가 불러 박사가 되었다.
96) 중략 : 원문은 마멸되어 내용을 알 수 없으나, 가의가 박사가 된 것처럼 충담도
   20세 때에 후술하는 인도중광 능가천명(印度重光 楞伽再闡)할 정도로 인도 불교
   에 밝게 되리라는 예언으로 추정됨.

(10세 전후에) 부모를[호시怙恃97)] 잃고 몸 붙여 살 곳이 없음을[서황栖遑98)] 한스럽게 여겼다. (그때) 장순선사長純禪師99)가 있었으니, 그는 중생衆生)을 인도하여 불도佛道·오계悟界로 제도濟度하는 것[도사導師100)]으로써 (충담 스님과) 세상 살아가는 인연[도세度世101)]을 맺었는데, 돌아가신 아버지[망부亡父102)]가 사귀던 불가佛家[공문空門103)]의 친구였다. (이에) 대사는 장로長老를 따라 머물 곳을 얻어, (중략)

**3-4)** ◎◎◎◎ ◎◎◎◎ ◎◎◎ 俗塵方登 僧位尋令 昇堂覩奧 入室鉤深 迅足駸駸 後發先至 覺枝脉脉 前開晚成 所以傴仰禪林 優游◎◎ ◎◎◎◎ ◎◎◎◎◎◎◎◎◎◎◎◎◎◎◎◎◎◎◎◎◎◎ 認印度重光 終至 相傳 窺楞伽再闡. 迺於龍紀元年 受具戒於武州靈神寺.

(중략) 속세를 (버리고) 바야흐로 오르니, 스님의 자리[승위僧位104)]로는 우두머리를 생각하였고[심령尋令], (이곳에서 학문을 처음 시작해) 마루에 오를 때[승당昇堂]에는 오묘함을 보였으며[도오覩奧], (학문이 점점 깊어져) 방으로 들어올 때[입실入室]는 깊은 경지를 낚은 듯[구심鉤深]하였으니, 빠른 발[신족迅足]이 나아가는 것이 썩 빨라[침침駸駸105)] 뒤에 출발하였으

---

97) 호시(怙恃) : 믿고 의지한다는 뜻으로 부모를 말함.
98) 서황(栖遑) : 몸 붙여 살 곳이 없음. 서황(栖遑) : 離索 우박(憂迫, 근심하여 가슴이 막힘(신기철)의 뜻(한문7141). 서황(棲遑). 몸 붙여 살 곳이 없음(신기철).
99) 장순선사(長純禪師) : 생몰년 미상.
100) 도사(導師) : (부처, 보살 등) 중생을 인도하여 불도(佛道)·오계(悟界)로 제도(濟度)하는 이.
101) 두세(度世) · 세상을 살아감. 도세지연(度世之緣)은 세상 살아가는 인연.
102) 망부(亡父) : 죽은 아버지.
103) 공문(空門) : 불문(佛門). 공(空)의 사상으로써 그 전체를 꿰뚫은 근본 뜻을 삼는 불교의 법문(法門).
104) 승위(僧位) : 스님의 덕과 학식에 따라 주어지던 위계(位階).

나 먼저 도달하였고[후발선지後發先至], 깨달아 가지를 쳐서 나가는 것이[각지覺枝] 끊이지 않아[맥맥脉脉106)] 앞서 개화했어도 늦게 열매 맺는 것과 같았다[전개만성前開晚成].

그렇게 하면서 선禪의 숲[선림禪林]을 올려다보기도 하고 내려다보기도 하며[언앙偃仰107)], □□108)[선禪의 세계]에서 편안하고 한가롭게 지냈다[우유優游109)]. (중략, 그렇게 지내면서) (처음에 □□□을 알게 되어, ◎◎◎◎認) 인도印度가 거듭 빛나게 되었으며[인도중광印度重光], 끝까지 서로 이어져 옴을 엿보게 되면서[종지상전규終至相傳窺] 능가楞伽110)가 다시 드러나 밝혀지게 되었다[능가재천楞伽再闡]. 마침내 용기龍紀111) 원년(889, 진성여왕 3) 무주武州 영신사靈神寺112)에서 구족계具足戒를 받았다.

4-1) 旣而 習其相部 精究毗尼 捧◎◎◎ ◎◎◎◎ ◎◎◎◎ ◎◎◎◎
◎◎◎◎ ◎◎◎◎ ◎◎◎◎ ◎宗論道 謂學人曰 淺溜穿石 同心斷金 鑽燧
之勤 寫瓶之易 皆由積微 不已跬步遄征 俄成學海之功 永就◎◎◎◎ ◎◎
◎◎◎◎ ◎◎◎◎◎ ◎◎◎◎◎ ◎◎◎◎◎◎

---

105) 침침(駸駸) : 나아가는 것이 썩 빠름.
106) 맥맥(脉脉) : 끊임없이 줄기차게.
107) 언앙(偃仰) : (누웠다 일어났다 한다는 뜻으로) 부침(浮沈), 진퇴(進退), 부앙(附仰).
108) □□ : 원문에는 마멸자이나 선림(禪林)과 대구로 추정되므로 선계(禪界)로 추정함.
109) 우유(優游) : 하는 일없이 편안하고 한가롭게 잘 지냄.
110) 능가(楞伽) : 스리랑카에 있다는 능가산(楞伽山)으로 추정됨.
111) 용기(龍紀) : 당(唐) 소종(昭宗)의 연호. 889년.
112) 영신사(靈神寺) : 지리산에 위치한 사찰. 영신사의 작은 샘이 섬진강의 발원지이다. 절의 북쪽에 가섭대(迦葉臺)[또는 좌고대(坐高臺)]라 하여 작은 돌이 평상처럼 놓여 있는데, 속담에 "능히 그 위에 올라가서 절을 네 번하는 자는 불성(佛性)을 깨친다."고 한다. 『新增東國輿地勝覽』卷30 晉州牧 山川條 및 佛宇條 참조. 무주 영신사여서 같은 절인지 의심스럽다.

(유학 전 영신사에서) 이윽고 상부相部113)를 익히고 계율戒律[비니毗尼114)]을 정밀히 탐구하였다. ◎…◎를 받들고 (중략) 종문宗門에 대해 이야기하고 불도佛道에 대해 논하면서, 같이 배우는 사람들[학인學人115)]에게 일러 말하기를, "(종문을 이루기 위해) 낙숫물[천류淺溜116)]이 돌을 뚫듯[천석穿石] (동료들 사이에) 한 마음을 가지면[동심同心] 쇠도 끊을 수 있는 것[단금斷金117)]이며, (불도를 전하기 위해) 부지런히 부싯돌을 친다면[찬수鑽燧118)] (불법을 전하는 것이) 병속의 물처럼 쉽게 쏟을 수 있을 것[사병寫瓶119)]이니, 우리 모두 작은 것으로 큰 것을 이루도록[적미積微120)] 한걸음[규보跬步121)]도 멈추지 않고 빠르게 얻어 나간다면[천정遄征], 학해學海122)의 공功이 아스라이 이루어져 영원히 (상당히 높은 수준의 불법 경지에) 나갈 것"이라고 하였다. (중략)

4-2) 釋子忝曰 禪僧此間 觀曝骨之墟 見殭屍之處 他山靜境豈 無避地之方

113) 상부(相部) : 상부율(相部律). 사분율(四分律) 삼파(三派) 가운데 하나. 상부(相部)의 법려(法礪)가 남산(南山)의 도선(道宣)·동탑(東塔)의 회소(懷素)에 대하여 세운 율종(律宗)의 일파(一派). 상부종(相部宗)이라 한다.

114) 비니(毘尼) : ① 불가(佛家) 계율(戒律)의 총칭. ② VINAYA의 음역. 삼장(三藏)의 하나인 비나야(毘奈耶)의 옛말. 율장(律藏)의 범명. 『능엄경(楞嚴經)』에 "엄정한 비니(毘尼)로 세워 먼저 삼계(三界)의 본보기가 된다."고 했다.

115) 학인(學人) : 배우는 사람.

116) 천류(淺溜) : 천활(淺滑).

117) 단금(斷金) : 『역경(易經)』 계사전(繫辭傳)의 "이인동심(二人同心) 기리단금(其利斷金)"에서 온 말. 쇠라도 자를 만큼 강하고 굳다는 뜻으로, 교분(交分)이 아주 두터운 교제를 말함.

118) 찬수(鑽燧) : 불을 얻는 가장 오래된 방법 중의 하나.

119) 사병(寫瓶) : 불법(佛法)을 사람들에게 전하는 것이 마치 이 병(瓶)에 있는 물이 다른 병에 흘리되 남은 것이 없다는 것을 비유한 말.

120) 적미(積微) : 적미지계(積微之誡). 작은 것으로 큰 것을 이루도록 하는 권계(勸戒).

121) 규보(跬步) : 한 걸음도 되지 않는 가까운 거리.

122) 학해(學海) : 꾸준히 학문에 힘써 끝내 성취함을 이르는 말.

此地危邦 終絶居山之計 ◎◎◎亡 華◎◎◎ ◎◎⊕◎ ◎◎◎◎ ◎◎◎◎
◎◎◎◎ ◎◎◎◎

한 스님[석자釋子123)]이 더하여 말하기를, "충담 스님[선승禪僧124)]께서
는 요즈음 곳곳에 뼈가 드러나고[폭골曝骨125)], 여러 곳에 얼어 죽은 시체[강
시殭屍126)]가 널려 있는 것을 보셨습니다. 다른 산은 고요하니[정경靜境127)],
어찌 이곳을 피할 방략이 없으십니까? 우리나라의 정세가 위험하니[위방危
邦128)], 산속에 살고자 하는 계획[거산지계居山之計]을 끊어버리십시오."라
고 하였다. (중략)

**5-1)** ◎◎◎◎者 同載而征 達于彼岸 此時 徑登雲蓋禪宇 虔禮淨圓大師
大師是 栖雲壑之居 佩石霜之印 知大師遠離◎◎ ◎◎◎◎◎◎◎.

(충담 스님은 그 말을 듣고 유학 계획을 세운 후) □□와 같이 배를
타고[동재同載129)] 건너가 중국[피안彼岸]에 도착하였다. 도착하자마자 곧
바로 □□□□에 올라 □□대사130)를 만났다. 대사는 구름 덮인 깊은 산속
[운학雲壑131)]에 살면서 석상石霜132)의 심인心印을 받은 이로써, 충담 스님이

---

123) 석자(釋子) : 승려를 말함. 불자(佛者)와 같은 말.
124) 선승(禪僧) : 참선하는 스님, 선종의 스님.
125) 폭골(曝骨) : 폭시(曝尸)와 같은 말로 추정됨. 폭시는 들판에 드러난 시체.
126) 강시(殭屍) : 추워서 얼어 죽은 송장.
127) 정경(靜境) : 고요한 곳.
128) 위방(危邦) : 정세가 위험한 나라.
129) 동재(同載) : 동행(同行).
130) □□대사 : 운개 지원(志元)으로 추정하기도 함. 당대의 선승. 생몰년 및 속성은
미상. 출가한 후 '무위무사(無爲無事)'의 문제에 대해 석상경저(石霜慶諸)와 문답
을 나눈 후 깨달았다. 호남성(湖南省) 담주(潭州) 운개산(雲蓋山)에 머무르며
교화를 폈다. 『조당집(祖堂集)』卷9, 『전등록(傳燈錄)』卷16 참조.

멀리 □□□하였음을 알고, (중략)

5-2) ◎◎◎◎ ◎◎◎◎ ◎◎◎◎ ◎◎◎◎ ◎◎圖南 逈奮垂雲之翼 豫章
向上 高揮拂日之枝.

(충담 스님은) 웅대한 계획을 실천할 것[도남圖南133)]을 □□하여, 낮게
떠있는 구름[수운垂雲134)]을 날개 삼아 멀리 떨쳐갈 수 있었으며, 수준이
높아질 것[향상向上135)]을 미리 나타냈으니[예장豫章136)], 치솟은 태양을
가지삼아[불일지지拂日之枝] 높이 휘날린 것이었다.

5-3) 大師謂曰 汝 還認 其到此階梯 預呈其遷喬 所以不離寶所 ◎◎◎◎
◎◎◎◎ ◎◎◎◎ ◎◎◎◎ ◎◎◎◎ ◎◎◎◎ ◎◎◎◎河東 參禪門於紫
嶽 故能 初窺聖典 久栖禹穴之旁 始覽靈蹤 方到燕臺之畔.

---

131) 운학(雲壑) : 구름이 덮인 깊은 산 속.
132) 석상(石霜) : 석상경저(石霜慶諸, 807~888). 강서성(江西省) 길주(吉州) 출신. 성
은 진씨(陳氏). 13세에 홍주(洪州) 서산소감(西山紹鑑)에게 출가하였으며, 23세에
숭악(嵩岳)에서 구족계를 받고 계율을 배웠다. 후에 도오원지(道吾圓智)에게
가서 법을 계승하였으며, 석상산(石霜山)에 20년간 머물렀다. 수행하는 승려들
과 함께 오로지 좌선(坐禪)만 하는데 그 모습이 꼭 그루터기 같아서 세인들이
고목중(枯木衆)이라 불렸다. 희종(僖宗)이 자의(紫衣)를 하사하였지만 이를 받지
않았다. 888년 나이 82세, 승납 59세로 입적하자 조칙으로 시호를 보회대사(普會
大師)라 하였다. 일찍이 낭공대사(郞空大師) 행적(行寂, 832~930)이 석상경저를
사사한 바 있다. 『조당집(祖堂集)』卷6, 『송고승전(宋高僧傳)』卷3, 『전등록(傳燈
錄)』卷15 참조.
133) 도남(圖南) : (붕새가 날개를 펴고 남쪽으로 향하여 가려고 한다는 뜻으로) 웅대
한 일을 계획하고 있음을 비유함.
134) 수운(垂雲) : 낮게 떠 있는 구름.
135) 향상(向上) : 수준 등이 높아짐.
136) 예장(豫章) : 높이 자라는 양질의 나무.

□□대사가 말하기를, "이곳에 온 것을 기회[계제階梯137)] 삼아 더 나은 지위로 옮기고자 함[천교遷喬138)]을 미리 드러낸 것[예정預呈139)]을 너는 다시 한 번 생각해야 한다[환인還認]."고 하였다. (중략)

(충담 스님은 중국 여행길에) 하동河東에서 □□□을 하고, □□에서 선문禪門140)을 만났으니, 처음 불경[성전聖典141)]을 연구하느라 오랫동안 우혈禹穴142) 주변에 머물렀고, 비로소 (선배 스님들의) 신령스러운 자취[영종靈蹤]를 보고자 연대燕臺143) 근처까지 이르렀던 것이었다.


**6-1)** 遁於天祐十五年六月 得達于◎◎◎◎◎◎ ◎◎◎◎ ◎◎◎◎ ◎◎ ◎◎ ◎◎◎◎ ◎◎◎◎ ◎學俱於問訊慶抃交深 數月論禪 周年問法 惟彌 天發口 乃離日搖脣 量語路之端 酌言◎之◎. 此日 揣於兩地心◎ ◎◎◎◎ ◎◎ ◎◎◎◎◎◎.


천우天祐 15년144)(918, 경명왕 2) 6월 ◎⋯◎ (김해로 귀국하였다.) (중략) (주변 사람들이) □□□학(□□□學)하느라, 갖추어 합장을 드린[문신問訊145)]

---

137) 계제(階梯) : 어떤 일이 차차 진행되는 절차, 어떤 일을 할 수 있게 된 기회.
138) 천교(遷喬) : (꾀꼬리가 골짜기에서 나와 큰 나무로 옮긴다는 뜻으로) 천(賤)한 지위에서 높은 지위로 오른다는 말.
139) 예정(預呈) : 예정(預程)으로 추정됨. 미리 정한 노정, 미리 정한 갈 길.
140) 선문(禪門) : 선종. 불문에 들어간 이.
141) 성전(聖典) : 삼장(三藏)(중불). 불교 경전의 총칭.
142) 우혈(禹穴) : 굴 이름. 중국 절강성 소흥현 회계산의 한 봉우리에 있음.
143) 연대(燕臺) : 대(臺) 이름. 황금대(黃金臺). 황금대는 중국 하북성 대흥현 동남에 있던 대로 연경 팔경의 하나였음.
144) 천우(天祐) 15년 : 당(唐)나라 애제(哀帝)의 연호. 천우(天祐) 4년(907)에 당나라가 망하였으며, 천우 15년은 후량(後梁) 정명(貞明) 4년이거나 요(遼) 신책(神冊) 3년이어야 한다. 그런데도 당의 연호인 천우를 계속 사용한 것은 당시 신라의 외교정책을 잘 보여준다.
145) 문신(問訊) : 합장하고 문안을 드리는 경례법.

후, 축하의 박수를 치고[경변慶抃146)] 사귐을 깊이하면서 여러 달 동안 선禪을 논하였고, 한 해가 되도록[주년周年] 법法에 대해 물었다.

미천彌天147)이 입을 벌리고[발구發口148)], 이일離日149)이 입술을 놀리듯[요순搖脣] 하여, 언로[어로語路]의 단서를 헤아릴 수 있었고 언□(言□)의 뜻을 짐작할 수 있었다. 그 날 (말과 글) 두 경지를 취하고 나서, 마음은 (중략)

6-2) ◎◎◎◎ ◎◎◎◎ ◎◎◎◎之光 愁見甲兵之色 所以便辭金海 遙指玉京.

(충담 스님은) (전쟁 무기의) 빛을 (걱정스레 바라보고), 갑병甲兵150)의 기색을 근심스레 바라보더니, 마침내 김해金海를 떠나 멀리 개경[옥경玉京151)]으로 갔다.

7-1) 行道遲遲 於焉入境 不唯摩勒重敷 兼亦優曇一現 奉迎內殿 尋以◎◎◎◎◎◎◎◎◎◎◎◎◎◎◎◎◎◎◎◎◎ ◎◎◎◎仕遙 屢吐象王之說 重重避席 恭披弟子之儀 一一書紳 待以王師之禮.

가는 길이 더디고 더뎠지만, 어느덧 개경開京 주변에 들어가게 되었다.

146) 경변(慶抃) : 축하하며 박수를 침.
147) 미천(彌天) : 중국 진(晉)나라 스님 석도안(釋道安, 312~385).
148) 발구(發口) : 이빨을 들어 입 밖으로 나감.
149) 이일(離日) : 인도 마가다국의 바라문 출신으로, 사리불의 막내 동생. 형을 따라 출가하여 카디라 숲에 머무르며 고생을 참고 선정을 좋아하여 깨달음을 이루었다. 고향으로 돌아와 세 사람의 생질을 출가시켰다.
150) 갑병(甲兵) : 갑옷 입은 병사.
151) 옥경(玉京) : 하늘 아래 옥황상제가 산다는 서울.

(충담 스님의 입경 모습을 보니) 마륵摩勒152)이 다시 펴질 뿐 아니라 아울러 우담화[우담優曇153)]가 한 번 피어난 듯하여, (과인은 충담 스님을) 내전內殿 으로 받들어 모시고 들어갔다.

(중략). (내전에 들어온 충담 스님은) 깊이 □□하면서 □□□□를 □□하 고(尋以□□ □□□□□), 벼슬을 멀리하면서 거듭 석가釋迦[상왕象王154)]의 말씀을 토로하였다[□□仕遙 屢吐象王之說)]. (이에 과인은) 여러 차례 공경한 태도로 자리에서 일어나[피석(避席)155)] 공손히 제자의 예의를 갖추었으며, (들었던 말씀을) 일일이 큰 띠에 기록하면서[서 신書紳156)] 왕사王師의 예로 모시었다.


**7-2) 翌日 請移◎◎◎ ◎◎◎淨精廬 永元◎◎◎◎◎◎◎◎◎◎◎◎◎◎ ◎◎◎◎◎◎◎◎◎◎◎◎◎術 大師 遠從丹慊 再到京畿 所以別飾玉堂 令昇繩榻 問大師曰.**


다음 날 □□로 옮기기를 청하면서 (궁중에 있는) 절[정려精廬157)]을 깨끗이 치워 영원히 □□케 하였다. (중략). (지방에 머물고 있던 충담 스님에게 개경 방문을 요청하자 충담 스님은) 멀리서 (과인의) 참된 정성[단 (丹慊158)]을 쫓아 다시 경기京畿에 도착했다. (이에 과인이) 특별히 옥당玉

---

152) 마륵(摩勒) : 금 가운데 가장 아름다운 금. 자마금(紫磨金)을 말한다.
153) 우담(優曇) : 우담화(優曇華). 인도 전설 중에 나오는 꽃. 삼천년에 한 번씩 꽃이 핀다는 것으로, 이 꽃이 필 때에는 금륜명왕(金輪明王)이 나타난다고 함.
154) 상왕(象王) : 코끼리 가운데 가장 큰 코끼리. 부처의 몸에는 80종의 상호(相好)가 있는데, 나가고 멈추는 것은 코끼리 왕처럼 하고, 걸음걸이는 까치 왕처럼 하며, 용모는 사자 왕처럼 한다고 한다. 그러므로 여기서는 석가(釋迦)로 해석함.
155) 피석(避席) : (공경의 뜻을 표하기 위하여) 웃어른을 모시었던 자리에서 일어남.
156) 서신(書紳) : 옷과 띠에 써서 잊지 않음을 보여줌.
157) 정려(精廬) : 학사(學舍), 사찰(寺刹).

堂159)을 꾸며, 승탑繩榻160)에 오르게 한 다음, 대사에게 물었다.


**7-3)** ◎寡人 少尙威武 未精學問 不曉先王之典 寧◎◎◎◎◎.


태조 왕건 : "과인寡人은 어려서부터 위엄威嚴과 무력武力[위무威武161)]을 숭상하여 학문이 정밀하지 못하며 선왕先王의 법法에 밝지 못하고 오히려" (중략)


**7-4)** ◎◎◎ ◎◎◎◎ ◎◎◎◎ ◎◎◎◎.


충담 스님 : (불명)


**7-5)** ◎◎◎◎◎存亡之志 所喜 不勞漢夢 仍覩秦星 世宗之遇摩騰 梁武之 逢寶誌 無以加也 生生世世 永修香火之因 子子孫孫 終表奉持之至.


(다시) 태조 왕건 : "(과인은) 살아남느냐, 멸망하느냐의 뜻이 □□하였습니다. (그런데) 기쁜 것은 한나라가 꿨던 꿈[한몽漢夢162)]의 수고로움 없이 그대로 진나라의 별[진성秦星163)]을 보게 되었으니, 한漢 세종世宗164)이

---

158) 단겸(丹慊) : 적성(赤誠). 적성은 단성(丹誠)과 같은 말로, 참된 정성을 의미함.
159) 옥당(玉堂) : 여러 가지 뜻이 있으나 학자가 거처하는 곳으로 해석함.
160) 승탑(繩榻) : 새끼를 맨 의자.
161) 위무(威武) : 위엄과 무력.
162) 한몽(漢夢) : 한(漢) 명제(明帝)의 꿈. 후한(後漢) 영평(永平) 7년(기원후 64)에 명제가 머리 위에 일광(日光)을 띤 금인(金人)이 날아서 궁전으로 들어온 꿈을 꾸고 사람들을 보내 불경 42장을 베껴 왔다고 함(『廣弘明集』卷1 牟子理惑論).
163) 진성(秦星) : 379년 진왕(秦王) 부견(苻堅)이 도안(道安, 314~385)의 덕을 사모하여 군대로 양양을 포위하고 장안으로 초청하여 오중사(五重寺)에서 경전을

가섭마등迦葉摩騰165)을 만나고 양梁 무제武帝[양무梁武166)]가 보지寶誌167)를 만난 것도 이보다 더하다고 할 수 없을 것입니다. 몇 번이던지 다시 환생하더라도[생생세세生生世世168)] 영원토록 향불을 피우는[향화香火169)] 인연을 닦고, 자자손손子子孫孫 다할 때까지 받들어 모시는[봉지奉持] 지극함을 표하고자 합니다."라고 하였다.

**7-6)** 所以重起其興法禪院 以住持◎ ◎◎◎◎ ◎◎吉祥之地 尚論往美
更知延福之庭 志有終焉 心無悔矣.

(그리고) 흥법선원興法禪院을 다시 일으켜, 주지住持로써 (충담 스님을 머물게 하셨으니, 이곳은) (늘 불법을 이야기하면서 □□□□) (흥법선원이) 좋은 징조[길상吉祥170)]의 땅임을 □□하고, 늘 지난 아름다움[왕미往美171)]을 논할 수 있어, 복지를 크게 늘릴 수 있는[연복延福172)] 뜰임을 다시 깨닫게 되어, 이곳에서 (충담 스님이) 여생을 보내더라도[지유종언志有終

---

번역, 강론케 한 일로 추정됨.

164) 세종(世宗) : 후한 명제(明帝, 기원후 58~75 재위).

165) 가섭마등(迦葉摩騰) : 중인도 사람으로 총명하여 대소승의 경과 율에 정통함. 서인도에서 『금강명경』을 강설하여 이름을 드높이고, 후한 명제(明帝)의 사신 채음(蔡愔)의 간청으로 67년 축법란과 함께 중국에 와서 『사십이장경(四十二章經)』 1권을 번역하였는데, 이것이 곧 중국 역경(譯經)의 시초이다.

166) 양무(梁武) : 양나라 무제(武帝, 502~549 재위).

167) 보지(寶誌) : 보지(保誌). 중국 스님. 승검(僧檢)을 섬겨 선(禪)을 배우고, 송나라·양나라 때에 신통한 일을 많이 나타내고, 예언을 하였다.

168) 생생세세(生生世世) : 세세생생(世世生生). 몇 번이던지 다시 환생(幻生)하는 일.

169) 향화(香火) : 향불, 제사.

170) 길상(吉祥) : 좋은 징조.

171) 왕미(往美) : 지난 아름다움으로 해석되니, 여러 조사(祖師)들의 행적을 은유한 말로 추정됨.

172) 연복(延福) : 연장복지(延長福祉).

焉173)] 마음에 후회됨은 없을 곳이었다.


**8-1)** 然則逐於此地 高敞禪局 來者如雲 學人如霧 依舊瑠璃◎◎ ◎◎◎◎
◎◎ ◎◎◎◎ ◎◎於國 ◎◎◎◎ ◎◎◎◎ ◎聞興法之談 不受◎大師之誨
者 處處精舍 其徒擯之終日 了無與言 一宵堅不留宿.


그런 즉 마침내 이곳에서 절문[선경禪局174)]을 높고 시원하게 여니[고창
高敞175)] 방문자는 구름같이 몰려들고, 배우려는 사람들이 안개가 스며들
듯 모여들어, 옛날 유리瑠璃를 □□하여, □□□□하는 듯하였다. (중략)
온 나라에 (중략) 흥법선원興法禪院에서 논의되는 이야기는 들었으나, 충담
스님의 가르침을 직접 받지 못한 사람들에게는 여러 곳의 정사精舍176)에서
제자들이 이를 종일토록 인도하고, 마칠 때까지 더불어 이야기를 나누지
못한 경우에는 하루 밤을 새더라도 결코 (그 절에) 유숙留宿177)하지는
않았다.


**8-2)** 豈期大師素無疾疹 富有◎◎ 異於座品之◎ ◎◎◎◎ ◎◎◎◎◎◎
◎◎◎◎◎ 天福五年七月十八日詰旦 告門人曰 萬法皆空 吾將去矣 一
心爲本 汝等勉旃.


어찌 충담 스님이 평소 병[질진疾疹]이 없기를 기대했겠는가? 부富에도

---

173) 지유종언(志有終焉) : '뜻은 마침에 두더라도'로 해석되는데, 이는 충담 스님이
   '이곳에서 여생을 보내더라도'로 해석된다.
174) 선경(禪局) : 절 문.
175) 고창(高敞) : 높고 시원함.
176) 정사(精舍) : 스님이 불도를 닦는 곳.
177) 유숙(留宿) : 손님이나 나그네로 남의 집에 머물러 묵음.

□□가 있어, 좌품座品의 □□는 달라지겠지만, (중략). (마침내) 천복天福178)
5년(940, 태조 23) 7월 18일 새벽[힐단詰旦] 문인門人에게 고하여 말하였다.
"온갖 법[만법萬法]이 모두 공空이니, 나 이제 가련다. 한 마음[일심一心]이
근본이니 너희는 힘써 공부하되 소박함을 잊지 말라[면전勉旃179)]."

8-3) 顔貌如常 寂然坐化 俗年七十有二 僧臘五十有一.

얼굴 모양[안모顔貌180)]을 평상시와 같이한 채 조용히[적연寂然181)] 앉아
서 돌아가시니[좌화坐化182)], 세상 나이[속년俗年]는 72세이고 승려로서의
세월(승랍僧臘)183)은 51세였다.

8-4) ◎◎ 地動山崩 雲愁日慘 ◎◎◎◎ ◎◎◎◎ ◎◎悲盈 四部天人
增絶學之哀 寧惟慟徹 諸方士庶 泣亡師之痛.

(이 날) 땅이 흔들리고 산이 무너지듯 하였으며, 구름도 근심하고, 해도
슬퍼하였다. (중략) □□에 슬픔이 가득 차니 사부四部184) 천인天人185)들은
배움이 끊어지는 슬픔을 더하였으며, 진실로 애통하니 여러 지방의 사서士
庶들은 스승을 잃은 애통함에 울었다.

---

178) 천복(天福) : 후진(後晉) 고조(高祖)의 연호. 936~942.
179) 면전(勉旃) : 힘쓰되[勉之] 소박하게 하라는[旃之] 두 말의 합성어.
180) 안모(顔貌) : 얼굴모양.
181) 적연(寂然) : 아무 기척도 없이 조용하고 고요함.
182) 좌화(坐化) : 앉은 채로 왕생하는 일.
183) 승랍(僧臘) : 스님 노릇을 한 횟수.
184) 사부(四部) : 사부중(四部衆). 비구·비구니·우바이·우바새를 말함.
185) 천인(天人) : 비천(飛天). 천중(天衆)이라고도 하는데, 제천(諸天)에 살고 있는
    유정(有情)들을 말함.

8-5) 寡人 忽聆遷化 尤慟于懷 追切洪德 不能已特 宗林禪伯 季葉古皇

朝◎◎ ◎◎◎◎ ◎◎◎◎ ◎◎◎◎ ◎萬壽之遐長 乖羣情之敬仰 今則梁

雖折矣 室可修焉 然則 先忻於水積魚歸 後恨於林傾鳥散 所冀 早儀明禮

正當◎◎ 贈諡眞空大師 塔號◎◎◎◎◎◎◎◎◎◎◎◎◎◎◎◎之塔.


과인 역시, 갑자기 충담 스님이 돌아가셨다는 소식[천화遷化[186]]을 듣고,
가슴이 더욱 미어지고, 스님의 큰 덕[홍덕洪德[187]]을 추모함이 간절하다.
한 종파[종림宗林[188]]의 스님[선백禪伯[189]]이며, 말세[계엽季葉[190]]의 황제
[고황古皇[191]]로, 아침□으로 □□하고, □□으로 □□하였다. □□으로 □□
하며, □□으로 □하니, 긴 수명[만수萬壽[192]]이 오래 감을 □(배반?)하였고,
여러 사람의 뜻대로[군정群情] 우러르고 받드는 것에 벗어나 버렸다. 지금은
대들보가 꺾여버렸지만, 집안은 수리할 수 있은 즉, 먼저 물이 불어 고기들
이 돌아왔음을 기뻐하고, 숲이 무너져 새가 날아가 버림은 나중에 슬퍼해야
할 것이다. 바라는 바는 빨리 위의를 갖추고 예를 밝히는 일일 뿐이니,
이치에 맞게 □□코자, 시호諡號를 추증追贈하여 진공대사眞空大師라 하고,
탑명塔銘을 '□□□□탑'이라 하겠다.


9-1) 惟大師 雪山成道 煙洞證心 傳十八代之祖宗 統三千年之禪敎 則知決

---

186) 천화(遷化) : 이 세상 중생(衆生)들의 교화를 마치고 다른 세상 중생들을 교화하
러 가는 일, 곧 고승의 죽음을 이르는 말.
187) 홍덕(洪德) : 대덕(大德).
188) 종림(宗林) : 종무(宗門)으로 추정됨. 종문은 종파(宗派)를 의미함.
189) 선백(禪伯) : 승려(僧侶).
190) 계엽(季葉) : 말세(末世).
191) 고황(古皇) : 상고(上古)의 황제.
192) 만수(萬壽) : (손위 사람이나 존경하는 사람들의 건강을 빌 때 쓰이어) 오래
삶.

洽. 浮世擧其廣則 誰曰黃輿 周◎◎香散馥 便率胡蝶之心. 水◎◎◎◎
◎◎◎◎ ◎◎◎◎忘機 仍引狎鷗之興. 幾多昐響 無限昭彰 可謂闡揚 身毒
之風 敷演竺乾之法者矣.

아, 대사께서는 설산雪山에서 도道를 이루고[성도成道] 연동煙洞에서 마음을 깨달아[증심證心], 18대十八代의 조종祖宗을 전하였고 3,000년三千年 이어온 선禪의 가르침[선교禪敎]을 계통 잡아, 널리 퍼뜨림을[협흡浹洽193)] 알았다. 덧없는 세상[부세浮世194)]이 그 큰 규칙을 들었으니, 누가 황여黃輿라 말하겠는가? 두루 향복香馥을 퍼뜨려 문득 호랑나비[호접胡蝶]의 마음195)을 끌어내고, 수水□□□□했으니, □□□□하겠는가, 뿌리도 잊고 □□도 □□하여 갈매기[압구狎鷗196)]의 흥취를 끌어 낸 것이었다. 무수히 성하게 일으키게 하였고[혜향昐響197)], 한없이 빛내고 빛내었다고 하겠으니, 가히 인도[신독身毒198)]의 풍모를 드러내 밝히었고, 천축[축건竺乾199)]의 법을 널리 편[부연敷演200)] 사람이라고 할 만하다.

9-2) 門徒弟子五百 ◎◎◎◎◎◎ ◎身之贖 切恐蒼山變谷 渤◎◎◎. ◎◎
◎◎◎◎ ◎◎◎◎成田 陳情而特請龜文 瀝懇而頻干鳳德.

---

193) 협흡(浹洽) : 물이 물건을 적시 듯 고루(널리) 전해짐. 화목하게 사귐.
194) 부세(浮世) : 덧없는 세상.
195) 호접지심(胡蝶之心) : 호접지몽(胡蝶之夢)과 같은 말로 물아일체(物我一體)의 경지를 비유한 말(『莊子』齊物論).
196) 압구(狎鷗) : 선비가 명예를 등지고 고상하게 지내는 것을 비유하는 말.
197) 혜향(昐響) : ① 떼 지어 나는 작은 벌레. ② 성하게 일어나는 모양.
198) 신독(身毒) : 인도의 별칭. sindhu(水, 河 의미), ind, indus.
199) 축건(竺乾) : ① 축건공(竺乾公) 부처. ② 천축의 별칭.
200) 부연(敷演) : 알기 쉽게 뜻을 첨가하여 자세히, 넓혀서 말함.

문도제자 오백은 □□□□□□하여 몸바침을 □□하고, 푸른 산이 깊은 골로 변함이 두려워서 □□□渤하였다. 그러나 □□□□□□하고, □□가 밭을 이룸[성전(成田)] 함을 □□하여, 사모하는 정을 드러내어 특별히 비문[구문龜文]을 청하였고, 간절함을 쏟아 크나큰 덕[봉덕鳳德201)]을 새길 것을 여러 번 하였다.

**9-3)** 所冀 顯無爲之化 留在水雲 期不朽之緣 刻於金石. ◎恤之慟 措詞虀臼 慰門人 閔◎◎◎ ◎◎◎◎◎◎. ◎◎◎◎ ◎◎◎◎ ◎◎◎◎◎之心 歸美 栢臺 旌國士追攀之志 乃爲銘曰.

바라는 바는 (충담 스님의) 무위無爲의 교화[무위지화無爲之化]를 드러내어 세상[수운水雲202)]에 머물게 하고, 썩지 않는 인연[불후지연不朽之緣]을 기약하여 금석金石에 새기고자 하였다. 애통한 마음을 드러내고자 훌륭한 문장[제구虀臼203)]을 얽어 문인들을 위로하고, □□□□하고자 □□□□□ □□하였다. □□□□즉, □□□□하여 □□가 □□하는 마음을 □하고, 백대栢臺204)에 아름다움을 돌려[귀미歸美]하여, 국사國士205)들이 (충담 스님의) 뒤를 따라 인재들을 가르치는[추반追攀206)] 뜻을 드높이고자 하였다. 이에 명문銘文을 짓는다.

---

201) 봉덕(鳳德) : 성인의 덕, 훌륭한 덕.

202) 수운(水雲) : 물과 구름.

203) 제구(虀臼) : "黃絹幼婦外孫虀臼"에서 유래된 글. '매운 것'을 '받는다'는 '수신(受辛)'의 은어(隱語)로 '사(辭)'자(字)이니 절묘호사(絶妙好辭), 즉 뛰어난 명문이라는 뜻.

204) 백대(栢臺) : 백대(柏臺). 백대(柏臺)는 한(漢)나라 어사대(御史臺)의 별칭.

205) 국사(國士) : 온 나라에서 특별히 높이는, 재주가 뛰어난 선비.

206) 추반(追攀) : 추수(追隨)하고 반원(攀援)함(한문14349). 추수(追隨)는 사람의 뒤를 쫓아 따른다는 뜻. 반원(攀援)은 인재를 끌어 쓰게 함.

## 【명(銘)】

◎◎◎◎ ◎◎◎◎

□□□□ □□□□


◎◎◎◎ ◎流雍袂

□□□□ 소매 끝을 여민[옹몌雍袂] 공손한 태도


賢佐蹇裳 ◎◎◎◎

치맛자락을 걷어[건상蹇裳207)] 슬기롭게 보좌하고, □□□□


◎◎◎◎ ◎◎◎◎

□□□□ □□□□


◎◎◎◎ ◎蘇認已

◎□□□ 소생시켜 인식할 따름이니


藏寶知印 慈航沒浪

감춰 둔 보물[장보藏寶]로 심인心印208)을 알고[지인知印], 자애로운 항해
[자항慈航209)]로 파도를 가라앉힌다.


慧炬沉光 銀燈石塔

지혜의 횃불[혜거慧炬210)]로 빛을 가라앉히며, 아름다운 촛불로[은등銀

---

207) 건상(蹇裳) : 치마를 걷어 올림.
208) 심인(心印) : 언어, 문자로서 표현할 수 없는 부처님 자내증(自內證)의 심지(心地).
209) 자항(慈航) : 자비심으로 중생을 구제함.

燈211)] 석탑石塔을 비춘다.

## 【음기陰記】

靈鳳山故王師眞空大師碑陰

영봉산靈鳳山 고故 왕사王師 진공대사비眞空大師碑 음기陰記

1) 盖聞 湯王滅夏 終敷開網之仁 武帝◎◎ ◎◎◎西陲之教 親窺寶誌 爰談
東夏之風 由是大集. 朝臣車馬 以奉迎僧會 出遊東苑 輦輿而同 ◎◎◎◎
◎◎◎◎.

은殷나라 탕왕湯王212)은 하夏213)를 멸망시킨 후 그물을 풀어 준 인자함
[개망지인開網之仁]을 베풀었다고 한다. (그리고) 양梁나라 무제武帝214)는
□□하여, 서역西域의 가르침[서수지교西陲之教215)]을 □□□코자, 친히
보지寶誌216)를 맞이하여 중국[동하東夏217)]의 교화教化를 말함으로써
큰 집회를 열 수 있었으며[대집大集218)], (오나라의) 조정 신하[조신朝臣]

---

210) 혜거(慧炬) : 지혜의 등구(燈炬).
211) 은등(銀燈) : 은촉(銀燭). 아름답게 비추는 촛불.
212) 탕왕(湯王) : 중국 은(殷)나라 건설자. 하(夏)나라의 걸왕(桀王)을 내쫓고 천자의
    자리에 올랐으며, 제도와 전례(典禮)를 잘 정비했다고 함.
213) 하(夏) : 중국 고대국가. 우(禹)가 세워 걸(桀)에 이르러 무너질 때까지 439년
    동안 유지되었음.
214) 무제(武帝) : 양나라 무제(武帝, 502~549 재위).
215) 서수지교(西陲之教) : 서쪽 변두리 지방의 가르침, 여기서는 불교를 밀힘.
216) 보지(寶誌) : 보지(保誌). 중국 스님. 승검(僧檢)을 섬겨 선(禪)을 배우고, 송나라·
    양나라 때에 신통한 일을 많이 나타내고, 예언을 하였다.
217) 동하(東夏) : 동방(東方) 화하지국(華夏之國). 화하(華夏)는 중국의 다른 이름.
218) 대집(大集) : 대집회(大集會).

들은 수레와 말을 타고 승회僧會[219]를 받들어 모시어[봉영奉迎[220]] 동원
東苑[221]에 나가 노니는데[출유出遊[222]], (손권과) 탄 가마가 같았다고
들었다.

**2)** ◎◎我國家 三[223]韓角立 未知彼此之僞眞 一國雄飛 忽辨戰爭之優劣
遐霑 聖德 廣◎◎◎◎◎.

우리나라는 삼한三韓이 서로 맞버티며 대립하며[각립角立[224]] 피차간에
진위眞僞 여부를 모르다가, 일국一國이 웅비하여 홀연히 전쟁의 우열이
갈린 후, 멀리까지 성덕聖德[225]을 적시어 널리 □□□□하였다.

**3)** 大師奏表曰 殿下 精同四乳 眼耀雙瞳 以此 梨察在元皇之座 圖澄逢趙主
之燐. 然猶◎◎ ◎◎◎僧 憚於來往 志在登臨. 山家之鬱鬱森森 道人卽住
海國之幽幽秩秩 君子攸寧 伏乞燐其◎◎◎◎. ◎◎◎◎.

이에 충담忠湛 스님(대사)이 표문表文을 올려 말하기를, "전하는 정기精氣

---

219) 승회(僧會) : 강승회(康僧會). 강거국(康居國) 사람. 그의 선조는 대대로 인도에
    살았는데, 아버지가 장사차 교지(交趾)로 옮겨와서 그를 낳았다. 10세에 양친을
    여의고 출가하여 불법(佛法)을 선전할 생각으로 247년 중국 건업(建鄴)에 왔는데,
    오(吳)나라 임금 손권(孫權)이 그를 위하여 절을 짓고, 건초사(建初寺)를 지었다.
    이곳에서 그는 이 절에서 강승회가 『육도집경(六度集經)』등 7부 20권을 번역하
    고, 『니원패성(泥洹唄聲)』을 전하여 오나라 불교가 발전케 되었다.
220) 봉영(奉迎) : 귀인이나 존경하는 이를 받들어 맞이함.
221) 동완(東菀) : 동원(東苑)으로 추정됨.
222) 출유(出遊) : 다른 곳으로 나가서 노닒.
223) 탁본 2에는 '二'로 되어 있음.
224) 각립(角立) : 굴복하지 않고 맞버티어 대립함.
225) 성덕(聖德) : 임금의 덕.

가 주周 문왕文王[사유四乳226)]과 같고 눈은 순舜 임금[쌍동雙瞳227)]만큼 빛나, (지금까지 소승도) 이찰梨察이228) 원황元皇의229) 자리[좌座]에 있는 듯하였고, 도징圖澄이230) 조주(趙主)의231) 반딧불을 만난 것처럼 할 수 있었습니다. 그런데 (지금은) 오히려 □□하고 □□□僧하여, (개경에) 오가는 것이 꺼려지고, 산에 오르고 물가에 가는 곳[등림登臨232)]에 뜻을 두게 되었습니다. 무성한 숲속[울울삼삼鬱鬱森森233)]의 산가山家234)는 도인道人이 머무는 곳이며, 그윽하게 늘어서 있는[유유질질幽幽秩秩235)] 섬나라[해국海國236)]는 군자君子가 마음이 편안한 곳[유령攸寧]이기 때문입니다. 엎드려 비오니 □□□□를 가련히 여기십시오."라고 하였다.

4) ◎◎◎◎ 大師 今辭樂土 欲入深山 高飛一軸之文 聊送九重之闕 寡人與
大師 情深膠柒 義◎◎◎ ◎◎◎東化 所誓 其興法禪院 縱爲古寺 尚在仁方
◎◎和尚生前 永作栖遑之處 ◎◎大師◎◎ ◎◎◎◎◎◎ ◎◎◎◎◎◎
◎◎◎◎◎◎ ◎◎◎◎◎◎

---

226) 사유(四乳) : 젖이 네 개 있는 사람으로 주(周) 문왕(文王)을 가리킴.
227) 쌍동(雙瞳) : 눈동자가 두 개씩 있는 사람으로 순(舜) 임금을 가리킴.
228) 이찰(梨察) : 스님 이름인 듯하나, 알 수 없음.
229) 원황(元皇) : 중국 황제 이름인 듯하나, 알 수 없음.
230) 도징(圖澄) : 불도징(佛圖澄, 232~348). 서역 구자국(龜玆國) 사람. 310년 돈황을 거쳐 낙양에 왔다. 그때 후조(後趙)의 포악한 군주였던 석륵(石勒)이 귀의하였고, 333년 아들 석호(石虎)가 역시 스승으로 섬겼다.
231) 조주(趙主) : 후조(後趙) 석륵(石勒)과 석호(石虎).
232) 등림(登臨) : 등산림수(登山臨水).
233) 울울삼삼(鬱鬱森森) : 울울(鬱鬱)은 나무가 무성한 모습이고, 삼삼(森森) 역시 나무가 무성한 모습.
234) 산가(山家) : 산 속에 있는 집.
235) 유유질질(幽幽秩秩) : 유유(幽幽)는 그윽하고 깊은 모습이고, 질질(秩秩)은 여러 가지 모습.
236) 해국(海國) : 섬나라. 사방이 바다에 둘러싸인 나라.

□□□□(태조께서 이 말을 듣고 말씀하시기를?) "대사께서 이제 낙토樂
土237)를 마다하고 깊은 산으로 들어가고자 한 두루마리의 글월[일축지문─
軸之文]을 높이 날려 구중의 대궐[구중지궐九重之闕]로 보내 왔습니다. 과인
과 대사는 정이 아교칠보다 깊고[정심교칠情深膠柒], 의리는□□하여(義◎
◎◎) □□하면서 동국을 교화시켰습니다. 맹서컨대 그 흥법선원興法禪院은
비록 오래 된 절[고사古寺]이기는 하지만 그래도 일찍부터 어짐을 행하는
방법[인방仁方238)]을 높였던 곳으로, □□화상(□□和尙)도 생전에 길이 몸
붙일 데 없이 바쁜 곳[서황지처栖遑之處239)] 이었으니, 충담 스님도 □□□할
것입니다."라고 하였다.


大師在家弟子 … 州官
通玄上坐　　　郎中 旻會柰 金舜柰
廣休長老　　　侍郎 興林柰 秀英柰
惠泰長老　　　上大木 信希大木


대사(大師)의 재가제자在家弟子로는 통현通玄 상좌上坐·광휴廣休 장로長老·
혜태惠泰 장로長老, 주관州官으로는 낭중郎中인 민회旻會 내말乃末과 김순金舜
내말乃末, 시랑侍郎인 흥림興林 내말乃末과 수영秀英 내말乃末, 상대등上大等
신희信希 대등大等이 (참석하였다).

---

237) 낙토(樂土) : 살기 좋은 곳, 낙원.
238) 인방(仁方) : 인지방(仁之方)으로 추정됨. 인지방(仁之方)은 인(仁)을 행하는 방법.
239) 서황지처(栖遑之處) : 서황(栖遑)은 서황(棲遑)과 같은 뜻으로 추정됨. 서황(栖
遑) : 離索 우박(憂迫), 근심하여 가슴이 막힘(신기철)의 뜻(한문7141). 서황(棲遑).
몸 붙여 살 곳이 없음(신기철).

## |제9장|
# 고달사 학풍의 불법동류佛法東流와 부동선원不動禪院

## I. 머리말

고려 태조 왕건은 943년(태조 26) 후대 왕들이 지켜야 할 고려 국가 통치 원칙의 대강大綱을 설명하면서, "우리나라는 오래 전부터 당나라 풍을 존중하여 문물예약이 모두 당제를 준수해 왔는데, 풍토도 다르고 인성도 다르니(수방이토殊方異土) 반드시 같을 필요가 없다(불필구동不必苟同)"고 하였다.[1] 유명한 토풍 대 화풍 논쟁이다.[2] 이러한 나말여초 수방이토론殊方異土論은 통일전쟁 전후기 신라의 한식명칭漢式名稱 사용론과 여말선초 풍토부동론風土不同論, 조선후기 실학논쟁과 함께 한국 중세사회가 경험한 세계화와 내재화론의 주요 논쟁 중 하나였다.[3] 풍토부동론이 조선

---

[1] 『高麗史』卷2 태조 26년 4월. "其四曰 惟我東方 舊慕唐風 文物禮樂 悉遵其制 殊方異土 人性各異 不必苟同 契丹是禽獸之國 風俗不同 言語亦異 衣冠制度 愼勿效焉".

[2] 박경안, 2007, 「다원적 국제관계와 국가문화귀속감」『고려시대 사람들의 삶과 생각』. 박경안은 이 글 398쪽, 주 11)에서 신채호가 「朝鮮歷史上 一千年來 第一代事件」에서 한학파(김부식)와 국학파(묘청)로 구분한 것을 예로 들면서, 한학파는 華風, 국학파는 土風으로 하는 것이 맞다고 하였다. 그러면서 성종이 풍속을 바꾸는 것을 임무로 삼았을 때의 대상은 토풍이고, 목표로 삼는 바는 화풍 중시라고 보았다.

〈혜목산문 주요 승려의 이력〉

| 연도 | 현욱 | 이관 | 심희 | 찬유 |
|---|---|---|---|---|
| 787(원성03) | 탄생 | | | |
| 808(애장09) | 구족계(21) | | | |
| 811(헌덕03) | | 탄생 | | |
| 824(헌덕16) | 당유학(37) | | | |
| 830(흥덕05) | | 구족계(20세) | | |
| 837(희강02) | 귀국(50) | | | |
| 840(문성02) | 혜목산(53) | | | |
| 844(문성06) | 염거 입적 | | | |
| 850(문성12) | | 혜목산방문 | | |
| 853(문성15) | | | 탄생 | |
| 861(헌안05) | 고달사(74) | | | |
| 863(경문03) | | | 입문 | |
| 864(경문04) | 도헌 거돈 | | | |
| 868(경문08) | 입적(81) | | | |
| 869(경문09) | | | | 탄생 |
| 873(경문13) | | 설산(63) | 구족계 | |
| 880(헌강06) | | 입적(70) | | |
| 881(헌강07) | | | | 입문(13) |
| 888(진성02) | | | 송계(34) | |
| 890(진성04) | | | | 구족계(22) |
| 892(진성06) | | | | 유학(24) |
| 893(진성07) | | | 설악 | |
| 899(효공03) | | | 명주피란(45) | |
| 900(효공04) | | | 봉림사 | |
| 921(태조04) | | | | 귀국(53) |
| 923(태조06) | | | 입적 | |
| 924(태조07) | | | | 천왕사(57) |
| 932(태조15) | | | | 혜목산(65?) |
| 953(광종04) | | | | 사나원(85) |
| 954(광종05) | | | | 혜목산(86) |
| 958(광종09) | | | | 입적(90) |

1) 827년 : 보조 체징, 설산 억성사에서 염거에게 공부
2) 840년 : 보조 체징, 유학 후 귀국, 고향(웅진?)에서 교화

---

3) 수방이토론은 신라 경덕왕대와 혜공왕대 벌어졌던 한식 명칭 사용과 복고 논의에서 본격화되었을 것으로, 중세 전기 세계화와 내재화 논쟁에서 태조는 내재화론, 즉 토풍론을 강조한 것으로 판단된다.

전기 세종학으로 발전하였듯이, 수방이토론은 나말여초 해동천자론의 주요 논거가 되었다.[4] 나말여초 격변을 거쳐 일어났을 것으로 생각되는 이 흐름의 학문적 맥락 해명은 토풍·화풍 논쟁의 역사적 연원을 파악할 수 있다는 점에서 매우 흥미로운 주제이다.

문제는 이 수방이토론의 구체적 실상에 대한 해명일 터인데, 이러한 과제를 풀 수 있는 사례 중에 하나가 이른바 혜목산문[5](즉 봉림산문)의[6] 형성과 발전에 대한 이해이다. 혜목산문과 봉림산문은 현욱에서 이관과 심희, 찬유, 홍적으로 이어지는 동일 종문宗門이기 때문에 굳이 구분할 필요는 없다. 오히려 유학파인 현욱과 손제자인 찬유의 중국 불교계 공부가 국내파였던 이관과 심희, 홍적의 공부와 함께 어떻게 신라화하고 고려화했 는지에 대해 정리해 보는 것이 흥미로울 것이다. 이른바 고달사 학풍의 불법동류佛法東流와 부동선원不動禪院에 관한 이해이다. 고려 태조 왕건의 수방이토론이라는 정책은 고달사의 불법동류와 부동선원에 대한 학풍이 있었기 때문에 가능한 정책이었다.

---

4) 노명호, 1999, 「고려시기의 다원적 천하관과 해동천자」『한국사연구』105 ; 박경안, 2005, 「고려시대 한국인의 mentality 복원연구 : 고려전기 다원적 국제간관계와 국가, 문화귀속감」『동방학지』129 ; 추명엽, 2005, 「고려시기 해동인식과 해동천하」『한국사연구』129.

5) 김혜완, 2002, 「고달사의 불교사적 고찰」『고달사지』I ; 장덕호, 2005, 「나말여초 고달선원의 형성」『신천식교수정년기념사학논총』; 김용선, 2006, 「현욱 심희 찬유와 여주 고달사」『한국중세사연구』21 ; 한기문, 2007, 「고려시대 혜목산 고달사의 위상과 종풍」『고달사지』II ; 조범환, 2008, 「신라 하대 원감선사 현욱의 남종선 수용과 활동」『동북아문화연구』14

6) 박영기, 1992, 「봉림산문의 법계와 그 문제점들」『한국불교학』17 ; 조범환, 1994, 「신라말 봉림산문과 신라왕실」『진단학보』78 ; 김상돈, 1996, 「신라말 구가야권의 김해 호족세력」『진단학보』82 ; 배상현, 2004, 「진경 심희의 활동과 봉림산문」『사학연구』74 ; 구산우, 2008, 「신라말 고려초 김해 창원지역의 호족과 봉림산문」『한국중세사연구』25.

## Ⅱ. 고달원 1기 : 현욱 그리고 심희의 불법동류설

고달원 터가 있는 경기도 여주군 북내면 상교리 413번지에 있는 혜목산은 북원경 치소가 있었던 곳으로 추정되는 현 강원도 원주시 일산동 강원감영 터에서 40㎞ 못 미치는 북원부 영역에 있다. 옛날 통칭으로 하면 백리길 안에 있는 것이다. 봉림사 터가 있는 경상남도 창원시 봉림동 봉림사 터는 정병산(옛 봉림산) 서쪽이고 동쪽에 진례면이 있다. 금관경 치소가 주변에 있었을 김해시와는 서쪽으로 30㎞ 못 미치는 곳에 있으니, 옛 김해부 영역에 있다고 볼 수 있다.

고달사가 있었던 곳은 신라 통일기 북원부와 고려 전기 원주와 영속관계에 있었던 황려현이었을 것이므로,[7] 북원경, 북원부의 공경층公卿層이나 사서층士庶層에게는 같은 문화권으로 다루어지던 곳이었겠다. 현재 흥법사가 있는 강원도 원주시 지정면 안창리에서는 20㎞ 정도 떨어진 곳이므로, 959년 희양원에 머물던 지종이 원종 찬유의 현몽으로 중국 유학을 결심한 것처럼 흥법사에서 태어난 적연 영준이 30대 후반인 968년 지종의 중국 스승인 영명 연수에게 유학갔던 것도 어렸을 때부터 원종 찬유의 이야기나 지종의 유학이야기를 들었던 경험이 있었기 때문이었을 것이다.

혜목산 고달원이 나말여초 선종 역사에 자리를 잡기 시작한 것은 54세의 현욱이 840년 혜목산에 머물면서부터였다.[8] 그 후 찬유가 유학을 떠나던 892년 이전까지는 현욱과 이관, 심희, 찬유가 돌아가면서 머물렀기 때문에 고달원 제1기에 해당하는 학풍은 꾸준히 형성되고 계승되었다고 할 수

---

7) 찬유 비문 제액에 나오는 慧目山은 驪州 州治에서 북으로 25리 지점에 위치하고 있다. 『高麗史』 地理志에 의하면, 忠州牧 原州郡에 속해야 하는데, 여기서는 廣州 소속으로 나온다. 이로 보아 고려 초의 군현 영속 관계는 『高麗史』 地理志와 다소 차이가 있었던 것으로 짐작된다.
8) 『조당집』 卷17 동국혜목산화상.

있겠다. 그러나 찬유가 유학을 떠나고 난 이후 30여 년 동안 고달원 학풍이 일정기간 단절되었다가, 921년 찬유 귀국 후 924년 이후 50대 후반의 찬유가 90세에 이르기까지 머물던 시기를 우리는 고달원 제2기라 할 수 있겠다.[9]

고달원 학풍을 두 시기로 나눌 수 있는 기준은 유학 경험이다. 824년 37세의 나이로 뒤늦은 유학을[10] 시작한 현욱(787~868)은 50세 때인 837년에 귀국할 때까지 근 10여 년을 중국 유학하였다. 유학시절 배우고 싶었던 불학은 당나라 선승 장경章敬 회휘懷暉(756~815)의 종풍宗風이었지만, 이미 815년에 입적하였으므로,[11] 유학 당시 그를 만날 순 없었다. 실제 그가 유학시절을 보낸 곳은 지금의 산서성 성도省都인 태원부太原府에 있던 두 절인데, 장경이 머물던 장안(섬서성)으로 가지 않고 오대산 문수신앙을 답사할 수 있는 태원부를 선정한 것은 마조 도일의 학풍이 장경을 거쳐 오대산 문수신앙과 어떠한 관계에 있었는지를 잘 공부할 수 있기 때문이었을 것이다.

837년 귀국 후 수년 동안 실상사에 머물면서 실상산문 홍척과 수철의 학풍을 공부한 후, 840년[12] 혜목산으로 공부 자리를 옮겼다. 흥덕(826~836)

---

9) 한국역사연구회 나말여초연구반, 1996, 「고달원 원종대사 혜진탑비」『역주 나말여초금석문』(상·하).

10) 박영기는 조당집의 장경 4년(823)은 원화 4년(809)의 잘못으로 보아 입당연도를 808년 구족계를 받은 다음해로 정하였다. 박영기, 1992, 「앞의 글」. 조범환은 808년 유학을 가서, 장경에게 공부하다가 824년 태원부로 들어간 것으로 해석하였다. 조범환, 2008, 「앞의 글」.

11) 章敬 懷暉(756~815) : 속성은 謝. 泉州 同安 사람. 785년 무렵 마조도일을 參謁하여 心印을 얻었다. 808년 憲宗의 명으로 章敬寺 毗盧舍邢院에 주석한 이래, 학도들이 운집하고 조야의 명사들이 날로 모여들어 법을 배웠다. 그는 "自性은 신령스럽게 밝아서 영원토록 물들지 아니하고 우매하지 아니하고 변하지 않는다. 이에 비해 온갖 현상은 허공의 꽃과 같이 허망한 마음이 낳는 바이다"라고 하였다. 權德輿가 지은 비문(『降興編年通論』卷22) 및 『宋高僧傳』·『傳燈錄』의 전기가 있다.

의 명으로 귀국하고, 민애(838~839), 신무(839~839), 문성(839~857), 헌안 (857~861) 왕의 수차례 요청으로 경주에 가서 설법을 할 정도로 현욱은 권력의 의중을 잘 파악하고 있었다. 현욱이 20여 년 동안 동료들과 연구에 몰두했던 허름한 공간을,[13] 경문왕(861~875)이 즉위하면서 확장공사를 마친 후 고달사로 이름지어주고, 귀한 물품 지원도 아끼지 않게 된 것은, 경문왕의 후원자로서의 안목도 평가할 수 있지만 현욱 자신도 당시 권력층 의 수준을 정확히 읽고 있었기 때문에 가능한 일이었겠다.

그러므로 현욱이 실상사에서 혜목산으로 연구처를 옮긴 배경과 관련하 여 주목되는 인물이 당시 원주 흥법사에 머물던 염거화상(?~844)과 염거 입적 후 진전 도의와 염거의 선종에 관한 철학을 잘 알고 있었을 홍각선사 이관(811~880)이었다.[14] 이관은 경주에서 태어나 17세 때인 830년 출가하 여 해인사와 영암사를 거쳐 850년대 40대 장년의 나이로 혜목산에 합류한 인물이다. 왜 그랬을까?

염거화상은 844년에 입적한 가지산문의 제2조로서, 그의 승탑이 원주 흥법사에 남아 있었다고 전한다.[15] 염거의 스승인 도의는 784년에 당나라 에 가서 서당 지장에게 배우다가, 821년에 귀국하였다. 그러나 귀국 직후에

---

12) 조당집의 개성 말년은 대부분 840년으로 보고 있는데, 한기문은 「앞의 글」에서 함통 말년, 861년경일 것으로 보고 있다. 그러면 현욱은 귀국 후 20여 년을 실상사에 머문 것이 된다. 한기문, 2007, 「앞의 글」.

13) 남동신, 1992, 「5. 사림사 홍각선사비」(한국고대사회연구소편, 1992, 『역주 한국고대금석문』 3). "圓鑑大師 自華歸國 居于慧目山 (중략) 架崖構壑 重建創修 月末幕而功成".

14) 남동신, 1992, 「5. 사림사 홍각선사비」.

15) 정병삼, 1992, 「廉居和尙塔誌」(한국고대사회연구소편, 1992, 『역주 한국고대금 석문』 3). 염거화상승탑이 흥법사에 있었다는 傳聞을 일본인들의 근거 없는 말로 치부하기도 한다. 정영호, 1983, 「부도」『고고미술』 158·159합. 권덕영은 이를 근거로 강원도 양양군 서면 황이리 미천골 선림원지(사림원지, 억성사지) 에 있을 가능성을 제시하기도 하였다. 권덕영, 1998, 「홍각선사탑비문을 통해 본 신라 억성사지의 추정」『사학연구』 55·56합.

는 교종의 득세로 선종이 전면에 나서지 못할 사정이었기 때문에 경주에서 포교하는 것을 포기하고 설악산의 진전사(현 지명 : 강원도 양양군 강현면 둔전리)에서 평생을 보냈다.[16] 그런데 제자 염거선사가 설악산 억성사에서 도의를 모시면서, 827년 유학을 준비하던 20대의 보조 체징에게 법인을 전한 것을 보면[17] 827년 전후하여 도의가 입적하지 않았을까 한다. 이후 염거도 835년 전후하여 설산 억성사를 나와 원주 흥법사에 머물다가 844년 입적하였다.[18] 그런데 바로 이 염거화상에게 공부했을 것으로 추정되는 40대의 팔팔한 홍각선사 이관이[19] 염거 사후 10년도 되지 않아 현욱의 혜목산문과 소통을 시도했던 것이다.[20]

이른바 가지산문의 도의는 실상산문의 홍척, 동리산문의 혜철과 함께 마조 도일과 서당 지장의 학풍을 신라에 소개하는데 가장 중심이 되는 인물이었다. 그런데 도의의 제자인 염거화상의 부도탑이 흥법사에 있었다고 전해지는 것을 보면, 염거화상은 835년 전후해서 설산 억성사에서

---

16) 『조당집』卷17 설악 진전사 원적선사.

17) 김남윤, 1992, 「寶林寺 普照禪師塔碑」(한국고대사회연구소편, 1992, 『역주 한국 고대금석문』3).

18) 「제8장 흥법사 선사 忠湛(869~940)의 생애와 충담비 磨滅字 보완 수용 문제 Ⅵ. 원문, 번역문 및 각주」『본서』. "맹서컨대 그 興法禪院은 비록 오래된 절[古寺] 이기는 하지만 그래도 일찍부터 어짐을 행하는 방법[仁方]을 높였던 곳으로, □□和尙도 생전에 길이 몸 붙일 데 없이 바쁜 곳[栖遑之處]이었으니, 충담 스님도 □□□할 것입니다."라고 하였다.

19) 권덕영, 1992, 「신라 홍각선사 비문의 복원시도」『가산 이지관스님 화갑기념논 총 한국불교문화사상사』; 권덕영, 2009, 「신라 도의선사의 초기 법계와 억성사」 『신라사학보』 16.

20) 남동신, 1992, 「5. 사림사 홍각선사비」(한국고대사회연구소편, 1992, 『역주 한국고대금석문』3). "원감대사가 중국에서 귀국하여 혜목산에 머물며 (마멸) 산비탈에다 단단히 얽은 것을 새로 중건하니, 한 달이 채 못 되어 완공되었다. (마멸)이 집집마다 가득차고 수레가 성을 기울일 정도였다. (마멸) 선사는 불문의 모범이요, 모습과 풍채가 준엄하여, (그를) 보는 자는 정신이 엄숙해져 (마멸) 선사를 상족으로 삼지 않음이 없었다".

나와 젊은 제자 이관과 함께 흥법사 주변에 머물렀을 것이고, 마조 도일의 학풍을 신라에 토착화하는데 일정한 성과를 거두었을 염거와의 교류가 절실했을 현욱은, 염거를 만나기 위해 지리산에서 혜목산으로의 이주를 결심했을 것이다. 당연히 현욱과 이관이 30년 동안 함께 한 것은 9세기 초반 신라 선종계의 주요 과제였던 마조 도일에서 서당 지장으로 연결된 홍주종 연구였을 것이고, 현욱이 공부했던 장경과 문수신앙과의 관계 설정에 두 스님 모두 연구에 매진했을 것이다. 그 과정에서 70대 후반의 현욱은 864년(경문왕 4) 단의장옹주의 후원을 받아 거돈사로 옮겨온 희양 산문의 도헌(신행의 증손제자)과도 교류했을 것으로 추정된다.

　그러면 이렇게 현욱이 844년 입적한 염거와 이관, 863년 9세의 나이로 입문한 심희와 더불어 만들고자 했던 혜목학풍은 무엇일까? 현욱의 제자 심희는 유학의 필요성을 묻는 사람에게 "선종禪宗은 이미 동류東流 하였는데 무슨 이유로 중국 유학을 갈 것인가, 나는 이미 혜목학풍에서 그 경지를 접할 수 있었다."고 자부하고,[21] 제자 자적 홍준(882~939)에게[22] "조사에서 조사로 서로 전하여 저 백암에게 전해져 우리 동해에 이르렀으니, 단절되지 않게 하여 그 도를 더욱 아름답게 해 왔다."고 현욱과 이관의 학풍을 설명할 수 있었던 것이 바로 그 불법동류佛法東流, 달우동해達于東海, 기도미선其道弥善이 전술한 혜목학풍이었을 것이고, 그 충실함이 고려 전기 당풍 토풍 논쟁의 학문적 토대가 되었을 것이다.

　868년 현욱이 입적한 후에도 이관이 873년까지 고달원에 머물렀던

---

21) 남동신, 1992, 「鳳林寺 眞鏡大師塔碑」(한국고대사회연구소편, 1992, 『역주 한국 고대금석문』 3) "自達摩付法 惠可傳心 禪宗 所以東流 學者 何由西去 貧道 已□□日 方接芳塵".

22) 한국역사연구회편, 1996, 「7. 경청선원 자적선사 능운탑비」『역주 나말여초금석 문』. "天竺傳心之祖 善楗達摩大師 東入中華 □□□□ 直至曹溪之祖 祖祖相傳 傳彼百 巖 達于東海 不令斷絶 其道弥善".

이유에 심희가 있었다. 심희는 862년 9세의 나이로 현욱에게 출가하여 865년 현욱이 입적할 때에는 14세의 나이로 구족계를 받지 못하고 있었다. 그가 정작 구족계를 받은 나이는 19세 때인 872년이었다. 이 5년간 이관은 정성을 다해 심희를 지도한 것으로 추정된다. 어쩌면 이관이 생각하기에 현욱의 심인은 어린 심희에게 전해졌는데, 현욱 자신이 유학생활을 통해 배운 학풍과 실상산문의 학풍, 자신과 함께 연구한 가지산문의 학풍, 862년 늦게 거돈사로 들어와 새로 합류한 희양산문의 지증 도헌의 학풍을 오롯이 전수받을 사람은 심희라고 생각했었겠다.[23]

심희가 구족계를 받은 그 해에 젊은 시절 공부했던 설산으로 급하게 간 것을 보면, 이관 자신은 당승인 장경과 서당, 신라승인 도의, 염거와 현욱, 도헌에게 배운 바를 재정리할 필요성이 절실했을 것이다. 그러나 연구에 매진했던 이관은 6, 7년도 안된 880년 70세의 나이에 입적하고 말았다. 811년 경주 출신으로, 어려서부터 두루 경서와 사서에 통하여 한번 본 것은 잊어버리지 않았으며,[24] 삼황오제의 고전을 암송하는 기민함은 그보다 나을 수 없다던[25] 이관이 그렇게 입적하고 말았다.

873년 이관을 떠나보내고 홀로 고달원을 지키던 심희는 34세 때인 888년 강진(송계선원)으로 떠났다. 882년 거돈사(원주)를 지키던 도헌은 입적하고, 886년 흥녕선원(영월)을 지키던 절중도 농민들의 봉기를 피해 피란을 갔다. 현욱과 이관이 연마하던 혜목학풍의 계승자로서 대중교화에 임하고 있던 젊은 심희의 교화력도 점차 한계에 부딪쳤을 것이다. 아마도 부족한 공부가 더 하고 싶었을 것이고, 현욱과 이관에게 이야기로만 들었던

---

23) 이관의 가르침을 통해 현욱의 뜻을 잊지 않은 심희는 실제 30대 후반 잠시 설산에서 보내며, 그 뜻을 새기기도 하였다. 남동신, 1992, 「鳳林寺 眞鏡大師塔碑」. "乾寧末年 先宴坐於松溪 學人雨聚, 暫栖遲於雪嶽 禪客風馳, 何往不臧 曷維其已".

24) 남동신, 1992, 「5. 사림사 홍각선사비」. "該通書史 一覽無遺".

25) 남동신, 1992, 「5. 사림사 홍각선사비」. "誦讀經三墳五 □券之敏 不爲尙也".

실상산문과 중국 불교계의 동향에 대한 궁금증도 커졌을 것이다. 이것이 멀리 강진까지 갔던 이유였을 것이다.

이제 고달원은 구족계도 받지 못한 어린 찬유만이 지키게 되었다.[26] 13살 때인 881년 스승 심희를 믿고 입문하였는데, 20살 때인 888년 스승 심희는 새로운 과제를 안고 떠났다. 찬유 자신도 이때 고달사를 떠나 구족계를 받을 삼각산 장의사로[27] 떠났을 것이다. 스승을 따라가고 싶었겠지만, 구족계를 받을 때까진 기다려야 했다. 그렇게 해서 890년 22세의 나이에 구족계를 받았지만, 고달원을 감당하기에는 어려움이 많았다. 마침내 892년 24세의 찬유가 진로 상담을 위해 심희를 방문케 된 사정이다.

888년부터 심희가 강진에 머물던 당시, 스스로는 불법동류佛法東流, 달우 동해達于東海를 굳게 믿지만, 그것이 중국에 새로운 학풍이 등장하고 있다는 것을 놓쳐도 된다는 핑계가 될 수는 없었다. 사실 9세기 전반 중국 불교계에는 마조 도일의 제자들이 주로 활약한 반면, 9세기 후반에는 동산 양개, 운거 도응 등의 출현으로 석두 희천계열이 부각되기 시작하였다. 즉 880년경부터 오吳가 멸망하는 937년 무렵까지가 강남 선종의 융창기로, 운거 도응과 설봉 의존雪峰義存 문하가 중심이 된 것이다.[28] 후에 석상 경저 - 구봉 도건을 이은 현휘(879~941), 석상 경저 - 곡산 도연을 이은 긍양(878~956), 석상 경저 - 운개 지원을 이은 충담(869~940), 취미 무학과 투자 대동을 공부한 찬유(869~958) 등이 일제히 중국 유학에 나서 여러 학풍을 경험하게 된 것은 자연스러운 추세였다.[29] 이런 상황에서 제자들에게 유학을

---

26) 한국역사연구회편, 1996, 「23. 고달원 원종대사 혜진탑비」『역주 나말여초금석문』.

27) 莊義寺 : 藏義寺. 현재 서울 종로구 세검정 초등학교로, 신라 문무왕이 백제와의 황산 전투에서 전사한 長春郞과 罷郞의 명복을 기리고자 세움. 교정 동쪽에 높이 3.6m의 당간지주(보물 제235호)가 남아 있다.

28) 김영미, 1996, 「나말여초 연구와 금석문」『역주 나말여초금석문』(상).

권유한 심희 자신은 설산으로 옮겨가 자신에게 부족한 가지산문의 학풍을 공부하고자 하였다. 설산 시절 심희의 각오는 이때 대관령을 넘어 흑암선원에 머물던 자신을 찾아온 어린 홍준(882~939)에게 당부한 말로서 추정할 수 있다. "나와 너는 혜목산의 선풍을 드날리어 봉림을 영원히 무성하게 하여야 한다."는 것이었다.[30]

## Ⅲ. 고달원 2기 : 찬유와 부동선원不動禪院

892년 젊은 찬유가 떠난 후 근 한 세대를 역사의 뒤안길에 있던 고달원이 다시 전면에 나서기 시작한 것은 921년 찬유가 귀국하면서부터이다. 918년 경명왕을 만나 나라를 통치하고 백성을 안정시키는 방안을 논의했던 심희는 921년 강주 덕안포로 귀국하여 유학 이력을 보고하는 찬유를 만난 다음 상주 삼랑사에 머물게 하였다. 현 대구 팔공산(상주 공산)에 있었을 삼랑사는 찬유가 출가한 사찰이기도 하지만, 920년 1월 강주장군 윤웅이 왕건에 귀부한 것을 본 심희의 생각으로는 중국에서 새로운 불학을 공부하고 온 찬유가 자신의 학문을 제대로 펼칠 수 있는 새로운 후원 세력 마련이 절실했을 가능성도 높다. 과연 찬유는 923년 심희가 입적한

---

29) 원종비에 의하면 이때 천태 지의에 대한 공부도 했던 것 같고, 자신이 관심만 두고 연구가 미진했던 천태에 대한 부분을 평상시 이야기했을 것이고 이것이 지종비문에 현몽으로 표현되었을 것이다. 한국역사연구회편, 1996, 「23. 고달원 원종대사 혜진탑비」『역주 나말여초금석문』. "尒後 旁求勝友 歷謁高師 或索隱於天台 或探玄於江左 入眞如之性海 得摩尼之寶珠也". 이하 찬유 관련 원문과 관련 주석은 모두 이 글을 인용하였다. 인용표시는 하지 않는다.

30) 한국역사연구회편, 1996, 「7. 경청선원 자적선사 능운탑비」『역주 나말여초금석문』. "天竺傳心之祖, 善楷達摩大師, 東入中華, □□□□, 直至曹溪之祖, 祖祖相傳, 傳彼百巖, 達于東海, 不令斷絶, 其道弥善. 今者, 吾與汝曹, 顯揚慧目, 使欲鳳林永茂, 冀示將來者也".

다음 해인 924년 스스로 개경에 가서 왕건을 만났다.

처음 왕건이 찬유를 만나 머물기를 추천한 사찰이 광주 천왕사이다. 하남시 하사창동 340번지가 천왕사天王寺 터임을 알게 된 것은 이곳에서 천왕天王이라는 명문와가 나왔기 때문이다.[31] 이곳은 국립중앙박물관에 소장되어 있는 광주 춘궁리 철불이 나온 곳이기도 하므로[32] 당시 거찰이었을 것이다. 그런데 원종비에서는 찬유가 태조 왕건이 권유했던 천왕사가 아닌 혜목산을 고집하였다고 서술되어 있다. "천왕사에 있더라도 세상을 교화시킬 수 있었지만, 혜목산은 노을진 뫼가 강연하는 자리에 너무도 적절하고 구름 낀 계곡이 선승의 거처로서는 매우 흡족하기 때문이었다."는 것이다.[33] 태조는 찬유에게 귀승책歸僧策을 요구하였고, 찬유는 숭불책崇佛策이 중요했던 것이다.

그런데 924년 이래 천왕사에 머물던 찬유가 혜목산으로 옮긴 정확한 연대는 확인되지 않는다. 왕건의 천왕사 추천을 쉽사리 거절하지 못했을 것이라는 점을 염두에 두면 꽤 오랫동안 천왕사에 머물렀을 것인데, 이는 찬유가 혜목산으로 옮기고 난 후 태조가 기념품으로 하납의霞衲衣와 좌구座具를 준 것으로 추정할 수 있다. 태조와 찬유가 거처 선정에 이견이 없었다는 것이다. 그리고 이렇게 오랫동안 천왕사에 머물렀다면, 이른바 광주 철불도 찬유가 주도하여 만들었을 가능성도 높다.

하여간 찬유의 혜목산 이전 시기를 추정할 수 있는 원종비 서술은 두 가지다. 하나는 혜목산이 강연과 방문이 쉽다는 택지擇地 이유이고, 다른 하나는 얼마 지나지 않아 태조가 승하했다는 것이다. 후자를 염두에

---

31) 황보경, 2004, 「하남지역 나말여초 유적연구」『선사와 고대』 21 ; 김혜완, 2008, 「나말여초 남한강 주변의 선종사원과 선사들의 활동」『한국고대사연구』 49.
32) 최성은, 1995, 『철불』.
33) "居則化矣 而以慧目山 乃霞嶠偏宜於宴坐 雲溪甚愜於禪居 移而住焉".

두면 930년대 후반이 될 것이다. 그런데 전자에서 주장한 강연이 쉽다는 것은 질문의 공감대가 넓은 환경이 필요했다는 것일 터인데, 당시 홍법사에 동일한 유학 경험을 갖춘 충담이 있었다는 것을 염두에 두면 930년대 전반이라는 추정도 그다지 지나치지 않을 것 같다.

이렇듯 찬유는 60대 중반부터 혜목산에 거주하기 시작하면서 90세에 입적할 때까지 공식적으론 광종대 한 차례 개경 방문을 한 것을 제외하고는 줄곧 혜목산에 거주하였다. 무려 25년여에 걸친 세월이다. 이 기간 동안 혜종(943~945), 정종(945~949)이 차와 가사와 법의를 선물하였다.

953년(광종 4) 85세의 찬유는 왕성 사나원에서 국사國師가 되었다. 왕성에 도착한 첫째 날 눈썹이 하얀 불교계의 원로들과 조정의 신하들이 마중 나와 환영해 주었다. 둘째 날 광종이 사나원에 거동하여 왜 국사로 선정되었는지를 직접 설명해 주었다. 마침내 셋째 날에 온 세계를 위하여 자리를 피하는 행사(피석지의避席之儀)와 함께 온 나라를 위하여 더욱 열심히 부처를 모시고 착하게 살겠다는 뜻을 띠에다 쓰는 행사(서신지지書紳之志)를 사전 행사로 진행한 다음, 직접 국왕이 면복을 내려 국사로 받들어 모시면서 향화香火(향을 태워 부처께 공양하는 일)의 인연과 사자師資(스승과 제자)의 예를 맺는 의식을 거행한 다음, 국사에 걸 맞는 가사와 의자, 은병, 은향로, 바리때, 수정 염주들을 제공하는 의식, 기념 강연회로 전체 일정을 마무리하였다.

958년 90세로 입적한 찬유의 최대 업적으로 비문의 찬자는 정작 양기陽記에서가 아니라 음기陰記에서 서술하였다.[34] 찬유 사후 승탑과 승탑비를

---

34) "乾德九年 歲次辛未 十月 二十一日 於元和殿 開讀/大藏經時, 皇帝陛下 詔曰 '國內寺院 唯有三處 只留不動, 門下弟子 相續住持 代代不絶 以此爲矩.' 所謂 高達院 曦陽/院 道峰院 住持三寶 須憑國主之力 所以/釋迦如來出世 道佛法 付囑國王大臣. 是以/我皇帝 陛下 情深敬重 釋門妙理 共結良因 軌矩恒流".

세우던 966년(광종 17)부터 977년(경종 2) 사이인, 971년(광종 22) 10월 21일에 광종과 함께 대장경을 읽을 때 조서를 내리기를 "국내 사원 가운데 오직 세 곳은 단지 그대로 두어 변동시키지 말고 문하의 제자로 서로 이어 주지하여 대대로 끊어지지 않게 하되, 이로써 법을 삼으라."고 하였다. "이른바 고달원高達院,35) 희양원曦陽院,36) 도봉원道峰院37)의 주지삼보住持三寶는 반드시 국왕의 힘에 의지하였으니, 이는 석가여래가 세상에 나와 불법을 말하고 왕과 대신에게 부촉한 일이 있기 때문이다. 그래서 우리 황제 폐하는 깊은 정으로 석문釋門의 묘리를 존중하고 함께 좋은 인연을 맺어 끝없는 가르침을 펴려고 한 것이다."라는 것이다.

이렇게 광종은 희양원, 도봉원과 함께 고달원을 부동선원으로 정했다. 움직일 수 없는 무언가의 위치에 있다는 것이다. 마치 불천不遷이라는 의미를 주게 한다. 고려 광종은 오월왕 전홍숙의 요청을 수용해 960년(광종 11) 제관을 오월에 보내면서, "천태종 관련 책자 모음집(교승敎乘) 가운데, 지론소智論疏, 인왕소仁王疏, 화엄골목華嚴骨目, 오백문론五百門論은 가지고 가지 말고, (나머지) 지니고 간 천태 관련 서적들도 오월의 유명 학승들에게 물어 관련 책자 모음집의 진가를 알지 못하면 도로 가지고 오라"고 명할 정도로,38) 불교경전에 밝은 인물이었다. 그런 광종이 고달원, 희양원, 도봉원을 부동선원으로 지정했다면 그것은 대장경 연구와 관련된 사항일 것이다.

---

35) 高達院 : 高達寺.
36) 曦陽院 : 현재의 경북 문경군 가은읍 희양산에 있는 鳳巖寺. 신라 헌강왕 5년(879)에 智證國師 道憲이 창건. 신라 하대 구산선문의 하나인 희양산파의 중심 사찰. 현재 도헌의 비와 靜眞大師 兢讓碑 및 삼층석탑(국보 제228호)이 현존함.
37) 道峰院 : 道峰山 寧國寺. 지금의 望月寺. 광종대에 중국에 유학하여 法眼文益(885~958) 문하에서 수학하고 法眼宗을 고려에 소개한 慧炬國師가 주석하였음. 고려 초 법안종 계통의 중심 사찰.
38) 『불조통기』 卷10 제관법사.

953년(광종 4) 사나원에서 국사 책봉을 받고 난 후에 행한 기념강연회에서의 일이다. 당시 이름을 알 수 없는 어느 스님과 주고받은 대화 내용은 다음과 같다.39)

A   "어떻게 해야 최고의 경지에 오를 수 있습니까?"

대사   "어떤 성인으로부터도 얻을 수 있는 것이 아니다."

A   "이미 어떤 성인으로부터도 얻을 수 있는 것이 아니라면, 위로부터 서로 전한다는 말은 어떻게 있을 수 있습니까."

대사   "다만 어떤 성인으로부터도 얻을 수 있는 것이 아니기 때문에 위로부터 서로 전하게 된 것이다."

A   "그렇다면 2조二祖 혜가도 서천西天을 바라지도 말고, 초조 달마達摩도 당나라 땅에 오지 않았어야 하지 않습니까."

대사   "비록 어느 성인으로부터도 얻을 수 있는 것은 아니지만, 달마가 헛되이 온 것은 아니다."

노년의 찬유는 마조 도일(709~788)의 제자인 반산 보적(생몰년 미상)이 그러했듯이 수행에 전심하는 사람들이 추구하는 절대적인 경지는 체험에 의해서만 알 수 있기에 탁월한 선승들도 이것을 다른 사람으로부터 전수받을 수 없다고 생각했지만,40) 달마나 혜가의 예에서 보듯이 사자전승師資

---

39) 有僧問 "如何是向上一路." 大師曰, "不從千聖得." 又問 "旣不從千聖得 從上相傳 從何而有" 大師曰, "只爲不從千聖得 所以從上相傳" 又問 "与磨卽二祖不望西天 達摩 不到唐土." 大師曰, "雖不從千聖得 達磨不虛過來".

40) 向上一路 不從千聖得 : 向上이란 절대적인 부처의 경지(上)를 체득하고자 수행에 전심하는 것. 반대는 向下. 깨달음에 이르는 하나의 길로서 언어나 생각이 미칠 수 없는 최상의 경지. 馬祖道一의 제자인 盤山寶積의 "向上一路 千聖不傳"(『景德傳燈錄』 卷7 盤山寶積[『大正藏』 卷51, 253쪽 中])에서 유래. "千聖不得" 또는 "千聖不傳"이란 절대 경지는 체험에 의해서만 알 수 있기에 수많은 성인(탁월한

傳承의 역사 역시 헛된 것은 아니라고 답변했다. 유학시절 투자화상 (819~914)을 처음 뵈었을 때, "불법이 동으로 흘러간다는 말과 서쪽의 학문을 구하려는 자가 있기는 하지만, 함께 도를 말할 만한 사람은 오직 그대뿐"이라고[41] 제자로 받아들이고, "이미 마음으로 전한 것을 알았는데, 눈으로 말할 게 무엇이 있겠는가."라는[42] 스승의 말씀으로 스승과 제자로 전승되는 깨달음(사자전승師資傳承)의 의의와 한계를 이미 체득한 찬유였다.

스스로의 체험 경지를 높이기 위해 찬유는 유학 마지막 일정을, 뛰어난 벗(승우勝友)과 고명한 학자(고사高師)들과 수많은 대화를 나누고, 천태산天台山에서 숨은 것을 찾으며, 양자강 하류 연안지대(강좌江左)의[43] 현묘한 것까지 폭넓게 더듬어 나가는 것으로[44] 마감한 바 있었다. 이 과정에서 찬유가 유학전 신라에서 알고 있던 천태 관련 인물들과 서적들의 현장 학습을 하였을 것이고, 그에 더해 양자강 연안에 수많은 불교 서적들과 연구서들이 산재해 있음을 확인하였을 것이다.[45] 찬유의 불경에 대한 이해 수준은 953년(광종 4) 국사책봉식 이후 고달사로 떠나는 찬유에게 보내는 광종의 하직 인사에도 반영되었다. "패엽[46] 속에서 법을 베풀어 미혹된 길을 열고, 바리때 안에 연꽃이 피어 선정禪定의 도량에 든다."는[47]

선승)들도 이것을 다른 사람에게 전수할 수 없다는 말. 雪峰義存(822~908)의 제자인 고려 승 眞覺大師 靈照(870~947)도 수행 과정에서 이 구절에 관심을 표명하고 있다(『景德傳燈錄』卷18[『大正藏』卷51, 352쪽中])

41) 乃曰, "其有東流之說 西學之求者 則可以與言道者 唯子矣".

42) 和尙曰, "旣驗心傳 何須目語".

43) 江左 : 양자강 하류의 우후(芙湖)와 난징(南京) 아래 남쪽 연안 지역.

44) "旁求勝友 歷謁高師 或索隱於天台 或探玄於江左 入眞如之性海 得摩尼之寶珠也".

45) 이런 경험이 신라, 고려에도 알려져 나중에 지종의 유학 결심에도 영향을 미쳐 현몽現夢 시간으로 기록이 되었을 것이다.

46) 貝 : 貝葉經. 인도에서는 多羅樹의 잎인 貝多葉 위에 불경을 베꼈다.

47) "貝中演法開迷路 鉢裏生蓮入定場".

평가가 그것이다.

찬유 역시 현욱과 마찬가지로 여러 계통의 공부를 했지만 열반에 들 때, 한 말은 오히려 매우 기본적인 것이었다. 마음이 생겨나면 법도 생겨나고 마음이 사라지면 법도 사라지니, 우리들 마음(인심仁心)이[48] 곧 부처이니 어찌 종자가 따로 있겠느냐는 것이다. 요컨대 마음이 근본이니, 마음 공부에 힘쓰라는 것으로,[49] 결국 찬유의 가르침 역시, 일체유심조一切唯心造, 즉 모든 것은 마음이 짓는다는 기본 가르침에 충실해야 한다는 것이었다.[50] 그렇게 배웠고, 그렇게 가르쳤다.


## Ⅳ. 맺음말

이 글은 고려 태조 왕건의 수방이토론이라는 정책이 가능할 수 있었던 학문적 토대에 9세기에서 10세기에 이르는 고달사의 불법동류와 부동선원에 대한 학풍이 있었기 때문이었음을 정리한 글이다. 지금의 고달사도 강원도와 충청도, 경기도가 서로 만나는 지점에 있었듯이 당시에도 광주廣州와 충주忠州, 원주原州가 교차하는 지점에 있었다. 진전 도의의 설산과의 교류는 굳이 말할 필요가 없었다. 고달사의 학풍은 두 기로 나누어 정리할 수 있는데, 제1기는 현욱과 심희가 주도하여 불법동류佛法東流를 만들었던

---

48) 仁心 : 인자한 마음, 또는 어진 마음. 그런데 仁은 친애하는 사람을 부르는 2인칭 대명사로도 쓰이기 때문에, 여기서는 '자네들 마음'이라는 의미로 해석할 수도 있다.

49) "萬法皆空 吾將往矣 一心爲本 汝等勉旃 心生法生 心滅法滅. 仁心卽佛 寧有種乎. 如來正戒 其護之勖之哉".

50) 이런 특성들 때문에 김혜완은 찬유의 불교를 敎禪一致이면서 禪淨一致라고 평가하였다. 김혜완, 2002, 「앞의 글」.

시기였고, 제2기는 찬유의 유학경험과 국내활동을 계기로 희양원, 도봉원과 함께 고달사가 부동선원不動禪院이 되었던 시기이다. 한국 중세사에서 정책과 학문이 어떤 관계에 있는지를 잘 보여준다는 점에서 고달사 학풍의 연구 필요성은 더욱 강조될 수밖에 없겠다. 이를 위해 당시 고달사의 제1기와 제2기, 주요 승려들의 주요 활동을 정리해 보면, 다음과 같다.

첫째, 837년 귀국 후 실상사에 머물면서 실상산문의 학풍을 익히던 현욱(787~868)이 남한강 혜목산에 자리 잡은 때는 840년이었다. 실상사에 머물 때건, 혜목산에 머물 때건 민애(838~839), 신무(839~839), 문성(839~857), 헌안(857~861) 왕의 수차례 요청으로 경주에 가서 설법을 할 정도였던 현욱이 굳이 남한강 혜목산 아래 허름한 집을 짓고 이주한 까닭은 당시 원주 흥법사에 머물던 염거화상(?~844)과 염거 입적 후 진전 도의와 염거의 선종에 관한 철학을 잘 알고 있던 가지산문의 홍각선사 이관(811~880)이 있었기 때문이었다. 더욱이 862년에는 희양산문의 지증 도헌이 거돈사로 옮기게 되자, 현욱이 진행한 신라 선종의 정체성 확립에 관한 연구는 새로운 경지로 발전하였다. 실제 혜목산 밑의 허름한 공간을 고달사라는 그럴 듯한 사찰로 확대하여 지어준 신라의 왕은 경문왕이었다.

둘째, 현욱의 고달사 학풍은 심희(855~923)에 의해 일단락을 짓게 되었다. 865년 현욱의 입적으로 갈 길을 몰라 했을 심희를 이끈 인물이 홍각선사 이관이었다. 이관은 심희가 구족계를 받은 872년까지 5년 동안 ① 현욱 자신이 유학생활을 통해 배운 학풍과 ② 실상산문의 학풍, ③ 자신과 함께 연구한 가지산문의 학풍, ④ 862년 늦게 거돈사로 들어와 새로 합류한 희양산문의 지증 도헌의 학풍을 심희에게 전달코자 많은 노력을 경주한 인물이었다. 심희는 스스로 정립한 불법동류설을 바탕으로 유학의 필요성을 묻는 사람에게 "선종禪宗은 이미 동류東流 하였는데 무슨 이유로 중국 유학을 갈 것인가, 나는 이미 혜목학풍에서 그 경지를 접할 수 있었다."고

자부하고, 제자 자적 홍준(882~939)에게 "조사에서 조사로 서로 전하여 저 백암에게 전해져 우리 동해에 이르렀으니, 단절되지 않게 하여 그 도를 더욱 아름답게 해 왔다."고 현욱과 이관의 학풍을 설명할 수 있었다. 심희가 강조했던 동류東流, 달우동해達于東海, 기도미선其道弥善이 혜목학풍이었고, 그 충실함이 고려 전기 당풍 토풍 논쟁의 학문적 토대가 되었을 것이다.

셋째, 심희의 불법동류를 새로운 경지로 발전시킨 인물이 찬유(869~958)였다. 찬유는 광종에게 "패엽 속에서 법을 베풀어 미혹된 길을 열고, 바리때 안에 연꽃이 피어 선정禪定의 도량에 든다."는 평가를 받은 인물이었다. 유학시절 공부를 마지고 귀국하는 여정에서 뛰어난 벗(승우勝友)과 고명한 학자(고사高師)들과 수많은 대화를 나누고, 천태산天台山에서 숨은 것을 찾으며, 양자강 하류 연안지대(강좌江左)의 현묘한 것까지 폭넓게 더듬어 나간 경험과 귀국 후 혜목산 고달사에서 수많은 방문자들과 불경을 공부하고 정리했기 때문에 받을 수 있었던 평가였다. 실제 광종은 찬유 사후 희양원, 도봉원과 함께 고달원을 부동선원으로 지정함으로써 당시 선종 불교의 학문적 토대를 대를 이어 계승하도록 후원하였다.

# 제10장

# 충주 정토사 현휘玄暉와 영월 흥녕사 절중折中
## - 고려 혜종대 정변과 관련하여 -

## I. 머리말

고려 2대 혜종은 태자 시절 태조 왕건과 함께 왕조의 초석을 놓는데 혁혁한 공을 세웠고, 개인적으로는 스승을 잘 모시며(존례사부尊禮師傅), 빈객과 속료들을 잘 대우하는 것(선접빈료善接賓僚)으로 명성을 떨쳤다.[1] 그런데 막상 즉위 후에는 자신의 지위를 유지하는 데 많은 어려움을 겪었다. 그가 2년여 재위 기간 내내 애태우며 겪었을 정변의 성격을 잘 보여주는 사건이, 945년(혜종 2) 왕규가 혜종의 동생 요(堯, 정종)와 소(昭, 광종)가 반역을 도모한다고 올린 참소 건이다.[2] 후대에 『고려사』와 『고려사절요』를 찬술한 이들은 혜종의 재위기간에 일어난 정변의 책임을 왕규에게 물었지만, 일찍이 하현강 교수는 정종에 혐의를 두면서, 혜종의 위기가 외가인 나주 오씨 집안의 측미側微, 즉 측근세력이 미약하여 비롯되었다고 보았다.[3]

---

1) 『高麗史』 卷93 최승로.
2) 『高麗史』 卷127 왕규.

혜종이 측미하여 위기를 맞았다면, 정종과 광종의 득세는 외가인 충주 유씨의 측강側强에서 비롯하였을 것인데, 이들 측근 세력들이 어떤 방법으로 자신들의 정치적 역량을 강화했는지를 파악하기는 쉽지 않다.4) 충주 정토사 법경비와 영월 흥녕사 징효비의 음기에 이름을 올린 권열權說과 긍달兢達에 눈길을 안 둘 수 없는 이유가 여기에 있다. 충주 유씨 유력자인 권열과 정종·광종의 외할아버지인 긍달은, 음기에 이름을 올린 여러 사람 가운데 하나일 뿐이었지만, 본거지인 중원경과 중원부, 인접지역인 북원경과 북원부 소재 사찰의 선승禪僧 추모 기념사업을 활용해 국내 각지 여러 세력을 결집한 흔적을 찾기란 어렵지 않다.

우선 법경 현휘(879~941)는 924년 귀국이후 941년 입적 당시까지 충주 정토사에 머물렀기 때문에, 그의 승탑과 승탑비를 세우는 추모 사업에 중원부의 유력세력이었던 충주 유씨가 참여하는 것은 아주 자연스럽다. 그러나 900년에 입적하여 저 멀리 강화와 낙안에 조성되어 있던 징효 절중(826~900)의 승탑을 이전하고,5) 탑비를 건립하고자 한 추모 사업은 그 자체가 매우 정치적이라는 혐의를 지울 수 없다.6) 건립 주도세력들이 절중의 생전 활동 및 사후 영향력을 추모해서 얻을 수 있는 정치적 사회적

---

3) 河炫綱, 1968,「高麗惠宗代의 政變」『史學硏究』20. 이와 동일 주제를 다른 논문은 다음과 같다. 姜喜雄, 1977,「高麗惠宗代 王位繼承戰의 新解釋」『韓國學報』; 李鍾旭, 1981,「高麗初 940年代의 王位繼承戰과 그 政治的 性格」『高麗光宗硏究』; 白剛寧, 1996,「高麗初 惠宗과 定宗의 王位繼承」『震檀學報』82.

4) 金壽泰, 1989,「高麗初 忠州地方의 豪族 - 忠州劉氏를 중심으로」『충청문화연구』1.

5) 비문과 선행 논문을 종합해 보면, 890년대 초반 낙안 동림사를 방문한 절중을 위해 지방 세력들이 석관을 준비해 두었다가(終焉之所), 900년 입적 이후 金骨을 석관에 안장한 다음, 석분을 높이 쌓은 깃(高起石墳 安其金骨)으로 생각된다. 이후 흥녕선원으로 승탑을 옮긴 다음 더불어 탑비를 세웠을 것이다. 진홍섭은 이 승탑이 석굴 동쪽 부도일 것으로 추정하였다. 秦弘燮, 1967,「興寧寺 澄曉大師遺蹟」『梨花史學硏究』2.

6) 이하 이 글에서 인용할 법경비와 징효비의 원문과 번역문은 한국역사연구회편, 1996,『역주 나말여초금석문』(상·하)에 수록되어 있는 글을 기본으로 하였다.

효과가 적지 않았을 것을 확인할 필요성이 생긴 요인이다. 이에 더하여 음기 기재 인물들도 분석해 볼 여지가 있다. 추모 사업에 초청할 인사들 가운데 선별하여 수록하였을 것인데, 초대 범위에 주목할 부류가 공경층公卿層과 사서층士庶層이다. 특히 사서층士庶層이라는 용어는 나말여초 자료 가운데 징효비와 법경비에 처음 나오므로(초출初出), 그 의미는 여러모로 곱씹어 보아야 할 사항이기도 하다.

그러므로 이 글에서는 법경비와 징효비의 양기와 음기 내용을 쫓아가면서 현휘와 절중이 추모사업의 대상이 된 이유, 음기에 수록된 초청 대상의 범위와 의미 등을 검토해 보고자 한다. 이에 더해 혜종 재위기간 정변의 또 다른 축이었던 충주 유씨들의 활동을, 선승 추모 사업에 초청된 인사들의 수준과 범위와 관련해서 살펴봄으로써 절중비 건립 기념행사에 후대 정종定宗으로 등극한 왕요군王堯君이 참석한 이유도 추정할 수 있을 것이다.

## II. 현휘의 활동과 음기에 실린 세력

### 1. 현휘의 활동

법경 현휘(879~941)의 탑비는 정토사 터에 있다.[7] 정토사 터는 당시

---

7) 충북 충주시 동량면 하천리 수변 남한강 속에 정토사 터가 있다. 옛 터는 수몰되었지만, 절터에 있던 보물 17호 법경비는 강변에 옮겨져 서있고, 보물 359호 홍법비는 국립박물관에 세워져 있다. 이 가운데 법경비는 현휘 입적(941) 후 2년도 안된 943년(혜종 즉위년) 6월 5일에 세웠지만 음기는 944년(혜종 1) 6월 1일에 새겼다. 한편 강원도 영월군 수주면 법흥리 흥녕사 터에 있는 징효비는, 입적(900)한 후 40여년이 지난 944년 6월 17일에 세웠는데, 보름여의 간격을 둔 두 비의 음기에 모두 고려 건국기의 주요 지방 세력인 충주 유씨가 등장하고 있다.

중원부 소속으로 북원부와 매우 가깝다. 북원부 소속이었던 흥녕사 터와 제천을 사이에 두고 각각 30여km, 60km밖에 떨어져 있지 않고, 충주 유씨의 본거지라 할 만한 충주시 수안보면의 미륵사와 정토사 터의 거리 역시 40여km 밖에 되지 않는다. 소태재만 넘으면 되는 북원부의 거돈사와 법천사, 흥법사와의 교류도 어렵지 않았다.

중원부는 557년(진흥왕 18)부터 소경이었다가, 경덕왕 때 중원경이 되었다. 그 후 822년(헌덕왕 14) 김헌창의 난 때 북원경과 달리 가담하였고,[8] 825년(흥덕왕 3) 이후 중원부가 되었다.[9] 중원부 시절이던 897년(효공왕 1) 양길의 공격을 받아 그 휘하에 있다가, 900년(효공왕 4) 왕건의 공격으로 궁예정권에 투항하게 되었다.[10] 그러다 918년 고려 건국이후 곧바로 왕건의 혼인정책에 적극 대응하여 920년 전후[11] 왕건과 혼인한 충주 유씨 긍달의 딸인 신명왕후가 태자 태와 왕요(정종)와 왕소(광종), 그리고 증통국사, 낙랑공주와 흥방공주를 낳았다.[12]

사실 나말여초 격변기에 중원부 사람들은 신라 소경민으로서의 자부심도 있었겠지만, 양길, 궁예, 왕건 휘하에서 겪었을 극심한 정체성의 혼란도 무시하지 못할 정도였다. 이런 중원부에 태조가 취한 지방 안정책 중의 하나가, 924년(태조 6) 유학에서 돌아온 법경 현휘의 주처를 탐색하다가[13]

---

8) 『三國史記』卷10 헌덕왕 14년 3월.

9) 이인재, 2003, 「나말여초 북원경의 정치세력 재편과 불교계의 동향」『한국고대사연구』31.

10) 『三國史記』卷12 효공왕 4년. "국원, 청주, 괴양의 적수 청길, 신훤 등이 성을 들어서 궁예에게 투항했다." ;『高麗史』卷1 태조즉위년. "(광화3년) 경신 궁예가 태조에게 명하여 광주, 충주, 청주의 3주와 당성, 괴양 등의 군현을 치게 하니, 이를 다 평정하였으므로, 아찬을 제수하였다."

11) 이태진은 정종이 923년(태조 6)에 출생하고, 동복의 형 태자 태가 있었던 것을 근거로 920년 전후에 신명왕후를 맞이한 것으로 보고 있다. 이태진, 1977, 「김치양난의 성격」『한국사연구』7, 73쪽, 주17.

12) 『高麗史』卷88 신명순성왕태후.

친근親近한 곳이라는 이유로 충주 정토사에 머물게 한 일이었다.14) 태조의 권유도 있었지만, 충주의 유권열도 현휘 초청에 일조를 했을 것이다. 944년 5월과 6월에 각각 진행한 정토사 법경 현휘와 오룡사 법경 경유의 추모 행사에 모두 참가한 유권열에 대해, 최언위는 중국 은나라 때의 어진 재상이었던 부열傅說과 같은 인물이라고 하였다.15) 그렇다면 태조와 유권열에게 현휘는 어떤 인물이었을까?

20대 현휘의 유학전 국내 활동 가운데 주목할 만한 사항이 무주武州 방문이다.16) 무주 방문의 배경으로『법경비』에는 전란의 격화를 들고 있지만 28세(906) 때 곧바로 유학을 떠난 것으로 보아 유학 준비가 방문 목적이라 할 수 있겠다. 당시 무주는 903년 3월 이후 왕건 관할 하에 있었고,17) 905년 무주 장관(지무주知武州)은 왕지본王池本이었다.18) 유학 준비 중이던 청년 승려 현휘도 왕지본의 후원을 받았음직하다. 왜냐하면 최언위가, 유학을 마치고 귀국한 여러 승려 가운데 현휘만 유일하게 옛 나라로 돌아왔다(래귀구국來歸舊國)고 표현했기 때문이다. 이 점을 감안한 다면『법경비』에서 현휘와 태조 왕건의 관계를 설명하면서 일찍이 대왕전

---

13) 북원부와 중원부 영역에서 활동하던 현휘, 긍양, 충담, 행적은 모두 석상 경저의 손제자들이었다.

14) 채상식은 親近을 정략결혼에 의한 親近으로 해석하였다. 蔡尙植, 1982,「淨土寺址 法鏡大師碑 陰記의 分析」『韓國史硏究』36, 43~44쪽.

15) 곽승훈, 2006,「신라말기 최치원의 승전 찬술」『신라고문헌연구』, 167쪽.

16) 武州는 통일신라시대 지방 행정구역인 9州 중 하나이다. 백제가 멸망한 뒤에는 唐이 한때 이곳에 軍政을 실시했는데, 신라가 빼앗아 영유하다가 686년(신문왕 6) 武珍州를 처음 설치하였다. 757년(경덕왕 16) 12월 9주의 이름을 고칠 때 무주가 되었으나, 무진주의 이름도 계속 사용되었다. 757년 개편 당시 무진주는 14개 군과 44현을 관장하였으며, 주에 직접 속하는 현은 셋이었다. 주의 치소는 현재의 光州이다.

17)『高麗史』卷1 태조 천복 3년 계해 3월.

18) 한국역사연구회편, 1996,「무위사 선각대사편광탑비」『역주 나말여초금석문』 (하), 236~237쪽.

하와 향불의 인연을 닦았다는 구절(증수향화지인어대왕전하曾修香火之因於
大王殿下)도 예사롭지 않다. 그리고 906년에 실행된 절중 사리 이전 계획
논의도 젊은 현휘가 들었을 것이다. 녹림綠林의 습격을 당한 본인의 경험에
서 볼 때, 그 필요성을 공감했을 것이다. 왕지본, 왕건으로 이어진 젊은
현휘의 친분 관계를 902년부터 왕건과 인연을 맺었을 유권열이 놓쳤을
리 없다.[19]

　46세 나이로 정토사에 자리 잡은 현휘에 대한 중앙 사류들의 관심은
대단하였다. 과장하면 그 후 20년 동안 조정 인사들의 방문 건수가 수천
건이었다고 한다(조정사류朝廷士流 함명래왕銜命來往 로출중부路出中府 종년
기천終年幾千).[20] 그런데 노년 현휘를 대하는 태조의 태도는 예사롭지 않았
다. 개경 방문 당시 현휘와 왕건의 문답도 애매하지만, 비문 말미 현휘가
죽음을 앞두고 왕건에 올린 표문의 내용이 매우 의미심장하다. 평소 하고자
했던 바를 하지 못했다는 것이었다(노승老僧 불수소회不遂素懷 영사성대의
永辭聖代矣). 겸사일 수도 있지만 태조 왕건이 자신을 정토사에 머물게
한 성과는 어느 정도 거두었다는 표문을 올리고 현휘가 입적한 해는
943년 혜종 즉위 2년여 전이었다. 현휘와 왕건과의 관계는 이런 정도였던
것이다.


## 2. 음기 기재 세력의 분석

　법경비에 음기를 새긴 시기는, 943년 6월 5일에 비를 세운 지 정확히
1년이 되고, 943년 5월 즉위한 혜종 재위 1년여 되는 944년 6월 1일이었다.

---

19) 『高麗史』卷1 태조 광화 3년 경신.
20) 비문을 보면 의도적으로 방문하지 않은 인사들도 많았던 듯하다(萬一之流 忙於王
　　事 不踐門閾 以爲大羞).

8년으로 끝난 천복 연호를 9년率으로 쓰고, 찬자가 누군지도 기록하지 않은 것을 보면 참석 인원이나 행사 내용이 상당히 급하게 잡혔을 것으로 생각된다. 그렇지만 참석 범위는 도관道官과 속관俗官, 공경부로公卿父老, 여인黎人과 사서士庶 등 상당히 넓다.

**도관道官과 삼강전三剛典** : 먼저 도관에 대해 보자. 가령 고려 현종 때 현화사를 건축하면서 중앙정부는 건축위원회 격인 성조도감成造都監를 직접 구성하여 속관俗官으로 사使와 부사副使, 판관判官, 녹사錄事, 도관道官으로 도관사道官使와 부사副使, 판관判官이 공사를 지휘하였고,[21] 홍경사의 경우 조성도감造成都監을 구성하여 승려출신이 도감사都監使와 도감부사都監副使를 맡는 형식으로 되어 있었다.[22] 중앙정부와 사원이 협력하여 진행한 토목 및 건축 사업에서 사원 쪽 주도 인물이 도관이다. 사찰이 아니라 탑비가 대상이기 때문에 굳이 현화사나 홍경사가 비교 대상이 아니라고 하면 영통사비 조성이 비교 대상이 될 터인데 그 경우 일을 주관한 승려들은 주로 영통사 소속의 사주寺主, 원주院主, 방주房主들이었다.[23] 이들의 활동에는 도관이라는 수식어가 없다.[24]

건물이나 탑비는 아니지만, 신라 통일기 인력 동원의 양상을 추정해볼 수 있는 자료가 현 경기도 안양시 만안구 석수동에 있는 중초사 당간이다. 826년(흥덕왕 1) 8월 28일부터 827년 2월 30일까지 진행된 공사 마감에 관련 인사를 적은 것을 보면, 한주漢州 주통州統,[25] 상화상上和上, 정좌貞座,

---

21) 「玄化寺碑」『韓國金石全文』, 中世上.

22) 「弘慶寺碣」『韓國金石全文』中世上 ; 이인재, 2006, 「高麗 前期 弘慶寺 創建과 三敎共存論」『韓國史學報』23.

23) 이인재, 2006, 「김부식과 박호·임존의 의천평가」『歷史敎育』99.

24) 물론 법경비에도 使와 副使, 判官 역할을 했을 것으로 추정되는 道官을 찾을 수 없다.

25) 황룡사 출신의 주통은 황룡사의 사정에 따라 파견하기도 하고 안하기도 하는 비상설직이었다고 한다. 남동신, 2000, 「新羅의 僧政機構와 僧政制度」『한국고대

상좌上座, 사사史師 2, 전도유내典都唯乃 2, 도상徒上 2, 작상作上 등 모두 11인이다. 이 가운데 도상徒上과 작상作上은 공사 실무 담당자임이 분명하므로, 지방 승관으로서의 주통州統 관련 사직寺職과, 소속 사찰인 중초사의 사직이 구별되어야 하는데 사주寺主를 제외한 가장 원로 승려를 상좌上座로 보면 주통과 상화상, 정좌가 전자 소속이고, 상좌, 사사, 전도유내가 후자 소속이었다고 추정되고, 이 가운데 도관이라고 할 만한 인물들이 주통과 상화상, 정좌가 될 수 있겠다.

신라 통일기와 고려 전기의 도관 사용례를 이렇게 정리해 놓고 본다면, 법경비의 도관의 구성은 양 시기의 변화상을 추정하는 데 매우 도움이 된다. 가령 지금까지 도관에 속했을 것으로 추정되는 승려는 음기 앞부분에 기재되어 있는 대덕 2인, 대통 2인, 화상 4인, 의랑 1인 등 모두 9명의 승려인데, 출신을 보면 사굴산 낭원 개청의 제자인 홍림弘琳, 동리산문의 경부景孚(경보慶甫, 868~947), 출신 불명의 법예法譽, 담홍談弘, 엄신嚴信, 석방釋訪, 제홍帝弘과 중원부 상청 소속의 훈예訓乂, 출신 불명의 능주能珠 등이다.[26]

중원부 지역 인사들과 초청 인사들로 나눌 수 있을 터인데, 기준을 충주 지역 출신임이 확실한 훈예로 잡으면 지역 승려 대표 2인과 초청 인사 7명이 된다. 의랑儀娘은 여승으로 추정되므로, 지역인사 2명은 남승과 여승이 각각 대표로 참석한 것이 된다. 초청인사 7명 가운데에서 신원이 확인되는 2인이 사굴산문과 동리산문이므로, 나머지 5인도 현휘와 인연을 맺은 성주산문과 수미산문을 제외한 여러 산문 소속 인사일 가능성도 있다. 그리고 이런 추성이 가능하다면, 나말여초 탑비추진위원회 격인

사논총』 9.

26) "弘琳大德 景孚大統 法譽大統 談弘大德 嚴信和尙 釋訪和尙 帝弘和尙 訓乂和尙 能珠儀娘." 蔡尙植, 1982, 「앞의 글」.

도관 위원에는 선종 여러 산문과 지역 선원의 대표 승려들이 골고루 포함되었다고 할 수 있겠다.

<중원부 도관의 기구와 직명>

| 중원부 | 敎法廳 | 僧正, 僧統 | 上聽 | 訓乂 |
|---|---|---|---|---|
| | | | 下聽 | 桂茹, 三曉 |
| | 三剛司 | 三剛典 | 院主僧 | 行周 |
| | | | 典座僧 | 釋悟 |
| | | | 史僧 | 行裕 |
| | | | 直歲僧 | 孝行 |
| | | | 都維那僧 | 行璘 |

이렇게 본다면 기왕의 삼강전 소속 인사들에 대해서도 생각해 볼 바가 없지 않다.[27] 삼강전은 중국 당나라 중기에 성립한 삼강이 육지사제로 발전해 온 삼강전을 수용한 것으로 이해하기도 하고,[28] 이에 더하여 백장 회해의 청규를 더하여 수용한 것으로 설명하기도 한다.[29] 신라 역사에서 계통을 따져볼 수 있는 용어는 무술오작비 이후 간간히 보이는 도유나라는 용어밖에 없고, 나말여초기 30여 년 동안 보이는 삼강의 직세直歲는 수세收 稅, 유나維那는 군사적 동원 넓게는 인력 동원과 관련되었을 것이라는 초기 연구의 추정 이후 크게 바뀐 바는 없다. 이 글에서도 음식과 침구 관리 담당의 전좌典座, 조調와 인력 수취 및 동원 담당의 직세直歲와 유나維那 의 역할에 대해서는 생각을 같이 한다.[30] 종무宗務 담당 승려들이라는

---

27) 채상식, 1982, 「앞의 글」; 허흥식, 1986, 「불교계의 조직과 행정제도」『고려불교 사연구』; 金在應, 1994, 「新羅末高麗初 禪宗寺院의 三綱典」『震檀學報』77.

28) 채상식, 1982, 「앞의 글」.

29) 김재응, 1994, 「앞의 글」.

30) 김재응은 이에 더해 院主는 삼강에서의 寺主와 후대 선종에서의 監寺와 같은 것으로 대내외 업무총괄을 맡았고, 유나는 사원내의 규율을 단속하고 대중을 통솔하는 임무와 사원의 창건과 중수를 감독하는 임무, 전좌는 四衆의 살림살이 전담. 직세는 莊園 관리, 田租 수취 등 경제적 책임을 맡은 직책이었다고 하였다.

것이다.

문제는 937년부터 977년 40여 년간 모두 11사례가 보이는 삼강전이 자사自寺 소속 사직寺職일 것이냐 하는 점이다.[31] 자사自寺 소속일 가능성은 보리사 대경비의 음기를 새긴 문하제자 장초가 유나승 장초와 같은 인물일 것이라는 점이고,[32] 타사他寺 소속일 가능성은 흥녕사 음기에 기재된 원주승인 희랑이 유명한 해인사의 희랑이라는 점이다.[33] 상식적으로 승탑비 건립에 공이 있는 인사들을 적어 넣었을 음기에 정토사 소속 일상 업무를 맡았을 종무직 승려들을 기재한다는 것은 기념사업의 특성상 자연스럽진 않다. 오히려, 선원인 흥녕사 원주院主를 화엄승려 희랑이 맡은 것처럼 자사自寺 소속의 승려가 맡은 것이 아니라, 타사他寺, 타종他宗에 개방적이었음을 홍보하기 위하여 기록했을 가능성이 높다. 스승과 제자가 동일 선종 사찰에 머문 사례가 적었음을 상기하면, 보리사의 장초 역시 같은 맥락에서 이해하는 것이 자연스럽다. 당연히 정토사의 삼강전 승려들도 정토사 소속이 아니었을 것이다.

**속관俗官과 공경부로公卿父老** : 법경비 음기에는 속관俗官이 모두 11명 나온다. 고려 초기 관계인 좌승 2인, 원보 2인, 원윤 4인, 좌윤 3인이 그들이다. 행적을 알 수 있는 권열과 견서, 준홍이 중앙관인이므로, 말 그대로 속관은 중앙관인을 말하는 것이다. 도관이 당대 선종 제산문의 대표자들인 것처럼, 속관俗官도 중앙관인 초청 대상자들의 대표자들이다.[34]

---

김재웅, 1994, 「앞의 글」.

31) 채상식은 서운사, 명봉사, 보리사, 정토사, 흥녕사, 오룡사, 태자사, 각연사, 고달사 등 9사례 나말여초 금석문 자료와 9세기 전반의 중초사, 삼국유사 자료 등 모두 11사례를 거론하였다. 채상식, 1982, 「앞의 글」.

32) 김재웅, 1994, 「앞의 글」.

33) 崔源植, 1985, 「新羅下代의 海印寺와 華嚴宗」『韓國史研究』45.

34) 이들 중에는 유권열과 같이 충주 출신 인물들도 있었을 것이고, 다른 지역 출신 인물도 있었을 것이다. 기왕의 연구에서는 속관을 모두 충주출신 재경관인

공경부로公卿父老에 대해서는 이른바 공경公卿으로 칭해질 수 있는 부로父老에 대한 해명이 있어야 한다. 이에 해당하는 인물들로 음기에는 아찬阿粲 5인,[35] 대등大등 6인, 시랑侍郎 10인, 경卿 9인이 나온다. 9인의 경卿은 경급卿級을 지칭하고, 용두사 당간기에 그 시대 병부경과 전 시랑이 모두 대내말로 나오는 것으로 보아 시랑 역시 경급 관인이라 할 수 있겠다. 그리고 나면 아찬阿粲과 대등大등은 공급公級에 해당한다. 대등은 도리 혹은 등等에서 유래한 한자어 공公이었고,[36] 중원경의 장관명인 사대등 역시 대등을 살피고 관리하는 사람들이라는 뜻이므로,[37] 역사성도 인정된다. 후대의 기록이지만, 수령은 군현민에 대해 부모의 도리를, 이서吏胥에 대해서는 군신의 분별을 가진 토주土主였기 때문에 이 시기에도 공경公卿이라는 말을 쓸 수 있었을 것이다.

<知原州官의 통치조직>

| 관할 | 기구 | | 職名 | | | | |
|---|---|---|---|---|---|---|---|
| 知州官<br>(邑司 :<br>州司) | 屬官 | | 使 1人·副使 1人·判官 1人·法曹 1人 | | | | |
| | 鄉職 | 土官司 | 堂大等<br>信希 上大等 | 大等<br>王侃 大等 | 大監·弟監 | | |
| | | | (執事省)<br>(事審官) | 侍郎<br>興林 大奈末<br>秀英 大奈末 | 郎中<br>旻會 奈末<br>金舜 奈末 | 員外郎 | 執事 |
| | 鄉吏職<br>(州吏) | 兵部 | | | 卿 | 筵上 | 維乃 |
| | | 倉部 | | | 卿 | | |

으로 해석하는 것이 일반적이다.

35) 아찬 중에 조금이나마 행적이 확인되는 인물이 劉新城이다. 994년(성종 13) 선대 배향공신을 정할 때, 유신성과 서필이 광종의 묘에 배향되었다.『高麗史』卷3 성종 13년 4월 ; 김수태, 1989, 「앞의 글」.

36) 金光洙, 1996,「新羅 官名 大等의 속성과 그 史的 展開」『歷史教育』59.

37) 이인재, 2003,「앞의 글」.

그런데 동일한 역사성을 지닌, 북원경, 북원부에 비해 볼 때,[38] 공급公級 11인, 경급卿級 19인이라면 그 수가 지나치게 많아 이에 대한 설명이 필요하다.[39] 공급公級의 명칭도 아찬阿粲, 대등大朮 등 매우 다양하여 각각의 지역과 집안 사정에 따라 지방사회에서 자신을 드러내는 관직 혹은 관계를 다채롭게 썼음을 추측케 한다.[40]

〈知忠州官의 통치조직〉

| | 屬官 | | 使·副使·判官·司錄參軍事·掌書記·法曹·醫師·文師 | | | | |
|---|---|---|---|---|---|---|---|
| 知州官 (邑司 : 州司) | 鄕職 (土官) | 土官司 (司戶) | (侍中?) 堂大等 (戶長) | 阿粲 5 大等 6 | 大監·弟監 (村長·村正) | | |
| | | | (執事省) (事審官) | 侍郎 10 大末 (副戶長) | 郎中 2 (戶正) | 員外郎 (副戶正) | 執事 1 (史) |
| | 鄕吏職 (州吏) | 兵部 (司兵) | | | 卿 3 (兵正) | 筵上 (副兵正) | 維乃 (兵史) |
| | | 倉部 (司倉) | | | 卿 3 (倉正) | | |

그런데 동일시기 같은 급의 원주에 6명의 공경公卿이 나오는 것에 비하여 30여 명의 공경이 나온다면, 중원경 중원부의 범위를 넘는 공경급 인사들이 초대되었다고 생각할 수 있겠다. 물론 역으로 북원경, 북원부에도 같은 수의 공경이 있었을 것으로 생각할 수도 있지만, 후술할 징효비에 북원경, 중원경을 넘는 중부권 지역 인사들이 광범위하게 초청된 것과 그럼에도

---

38) 이인재, 2006,「고려 초기 원주 지방의 역사와 문화」『한국사상과 문화』32.

39) 채상식은 대호족임을 거론하였고, 윤경진은 충주출신 재경 관인들의 참석으로 해석한 바 있다. 채상식, 1982,「앞의 글」; 윤경진, 2004,「高麗初期 在地官班의 정치적 위상과 지방사회 운영」『韓國 古代中世 地方制度의 諸問題』.

40) 충주 법경비의 청주출신 시랑 석희는 청주 용두사 당간비에서는 대등으로 나오고, 원주 진공비에는 시랑 김순, 순영의 직함이 大奈末로 나온다.

불구하고 중원부를 넘는 지역 명칭이 부수되지 않은 것으로 보아, 법경비의 공경급公卿級은 중원부 지역을 모두 포괄하는 인사들이 초대된 것으로 보는 것이 자연스럽다.

법경비에 이에 해당하는 인물이 집사 시랑 10인, 집사 낭중 2인, 사 1인, 병부의 경卿 3인, 창부의 경卿 3인이다.[41] 우선 향리직임에 해당하는 병부와 창부의 경이 각각 3인이 나오는 것으로 보아, 이들 역시 중원경과 중원부 영현 지역의 대표적인 병부경과 창부경이 초대된 것으로 보인다. 문제는 후대 사호司戶 즉 토관사(향직)에 속해 있을 대등층과 집사 시랑, 낭중과의 관계이다.

원주의 경우 집사 낭중이 내말이고, 집사 시랑이 대내말인 것을 보면 충주의 경우도 낭중과 시랑의 경우는 각각 내말층과 대내말층에서 충원되었을 것으로 보인다. 이 시기 금석문 자료 가운데 내말이었다가 대내말로 승진한 사례를 찾을 순 없으나, 같은 경급 인사라는 점에서 승진 가능성도 있다고 봐야 할 것이다. 다음은 시랑에서 대등으로의 승진 가능성인데, 이 역시 후술할 청주의 김석희가 944년 시랑에서 962년 대등으로 표기된 것으로 보아, 이 역시 가능한 것으로 볼 수밖에 없다. 대등과 당대등의 관계가 마찬가지라 할 수 있겠다.[42]

**여인사서黎人士庶** : 다음 분석 대상은 여인黎人 사서士庶이다.[43] 이 시기의 사서가 골품, 본관, 귀족에 비해 상당히 낯설게 느껴지는 것은 사士가 대변하는 독서층, 즉 관료와 사서제士庶制보다는 관료와 골품제骨品制, 관료

---

41) "執事郎中 □□□ □玄魏/史 秀貞 兵部 卿忠式 卿□□ 卿□□/倉部 卿彦書 卿孔律 卿幸規".

42) 만약에 이렇게 정리해 놓고 본다면 문제는 승진 요건이다.

43) 士庶制는 천인을 제외한 양인 내부에서 계층을 구분하는 것으로서 士 계층은 流品官, 進士, 有蔭子孫, 鄕吏와 胥吏의 상급층이었다고 한다. 채웅석, 1998, 「고려 문종대 관료의 사회적 위상과 정치운영」『역사와 현실』 27.

와 본관제本貫制, 음서제蔭敍制 등의 관계가 훨씬 자연스럽게 느껴지기 때문이다. 징효비에 보면 진성여왕대에 사서士庶라는 명칭을 사용하고 있고, 법경비에는 음기에 사서라는 용어를 사용하고 있다. 이 시기 이미 사서층士庶層이 있었다는 것이고, 사류士類가 관료가 되려면 무언가 선발과정과 기준이 있어야 한다. 법경비에 사서가 언급되었다고 하더라도 이는 행사를 더불어 같이 한다는 것이지, 굳이 기록할 이유는 없었을 것으로 보인다.

**유덕산인諭德山人** : 마지막으로 주목해야 하는 사람들이 유덕산인諭德山人이다. 유덕諭德은 '태자의 시종'을 뜻하므로, 태자와 관련된 산인山人, 즉 승려라고 할 수 있다.[44] 그런데 이 항목에서 거론되는 인물 가운데 행적이 확인되는 인물이 유명한 석희 시랑이다. 944년 시랑이었던 김석희가 962년 작성한 용두사 당간기에 대등으로 나오는 것을 보면,[45] 944년 청주의 집사시랑 석희도 대내말이었다가 대등으로 병칭할 수 있었음을 알게 해 준다. 그와 함께 3인이 나오는데 주州 집사성 제4위에 해당하는 원외員外 1인, 청주성 경급卿級 인사 1인, 청주 속현 촌주村主 1人이 나오는 것으로 보아,[46] 이들은 왕요王堯나 왕소王昭가 본인을 대신하여 파견한 인물이되, 청주의 영향력을 과시해 줄 수 있는 인물이 선정된 것으로 추정된다.

---

44) 채상식은 유덕산인을 현휘에게서 교시를 받았던 단월로 해설하였다. 채상식, 1982, 「앞의 글」, 66쪽.

45) 「龍頭寺鐵幢記」 '金釋希 大等'.

46) "元州 仁人 員外 當城 幸璘 卿 目竹縣 聰乂 村主". 채상식 이후 이 자료의 元州는 보통 原州, 當城은 괴양 근처의 唐城, 목죽현은 죽산 근처의 현으로 해석해 왔으나 當州, 촌락문서의 當縣, 當城은 해당 지역 소속을 말하는 것으로 봐야 하고, 元州 역시 충주가 아니라 원래 소속된 주라는 뜻으로 청주로 봐야 할 것이다. 채상식, 1982, 「앞의 글」.

# Ⅲ. 절중의 활동과 음기에 실린 세력

절중비에 따르면 절중折中(826~900)은 900년에 입적하였는데, 다비 후 취득한 사리는 천여 립이나 되었고, 당초 이를 강화도 은강선원 석실에 모셨다고 한다. 그런데 어느 날 수진현의 제치사 김견환이, 천중天衆이[47] 석실 사리를 도굴하였다는 것을 세상에 알렸고, 이에 승중僧衆이 은강선원 석실에 가보니 도굴되고 남은 사리가 백여 립 뿐이었다고 한다. 천중과 승중이 각각 누구를 지칭하는지 구체적으론 알 수 없지만, 강화 은강선원을 둘러싸고 천중 세력과 승중 세력이 갈등을 벌이고 있었고, 이들은 서로 절중 사리를 절취해서라도 얻고 싶을 정도로 절중을 계승하고자 하는 의지가 강했다고 볼 수 있다. 이후 906년에 은강선원의 석실이 산사山寺와 멀고 바닷가와 너무 가깝다고 해서 전남 낙안 동림사의 승탑으로 옮겼다. 백여 립의 사리를 옮겼는지, 구백여 립의 사리를 옮긴 것인지 확인할 수 없지만, 절중의 생전 활동 영향력과 사후 위세와 관련해서 상당히 곱씹어 볼만한 사건이었다.

절중의 경우 승탑 건립뿐만 아니라 탑비문 작성에서도 우여곡절을 거쳤다. 징효비에 따르면 입적한 후 곧바로 효공왕이 박인범에게 비문 찬술을 요청하였으나, 그의 사망으로 완성을 보지 못하였다. 당연히 문하 제자들의 입장에서는 박인범에게 보냈을 행장行狀의 망실이 걱정되었을 것이고, 사리 도굴 및 이전 사건까지 겹치자 더욱 다각적인 행장 보전에 나서지 않을 수 없었을 것이다.

비문에서는 당시 상황을, 징효의 이름과 명성이 점차 줄어들고 비석이 새겨지지 않을까 두려워 부지런히 정성을 드러내고 행장을 진술하였다고

---

47) 天衆 : 八部衆의 하나. 梵天, 帝釋天 따위 하늘에 딸린 모든 신.

기록하고 있다.[48] 행장의 왜곡을 우려했던 것이다. 이 우려를 받아 박인범에 이어 비문 작성에 나서 완성시킨 이가 924년 경명왕의 명을 받은 최언위인데, 물론 그가 작성한 당시 비문에는 절중비 음기가 없었을 것이다. 924년이라면 음기에 기재된 주요 인물이었던 정종과 광종이 태어나기 이전이다.

그런데 944년(혜종 1) 6월 17일 바로 이 징효 승탑을 동림사에서 흥녕사로 이전하고,[49] 최언위의 탑비문에 음기를 더하여 탑비를 세운 것이다. 943년 6월 5월 세워진 법경비에 944년 6월 1일 음기를 새긴 것과 같이 더불어 생각해 보면, 징효비의 이전 사업과 음기 새김도 거의 동시 사업으로 진행되었다고 볼 수 있다. 그리고 그 기념식에 왕요와 왕소, 긍달, 즉 정종과 광종, 그리고 그의 외할아버지가 참석했다.

## 1. 절중의 활동

사실 절중折中(826~900)은 충주 유씨나 고려 왕실과 직접 관련이 없는 인물이다.[50] 그런데도 불구하고 입적한 지 근반백년이나 지나 전남 낙안 동림사에 있던 승탑을 영월 흥녕선원으로 옮기고 새로이 탑비를 세웠다. 절중비를 보면 절중은 882년 경주와 가깝년 곡산사에 머물다가, 사자산의 운예의 초청을 받아들여 흥녕선원에 수년 머물다가 886년 민란으로 불타

---

48) "於是門人 所恐芳塵稍歇 貞石無刊 勤露□誠 □陳行狀".
49) 秦弘燮, 1967, 「앞의 글」
50) 鄭永鎬, 1969, 「新羅獅子山興寧寺址 硏究」『白山學報』7 ; 朴貞柱, 1994, 「新羅末·高麗初 獅子山門과 政治勢力」『震檀學報』77 ; 崔仁杓, 1996, 「羅末麗初 師子山門의 動向」『韓國傳統文化硏究』11 ; 申泳文, 2001, 「羅末麗初 師子山門의 思想과 그 性格」『北岳史論』9 ; 최연식, 2007, 「師子山 禪門의 성립과정에 대한 재검토」『법흥사중창 10주년기념 韓國 禪文化學會 2007년 定期 秋季學術大會』.

자 다시 전국을 돌아다녔다.[51] 그 사이 헌강왕(875~886)이 흥녕선원을 중사성中使省에 소속시켰다.[52] 그러니 절중과 흥녕선원의 인연은 수년에 불과하다. 그런데 충주 유씨들은 944년 이 시기 일상적이지 않았을 것 같은 절중의 승탑 이전 사업과 탑비 건립 사업을 동시에 감행했던 것이다. 왜 그랬을까?

절중은 826년 한주 휴암군(현 황해도 봉산) 군족郡族인 박선당과 백씨의 아들로 태어났다.[53] 그런데 봉산 출신인 절중이 7세 때에 출가한 곳이 오관산사五冠山寺이고(고서지오관산사孤逝至五冠山寺), 70세를 전후하여 승주 낙안면 동림사의 무부武府 지역에 민란이 있을 것이라는 예상에 좀 더 안전하게 머물고자 해서 가고자 했던 곳도 오관산이었다(홀지로어북산忽指路於北山).[54]

어떤 사정인지 오관산에 도착하지 못하고, 결국 강화도의 은강선원銀江禪院에서 입적하였지만 효공왕이 제수하고자 했던 국사國師의 예를 사양한 것으로 보아,[55] 신라보다는 본인이 가고자 했던 후대 개경이 난세를 극복하는 대안이었을 것으로 판단했음직한 사례이다.

이런 오관산 선호의 본인 판단과는 상관없이 입적 후 승탑 건립과 이전 등으로 보아 당시 불교계나 관료 사회에서 절중의 인기는 대단했던

---

51) 大順 2년을 光啓 2년으로 수정한 것은 다음 글을 참고할 것. 南東信, 1996, 「흥녕사 보인대사 징효탑비」『역주나말여초금석문(하)』, 221쪽.
52) 李基東은 「羅末麗初 近侍機構와 文翰機構의 擴張」『歷史學報』77, 21쪽에서 中事省의 誤記로 보았다.
53) 선당이 박씨임은 박정주의 추정을 따른 것이다. 박정주, 1994, 「앞의 글」. 절중의 가계에서 흥미로운 사실은 朔州 金城 벼슬살이가 漢州 鳳山의 郡族 요건이 될 수 있었다는 것이다.
54) 여기서의 北山은 후대 만적의 난이 있어났던 北山, 바로 오관산을 말한다.
55) 보통 국사의 예는 입적 전후에 이루어지는 것으로 보아 진성여왕이 아닌 효공왕으로 추정하였다.

것 같다. 보통 수십 년에 걸친 유학 생활을 하지 않은 순수 국내파였기 때문에 생긴 인기라 할 수 있겠다. 실제 절중과 불교계 인사들과의 교류 폭은 상당히 넓었을 것이다. 젊은 절중이 당시 유행인 중국 유학을 결정적으로 접을 수 있도록 해 준 인물이 23세를 전후하여 만났을 철감 도윤 (798~868)이다.[56]

절중의 고향 선배이기도 한 도윤은 825년(헌덕왕 17) 중국 유학을 갔다가 847년(문성왕 9) 돌아왔다. 징효비에는 유학 직후 풍악(금강산) 장담사에 머물던 도윤을 만나, 그로부터 보원(748~834)의 선법과[57] 동산지법을[58] 배웠기 때문에 중국에 유학을 갈 필요성을 느끼지 않게 되었다고 했지만, 이에 더하여 전해들은 회창 폐불 이후 중국 불교계의 혼란상도 한 몫 했을 것이다. 그러니 유학을 포기한 젊은 절중이 자신의 2, 30대를 맡긴 곳은 도윤이 머물던 쌍봉사였던 것이다.

그런데 어쩐 일이지 도윤은 입적 두어해 전인 866년 40대의 절중을 도담선원에 머물던 자인慈仁에게 맡겼다. 자인은 생몰년이 확인되지 않지만, 845년을 전후하여 중국 유학에서 돌아와 840년대 후반 무렵 대통大通 (816~883)의 사형 자격으로 불교 공부를 시킨 인물이면서 대통을 무염 (801~888)에게 소개한 인물이기도 하였다. 그가 당나라에서 누구에게서 배웠는지 모르지만 대통과 료오화상 순시가 854년과 858년 차례로 백장 회해(?~814)의 손제자격인 앙산 혜적(807~883)에게 유학하여 황매지인 을 익혔다는 것과, 절중 역시 동산지법을 익혔다는 것으로 보아 자인은 중국 유학 시절 위산 영우(?~853)에게 공부하였음직 하다. 하여간 절중은 이 자인慈仁과 함께 16년 동안 공부하였다.

---

56) 『조당집』卷17 쌍봉화상.
57) 혜능(638~713) 이후 회양(677~744), 도일(709~788)을 잇는 선법을 말한다.
58) 도신, 홍인, 신수를 잇는 선법을 말한다.

이십대에서 오십대까지 도운과 자인 밑에서 중국 불교와 신라 불교를 공부했을 절중이 57세(882) 때, 세상에 나오자 국통國統을 지낸 혜위惠威가 경주 부근 곡산사 주지 자리를 알선해 주었다.[59] 그런데 절중은 경주와 가까운 절에 주지하는 것이 마음에 내키지 않았다(소한근어경연所恨近於京輦).

이때 절중 초청에 나선 이가 북원부 사자산師子山의 운예선사雲乂禪師였다. 이후 한 3년여 절중은 영월 흥녕사에 머물면서(거居) 제자들을 가르쳤다.[60] 덕이 중국과 신라의 으뜸(덕관화이德冠華夷)이라는 절중이었고, 헌강왕과 정강왕이 북원부 불교계 지원에 적극적이었지만, 북원부 지역에서 일어나고 있던 농민들의 동요를 막기에는 역부족이었다. 북원부 지역 동향이 흉흉했던 것에 대해 징효비에서는 왕실의 위태롭기가 달걀을 쌓아놓은 것과 같다(□조지위□祚之危 위여누란危如累卵)고 하였다.[61]

결국 절중은 886년 상주 남쪽으로의 피난을 결정하였고 피난 도중 조령鳥嶺 쯤 갔을 때 흥녕사가 불타고 말았다는 소식을 들었다. 피난의 의미가 없어진 것이다. 이후 2년 동안 60대 초반 절중의 거취에 대한 설명은 없다. 정강왕과 신라 왕실의 배려가 있었을 것이겠지만, 실제 조치는 888년(진성여왕 2) 진성여왕이 왕위에 오른 지 2년 만에 명주의 승정僧正과 동궁내양東宮內養을 보내 음죽현(현 충북 음성)의 원향사에 머물기를 요청한 것이었다. 그러나 절중은 이 요청마저 거절하고 방향을 바꾸어 청주를 거쳐 공주로 향하였다. 젊은 시절 자신이 공부했고, 스승이 거처했

---

59) 威公이 惠威임은 정병삼, 역주한 남동신의 견해를 참고한 것이다. 정병삼. 1995, 「통일신라 금석문을 통해 본 승관제도」『국사관논총』 62.

60) 징효비에 住라고 표현하지 않고 居라고 표현된 것으로 보아 흥녕사 운영에 간여한 것 같지는 않다.

61) 이인재, 2003, 「나말여초 북원경의 정치세력 재편과 불교계의 동향」『한국고대사연구』 31.

던 화순의 雙峰寺에 가고 싶었던 것이다.

이 여정에서 흥미로운 점은 두 가지인데 하나는 경로이고, 다른 하나는 환영 인사이다. 먼저 경로를 보면, 음성에서 공주로 가려면 서원경을 거쳐야 했을 것이고, 공주에서 진례군(현 금산)으로 갈 때에는 부여를 거쳤을 것이다.[62) 또 금산에서 무주(현 광주)로 가는 길은 남원경을 거쳤을 것으로 추정되는데, 이렇게 보면 북원경, 서원경, 웅주의 주치소, 남원경, 무주의 주치소를 골고루 거친 것이 된다. 그렇게 화순 쌍봉사를 방문한 다음 분령군 동림사로 가서 이곳에서 최후를 마치고자 하는 뜻을 가졌다.

다른 하나는 환영 인사이다. 절중의 쌍봉사 방문 길에 유일하게 자군自郡 방문 환영 인사들이 나온 곳이 공주였다. 공주 장사長史 김휴金休와 군리郡吏 송암이 그들이다. 특히 징효비의 음기에 장사長史 직책으로 참석한 김휴와 사상史上 직책으로 참석한 송암이 주목된다. 그렇다면 징효비 서문에 기재되지 않은 환영인사의 폭은 속관급俗官級 인사나 공경급公卿級 인사 양측 모두 상당히 넓었을 것이다.

셋째는 위기관리능력이다. 비문을 쓴 최언위의 증언에 의하면 공주에서 진례(현 금산)를 지나갈 무렵에, 도적들이 길을 끊는 바람에 선중禪衆 즉, 절중과 그의 제자 및 후원자들이 길을 잃고 헤맸다고 한다. 진례 주변 도적들의 공격을 받아 곤혹을 치를 지경에 이르렀음을 설명한 것이었 겠다. 그런데 정작 도적들이 선중을 공격하지 못한 것은, 하늘에서 내려온 갑병과 말들의 소리로 인해 도적들이 뿔뿔이 흩어졌기 때문이라고 한다.

---

62) 이는 진성여왕이 현 부여에 소재했을 것으로 추정되는 무량사 주지를 맡긴 내용에서 유추하였다. 무량사의 위치를 추정하면서 현 광주 무등산의 무량사(『新 增東國輿地勝覽』卷35 광산현 불우)도 고려하지 않은 바는 아니지만, 신라 왕실 출신인 김일이 후원세력일 것임을 토대로 하여 부여 무량사로 추정하였다. 북원 방면은 단의장옹주가, 서원 방면은 김일이 당시 불교계와 밀접한 인연을 맺은 왕실 인사였을 것으로 추정된다.

그리고 이에 대해 최언위는 관음보살의 자비로 옹호해 준 힘 때문이었다고 서술하고 있다. 그런데 이 기록에서의 "하늘에서 내려온 갑병과 말들의 소리"란 것은 도적, 즉 몰락농민들을 관음신앙으로 설득했던 절중의 말소리라고 판단하고 있다.[63]

절중이 무주에 도착한 후 동림사 거주를 권유한 인물은 무주武州 군리郡吏 김사윤이었는데,[64] 절중 역시 이를 받아들여 쌍봉사 방문을 마치고 동림사에 머물렀다. 동림사 세력들이 절중 입적 후 승탑 건립의 연고권을 강하게 주장했고, 관철시킨 것으로 보아 상당히 오랜 기간 동림사에 머물렀을 것으로 추정된다. 그런 절중이 전쟁을 예감하고(재해소생災害所生 구융상살寇戎相煞) 다시 피란을 결심케 되었다. 쌍봉사 방문 여정 중, 금산에서 이미 도적을 한 번 만난 경험(적도절도賊徒截道)이 있던 절중이고, 신라 왕실에서도 농민들의 봉기를 절중의 교화력으로 완화시키고자 하는 바람이 있었음에도 불구하고(군흉계수群凶稽手 대대귀심大憝歸心) 정작 절중의 선택은 피란이었다.

60대의 절중이 동림사에 머물며 활동했던 890년 이후 이 지역은 견훤(867~936)이 활동을 시작하여, 27세 때인 892년에는 무진주를 습격하여 왕을 칭하기 시작했던 시절이다.[65] 동림사 시절 군신君臣이 의지하고 사서士庶가 귀의하였다고(군신의뢰君臣倚賴 사서귀의자야士庶歸依者也) 평가받는 것으로 보아, 크게 신라 체제 범위에서 군흉群凶들을 교화하고

---

63) 2010년 5월 15일 신라사학회에서 발표한 박광연의 교시를 따랐다.

64) 징효비에 김사윤의 권유에 앞서 진성여왕이 무량사와 영신사의 두 절을 특별히 맡기며 주지해 주시기를 청했다(特寄無量 靈神二寺 請以住之)는 기록이 있다. 영신사는 지리산에 있는 사찰인데 이 절의 샘이 섬진강의 발원지라고 한다. 『新增東國輿地勝覽』 卷30 진주목 불우. 징효비에는 진성여왕의 요청 수용 여부에 대해서는 가타부타 언급이 없다.

65) 『三國史記』 卷11 진성왕 6년 ; 신호철, 1996, 「견훤정권의 성립」 『후백제견훤정권연구』.

있었을 절중에게 견훤의 등장은 정치력에 의존해야 할지, 교화력에 토대를 두어야할지 고민의 폭을 넓힌 요소였을 것이다.

절중은 오랜 통치 경험을 가지고 있던 신라 왕실의 제안도 신중하게 처리해 오던 인물이었다. 흥녕사 시절과 동림사 시절 교화력에 매진했겠지만, 관철할 수 없다고 판단될 때 그가 선택한 것이 피난이었다. 70대를 눈앞에 둔 절중이 자신이 처음 머리를 깎았던 오관산, 그리고 자신과 같이 오관산에서 머리를 깎고 자신에 앞서 자운에게서 공부한 순지가 머물던 오관산,[66] 즉 북산을 목적지로 삼았을 때엔 그런 고민이 내포되어 있었을 것이다.

오관산을 목적지로 정했지만, 당성(현 경기도 남양)과 평진을 거쳐 정작 그가 최종 도착한 곳이 수진현(강화도) 은강선원이다.[67] 강화 도착 시기는 패서 호족들이 궁예에 내항하던 895년 직전이었을 것이다.[68] 그런데 절중이 강화에 머물 당시, 진성대왕이 황양현[69] 부수副守 장연열을 보내 차와 향을 가지고 예의를 표했으나 그마저 거절하였다. 거절 명분은 횃불로는 한 밤중의 어두움을 제거할 수 없으며, 아교로는 황하의 탁류를 막을 수 없다(작화 불능제대야지혼爝火 不能除大夜之昏 아교 불능지황하지탁 阿膠 不能止黃河之濁)는 것이었다. 의심을 살만한 신라 왕실과의 교류, 정치적 수단은 피하겠다는 자세였다. 이 자세는 900년 3월 입적 당시까지 관철된 것이었음에도 불구하고, 효공왕은 다시 그의 비문 찬술을 기획하였다.

---

66) 김인후, 1996, 「서운사 요오화상 진원탑비」 『역주나말여초금석문(상)(하)』.
67) 수진이 강화도인 것은 朴貞柱, 1994, 「앞의 글」이 참고된다.
68) 『三國史記』卷50 궁예. 895년 패서호족들이 궁예에 내항하기 시작하였고, 896년 고려 태조 또한 동참하였고, 이후 898년 이진까지 패서도와 한주 관내 30여 성이 궁예에게 공략되는 사정을 고려한 것이다. 『三國史記』卷12 효공왕 2년 7월.
69) 荒壤縣은 경기도 양주군이다. 백제시대에는 骨衣奴(內)였던 곳을 신라 경덕왕 16년에 荒壤으로 고쳤다.

그만큼 그의 비정치적 대민교화 원칙은 인정받았던 것으로 판단된다.

## 2. 음기 기재 세력의 분석

징효비의 음기 기재 세력은 현철승속제자賢哲僧俗弟子이다. 현명하고
사리에 밝은 승제자와 속제자란 뜻이다. 법경비의 도관道官과 속관俗官,
공경부로公卿父老, 여인사서黎人士庶와는 표현이 다르다. 당대 최고 실력자
였을 왕요군王堯君(후일의 정종)과 왕조군王照君(후일의 광종)이 참석하여
가장 비정치적인 대민교화 원칙을 가졌을 절중을 기념하는 마당이었으니,
소속과 계통을 구구절절 밝히는 게 구차했을 것이다.

절중 생전 인연을 맺었을 동림사의 승탑을 옮기고, 924년 경명왕의
명을 받은 최언위의 비문을 기초로 탑비를 세우는 기념행사였다. 그만큼
초청 인사를 선정하면서 많은 고려를 했을 것이고, 음기에 새길 명단
확정도 신중을 기했을 것이다. 반백 년 만에 세우는 만큼 절중과 인연이
있는 인사들 섭외도 중요했을 것이고, 탑비 조성주도 세력이 필요한 인사들
도 적절히 교섭할 필요가 있었다. 그만큼 많은 수의 인물들이 초청되었을
것인데, 실제 음기에 기재된 인사만도 승려 대표 8인, 속인 대표 58인,
삼강전 관련 승려 7인과 속인 3인 등 총 76인이다.

승려 대표 8인 가운데 행적이 확인되는 인물은 모두 3인이다.[70] 사주의
직책을 가진 인물 가운데에는 희양원주였다가 사주가 된 능선이 있고,
승계를 가진 인물 가운데에는 홍림과 경보가 있다. 홍림은 법경비 조성
기념행사에 참가했다가 곧이어 행해진 징효비 조성기념 행사에도 참여한
인물로, 굴산문 개청(854~930)의 제자이기도 하였다. 930년 개청이 현

---

70) 能善寺主 乘全寺主 聰月寺主 崔虛大德 弘琳大德 契貞大統 慶甫大統 性言大德.

강릉시 성산면 보광리 보현사 터에서 입적할 당시 상족제자인 홍림선사로 나오다가, 이 시기에는 대덕의 지위에 오른 인물이다.

경보(869~947)는 926년 왕건 초청으로 개경을 방문한 인사로, 흥미로운 것은 통진비에 945년 정종이 즉위하자마자 초청(잉비봉필仍飛鳳筆 저강중헌佇降衆軒)을 받았다고 하였고, 그리고 나서 3년이 지난 후(越三年)인 947년 4월 28일 입적하였다고 한다.[71] 정종과 경보와의 관계와 월삼년越三年을 동시에 쓴 것은 아무래도 김정언의 글 솜씨로 보아야 할 것이다.

능선은 지증 도헌(824~882)의 탑비가 924년 6월 봉암사에 세워질 때 원주로 있던 인물이다. 지증비의 서문과 명문은 유명한 최치원(857~?)이 885년 29세의 나이로 귀국하자마자 헌강왕의 요청을 받아 쓴 글이다. 그런데 정작 비가 세워진 것은 그로부터 40여 년이 지난 924년이었다. 서자와 각자가 83세의 혜강인데, 그는 45세 때에 왕희지체로 홍각선사비를 써서 새겨본 경험이 있던 인물이다. 이 봉암사 희양원의 원주院主였던 능선이 봉암사 사주寺主로 징효비에 등장한 것이다.

이렇게 8인의 승려 대표 가운데 행적이 확인되는 3인의 승려들을 보면, 나머지 5인의 승려들도 9산문의 비중 있는 인물들이 초청되었을 것으로 보인다. 특히 홍림과 경보처럼 법경비 완공행사에 참여한 인물이 징효비 완공행사에 참여한 것에 주목한다면, 사정이 허락하지 않은 산문 대표들만 서로 교체되었을 것으로 추정된다.

속인 대표 58인 가운데 행적이 확인되는 인물은 16명뿐이다.[72] 16인은

---

71) 앞서 거론한 채상식과 박정주의 눈문에서는 징효비의 慶甫와 법경비의 景孚를 같은 인물로 보고 있다.

72) 1) 王堯 君 2) 王照 君 3) □□ 大匡 4) 弼榮 大匡 5) 英章 正匡 6) 王景 大承 7) 淸端 □主 8) 金鎰 蘇判 9) 兢達 蘇判 10) 王規 佐承 11) 權悅 佐承 12) 王詢 佐承 13) 王廉 佐承 14) 誠俊 元甫 15) □□ 大相 16) 金奐 阿飡 17) 金休 長史 18) 鎰休 郎 19) □順 元甫 20) 希悅 助 21) 兢悅 助 22) 式榮 韓飡 23) 寬質 韓飡 24) 兢鎰 海飡 25) 賢逢 元甫 26) 官憲 元甫 27) 廉相 海飡 28) 允逢 元甫

1) 왕요王堯(정종)① 2) 왕조王照(광종)② 5) 영장英章(태조비부太祖妃父)③ 6) 왕경王景(태조비부太祖妃父)④ 8) 김일金鎰⑤ 9) 긍달兢達(태조비부太祖妃父)⑥ 10) 왕규王規(태조비부太祖妃父)⑦ 11) 권열權悅⑧ 13) 왕렴王廉(왕순식王順式 자子 장명長命)⑨ 17) 김휴金休⑩ 26) 관헌官憲⑪ 27) 염상廉相⑫ 36) 기오奇悟⑬ 39) 여일與一⑭ 47) 송암宋嵒⑮ 49) 귀평貴平⑯ 등이다. 이 가운데 기오奇悟는 후대 기록에 죽주 출신 삼한공신이며 대광으로 나온다(박인석朴仁碩 묘지 명).

속인 58인의 기재상의 특징은 보면, 지역이 명시되어 있는 사람들과 없는 사람들로 구분된다. 가령 40) 평직平直 아간阿干 명주溟州의 경우처럼 이하 19명은 지역 명칭이 나온다. 그렇다면 지역 명칭이 기재되지 않은 39명은 출신지를 불문하고 재경 인사라고 보아야 할 것이다. 이 39명 가운데 후대 정종, 광종과 비부妃父가 확실한 인물은 왕실 인사라고 할 수 있다. 이를 토대로 왕규 이전의 기재 인물들도 모두 왕실 인사로 볼 수도 있겠으나,[73] 이 경우 걸리는 인물이 김일金鎰이다.

신라 왕손 김일金鎰은 873년 송악군 태수로 있다가,[74] 무염과 헌강왕이 만났을 882년부터 885년 사이에는 소판蘇判의 지위로 성주사 부근에서 무염을 만난 일이 있었다. 그리고 888년 무염이 입적한 2년 뒤인 891년에는

---

29) 憲邕 元尹 30) 師尹 一哲湌 31) 侃榮 阿湌 32) 章劍 史上 33) 弼邢 大監 34) 姚謙 郞 35) 崔方 元尹 36) 奇悟 元尹 37) 奇達 元尹 38) 知連 正衛 39) 與一 正朝 40) 平直 阿干 溟州 41) 剋奇 奈 溟州 42) 金芮 卿 溟州 43) 連世 大監 溟州 44) 王侃 奈 原州 45) 德榮 沙干 竹州 46) 弟宗 沙干 竹州 47) 宋嵒 史上 公州 48) 平直 村主 提州 49) 貴平 一吉干 提州 50) 堅必 村主 冷井 51) 堅奐 沙干 新知縣 52) 越志 山人 新智縣 53) 哀信 沙干 又谷郡 54) 能愛 沙干 又谷郡 55) 世達 村主 奈生郡 56) 式元 大監 冷水縣 57) 明奐 村主 酒淵縣 58) 康宣 助 別斤縣.

73) 朴貞柱, 1994, 「앞의 글」. 이에 따라 박정주는 3) □□ 4) 弼榮을 大王으로 보고, 7) 淸端도 公主로 보아 모두 왕실 인물도 평가하였다.

74) 정병삼, 1992, 「皇龍寺 九層木塔 舍利函記」(한국고대사회연구소편, 1992, 『역주 한국고대금석문』3). "松岳郡 太守 大奈麻 臣 金鎰".

무주武州 도독都督으로 있었다.[75] 이 시기 절중은 무주武州 군리郡吏 김사윤의 요청으로 낙안 동림사에 머무를 때이기도 하다. 김일이 징효비에 기재된 것은 바로 이때의 인연 때문이었을 것인데, 그 역시 신라 왕실 인사라서 이름이 비부妃父들과 어깨를 나란히 할 수 있었을 것이다.[76] 이들 10명을 제외한 19명 재경인사들 맨 앞 자리에 권열의 이름이 있음도 주목해야 할 사항이긴 하지만, 이들 역시 절중과 생전 인연이 있었던 인물들과 건비 주도세력과의 인연이 있는 사람들이 골고루 기재되어 있을 것이다.[77]

지역이 부기되어 있는 지역 인사들도 같은 경우이다. 공주의 사상史上 출신 송암이 절중 생전 인연이 있던 인물이라면, 귀평은 북원부의 속현 제주提州 출신이면서, 894년 궁예가 석남사에서 출발하여 명주 공략에 나섰을 때에 사상史上으로 참여한 인물이다.[78] 지역별로 명주溟州 4, 원주原州 1, 죽주竹州 2, 공주公州 1, 제주提州 2 등 9명 가운데 공주 출신 송암, 교하 역원인 냉정원[79] 출신인 견필을 제외하고는 모두 건비 주도세력이

---

75) 최연식, 1992, 「聖住寺 朗慧和尙塔碑」(한국고대사회연구소편, 1992, 『역주 한국고대금석문』3). "菩薩戒弟子 武州都督 蘇判 鎰".

76) 여기서 지적해 두어야 할 사항은 다음 두 가지 사항이다. 하나는 절중과 직접 만났을 3인 즉 金鎰의 蘇判, 金休의 長史, 宋嵒의 史上은 모두 만날 당시의 직임을 그대로 기재하고 있는 것으로 보아, 다른 직임들도 이런 사항을 고려하면서 분석해야 한다는 것이고, 다른 하나는 절중과 생전 인연이 있었던 인물은 당사자가 死後더라도 음기에 기록하였다는 것이다. 가령 김휴와 송암의 경우 절중의 공주 방문과 음기 작성 기간이 무려 50여 년의 차이가 나므로 음기 작성 당시에 생존해 있었다면 절중의 공주 방문 때에는 20, 30대가 되어야 하고 음기 작성 때에는 70, 80대가 되어야 한다. 이러한 추정도 불가능한 것은 아니지만 앞서 거론한 김일의 경우에는 백세를 넘겼다고 봐야 하는 어려움이 생긴다.

77) 재경인사들과 지역인사들이 관직의 고하를 기준으로 기재순서를 잡은 것이 아니라는 점은 史上과 助라는 직임이 양쪽에 다 있는 것에서 알 수 있다.

78) 『三國史記』 卷50 궁예.

79) 冷井 : 冷井院 『新增東國輿地勝覽』 卷11 교하 역원. 냉정과 단월에 대한 규명은 곽승훈 박사의 교시에 따른 것이다. 이렇게 본다면 견필은 절중 사리를 동림사로

선정한 초청 인사들이었을 것이고, 나머지 7인의 군현 출신 인사 가운데 지역 명칭이 확인되는 세 지역이 각각 영월(나생군)과 주천(주연현), 충주 단월역인[80] 것으로 보아 이들 역시 건비 주도세력들이 초청한 지역 인사들 이었을 것이다.

이렇게 정리해 놓고 보니, 58명의 속인들은 절중과 생전 인연이 있었던 소수의 왕실과 재경인사, 지역인사들과 건비 주도세력들이 선정한 다수의 초청 인사들로 구성되어 있다고 할 수 있겠다. 특히 58명 가운데 1/6가량의 왕실 인사들이 대거 초청된 것으로 보아, 그만큼 중대한 문제를 논의하거나 합의할 필요가 있었을 모임으로 추정된다.[81] 이는 삼강전의 경우도 마찬가지이다. 삼강전 소속 인사들은 승려 7인과 속인 3인인데,[82] 유명한 희랑은 선승이 아니라 왕건을 지지했던 해인사海印寺의 희랑希朗이다.[83]


## Ⅳ. 맺음말

이상과 같이 이 글은 혜종대 정변을 주도했던 충주 유씨들의 활동 일단을 파악하기 위해 작성한 것이다. 법경비와 징효비 건립 기념행사에 왕요와 왕소가 직접 참가했거나 유덕諭德이라는 자의字意가 대리 참가를 의미한다는 사실에 주목하여 양비 건립과 기념행사의 주도 세력을 충주 유씨라고 파악하고, 이들이 양비를 건립한 목적과 초청인사 선정에 유의하

---

옮길 때 주요 역할을 한 인물로 생각할 수 있다.

80) 丹越馹 : 丹月驛『新增東國輿地勝覽』卷14 충주목.
81) 아마도 혜종대 정변과 관련된 사안이었을 것이다.
82) "院主 希朗長老 典座 昕曉上座 史 道澄禪師 直歲 朗然禪師 全立房 所郎 吉舍 村主 丹越馹 崔山 㮹 听 □檢校維那 良善 長老 堂維那 契融 上座 持客 契廉 禪師".
83) 崔源植, 1985, 「앞의 글」.

여 그 범위를 알아보고자 한 것이다. 그 내용을 정리하면 다음과 같다.

첫째, 청년 현휘와 노년 현휘의 생애를 보면, 청년 시절부터 왕건 집안과 인연을 맺었던 현휘가 중국에 유학갔다가 귀국한 중년 시절 수많은 재경 인사와 교류했음에도 불구하고, 노년 시절 왕건과의 만남에서조차 해결하지 못한 소회素懷가 있음을 밝혀 정토사에 머물면서 행한 성과를 간접적으로 강조하였다고 추정하였다.

둘째, 충주 인접 지역인 영월 흥녕선원에 수년 머문 800년대 국내파 선승 절중의 생애가 평생 정계 인사들과의 직접적인 교류보다는 불교계 독자적인 대민교화책對民敎化策을 썼고, 사후에는 대단한 평가를 받았던 것이 충주 유씨들이 승탑 이전과 탑비 건립 계획 수립과 실천에 중요한 이유가 되었을 것이라는 점을 지적하고자 하였다.

셋째, 944년 6월 1일과 17일 거의 동시에 진행된 법경비와 징효비의 음기 기재 세력의 분석을 통해 볼 때, 당대 전국에 걸친 불교계 대표 인사들의 초청과, 왕실 및 중앙관인, 지방 관반층의 폭넓은 초청 결과임을 파악할 수 있었다.

요컨대 944년 6월 충주 유씨는 수많은 재경 정계 인사들과 교류한 충주 정토사의 현휘와 평생 정계 인사들과의 교류를 피한 흥녕사의 절중을 모두 추모하는 기념행사를 함으로써, 왕요군王堯君의 왕위 계승 자격과 의지를 드러내는 행사를 했다는 것이다. 하지만 이 행사를 통해 구체적인 정치세력간의 연합 정책이나 대민교화책까지 유추할 수 없다는 것이 비문 내용의 분석 결과이다.

그러나 이 글에서 해명이 충분하지 못한 과제도 여전히 남아있다. 그 중 하나가 사서층士庶層의 존재 의미이다. 골품관료제에서 호족관료제, 귀족관료제로 이어지는 한국 중세 정치사회집단의 변동과정에서 이 시기 등장하는 사서층士庶層의 존재가 차지하는 위치가 분명해야 하지만, 그 의미를 명확하게 하진 못하였다. 다른 하나는 공경층公卿層의 존재 의미이다. 두 비에 수록되어 있는 공경층公卿層이 모두 9주와 5소경의 치소治所에 한정되어 있어서, 군현과 촌, 특히 현관반縣官班과의 상관성을 밝힐 수 없었다. 이 두 가지 남은 문제는 후일의 과제로 남겨 두고자 한다.

제3편

# 고려 전기 대장경 연구의 전통과 원주

# |제11장|
# 선사 긍양(878~956)의 생애와 대장경

## I. 서론

긍양兢讓은 나말여초 선종법계도禪宗法系圖에서 희양산문(曦陽山門 : 법랑 法朗 - 신행神行 - 준범遵範 - 혜은慧隱 - 도헌道憲 - 양부楊孚 - 긍양兢讓 - 형 초逈超)으로 분류된 인물이다.[1] 그런데 희양산문 승려 가운데 비문이 남아 있는『도헌비』와『긍양비』에는 도헌 이전의 법계에 대해 각기 다른 주장이 실려 있다.[2] 최치원이 쓴『도헌비』에는 도헌이 북종선의 신행神行 계통으로 되어 있는데 반하여, 이몽유가 쓴『긍양비』에는 남종선의 혜소惠昭 제자로 되어 있다. 유명한 법계개정法系改訂의 내용인데, 그 배경에 대해서는 우선

---

1) 南東信, 1996,「나말여초 선종법계도」『역주 나말여초금석문』(상).

2) 도헌비는『有唐新羅國故鳳巖山寺敎諡智證大師寂照塔碑銘』을 말하는 것이고,『긍 양비』는『高麗國尙州曦陽山鳳巖寺王師贈諡靜眞大師圓悟之塔碑銘』을 말하는 것이 다. 전자에 대한 주요 역주문으로는 崔英成, 1987,『譯註四山碑銘』과 南東信, 1992,「鳳巖寺 智證大師碑」(한국고대사회연구소편, 1992,『역주 한국고대금석 문』3) ; 李智冠, 1993,「聞慶 鳳巖寺 智證大師 寂照塔碑文」『譯註歷代高僧碑文 - 新羅 篇』이 있고, 후자의 역주문으로는 李智冠, 1994,「聞慶 鳳巖寺 靜眞大師 圓悟塔碑文」 『譯註歷代高僧碑文 - 高麗篇1』과 이인재, 1996,「鳳巖寺 靜眞大師 圓悟塔碑」『역주 나말여초금석문』(상·하)가 있다. 이 글은 필자의 역주문을 검토하면서 작성하였 다.

긍양 자신이 유학 시절 남종선 승려에게 배웠던 개인적인 이유도 있지만, 고려 초 선계禪界의 분위기가 남종계가 아닌 어떤 선파禪派도 존립할 수 없었다는 사정이 있었을 뿐만 아니라,3) 후백제 군주인 견훤 정권의 부침과 운명을 같이한 전력前歷이 있던 긍양의 처지에서는 고려 왕실의 비위에도 맞고 자신의 명분에도 걸맞는 법맥을 제시할 처지에 있었기 때문이라는 것이 기왕의 해석이다.4)

자신이 소속한 선계禪界의 분위기라던가, 긍양 자신의 과거 처신 때문에 학문적, 신앙적 연원을 바꾸는 것이 그리 쉬운 것인지는 여전히 해결되지 않은 의문이긴 하지만, 법계 개정과 더불어 주목해야 할 긍양의 활동이 없는 것은 아니다. 가령 후삼국 쟁투의 최말기에 해당하는 935년 긍양을 첫 대면한 태조의 태도에 대해 비문에서는 '보고도 이상하게 여겼다(見而異之)'라고 되어 있는데,5) 비문 자체만으로는 그 사정을 알 수 없다.

그런데 흥미로운 것은 927년 경애왕이 강주康州에 있던 긍양에게 자문을 구하고 봉종대사奉宗大師라고 불렀다는 기록이다. 927년이라면 강주康州에는 후당後唐에 자체 조공을 하면서 독자적인 세력을 형성했다고 평가받는 왕봉규王逢規가 있었고,6) 그 해 4월 고려가 강주를 공격하던 시점이었을 뿐만 아니라,7) 후백제 역시 강주 공격에 동참하던 시기였다.8) 그렇다면

---

3) 金煐泰, 1978,「曦陽山禪派의 成立과 그 法系에 대하여」『韓國佛敎學』4, 37쪽.

4) 추만호, 1992,「선종 법계 승계의 특징과 북종의 법계법신」『나말여초 선종사상사 연구』, 144~145쪽.

5) 異之는 "신이하게 혹은 이상하게 여겼다"로 해석할 수 있는데, 본문에서는 후자로 생각하였다.

6) 金庠基, 1960,「羅末地方群雄의 對中通交−特히 王逢規를 中心으로」(1974, 東方史論叢』)

7) 『高麗史』卷1 太祖 10年 4月 壬戌. "遣海軍將軍英昌能式等率舟師往擊康州下轉伊山老浦平西山突山等四鄕虜人物而還".

8) 『高麗史』卷1 太祖 11年 5月 庚申. "康州元甫珍景等運粮于古子郡甄萱潛師襲康州珍景等還戰敗死者三百餘人將軍有文降于萱".

강주를 중심으로 후삼국의 쟁투가 격화되고 있었던 시기라고 할 수 있는데, 그럼에도 불구하고 이 시기 긍양이 경애왕과 밀접한 관계를 맺고 있었다는 점은, 좀 더 구체적으로 해명해야 할 그 무엇이 있었던 것으로 생각하지 않을 수 없다.

이에 더하여 고려 건국 후 태조 왕건을 만난 후 긍양의 오랜 봉암사 칩거도 주목해야 할 부분이다. 동시대 활동하던 여러 선종 승려들의 활발한 활동과 비교해 보면, 그의 칩거생활은 오히려 의외라는 생각이 드는데, 칩거 기간 동안 긍양이 한 중요한 외부 방문이 새로 사경한(신사新寫) 의희본義熙本 화엄경華嚴經 8질八帙의 입수라는 점도 역시 매우 주목해야할 사건이라는 생각을 떨칠 수 없기 때문이다.[9]

그러므로 이 글에서는 이 두 가지 문제점의 규명에 초점을 두어 긍양의 활동을 살펴보고자 한다. 주로 『긍양비』 가운데 관련 구절의 해석과 평가를 통해 이루어질 것인데, 그를 통해 긍양兢讓뿐만 아니라 당시 선종계禪宗界의 동향까지 조사할 수 있기를 기대하는 바이다.


## Ⅱ. 출가와 유학 생활

긍양兢讓은 878년(헌강왕 4) 공주에서 태어났다. 공주公州는 9주 5소경 가운데 하나인 웅주熊州의 치소治所인데 고조에서 아버지에 이르는 4대가 모두 공주의 호부豪富였다. 아버지인 왕양길王亮吉이 활동했을 시기인,

---

9) 조경시는 정종이 의희본 화엄경을 긍양에게 보낸 것을 토대로 긍양이 화엄학에 관심이 높았고, 이는 당시 선종 승려들이 교종을 배척하는 입장에 있었던 것이 아니라 선교융합적인 경향을 띠고 있었다고 설명한 바 있다. 曺庚時, 1988, 「新羅下代 華嚴宗의 構造와 傾向」 『釜大史學』 13.

904년 7월 공주장군 홍기弘奇가 궁예에게 내항來降한 것으로 보아10) 공주 정계政界도 이 시기에는 후삼국 격변기를 맞이하여 요동을 치고 있었다고 할 수 있겠다.

**출가와 유학 준비** : 이러한 상황에서 긍양은 19세 때(896년, 진성여왕 9)에 출가하여 5년여의 국내 청년 생활을 거친 후인 24세 때(901년, 효공왕 4)에 중국으로 유학을 떠났다. 출가는 공주 남혈원 여해선사 밑에서 하고, 구족계는 20세 때에 화엄 십찰의 하나인 가야산 보원사에서 받은 다음,11) 곧바로 서혈원에 머물고 있던 양부선사를 만나 평생의 은사로 모시게 되었다. 『신증동국여지승람』 권17 공주목 불우佛宇를 보면, 동혈사東穴寺는 동혈산東穴山에 있고, 서혈사西穴寺는 망월산望月山에 있다고 기재되어 있는 것으로 보아, 서혈원西穴院과 남혈원南穴院은 모두 공주에 있던 사찰임을 알 수 있다.

스승 양부楊孚는 그 행적이 명확하지 않다. 『긍양비』에 917년에 입적한 양부의 업적을 칭송하면서, "우리나라(동림지경東林之境)에서도 빼어났을 터인데, 하물며 중국의 배운 종지(서역지종西域之宗)를 잘 전했음에랴"라고 한 것을 보면,12) 양부 역시 유학 경험이 있는 승려라 할 수 있는데, 긍양이 찾아간 897년부터 입적 시기가 명확한 917년까지 20여 년은 양부의 귀국 후 국내 활동 시기로 잡을 수 있겠다.

여기서 한 가지 짚고 넘어갈 자료가 『전등록傳燈錄』이다. 이 책 권17에 보면, 신라 박암泊嵒 화상이 나오는데, 박암泊嵒은 청원 행사 - 석두 희천(1 세) - 약산 유엄(2세) - 도오 원지(3세) - 석상 경저(4세) - 곡상 장(5세) - 박

---

10) 『三國史記』 卷50 弓裔傳.
11) 『긍양비』에는 계룡산 보원정사로 되어 있는데, 추만호는 이 사찰이 가야산 보원사라고 하였다. 추만호, 1992, 『앞의 책』, 210쪽.
12) 「鳳巖寺 靜眞大師 圓悟塔碑」. "更議遷徙康州·伯巖寺 是西穴故師 所修刱移住也 (中略) 宛秀東林之境 堪傳西域之宗".

암(6세)으로 행사行思의 6세 법손이 된다. 여기서의 박암泊岩은 고려시대 각운覺雲이 편찬한『염송설화拈頌說話』에 "박암은 지금의 박암개산조 긍양이며, 희양산 조사"라고 한 것으로 보아,[13] 박암이 곧 이 글에서 다루는 긍양이라 할 수 있다.[14]

그런데 각운覺雲이 박암개산조泊巖開山祖라고 한 것을, 뜻 그대로 살펴보면 박암사泊巖寺를 개산開山한 조사祖師가 된다. 긍양의 스승인 양부가 백엄양부伯嚴楊孚라고는 하지만 박암泊巖이 백엄伯嚴은 아니겠다.『삼국유사』관련 자료를 보면, 긍양이 935년(을미乙未) 강주 백엄사에서 희양산 봉암사로 갈 때, 긍양의 뒤를 이어 강주 백엄사의 주지를 맡은 승려가 남원 백암사에서 온 신탁神卓 화상이기 때문이다.[15] 그러므로『전등록傳燈錄』에 기록된 신라승려 박암은 바로 남원 백암사에서 온 긍양을 의미하는 것이 된다.

남원 백암사 절터 위치에 대해서는 확정된 견해가 없다. 다만 1914년 행정구역 개편과정에서 남원군 백암리가 남원군 초촌리로 바뀐 것을 상기해 보면, 지금의 남원군 이백면 초촌리 어디엔가 있던 절이라고 생각된다. 남원의 유명한 실상사가 이백면 동남쪽에 붙어 있는 상동면에 있고, 나말여초 중국에 유학을 갔던 승려들이 귀국 후 머물던 사찰 중의 하나가 실상사이기 때문에 남원 백암사 역시 당시 유학 정보가 풍부했던 곳이라는 생각이 든다.

이제 문제는 긍양이 남원 백암사에 머물렀던 시기가 유학 전이었는지, 아니면 귀국 후인지와 관련된 것만 남게 된다. 그런데 후술하겠지만 긍양이

---

13) 覺雲, 1970,『拈頌說話』卷26 下卷, 寶蓮閣刊, 900쪽. "泊巖卽今泊巖開山祖兢讓亦曦陽山祖".

14) 金英泰, 1979,「曦陽山禪派의 成立과 그 法系에 대하여」『韓國佛敎學』4, 22~23쪽.

15)『三國遺事』卷3 塔像 第4. 伯嚴寺 石塔舍利. "又乙未年 却返曦陽 時有神卓和尙自南原白嵓藪 來入當院 如法住持".

924년 7월에 귀국한 후 몇 달되지 않은 925년 어느 때인가 돌아가신 스승의 흔적을 찾아 강주 백엄사로 갔다. 스승에 관한 정보는 유학시절에도 꾸준히 접하고 있었겠지만, 귀국 후 몇 달밖에 안 되는 상황에서 자신이 주로 머물 곳을 결정해야 했다면, 이는 스승에 관한 정보가 가장 많은 곳에서 이루어졌을 것이다. 그곳은 서혈원이 있던 공주 부근이었겠다. 다른 하나는 이 기간 동안 머물렀던 지역의 상황이 들도적과 산적들이 각각 다투어(분쟁忿爭) 힘을 겨루었던 곳(야구산적野寇山戎 각경분쟁지력各競忿爭之力)이라는『긍양비』의 묘사도 주목된다. 925년 고려의 후백제 연산진과 임존성 공격 이전 상황을 묘사하는 것이라는 추정이 가능하기 때문이다. 이 두 가지 분석으로 인해 긍양이 남원 백암사에 머물던 시기는 유학 전이라고 생각할 수 있다. 그리고 그에 따라 결국 20대 초반의 젊은 긍양은 남원 백암사에서 유학에 관한 제반 준비를 하고, 나주 회진현에서16) 유학을 떠났을 것으로 추정하는 것이 순리적이라고 생각한다.

**유학생활** : 긍양의 유학생활을 분석하자면, 유학시절에 만난 사람들에 대한 분석과 사람들을 만나면서 공부한 내용에 대한 것을 따져보아야 할 것이다. 이 가운데 후자와 관련되는 내용은 유학 초기에 비원령飛猿嶺에서17) 쌀을 운반하는 선승의 무리(반미선도般米禪徒) 가운데 한 승려를 만나 고용枯榕을 두고 나눈 대화, 곡산谷山 도연화상道緣和尙과 함께 나눈 석상石霜에18) 대한 이야기, 곡산谷山을 나와 중국의 유주幽州와 대주代州 등 지역을 돌아다니다가 부스럼에 걸려 고생하고 있을 때 한 노승老僧과 고통을 주제로 나눈 대화 등이 그것이다.19) 그러나 이들 문답問答과 게자偈子의20)

---

16) 會津 : 본래는 백제의 豆肹縣으로, 신라 景德王 때 회진으로 이름을 바꾸었음(『高麗史』卷57 志11 地理2 全羅道 羅州牧 會津縣).

17) 飛猿嶺 : 산 이름. 江西省 黎川縣 동쪽에 있음.

18) 石霜 : 807~888년. 慶諸和尙 靑原系. 道吾 圓智의 제자. 唐의 고승. 新淦 출신. 속성 陳氏. 字는 慶諸. 潭州의 石霜山에 주석. 光啓末에 입적, 諡號는 普會大師.

분석은 필자의 능력 밖의 일이므로, 유학시절에 만난 승려들의 계보에 대해서만 살펴볼 수밖에 없다.[21]

처음 긍양이 유학을 준비하면서 제일 처음 만나려한 중국 선사는 설봉雪峯 의존義存(823~908)이었다. 나말여초 선종법계도를 보면,[22] 901년 전후해서 의존義存(복건성福建省)을 목표로 유학을 간 승려를 찾아볼 수 없다. 의존의 선풍禪風이 온화하여 제자들이 많다고는 하지만,[23] 긍양이 그를 찾아가려고 한 배경이 명확하지는 않다. 유학 경력이 있던 양부楊孚의 추천 가능성이 유일한 배경이겠지만, 근거는 여전히 불명확하다.

하여간 긍양은 유학 중간에 의존을 만나지 않고 도연道緣(호남성湖南省)에게서 공부하게 되었다. 긍양이 도연을 만나 대뜸 석상石霜에 대해 물은 것을 보면, 도연보다 석상에 대한 소문이 신라 불교계에서는 훨씬 많이 났을 것이겠다. 실제 긍양과 비슷한 시기에 유학하여 918년에 귀국한 충담忠湛과, 904년 출국하여 924년 귀국한 현휘玄暉가 모두 석상石霜의 제자(호남성湖南省의 지원志元, 강서성江西省의 도건道乾)에게서 공부한 것을 보면 이 시대 신라 유학 승려들의 공유하고 있던 유학정보였을 것이다. 그리고 석상石霜과는 약간의 계통이 다르지만 경보慶甫 역시 895년부터 921년까지의 유학시절 동안 양개良价의 제자인 광인匡仁(강서성江西省)에게서 공부하였다는 것을 놓고 보면, 이런 유학 정보가 중국 생활할 때 매우 유용한 것이었다고 판단된다. 즉 920년대를 전후하여 귀국한 충담(918), 경보(921), 긍양(924)과 현휘(924)가 모두 약산藥山 유엄惟儼의 4세 제자가

---

19) 비문에는 긍양이 유학시절 이미 책을 편찬했음을 기록하고 있으나, 그 흔적은 찾아 볼 수 없다.
20) 偈 : 시의 한 형식으로 불덕을 찬미하거나 교리를 서술한 것.
21) 이에 대해서는 별도의 고찰을 요한다.
22) 南東信, 1996,「나말여초 선종법계도」『역주 나말여초금석문』(상).
23) 鄭性本, 1994,『선의 역사와 사상』, 425쪽.

되는 것이다. 그리고 이렇게 당시 상황을 정리해 놓고 보니, 긍양이 유학 도중에 유주와 대주를 답사하고, 동산洞山과 운개雲蓋를 방문한 이유가 훨씬 자연스럽게 이해된다. 유주幽州는 운거雲居 도응道膺의 출신지이고, 동산과 운개의 문하에서는 경보와 현휘가 학습한 자취가 있었던 곳이었다. 결국 긍양은 유학시절에 최소한 청원 행사行思 계열에서 공부하던 신라 유학승이 있던 곳은 골고루 방문했다고 할 수 있다.

〈나말여초 선종법계도〉

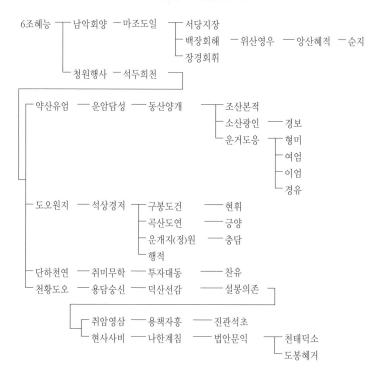

## Ⅲ. 귀국과 국내 활동

### 1. 귀국 초기 신라 왕실과의 관계

20여 년간의 유학생활을 마치고 924년 7월 40대 중반의 나이로 전주全州 희안현喜安縣으로 귀국한 긍양兢讓은 출국 전에 머물던 공주 서혈원西穴院으로 갔다. 그러나 몇 달 지나지 않은 925년(을유乙酉) 돌아가신 옛 스승이 중창한 백엄사로 옮겼다.[24]

이 절은 신라 하대 어느 시기엔가, 신라 금입택金入宅의 하나였던 북택北宅의 식읍이 있었던 곳이었다.『삼국유사』의 같은 기록을 보면, 이 초팔혜현草八兮縣(초계)에 있던 식읍을 관할하던 곳이 북택청北宅廳인데, 녹읍이 부활한 이후 어느 때인가, 엄흔嚴欣과 백흔伯欣 두 승려가 사찰로 조성하였기 때문에 백엄사라고 했다고 한다.[25]

그런데 이 절은, 공주 서혈원에 머물던 양부楊孚 선사가 906년(병인丙寅) 이주하여 선종 사찰로 개찰한 절이었다. 양부선사는 백엄사에 10년 동안 머물다가, 917년(정축丁丑) 입적하였다.『긍양비』를 보면, 입적 당시 선사가 입적하신 것을 보고(귀진歸眞), 제자들은 안앙安仰의 슬픔을 느꼈고, 신도들은 귀의하지 못한 바를 탄식하였다고 하면서, 양부의 일생을 한마디로, '당나라에서 배운 종지를 신라 식으로 잘 변용해서 가르친 것'이라고 압축하였다. 안타까운 것은 양부가 추진했다던 신라 식 변용의 구조와 내용이 비문과 관련 자료의 부족으로 파악하기 힘들다는 것이다.

---

24) 『三國遺事』卷3 塔像 第4. 伯嚴寺 石塔舍利.
25) 현재 합천군 대영면 백암리 102번지에 있는 석등(보물381호)과 102-1번지에 있는 미륵사지 석조여래 좌상(유형문화재42호)가 있는 곳이 백엄사 터였다고 전해지고 있다.

하여간 925년 긍양이 강주康州로 옮긴 배경으로는 우선 돌아가신 스승(선사先師)이 백엄사에서 펼치고자 했던 일을 계승하고자 했을 것임을 들수 있다. 그러나 이와 함께 당시 강주에 왕봉규王逢規가 있었음을 염두에두지 않을 수 없다. 왕봉규는 927년(천성天成 2, 경애왕 4) 후당後唐의 회화장군懷化將軍이 된 인물이다.[26] 그는 924년 경명왕과 나란히 후당과 외교경쟁을 벌였고,[27] 927년 3월에는 후당後唐 명종明宗으로부터 장군호將軍號를 받아 그 보답으로 다음 달인 4월 임언林言을 사신으로 보냈던 인물이다.[28]이 기록을 보면 중국의 입장에서는 언제든지 신라 왕조가 흔들릴 경우재지 세력 단위로 관계를 맺겠다는 것을 보여주는 사례라 할 수 있겠는데,[29]눈을 돌려보면 당시 강주 지역에 국제적 안목에 눈을 뜬 인물들이 있었다는것 역시 강조하지 않을 수 없다.

하여간 이 왕봉규가 강주의 호족으로 군림하고 있던 상황이었다. 더구나왕봉규가 자칭自稱한 천주절도사泉州節度使의 천주泉州는 바로 의령현을가리키는 말이다.[30] 의령은 초계에 바로 붙어있는 곳이고, 두 곳은 모두강양江陽의 속현이다. 그렇다면 양부楊孚가 906년 강주로 온 이유도 바로왕봉규王逢規를 비롯한 강주 호족의 초빙이 있었기 때문이었겠다. 단의장옹주端儀長翁主의 후원을 받던 스승 도헌이 881년 심충의 요청으로 봉암사를

---

26) 『冊府元龜』卷976 外臣部 20 褒異 後唐 天成 2年 3月 乙卯. "以新羅國權知康州事王逢規 爲懷化將軍".

27) 『三國史記』卷12 景明王 8年 春正月. "遣使 入後唐朝貢 泉州節度使王逢規 亦遣使貢方物".

28) 『三國史記』卷12 京哀王 4年. "三月 唐明宗以權知康州事王逢規爲懷化大將軍. 夏四月, 知康州事王逢規遣使林彦 後唐朝貢 明宗 召對中興殿 賜物".

29) 삼국 초기에도 삼한 소국을 상대로 같은 정책을 펼친 바 있다. 李仁在, 2004,「법천리 고분군을 통해 본 삼국시대 원주와 마한·백제와의 관계」『東方學志』126.

30) 『三國史記』卷34 地理2 宜桑縣. "宜桑縣 本辛尒縣 一云 朱鳥村 一云 泉州縣".

세웠듯이, 제자 양부도, 긍양도, 공주의 후원세력보다는 이 시기에 강주 호족의 요청과 후원이 더 중요했을 것으로 생각된다.

그런데 긍양兢讓이 강주에 간 지 2년도 안된 927년 강주康州 지방에 본격적으로 후삼국 경쟁의 돌풍이 불기 시작하였다. 강주 소속의 4향鄕을 시작으로 하여 고려 태조 왕건의 공략이 시작된 것이었다.[31] 『삼국사기』에는 이 기록이 간단하게만 기재되어 있지만, 『고려사』에는 매우 상세하다. 태조 왕건은 927년 4월 강주에 대한 해로 공격에 나서서 해군 장군 영창과 능식을 보내 이산, 노포, 평산, 돌산 등 4향의 사람들을 포로로 잡아오고,[32] 928년 1월에는 더 나아가 초팔성 공격에 나서 성주 흥종에게 패배를 맛보게 하였다.[33]

이 시기 강주 공격은 고려군 만에 국한된 것이 아니었다. 후백제군도 나서서 928년 5월 고성固城으로 식량을 운반하는 강주康州의 원보 진경珍景 등을 공격하여 무려 300여 명의 사상자를 발생시키고, 강주 장군 유문有文이 견훤에 항복하는 일이 벌어졌다.[34] 강주를 둘러싸고 본격적인 고려와 후백제가 본격적인 쟁탈전을 벌였던 것이다.

그런데 이 와중에서 긍양兢讓은 몇 달 있으면 시해弑害될 신라 경애왕으로부터 봉종대사奉宗大師의 칭호를 받았다. 마치 918년 경명왕이 진경대사 심희審熙를 초청하여 나라를 잘 다스리고 백성들을 편하게 하는 법(이국안민지술理國安民之術)과 승려에게 귀의하고 부처를 모시는 방책(귀승봉불지

---

31) 『三國史記』 卷12 景哀王 4年. "康州所管突山等四鄕, 歸於太祖".
32) 『高麗史』 卷1 太祖 10年 4月 壬戌. "遣海軍將軍英昌能式等率舟師往擊康州下轉伊山老浦平西山突山等四鄕虜人物而還".
33) 『高麗史』 卷1 太祖 11年 春正月 乙亥. "元尹金相正朝直良等將往救康州經草八城爲城主興宗所敗金相死之".
34) 『高麗史』 卷1 太祖 11年 5月 庚申. "康州元甫珍景等運粮于古子郡甄萱潛師襲康州珍景等還戰敗死者三百餘人將軍有文降于萱".

방귀승奉佛之方)을 들은 후에 법응대사法膺大師의 칭호를 부여한 것과 같은 맥락에서 이해될 수 있는 조치였다. 923년 심희 입적 후 심희의 제자인 찬유는 924년 스스로 개경에 가서 태조를 만났는데, 긍양은 굳건하게 신라 왕조의 지원까지 수용하고 있었던 것이다.

강주 호족의 후원과 신라 왕실의 지원을 동시에 수용한 긍양의 처신은 마치 신라 왕실의 단의장옹주의 지원과 호족 심충의 요구를 동시에 수용한 스승 도헌의 처신과 흡사하다. 이 구절은 당시 선종 승려들의 활동을 일방적으로 호족, 혹은 왕실 후원 및 지원으로 해석하기 어렵게 하는 대목이다. 그렇다면 긍양의 경우, 이렇게 여러 정치세력으로부터 자유로울 수 있었던 생애의 일관성은 어디서 찾을 수 있을 것인가?

## 2. 고려왕조 성립기 긍양兢讓과 고려 왕실과의 관계

### 1) 긍양과 태조·혜종·정종과의 관계

925년부터 10여 년간 강주 백엄사에 있던 긍양이 택산擇山을[35] 고민한 때는 후삼국통일전쟁이 거의 막바지에 다다른 935년의 일이었다. 927년 고려의 강주 공격 당시에 경애왕에게서 봉종대사의 칭호를 받았던 긍양의 처지에서는 후삼국통일전쟁의 끝이 보이는 935년 고려와의 새로운 관계를 모색할 필요가 있었을 것이다.[36] 그래서 택산擇山한 곳이 희양산 봉암사였

---

35) 擇山 : 『春秋左氏傳』 哀公 11年의 "鳥則擇木 木豈擇鳥". 즉, 사람은 살 곳을 선택할 수 있지만, 땅은 사람을 선택하지 못한다는 말인데, 최치원이 찬술한 『도헌비』의 신행과 관련된 자료에 나와 있는 山鳥海龍의 주해본에 달려 있었다고 한다. 崔英成, 1987, 『앞의 책』.

36) 『긍양비』에는 흥미롭게도 후삼국통일전쟁의 의의에 대해 별도의 문단으로 설명하고 있다. 즉 태조에게는 흉악한 무리를 제어해야 할 운이 있었는데, 935년은 바로 난을 평정해야 할 때였는데(以運合黃兒 時膺定亂), 실제 48년(889~935) 동안의 혼란기를 극복하여, 묘를 봉하여 마을을 연 주나라 周王의 높은

다.

　그런데 긍양의 희양산 택산擇山이 순조롭게 진행된 것 같지는 않다. 이 상황에 대해서『긍양비』는, ① 구름과 안개로 홀연히 (주위가) 어둑어둑 해지더니, 지척을 분간하기가 어려웠고, ② 신인神人이 내려와 대사에게, "이 곳을 버리고 어디로 가려 하는가. 가려면 멀지 않은 곳이어야 한다."라 고 하였으며, ③ 무리들 모두(중함衆咸) 의혹을 품고, 진실로 머물기를 청하였다고 하였다. 이렇게 최상의 선택은 택산을 포기하는 것이고, 택산을 하더라도 기왕의 강주 영역 내에서 해야 한다는 조건을 내세울 수 있는 사람들은 당연히 기존의 백엄사 세력이었을 것이다.

　이러한 요청에 대해 긍양은 따르지 않을 것을 확실히 하고 출발하였다고 했지만(확연부종確然不從 편이출거便以出去), 이들이 내세운 조건을 다 뿌리 치지는 못하였다. 가기로 결정한 곳이 문경에 있는 봉암사라는 것이 한 증거이고, 가는 과정에서 호랑이 한 마리는 30리를 울면서 쫓아왔고, 다른 한 마리는 좌우를 인도하고 희양산까지 왔다가 핏자국을 남겨놓고 돌아갔다는 것이 또 다른 증거이다. 백엄사 세력의 만류가 만만치 않았다는 반증이었다.

　이러한 저항에도 불구하고 긍양이 희양산 택산을 한 이유가 궁금하지 않을 수 없다. 봉암사는 881년 법조法祖인 도헌道憲이 심충沈忠의 요청으로 창건한 사찰이긴 하지만, 927년 고려군의 고사갈이성 공격과 930년 후백제 의 가은현 공격으로 폐허화되어 있었다.『긍양비』에서는 긍양이 도착했을 무렵의 봉암사 상황에 대해, 절 주변은 적들의 방화로 재만 날고 있었고, 절마당과 승방은 불에 반쯤 타 가시밭과 같았는데, 지증 도헌의 비만 우뚝 서 있었고, 도헌이 조성한 철불鐵佛만 높고 컸다고 한다.[37]

---

　　발자취를 이었고, 승려를 중히 하고 부처로 돌아온 양나라 梁帝의 남긴 풍모를
　　좇았다(是用封墓軾閭 繼周王之高蹈 重僧歸佛 遵梁帝之遺風)고 하였다.

그럼에도 불구하고 긍양이 굳이 봉암사를 찾아간 것은 우선 그곳이 충주 세력과 가까운 곳에 있었기 때문이다. 935년에 봉암사에 도착한 긍양은 조서(곡판鵠版)를 기다리지 않고 곧바로 태조를 만나러 개경으로 떠났다. 그리고 이를 주선한 인물이 바로 중원부中原府에 있는 연주원鍊珠院의 원주인 예백芮帛이었다.

여기서의 예백이 누구인지는 현재로서 알 길이 없다. 그런데 이를 알 수 있는 단서가 연주원이다.『신증동국여지승람』권14 충주목 산천조에 보면 충주 고을 남쪽 5리에 연주현連珠峴이 있다고 하는데, 연주원鍊珠院은 바로 이곳에 있던 절이 아니었을까 추정된다.『동여비고東輿備攷』를 보면 연주현은 충주 금봉산金鳳山에 있던 고개인데, 금봉산은 지금의 충주시내 동남편 호암동에 위치한 남산이다.

충주산성(일명 금봉산성)이 있는, 이 산의 남쪽 편에는 신라시대 때 창건하였다는 창룡사를 비롯하여 시내 쪽 기슭에는 신라 원효대사가 창건하였다는 청룡사가 있고 이곳 북방 3㎞지점의 탑대라는 곳에는 3층 석탑이 지금도 있을 뿐 아니라 부근의 지명이 위 절골, 아래 절골 등으로 불리어지는 것으로 보아 창룡사를 중심으로 한 직동 일대가 대사찰지였던 것으로 추정되는 곳이다.[38]

금봉산金鳳山에서 지금의 충주댐을 지나 동량면으로 가면 긍양兢讓과 유학 생활을 같이 했던 현휘玄暉가 머물던 정토사가 있고, 남쪽으로 지금의 수안보 온천 쪽으로 가면 문경과 충주를 잇는 계립령에 위치한 충주시

---

37) 이 철불 2구는 1935년에 작성된 봉암사 조사복명서 사진까지만 해도 어느 정도 형상을 알아 볼 수 있었는데, 1950년 한국전쟁으로 다시 파괴되어 철불의 잔편만이 동국대학교 박물관에 옮겨졌다고 한다. 黃壽永, 1982,「統一新羅時代의 鐵佛」『考古美術』154·155 ; 崔聖銀, 1996,「羅末麗初 中部地方 鐵佛의 樣式 系譜」『講座 美術史』8.

38) 충주시청 홈페이지 참조.

상모면 미륵리 58에 위치한 미륵사 터가 있다. 현휘는 924년 귀국 즉시 고려 태조 왕건에 간 인물로, 충주 유씨 긍달의 후원을 받은 승려이고, 미륵사 터 역시 충주 유씨의 근거지였을 것으로 간주되는 곳이다.[39]

그렇다면 긍양이 문경 봉암사에 간 이유는 충주 유씨와 깊은 관계를 맺고 있던 충주 불교계와 연계하여 고려 왕실과 인연을 맺으려던 사연이 있었던 것으로 추정하지 않을 수 없다. 후술되겠지만 고려왕조 성립기의 태조, 혜종, 정종, 광종 가운데 태조와 정종을 만날 때에는 초청을 기다리지 않고 긍양이 자진해서 개경을 찾아가는 노력을 보였고, 혜종과는 만나려는 시도조차 하지 않았으며, 광종과의 만남은, 광종이 왕위에 오르고서야 비로소 초청을 받고 개경 방문에 나서는 것으로 보아, 태조 왕건과 긍양의 만남에는 충주 유씨의 주선이 무시할 수 없는 조건이었다고 판단한 것이다. 실제 긍양이 광종의 초청을 받고 나선 개경 방문 도중에 개경에서 내려온 사신(왕사王使)이 한강을 넘어오고, 긍양을 선두로 한 선승禪僧들이 월악산을 넘은 길에서 서로 해후하여, 만난 것을 기뻐하고 희양산으로 돌아가지 않을 것을 결심했다는 『긍양비』의 서술을 보면, 양자가 서로 만난 곳은 충주산성에 있었을 것으로 추정되는 연주원鍊珠院이었음이 분명하다.

충주 유씨의 후원을 받던 연주원의 예백의 소개로 긍양을 만난 태조의 처음 태도는 그다지 적극적이지 않았다. 『긍양비』에서는 이 광경을 '견이이지見而異之'라고 하였다. 보고도 이상하게 생각했다는 것이다. 노련한 태조 왕건은 곧바로 끓어 앉아 공경스럽게 대하며 법을 전하는 것에 대하여 물었지만(위좌용경危坐聳敬 인문전법因問傳法), '견이이지見而異之'는 예사로운 표현이 아니었다. 물론 927년 상주에서 긍양이 보였던 처시을 잊지 않았을 태조의 입장을 상기해 보면 이해하지 못할 것도 아니다.

---

39) 김혜완의 교시에 의하면 이곳이 충주 유씨의 근거지였을 것이라고 한다.

그렇지만 태조 왕건은 즉시 태도를 바꾸어 긍양과 귀승숭불歸僧崇佛의 방책에 대해 논의하였다. 대화의 주된 소재는 대장경의 복사본을 만들어 서경에 둘 것인가, 아닌가에 관한 이야기였다. 긍양의 전력을 보면, 대장경과 같은 숭불책崇佛策이 아니라 귀승책歸僧策을 논의해야 했고, 서경과 같은 북방 문제를 다룰 것이 아니라 남방 문제를 다루는 것이 자연스러웠지만, 태조가 긍양에게 의견을 구한 것은 개경에 한 질 있던 대장경大藏經을 한 부 더 베껴서 서경에 두고 싶다는 것이었다. 이른바 대장경의 양도분치兩都分置에 관한 건이었다. 태조가 문경 봉암사에 머물고 있는 선사禪師 긍양에게 서경에 놓아둘 대장경의 사경에 대해 의논한 이유를 해명하기는 쉽지 않다. 선사와 대장경 사경, 문경과 서경의 상관성이 아득하기 때문이다.

『삼국사기』와 『삼국유사』를 보면, 중국의 위진남북조, 수조, 당조에서 불전佛典이 정리되면 곧바로 우리나라에 수입되었다.[40] 최초의 기록은 565년(진흥왕 26) 남조南朝의 양梁나라를 계승한 진陳나라 문제文帝가 유사劉思(사신)와 명관明觀(승려)을 신라에 보내면서 『석씨경론釋氏經論』 1천 7백여 권을 보냈다는 것이다.[41] 여기서의 경론은 당연히 삼장三藏(경율론經律論)을 뜻하는 것일 터이고, 양梁을 계승한 진陳이 보냈다면 지금은 남아있지 않지만 515년 양梁 무제武帝의 명으로 승소僧紹가 편찬한 『화림전중경목록華林殿衆經目錄』이나 518년 보창寶昌이 개정한 『양중경목록梁衆經目錄』에 수록된 경론이었을 것이다.[42]

이렇게 본다면 『삼국유사』 전후소장사리 조에 기록된 바 643년 자장慈藏이나 828년(흥덕왕 2)의 구덕丘德, 847년 원홍元弘, 920년대 보요普耀와 그 제자 홍경弘慶의[43] 불경 수입 등도 그 수입 연대가 예사롭지 않다.[44]

---

40) 조경시, 2000, 「高麗 成宗代의 對佛教施策」 『한국중세사연구』 9.

41) 『三國史記』 卷4 신라본기4 진흥왕 26년 9월.

42) 金鍾天, 1987, 「中國의 大藏經 刊行에 대한 歷史的 考察」 『祥明大學校論文集』.

597년 수나라 비장방費長房이 편찬한『역대삼보기歷代三寶記』가 자장이 수입한 삼장 400여 함에 빠졌다고 보기 어렵고, 664년 당나라 도선道宣의『대당내전록大唐內典錄』이나 측천무후의 명에 따라 명전明佺이 편찬한『무주중경목록武周衆經目錄』, 730년 지승知昇의『개원석교록開元釋敎錄』, 794년 원조圓照의『정원신정석교록貞元新訂釋敎錄』이 신라에 수입되었을 가능성이 높기 때문이다. 한 사례만 남아있지만 승려가 아닌 입조사入朝使 원홍까지 대장경 수입에 참가했다면 대장경 수입 주체는 승려에 국한된 것은 아니라 하겠다.

대장경 연구는 교종 승려만이 하는 것은 아니었다. 814년 당나라 유학에 나선 혜철慧徹(785~861)은 서당 지장을 스승으로 모시고 선禪 공부를 하다가 스승이 입적한 후 서주西州 부사사浮沙寺에서 3년간이나 대장경을 공부하였다.[45]『혜철비』에서는 그가 대장경을 공부하는 광경에 대해 "아침부터 저녁까지 눕지도 않고 자리도 펴지 않은 채 3년 동안 연구하니 이치에 통달하지 않은 점이 없었다."고 쓰고 있다.

이렇듯 대장경을 처음 열람한 선사는 혜철慧徹(785~861)이었지만, 고려 왕실의 후원을 처음 받은 선사는 경유慶猷(871~921)였다.[46]『경유비』에는 궁예 말년 경유가 대장경을 보고 명주明主를 생각하고 있었는데,[47] 태조

---

43) 같은 자료에 928년 당나라에 가서 대장경을 가져왔다는 默화상이 바로 홍경일 것이다.

44)『三國遺事』卷3 前後所藏舍利.

45) 이지관, 1993,「곡성대안사적인선사조륜청정탑비문」『교감역주역대고승비문 - 신라편』.

46) 한국역사연구회, 1996, '오룡사 법경대시비』『여주 나말여초금석문』.

47)『경유비』의 "일찍이 대장경을 보다가 승사를 살펴보니 운운하는" 구절은 궁예가 경유를 맞이하는 장면에서 경유가 궁예의 권유와 달리 수레를 타는 것을 어려워했다는 것에 연이어 나오는 구절이다. 이 구절에 앞서 13자가 결락되어 쉽사리 설명할 수는 없지만, 908년에 귀국한 경유가 918년 이전 궁예가 가장 극성했을 때 초빙을 받았을 때의 일인데, 후에 왕건에게 왕사를 받은 경유의

역시 고려를 건국하자마자 왕신王信을 보내어 개경 일월사日月寺로 초빙하여 왕사로서 대접하였다고 한다. 그러나 경유가 본 궁예 측이 소장한 대장경을 고려가 입수하지는 못한 것 같다.『긍양비』에 보면, 그 즈음에 민중閩中과 구녕甌寧에 사신을 보내 대장경 진본을 구했다고 했는데,[48]『고려사』에서 928년(태조 11) 신라승려 홍경洪慶이 당唐나라 민부閩府에서 대장경 1부를 배에 싣고 예성강에 도착하니, 왕건이 친히 그를 영접하여 제석원帝釋院에 있게 하였다고 서술하고 있는 것을 보면,[49] 고려 측의 대장경 입수 노력은 928년에 비로소 성과를 거두었다고 할 수 있겠다. 문제는 대장경 연구였다.

『긍양비』에서 태조는 대장경의 사경 및 양도분치를 논하면서 현장玄奘(622~664)을 예로 들었다. 현장이 서역 유학 후 장안에 돌아와 불경(금언金言)을 번역해 내고 귀중품을 보관하는 창고(보장寶藏)에 은밀히 두었다는 것이다. 이 내용이 바로 660년부터 663년 사이에 이루어진, 대장경의 1/3에 해당하는『대반야바라밀다경』의 번역을 의미하는 것임은 의심의 여지가 없다. 사경寫經을 경전의 필사로만 해석할 수 없는 첫 번째 근거가 바로 이 태조의 현장 언급에 있는 것이다.

---

처지에서는 무엇인가 해명이 필요한 사항이었을 것이다. 이 구절 뒤에 나오는 각현(359~429)은 인도사람으로 중국에 건너와 418년 화엄경을 번역한 인물로서 420년부터 422년까지 송나라를 건국한 무제의 건국과정에 참가하였고, 법찬 역시 고승으로서 수나라 건국과정에 참여한 인물이었다. 필자는 이 가운데 각현에 대해 주목하였다. 그러므로 대장경을 보고 궁예와 경유의 관계가, 송 무제와 각현, 수 문제와 법찬의 관계와 같았을 뿐이라고 해명한 사람을 비문의 찬자인 최언위로 볼 수도 있지만, 오히려 대장경을 봐 온 경유의 해명을 최언위가 언급해 주었다고 보는 것이 타당하지 않을까 한다.

48) 李智冠, 1993,「앞의 글」.
49)『高麗史』卷1 태조 11년 8월. 한편『三國遺事』에서는 普耀선사가 吳越에 가서 藏經을 싣고 와 수제자 홍경과 함께 해룡사를 세웠다고 하였고,『新增東國輿地勝覽』에서는 이 해룡사가 포천에 있다고 한다.『三國遺事』卷3 前後所藏舍利 ;『新增東國輿地勝覽』卷11 抱川縣 佛宇.

더구나 최근『진본晉本 화엄경』권20과『주본周本 화엄경』권6, 권22, 권57의 각필 부호구결에 관한 연구에 의하면 한글 토吐, 한자 토漢字吐, 점토點吐, 선토線吐, 역두점逆讀點, 지시선指示線, 교정부호校正符號, 합부선合 附線 등 다양한 기능을 가진 각필角筆 부호구결符號口訣이 사경에 나타난다고 한다.50) 이 자료는 현존하는『화엄경』자료만을 근거로 하였지만,『화엄경』 이외의 다른 자료에서도 각필角筆 부호구결符號口訣이 없었다고 간주할 수 없다. 어쨌든 이 시기 중국식 한자를 한국식으로 정리하여 읽을 필요성이 있기 때문이다.

그렇기 때문에 최근 이른바 국본이라 할 수 있는 부인사장 대장경에는 송본과 단본에서 볼 수 없는 우리 고유 불전이 상당히 많이 수록되어 있고, 국본을 저본으로 하여 송본과 단본 대장경이 수정 보완되었던 사례를 근거로 우리나라에서도 삼국시대 및 통일신라 이래로 중화적 북방불교에 오염되지 않은 고승대덕과 서역구법고승 및 이들의 영향을 직간접으로 받은 학승들이 불전을 번역했다는 김윤곤의 연구 성과가 매우 소중하다.51)

이렇게 사경寫經의 작업 내용을 보다 깊이 생각해 보면,『긍양비』의 현장 언급 다음에 민중閩中과 구녕甌寧에 사신을 보내 대장경 진본을 구한 이유, 즉 정원 연간 이래 경론들의 본이 점점 많아졌기 때문에52) 새로운 연구가 필요하다는 것의 진의를 추적할 수 있다. 즉 당나라 덕종 연간에 번역된 경론이 점점 많아졌다는 것은 40화엄의 번역뿐만 아니라『정원신정 석교목록』이 간행되었다는 것일 터인데, 이 가운데 태조의 언급은 특히

---

50) 鄭在永·南豊鉉·尹幸舜·李丞宰·金永旭·小林芳規·西村浩子, 2003,『韓國 角筆 符號 口訣 資料와 日本 訓點 資料 硏究 - 華嚴經 資料를 중심으로』, 태학사.

51) 金潤坤, 2003,「고려 '國本' 대장경의 혁신과 그 배경」『민족문화논총』27, 영남대. 고려 이전 대장경 고유 연구 전통은 소홀히 취급할 수 없을 정도라 하지 않을 수 없다.

52) 李智冠, 1993,「앞의 글」. "貞元以來 新本經論 寖多".

후자에 관심이 있을 것으로 판단된다.

이렇게 본다면 주목되는 사건이 다음 두 사례이다. 즉 대장경이 입수된 다음 해인 929년(태조 12) 6월에 천축국의 삼장三藏법사 마후라摩睺羅가 와서 귀산사龜山寺에 있다가 1년도 안되어 사망한 일이 있었다.[53] 후대에는 삼장三藏이 자발적으로 고려에 왔다고 기록하고 있으나,[54] 자발성의 동기를 이해하기는 쉽지 않다. 그런데 10년 후인 938년(태조 21) 서천축 승려(= 마갈타국摩竭陁國 중인도국中印度國 대법륜보리사大法輪菩提寺 사문沙門)인 홍범弘梵, 대사 질리부일라喹哩嚩日羅가 와서[55] 사나사舍那寺에 머물다가 곧 돌아간 것을 보면,[56] 이 두 인도 승려의 갑작스런 방문과 대장경 연구가 상관성이 있지 않을까 생각한다.

하여간 928년 홍경을 통한 대장경 입수와 929년 삼장三藏의 연구와 그의 입적으로 인한 대장경 연구의 단절이라는 상황에서 935년 긍양兢讓을 만난 태조가 대장경을 거론했다.『긍양비』를 보면 이때 태조 왕건과 긍양이 나눈 대화 소재는 신역新譯 대장경의 사경寫經과 개경·서경의 양도兩都 분치分置로 되어 있지만, 실제 내용은 대장경 연구였다고 판단된다.

이렇게 해서 긍양은 당시 왕실이 선사들에게 요구하던 이국책理國策 안민책安民策 귀승책歸僧策 숭불책崇佛策 방안 모색과 실천이라는 4대 요구 가운데 숭불崇佛을 매개로 고려와 결합하게 되었다. 태조 왕건의 대장경 연구 제안을 받아들인 긍양은 봉암사에서 개경에 갈 때에 조서도 없이 간 것처럼, 개경을 떠날 때에도 번개처럼 떠났다(출천구이전서出天衢而電逝) 고『긍양비』는 기록하고 있다. 이후 태조 왕건은 7년 동안 향향香과 차(명茗)를

---

53) 『高麗史』卷1 태조 12년 6월 계축.
54) 林存,「僊鳳寺大覺國師碑」『韓國金石全文』中世 上. "不召自來 초청하지 않는데 스스로 왔다".
55) 『高麗史』卷2 태조 21년 3월.
56) 崔冲,「居頓寺圓空國師勝妙塔碑」『韓國金石全文』中世 上.

공급하면서 꾸준한 연구지원 정책을 모색했던 것으로 생각된다.

실제 935년 봉암사로 돌아온 긍양은 951년 광종의 조서를 받고 개경에 갈 때까지 거의 15년 동안 대장경 연구에 몰두했던 것 같다. 태조 왕건이 승하하고 혜종이 즉위했을 때에도 멀리서 왕조의 발전을 기원했을 뿐 개경을 방문하지는 않았다. 이 15년 동안 그가 개경을 방문한 단 한 번의 사례 역시 대장경 연구의 필요성 때문이었다. 정종이 즉위한 후 자발적으로 걸어서 개경을 방문하여 정종을 만났는데,[57] 방문 결과는 새롭게 사경한 (신사新寫)『의희본義熙本 화엄경華嚴經』 8질八帙의 입수였다. 그리고 이 사건에는 매우 흥미로운 역사적 전개가 숨어 있다. 우선 신사新寫의 의미부터 해명해 보기로 하자.

주지하다시피『화엄경』의 번역은 모두 6차례 있었으나, 남아있는 것은 418년(의희義熙 14) 불타발타라佛陀跋陀羅가 번역한『진본晉本 화엄경』과, 695년(연재延載 2) 실차난타實叉難陀가 번역한『당본唐本(혹은 주본周本) 화엄경』, 그리고 796년(정원貞元 12) 반야다라般若多羅가 번역한『화엄경』이 있다.[58] 삼본 화엄경 가운데 긍양이 소지하고 봉암사로 가져간 화엄경은, 의희본 즉 진본인 60권 화엄경이다.

그런데『탄문비』에서는 당시 화엄종 승려 가운데에는 신랑神朗이[59] 불타발타라 화엄경에 정통하였는데 탄문坦文이 공부하러 갔을 때에는 신랑이 노쇠하여 그의 제자로 추정되는 낭공朗公에게서 3종류의 번역본에

---

57) 긍양이 정종을 방문한 정치적 이유가 없을 것으로 생각하는 것은 아니다. 충주 유씨아 정종, 충주 유씨와 긍양의 관계를 고려하먼 긍양의 정종 방문 사유를 정치적으로 해석할 수 있다.

58) 李智冠, 1993,「앞의 글」; 曹庚時, 1988,「新羅下代 華嚴宗의 構造와 傾向」『釜大史學』 13.

59) 남동신은 神朗이 海印寺 주지로 있으면서『화엄경』을 강설하였던 希朗이라고 추정하였다. 南東信, 1993,「羅末麗初 華嚴宗團의 대응과『(華嚴)神衆經』의 성립」『外大史學』 5.

대해 공부했다는 기록이 있고,[60] 『경유비』에는 선종승려였던 경유 역시 이 번역본을 보았음을 수록하고 있다.[61] 이어서 『탄문비』에는 혜종 때 3종류의 화엄경 번역본의 사경寫經을 마치고 탄문을 초청해서 개경의 천성전天成殿에서 법회를[62] 열었다고 한다.

여기서 혜종 때에 3종류의 화엄경 번역본의 사경을 마쳤다는 것에 대해서, 좀 더 그 실체를 고찰할 필요가 있다. 화엄종 승려들의 처지에서는 화엄경 연구의 전통이 오래되었을 것이므로 최소 두 종류의 화엄경 번역본에 대해서는 오랜 공부가 되어 있었을 것이고, 이에 더해 9세기에는 반야다라 번역본을 구입해서 연구를 진척시키고 있었음이 분명하다. 그런데 혜종 때에 다시 재경裁竟, 즉 사경을 마쳤다는 것은 이전 연구에서 미진한 부분을 보충하여 수정본을 냈다는 것을 의미하는 것이겠다. 그렇다면 여기서 우리는 『탄문비』의 재경裁竟에 다음 두 가지 사실이 내포되어 있었을 것임을 간과할 수 없다. 즉 하나는 사경寫經이 갖는 중요성에 비추어 볼 때 사경寫經 과정에서 수많은 토론이 거쳤을 것인데 여기에 고려 건국과 관련된 해석을 첨부되었을 것이라는 것이고, 다른 하나는 사경에 종사한 화엄종 승려들과 비非 화엄종 승려들 사이의 교류는 아마도 최소화하였을 것이라는 점이다.

이렇게 보았을 때, 긍양이 새롭게 사경한(신사新寫) 『의희본義熙本 화엄경華嚴經』 8질八帙을 입수했다는 것은 바로 신랑神朗에서 탄문坦文으로 이어지는 3본 화엄경 연구 성과를 긍양이 연구하겠다는 것을 의미하는 것이었겠다.

---

60) 한국역사연구회, 1996, 「보원사 법인국사 보승탑비」『역주 나말여초금석문』.
61) 한국역사연구회, 1996, 「오룡사 법경대사비」『역주 나말여초금석문』. "曾觀藏經 仍窺僧史 宋武平敵 覺賢逐附鳳之誠".
62) 이 법회는 看藏 법회로 추정된다.

한편『긍양비』에는 긍양이 정종을 방문한 시기를 정확하게 기록하지 않았다. 그렇지만 948년(정종 3) 2월 혜거惠居가 홍화사弘化寺에서 전장법석 轉藏法席을 주관한 것과 관련지어 보면 방문시기를 유추해 볼 방법이 없는 것은 아니다.[63]

대장경과 관련된 법회는 간장看藏과 전장轉藏이 있다. 간장看藏은 대장경의 글자를 한 자도 빠뜨리지 않고 처음부터 끝까지 읽는 것을 말하고, 전장轉藏은 경전의 처음과 중간, 끝의 몇 줄을 독경하는 것을 말한다. 이는 곧 대장경이 입수되면, 1차로 전장법석轉藏法席을 하고, 2차로 대장경 연구를 진행한 다음, 3차로 간장법석看藏法席을 하는 과정을 밟았다는 것을 의미한다.

그렇다면 새롭게 사경한(신사新寫)『의희본義熙本 화엄경華嚴經』8질八帙의 입수라는 것은 긍양의 활동을 이해하는 데 매우 중요한 사건이 된다. 『긍양비』에 서술되어 있는 바와 같이 태조 왕건을 비롯한 고려 건국자들은 신라 승려 홍경을 통해 입수한 대장경의 권위를 확인하기 위하여 매우 많은 노력을 하였다고 할 수 있다. 인쇄보다는 필사筆寫한 대장경을 들여오기 때문에 필사의 정확성 확보가 무엇보다도 중요한 사업이 됨을 말할 필요가 없다. 천축국 삼장三藏 법사의 자발적 입국은 대장경을 중심으로 한 그 시대 승려들의 학문적, 종교적 열정의 한 예라 할 수 있을 것이다.

그 노력이 태조의 청탁에 따른 긍양의 대장경 연구였음을 주목하지 않을 수 없다. 긍양이 봉암사에서 진행한 과제는 바로 정원 연간에 필사된 대장경 연구였다. 10년에 걸친 대장경 연구 모습에 대해,『긍양비』에서는 이를 '매번 부처님 말씀을 생각하며 항상 대장경을 끼고 살았다(매만금언每 瞥金言 상피옥축常披玉軸)'고 서술하고 있다.[64] 그런 긍양에게 개경에서

---

63) 한국역사연구회, 1996,「갈양사 혜거국사비」『역주 나말여초금석문』.

64) 玉軸은 주옥과 같은 두루마리라는 뜻이다. 이에 대해서 이지관은 부처님 말씀인

구역舊譯 『화엄경』을 입수했다는 소식은 놓칠 수 없는 기회였다. 자료를 찾기 위해 애쓰는 긍양의 노력을, 『긍양비』에서는 '여러 곳을 돌아다니는 것을 사양하지 않았으며, 걸어서 개경까지 갔다(불사발리不辭跋履 보지경화步至京華)'고 기술하고 있다. 이제 긍양은 10여 년 동안의 연구 수준을 한 단계 올리기 위하여 『의희본 화엄경』을 입수하여 이후 5년 동안 매진을 할 수 있게 된 것이다. 그리고 이는 곧 선종사찰 봉암사가 고려 전기 대장경 연구의 한 축이었음을 전국에 알리는 계기가 되었을 것이다.

## 2) 광종光宗의 대장경 연구 후원과 긍양兢讓의 위치

광종이 긍양을 초청한 것은 951년(광종 2) 봄의 일이었다. 20여 년의 유학생활과 10년의 강주 백엄사 생활, 그리고 봉암사 생활 15년 동안 대장경 연구에 매진한 70세의 긍양을 맞이하는 광종과 개경 관료들의 환대는 대단한 것이었다. 이 환대의 모습에 대해 『긍양비』에서는 '경기 지역으로 길을 잡아 들어올 때, (광종은) 여러 절의 승려들과 조정 가득히 있는 신하들로 하여금 서울 거리로 인도하고, 길가에 뒤따르도록 하여, 호국제석원으로 모셨다'고[65] 하였다. 학승學僧을 모시는 대우로서의 적절성은 차치하고라도 환대의 지극함은 평가할만한 것이었다.

봉암사 출발 당시 자명고自鳴鼓 사건으로 알 수 있듯이[66] 긍양의 상경을

---

金言을 생각해서 항상 경전인 옥축을 펴고 열람하였다고 번역하였고, 이인재는 매번 부처님 말씀(金言)을 풍부히 하여 옥 두루마리에 적었다고 해석하였다. 李智冠, 1994, 「聞慶 鳳巖寺 靜眞大師 圓悟塔碑文」 『譯註歷代高僧碑文 - 高麗篇1』과 이인재, 1996, 「鳳巖寺 靜眞大師 圓悟塔碑」 『역주 나말여초금석문』(상·하).

65) "洎路入圻甸 禮備郊迎 仍令諸寺僧徒 滿朝臣宰 冒紅塵而導從 步紫陌以陪隨 尋於護國帝釋院安下".

66) 『긍양비』에서는, 긍양이 행장을 꾸릴 때 법당 한쪽에 걸려있던 북이 갑자기 스스로 울렸는데, 그 소리가 힘들여 치는 소리와 같아서 마치 산 위에서 여울물 소리가 나고, 돌 부딪치는 소리가 나는 것과 같았고, 계곡 아래에서 바람 부는 소리가 나는 것과도 같았다고 한다.

만류하는 사람들도 있었지만, 이를 단호하게 차단하고 긍양은 개경으로
향하였다. 가는 도중에 왕사王使를 만난 곳이 긍양은 월악산을 지나고
사신들은 한강을 넘어선 충주 부근 그 어디라면, 충주 세력이 이때에도
적극 후원 세력이었음을 보여주는 또 다른 사례이겠다. 하여간 951년
봄 광종의 초청으로 개경에 가서 호국제석원에 잠시 머물면서 광종을
만난 긍양은 그 해(951, 광종 2) 4월 시작하여 다시 봉암사로 돌아간
953년(광순廣順 3년, 광종 4) 가을까지 근 30개월 동안 사나선원舍那禪院
생활을 계속하였다.

　사나사舍那寺는 사나내원·사나선원·사나원 등으로 불린 사찰로, 918년
태조가 철원에서 즉위한 후 개경으로 도읍을 옮긴 다음 건립한 10곳의
사찰 가운데 하나이다. 일찍이 왕순식의 아버지 허월許越이 승려로 있었
고,[67] 920~930년의 후삼국 통일전쟁 기간에 진철 이엄利嚴이 사나내원의
주지를 역임하였으며,[68] 938년(태조 21)에는 서천축 승려 홍범弘梵, 대사
질리부일라喞哩嚩日羅가 와서[69] 사나사에 머물다가 곧 돌아갔다.[70] 그리고
949년 언저리에는 원종 찬유璨幽가 사나사에서 광종에게 설법한 일이
있었다.[71] 그 사찰에 951년부터 953년까지 긍양이 머물렀던 것이다.[72]

　허월과 대장경 연구와의 관련은 알 수 없지만, 이엄은 12살 때인 881년
덕량德良 법사에게 사사할 때 반년 동안 삼장三藏을 공부했다고 했는데,
삼장이 곧 대장경임을 생각해 보면[73] 사나사의 이엄과 대장경 연구의

---

67) 『高麗史』 卷92 王順式傳.
68) 한국역사연구회 편, 1996, 「광조사진철대사보월승공탑비」 『역주 나말여초금석
　　문』.
69) 『高麗史』 卷2 태조 21년 3월.
70) 崔冲, 「居頓寺圓空國師勝妙塔碑」 『韓國金石全文』 中世 上.
71) 한국역사연구회 편, 1996, 「고달원 원종대사 혜진탑비」 『역주 나말여초금석문』.
72) 이인재, 2003, 「나말여초 거돈사 승려 활동에 관한 연구 - 지증 도헌과 원공
　　지종을 중심으로」 『梅芝論叢』 19.

관련성은 없다고 할 수는 없을 것이다.[74] 홍범 역시 삼장으로 불렸으므로[75] 두말할 나위가 없고, 대장경 공부에 뜻을 둔 지종智宗에게 유학을 권유한 찬유가 사나사에서 설법한 내용 역시, 대장경과 관련된 설법이었을 것으로 추정된다.[76] 그러므로 긍양의 사나사 생활 3년 역시, 대장경 연구와 관련이 있을 것이고, 그 내용은 긍양이 봉암사에서 15년 동안 정리한 대장경과 이엄, 홍범, 찬유 등이 연구한 대장경을 비교 검토의 과정을 밟은 것이 아닐까 생각되는 것이다.

## Ⅳ. 맺음말

지금까지 선종사 연구는 호족과 선종의 결합이라는 정치사적 관심에서 출발하여 최근에는 교선융합적 성격을 강조하는 연구 경향이 대체적인 흐름이다. 초조대장경을 위시한 판본 대장경 연구 역시 그 이전부터 있어왔을 필사본 대장경의 연구 흐름과 단절되어 연구되어 왔던 것이 또 다른 연구 현황이라 할 수 있다. 그런데『긍양비』에는 대장경 이야기가 나온다. 그런데 지금까지 연구에서는 이에 대한 분석이 빠져있다. 가령 선사禪師 긍양兢讓(878~956)의 생애 분석을 법계法系 개정改訂에 주안점을 두고 연구해 왔다거나 새롭게 사경한(신사新寫)『의희본義熙本 화엄경華嚴經』8질을 근거로 교선敎禪 융합融合이라는 측면에 강조점을 둔 것이 그러하다. 그러나

---

73) 大藏經 : 불교 관계의 서적을 모은 총칭. 경율론의 삼장으로 이루어진 것이므로 삼장경이라고도 부른다.

74) 더구나 이엄 역시 충주 유씨의 소개로 개경 방문이 이루어졌다. 한국역사연구회 편, 1996,「광조사진철대사보월승공탑비」『역주 나말여초금석문』.

75) 崔冲,「居頓寺圓空國師勝妙塔碑」『韓國金石全文』中世 上.

76) 崔冲,「居頓寺圓空國師勝妙塔碑」『韓國金石全文』中世 上.

이렇게만 보면 대장경 사경과 양도분치는 역사상의 자리 매김이 모호할 수밖에 없다. 다행히 최근에 구결학회 소속 학자들이 화엄경 사경에서 각필角筆 부호구결符號口訣이 나타난다는 것과 그 의미에 대한 분석이 있었고, 고려대장경 연구에서도 이른바 송본과 단본에 없는 국본 고유의 항목이 있다는 연구 결과들이 나왔다. 이를 토대로 고려 태조가 긍양에게 부여한, 『긍양비』에 나타난 임무 즉 대장경 연구와 관련하여 그 전후사정을 파악해 보고자 했던 것이 이 글의 작성 배경이었다. 이에 따라 지금까지 정리한 내용을 요약하면 다음과 같다.

첫째, 『전등록傳燈錄』에 기록된 신라 승려 박암은 바로 남원 백암사 출신 긍양을 말한다.

둘째, 긍양이 귀국 후 강주 백엄사로 간 이유는 강주 호족의 후원이 필요했기 때문이다. 강주 호족들은 당시 국제 정세 변동에 대한 안목이 뛰어났을 뿐만 아니라 긍양의 학문 활동의 재정 후원도 가능했다. 그런데 긍양의 강주 생활 기간 중 경애왕이 그를 봉종대사로 호칭했다는 것을 보면, 긍양의 학문 활동은 지방 호족이나 신라 왕실조차 모두 동의할 수 있는 그런 내용이었을 것으로 추정된다. 정치적 측면에서가 아닌 후원자 측면에서는 그 시대 선사들이 호족이나 왕실을 가리지 않았음을 보여준다.

셋째, 고려 태조와의 만남으로 보아 긍양의 학문 활동의 주요 내용은 대장경 연구였을 것으로 추정된다. 긍양과 만난 태조의 첫 태도를 '보고도 이상하게 여겼다(견이이지見而異之)'고 표현한 것은 대장경 연구에 관심이 집중된 긍양을 표현한 말이라고 생각된다.

넷째, 긍양의 대장경 연구 내용은 주로 다양한 필사본을 검토, 교정하는 일이었을 것으로 생각된다. 각필角筆 부호구결符號口訣의 의미를 더불어 생각한다면 고려 정종 때 새롭게 사경한 『의희본 화엄경』 8질의 입수는 이러한 작업의 내용을 추정하는데, 매우 주요한 구절이겠다.

# 제12장

# 김부식과 박호·임존의 의천 평가

## Ⅰ. 머리말

대각국사大覺國師 의천義天(1055~1101)의 업적으로 우리는, 37세 때인 1091년 『신편제종교장총록』을 정리한 일과,[1] 43세 때인 1097년 화엄종 승려이면서도 고려 최초의 천태종 사찰인 국청사를 맡았고, 47세 때인 1101년 천태종 대선을 주관함으로써 명실 공히 조계종과 함께 고려 선종의 양대 산맥이라 할 수 있는 천태종을 개립했음을 들고 있다.[2]

그런데 1125년(인종 3) 김부식(1075~1151)이 작성한 『영통사비』에는 의천의 저작물로서 『원종문류圓宗文類』, 『석원사림釋苑詞林』과 함께 문집文集까지 들고 있음에도 불구하고 『신편제종교장총록』을 거론하지 않았고,[3]

---

1) 教藏의 중요성은 다음 논문이 참고된다. 李永子, 1982, 「義天의 新編諸宗教藏總錄의 獨自性」 『佛教學報』 19 ; 千惠峰, 1995, 『羅麗印刷術의 研究』(서울 : 景仁文化社) ; 박상국, 1998, 「義天의 教藏 - 教藏總錄의 編纂과 教藏刊行에 대한 再考察」 『普照思想』 11.

2) 崔柄憲, 1975, 「天台宗의 成立」 『한국사』 6(서울 : 국사편찬위원회) ; 許興植, 1978, 「高麗前期 佛教界와 天台宗의 形成過程」 『韓國學報』 11 ; 李永子, 1980, 「義天의 天台回通思想」 『佛教學報』 17.

3) 金富軾, 1126, 「靈通寺大覺國師碑」 『韓國金石全文』 中世 上(이하 『영통사비』라 약

『영통사비』뿐만 아니라 1101년(숙종 6) 박호가 작성한『묘지명』, 1131년
(인종 9) 임존(생몰년미상)이 작성한『선봉사비』어디에도 화엄을 공부하던
의천이 왜 천태종을 개립하였는지, 천태종을 개립하면서 기왕의 선종
세력들과 어떤 관계에 있었는지에 대한 구체적인 언급이 없을 뿐만 아니라,
의천 입적 당시 다비식에 참석하였을 것이 분명한 박호는 의천의 업적을
'육종의 왕성함(육종지제제六宗之濟濟)' 한 마디로 종합 평가하면서 천태종
의 개립을 제외시키고 있다.[4]

    그렇기 때문에 지금까지의 연구에서는 화엄종 승려로서의 의천의 활동
에 대해 독자적인 분야로 연구를 진행하거나,[5] 천태종 개립자로서의
위치를 중심으로 연구하기도 하였다.[6] 이 가운데 선종과의 관련에 대해서
는 지금은 전해지지 않지만 1102년(숙종 7) 윤관(?~1111)이 지었다는
「대각국사비문」을 활용하고 있다.[7] 즉 윤관이 지었다는 비문 대신에 개찬
의 책임을 맡은 사람이, 선종에 깊은 관심을 가지고 있던 윤관의 아들
윤언이와 정치적 대립관계에 있던 김부식이었음을 근거로 윤관의 비문은
아마도 조계종의 입장에서 쓰여졌고, 의천의 천태종이 등장하면서 조계종
이 심각한 타격을 받았다고 설명하면서 이후 두 사람의 정치적 갈등을
설명하는 방식이다.[8]

---

    칭함).
 4) 朴浩, 1101,「興王寺大覺國師墓誌銘」『韓國金石全文』中世 上(이하『묘지명』이라
    약칭함) ; 林存, 1131,「南崇山僊鳳寺海東天台始祖大覺國師之碑銘」『韓國金石全文』
    中世 上(이하『선봉사비』로 약칭함).
 5) 崔柄憲, 1980,「高麗時代 華嚴學의 變遷」『韓國史研究』30 ; 崔柄憲. 1990,「高麗時代
    華嚴宗團의 發展過程과 그 歷史的 性格」『한국사론』20 ; 崔柄憲, 1991,「大覺國師
    義天의 渡宋活動과 高麗·宋의 佛教交流」『震檀學報』71·72.
 6) 李永子, 1980,「앞의 글」.
 7) 『高麗史』卷96 尹瓘 附彦頤, "先是 瓘 奉詔撰大覺國師碑".
 8) 최연식, 1993,「大覺國師碑의 建立過程에 대한 새로운 고찰」『韓國史研究』83 ; 金
    秉仁, 1995,「金富軾과 尹彦頤」『全南史學』9.

그러므로 의천의 주요 업적에 대한 평가는 사안별 인과관계에 대한 설명이 여전히 필요한 것이 되는데, 그러한 과제 가운데 이 글에서는 의천의 저작물 자체보다는 세 편의 글로 남아 있는 박호와 김부식, 임존 등 동시대 주변 인물들의 의천 평가에 대해 먼저 살펴보려고 한다. 윤관의 글을 배제한 이유는 찬명撰銘을 하지 않았을 것이라는 필자의 판단에 따른 것인데, 이에 대해서는 2절에서 영통사비 음기에 실려 있는 「묘실과 입비 공사 과정에 대한 경과보고서(대각국사묘실급비명안립사적기大覺國師墓室及碑銘安立事跡記)」 분석을 통해 설명할 것이고,9) 이와 함께 두 편의 글이 작성되게 된 배경을 정리할 것이다. 다음 3절에서는 세 편의 글에 실려 있는 의천에 대한 평가가 같고 달라지는 점을 글 쓴 시기와 후원자들의 요구, 찬명자의 입장을 중심으로 정리한 후, 당시 천태종 승려들이 바라마지 않던 사대업四大業 가운데 하나로서의 천태종이 무엇을 말하는지,『신편제종교장총록』의 편찬 과정이 어떠했는지를 살펴보기로 하겠다. 그를 통해 김부식이『신편제종교장총록』을 의천의 저작물에서 배제한 이유와, 천태종 개립과 관련된 의천의 역할이 보다 분명해지기를 기대하는 바이다.

## II. 영통사비靈通寺碑 사적기事跡記의 분석

### 1. 묘실墓室, 제당祭堂, 경성원敬先院과 비석碑石의 조성

1998년 시작된 영통사의 복원이 2005년 10월 마무리되었다. 보광원을 대웅전으로 하고 영통사비를 회랑 남쪽에 둔 복원 영통사의 창건 시기에

---

9) 이하 본문에서는 「사적기」로 약칭한다.

대해 한국민족문화대백과 사전에서는 1027년(현종 18)으로 정리하고 있지만, 시기를 올려볼 수 없는 것은 아니다. 칠장사 혜소국사가 25세 때(996년, 성종 15) 미륵사彌勒寺 오교五敎 대선大選에 나아가기 이전 그 어느 때인가 구족계를 받은 관단 사원이 영통사이고,[10] 정토사의 홍법 역시 930년(태조 13) 북산北山 마가갑에 단壇을 만들어 구족계를 받았다고 하였는데,[11] 여기서의 북산은 개경의 북산 즉 오관산이었을 것이고, 같은 기록에 나오는 단壇 역시 관단官壇이기 때문이다. 그러므로 영통사는 고려 태조 때 이미 건립된 사원으로 보는 것이 좋겠다.

『영통사비』에 따르면 의천은 바로 이 영통사에서 출가하고, 영통사에서 입적하였다. 입적 이후 석실에 안치하기까지의 과정에 대해서는 박호朴浩의 『묘지명』에 상세하게 서술되어 있다. 즉 1101년(숙종 6) 10월 3일 의천이 국사에 임명되고, 10월 5일 입적하자 담당 부서 주관으로 다비를 마치고, 영골靈骨은 영통사 동쪽에 석실石室을 만들어 빈소로 하고, 자신이 쓴 글은 11월 4일 돌에 새겨 그 이후 언젠가 묻었다는 것이다.[12]

박호 글에서의 석실을 「사적기」에서는 묘실墓室이라고 쓰고 있는데, 묘실 터를 잡은 인물은 태사령太史令 최자호崔資顥와 춘관정春官正 전간全幹이었고, 묘실 공사의 총책임자는 삼중대사三重大師인 보자普滋, 익현翼玄이었다. 「사적기」에서는 이들과 함께 중대사重大師인 융개融介, 섬현暹顯, 낭기朗機가 책임자가 되어 300여 인을 동원하여 터 조성과 석실 하부 작업을 하였다. 묘실의 덮개돌은 매우 큰 돌(대석大石)을 썼는데, 이 돌은 총책임자인 익현翼玄의 감독 하에 귀법사 소속 중대사重大師인 묘열妙悅과 충현忠現이

10) 金顯, 1060,「七長寺慧炤國師碑」『韓國金石全文』中世 上.

11) 孫夢周, 1017,「淨土寺弘法國師實相塔碑」『韓國金石全文』中世 上.

12) 이 글에서 묘지명, 영통사비, 선봉사비 원문 인용은 필요한 경우에만 하기로 한다.

책임자가 되어 500명을 동원하여 운반해 와서 사용하였다고 한다. 아마도 이 덮개 돌 운반을 담당한 승려들은 귀법사 소속이었을 것이다.

한편 묘실 남쪽에는 세 칸짜리 제당祭堂을 지었는데, 영통사 승려 50인이 공사를 담당하였다. 비문에는 계속해서 영통사 승려 450명을 부려서 무언 가의 일을 하고, 행사를 정해서 항식恒式으로 삼았다고 하는데 그 내용은 결락되어 자세히 알 수 없다. 이어 묘실과 제당을 지키기 위한 수묘인으로 백정白丁 가운데 4인을 차정하여 집도 지어주고, 먹을 것과 입을 것을 공급해 주었다고 한다.[13]

묘실 조성과 함께 입비 과정에 대한 기록도 「사적기」에 상세하다. 입비는 1102년(숙종 7) 5월 윤관이 숙종의 명을 받아 대각국사의 비를 영통사에 세우는 것을 허락받는 것에서부터 시작하고, 이어서 경선원敬先院의 조성 에 대해 서술하고 있다. 묘실과 제당, 백정 가옥 조성이 일련의 일이라고 생각한다면, 입비와 경선원 조성도 매우 밀접한 관련이 있음이 분명하다.

「사적기」에 따르면 경선원은 1104년에 착공하여 1113년에 완공했다고 한다. 안종의 서원에 따라 지방에 세운 홍경사와 속원인 광통연화원의 공사기간이 6년(현종 7~12)이고, 현종이 어머니의 명복을 빌기 위하여 창건한 현화사의 공사기간이 4년(현종 9~12)이라는 점을 생각해 보면,[14] 영통사의 속원에 지나지 않은 경선원의 공사기간이 10년이라는 것은 매우 이례적이다. 홍경사나 현화사와는 달리 영통사 부속사원의 하나에 지나지 않는다는 점을 고려해 보면, 무언가의 사정에 의해 연속 공사가 어려웠기 때문에 기간이 연장되었을 것으로 생각된다.

경선원 터 역시, 묘실 터를 잡은 최자호와 전간이 잡았고, 공사 역시

---

13) 이 수묘인 차정의 주체가 국가라고 한다면 이 문제 역시 앞으로 해결해야 할 과제라 하겠다.

14) 李仁在, 2005,「高麗前期 弘慶寺의 創建과 三敎共存論」『韓國史學報』23.

묘실 조성의 총책임자였던 보자普滋, 익현翼玄이 맡았다. 이 두 사람이 명예직이 아니라 공사의 실질적인 책임자라면, 묘실 공사를 끝낸 후 맡았다고 보는 것이 상식적이므로, 묘실 조성 공사는 1101년 10월에 시작하여 1103년 말이나 1104년 초까지 2년여에 걸쳐 완성하였고, 이후 10년에 걸쳐 경선원을 완공했다고 볼 수 있겠다.

여기서 일단 한 가지 지적하고 싶은 것은 「사적기」의 묘실 공사 부분 서술에서는 공사 책임자들의 소속을 서술하지 않았지만, 경선원 공사에서는 소속을 명시하였다는 것이다. 가령 총책임자인 보자와 익현이 영덕원주永德院主와 중각원주重閣院主임을 밝히고 있다. 이들과 함께 중간 책임자들도 소속을 명시하였다. 즉 중대사重大師인 덕자德滋와 진개眞介가 각각 향해원주香海院主와 기방주岐房主였다는 것이다. 이 네 사람이 요즘말로 하면 이른바 경선원 건축위원회 위원이라고 할 수 있겠다. 그리고 이는 곧 사적기 작성의 주목적이 묘실 공사보다는 입비 과정에 있다는 점을 드러내는 것이고, 입비 경위에 대한 사적기의 내용을 상당히 신뢰할 수 있겠다는 점을 보여주는 사항이다.

이런 경선원 공사의 실무는 식량 조달과 자재(목재, 석재) 공급으로 나누어 각각 비라방주毘羅房主 득묘得妙, 진관사주眞觀寺主 승류勝流, 천태원주天台院主 융개融介가 중간 책임자로 활동하였는데, 융개는 묘실 조성 공사에서도 중간 책임자로 일한 경험이 있었다. 그리고 이들 세 명과 함께 단현鍛賢이 간사가 되어 이른바 실무위원회를 운영하였던 것으로 보인다. 더불어 묘실 공사 과정에서 돌 다루는 것을 귀법사에서 도와준 것처럼, 경선원 조성 공사에서는 흥왕사의 승려들이 도와주었다. 「사적기」에서는 이에 대해 중대사 석종이 석공의 우두머리를 맡았고, 대사인 유영과 신묘, 진헌과 덕보 등이 조수 역할을 하였으며, 이들의 지휘 하에 흥왕사 소속 승려 25인이 일을 하였고, 쇠를 갈 수 있도록 별도의 승려 3인은 숫돌을 만드는 일(□작단□作鍛)을 하였다고 기록해 두고 있다.

「사적기」에서는 이렇게 경선원 공사에 대해 설명한 후, 대각국사 비의 조성에 대해 설명하고 있다. 우선 몸돌로 쓴 청석靑石은 몰둔산沒頓山에서 캐었는데, 이 일 역시 감독은 익현翼玄이 하였다. 이 과정에서 돌 다루는 일은 인명을 알 수 없는 어떤 승려가 하였는데, 그 일의 조수助手는 경선원 공사에서 석공 우두머리를 맡았던 석종이 하였다. 캔 돌을 산 아래로 내리는 일은 귀법사의 승려 35인이 하였고, 몰둔산에서 제위보濟危寶까지 옮기는 일은, 소 33마리를 동원하여 산에서 돌을 내린 귀법사 승려 35인과 새로 동원된 흥왕사 속원인 천복원薦福院에 소속된 백정 40인이 하였다 그리고 귀법사의 주지였던 응선應先도 무리 500여 명을 동원하여 나와 일을 도왔다고 한다. 돌을 옮기는 도중 쉬게 되어 미륵당 오른쪽에 잠시 둔 다음, 그때까지 파견되어 일을 도왔던 귀법사의 무리들은 돌아가고, 다음날 영통사 소속 무리 500여 인이 맡아 그 돌을 경선원 동쪽 비각에 옮겨 두었다.

몸돌과 함께 귀부도 같은 시기에 만들었다. 「사적기」에서는 이에 대해 보광원普光院 밭 가운데 돌이 하나 있었는데, 반쯤 땅속에 파묻혀 있는 것을 귀법사의 석공 석종碩從이 석공石工을 맡고 해□後□가 석장石匠을 맡아 마음을 다하고 용기와 격려를 모아 17일 동안 귀형龜形 즉 귀부龜趺를 만들어 이 역시 경선원 동쪽 비각에 옮겨 두었다고 기술해 놓고 있다.[15]

1104년(숙종 7)에 조성된 대각국사비 부지는 8년 후인 1111년(예종 6) 후반기에 터 이전이 논의되었다.[16] 사유는 대각국사비가 영통사의 서북쪽에 있었는데, 지세가 펼쳐진 꼬투리가 편하지 않으므로 다시 자리를

---

15) 이상의 몸돌과 귀부를 경선원 동각에 둔 시기는 대각국사비 이전 논의가 있었던 1111년(신묘)의 8년 전이므로 1104년이라 할 수 있다.
16) 이 해는 후술하는 바와 같이 천수사 건설이 중단된 해이기도 하다.

잡아야 한다는 것이다. 당시 터 잡기는 묘실과 경선원의 터를 정한 전간全幹이 최자호를 대신한 원충元忠과 같이 영통사에 와서 하였는데, 이들은 의천의 문도들과 주변 인사들의 의견을 청취한 다음 택지를 하여 법당 남쪽 회랑 바깥 평지에 비를 두기로 하였다. 그리고 그 결과에 따라 이전 작업은 1112년(예종 7) 흥왕사에 소속된 무리 1,670명이 하였다.

「사적기」의 기록에서 남은 문제는 이제 두 계열의 문도가 기록된 사연에 대한 것이다. 「사적기」에 보면 대각국사비 이전과 관련된 논의 뒷 부분에 음기陰記 곽내廓內에 문인과 승통, 수좌, 삼중대사, 중대사, 대사로 이어지는 승려들의 계보가 보이고, 음기陰記 곽외廓外에도 문인과 승통, 수좌, 상중대사, 중대사, 대사로 이어지는 승려의 계보가 보인다.[17] 필자가 직접 영통사비의 실물이나 탁본을 보지 못해, 곽내와 곽외의 의미가 분명하지 않지만, 양자를 비교할 수 없는 것은 아니다. 대표되는 사항은 곽내의 수좌에는 묘실, 경선원, 비 조성의 총책임자의 한 사람인 익현翼호이 들어 있고, 곽외의 수좌에는 총책임자의 다른 한 사람인 보자普滋가 들어 있다. 수년에 걸친 공사 총책임자인 두 사람이 각각 나뉘어 실려 있는 것이다. 두 계열의 문도들이 곽내와 곽외에 나뉘어 기술되어 있는 점도 해명해야 할 과제가 아닌 것은 아니지만, 비 건립 과정과 관련해서 선결되어야 할 문제는 곽내와 곽외의 기록이 동시에 새겨진 것인가, 아닌가 히는 점이다. 필자는 우선 곽외의 기록이 나중에 새겨진 것으로 보고자 한다. 석종의 예를 근거로 하면, 곽내의 문도들이 묘실이나 입비 공사에 직접 참여한 승려들이 많았던 것이다.

그러면 문도 기록 뒤에 남은 인물들은 자연스럽게 이수 조각에 찬여한 사람들이 된다. 박근朴瑾이 그림을 그리고, 교위校尉 임단林므이 조각을

---

17) 정병삼, 2006, 「일연선사비의 복원과 고려 승려비문의 문도 구성」 『한국사연구』 133.

하였으며, 영통사 승려인 세현世賢 석종碩從 신종申從 신현申現이 실무위원회를 맡고, 영통사 소속의 무리 450명이 작업에 동원되었다고 파악할 수 있다는 것이다. 「사적기」에 보면, 이전 공사와 조각 공사는 1112년(예종 7) 12월 20일에 마쳤다고 한다.

## 2. 윤관尹瓘의 찬명撰銘 여부與否와 두 비의 찬명撰銘 배경

「사적기」에 나온 대로라면, 1102년 윤관이 비 건립에 대한 허가를 받았고, 1104년 비 몸돌과 귀부 돌을 마련하였으며, 1111년 비 이전 논의를 하였고, 1112년 비의 부지 이전 공사와 이수 조각 공사를 마쳤다. 또한 경선원 조성 공사는 1113년에 마쳤다고 하니, 「사적기」는 이 내용을 모두 아는 1113년 이후에 작성했음이 분명하다. 그리고 이는 곧 비 몸돌을 1104년 다듬었더라도 이후 최소 10년 동안 몸돌 뒷면에 사적기의 내용을 새기지 않았음을 증명한다.

그런데 『고려사』에서는 윤관이 왕의 명을 받들어 대각국사의 비문을 지었다고 한다.[18] 앞에서 설명한 공사 경위서(사적기)에 따르면, 1102년 입비 허가를 받은 후부터 언젠가 윤관이 비문을 짓고, 이 비문은 1104년 몸돌이 마련된 이후 새겼다고 보는 것이 자연스럽다. 그리고 『고려사』 기록대로 정치적 혹은 종파상의 갈등 문제로 김부식이 새로 쓰게 되었다면, 그 시기는 1111년 비 이전을 논의할 당시라고 보는 것이 좋겠다. 윤관 사후인 1111년 천수사 공사 지속이 문제가 된 것과 대각국사비 터 이전 논의가 모두 '지세불리地勢不利'를 이유로 동시에 진행되는 것을 보면, 최소한 개찬자가 김부식으로 확정되지는 않았겠지만, 윤관이 주관한 사업

---

18) 『高麗史』 卷96 尹瓘 附彦頤. 이 정도 업적이라면 윤관 열전에 기록해도 좋을 듯한데, 아들의 열전에 삽입되어 있어 그 진위를 의심케 한다.

을 폄훼하는 분위기가 일부 제기되었던 것만은 사실이었겠다.

그러나 비 이전 논의와는 직접 관련은 없었겠다. 1112년에 빗돌을 옮기고 이수 조각을 새겼다면, 이는 이미 귀부와 이수를 세우고 몸돌에 윤관의 비문을 새긴 완형 대각국사비를 영통사 서북쪽에 안치된 후 다시 재공사를 했다는 것인데, 이러한 상황은 상식적으로 이해가 가지 않는다. 그리고 이 몸돌에 동일한 「사적기」의 내용이 동일 몸돌 뒷면에 실려 있다면, 몸돌 전면에 기왕에 있었던 윤관의 비문을 깎아내고 김부식이 작성한 비문을 다시 새겨 넣었다는 것인데, 이렇게 작업하는 것이 가능하지 않았을 것이다.

사실 『고려사』 관련 기록을 자료 그대로 믿기란 그렇게 쉽지 않다. 윤관이 지은 비문이 좋지 않아(불공不工) 대각국사의 문도들이 몰래 왕에게 이야기하여, 김부식으로 하여금 다시 짓게 하였는데, 당시 윤관이 재상이었는데도 불구하고 김부식이 사양하지 않고 글을 짓는 바람에 윤관의 아들인 윤언이가 이것을 마음에 두고 있었다는 것이 그 내용이다.[19] 그런데 「사적기」대로 1102년(숙종 7)에 윤관이 지은 글을 윤관이 살아 있을 때 김부식이 수정하려면 윤관이 사망한 1111년(예종 6) 이전이 되어야 하는데, 그러려면 김부식이 30대 초반 나이에 대각국사비문의 개찬 작업을 한 것이 된다. 물론 젊은 김부식이라고 해서 개찬을 하지 말라는 법은 없지만, 이 자료는 김부식 자신이 지은 글에서 1125년(인종 3) 임금의 명을 받아 비문을 짓게 되었다는 것과 상충되고, 두 기록 가운데 어느 쪽을 믿어야 하는지는 불문가지이다. 그러므로 『고려사』 기록 가운데 윤관 생존 때에 김부식이 개찬했다는 것은 믿을 수 없는 것이다.

더 결정적인 것은 비문 찬술에 필요한 자료 수집과 관련된 사항이다.

---

19) 『高麗史』 卷96 尹瓘 附彦頤. "先是 瓘 奉詔 撰大覺國師碑 不工 其門徒 密白王 令富軾改撰. 時 瓘在相府 富軾 不讓遂撰 彦頤 心嗛之".

『영통사비』를 보면, 김부식이 1125년(인종 3) 7월 대각국사 비문을 짓게 된 동기를 두 가지로 설명하고 있다. 하나는 대각국사의 문인이고 숙종의 아들인 징엄澄儼(1090~1141)이 대각국사가 행한 일(행사行事)을 기록하여 인종에게 대각국사 비문을 지어야 한다고 요청하자, 인종이 이를 김부식에게 명하였기 때문이라는 것이고, 다른 하나는 김부식의 돌아가신 형 현담玄湛 스님이 의천과 막역한 사이로 학문 교류를 하였는데, 그 과정에서 본인도 직접 만나 뵌 일이 있었기 때문이라는 것이다. 이 기록에서 일단 주목해야 할 것은 김부식이 대각국사 비문을 지으면서 참고한 자료가 원명국사 징엄이 정리한 글이라는 것이다.

그런데 『파한집』을 보면, 견불사의 주지였던 혜소惠素가 대각국사를 스승으로 섬겨 고제가 되었는데, 국사가 돌아가시자 행록行錄 20권을 찬하였고, 이를 김부식이 보고 대각국사 비문을 짓게 되었다고 서술하고 있다.[20] 『파한집』에 나오는 혜소惠素가 「사적기」 말미 음기곽외陰記廓外에 문인으로 나오는 견불사 주지 혜소慧素일 것이므로, 앞서 징엄이 정리한 글이라는 것도 결국은 혜소가 정리한 행록 20권을 말하는 것으로 볼 수밖에 없다.

윤관 역시, 비문을 지었다면 비문 작성을 요청한 집단에게서 대각국사 행록을 정리한 것을 받았을 것이다. 그런데 입적한 후 1년도 안되어 대각국사 행록을 정리하였다면 그 내용의 부실 정도를 추정키 어렵지 않다. 그리고 이러한 부실 자료를 토대로 비문을 작성할 윤관도 아니었을 것이다. 물론 박호는 한 달 만에 썼지만, 그렇기 때문에 본인은 대강만 기술한다고 적어 놓았다.

더구나 기왕에 알려진 바와 같이, 윤관의 비문이 선종의 입장에서 서술했

---

20) 金秉仁, 1995, 「앞의 글」.

을 것이라는 추정도 수용하기 어렵다. 후술할 김부식과 임존은 비문 찬술의 입장 차가 분명했음에도 불구하고, 의천 행적 서술에서는 화엄과 천태에 관한 사항으로 중심을 잡고 있다. 만약 윤관이 선종의 입장에서 서술했다고 하면, 의천과 선종 승려와의 교류나 선종의 역사에 대한 서술이 들어가 있었을 것인데, 지금까지 알려진 의천의 활동을 놓고 볼 때 과연 선종과 관련된 어떤 활동을 삽입했을까 하는 점을 추정하기란 쉽지 않다. 요컨대 입적한 다음해에 윤관이 대각국사의 비문을 지었다는 것은 사실이 아니라는 것이다.[21]

1125년(인종 3) 김부식이 지었지만 정작 영통사비가 세워진 시기는 1133년(인종 11)경이었다. 입비시기에 대한 추정은 비문에 나타난 김부식의 관직을 근거로 파악할 수 있는데, 그가 중서시랑 동중서시랑평장사가 된 것은 1132년(인종 10) 12월 인사이동에서였고, 1133년 12월 인사이동에서 판병부사를 맡은 것으로 보아 비문에 나온 것과 같이 중서시랑 동중서시랑평장사이면서 판예부사인 시기는 1133년이라 할 수 있겠다.[22]

『선봉사비』는 『영통사비』와 찬명撰銘 과정, 입비立碑 주체가 모두 다르다. 『영통사비』는 원명국사 징엄이 인종에게 입비를 요청하고 이를 인종이 받아들여 김부식에게 찬명을 명하여 입비가 된 반면에, 『선봉사비』 양기陽記(비 앞면)의 경우, 의천의 천태종 법손자인 순선順善과 교웅敎雄, 유청流淸이 천태종의 시조始祖로서의 의천을 기록에 남겨야 한다는 목적을 가지고 중서문하성中書門下省을 거쳐 왕의 허락을 받아 입비케 된 것이다. 이렇듯

---

21) 그리고 이렇게 정리해 놓고 보면, 『高麗史』 열전에 윤관이 비문을 지었다는 사실이 삽입된 과정을 다음과 같이 생각할 수 있다. 즉 윤언이와 관련된 어느 사람이 윤관이 주관하던 대각국사 立碑許諾을 撰銘으로 확대 해석하였고, 『고려사』 해당 열전 편찬자들도 윤언이와 김부식 갈등에 이 사건도 한 빌미였음을 보여주기 위하여 윤관 열전이 아니라 윤언이 열전에 이 내용을 삽입했던 것이 아닐까 하는 것이다.

22) 최연식, 1993, 「앞의 글」, 39쪽. 주3)을 참고할 것.

입비 주체들이 뚜렷한 목적을 가지고 요청하였는데, 『선봉사비』 모두冒頭에 인종이 즉위한 지 10년째 된 1131년(인종 9, 辛亥) 8월 7일 인종이 『선봉사비』 찬명撰銘을 임존에게 허락했다고 하니, 법손자들이 의견을 모은 것은 1125년(인종 3) 김부식이 찬명撰銘한 다음의 일이었을 것이다.[23]

『선봉사비』 음기陰記는 1137년(인종 15) 10월에 작성되었고, 입비 시기도 그 즈음이었을 것이다. 양기陽記가 천태종의 개립과 존재를 그 시대 고려 사회에 알리려는 목표에서 작성된 것이라면, 음기는 우선 천태종 육산六山 가운데 남숭산사南嵩山寺 즉 선봉사가 천태종 육사 사찰 가운데 으뜸이라는 것을 천명하기 위하여 작성된 것이다. 개경이 아닌 다른 지역에 대각국사비를 세울 대상지역이 많이 있음에도 불구하고, 왜 굳이 선봉사인지에 대해 말하고 싶었던 것이다.

이에 대해서 음기에서는 다음과 같이 주장하고 있다. 즉 대각국사가 천태종을 처음으로 주창하자(수창首唱) 명에 따라 모인 사람과 스스로 알아서 찾아온 사람들(인명회합因命會合 기외직투其外直投)이, 대각국사 문하에 있던 제산諸山의 유명 승려(명공名公)와 학도學徒 300여 명과 오문五門의 학도를 포함하여 1천여 명이었다는 것이다.[24] 이 제산諸山은 민지(1248~1326)의 "송나라 방문 후 천태육산天台六山을 세우고, 국청사를 세워 육산六山의 근본이 되게 하였다"고 했다는 기록의 육산일 것인데,[25] 문제는

---

23) 비는 경북 칠곡에 있는 선봉사 터에 있지만, 비문을 書한 이나 새긴 이가 모두 숙종이 천태종을 위한 건립한 天壽寺 소속임을 보면, 입비에는 개경의 천수사 승려들이 주요 주체로 참여하였음을 알 수 있다.

24) 『僊鳳寺碑』. "吾祖 大覺國師 誕跡王宮 傳燈傳隴 言還本國 首唱眞宗 德不孤而有隣 珠無莅而自至 故居頓 神□ 靈巖 高達 智谷 五法眷 名公學徒 因命會合 其外直投 大覺門下 諸山名公學徒 三百餘人 與前五門學徒 無慮一千人".

25) 閔漬, 「國淸寺金堂主佛釋迦如來舍利靈異記」 『東文選』 卷68. "至宣廟朝 王弟大覺國師入唐 求來始立 天台六山 因卜地於松山西南麓 創寺 亦曰國淸 爲六山根本". 이 육산은 같은 글에서, 1314년(충숙왕 1) 국청당을 중창하여 석가모니부처를 봉안한 다음 1315년(충숙왕 2) 10월 14일 감실과 금강대를 만든 후 낙성기념법회

제산諸山과 오문五門이 병립하는 것이냐, 아니면 제산諸山에 오문五門이 포함되느냐 하는 것이다.26)

이에 대해서『선봉사비』에서는 1101년(숙종 6) 대각국가가 입적한 이후 오문 사람들은 각기 원래 소속된 산사로 돌아갔지만(각유차음各有次蔭), 남숭산사 의천 문중 사람들(본산사本山寺 유국사문하唯國師門下)만 개경에 남아 있으면서 믿고 의지할 바가 없다(무소의호無所依怙)고 하였다. 그래서 이들이 주도하여 오문의 중간 위치에 남숭산사를 건립하였을 것으로 추정되는데,『선봉사비』에서는 이에 대해 3년 동안 고생하는 의천 문하들을 보고 1104년(숙종 9) 자신들의 행실이 뛰어남을 인정받아(칭행稱行) 남숭산사 건립에 성공하고 바로 이 남숭산사가 천태육법권天台六法眷 가운데 으뜸이 되었다고 기록하고 있다.27) 여기서 법권法眷이란 같은 법문에서 수행하는 동료를 말하기 때문에 천태육법권이 바로 천태天台 육산六山을 말하는 것이 되고, 이렇게 오문이 육산에 포함된 것이라면, 자연히 남은 1산이 궁금해지는데 이를 남숭산사 즉 선봉사로 보는 것은 매우 자연스러운 일이다. 이 서술로서 임존은 선봉사의 적합성을 자연스럽게 부각시키려 했던 것이다.28)

이와 함께 문도들의 정통성도 강조하였다. 이들은 1127년(대송大宋 건염建炎 원년元年)뿐만 아니라29) 1129년(대금大金 천회天會 칠년七年) 5월30)

---

를 할 때에 참여한 승려들이 六山의 名德 3천여 명이었다는 것으로 보아 이때까지도 여전히 국청사 소속의 육산이라는 생각을 갖고 있었던 것으로 보인다.

26) 여기서의 五門은 비문에 서술된 居頓, 神□, 靈巖, 高達, 智谷을 말한다.

27) 『僊鳳寺碑』. "大覺歸寂 嚮之五門 各有次蔭 本山寺 唯國師門下 無所依怙 乾統四年甲申 六月日 判 以爲國師 下稱行 故天台 六法眷中 最爲首也".

28) 이렇게 보면 칠곡(선봉사) - 합천(영암사) - 진주(지곡사)와 남한강의 지류인 섬강 양쪽에 있던 원주 - 여주(고달사, 거돈사)에 5사가 있는 것이 되므로, 나머지 1사인 神□寺에 대해서는 충주 개천산 정토사일 것이라는 허흥식의 추정이 참고된다. 許興植, 1978, 「앞의 글」, 100쪽.

대각국사가 송나라에 들어가 천태교를 전래해 옴으로써 국초에는 행해지지 않던 대법이 비로소 행해지고 그 공업이 적지 않아 남숭산사에 해동천태시조비를 세울 것을 임금이 지시했고, 그 결과 1131년 임존이 찬명을 했음에도 불구하고, 자신들의 의지와는 달리 논의는 가라앉고 입비 공사 시작이 지체되는 것을 우려하였다. 그래서 임존의 찬명을 강력히 발의한 3명 가운데 한 사람인 교웅敎雄이 국청사 주지를 맡았던 1135년(인종 14)³¹⁾ 다시 발의를 하여, 1136년 중서문하성을 거쳐 비를 세울 것을 허가받아 자신들이 생각하는 법손들만이 주지가 되어 돌아가신 대각국사(선사先師)의 도道를 실추시키지 않아야 한다는 뜻을 가지고 있음을 밝히고 있다.

요컨대 『선봉사비』는 천태종 승려들이 천태종의 개립을 고려 사회에 알리고, 개경 영통사에 김부식이 찬명한 비가 세워지는 것과 대비될 만한 비문을 지방인 선봉사에 세우되 왜 그 지역인지를 분명히 하는 한편, 천태종의 독자적인 발전을 위해 어떤 사람들이 책임을 맡아야하는지를 세상에 공표하기 위해서 세워진 것이었다.

문제는 이들이 그토록 절실히 별도의 대각국사비 건립을 희망한 이유이다. 이에 대한 단서로 주목되는 자구가 『선봉사비』 서자書者와 각자刻者가 모두 천수사天壽寺 소속 승려라는 것이다. 천태종 개립을 후원하고, 외호外護한 이가 인예태후와 숙종인데, 먼저 1097년(숙종 2) 국청사를 지어 실천한 이가 인예태후와 숙종이고, 이를 이어 천수사를 조성하여 외호하겠다고 나선 이가 숙종이었다. 그 결과 숙종 말년 천수사 공사가 시작되었는데, 숙종이 죽고 예종이 즉위하자 1108년(예종 원년) 7월 관료들이 천수사

---

29) 이 해는 천태종 승려들이 중심이 되어 천태종 시조로서의 위치를 밝히는 비문 작성을 발의한 첫해로 추정된다.

30) 이 해는 위와 같은 목적으로 비문 작성을 발의한 두 번째 해로 추정되는데, 이 발의가 중서문하성을 거쳐 임존의 찬명이 허락된 해가 1131년일 것이다.

31) 「國淸寺妙應大禪師敎雄墓誌」『韓國金石全文』中世 上. "至乙卯歲 轉住國淸寺".

공사가 국정에 무리를 준다는 주장을 제기하였고 예종 역시 이를 받아들였다.[32]

그럼에도 불구하고 그해 9월 윤관이 나서서 천수사 공사 감독을 맡고 나섰다.[33] 천수사 공사의 계속 여부를 놓고 의견 대립이 있었던 것이다. 하여간 공사를 맡은 지 5년도 되지 않아 윤관이 죽은 1111년(예종 6) 8월 반대 여론이 다시 일었다. 이들은 지세가 불리하다는 이유로 신축 대신에 약사원을 허물고 그 자리로 옮기자고 제안하였다.[34] 이 제안을 받아들여 그해 11월 천수사 공사를 일시 중지하고 약사원에 가서 천수사 절터로서 적합한지 살폈다.[35] 약사원이 1097년 새로 완공된 국청사의 속원이라면 십여 년밖에 되지 않은 속원을 허물 정도는 아니었을 것이고, 짓지도 않은 천수사의 속원일 가능성은 없으므로, 약사원은 아마도 영통사의 속원일 가능성이 매우 높다. 전술한 영통사 대각국사비 터 잡기도 영통사 서북쪽에서 영통사 법당 남쪽으로 옮긴 예로 보면, 대각국사 기념 조형물(비)과 기념 건축물(절) 조성 사업이 순탄하지만은 않았음을 알 수 있는데, 특히 천수사 공사와 관련해 많은 어려움이 있었던 것이다. 이러한 과정에서 개립한 지 얼마 되지 않은 천태종 승려들이 겪었을 마음고생은 이루 말할 수 없었을 것이다.

또 다른 단서는 『선봉사비』 건립 발의의 주체인 교웅敎雄이다. 교웅은 1101년(숙종 6) 의천이 주관한 천태종 대선大選에서 상상품의 성적으로 대덕이 되었고, 1105년(숙종 10)의 대선에서도 상품의 성적을 얻어 국청사의 복강사로 활약하였다.[36] 그런데 이러한 교웅이, 스승인 익종翼宗이

---

32) 『高麗史節要』 卷7 睿宗 元年 7月.
33) 『高麗史節要』 卷7 睿宗 元年 9月. "以平章事尹瓘監督天壽寺役".
34) 『高麗史』 卷13 睿宗 6年 8月. "太史奏先祖所創天壽寺地勢不利 請毁藥師院移之".
35) 『高麗史節要』 卷7 睿宗 6年 11月. "有司請停創天壽寺 幸藥師院 又相寺基".
36) 覆講은 스승이 한번 講한 것을 제자가 다시 반복해서 講하는 것을 말한다.

입적한 후 천태종 내부의 갈등으로 홍주 백암사로 물러난 사건이 있었다. 『교웅묘지명』에서는 그 사건에 대해 제자들이 일신상의 이익을 좇아 행동하였음에도 불구하고 교웅만이 신의를 지키고 있었는데, 이를 밉게 보던 한 종장宗長이 교웅을 홍주 백암사로 쫓아냈다고 서술하고 있다.[37] 『선봉사비』 서문에 보면 의천 이전에 천태종을 세울 수 있는 인물로 제관과 지종을 들면서도, 평가에 있어서는 제관과 지종이 효시이기는 하지만,[38] 고려 땅에 종학을 세우지 못하고 오랫동안 끊겨 있었다고 하였다.[39] 교웅을 밉게 본 종장宗長을 곧 바로 천태 오산의 하나인 현계산 거돈사 지종 문하의 인물로 볼지, 화엄종장으로 칭해지던 의천을 계승한 화엄 종장인지 단정하기는 어렵지만,[40] 고려 전기 활동 경험이 있던 천태 오산 소속의 승려들과 익종 - 교웅과 같이 의천만을 내세우려고 했던 승려들 사이에 갈등이 없을 리 없는 것이다.[41] 교웅의 홍주 생활은 1115년(예종 10) 영통사비 발의의 중심인물인 원명국사 징엄의 추천으로 마무리되었고, 그가 겪은 홍주 생활 역시 개인적으로는 많은 공부를 할 수 있는 시간이었겠지만, 화엄종이나 천태 오산과 달리 역사성이 약한 자신들의 존재가 얼마나 무력화될 수 있는지를 경험하기에도 충분한 시간이었을 것이다. 그러므로 천수사 소속 승려들은 자신들이, 의천이 국청사를 세우면

---

37) 이 사건도 아마도 1111년(예종 6)에 일어났을 가능성이 있다.

38) 濫觴은 嚆矢란 말이다.

39) 『僊鳳寺碑』. "況 天台一宗 雖或濫觴於諦觀智宗輩 而此土 未立其宗學者 久絶".

40) 「贈諡慧德王師眞應之塔碑銘」 『韓國金石全文』 中世 上. "時有祐世僧統大覺國師 實華嚴之宗匠也".

41) 「國淸寺妙應大禪師敎雄墓誌」 『韓國金石全文』 中世 上. "乾統元年 國家始闢 台宗大選 使國師主盟 別白善否 升黜之詳 而師褒然爲擧首 答在上上品 授大德 五年授大師 赴太選弁師 又在上品 詔爲國淸寺 覆講師 發明經論 傳法學徒 (中略) 宗禪師入寂 門弟以身徇利皆紛竟適他 唯師守正不爲勢遷 時有一宗長 以師傑然獨立 不禮於其門爲疾 將害之而未果 適乘 時執事貶住洪州白嵓寺 (中略) 天慶五年中 圓明國師聞之 謂師之德行 可以範儀 於當世 以薦帝左右".

서 인정한 천태 육산 가운데 정통임을 증명할 필요가 있었을 것이고, 이를 입증하는 사업으로 선봉사비를 세우려 했던 것이다.[42)]

## Ⅲ. 박호·김부식·임존의 의천 평가

### 1. 박호朴浩의 평가

1101년 10월 5일에 입적한 의천의 생애에 대해 한 달도 채 되지 않은 11월 4일 묘지석墓誌石에 새겨 넣은 박호는 자신이 정리한 글의 한계를 분명히 하였다. 의천이 살아오면서 행한 온갖 교화와 임금이 높여 받드신 아름다운 모든 일, 그리고 의천 문도들이 전해 받은 육종六宗의 훌륭함은 왕조 역사에 빛날 것이고 비문에 실릴 것이니, 자신은 다 갖추어 기록하지 않고 대강만 서술한다는 것이었다.[43)] 겸사로서 본인은 대강만 기록한다고 하였으나, 의천 입적 당시 다비식에 참가한 많은 사람들의 의견을 추려 누구나 납득할 수 있는 주요 행적을 적어 넣어야 한다는 압박감을 문도門徒도 아니고 사가史家도 아닌 박호가 느끼지 않았을 리 없다. 그가 서술한 묘지명이 중요한 이유는 이런 사정에 기인한다.

---

42) 선봉사비 건립이 천태종 내부 갈등과 관련되었다는 내용은 다음 연구가 참고된다. 최연식, 1993, 「앞의 글」, 48~52쪽.

43) 「묘지명」. "國師 處世之萬化 我聖上追崇之衆美 曁國師門下傳六宗之濟濟者 光於國史 亦載塔碑 此不具書 略逑大槩".

| 01세 | 문종09 | 1055 | 개경에서 출생 | | |
|------|--------|------|--------------|---|---|
| 09세 | 문종17 | 1063 | 요나라 도종(거란)이 대장경을 보내옴(高麗史) | | |
| 11세 | 문종19 | 1065 | 영통사 경덕국사에게 출가(5월 4일) | | |
| 11세 | 문종19 | 1065 | 불일사 계단에서 구족계를 받음(10월) | | |
| 12세 | 문종20 | 1066 | 10월 경덕국사 입적후 법문 계승 | | |
| 13세 | 문종21 | 1067 | 우세승통(廣智開宗弘眞祐世僧統) 順宗 宣宗 恩禮甚厚 累加法号 | | |
| ? | | | 학습 | 內典 | 六宗 : 1) 戒律宗 2) 法相宗 3) 涅槃宗 4) 法性宗 5) 圓融宗 6) 禪寂宗 |
| | | | | | 요나라 도종이 재차 경책을 보내오고, 국사와 사자의 예를 맺음 |
| | | | | 外典 | 六經七略之書 |
| 31세 | 선종02 | 1085 | 宋 방문 : 歷問六宗中錚錚者則 淨源 懷璉 擇其 慧琳 從諫 等 五十餘人也 | | |
| 32세 | 선종03 | 1086 | 귀국, 흥왕사 주지 | | |
| 40세 | 헌종00 | 1094 | 해인사로 퇴거 | | |
| 43세 | 숙종02 | 1097 | 흥왕사 주지 | | |
| 47세 | 숙종06 | 1101 | 입적 | | |

위 표에서 박호가 정리한 가장 중요한 의천의 활동은 31세 이전의 국내 학습과 31세에서 32세에 걸친 송나라 방문이다. 국내 학습에서 중요 사항은 둘이 있는데, 하나는 요나라 도종이 재차 경적을 보내 믿음의 인연을 맺었다는 것이고,[44] 다른 하나는 국내에서 불교계의 육종 관련 서적(내전內典)과 유학, 도가 계통의 서적(외전外典)을 두루 공부했다는 것이다. 의천이 9세 때인 1063년 요나라 도종이 대장경을 보낸 이후, 또 한 차례 관련 서적을 보냈다는 것은 이미 의천의 요나라 계통의 대장경과 관련 서적에 대한 이해 수준이 국제적으로 인정받았다는 것이고, 국내에서의 육종六宗(계율종戒律宗 법상종法相宗 열반종涅槃宗 법성종法性宗 원융종圓融宗 선적종禪寂宗) 각 분야의 대가들과 관련 서적을 열심히 만나고 수집하여 국내에서의 학습 수준이 만만치 않았음을 동 시대 고려 불교계와 동아시아

---

44) 「묘지명」. "大遼天佑皇帝 再寓經籍茶香金帛 以結信緣".

불교계로부터 이미 인정받았음을 서술한 것이었다. 이러한 입장의 박호가 의천의 송나라 방문 목적이 송나라 각지에 흩어져 살던 육종 각 분야의 대가들과 관련 서적을 만나고 입수하는 것이라고 서술한 것은 당연하다고 할 수 있다.

육종은 5교와 조계종을 말한다. 5교 양종 가운데, 천태종만 빠졌다.[45] 이는 최소한 박호가 생각하기에 의천이 학습 대상으로 삼은 육종엔 천태종이 없었다는 것이고, 천태종의 개립에는 의천의 역할이 매우 중요하다는 것을 지적한 것이다.[46] 이와 함께 짚어야 할 사항은, 의천이 만났던 송나라 거주 육종 분야별 승려들이 50여 명이 되는데, 거론한 인물들은 정원, 양연, 택기, 혜림, 양연, 종간 등 5인뿐이라는 것이다. 정원淨源은 원융종(화엄종) 승려이고, 택기擇其는 계율종 승려이며, 혜림慧琳은 법상종 승려이고, 양연懷璉은 선적종(조계종) 승려이며, 종간從諫이 천태와 관련된 승려인 것이 분명하므로, 그의 서술에서는 6종 가운데 송나라의 열반종 승려와 법성종 승려는 의천이 만났음에도 불구하고 거론할 정도는 아니란 것이 된다.

한편 천태종의 개립開立에 대해서는 인예태후와의 대화를 거쳐 시작된 것으로 서술하고 있다. 「묘지명」에서는 시작 연대를 '석昔'이라고 기술하고 있지만, 『선봉사비』에서는 인예태후가 숙종이 번저에 있을 때, 의천과 함께 온 두 사람을 보고 '종문미립宗門未立'을 애석해 했다는 것으로 그 시기를 추정케 해 주는 단서를 제공해 주고 있다. 문제는 이 기사가 선종 즉위 이후에 의천이 송나라 방문을 요청했다는 기사 뒤에 실려 있어서 선종 연간(1084~1094)에 이 삼인이 만나 천태종의 개립을 의논하고 이를 위해 당송시기 중국의 국청사와 이름이 같은 국청사 조성 공사(1089,

---

45) 金映遂, 1937, 「오교양종에 대하여」『진단학보』 8.
46) 박호는 천태종 개립의 역사를 묘지명 음기에 기록해 놓았다.

선종 6)를 논의했다는 것이 되고, 그 시기는 1086년(선종 3) 의천이 송나라 방문 후 성과 보고를 위해 인예태후를 방문한 자리에서 '천태삼관天台三觀'을 설명하면서 천태종의 개립을 거론한 것이라 생각하지 않을 수 없다.[47) 「묘지명」에서 박호는 이 '천태삼관天台三觀'과 인예태후와 숙종의 후원으로 조성된 국청사國淸寺, 그리고 의천과 사자전승師資傳承 관계에 있는 징엄을 거론하는 것으로 천태종 개립과 관련된 전후 사정을 마무리하고 있다.

이상과 같이 「묘지명」의 내용을 정리해 놓고 보면, 박호는 의천의 생애를 육종에 대한 연구와 천태종 개립이라는 두 측면에서 평가하려고 했음을 알 수 있다. 1937년 김영수가 정리한 논문에서 오교양종의 고려적 형태를 7종宗으로 정리한 근거를 엿볼 수 있게 하는 것인데,[48) 그럼에도 불구하고 박호가 강조한 것, 즉 의천이 문제자에게 전하려고 한 것의 초점은 육종六宗의 넓고 다양함(제제濟濟)이었다. 박호의 입장에서는, 천태종 개립은 본인이 강조해야 할 사항이 아니라고 판단했던 것이다.


## 2. 김부식金富軾의 평가

의천 입적 후 근 한 세대가 지난 1125년 작성한 『영통사비』에서 한 김부식의 평가는 박호와 다른 점이 많다. 우선 1076년(문종 30) 송나라 방문 이전의 학습 내용에 대해 두 사람이 내전과 외전 모두 골고루 공부했다는 점에서는 일치하고 있으나, 내전 학습의 경우 박호가 육종六宗에 모두 관심을 두고 공부했다고 서술하고 있으나 김부식은 화엄 학습 부분만 두드러지게 강조하고 있다.

---

47) 이영자는 의천이 송나라 방문 이전부터 천태종 개립의 의지가 있었다고 설명한 바 있다. 李永子, 1980, 「앞의 글」, 229쪽.
48) 金映遂, 1937, 「앞의 글」.

학습 동기부터 징관법사의 청량소를 입수하면서 갖게 되었다고 한다.[49] 이후 학습 과정에 대해서도 스승을 정해두지 않고 도道가 있는 곳이면 어디든지 찾아갔다고 하면서도, 학습 내용에 대해서는 화엄 8조인 법장 현수(643~712)의 교관敎觀과 돈점頓漸, 팔장八藏에 대해 공부했다는 것으로 요약함으로써,[50] 철저하게 화엄종의 입장에서 서술하고 있다. 그러니 당연히 송나라 방문 동기도, 1084년(선종 1) 송나라 화엄종 승려인 정원법사 와의 서신 교환 결과였다고 썼다.[51]

송나라 방문 목적을 달리 서술하였듯이 1085년 5월에서 1086년 5월에 이르는 13개월간의 방문 성과에 대한 평가에 있어서도 박호와 김부식은 다르다. 박호는 당시 중국에 거주하던 육종의 승려들을 골고루 만났다는 데에 서술의 초점을 두었으나, 김부식의 경우 이 부분은 약술하였다. 물론 박호 역시 육종 가운데 열반종과 법성종 승려들의 만남을 축소시켰듯 이, 김부식이 약술한 부분에서도 교종 가운데에서는 열반종과 법성종을 제외하고 원융종과 법상종(혜림慧林·선연善淵), 계율종 승려(택기擇基·원조 元照)들과 선적종, 천태종 승려와 인도 불교사를 논의할 수 있는 승려(범학梵 學 : 천길상天吉祥·소덕紹德) 만이 서술되어 있고, 이런 사실은 송나라 관료 인 양걸이 의천의 방문 성과를 요약하면서 현수성종과 자은상종, 달마선종 과 남산율종, 천태관종 5종을 모두 통달하였다고 한 것과,[52] 임존 역시

---

49) 『靈通寺碑』. 최병헌은 의천이 화엄경을 강론할 때 오직 징관의 『淸凉疏』만 의거했다고 자술한 것을 근거로, 의천의 화엄경 강론은 징관이 80권본 화엄경을 주석한 華嚴經隨疏演義鈔 80卷이었다고 서술하고 있다. 崔柄憲, 1980, 「앞의 글」.

50) 『靈通寺碑』에는 敎相과 觀心에서부터 頓漸, 大小乘經律論章跡로 되어 있는데, 大小乘經律論章跡이 바로 八藏이다. 현수를 화엄8조로 본 것은 의천의 화엄 9조설에 따른 것이다.

51) 崔柄憲, 1991, 「앞의 글」, 360쪽.

52) 楊傑, 「孰若祐世師 五宗窮妙理」『大覺國師外集』卷11 ; 崔柄憲, 1991, 「앞의 글」,

양걸의 말을 인용하여 천태·현수·남산·자은·조계 등 5종과 함께 서천범학을 한꺼번에 전해 받았다는 것과 일치된 서술이기도 하다. 그렇지만 김부식이 서술한 상당 부분은 역시 화엄종 승려와 천태종 승려와의 만남을 부각시키는 것이었다.

『영통사비』에 기재된 송나라 화엄종 승려는 유성과 정원(1011~1088), 그리고 자선(965~1038)이다. 자선선사와 정원법사는 사제 관계이므로, 화엄종 승려라고는 하지만, 유성법사와 자선 - 정원법사와의 만남은 교류 동기나 성과가 달랐을 것이다. 유성법사有誠法師는, 송나라 철종이 1085년 7월 고려의 왕자 출신인 의천이 온다는 말을 듣고 양가兩街의 추천을 받아 만남을 주선한 인물이다. 비문에서 두 사람이 나눈 대화는 인사말을 제외하고는 유성이 한 "일승에 뜻을 같이하고 만행을 같이 수행하여 화장華藏의 바다에서 노니는 것이 본인의 소원"이라는 것뿐이다.[53] 유성의 언급에서 나오는 화장의 바다란 화장계, 연화장세계를 뜻하는 것인데, 『화엄경』에서는 연화장 세계에 대해 세계의 맨 밑에 풍륜이 있고, 그 위에 향수해 혹은 향해가 있으며 그 위에 큰 연화가 나 있는데 연화장 세계는 그 속에 있다고 한다.[54] 그러니 유성의 언급은 매우 상투적인 표현이 되는데, 이는 곧 김부식이 보기에 의천과 유성의 만남은 아주 의례적인 것에 불과했다는 것의 다른 표현인 것이다.

유성과는 달리 정원법사(1011~1088)와의 만남은 아주 구체적이다. 우선 주변 사실부터 정리해 보면, 첫째로 1085년 후반기부터 1086년 귀국 이전까지 정원법사와 59일 동안 만나는 동안에 1086년 2월 변경(현 하남성 개봉)에 올라왔다가 다시 찾은 절강성 가흥현 수주에 있던 자선선사의

---

364쪽.

53) 『靈通寺碑』. "同志一乘 同修萬行 以遊華藏海者 吾之願也".

54) 耘虛龍夏, 1961, 『佛敎辭典』 연화장세계.

승탑과 누정을 찾은 일을 들 수 있다. 자선선사子璿禪師(965~1038)는 정원의 스승이 되는 인물로,55)『능엄경』과『기신론의기』에 대한 해석서를 지은 송나라 화엄종의 대표적인 인물인데 당나라 시대의 규봉 종밀宗密(780~841)과 비견될 수 있는 그런 승려였다고 한다. 그런데 바로 이 자선선사의 승탑과 누정에 방문하고 예배한 다음 보수가 많이 필요하자 그 비용으로 백금을 기증했다는 것이다.

두 번째로 들 수 있는 것은 두 차례에 걸친 항주의 혜인원惠因院 방문이다. 첫 번째 방문은 1086년 1월 포종맹의 권유로 정원법사가 상부사에서 혜인원으로 옮기고 기념 강연으로 695년 실차난타가 번역한 주본周本 화엄경을 강연할 때의 일이었다. 당시 정원법사는 전에 머물던 대중상부사와 혜인원에 법장 현수(643~712)의 교관을 수집해 비치해 두고 현수 승상을 만들어 두어야 한다는 생각을 갖고 있었는데, 이 일의 기금 마련을 돕자고 의상의 중국 여행의 안내를 맡았던 양걸의 제안에 따라 포종맹과 소속 관료들이 동참하였고, 이에 의천 역시 백금을 기부하였다는 것이다. 그 결과 두 절에는 교장敎藏 7,500여 권을 갖출 수 있게 되었다.56) 두 번째 방문은 1086년(선종 3) 4월 귀국 인사를 하러 의천이 혜인원을 찾으면서 이루어졌다. 이때 정원법사가 귀국 후 고려 불교의 진작을 축원하면서 경서經書를 귀국 선물로 주고, 변경까지 같이 동반하자는 의천의 제안을

---

55) 耘虛龍夏, 1961,『佛敎辭典』자선, 정원.

56)『靈通寺碑』에는 이에 더하여 의천이 귀국한 후에 고려 왕실이 직접 나서 금박 가루로 쓴 화엄경 세 질(金書大經三本)도 혜인원에 보내주었다고 서술하고 있는데, 이에 대하여 천혜봉은 金書大經三本을 金泥로 정성껏 寫成한 紺紙金字華嚴經 晉本 60권, 周本 80본, 貞元本 40권 도합 180권이라고 하였고, 최병헌은 교장 7500여 권의 판가 주체를 의천으로 보고, 金書大經三本도 금으로 만든 화엄경 3본으로 해석하였으며, 이를 보내준 인물은 선종과 인예태후라고 하였다. 千惠鳳, 1987,「義天의 入宋求法과 宋刻 注華嚴經板」『東方學志』54·55·56合, 911쪽 ; 崔柄憲, 1991,「앞의 글」, 367~369쪽.

수락하여 대화를 계속했다고 한다.

그러면 이렇게 교장의 수집 및 정리, 두 승려의 승탑 보수와 같은 중요한 사업을 같이 한 정원과 의천의 주 관심사는 무엇이었을까? 화엄과 관련된 많은 의견 교환이 있을 것이라는 기대와는 달리, 송나라 방문 전부터 서신 교환을 했던 정원이 의천을 만나 한 첫 인사가, 두 사람의 만남은 마치 혜사(천태2조, 515~577)가 지의(천태개종, 538~597)를 만난 것과 같다(혜사일견지의慧思一見智顗 즉지영산지구卽知靈山之舊)는 것이었다.『영통사비』에 수록된 정원과 의천의 유일한 대화는 이 한 마디이다. 이는 징엄과 혜소의 의천 행록을 보고 쓴 김부식이 두 사람의 만남의 의미를 정리할 때 가장 중요하게 생각한 사항이 바로 이 부분이고, 의천이 정원을 만난 가장 큰 이유라고 정리할 수 있겠다.

〈華嚴 祖譜에 관한 諸說〉

| | 인도 승려 | | | | 중국 승려 | | | | | |
|---|---|---|---|---|---|---|---|---|---|---|
| | 馬鳴 | 龍樹 | 天親世親 | 佛陀覺賢 (359~429) | 光統慧光 | 帝心杜順 (557~640) | 雲華智儼 (600~668) | 賢首法藏 (643~712) | 清凉澄觀 (?~839) | 圭峰宗密 (780~841) |
| 3조설 (종밀) | | | | | | ○ | ○ | ○ | × | × |
| 7조설 (정원) | ○ | ○ | | | | ○ | ○ | ○ | ○ | ○ |
| 9조설 (의천) | ○ | ○ | ○ | ○ | ○ | ○ | ○ | ○ | ○ | × |

* 3조설 : 宗密(780~841) 『注華嚴法界觀門』
* 7조설 : 淨源((1011~1088) 9조설 : 義天(1055~1101)

『영통사비』에 서술된 김부식의 화엄종 관련 최후 분야가 홍원사에 건립한 9조당九祖堂 문제이다. 화엄종의 입장에서 인도와 중국의 유명 조사祖師들의 계통을 세우는 일인데, 당나라 시대 종밀이 세운 3조설은 중국 승려들 위주로 되어 있는데 반하여, 정원과 의천은 각각 인도 승려를

반영시키려고 했다는 점이다.[57]

『영통사비』에도 의천과 만나 인도 불교계의 역사를 의논한 이로 천길상天吉祥과 소덕紹德이 있긴 하지만, 이들의 생각만 반영된 것은 아니겠다. 용수와 마명은 나말여초 불교 금석문에 수많은 사례가 나오고 있으니 이들이 삽입되는 것은 매우 자연스러운 일이고, 각현 역시, 보원사 법인국사비에 나오는 서백산의 신랑 즉 희랑이 각현이 남긴 바를 이었다는 것으로 보아[58] 각현이 삽입되는 것도 자연스러운 것으로 보인다.

문제는 세친과 혜광이 거론되고 정원과는 달리 종밀이 제외되었다는 것이다. 세친의 경우 이미 지적된 바와 같이 화엄학을 중관파와 유가파의 통합 불교로 인식하기 위한 조치라는 데에서 나왔다는데 동의하지만,[59] 북위 때의 광통 혜광율사를 넣은 이유에 대해서는 이론에 입각한 주석적 교학 입장과 실천에 입각한 체험적 종교의 입장, 즉 화엄종과 지론종을 종합하려는 지엄, 법장대의 사회적 인식이라고 보기 보다는,[60] 오히려 혜광이 삼교三教(점교漸教, 돈교頓教, 원교圓教)를 세운 인물로, 최초로 『화엄경』을 원교라 하였고, 이후 천태의 4교教, 화엄의 5시時, 도선의 교판에 이 명목을 사용하여 자기가 가장 믿는 경전을 원교에 배당하였다는 사전적 정의와[61] 왕융이 지곡사 진관선사 석초비를 작성할 당시에도 이미 원돈圓頓이 거론되었다는 고려 불교사의 전통에서 찾는 것이 타당할 듯하다. 마지막으로 정원과 달리 종밀을 배제시킨 이유에 대해서도 기왕에는

---

57) 5조설의 志盤은 13세기 승려이기 때문에 별도의 고찰을 논한다. 志盤, 『佛祖統紀』 卷2.
58) 신랑이 희랑임은 다음 논문이 참고된다. 南東信, 1993, 「羅末麗初 華嚴宗團의 대응과 『(華嚴)神衆經』의 성립」 『外大史學』 5, 166쪽.
59) 崔柄憲, 1980, 「앞의 글」, 72쪽.
60) 崔柄憲, 1980, 「앞의 글」, 72~73쪽.
61) 耘虛龍夏, 1961, 『佛敎辭典』 원교.

종밀의 선교 동등 통합의식에 반하여 의천이 화엄 중심의 선교 통합을 유지했다는 점이 중요하다고 지적한 바 있지만,[62] 같은 글에서 의천 자신이 종밀을 여러 곳에서 언급하고 있다는 점에 주안점을 두면 해석은 따르되, 역사적 자리매김은 신중해야 했던 의천의 고민을 반영하는 것으로 판단하지 않을 수 없다.[63]

요컨대 김부식의 의천 평가에서 이상과 같이 화엄종과 관련된 서술이 많은 분량을 차지하고는 있지만, 결정적인 부분 가령 정원과 의천의 만남에서 천태에 강조점을 찍고 있다는 점을 상기해 보면 화엄사찰인 영통사에 세워야하는 현실과, 의천에 대한 평가는 역시 천태종의 개립에 있다는 또 다른 현실 사이에서 김부식이 얼마나 글쓰기에 고심했는지를 엿볼 수 있다.

『영통사비』에서 김부식이 천태와 관련된 첫 번째 언급은 의천이 귀국 길에 절강성 태주부 천태현 천태산 국청사 방문길에 대한 것이었다. 이 국청사는 회창 폐불 사건(845) 이후 황폐해졌다가 고려와 일본 등지에서 전적을 구하여 연구하여 955년 전교원의 개산조가 된 정광대사淨光大師 의적義寂(919~987)이 있었던 곳이며, 968년(광종 19) 39세의 지종智宗 (930~1018)이 방문한 곳이기도 하다.[64]

『영통사비』에서는 의천의 국청사 방문에 대해, 가는 길에 천태산에 이르러(행지천태行至天台) 정광이 말한 불롱산에 올라(등정광불롱登定光佛

---

62) 崔柄憲, 1980, 「앞의 글」, 73쪽.

63) 이에 더하여 의천도 알고 있던 정원의 스승 자선이 능엄경과 기신론의기에 대한 해석서를 지은 송나라 화엄종의 대표적인 인물로서 규봉 종밀과 비견될 수 있는 그런 승려라는 것도 고려해 둘만 하고, 희랑과 균여에 대한 자신의 평가도 고려했을 만하다.

64) 이인재, 2003, 「나말여초 거돈사 승려활동에 관한 연구 - 지증 도헌과 원공 지종을 중심으로」『梅芝論叢』 19, 186쪽.

隴)[65] 천태종의 개산조인 지자대사智者大師(지의智顗, 538~597)의 승탑을 바라본 다음(관지자觀智者) 직접 맹세 글을 써서(친필원문親筆願文) 승탑 앞에서 예배를 드리고(예어탑전禮於塔前) 가르침을 고려에 전하리라고 서원하였다(서전교우동토誓傳敎于東土)고 그 장면을 묘사해 놓고 있다.

두 번째는 1097년(숙종 2) 5월 국청사의 첫 주지로 임명되어 천태天台의 가르침을 강講한 사실을 적어 놓은 것이다. 사건의 전말에 대해 김부식은 천태의 가르침이 오래 전에 우리나라에 전해졌으나 중간에 사라졌다가 송나라 방문길에 도道에 대해 스스로 묻고 불롱산에서 이를 진작시키려 굳게 다짐했다는 것이다. 그런데 이 이야기를 인예태후가 듣고 국청사 조성에 나섰고 인예태후 사후에 숙종이 계속 이 사업을 이어서 마침내 완공했다고 한다. 의천이 귀국 후 곧 바로 숙종과 함께 인예태후를 만나 방문 보고를 하던 중에 국청사 조성이 의논되었다면 근 10년에 걸친 공사 끝에 완공된 것이다.

이어 김부식은 의천이 천태종을 개립한 이후 사정에 대해, ① 배우려고 하는 사람들, 특히 조계종 승려들이 우러러 보고 자신이 지금까지 배운 바를 버리고 찾아오는 이가 근 천여 명에 이르렀는데, ② 그 이유는 의천이 옛 글(교장敎藏) 가운데서 이치를 드러내고, 그 이치를 연구하여 깨달음을 파헤쳐 천태가 말한 마음을 집중하는 것과 지혜를 내는 것(지관止觀)을 밝게 하고, 말할 때 말하고 침묵할 때 침묵하게 함(어묵자재語默自在)으로써 ③ 책만 믿고 지키려는 이를 다 뽑아내고, 공空만 잡고 집착하는 이들을 깨뜨렸기 때문이라고 하였다. ④ 그 결과 세상에서 천태종을 말하려는 사람들은 모두 의천을 천태종의 역사에서 '옮길 수 없는 종장宗匠(불천지종

---

65) 佛隴은 천태현 성 북쪽에 있는 佛隴山을 말한다. 산 정상에 智者大師의 塔院인 眞覺寺가 있다고 한다. 定光은 여전히 해석이 안 된다. 지명일 수도 있고 인명일 수도 있는데, 이 글에서는 인명으로 일단 해석해 둔다.

不遷之宗)'이라 했다고 한다.[66]

요컨대 이렇듯『영통사비』전반부 서술에서 의천의 행적에 대해 화엄종에 관한 이야기를 주主로 하고, 천태종을 부副로 하여 기술하였지만, 김부식글의 맥락은 천태종 개립과 관련된 사항이 매우 중요하게 다루어지고 있다.

이러한 글쓰기는『영통사비』후반부의 서술에서도 마찬가지였다.[67]『영통사비』후반은 크게 1) 불교계에서의 의천의 위치, 2) 의천의 성품과 신이神異한 행적, 3) 사원 조성 사업과 종친으로의 역할, 4) 저작 활동과 문집 간행, 5) 국제적 교류와 명망, 6) 김부식과의 관계로 나누어 서술하고 있다. 그 가운데 불교계에서의 위치에 대해서는 그 시대까지의 불교사에서의 위치와 동시대 불교계에 미친 의천의 역할에 대해 세분하여 설명하고 있는데, 의천에 대한 평가와 함께 역사가로서의 김부식을 이해하는데 도움이 되는 부분이 많아 매우 흥미롭다. 이러한『영통사비』후반부의 내용을 살펴보면 다음과 같다.

첫째, 김부식은 불교사를 527년 불교 전래, 의상과 원효의 역할, 의천의 활동으로 삼분하여 설명하였다. 527년은 한국 불교사에서 이차돈의 순교로 유명한 해인데, 전래한 이후 100년 만에 불교의 수준을 한 단계 높인 인물이 의상(625~702)과 원효(617~686)라는 것이다. 이 두 사람은 성종성聖種性으로서[68] 대종사大宗師가 되는데, 이들이 만든 미약한 빛(말광末光)이

---

66)『靈通寺碑』. "師 於此之時 依文而顯理 究理而盡悟 止觀圍明 語默自在 拔盡信書之守 破惡取空之執 一時學者 瞻望聖涯 捨舊而自來 幾一千之盛矣哉 世之議台宗者 爲」師百世不遷之宗 渠不信哉".

67)『靈通寺碑』의 내용을 전반부와 후반부로 나눈 이유는 다음과 같다. 첫째, 비문에는 의천 입적을 두 번 언급했는데, 이를 기준으로 전반부와 후반부로 나누었다. 둘째, 전반부 입적까지의 서술은 징엄과 혜소의 행록을 토대로 한 서술일 것이고, 후반부 서술은 역사학자로서의 김부식 자신이 모은 자료를 기준으로 평가한 부분이라고 판단된다.

촛불이 되고 여기에 새로운 흐름이 더해짐으로써 모든 사람들이 어둠에서 벗어나 밝은 빛을 비출 수 있게 되었다고 한다.

의천의 등장은 의상과 원효 이후, 많은 사람(교종 승려)들이 명예를 구하는 것에만 마음을 쓰고 이익을 얻기에만 머리를 쓰므로, 학문이 날로 가벼워져 전적典籍을 찾아보기는 하지만 특정 문구에만 빠져 후학들이 제대로 참고할 만한 글이 없었기 때문에, 의천에 대한 제대로 된 평가는 바로 이런 전적典籍에 대한 잘못된 해석을 바로 잡았다는데 두어야 한다고 했다. 이 점은 선가禪家(선종 승려)에도 똑같이 적용되는데, '이심전심以心傳心'만 중요하게 생각하고 삼장三藏이나 십이분법十二分法을 공부하는 것에 대해서는 하찮은 것이라 여기지만, 최소한 능가경楞伽經이나 기신론起信論 정도는 공부하기를 의천이 권했다고 한다. 지금과 마찬가지로 김부식 역시, 의천의 평가는 교장敎藏의 수집과 정리라는 점에 두어야 한다고 생각했던 것이다.

둘째, 의천의 성품과 주변에 미친 영향, 신이한 행적에 대해서는 부모에 효도를 다했고, 불교계 인사가 아닌 사람들을 만났을 때에도 최선을 다했으며, 중국 승가대사탑이나 천축사 관음보살상에 예배를 드릴 때에는 빛이 났으며『화엄경』을 강講할 때 진동이 있었다거나, 동궁 시절의 예종이 병에 걸렸을 때『금강반야경』을 독송케 하였는데 얼마 지나지 않아 광명이 비추었다는 것 등이 서술되어 있다.

셋째, 사원 조성과 관련 저작물, 국제적 교류에 대해서는, 먼저 지남관指南館과 겸제원兼濟院, 천복원薦福院 등 관원館·院의 조성과 의천과의 관련성을 설명하였으며, 그와 함께『원종문류圓宗文類』,『석원사림釋苑詞林』,『문집文集』등 의천의 저작물에 관하여 서술하였다. 더불어 당시 동아시아 세계에

---

68) 성종성은 육종성(習種性, 性種性, 道種性, 聖種性, 等覺性, 妙覺性)의 네 번째에 해당한다.

서 차지했던 의천의 역할을 설명하면서, 요遼나라의 황제가 대장경大藏經과 제종소초諸宗疏鈔 6,900여 권을 보내온 사실과 연경燕京, 고창국高昌國, 요나라 관인官人들의 의천 인지도 및 당시 일본에서 고려에 요청한 도서 구입 목록 가운데 대각국사의 비문과 묘지명도 들어있음을 서술하였다.

이상과 같이 『영통사비』의 서술을 정리해 놓고 보면, 김부식 역시 의천 평가의 주안점은 제종諸宗에 대한 교장敎藏 정리에 있었다고 요약할 수 있겠다. 왜냐하면 그 시대 불교사상佛敎史上 의천의 위치나 동시대 불교계에 미친 영향이 교장을 통해 마련되고 있다고 보았기 때문이다. 이는 박호처럼 육종으로 표현하지는 않았지만, 기본 평가는 같았다고 볼 수 있는 단서이기도 하다. 그뿐 아니라 『영통사비』 전반부에 전반적인 내용은 화엄종을 중심으로 서술하긴 했지만, 정원과 의천을 만남을 혜사와 지의의 만남으로 묘사한 것이라든가 송나라 방문이후 천태종 개립에 관한 내용이 군더더기 없이 서술되어 있는 것으로 보아, 김부식의 의천 평가에는 천태종 개립도 중요하게 다루어지고 있다고 판단하지 않을 수 없다.


## 3. 임존林存의 평가

『선봉사비』는 천태 오산(기왕의 거돈居頓, 신□神□, 영암靈巖, 고달高達, 지곡智谷)에 대하여 국청사 개사 후 의천을 숭앙해 모인 제자들이 천수사 개창을 놓고 겪은 어려움을 실감하고 익종 입적 후 교웅이 경험한 바를 토대로 남숭산사 역시 또 하나의 산사로 조성하여(천태 육산) 자신들의 주도로 천태종을 이끌기 위하여 건립한 비문이다. 그러므로 천태종의 시조로서의 의천을 부각시키는 방식이나, 기왕의 천태 오산과의 차별성을 드러내기 위한 서술내용이 잠복되어 있을 것인데 반하여 화엄종과의 관련된 서술은 매우 적고 조계종과의 관계를 보여주는 내용도 제한적이다.

임존 역시, 글의 중심은 의천의 송나라 방문에 두고 있다. 의천이 출가한 후 송나라 방문 이전까지 20년간의 국내 학습에 대해서는 광회제종학자廣會諸宗學者, 즉 제종諸宗에 속한 학자들을 두루 만났다는 것으로 요약하였다. 현수賢首(643~712)의 교관敎觀을 공부하긴 했지만, 요체는 육종六宗을 두루 공부했다는 것이다. 이러한 서술은 박호와 맥을 같이하고, 김부식과는 약간의 차이가 있다.

〈宋 방문 당시 교류 승려〉

|  | 朴浩 | 金富軾 | 林存 |
|---|---|---|---|
| 戒律宗 | 擇其 | 擇基, 元照 |  |
| 法相宗 | 慧琳 | 慧林, 善淵 |  |
| 涅槃宗 |  |  |  |
| 法性宗 |  |  |  |
| 圓融宗 | 淨源 | 有誠, 淨源 | 有誠 淨源 |
| 禪寂宗 | 懷璉 |  | 宗本 了元 懷璉 |
| 天台宗 | 從諫 |  | 從諫 |
| 梵　學 |  | 天吉祥 紹德 | 天吉祥 |

송나라 방문 동기는 김부식이 화엄종과 관련해서 서술하였듯이, 임존은 천태종 개립과 관련하여 서술하고자 하였다. 이미 앞서 서술하였지만, 1086년(선종 3) 귀국 후 인예태후에게 방문 보고를 하는 과정에서 논의된 바를 입송入宋 기사 이전에 배치해 놓은 것이다. 그러나 선종 3년이라고 명기해 놓은 것과 의천의 입송入宋 의지를 인예태후와 동궁이었던 숙종이 지지했다는 서술(이성사육종지二聖似 欲從之)은 임존 역시 천태종 승려들의 요청과 문인으로서의 자신의 위치에 대해 상당히 고민한 흔적임을 충분히 추론할 수 있게 해 준다.

송나라 방문 도중에 만난 승려들과 만남의 성과에 대해서는 박호가 육종六宗 승려들과의 만남에 중요도를 부여한 것과 마찬가지로, 임존 역시 제종諸宗 승려들을 만난 것이 중요하다고 서술하고 있다. 화엄종의 유성有誠을 만났을 때 성인들은 자신의 굽힘을 구애받지 않았고 다른 사람의 좋은 점을 겸하려 한다고 서술하거나, 1085년 5월 밀주密州 판교진板橋鎭에 도착하여 7월 송나라의 수도인 변경卞京에 도착할 때까지 하나의 법을 알아 계법의 조목에 따라 이를 실천 수행하는 사람이 있다는 것을 알면(지일법지일행자知一法持弌行者) 두루 찾아가 자문을 구하지 않은 법이 없었다고 서술하였다.[69] 또한 제종諸宗의 노성한 사람이 있을 경우에는 만 리를 멀다 않고 찾아가서 제종의 이치(법의法義)를 많이 얻었다는 것이 그런 예이다. 그렇기 때문에 귀국 전에 양걸이 말한 "옛 성현들도 바다를 건너 구법求法한 분들이 많았지만 의천만이 천태天台 현수賢首 남산南山 자은慈恩 조계曹溪 서천범학西天梵學을 한꺼번에 전할 수 있었다"고 한 부분을 인용하였으며, 임존 자신도 방문 성과를 총평하면서 의천이 귀국함으로써 제종諸宗의 교리가 올바름을 얻었다고 평가했던 것이다.[70] 그러나 그렇다고 해서 의천과 화엄종과 조계종, 천태종과의 관계에 대해서 특기해 놓지 않은 것은 아니었다.

우선 화엄과의 관계에 대해서는 두 곳에서 언급하고 있는데, 1065년(문종 19) 의천이 화엄사찰인 영통사에서 난원을 스승으로 출가하여 현수의 교관에 대해 공부했고, 1066년(문종 20) 난원이 입적한 후에도 공부를 멈추지 않았음을 기술하고 있으며, 송나라 방문 당시 중국의 화엄종 승려인 유성有誠과 정원淨源과의 만남에 대해 서술하고 있다. 두 사람과의 만남 내용이나 의미에 대해서는 서술해 놓고 있지 않지만, 의천이 화엄과 천태를

---

69) 『僊鳳寺碑』. "師 自密州指京 聞有知一法 持弌行者 無不遍致咨問 及此固 請以弟子之禮 致謁".

70) 그럼에도 불구하고 위 표와 같이 박호는 육종의 승려들을 골고루 거론한 것에 반하여, 임존은 화엄종과 조계종, 천태종 승려들만 골라 거론한 것에서 두 사람의 차이를 엿볼 수 있다.

공부하는 태도에 대해서는 '오고 가며 (승려들을 만날 때마다) 현수와 천태 교판의 같고 다름과 화엄종·천태종의 그윽하고 오묘한 뜻에 대해 묻고 답하기도 하고, (스스로) 곡진曲盡하게 설명하기도 하였다'고 쓰고 있다.[71]

그에 비하면 의천이 송나라 방문기간 만난 50여 명의 승려 가운데 종본宗本(1020~1099)과 요원了元(1032~1098), 회련懷璉(1009~1090) 등 운문종 승려들을 3명이나 언급해 놓은 것을 보면, 비문 작성을 발의한 사람들이나 임존 역시 상당히 비중을 두었음에 틀림없다. 『선봉사비』에서는 위 3인과의 만남을 특별히 거론하면서도 내용은 별다른 것이 없는데, 다른 자료를 보면 그렇게 만만하지 않다. 가령 1085년 7월 송나라 방문 당시 31세의 의천이 66세의 종본을 만났을 때, 『화엄경』의 이해 정도에 대한 종본의 질문에 의천이 답하는 것을 보고 종본이 아직도 깨닫지 못했다고 말하는 것을 보면,[72] 젊은 의천이 만난 노성한 운문종 승려들과의 문답이 그렇게 녹녹치 않았음을 드러내는 것이었다.

송나라 운문종 승려와의 관계는 고려 선적종 승려 운문사 학일學一(1052~1145)과의 관계에서도 마찬가지였다. 1097년(숙종 2) 국청사 완공 기념 법회를 계기로, 선종 승려들 10명 중 6, 7명이 의천의 천태종으로 경도되는 경향을 보일 때 학일이 홀로 버티기를 임무로 삼는 와중에서도, 1099년(숙종 4) 홍원사에서 원각경법회가 있을 때 주지로 있던 의천이 비록 거절당했으나 학일을 초청했던 일이나 법회 기간 동안 9세의 징엄이

---

71) 『僊鳳寺碑』. "是日 往返 問答賢首天台判敎同異及兩宗幽渺之義 曲盡其說".

72) 『慧林宗本禪師別錄』(卍續藏經 73, 86a). "師問僧統曰 承聞 久熟經論是否 天曰 粗於華嚴大敎留心 師曰 好 華嚴經盡是諸聖發明稱性極談 若非親證悟解 難明法界妙理 莫曾有悟入處否 天曰 昭昭於心目之間 而相不可覩 師曰 作麼生是昭昭於心目之間 天曰 森羅及萬象 一法之所印 師曰 猶是文字語言 如何是一法 天曰 無下口處 師曰 汝未曾悟 在 諸佛意旨 密密堂堂 若非悟入 實難措口".

쓰러지자 학일이 달려와 대반야를 염송하여 소생시킬 정도의 관계가 학일과 의천의 관계였다.[73]

　그러므로 천태종 개립이후 선적종(조계종)과의 관계도 매우 구체적이다. 이 상황에 대해 김부식은 "옛것을 버리고 스스로 찾아온 이(사구이자래捨舊而自來)가 거의 일천여명이나 된다"고 서술하였고,[74] 학일의 비명을 쓴 윤언이도 "선종 승려(총림납자叢林衲子) 10명 가운데 6, 7명이 천태종에 경도되었다"고 서술한 것에 반하여, 선봉사비 건립 발의자인 교웅의 묘지명 찬자는 교웅의 스승인 익종이 "대각국사가 천태종을 개립하고 달마達摩 구산문九山門의 수준 높은 승려들(達摩九山門 고행석류高行釋流)을 모을 때에 참가했다"고 서술하였고,[75] 임존은 더 구체적으로 달마 구산문이 아닌 천태 오산(거돈居頓 신□神□ 영암靈巖 고달高達 지곡智谷)과 대비함으로써 구산문 가운데서도 법안종 계통의 승려들이 중심이었고, 익종을 비롯한 구산九山의 나머지 선적종 승려들이 또 다른 일파를 이루고 있음을 명시하고 있다.

　이상과 같은 화엄과 조계종에 대한 약술에 반하여, 천태종 개립을 온 천하에 고하고, 그중에서도 남숭산사(선봉사)를 기왕의 천태 오산과 함께 천태 육산으로 자리를 매기려는 부분에 대한 서술은 매우 자세하고 치밀하다. 첫째, 시조始祖의 위치를 분명히 하려는 목적에서, 의천에 대한 양기陽記(비 앞면)의 서문은 인도 불교계와의 역사적 연결과 고려 초기 천태학 승려들에 대한 비판이 두드러진다. 서천축국과 고려와의 지리적 관계에 대해 큰 구름이라면 같이 덮일 것이고, 한번 비가 내리면 두 땅을 동시에

---

73) 「雲門寺圓應國師碑銘」 『韓國金石全文』 中世 上.

74) 『靈通寺碑』. "一時學者 瞻望聖涯 捨舊而自來 幾一千之盛矣哉".

75) 「國淸寺妙應大禪師敎雄墓誌」 『韓國金石全文』 中世 上. "會大覺國師肇立台宗 募集達摩九山門高行釋流 方且弘揚敎觀 開一佛乘最上法門宗 禪師 樂聞其敎 遂就學焉"

적실 정도로 가까운 거리라고 하였다.

그런데 이 인도 불교와 관련해 양기 본문에서는 천태종의 역사와 관련해서 보다 구체적으로 설명하고 있다. 즉 『법화경』에서 말하기를 부처는 중생을 위해 일승一乘으로서만 설법하였지만, 이승二乘과 삼승三乘에 대해서도 이를 모아 하나의 체계로 만든 진실한 관법觀法이 구슬처럼 꿰어져 있는데, 특히 미륵보살은 부처님의 말씀을 직접 듣고 공관空觀과 가관假觀, 중관中觀의 3관觀 가운데에서 제일 핵심이 되는 근본 뜻(의제義諦)을 잇게 만들었다는 것이다.76) 그 후 또 다시 불경의 뜻이 왜곡되자 용수龍樹가 나와 바로 잡고, 이런 전통은 중국으로 이어져 이른바 천태 9조로 연결되어 발전해 왔다고 한다.77) 이러한 설명은 고려 천태종이 『법화경』을 골간으로 삼고 천태 지의의 가르침을 나침반으로 삼아 발전해야 한다는 것으로 발전하였다.78)

같은 선상에서 고려 태조 때의 불교계 특기 사항을 서천축국西天竺國 출신의 삼장三藏 마후라摩睺羅가 초청 없이 방문한 것을 든 것에 비하여, 고려에서 오대나 송으로의 유학 승려나 방문 승려들의 역할이 그다지 크지 않았다는 점을 강조하고 있다. 겨우 자신이 속한 종파에 대한 것만 공부해 왔는데, 그것도 자신들의 문도만 이해할 정도였다는 것이다. 고려 초기 승려들에 대한 비판은 천태를 공부한 제관과 지종에 대해서도 예외가 아니었다. 제관과 지종의 시대에서 시작하였지만, 고려 땅에 종학을 세우지

---

76) 『僊鳳寺碑』. "法華經云 日月燈明 佛出顯於世 說四諦·十二因緣 六波羅密 佛告舍利弗 如來 但以一佛乘 故爲衆生說法 無有餘乘 若二若三 然不離此座 値了二三 會之圓妙 一法 眞觀 已備於纓絡 空假名及中道 第一義諦 補處大士 金口親承".

77) 龍樹－慧文(北齊人)－慧思(515~577)－智顗(538~597)－灌頂(561~632)－智威 (?~680)－慧威(생몰년미상)－玄朗(673~754)－湛然(711~782).

78) 『僊鳳寺碑』. "本宗 纓絡 一家敎文 遠稟佛經 以法華爲宗骨 以智論爲指南 自龍樹至荊谿 世歷九祖 其敎 大行於中國 寥寥四百餘年 此 土未立宗 敎何哉".

못하고 오랫동안 끊겨 있었다는 것이다.[79] 당연히 의천의 존재는 매우 높게 평가될 수밖에 없는데, 의천은 다른 승려들과 달리 자신이 속한 종파만이 아니라 제종諸宗에 대한 이해가 높았다는 점을 강조하게 된다.

둘째, 의천의 천태종 개립과정에 대한 설명이다. 천태종 승려들의 발의로 시작된 글이기 때문에 정당성 설명 부분에서 갖게 된 부담감은 의천의 송나라 방문 동기가 숙종이 번저蕃邸에 있을 때 함께 인예태후를 방문했다는 사실을 적은 것으로 발전되었다. 이때 의천이 '천태삼관이 최상의 진승인데도 고려에 천태종이 개립되지 않은 것이 애석하다'고 말하고,[80] 이에 대해 인예태후가 동의하고 숙종이 외호하겠다고 해서 송나라 방문을 하게 되었다고 적어놓았던 것이다. 물론 국내 학습과정에서 19살 때 이미 국내외에 있는 교장을 모아 유통시키려는 뜻을 드러냈고,[81] 23살 때부터 강연도 하고 강연을 준비하면서 필요한 경전을 역주할 때 묘현 10권(천태天台 지의智顗의 『법화현의法華玄義』 10권)도 있었지만,[82] 이 설명에는 결정적인 하자가 있다. 왜냐하면 숙종의 번저蕃邸 시절이라면 동궁시절이어야 하는데, 숙종이 문종 때에 동궁은 아니었기 때문이다. 그러므로 이 부분은 송나라 방문 후에 제기되는 것으로 보는 것이 자연스러울 것이다.

송나라 방문에서 만난 천태 관련 승려가 종간從諫이다. 종간이 천태종 승려임은 의천이 귀국 길에 답사한 천태산 불롱산의 지자대사智者大師 승탑僧塔에서 행한 언급으로 알 수 있는데, 승탑 방문 전에 들었다는 자변慈辯(종간)의 교관敎觀은 지의智顗의 교관에 대한 설명이었을 것이기

79) 『僊鳳寺碑』. "況 天台一宗 雖或濫觴於諦觀智宗軰 而此土 未立其宗學者 久絶".
80) 『僊鳳寺碑』. "天台三觀 最上眞乘 此土 宗門未立 眞可惜也".
81) 義天, 「代世子集敎藏發願疏」『大覺國師文集』卷14. "凡有百科之科敎 集爲一藏以流通".
82) 義天, 「庚辰六月四日國淸寺講徹天台妙玄之後言志示徒」『大覺國師文集』卷20. "二紀孜孜務講宣 錦翻三百貫花詮".

때문이다. 이에 더해 제관諦觀을 들어 고려 천태학의 전통 역시, 본인의 천태종 개립 의지와 관련해서 언급하고 있는데, 이러한 서술은 김부식과는 차이가 있다.

귀국 후 선종宣宗에게 한 송나라 방문 보고는 화엄종과 천태종 중심으로 하고 있는데, 왕실의 도움으로 제종諸宗의 승려들을 두루 만날 수 있었고, 특히 화엄과 천태에 관해서는 본인도 연구를 많이 했고, 전래자로서의 대우도 받았다고 서술하고 있다.[83] 그리고 이때 선종 승려 가운데 후에 남숭산사를 이끄는 4대 제자(덕린德麟·익종翼宗·경란景蘭·연묘連妙)가 합류하게 된다.

방문 보고와 4대 제자 합류에 이어 국청사 창건과정에 대해 서술하고 있다. 아마도 1086년(선종 3) 의천이 동궁인 숙종과 함께 송 방문 보고 자리에서 국청사 창건의 필요성을 말하고 이를 인예태후가 후원하다가 1093년(선종 10) 인혜태후가 사망하자 숙종이 이를 이어 1097년(숙종 2) 완공하였다. 1097년 5월 의천이 흥왕사와 함께 국청사 주지에 임명되고, 완공 기념식에는 숙종과 천태종 및 제종諸宗(육종) 승려들이 모두 모였다는데, 여기서 의천이 유명한 기념강연을 하였다.[84]

요컨대 임존은 의천의 천태종 개립 과정과 의미를 천태종뿐 아니라 제종 승려들의 동의를 받았다는 것으로 정리한 것인데, 이는 곧 양기 서문에서 "부처의 대를 이어 세상에 나온 이후 때때로 도道에 대해 묻고, 조풍祖風과 가풍家風을 이어 법륜法輪(교법敎法)을 크게 바꾼 것이 마치 우담화가 나타난 것과 같다"고 의천을 총괄 평가한 것과 같은 것이다.[85]

---

83) 『僊鳳寺碑』. "故其求法初還 所上表云 涉萬里之洪波 叅百城之善友 備尋眞敎 盖賴聖威 以至天台賢首之宗 台嶺南山之旨 濫傳爐拂 謬事箕裘".

84) 義天, 「新創國淸寺啓講辭」『大覺國師文集』卷3.

85) 『僊鳳寺碑』. "至於代佛出世 猶假問道 繼祖家風 轉大法輪者 如優曇花 乃一得而見之".

## 4. 사대업四大業과 『신편제종교장총록新編諸宗敎藏總錄』

『선봉사비』의 양기는 의천의 국청사 완공 기념강연 후에 숙종이 시작하여 예종이 완공한 천수사天壽寺 건립과정으로 마무리 된다. 국청사가 있음에도 천수사를 건립한 목적에 대해 굳이 천태교관天台敎觀을 받들기 위한 것이라고 특기하고, 임존이 쓴 비문을 서書하고 각刻한 이들도 모두 천수사 승려라는 점을 생각해보면 전술한 바와 같이 굳이 천수사 창건을 거론한 이유를 충분히 알 수 있겠다. 그러나 이는 작은 이유이고, 보다 큰 이유는 새로 세운 천태종의 위치를 국초부터 자리를 잡아온 조계와 화엄, 유가 등 3대업大業과 함께 천태종을 포함한 4대업四大業으로 올리기 위한 것이었다.

대업大業이 되기 위한 조건으로 『선봉사비』에서는 우선 독자적인 승과僧科와 승계僧階 정립을 들었다.[86] 예를 들어 『선봉사비』 음기에서는 1101년 (숙종 6) 의천이 주관하여 전국에서 천태종 승과를 치를 승려 100여 명을 뽑아 개경 봉은사에 합숙을 시키면서, 천태종 관련 경론經論 120권을 공부하게 하여, 이 가운데 40여 명을 뽑았다고 한다.[87] 그런데 『선봉사비』 음기에서는 이와 함께 '궤범제등軌範齊等'을 들고 있다.[88] 이를 술어로 해석하자니 등等이 해석이 안 되고, 궤범軌範을 고유 명사로 해석하자니 제등齊等이 해석이 안 된다. 그런데 제齊가 재齋의 오자라면 상황은 달라진다. 나말여초 불교 금석문을 검토해 보면, 궤軌는 궤철軌轍(서운사 료오화상

---

86) 許興植, 1978, 「앞의 글」, 81쪽.
87) 교웅이 이때 25세의 나이로 최우수 성적을 받아 대덕이 되었다. 「國淸寺妙應大禪師敎雄墓誌」『韓國金石全文』中世 上. "乾統元年 國家始開 台宗大選 使國師主盟 別白善否 升黜之詳 而師褒然爲擧首 答在上上品 授大德." 이 자료의 乾統九年이 乾統元年의 필사상의 착오임은 이미 여러 학자들이 지적한 바 있다.
88) 『僊鳳寺碑』. "與先 國初大行 曹溪·華嚴·瑜伽 軌範齊等 世謂之四大業也".

비), 궤측軌則(비로암 진공대사비), 궤구軌矩(갈양사 혜거국사비)로 나오고, 범範은 사범師範, 재齋는 재계齋戒나 재회齋會 등으로 해석할 수 있기 때문이다. 그렇다면 대업大業의 조건으로서 불경佛經과 이에 대한 해석의 역사(궤철軌轍)에 대한 이해, 본보기가 될 만한 역대 조사祖師에 대한 이해(사범師範), 재계齋戒의 실행 등이 있어야 한다는 것이 된다. 이 가운데 개별성이 강한 재계齋戒를 제외한다면, 경전 해석의 역사와 역대 조사에 대한 이해가 특히 중요한 조건이 될 것이다.

임존이 김부식의 화엄 9조설에 대응하기 위해 천태 9조설을 내세운 것이나, 일일이 거론하기조차 어려운 나말여초 선사비문 서序의 서문에 실려 있는 선사 계보, 그리고 법상종의 경우 혜덕왕사 소현(1038~1096)의 비문에 있는 바와 같이, 금산사 남쪽에 광교원을 지어 경판을 두고 광교원 가운데 한 금당에 노사나불과 현장, 규기의 상을 그려 넣은 것도[89] 그러한 예일 것이다.

그리고 임존이 자신의 글에서 예를 든 『법화경』과 천태 지의가 차지하는 천태종 내의 위치에 대한 것이나, 굳이 거론할 필요가 없는 화엄종 관련 주요 경전과 경전 해석의 역사나, 조계종의 경우도 나말여초 긍양의 대장경 연구와 1107년(예종 2) 왕사로 임명된 담진曇眞이 요본遼本 대장경大藏經을 가져온 사실로 보면 충분히 알 수 있다.[90] 한편 유가종, 즉 법상종의 경우에도 삼천사 대지국사 법경(942~1034)의 비편에 팔장八藏이 나오는데,[91] 이 팔장八藏이 대승의 경율논잡經律論雜의 4장과 소승의 경율논잡의

---

89) 「贈諡慧德王師眞應之塔碑銘」『韓國金石全文』中世 上. "師 曾於金山寺選勝于寺之南 走 六十許步地 創設 院 額號廣敎 仍筆刻雕經板 置十院 院之中 別造金堂一所 幷繪畵 盧舍那及獎基二師像其堂".

90) 李仁在, 2005, 「禪師 兢讓의 생애와 大藏經」『韓國史硏究』131 ; 金相永, 1988, 「高麗 睿宗代 禪宗의 復興과 佛敎界의 變化」『淸溪史學』5.

91) 崔淳雨, 1965, 「三角山 三川寺 大智國師碑」『美術資料』10.

4장을 말한다는 사전적 정의를 토대로 해 보면, 유가종 역시 불경과 이에 대한 해석의 역사를 파악하는데 많은 노력을 기울였다고 할 수 있고, 혜덕왕사 소현(1038~1096)의 비문에 있는 『금광명경』과 규기가 지은 『법화현찬』과 『유식술기』 등 장소 32부 353권을 모아 간행했다는 구절도 간과할 수 없는 부분이다.[92]

당시 고려 불교계의 상황을 이렇게 봐야 『영통사비』에서 언급한 1091년 (선종 8) 봄 남방을 돌아다니면서 찾아 얻은 책이 무려 4천권이라는 글귀가 이해가 된다.[93] 1086년(선종 3) 송나라 방문 성과로 1천권을 구입해 오고,[94] 귀국 후 선종에게 청하여 국비와 사비를 활용하여 요나라와 송나라, 일본 등지에서 4천권을 구입한 다음,[95] 1090년(선종 7) 『신편제종교장총록新編諸 宗敎藏總錄』에 대한 서敍를 쓰고,[96] 다시 1091년 국내에 소장되어 있던 교장敎藏 4천권을 모았다. 그런데 국외와 국내에서 모은 서적들의 상태가 나쁜 것도 많고 당연히 중복되는 것도 많았을 것이다. 이 작업은 의천 혼자서 하지 않았다. 흥왕사 교장도감이 중심이 되어 이를 분류하고 바로 잡을 수 있는 사람들을 초빙하였고, 이들의 작업 결과 얼마 지나지 않아 크게 체계를 갖출 수 있게 되었으며, 이에 따라 배우려는 사람들이 기꺼이 열람을 의뢰할 수 있게 되었던 것이다.[97] 이렇게 교장도감 소속 학자들이

---

92) 「贈諡慧德王師眞應之塔碑銘」 『韓國金石全文』 中世 上. "自太康九年 至師之末年 搜訪 慈恩所撰法華玄贊惟識述記等章疏三十二部 共計三百五十三卷 考正其本 募工開板 私 具紙墨 印布流通 以廣法施也".

93) 『靈通寺碑』. "於辛未春 南遊搜索所得書 無慮四千卷".

94) 『高麗史』 卷92 大覺國師 煦. "煦獻釋典及經書一千卷".

95) 『靈通寺碑』. "官勝私楮 亡散幾盡 遂重購 求書於中國以及契丹日本";『高麗史』 卷92 大覺國師 煦. "於興王寺 奏置敎藏都監 購書於遼宋 多至四千卷 悉皆刊行".

96) 義天, 「新編諸敎藏總錄敍」 『大覺國師文集』 卷1. "時後高麗十三葉 在宥之八年 歲次 庚午八月初八日 海東傳華嚴大敎 沙門 義天敍".

97) 『靈通寺碑』. "召名流校定謬缺 使上之鈗椠 不幾稔閒 文籍大備 學者忻賴".

의천을 중심으로 지속적으로 교장을 모으고, 정리하여 목록을 정리하였기 때문에 김부식이 정리한 의천의 저작물에『원종문류』,『석원사림』,『문집』까지도 거론됨에도 불구하고『신편제종교장총록』이 언급되지 않은 이유이었겠다. 그리고 이렇게 교장 정리와 이용을 개방하였기 때문에 앞에서 언급한 국청사 완공기념강연에 제종諸宗 승려들이 자발적으로 참석할 수 있었던 것이다.

## Ⅳ. 맺음말

이상과 같이 이 글에서는 박호와 김부식, 임존의 의천 평가를 살펴보았다.『신편제종교장총록新編諸宗敎藏總錄』과 같은 업적이 탄생할 수 있었던 사정에는 당시 고려 불교계의 저력底力과 조력助力이 있었을 것이라는 점과, 의천이 단서를 마련해 준 천태종 개립이라는 사건을 통해 이른바 종파, 대업이 무엇을 의미하는지를 파악해 보고자 한 것이다. 여기에 부수적으로 글을 요청한 후원자들의 뜻을 살리면서도 의천을 평가할 때 짚어야 할 사항들을 누락하지 않아야 한다는 찬자들의 고심을 확인할 수 있었던 것이 과외의 수확이었다. 지금까지 거론했던 내용 가운데, 다섯 가지 주요 사항을 요약하면 다음과 같다.

첫째, 대각국사비의 비문은 수년에 걸쳐 제자들이 작성한 행록行錄을 토대로 찬자撰者들이 작성하였으며, 건립도 부지를 정하고 적당한 돌들을 확보하며 다듬는 동안 수년이 걸렸음을 확인할 수 있었다. 이러한 상황을 놓고 볼 때, 지금까지 연구에서 또 다른 찬자로 알려진 윤관이 대각국사가 입적한 다음해에 곧바로 비문을 지을 수도 없었을 것이고, 당연히 윤관이 작성한 비문을 새긴 대각국사비도 없었음을 확인할 수 있었다.

둘째, 박호와 김부식, 임존이 모두 공동으로 평가한 의천의 업적은 역시 제종諸宗 교장敎藏의 수집蒐集과 이 과정에서 맺은 제종 승려들과의 교류였다. 그럼에도 불구하고 김부식이 의천의 저작물로『신편제종교장총록新編諸宗敎藏總錄』을 거론하지 않은 것은 의천이 서敍를 쓴 수집물이 기본이 되기는 했지만, 후학들이 지속적으로 교장을 모아갔기 때문이었다.

셋째, 글을 요청한 후원자들이 각각 영통사 화엄종 승려들과 천태종, 특히 천수사와 선봉사를 중심으로 한 승려들이었기 때문에 글의 많은 분량은 그들이 제공한 자료를 중심으로 정리되어 있지만, 역사가답게 김부식은 자신이 독자적으로 확인한 자료로 천태종 개립자로서의 의천을 평가하였고, 임존 역시 3대업大業을 거론함으로써 천태종만이 아닌 조계종과 유가종, 화엄종과의 병렬 평가를 이끌어낼 수 있게 했다.

넷째, 대업大業의 기본 요건으로 독자적인 승과僧科와 승계僧階가 정립되어야 할 뿐만 아니라 개별 종파가 중요시하는 불경佛經(소의경전所依經典)과 이에 대한 해석의 역사(궤철軌轍), 본보기가 될 만한 역대 조사祖師에 대한 이해(사범師範), 재계齋戒의 실행이 있어야했다.

다섯째, 천태종 개립과정에서의 의천의 역할은 다른 3대업과 마찬가지로 불경(법화경)과 이에 대한 해석의 역사(천태 삼관)의 중요성을 거론한 것과 입적하던 해인 1101년 천태 대선을 기획한 일까지였다. 실제 박호나 김부식, 임존의 글에서 천태 대선에 대한 언급이 없는 것으로 보아, 의천이 기획하고 실천은 익종이 했을 가능성이 높다. 그 후 천태 9조설과 고려 불교사에서의 천태종의 위치에 대한 체계화는 교웅 이후 천태종 승려들의 과업이었겠다.

## 제4편

원주문화재 환수운동과
원주 폐사지의 세계유산적 가치

# |제13장|
# 20세기 말~21세기 초
# 원주지방의 문화재 환수운동과 복원·재현사업

## I. 머리말

　한국박물관 개관 '백주년' 기념특별전(2009. 9. 29~11.8)의 일환으로
유명한 안견의「몽유도원도」가 국립중앙박물관 기획전시실에 전시되자,
수많은 사람들이 적게는 세 시간, 많게는 대여섯 시간이나 줄을 서서
기다린 다음 '1분' 정도 '허가'를 받아 관람하였다. 필자도 그 해 하루
날 잡아 박물관 동·서관 사이에서 계단으로 잘려진 하늘을 감상하면서,
그리고 머릿속으로 그림의 형상을 기억해 보려고 애쓰면서 3시간 20분
정도의 시간을 보낸 다음 정확히 1분 관람하였다. 필자를 포함한 수많은
사람들이 같이 전시되는 가치 있는 전시물들을 포기하고 오랜 시간 긴
행렬에 동참하고자 마음먹은 데에는 그 그림이 '타국살이' 문화재라는
점도 작심 사유 중의 하나였겠다.

　십 수 년전 미국 모대학에서 연구년을 보내면서 흥미로운 장면을 경험한
적이 있다. 그 대학 도서관 장서 600만권 째를 기념하면서 많은 돈을
써서 한국학 관련 고서적을 구입하려고 애쓰는 현장이었다. 결과가 어떻게

되었는지 확인하지 못하고 연구년을 마감했지만, 이렇게 '정당한' 절차를 거쳐 문화재급 고서적이 나라를 건너가 '타국살이'를 한다면 한국사람 누구라도 문화재의 해외 반출을 흔쾌히 받아들여줄 마음의 여유를 가지고 있을 것이다.

현재 남북한의 국립박물관은 각각 11곳과 13곳이라고 한다.[1] 같은 기사에 중국은 1곳, 일본은 4곳의 국립박물관이 있다고 소개하고 있다. 필자의 관심은 중국과 일본에 비해 우리나라에 국립박물관이 그토록 많은 이유이다. 이웃나라 국립박물관 수장고와 전시실에 소장·전시될 유물이 우리나라에 비해 특별히 적다고 생각되지 않는 바에야 두 나라가 국립을 최소화하려고 한 의도가 궁금했다. 문화재의 이른바 '타향살이'를 주목해야할 이유이기도 하다. 사실 국립중앙박물관은 1945년 12월 3일 개관 이후, 1915년 12월에 개관한 총독부박물관과, 총독부박물관이 보관해 오던 유물들의 소장 경위와 기준을 자체적으로라도 엄격히 물었어야 했다.[2]

1995년 3월 20일 원주문화원이 원주의 지역문화재 가운데 '타향'으로 반출된 문화재를 원래 위치에 환수하도록 국립중앙박물관에 요청한 적이 있었다. 정당하지 못한 사유로 '타국살이' 하게 된 문화재 반환에만 관심을 쏟아온 학계에 많은 생각을 하게 해 준 하나의 '사건'이었다. 개발로 말미암아 원소재지가 훼손되지 않았다면, 출토지에 유물이 있는 것이 가장 자연스럽다. 물론 근대세계로의 급격한 재편과정에서 미처 유물의 조사, 발굴에 관심이나 여력이 부족할 수밖에 없었던 국가나 지역의 문화재

---

1) 박정호, 2009, 「남북 대표박물관 이름 '중앙'이 들어간 까닭은」『중앙일보』 (9.29).
2) 총독부박물관이 소장했던 유물은 1910년 이후 동경제국대학에서 파견된 일제 관학자들이 조사, 발굴한 자료들이다. 안지영, 2009, 「이왕가 박물관의 설립과 전시체계의 변화」(연세대 석사학위논문).

가 '긴 시간' 타국이나 타향에 있을 수밖에 없었던 사정이 이해되지 못하는 바는 아니지만, 그렇다고 하더라도 정당성을 인정할 수 없는 문화재 반출 과정과 현상 유지가 양해되는 것은 아니다. 더구나 이를 '100주년'이라는 숫자로 감출 수 있는 것은 아니다.

1994년부터 시작된 원주문화원과 국립중앙박물관 사이에 반출문화재 환수운동은 원주시와 원주문화계, 국립중앙박물관과 문화재청이 서로 의견을 밝혀가는 과정에서 문화재 재현 사업과 복원 사업이라는 새로운 국면으로 전환해 가고 있다. 그 과정에서 기왕에 논란이 되고 있는 원주문화 재와 더불어 새로 조사·발굴되는 문화재를 어떻게 소장, 연구, 전시되어야 하는지에 대해 좀 더 폭넓은 논의가 기대되고 있는 형편이다.

기존 혹은 신규로 지역에서 발굴된 문화재들이 일차적으로 지역사 복원 자료가 되고, 이차적으로 국가사 정립에 활용되며, 넓게는 세계문화유 산으로 보전될 수 있도록, 국립박물관과 국립문화재연구소, 문화재청 등 중앙정부 기관과 시립(군립, 구립) 박물관 등 지방정부 기관, 그리고 지역소재 대학박물관 및 사설박물관, 발굴기관 등이 서로 협력해야겠다. 부당하다면 기득권이라도 고집하지 말고, 오히려 인적, 물적 등 연구 및 시설이 풍부한 기관은 부족한 기관에 역량을 보완해 주고, 기왕에 확보된 역량은 활용하는 관례를 만들어 모든 기관이 각자 스스로의 역할을 할 수 있도록 서로 돕는 관계가 만들어져야겠다.

이러한 목표를 가지고 이 글에서는 원주를 중심으로 지금까지 논의된 반출문화재 환수운동과, 그 과정에서 제기된 재현사업과 복원사업에 대한 사안들을 일차적으로 정리해 보고자 한다. 정리과정에서 드러날 필자의 부족한 식견에 대해서는 많은 충고를 기대하는 바이다.

# II. 환수운동에서 재현·복원사업까지

**환수운동** : 1차 반출문화재 환원운동(1994~2002)은, 1994년 10월 4일 당시 원주횡성 국회의원이었던 박경수 의원이 원주문화원을 방문하여 반출문화재에 대한 배경 설명 및 협조요청을 함으로써 시작되었다. 이 제안은 원주군과 원주시 통합 직전인[3] 1994년 12월 14일 원주군(41대 군수 김기열)에서 문화재환수 추진계획을 시달하고, 통합 원주시 지방정부 (초대 시장 김대종)가 계승하여, 1995년 3월 20일 원주문화원(13~14대 원장 박형진)이 「지역문화재환수협조」 공문을 국립중앙박물관으로 발송함으로써 원주시의 정책이 되고, 원주시민들의 운동이 되었다. 통합 원주시 지방정부의 첫 번째 문화정책이 반출문화재 환수 운동이 되었던 셈이다. 당시 환수대상이 되었던 문화재는 국보 2점, 보물 5점, 보물급 2점 총 9점이었다.[4]

이러한 원주문화원의 반출문화재 환수 요청에 대한 국립중앙박물관의 회신 내용은, 요청 공문을 발송한 지 보름여가 지난 1995년 4월 7일에 전달된 '불가'였다. 도난 위험 등의 문화재 보존 문제가 생길 수 있다는 것이었다. 1994년부터 2002년 10월까지 재임한 박형진 원주문화원장 시절의 1차 반출문화재 환수운동은 1995년 9월 10일 원주문화원의 정기이사회의 결의사항으로 추진위원회를 구성하여 활동하였지만, 지역 여론과는 달리 국립중앙박물관과의 의견교환이 진전되지는 못하였다. 그나마 다행인 것은 1993년 건립 계획이 세워진 원주시립박물관이 상당한 수준의 수장고를 마련한 다음 2000년 11월 14일 개관하였다는 것이었다.

---

3) 1989년 원성군이 원주군으로 이름을 바꾸고, 1995년 1월 1일 원주군과 원주시가 통합되었다.
4) 원주문화원 회의자료(2003.10.30).

〈환수대상인 원주 반출문화재〉

| 순번 | 종류 | 지정번호 | 명칭 | 소재지(현) | 소재지(원) |
|---|---|---|---|---|---|
| 1 | 국보 | 제101호 | 법천사지광국사현묘탑 | 경복궁 경내 | 부론면 법천사 법천사지 |
| 2 | 국보 | 제104호 | 전 흥법사염거화상탑 | 국립중앙박물관 | 지정면 안창리 흥법사지 |
| 3 | 보물 | 제190호 | 거돈사원공대사승묘탑 | 국립중앙박물관 | 부론명 정산리 거돈사지 |
| 4 | 보물 | 제463호 | 진공대사탑비 비신 | 국박 수장고 | 지정면 안창리 흥법사지 |
| 5 | 보물 | 제365호 | 흥법사 진공대사 탑 및 부석관 | 국립중앙박물관 | 지정면 안창리 흥법사지 |
| 6 | 보물 | 제358호 | 영전사지 보존제자 | 국립중앙박물관 | 태장동 영천사 |
| 7 | 보물 | 제358호 | 사리탑 2기 | 국립중앙박물관 | 태장동 영천사 |
| 8 | — | | 천수사 오층석탑 | 국립중앙박물관 | 원주시 천수사 |
| 9 | — | | 천수사 삼층석탑 | 국립중앙박물관 | 원주시 천수사 |

2003년과 2004년에 걸쳐 원주문화원(15대 원장 박종락)이 주관한 2차 반출문화재 환수운동은 2005년 10월에 국립박물관이 용산으로 이전 개관하게 됨을 계기로 다시 시작되었다. 국립중앙박물관이 경복궁시대를 마감하고 용산시대를 새로 펼치고자 하면 문화재 이전이 진행될 것이고, 이전에 따라 문화재가 포장되면 원 위치로 이전시키기가 훨씬 쉽다는 판단이 개재되어 있었다. 이러한 환경변화에 따라 2003년 6월 3일 원주문화원 이사회에서 문화재 환수 재추진에 대한 결의가 이루어지고, 6월 18일 국립중앙박물관에 원주지역 문화재 반환 요청을 하는 한편,[5] 6월 25일 원주문화원의 협조 요청으로 원주시장, 원주시의회 의장, 원주시 국회의원이 공조하여 협조문을 발송하기에 이르렀다.

당시 원주문화원은 환수 필요성에 대해서 다음과 같이 요약해서 정리하였다. 첫째, 이른바 '타향살이 문화재'는 일제 강점기에 우리 민족의 얼과

---

5) 원주문화원 제2003-59호(2003.6.18).

혼을 말살하려는 일제 식민지 정책에 따라 강제 반출된 만큼, 제 자리로 돌아와 우리 민족의 생명과 가치로 뿌리내려 불교문화 유산과 역사의 산 교육장으로 성역화할 필요가 있다. 둘째, 국립중앙박물관이 주장하는 관리·보전의 어려움을 모르는 바가 아니나, 어디에 위치하더라도 관리·보존의 필요성이 있다. 셋째, 현재 반출문화재의 원소재지인 흥법사와 거돈사, 법천사 터가 수년에 걸쳐 발굴 조사되고 있으니, 반출문화재의 원위치 환수 및 보전을 위해서는 사지寺址 발굴과 함께 원형에 가까운 사적지 정비, 발굴로 인해 출토된 유물 전시관의 건립, 국가사적지 지정 등이 함께 이루어져야 한다는 것 등이었다. 특히 강원문화재연구소가, 발굴·조사하던 법천사 터에서 2003년 8월 23일 지광국사현묘탑 자리가 탑비 전면임을 확인한 덕분에, 원위치 이전 주장이 환수 필요성의 힘을 배가하는 역할을 하였다.

이에 대해 국립중앙박물관에서는 2003년 7월 5일 요청문에 대한 회신공문에서,[6] ① 원주문화원이 반환 요청한 문화재는 기왕에도 국립중앙박물관의 소장 유물로 등록, 관리, 전시되고 있는 국가소유문화재이고, ② 우리나라 석조문화재의 흐름을 관람객에게 효율적으로 보여주기 위해 신축중인 용산 새 국립중앙박물관에서 중요 전시품으로 활용될 예정이어서 반환이 불가하므로, ③ 대안으로 재현품再現品을 제작하여 원소재지에 전시하는 것이 합리적인 방안이라고 판단되며, ④ 국립중앙박물관에서는 석조유물들의 안전한 보존 관리와 전시 등을 통하여 문화재가 지닌 가치를 지키고 고양하는데 최선의 노력을 기울이겠다고 하였다.

이와 함께 2003년 7월 22일 원주문화원 사무국장이 국립중앙박물관 유물관리부를 방문하고, 그 결과에 따라 2003년 11월 19일 국립중앙박물관

---

6) 국립중앙박물관 유물86700-879호(2003.7.5).

관계자가 법천사지와 거돈사지, 흥법사지 등을 원주문화원장과 문화원 사무국장, 원주시 문화체육과장과 문화재 담당 직원의 안내로 현장 답사를 하기도 하였다.

이후 2004년 9월까지 원주문화원을 중심으로 관련 언론기관, 지방정부, 지역 문화계 등 지역 내 많은 인사들이 환수운동에 많은 노력을 경주했음이 여러 자료로 확인되고 있다. 2003년 11월 원주문화원의 15대 원장 박종락이 부임한 이래 2년 동안의 2차 문화재 환수운동은 2004년 11월 문화재 재현사업으로 새로운 방향을 모색하게 되었다. 사업 변경의 배경으로 문화재보호법상 문화재는 지자체에 위탁 관리할 수 없는 규정이 있어, 원품 반환을 위해서는 관련 법 개정을 수반해야하기 때문에 어렵다는 것이었다.[7] 물론 환수운동 지속여부는 문화원에서 이미 결성되어 있는 환수추진위원회를 통해 검토하겠다는 단서를 달았다. 국립중앙박물관에 서도 지광국사 현묘탑 재현품을 건립할 때 소요될 것으로 예상되는 20억여 원의 재원에 대해서는 원주문화원을 통해 국고 지원에 적극 협조하겠다고 하였다고 한다.[8]

**재현사업** : 10년여의 문화재 환수운동이 일단 재현사업으로 방향을 잡자, 실제 재현사업은 빠른 속도로 진행되었다. 2005년 6월 8일 원주문화원 사무국장이 대전 문화재청을 방문하여 문화재청 건조물 담당자들과 면담하였다. 재현대상품은 대상 석조문화재 가운데 위치가 고증된 유물로 하되, 1차적으로는 보물 제190호인 거돈사 원공국사승묘탑으로 하기로 하였다. 국보 제101호인 법천사 지광국사현묘탑은 강원문화재연구소의 법천사지 발굴 조사로 원위치가 확인되었으나, 유물상태가 불안정하여 용산 국립중앙박물관으로도 이전이 불가할 정도였고, 재현품 제작 기술의

---

7) 박경철, 2004, 「문화재 환수운동 찬물」 『강원도민일보』(2004.11.20).
8) 박경철, 2004, 「문화재 환수운동 찬물」 『강원도민일보』(2004.11.20).

미비로 현 수준에서는 재현 자체가 어려우므로 앞으로 지속적인 관심을 갖고 재현품 제작을 추진하기로 하였다. 이 결정에 따라 원주문화원은, 문화재 재현품 제작에 필요한 비용과 관련하여 원주시에 의뢰하게 되었으니, 이렇게 하여 원주문화원은 오랜 기간의 반출문화재 반환운동을 일단 정리하게 되었다.

오랜 진통 끝에 시작되어서 그런지, 2006년도에서 2007년도에 진행된 거돈사 원공국사승묘탑 재현사업은 물 흐르듯이 진행되었다. 원주시와 문화재청, 국립박물관 삼자 협동으로 진행된 재현품 제작은 문화재청이 예산을 확보(2억)하여 원주시의 사업을 지원하였으며, 원주시청은 사업계획을 세우고 설계절차를 밟아 발주하였다.[9] 사업 진행과정에서 같은 시기에 진행되던 경북 군위군 고로면 파북리 612번지에 위치한 인각사의 보각국사비 재현사업을 참고하였는데, 여러 절차를 거쳐 재현품 제작자로 당시 경기도 무형문화재 42호 석장石匠인 이재순이 적임자로 선정되어 2006년 12월 8일 최종 사업발주가 완료되었다.

이후 자문위원회(김동욱·박경식·소재구·이상헌·이오희·윤홍로)가 구성되어, ① 2006년 12월 22일 제1차 자문회의(국립중앙박물관), ② 2006년 12월 28일 제1차 자문회의에 따른 석산 방문 재료지정 자문(강원도 원주시 귀래면 산 40-1, 광옥석재), ③ 2006년 12월 29일 제1차 자문회의에 따른 결실부분 복원 자문(국립중앙박물관), ④ 2007년 1월 20일 제1차 자문회의에 따른 재료 검토 자문(경기도 포천리 내촌 내리 289-8호, 대한석상), ⑤ 2007년 8월 17일 제작방법을 위한 제2차 자문회의(경기도 포천리 내촌 내리 289-8호, 대한석상)를 거쳐 ⑥ 3D 스캐닝을 이용한 실측·모형제작 ⑦ 조각 작업(원석 고르기·치석·하대석조각·중대석조각·상대석조각·탑

---

9) 원주시청, 2007, 『거돈사지원공국사승묘탑재현사업』.

신조각·옥개석조각)을 하고 ⑧ 원위치에 설치하기 위한 발굴(개토제와 시굴사업)을 한 다음 ⑨ 마침내 2007년 10월 30일 원공국사승묘탑의 원형 복제 작품(재현품)이 거돈사 현장에 설치(기초작업과 조립설치)되었다.

**복원사업** : 국립중앙박물관의 제안(2003년 7월 5일)에 따라 2006년과 2007년 거돈사지 원공국사승묘탑의 재현을 마무리한 원주시는 2008년과 2009년도 2차 사업으로 흥법사 진공대사탑비를 복원하고자 하였다. 주지 하다시피 원공국사승묘탑은 원형에 가까운 모습으로 남아 있으나, 흥법사 진공대사탑비는 귀부와 이수는 흥법사 터에 있고, 비신은 4조각이 난 상태로 국립중앙박물관에 소장되어 있다. 이에 원주시는 문화재청의 지원 을 포함한 복원 비용(2억 5천)을 확보하여 2007년 12월 24일 진공대사탑비 귀부 및 이수 탑비 복원에 따른 자료를 요청하는 한편,10) 원주시 자체 예산으로 2008년 2월 15일부터 1년간 진공대사 탑비문의 역주를 위한 연구용역(원주금석문집 제2권)을 발주하였다.

원주금석문집 제2권 연구용역의 책임자로 참가하게 된 이인재는, 우선 비신의 좋은 탁본을 구하고, 양기陽記의 글자가 당태종의 글씨를 집자했다 는 점을 확인해야 한다고 생각하였다.

이에 1972년 경복궁 경내에 방치되어 있던 비신의 앞면을 직접 탁본한 성균관대학교 사학과 명예교수인 조동원 교수와, 서체에 밝은 예술의 전당 서예박물관 이동국 학예사, 성균관대학교 박물관에서 2005년 11월 11일부터 2006년 1월 31일까지 진행한『고려시대 금석문 탁본전 - 돌에 새겨진 고려시대 선사들의 삶』을 기획한 김대식 학예실장을 공동 연구자로

---

10) ① 진공대사탑비 귀부 및 이수 탑비(비신) 앞 뒷면, 전·근경사진 ② 고증된 비신 규격(가로, 세로(높이), 두께) ③ 비신 앞, 뒷면 글자(원본) 탁본 보관여부 ④ 비신의 모형을 제작하여 수시로 문화재위원들에게 자문을 받기 위한 3D 촬영 및 사진 촬영 가능여부 ⑤기타 탑비(비신) 재현품 제작을 위한 참고자료 등(원주시 문화관광과-19320).

하여, 2008년 10월 11일 연구 용역을 마무리한 결과가 2009년 2월 발간된 책, 『원주금석문집 제2권』이다.11)

주지하다시피 진공대사탑비의 비신은 조각이 나 있다. 임진왜란 이전까지는 진공대사비 탁본이 당태종의 글씨라는 가치 덕분에 중국의 진상품이 기까지 했는데, 임란 당시 왜군 역시 당태종의 글씨라 하여 일본으로 반출하려다가 죽령에서 비가 깨어지자 그 자리에 남겨두고 떠났고, 임란 이후 수습된 비신 조각도 관리 소홀로 없어진 부분이 생겨, 현재는 윗부분 1조각, 아랫부분 3조각이 남아 있을 뿐이다. 중간 부분이 없어진 것이다. 그러므로 전체 비신의 형태와 특히 비신의 높이를 추정하기 위해서는 망실된 중간 부분에 대체 몇 자가 있었는지를 추정하는 수밖에 없다.

가령 비신의 앞면에 새겨진 글자 수는 30행×64열(65열)로 추정된다. 이 경우 높이는 64열로 추정된 각 열별 글자 높이의 합이다. 이 방법으로 추정한 높이는 3.5㎝ x 65=227.5㎝이다. 그런데 행서체로 쓴 앞면의 글씨는 당태종의 글씨를 집자하여 새겼으므로, 그 크기가 일정하지 않다. 크고 작은 글씨가 섞여 있는 것이다. 그래도 다른 방법이 없다면, 조각난 비신의 완형 높이는 이렇게 산정하고 제작해야 한다.

혹 다른 방법이 보완된다면 높이를 계산하는 데 도움을 줄 수 있다. 가령 비신의 뒷면에 새겨진 글자는 정자#字 칸에 해서체로 쓴 글씨이다. 정자 칸이 일정해서 음기 탁본이 있다면 비신의 높이를 추정하는 데 매우 큰 도움이 된다. 하지만 음기에 대한 원석 탁본은 없다. 현재 남아 있는 탁본은 조각난 비신이 눕혀져 있는 상태로 했다고 추정되기 때문에 없는 것이다. 그러므로 정자 칸의 높이가 어떻게 되는지 알 수가 없다. 그런데 비록 조각난 상태이긴 하지만 원 비신이 현재 있다. 비신의 음기를

---

11) 이인재 편, 2009, 『원주금석문집 제2권』.

탁본하거나 3D로 스캔하면 각 글자의 원 위치와 정자 칸의 높이를 알 수 있는 것이다. 음기 탁본이나 3D 스캔이 필요한 이유이다.

한편 2007년 12월 24일 원주시청이 요청한 공문에 대한 회신(2008년 2월 13일)에서 국립중앙박물관은 홍법사 진공대사탑비 탁본(본관 2396) 등, 사진 자료 3매에 대한 복제를 허가하였다. 그런데 원주시청에서는 2008년 6월 18일 사진 자료 3매에 대한 복제만으로는 비신 복원이 어렵다는 판단 하에 수장고에 소장되어 있는 비신 1조각 및 서예실에 전시되어 있는 비신 3조각에 대한 정밀 실측과 3D 촬영 및 사진 촬영을 요청하였고, 국립중앙박물관에서는 7월 16일 홍법사 진공대사탑부 석관(본관1980)의 촬영을 허락하였다. 그 결과 7월 21일 원주시에서 촬영에 나섰으나, 비신 음기에 대한 촬영을 하지 않아 복원에 필요할 정도의 촬영은 아니었다. 촬영의 목적은 비신의 전체 크기를 알기 위해서이고, 이를 위해서는 뒷면의 촬영이 필수적이었음에도 불구하고 간과하였기 때문이었다.

이에 2008년 9월 19일과 10월 10일, 2009년 4월 28일 필자의 참관 하에 비신 앞·뒷면에 대한 사진 촬영과 3D 스캔에 대해 다시 요청 공문을 발송하였고, 국립중앙박물관에서는 2009년 5월 14일 서예실에 상설 전시 되어 있는 비신 조각의 경우 ㉮ 탑비의 중량이 총 2.5톤으로 추정되어 3D 스캔 및 실측을 위한 이동시 유물의 안전 여부가 문제가 되며, ㉯ 현 전시상황에서는 촬영을 위해 복잡하고 위험한 작업 공정을 거쳐야 하므로, 이 비신 조각에 대해서는 촬영이 불가하지만, 수장고에 보관되어 있는 1점은 3D 스캔 및 실측이 가능함을 알려 주었다. 이에 대해 2009년 10월 6일 원주시청에서 전시되어 있는 비신 조각까지를 포함하여 재요청 하였으나, 여러 가지 사정으로 인하여 2009년 12월 재현을 위한 원주시의 학술용역사업은 중단되고 말았다. 이상이 홍법사 진공대사탑비 복원과 관련해서 현재까지 진행된 사항이다.

# Ⅲ. 환수운동 및 재현·복원사업이 던진 몇 가지 고려 사항

## 1. 재현·복원사업에 관하여

### 1) 재현과 복원의 일반론

현재 원주시청과 문화재청에서는 흥법사 진공대사탑비를, 기왕에 현존하고 있는 흥법사터의 귀부와 이수 사이를 벌려, 조각난 비신 대신 새로 만든 탑신을 끼워 넣은 방식으로 복원하고자 하고 있다. 거돈사 원공국사승묘탑이 국립중앙박물관에 원형을 두고, 거돈사지에 재현품을 설치하는 방식과 달리, 문화재청에서는 국보와 재현품을 섞어서 복원하겠다는 것이다. 강원도 양양군 선림원지에 있는 홍각선사탑비의 귀부와 이수(보물 제446호)에 탑신을 복원한 사례가 있다. 그러므로 흥법사 진공대사탑비의 경우도 같은 방식으로 사업을 진행해도 문제가 없다는 것이다.

**현상유지론** : 석조유물 복원은 아니지만, 건축물 복원은 상당한 연구 역량이 축적되어 있다. 문화재청에 재직했던 최종덕의 논문에 의하면 다음과 같은 사실을 알 수 있다.[12] 우선 1997년 선포된 한국의 문화유산헌장은 문화유산은 원래의 모습대로 보존되어야 한다고 했다.[13] 그런데 1964년 기념물과 역사유적지에 대한 국제기구인 ICOMOS(International Council on Monuments and Site)가 채택한 Venice 헌장 12조에 따르면,[14]

---

12) 최종덕, 2003, 「경복궁 복원의 의미」『건축역사연구』 12-3. 195∼196쪽.
13) 1997년 12월 8일의 문화유산헌장 내용은 다음과 같다. "1. 문화유산은 원래의 모습대로 보존되어야 한다. 1. 문화유산은 주위 환경과 함께 무분별한 개발로부터 보호되어야 한다. 1. 문화유산은 그 가치를 재화로 따질 수 없는 것이므로 결코 파괴·도굴되거나 불법으로 거래되어서는 안 된다. 1. 문화유산 보존의 중요성은 가정·학교·사회교육을 통해 널리 일깨워져야 한다. 1. 모든 국민은 자랑스러운 문화유산을 바탕으로 찬란한 민족 문화를 계승·발전시켜야 한다" (http://search.cha.go.kr/srch/jsp/search_top.jsp).

14) 제2조 기념물의 보존과 복원은 이 건축적 유산의 연구와 보호에 기여하는 모든 과학적 기술적 수단을 확보할 의지를 가져야 한다. 제3조 기념물을 보존하고 복원하는 의도는 이를 예술작품으로서 뿐 아니라 역사적 증거로서 보호하기 위해서이다. 제6조 기념물을 보존한다는 것은 규모에 벗어나지 않는 환경을 보존한다는 것을 의미한다. 전통적 환경이 존재하는 곳은 모두 보존되어야 한다. 기념물의 형태와 색채와의 연관성을 깨뜨리는 신축, 철거, 혹은 수정이 허용되어서는 안 된다. 제7조 기념물은 증거를 내포하고 있는 역사로부터 그리고 그것이 일어난 환경으로부터 분리될 수 없다. 기념물의 부분 혹은 전부를 이전하는 것은 기념물의 보호를 위해 이전이 꼭 필요한 경우나 국내적, 국제적인 중요성에 의해 정당화되는 경우를 제외하고는 허용되지 않는다. 제9조 복원의 과정은 고도의 전문적인 작업이다. 이의 목적은 기념물의 미학적, 역사적 가치를 보존하고, 나타내는데 있으며, 본래의 재료와 원래 기록에 대한 존중에 바탕을 둔다. 추측이 시작되는 지점에서 복원은 멈추어야 하고, 불가피한 추가의 작업은 건축구성에 있어 식별되어야 하고 당대의 표시를 포함시켜야 한다. 어떠한 경우에도 복원은 기념물의 고고학적, 역사학적 연구를 복원 전후로 동반하여야 한다. 제10조 전통의 수법이 부적절하다고 판명된 경우, 기념물의 보강은 현대수법을 이용해도 되나, 이의 효능이 과학적 자료에 의해 나타나고 경험에 의해 증명된 것이어야 한다. 제11조 기념물의 축조에 정당하게 기여한 모든 시대적 요소는 존중되어야 한다. 왜냐하면, 양식의 통일이 복원의 목표가 아니기 때문이다. 상이한 시대에 첨부된 작업이 기념물에 존재할 때, 그 이전 시대의 상태를 나타내는 것은 다음의 경우에만 허용한다. 첨부된 작업이 그리 중요하지 않고, 동시에 가려졌던 작업이 중대한 역사적, 고고학적, 미학적 가치를 가져 복원의 정당성을 더 부여 받을 수 있을 때 연관된 요소의 중요성에 관한 평가와 무엇이 파괴될 것인지에 대한 결정은 복원작업 에 책임을 지는 자에게만 의존해서는 안 된다. 제12조 소실된 부분의 교체는 전체와 조화를 이루어야 한다. 단, 교체된 부분은 원래의 것과 구별이 되게 하여야 한다. 이는 복원이 예술적, 역사적 증거로서 왜곡을 초래하게 하지 않기 위함이다. 제13조 증축 (첨가)은 이것이 건물의 중요한 (흥미로운) 부분, 전통적 환경, 구성의 균형과 주변과의 관계를 깨뜨리지 않을 때에만 허용한다. 제14조 기념물의 사적지는 기념물의 완결성을 보호하기 위해, 그리고 기념물이 품위 있게 나타내지기 위해 특별한 관심의 대상이 되어야 한다. 이러한 장소에서 행해지는 보존과 보수의 작업은 앞서의 원칙에 의해 시도되어야 한다. 발굴 제15조 발굴은 1956년 UNESCO에 의해 채택된 고고학발굴의 국제원칙에서 규정한 원칙과 표준에 맞추어 행혜져야 한다. 유적은 관리되어야 하고, 발견된 건축물과 유물의 영구보존에 필요한 수단(measures)이 채택되어야 한다. 더 나아가, 모든 수단은 기념물의 의미를 왜곡시키지 않고 이의 이해와 알림을 도모하기 위해 취해져야 한다. 모든 재건축작업이 우선시 되어서는 안 된다. 오직, anastylosis, 즉 기존의 분해된 부재들의 재조합만이 허용된다. (해체)조립에 사용된 재료는

없어진 부분은 전체적으로 조화를 이룰 수 있도록 교체되어야 하며, 원래의 것과 구별되도록 하여 교체된 부분이 예술적으로나 역사적으로 원래의 것으로 착각되지 않도록 해야 한다고 했다는 것이다.

**복원 반대론** : 같은 논문에서 복원 반대론과, 반대에 대한 반응을 인용하면 다음과 같다. 미국 Fort Union 복원사업에 대해 반대 입장을 가진 측은 다음과 같은 주장을 하였다. ㉮ 원 지반에의 복원은 필연적으로 고고학적 유적의 대량파괴를 초래하고 그것은 미래의 고고학자들이 다른 목적을 위해 혹은 기술적으로 진보되거나 발견된 방법을 사용하기 위해 추가적인 발굴을 같은 장소에서 하는 기회를 앗아간다. ㉯ 복원은 매우 추정적일 수밖에 없다. ㉰ 복원은 어떤 기준 연도를 정해서 시행되어야 하지만, 역사는 시간적으로 하나의 정적인 시점이 아니라 변화와 발전의 동적인 과정으로 해석되어야 한다. ㉱ 만약 역사적인 건축물이 복원될 수 있고, 그 복원이 원래의 것만큼이나 좋다면 원래의 진짜 역사적 건축물들은 보존될 필요가 없다. ㉲ 그 대안으로 다른 곳에 복원하는 것이 원 지반에 복원하는 것보다 바람직하다.

Bent's Old Fort 복원에 반대 입장을 가진 측은 다음과 같이 주장하였다. ㉳ National Park Service(한국의 문화재청에 해당함)의 임무는 역사를 재창조하는 것이 아니라 원래의 진짜 것들을 보존하고 해석하는 것이다. ㉴ 비록 그것이 기초의 한 조각에 불과할지라도, 어떤 사람들은 현대적으로 고쳐진 옛 건축물보다는 역사적 구조물의 원 파편들로부터 과거를 더 잘 음미할 수 있다. ㉵ 복원은 많은 비용을 필요로 하며, 더욱이 한번 복원되면 그것은 영원히 유지 관리되어야 한다. ㉶ 아무리 정확하게 복원할지라도 복원된 것은 진짜가 아니다.[15]

---

식별 가능해야 하며 최소한으로 사용되어야 한다.(http://kahoidong.com/venice charterk.html) (http://www.icomos.org/venice charter.html)

**복원 수긍론** : 미국 Fort Union 복원 반대 입장에 대한 반응으로는 다음과 같다. ㉮ Fort Union이 서부 역사에 대한 대중의 교육을 장려하는 수단으로 옹호되었지만, 사실은 관광을 통한 지역경제발전에 대한 지역주민의 관심이 표면적인 이유 뒤에 숨은 복원 이유 중의 하나이다. ㉯ Fort Union 건조물에 대한 풍부한 역사적 자료가 있다. ㉰ 고고학적 조사 결과 지하 구조물의 보존상태가 매우 양호하다는 것이 밝혀졌기 때문에 완벽한 복원을 위해 필요한, 밝혀지지 않은 당시의 건축적 상세를 고고학적 조사를 통해서 할 수 있다. ㉱ 역사적인 건축물이 원 위치에 복원되지 않는다면 보통 사람들에겐 감흥을 줄 수 없기 때문에 다른 곳에 복원하는 것은 그 의미를 반감시킬 것이다. ㉲ 복원의 결과 사람들은 이제 아름답게 복원된 19세기 중엽의 모피 거래 지역을 방문할 수 있게 되었다.

Bent's Old Fort 복원 반대론에 대한 반응은 다음과 같다. ㉳ 복원된 건축물들은 방문자에게 기쁨을 줄 뿐 아니라, 과거 생활양식을 이해하는데 도움이 된다. ㉴ 도면이나 그림 혹은 사진 등의 이차원적인 형태로부터 규모, 질감, 그리고 연속감을 보통 사람들이 느끼기 위해서는 시각화된 삼차원의 건조물이 필요하다. ㉵ 다른 곳에 복원하는 것은 방문자들이 원하는 현장감을 줄 수 없다. ㉶ 복원은 문화를 보존하는 유형적인 수단인 측면이 있다.[16]

**사료로서의 유물·유적** : 이렇게 복원 반대론과 복원 수긍론은 유물·유적 생산자의 입장에서 복원을 바라볼 것인가, 아니면 유물·유적 소비자의 태도로 복원을 바라볼 것인가의 차이에서 발생한 것이다. 역사적 안목을 중시한다면 당연히 그 시대 유물·유적의 생산자 태도에서 복원을 바라볼 것이고, 관광의 중요성을 간과하지 않는다면 소비자의 태도에서 제기하는

---

15) 최종덕, 2003, 「앞의 글」. 195~196쪽에서 재인용.
16) 최종덕, 2003, 「앞의 글」. 195~196쪽에서 재인용.

복원의 중요성을 무시하지도 않을 것이다. 문자·문헌 사료의 빈곤과 유물·유적 사료의 부족을 절실히 느끼는 국가사·지역사 연구자들이 취해야 할 유물·유적의 현상유지·복원·재현에 대한 태도를 정립할 필요성과 방향에 대한 모색은 매우 절실한 문제라 하지 않을 수 없다. 대표적으로 어떤 유적·유물을 현상 유지하고 필요에 따라 재현할 것인가 하는 문제와 어떤 유물·유적을 복원 대상으로 할 것인가에 대한 공감대와 정리가 있어야 할 것이다.

### 2) 기왕의 원주지역 문화재 복원과 재현 현황과 방향

**현황** : 전술한 바와 같이 문화재청과 원주시청은 홍법사 진공대사탑비를 국보와 재현품을 섞어서 복원하고자 하였다. 필자가 원주시청 실무자의 질문을 받고 수긍하기 어려워 직접 문화재청에 문의한 결과, 담당자는 강원도 양양 선림원지의 홍각선사비가 같은 방식으로 복원되도록 문화재위원들의 자문을 받았으므로 문제가 없다고 답변하였다. 주지하다시피 홍각선사비 역시, 귀부와 이수(보물 제446호)만 현장에 있고, 비신 조각은 일부가 국립춘천박물관과 동국대 박물관이 소장하고 있었다. 그런데 보물과 재현품을 섞어서 복원했다고 하면, 복원의 원의에서 상당히 멀어지는 것이 아닌가 생각했다.

다시 고건축으로 돌아가 보기로 하자. 건축 문화재의 복원 문제와 관련해서, 김성우는 건축의 원형을 건물의 배치계획, 가구법, 부재라는 세 측면에서 따지고 있는데,17) 복원에서 가장 중요한 것은 배치계획이고, 다음이

---

17) 김성우, 2000, 「건축문화재 복원의 동향과 방향」, 『건축역사연구』 9-1. 입지, 좌향, 배치, 주변환경 등의 원형은 배치계획의 원형에 속하고, 부재는 기단, 기둥, 보와, 기와 등의 부재들이 원래의 것이고, 원래의 형태인가를 따져야 하며, 전통건축의 건물만들기는 내외 차단의 벽의 형상에 의해 결정되는 것이 아니라, 목기구를 기본으로 하되 기단에서부터 종도리와 기와까지의 전체적

가구법이며, 셋째가 부재라고 한다. 그런데 같은 글에서 부재의 원형은 전혀 없고, 목가구법과 배치계획이 확인될 때 복원이 가능할까라는 자문을 하면서, 부재보다는 배치의 의미가 큰 것이기 때문에 복원의 효과는 상당히 달성된다고 자답하고 있다. 전통 건축에 많이 쓰이는 목재는 썩거나 불에 타기 쉽기 때문에 부재의 원형이 없다고 배치까지 잃어버리느니 배치계획의 원형이 확인되고 가구법이 살아날 수 있다면 복원계획을 세우는 것이 큰 무리는 아니라는 것이다.

이러한 전통건축의 복원 방향을 석조유물의 복원방향에 응용한다면, 첫째가 원위치이고, 둘째가 제작기법과 조립법이며, 셋째가 부재가 되는 셈이니, 흥법사 진공대사탑비의 경우도 원위치가 확인된 상태에서 현존하는 귀부와 이수에 더하여 부분만 남은 비신을 조립하는 방법이 석장의 기술로 전통방법에 가깝게 할 수 있으며, 일부 부재가 비록 원래의 것은 아니더라도 형태는 원래의 것과 같은 방식으로 제작할 수 있으니, 홍각선사비와 같이 진품과 재현품을 섞어서 복원하더라도 문제가 없을 것이라는 문화재 위원의 자문도 이해하지 못할 바는 아니다.

그런데 정작 우리가 양해해야 할 것은 김성우가 구한, 건축 문화재 부재의 성질이다. 썩기 쉽고 불타기 쉬운 목재의 경우는 충분히 이해할 수 있지만, 석재는 성질 자체가 다르다. 오히려 돌에 새겨 문자나 문양을 오랜 보존하려 했던 석조 유물 생산자들의 입장에서 보면, 너무나 쉬운 방법으로 부재의 중요성을 소홀히 대해 버리는 후대 전문가들에게 아쉬운 마음이 없지 않을까 생각되는 것이다.

주지하다시피 지증 도헌의 탑비 석재들은 남해에서 온 것들이다. 원공국사승묘탑 재현품에 사용했던 석재와 진공대사탑비 비신 재현품으로 사용

---

구성법식인 가구법의 형식에 따라 결정된다고 한다.

하고자 하는 석재는 모두 원주시 귀래면에서 산출되는 이른바 귀래석이다. 물론 해당 유적과 가까운 지역의 석재를 사용하지 않았는지는 현재로선 확인할 수 없지만, 후대 학자들이 관심을 갖게 되면 꼭 불가능한 일만은 아니다. 비파괴방식으로 석질을 분석해 낼 수 있는 기술이 확보되면, 후대 학자들이 우리보다 훨씬 근거를 가지고 석재를 골라 낼 수 있을 것이다.

비신뿐이라고 해도 제작 기법 역시 간단히 넘길 수 없는 문제가 많다. 가령 원주와 교류가 많았을 것이라고 생각되는 영월 흥녕사 징효대사탑비와 충주 정토사 법경대사탑비의 비신은 같은 모양이 아니다. 그에 반하여 시기는 좀 떨어지지만 현화사비와 칠장사 혜소국사비, 법천사 지광국사비의 비신은 공통점이 많다. 그렇다면 제작기법이 보여주는 지역간 공통점에 대한 확인도 후대를 기약하는 것이 훨씬 자연스럽지 않은가 생각된다.

사실 거돈사 원공국사승묘탑의 원위치도 현재로서는 좀 더 고려해 보아야 하지 않을까 생각된다. 1981년 문화재관리국에서 작성한 책을 보면,[18] 원공국사승묘탑의 원 위치에 대한 내용이 없다. 그런데 1986년 당시 문화공보부 문화재연구소 보존과학연구실장인 김동현이 조사한 보고서에는 중심사역 산 북쪽의 현 위치가 탑전塔殿이었다고 하였다.[19] 이 승탑은 1918년 작성한 조선고적도보에도 서울에 승탑이 있었으므로, 그 이전에 반출되었던 문화재인데, 한림대 박물관에서 조사한 바에 따르면 이른바 탑전 남쪽 축대 밑에 구른 큰 괴석 뒤에서 승탑 옥개 위의 보개형상륜寶蓋形相輪의 귀꽃 한 개가 발견되었다고 한다.[20]

---

18) 문화공보부 문화재관리국, 1981, 「원성지구석조물」『문화유적보수정화지 - 석조문화재편』, 205쪽.
19) 원성군, 1986, 『거돈사지 석물실측 및 지표조사 보고서』.
20) 한림대 박물관, 2001, 『거돈사지 발굴조사보고서』. 89쪽.

그런데 이런 설명에도 불구하고 원위치에 의구심을 갖는 것은 승탑과 탑비의 거리가 너무 멀다는 것이다. 고려 전기 원공국사의 후원자들은 금당을 기준으로 남동과 북동에 서로 200m 떨어뜨려 탑비와 승탑을 세운 셈이 되는 것이다. 강원문화재연구소가 발굴한 바에 따르면, 법천사 지광국사 탑비와 승탑은 서로 맞붙어 있다. 이런 의문이 완전히 해소되지 않는 한 기왕의 원위치라고 알려진 곳이라도 수용할 때에는 신중할 필요가 있겠다.

**방향** : 그렇다면 이런 상황에서 석조유물의 현상유지, 복원과 재현은 어떻게 해야 할 것인가? 이를 위해서는 무엇보다도 용어 사용의 적절성이 검토되어야 하겠다. 가령 2008년 2월 10일 국보 숭례문이 관리 소홀에 따른 방화에 의해 소실되었다. 그리고 숭례문 '복원'이 완료되었다. 현재를 살고 있는 문화재 소비자의 입장에서는 아쉬운 마음에서 '복원'이라는 용어 사용에 너그럽지만, 문화재 생산자의 입장에서는 엄격히 말해서 '중수重修' 혹은 '중건重建'이라고 칭하는 것이 사실에 가깝다. 실제 창건 이후 여러 이유로 망실된 후, 중건 혹은 삼중건 되는 문화재가 충분히 있을 수 있다. 이 경우 중건, 혹은 삼중건 당시의 문화재가 마치 '근대 건축문화재'처럼 후대 언젠가 '현대' 문화재로 재지정될 가능성이 있지만, 지금 당장 전통문화재가 될 수는 없다. 원주 거돈사지에 재현된 원공국사승 묘탑 새현품을 문화재로 지정하기 어려운 것과 마찬가지이다.

그렇다면 석조문화재 복원이라는 단어는 어떤 경우에 쓸 수 있을 것인가? 필자는 최소한 80% 이상의 원형이 존재했을 경우에만 '복원'이라는 단어를 써야하지 않을까 제안하고 싶다. 우리가 문화재를 문화재로 인정하는 것은 문화재 생산자의 입장에서 유물을 취급해야지만 사료로서의 유물·유적의 존재 이유가 있다고 판단하기 때문이다. 지금의 보물 지정 기준에 따라 양양 선림원지에 이른바 복원 혹은 재현된 홍각선사탑비를 판단하려고 한다면, 많은 전문가에게 아주 곤혹스러운 고민을 야기할 것이 분명할 것이다.

사실 대부분의 석조문화재 역시 건축문화재와 마찬가지로, 유적지에서 함께 존재했던 건축물과 어떤 관계로 배치되고 규모가 조정되었는지를 파악하는 것이 매우 필요하다. 전술한 바와 같이 거돈사의 경우, 금당과 불탑을, 승탑비와 승탑이 각각 동남과 동북에서 호위하는 모습으로 배치된 것이 정확하다면 원공국사 기념 조형물을 통해 알 수 있는 그 시기 그 지역 불교 신앙에 대해서는 많은 생각을 가져야 한다. 석조유물 역시 원형을 찾는데 이른바 배치계획이 중요하다는 것이다. 더구나 석조문화재 제작 방법과 과정의 독특한 특성 역시 고려되지 않으면 안 된다. 여기에 더해 부재의 특성과 조달 과정도 면밀히 검토해야 한다.

20세기 한국사회에서 벌어진 개발의 시대 열풍 속에서 유물·유적을 다루는 넓은 의미의 역사학계에서는 문화재 보호를 위한 지나친 방어적 태도가 몸에 배고 말았다. 문화재 소비자의 처지만 염두에 둔 이른바 '재현품 복원' 열풍이 휘몰아치는데 손 놓고 있는 듯한 자세를 취하고 있는 것이 문제이다. 그 와중에서 유적을 포함한 유물의 디지털 재현 기술과 현품 재현 기술이 갖고 있는 학술적 의미가 과소평가되고 있는 듯하다. 재현기술에 대해 적정 평가를 했다면 유물·유적의 현상 유지도 살리고, 유적지 주변 혹은 주요 연구 집단과 문화재 소비층 주변에 재현품을 설치하는 방법도 대안이 될 수 있겠다. 그리고 이렇게 해야지만 우리 세대를 뒤이어 계승할 후속 전문가 집단의 새로운 연구 능력도 복원과 관련해서 중요한 역할을 하지 않을까 기대할 수 있을 것이다.

## 2. 원주지방 문화재 환수운동의 재음미

1994년 원주지방의 문화재 환수운동이 지방자치의 구현과 동시에 시작되었다는 점은 매우 시사적이다. 20세기 중·후반 과도한 수도권 집중이라는 역사적 병리현상을 극복하기 위해서는 대한민국 '국민'이라는 정체성과 함께 해당지역 '주민'이라는 정체성이 공존해야 했고, 지방정부와 지방주민이 하나의 공동체로의 특성을 갖기 위해서는 해당 지방 역사와 문화에 대한 재인식이 필요불가분이다. 그러므로 가칭 '타향살이' 문화재 환수 협약에 대한 새로운 인식의 틀을 확보해야 하는데, 이에 도움이 되는 것이 우리 사회에 널리 알려져 있는 20세기 후반 '타국살이' 문화재 환수 국제 협약의 발전 과정이다.

사실 오늘날도 유명 박물관이나 미술관에서 자신이 소장하고 있는 유물의 취득 경위를 명확히 밝히지 않는 경우가 비일비재하다. 아마도 대부분은 불법 유통된 문화재일 것이다. 전시戰時 약탈이나 식민지 지배 약탈을 통한 해외 유출은 물론이고, 평시平時 도굴, 도난 등 여러 경로의 불법 반출 문화재는 온 인류가 힘을 합쳐 보호하여야 했으므로, 20세기 후반만 하더라도 1954년 전시문화재 보호에 관한 협약(헤이그협약), 1970년 문화재불법 반출입 및 소유권 양도의 금지와 예방 수단에 관한 협약(유네스코 협약), 1995년 도난 내지 불법수출 문화재의 국제적 반환을 위한 협약(유니드로와 협약) 등 여러 국제 협약이 있었다.[21]

그런데 이들 국제협약에서 불법 반출문화재에 대해 보호를 해야 한다는

---

21) 이하의 서술은 다음 논문을 참고하였다. 백충현, 1989, 「해외유출·불법반출문화재 반환의 국제법적 규제」『서울대학교 법학』30-3·4호 ; 홍성필, 2000, 「문화재의 불법유통에 관한 국제적 규제」『국제법학회논총』45-1(통권87) ; 이동기, 2009, 「문화재환수협약의 성립경위와 현황」『법학논총』22-1.

데에는 의견의 일치가 있었지만, 보호 주체나 방식에 대해서는 차이가 있었다. 가령 기왕에 불법 유통된 문화재를 많이 소장하고 있는 국가는 보호 주체를 '온 인류'를 주장하는 경우(국제주의)가 많았고, 유출국들은 '해당 국가'를 주장하는 경우(국가주의)가 많았다.[22]

 '국제주의'는 해당 문화재의 완벽한 보존을 위해서는 보존에 가장 적합한 장소를 택해야 하고(문화재 보존의 원칙), 해당 문화재의 동일성 및 완전성이 훼손되지 않는 장소를 선택해야 하며(문화재 완전성의 원칙), 문화재가 인류 보편의 유산임에 비추어 세계 각국에 적당한 분포를 고려하여 각 국민이 접근 가능하고, 타 민족의 문화적 성취에 이바지 할 수 있는 장소를 선택할 수 있다(문화재 분포의 원칙)는 견해이고, '국가주의'는 문화재 유출국이 자신의 국가가 가지는 문화유산에 대해 특별한 이해관계가 있음을 인정하고, 자국의 문화유산은 자국이 소장했을 때 자국민과의 정체성이 확보될 수 있다는 견해이다. 그런데 앞선 논자들의 견해에 따르면, 1954년 헤이그 협약에서는 국제주의 견해가 주를 이루다가, 1995년 유니드로와(UNIDROIT) 협약에서는 국가주의 견해가 우세해 가고 있다고 한다.

 '타국살이' 문화재 환수에 관한 국제협약의 추이를 이렇게 정리해 놓고 보니, 원주문화원이 요청한 '타향살이' 문화재에 대한 국립중앙박물관의 회신이 '타국살이' 문화재에 대한 국제주의적 견해와 너무 유사함에 놀라지 않을 수 없었다. 전술한 바와 같이 회신 공문에서 원주문화원이 반환 요청한 문화재는 기왕에도 국립중앙박물관의 소장 유물로 등록, 관리, 전시되고 있는 국가소유문화재이고, 우리나라 석조문화재의 흐름을 관람객에게 효율적으로 보여주기 위해 신축중인 용산 새 국립중앙박물관에서

---

22) John Henry Merryman, "Two ways of thinking about Cultural Property", *American Journal of International Law*, Vol.80(이하 이동기, 2009, 「앞의 글」에서 재인용).

중요 전시품으로 활용될 예정이어서 반환이 불가하다는 주장은 국제주의가 주장하는 문화재 분포의 원칙과 유사하고, 국립중앙박물관에서는 석조 유물들의 안전한 보존 관리와 전시 등을 통하여 문화재가 지닌 가치를 지키고 고양하는데 최선의 노력을 기울이겠다는 주장은 문화재 보존의 원칙과 문화재 완전성의 원칙이라고 할 수 있는 것이다. 원주문화원의 '타향살이' 문화재 환수운동을 '지방주의'라고 한다면, 국립중앙박물관의 입장을 '중앙주의'라고 이름 지을 수 있을 것이다.

이렇게 1차, 2차에 걸친 원주문화원의 '타향살이' 문화재 환수운동 당시 원주문화원과 국립중앙박물관은 문화재의 관리·보존 능력을 중심 논제로, 해당 문화재의 국가 대표성과 지방 대표성을 2차 논제로 논의하다가 국립중앙박물관에 원 유물을 두고, 원주에 재현품을 제작·설치하는 것으로 일단락 지었다. '지방주의론'에 입각하면, 원 출토지에 유물을 두고, 국립중앙박물관에 재현품을 설치할 수도 있다. 이제는 '국립'으로 대표되는 중앙정부가 과도한 의무감(중앙주의)으로 인하여 '시립'이나 '군립', '구립'이 맡아야 되는 문화자치의 영역(지방주의)까지 짊어지고 가야 하는 어려움은 해소될 필요가 있다. 20세기 후반 지속적으로 '타국살이' 문화재에 대한 국제적인 환수협약이 '국제주의'에서 '국가주의'로 발전해 가는 방향을 보더라도, '타향살이' 문화재에 대한 국내 협약도 '중앙수의'에서 '지방주의'로 발전해 가는 것이 타당하다.

## Ⅳ. 맺음말

이상과 같이 20세기 후반에서 21세기 초반에 진행된 원주지방 문화재 환수운동과 재현사업, 복원사업은 지역 출토 문화재의 국가 관리와 지역 관리, 유물·유적의 현상 유지와 재현, 복원 등과 관련해서 학계에 많은 연구 과제를 던졌다고 생각된다. 이 가운데 중요한 점을 정리하면 다음과 같다.

첫째, 20세기 말 21세기 초 원주지방의 경우 석조문화재에 한정된 결과이긴 하지만, 문화재 '복원'이라는 용어를 매우 신중하게 써야 한다는 것이다. 흥법사 진공대사탑비에 한정되긴 하지만 국보인 원품(귀부와 이수)과 재현품(비신)을 섞어서 복원품 혹은 재현품이라고 하기엔 문제가 많다. 문화소비자로서의 자세보다는 문화생산자의 태도를 중시하는 것이 현재 단계에서는 우선 고려사항이라고 판단된다.[23]

둘째, 재현품인 원공국사승묘탑비의 경우에는 어쩔 수 없이 이른바 '원위치'에 세워졌지만, 이러한 상황이 다시 생긴다면 '원위치'가 아닌 주변 적당한 곳에 사적 공원이나 기념관을 만들어 세우는 것이 적절하다고 판단된다. 많은 문화소비자의 경우 주변에 있는 재현품과, 현상 유지된 유적지에서의 재현품 연상을 통한 문화재 소비 경험을 어렵지 않게 할 수 있고, 후속 학자들의 보다 심화된 연구 결과도 기대할 수 있기 때문에 재현품과 유물·유적의 현상유지는 충분히 공존할 수 있을 것이다.

셋째, 문화재 환수운동의 취지도 학문적인 검토를 거쳐 충분히 되살릴 필요성도 있다. 사실 지금도 합법 혹은 불법적으로 '타국살이' 문화재나 '타향살이' 문화재가 지속적으로 생겨나고 있다. 여러 언론을 통해 국립박

---

23) 제3조(문화재보호의 기본 원칙) 문화재의 보존·관리 및 활용은 원형 유지를 기본 원칙으로 한다. (문화재보호법).

물관 수장고의 협소함이 지속적으로 거론되고 있는 것을 보면, 합법적인 타향살이 문화재가 적지 않음을 짐작케 한다.

그렇다면 이미 국립박물관에 소장되어 있거나 소장될 유물들을 시립이나 군립 박물관 수장고를 신축하여 해당 지역에서 출토된 유물 가운데 국가사 정립에 꼭 필요한 유물이 아닌 경우, 시립 혹은 군립과 같은 시군 단위 박물관 수장고에 위탁할 필요가 있다. 시군 단위 박물관의 연구 기능은 국립박물관에서 미처 다루지 못하고 있는 지역 출토 유물 연구에서 시작할 것이고, 유적·유물 사료와 문자·문헌 사료의 빈곤함이 곳곳에 드러나는 해당 지방사 서술도 조금은 부족함이 채워질 것이다. 그러므로 최근 용산소재 국립중앙박물관 주변에 국립 자연사박물관을 포함한 원대한 박물관 복합단지 조성 계획에 방해되지 않는다면, 분명히 지방사 서술에 많은 도움을 줄 유물들의 시군구 단위 박물관 소장에 대해서도 해당 전문가들이 모여 논의할 필요성은 충분하다고 생각한다.

# |제14장|
# 원주 폐사지의 세계 유산으로서의 가치

## I. 침략전쟁을 평화인문학으로 대처한 세계 유일의 각경사업

세계문화유산으로 등재된 고려의 문화유산을 보면, 해인사 장경판전 (1995)과 개성역사지구(2013), 세계기록유산으로는『불조직지심체요절佛 祖直指心體要節』하권下卷(2001), 고려대장경판高麗大藏經板 및 제경판諸經板 (2007) 등이 있다. 모두 각경刻經 사업과 관련 있는 문화유산이다.

세계기록문화유산으로서의「고려대장경」의 정확성은 1) 한문으로 번역 된 대표적인 표준 대장경으로, 당시 동아시아 지역의 높은 문화적 수준을 증명하고, 2) 모든 불경에는 단지 종교적인 가르침뿐만이 아니라 그 특정한 경전을 만들고 연구하고 믿은 사람들이 이해했던 내용까지 들어가 있어 불경은 무수한 주제를 다룬 경문을 통해 당시 사람들의 세계관과 인간관을 추론할 수 있는 훌륭한 연구 자료가 되며, 3) 불교가 인도에서 유래한 종교이므로 불경에서 인도 문화의 흔적이나 중앙아시아를 거쳐 중국과 동아시아로 전파되던 거점 지역의 문화 및 사상적 특질을 발견할 수 있다는 점 등에서 찾을 수 있다.[1)]

사실 고려에서 초조대장경에서 신편제종교장총록을 거쳐 재조대장경으로 이어지는 고려인들의 불경 연구 수준과, 각경刻經을 통한 불교대중화의 역사는 그 문화적 우수성을 아무리 강조해도 부족한데, 여전히 그 의미가 실제보다 과소평가되었다. 재조대장경 각판刻板의 필요성에 대한 이규보의 글에는, 몽골과 거란의 침략 전쟁에 대처하는 고려인들의 문화적 역량이 잘 드러나 있다.

고려대장경판

몽골군이 우리에게 가한 난동질이 너무 잔인하고 흉포하니, 어찌 말로 나타낼 수가 있겠습니까? 세상의 망나니는 다 모아놓았다 하겠으며 금수보다 더 가혹합니다. 이러하오니 어찌 천하가 다 존경하는 석가모니의 가르침이 있는 줄을 못된 몽골군이 알 리가 있습니까? (중략) 생각해보건대 우리 중생은 지혜가 모자라고 식견이 얕아서 오랑캐를 막을 계략을 스스로 세우지 못했습니다. 힘이 모자라서 불법의 큰 보배를 지키지 못한 것이니, 이 모두 우리의 잘못이므로 이제 와서 후회한들 무슨 소용이 있겠습니까? (중략) 경판을 만들고 또 망가지는 것은 자연의 이치로서, 망가지면 다시 만들어야 하는 일은 당연히 우리 중생이 해야 합니다. 하물며 나라를 지니고 있고, 집을 가지며 불법을 지극히 숭상하고 있는 우리로서는 없어진 대장경을 다시 만드는 일에 주저하고

---

1) http://heritage.unesco.or.kr/mows/eeaecae-ecae/

만 있을 수는 없습니다. 이 귀중한 보배를 잃어버렸는데, 어찌 공사가 거창할 것을 두려워하여 다시 만드는 작업을 꺼리고 망설이겠습니까? (중략) 처음 대장경을 새기게 된 연유를 살펴보면, 1011년(현종 2)에 거란군이 대거 침입하여 난을 피해 남쪽으로 가셨으나, 거란군은 송도에 머물면서 물러가지 않았습니다. 이에 임금과 신하가 합심하여 대장경을 새기기 시작하였더니, 놀랍게도 거란군이 스스로 물러갔나이다. 생각하건대 대장경은 예나 지금이나 오직 하나이며 새기는 것도 다를 바 없을 것입니다. 임금과 신하가 합심하여 발원함 또한 마찬가지이니, 어찌 그때에만 거란군이 물러가고, 지금의 몽골군은 물러가지 않겠습니까? (하략) (이규보, 1237, 「대장각판大藏刻板 군신君臣 기고문祈告文」『동국이상국집』 25)[2]

이 글에서 이규보는, 경판이란 만들어 놓으면 망가지는 것이 자연의 이치이고, 망가진 것을 다시 만드는 것은 중생이 해야 할 일인데, 몽골군의 난동질로 경판이 망가졌으니 다시 만드는 것은 당연한 일이고, 거란군이건 몽골군이건 침략 외적은 군신이 힘을 합쳐 대장경을 새긴 결과 스스로 물러갔으니, 전쟁의 와중이라도 각경刻經 사업을 해야 한다고 주장하고 있다.

고려시대를 살아냈던 이규보의 이러한 기획안은 현대 한국인으로서는 상상하기 어려운 침략전쟁 대처 방안이었다. 가령 UN군과 중공군도 참전한 한국전쟁의 와중에서 인문사업으로 전쟁을 대처하자는 방안을 내놓은 인문학자들이 있다면, 우리 사회는 어떻게 반응하였을까를 상상해 보면, 거란과 몽골의 침략전쟁에 대처코자 하는 이규보를 비롯한 고려 인문지식

---

2) 번역문은 다음 글을 이용하였다. 박상진, 2007, 「다시 새기는 팔만대장경」 『나무에 새겨진 팔만대장경의 비밀』.

인들의 인문 취로사업(humanities Work Relief Program, HWRP)은 전근대 어느 나라에서도 찾아보기 어려운 사업이었다. 후술하겠지만 고려대장경 각경 사업은 규모나 내용이나, 비용 면에서 몇몇 사람이, 혹은 몇몇 지역에서 해결할 수 없는 국가적 사업이었다.

이런 생각을 염두에 두면 이규보와 같은 당대의 지식인이 군신이 힘을 합쳐 대장경을 새기면 침략전쟁을 감행한 거란과 몽골을 물리칠 수 있으리라는 판단을 하게 된 배경을, 단순히 외적의 침략이라는 최악의 상황을 부처에게 기원하면 해결할 수 있을 것이라는 판단 때문이라고 속단해 버리는 것은3) 결코 옳은 생각이 아니겠다. 물론 그런 생각을 아니한 것은 아니었겠지만, 침략전쟁이라는 최악의 상황에 빠진 고려 사람들은, 국가적 힘을 모아 각경이라는 문화사업으로 대처함으로써 전쟁에 임하는 고려 사람들의 마음도 안정시키고, 후원자는 후원자대로, 지식인들은 지식인대로, 장인들은 장인대로, 일반 백성들은 일반 백성대로 전쟁 와중에서도 수많은 사람들에게 일자리를 제공하는, 그런 방안을 모색하였던 것이다. 그리고 이런 대처 방법은 침략전쟁을 인문사업으로 극복한 세계 유일한 사례로서, 문화적으로 매우 성숙한 상태에 있던 고려 국가만이 단행할 수 있었던 그러한 조치였다. 그 내용을 상세히 살펴보면 다음과 같다.

재조대장경은 경판, 8만 1,258장으로 구성되어 있고, 이 경판에 새겨진 글자 수가 모두 5,200만자이니, 경판 하나에 대략 650자가 새겨진 셈이다. 경판의 길이는 68cm가 30여%, 78cm가 50여%, 나머지는 그 중간인데, 평균 너비는 24cm, 두께는 2.8cm, 무게는 평균 3.4kg 정도였다.4)

---

3) 남동신은 고려 불교계의 호국 개념은 '불교의 국왕 수호'가 아니라 '국왕의 불교보호' 즉 護法에 있었다고 한다. 남동신, 2011, 「고려중기 왕실과 화엄종 - 왕족출신 화엄종 5국사(國師)를 중심으로」『역사와 현실』 79.

이러한 경판용 새김 판자는 다음과 같은 과정을 거쳐 준비해 놓았다. 새김용 판자를 제작하기 위해 1) 우선 경판으로 사용하기 좋은, 지름 50~60㎝의 산벚나무 혹은 돌배나무를, 1만 그루에서 1만 5천 그루를 벌목한다. 2) 다음 베어낸 나무는 옮기기 편하도록 주로 벌목한 산에서 탕개톱이나 붕어톱, 그리고 대패를 사용하여 적당한 크기의 새김 판자로 제작한다. 3) 벌목한 곳에서 제작한 새김 판자는 새김 장소로 옮겨, 소금물로 삶아서 말린다. 4) 건조된 새김 판자는 불경을 새겨서 보관할 수 있도록 정해진 두께에 맞는 표면 다듬기를 위해 대패질도 하고, 굽고 갈라짐을 방지하기 위해 제작한 마구리에 들어갈 네 귀퉁이 부분도 크기에 맞추어 작은 톱으로 잘라낸 다음 대패로 깎고 자귀질한다. 5) 이후 경판 네 귀퉁이에는 얇은 구리판을 덮고, 적게는 5개 혹은 10개의 쇠못을 박아 단단하게 고정케 하였다.

이렇게 준비된 새김용 판자 위에 인쇄할 때 바로 찍히도록 필사 판하본의 글자 쓴 면을 판자 쪽으로 가도록 뒤집어 붙이고, 그 위에 풀칠을 한 번 더하고, 다시 식물성 기름을 발라주어 쉽고 부드럽게 새길 수 있게 한다. 이 일을 위해 허드렛일을 하고 판하본을 붙이는 보조원, 행과 행 사이의 넓은 공간을 파내는 초보 새김이, 글자의 획이나 삐침을 제외한 글자와 글자 사이를 깎아내는 반숙련 새김이, 판하본 글자 그대로 목판에 직접 새기는 장인 각공刻工이 분업하였다. 숙련된 장인 각공, 한 사람이 하루에 40자를 새긴다면, 연인원 130만명 분의 일자리가 생긴 것이고, 반숙련 새김이, 초보 새김이, 보조원 등을 계산하면 엄청난 수의 일자리가 필요했다.

그러나 이러한 경판 제작 과정에서 가장 어려운 일은 경판을 제작하기

---

4) 이하 팔만대장경 관련 내용은 다음 책을 요약, 정리한 것이다. 박상진, 2007, 『나무에 새겨진 팔만대장경의 비밀』.

위해 필사, 혹은 인쇄한 원고본인 판하본板下本을 제작하는 일이다. 판하본板下本 제작을 위해서는 필사본 혹은 인쇄본(재조인 경우의 초조 인쇄본) 대장경이 있어야 하는데, 필사 대상이 된 불경이 만만한 불경이 아니다.

1) 당나라 지승의 『개원석교록』에 수록된 불경, 번역 불경, 2) 송나라 때 새로이 한자로 번역된 불경, 3) 거란 대장경, 4) 송 태종이 지은 『연화심륜』 28권 등, 5) 『정원석교록』, 6) 판하본 교열의 총책임자인 수기가 정리한 30권의 『교정별록』, 7) 팔만대장경에만 있는 36권의 『대반야경』, 8) 『정원석교록』 가운데의 『불명경』 30권, 9) 고려 재조대장경 목록 및 함과 권의 수, 인쇄 종이의 수량, 번역한 사람의 이름 등, 10) 『법원주림』, 11) 북송칙판 대장경 이후 새로 번역된 불경, 12) 『일체경음의』에 들어있지 않은 불경 관련 숙어를 정리한 『속일체경음의』, 13) 『개원석교록』에 실린 경전을 비롯한 불경에 나오는 숙어를 해설한 『일체경음의』 등이 그것이다.

결국 재조대장경이 제작되려면, 한 장에 평균 650자가 실린 이런 고난도의 불경 판하본이 최소한 8만 1,258장이 있어야 하는 것이다. 초조 및 재조 대장경 제작 당시, 얼마나 많은 불교 지식인이 있었는지 모르지만, 그리고 대상 불경이 초조대장경의 인쇄본인지, 아니면 필사본인지를 막론하고 대교 자료를 수집하고, 정리한 다음, 이 수집된 자료와 판하본에 쓰여질 5,200만자를 한 자씩 일일이 교열 본 사람, 교열을 본 내용을 다시 써내려 간 전문 서자書者 등 얼마나 많은 불교 지식인이 동원되었는지를 상상하긴 쉽지 않다. 아마도 전국의 불교 지식인과 실무자들이 모두 힘을 합쳤을 것임은 분명하다.

최소 8만 1,258장이 판하본 원고 작성 및 검토(불교 지식인), 새김용 판자 마련 및 조경, 그리고 조경이 마무리된 경판의 운반 및 보관(불교 관련 장인 각공 및 실무자)까지가 대장경 제작의 재료 및 제작 과정 일체이다. 연인원 130만 명을 총 제작기간 12년으로 나누면, 연간 11만 명이 동원된 셈이니, 연간 작업 일수가 180여 일 정도라면 장인 각자 만 하루 600여 명이 일했다는 것이고, 그 외 다른 작업 일정까지 계산하다보면 엄청난 인력들이 동원되었다고 할 수 있겠다.

요컨대 초조 및 재조 대장경 제작은 단순히 부처님의 힘을 동원한 외적 방비라는 차원에서만 해석할 것이 아니라, 거란 및 몽골의 침략전쟁에 맞서 대장경이라는 최첨단 인문학 지식의 목판 인쇄를 통한 대량 확산을 염두에 둔 문화사업이면서, 동시에 권력자 및 재력가들의 후원, 전국 각지 불교 지식인의 판하본 대교 원고의 수집 및 교열, 평가 및 전문 서자, 그리고 장인 각자 및 보조각자, 초보각자 및 실무진을 동원하여 수많은 일자리를 마련한 상태에서 침략전쟁을 평화적으로 극복할 저력을 보여준 대규모 인문 취로사업(humanities Work Relief Program, HWRP)이었다.


## Ⅱ. 각경 사업과 원주 세 폐사지 해린·지종·충담의 활동

강원도 원주시 부론면 법천2리 667번지 일대에는 법천사 터가 있고, 부론면 정산리 159번지 주변에는 거돈사 터가 있으며, 지정면 안창리 517-2번지 일원에는 흥법사 터가 있다. 세 절 모두 신라통일기에 창건되어 천년을 유지하다가 임진왜란 때 불타버린 절들이다. 지금은 절은 사라지고 터만 남았지만, 원주에서 가장 유명한 폐사지廢寺址이다.

폐사된 지 오래되고 관리되지 않았으며 남아있는 사지寺誌도 없지만, 승탑 비문과 탑지가 남아 있어, 세 절의 특정 시기, 특정 인물에 대해서는 상당히 구체적으로 알 수 있다. 가령 흥법사의 가지산문 염거화상(?~844)과 진공 충담, 그리고 거돈사의 희양산문 지증 도헌과 법안종 원공 지종, 그리고 법천사의 법상종 지광 해린에 대한 기록이 그것이다.

## 1. 법천사 해린 승탑의 보여와 승탑비의 경조금언敬造金言

경복궁에 있었던 해린 승탑에는 보여寶輿가 새겨져 있다.[5] 보여에 무엇이 실려 있을까를 추측케 해 주는 해린 승탑비의 구절이 "신영보찰新營寶刹 이도리지천궁移覩吏之天宮　경조금언敬造金言　실구나지해장悉拘那之海藏"이다. 70세(문종 8)의 해린이 현화사로 이주하여 왕실의 재정 지원으로 도솔천의 천궁을 옮겨 놓은 듯한 건물을 하나 지어놓고, 그 건물 안에 실로 구나拘那(카나카무니불, 과거 칠불의 하나)의 해장海藏(비로해장, 비로자나, 광명변조)이라 할 만한 부처님의 말씀金言을 삼가 새겨 넣은 경판을 만들었다는 것이다. 해린 승탑의 보여에는 부처님의 말씀을 새겨 넣은 경판이 실려 있었던 것이다.

법상종 불교계의 역사에서 현화사와 관련하여 무엇보다 중요한 사항은 초조대장경과의 관계이다.[6] 1020년(현종 11) 현화사를 완공한 후 현종은 일승법장一乘法匠, 대교종사大敎宗師로 알려진 법경을 초빙한 후, 곧 바로 송나라에 현화사를 창건한 목적과 대장경을 보내줄 것을 요구하는 내용을 지닌 사신을 보내, 1022년(현종 13) 5월 한조韓祚 일행이 돌아올 때 송나라 진종이 사여賜與한 성혜방聖惠方 음양이택서陰陽二宅書 건흥력乾興曆과 함께

---

5) 승탑과 승탑비의 관계는 무덤(墓)과 神位의 관계와 비교할 수 있다. 魂飛魄散이라는 말과 같이 사람들은 사후에 몸은 땅으로 흩어지고, 영혼은 하늘로 날아간다. 魄散을 돕는 곳이 무덤이고, 魂飛를 다시 모시는 곳이 신위이다. 한편 노명호는 동옥저와 신라와 달리 고구려의 경우는 무덤과 조각상을 모신 사당이 분리되었는데, 원효의 경우 입적 후 설총이 그 유해를 빻아 진용 소상을 만들어 분황사에 안치했다고 했는데, 아마도 전통적 제례법이 가미된 승탑의 기원으로도 해석할 수 있겠다. 노명호, 2011, 『고려태조 왕건의 동상 : 황제제도·고구려 문화전통의 형상화』, 122~125쪽.

6) 이하 세 문단은 이인재의 다음 글에서 전재함. 이인재, 2006, 「총론 : 법천사와 지광국사 연구의 새로운 진전을 위하여」『北原文化와 法泉寺』(강원의 얼 선양을 위한 제6회 운곡학회 학술대회), 운곡학회.

승탑의 보여

대장경 1질을 받아 왔다.[7] 당시 송에서 보낸 대장경은 금문金文, 즉 금자장경 金字藏經이었다.[8] 이 송본 대장경을 받아 교감이 가능하게 된 현화사에서는 곧 바로『대반야경大般若經』600권과『삼본화엄경三本華嚴經』『금광명경金光 明經』『묘법연화경妙法蓮華經』등을 목판 인쇄로 판각하여(인판印板)하여 비치한 다음, 특별히 반야경보般若經寶를 만들어 전국에서 인쇄된 반야경을 볼 수 있게 했다.[9]

우리가 알고 싶은 것은 이러한 초조대장경의 제작과 반포과정에서 법천사 혹은 법상종 승려들의 역할이다. 1048년(문종 2) 11세의 소현은, 1030년(현종 21) 이래 해안사에 머물던 65세의 해린에게 출가하여『금광명 경』과 유가론을 배운 후 1049년(문종 3) 구족계를 받았다. 당시(1032년에서

---

7) 周佇, 1031,「玄化寺碑」『韓國金石全文』;『高麗史』卷4 顯宗 13年 5月.

8) 周佇, 1031,「玄化寺碑」『韓國金石全文』; 千惠峰, 1995,『羅麗印刷術의 研究』, 景仁 文化社, 60쪽.

9) 蔡忠順, 1033,「玄化寺碑 陰記」『韓國金石全文』.

1045년 이전) 해린은 궁중에서 『묘법연화경』을 강설하여 이름이 높았던 인물임을 생각해 보면,[10] 현화사에서 간행한 여러 경전에 대한 이해가 이미 상당한 수준이었음을 짐작할 수 있다. 1054년(문종 8) 해린이 현화사 주지가 되어 한 주요 활동은 왕실 기부금을 활용하여 불상과 승상을 그리고, 범종을 주조하며, 신축 건물을 짓고 경전을 조성하는 일이었다.[11]

이러한 활동으로 승탑비의 찬자 정유산이 보기에 해린은, 부처께서 입적하신 지 이미 오래되어 남은 글마저 점점 사라져 가는데, 당나라 때 현장과 짝할 만한 사람들이 생각을 같이 하여 진나라와 수나라 때의 번역 전통을 이어 끊어진 부처의 말씀을 이어온 전통을 이어, 고려에서는 불교를 널리 전파하고 바른 법을 키워 넓히고, 태평성대를 누릴 수 있도록 도운 사람이었다.[12]

해린의 『묘법연화경』 특강을 들으면, 소 수레의 오묘한 뜻이 활짝 펼쳐지듯 참과 바름을 드러내고, 거북나무의 오묘한 설명이 옥구슬처럼 펼쳐지듯이 미혹과 의심이 사라지는 것 같았다고 한다.[13] 이런 능력을 인정받아 1054년 해린은 현화사로 가서 '경조금언敬造金言'을 하게 되었는데, 아주 많은 서적을 독파하여 그 명성이 혜초惠超(704~787)를 능가했다고[14] 한다. 727년(성덕왕 26) 혜초가 고대 인도의 5천축국을 답사한 뒤에 쓴 책이

---

10) 1045년(문종 즉위)과 1048년(문종 2)에는 현화사 주지로 있던 75세, 77세의 정현이 각각 금광명경에 대해 궁중 강설을 하였다.

11) 鄭惟産, 「智光國師玄妙之塔碑銘」『韓國金石全文』. "宸圖 傾檀施之財 藏工依之價 爰徵愷筆 繪出睟容 或鑄彪鍾 兼成茫具 新營寶利 移覩吏之天宮 敬造金言 悉拘那之海藏 斯所謂始擅乎".

12) "去佛滋遠 遺文漸隳 有如玄奘之儔 念念相續 襲晉翻而覬奥 並振頽經 泝隋譯以鉤深 俱維絶紐 普化仁□ 丕弘象正 顯祈聖祚 助致鴻均者 唯我國師而已哉".

13) "忽一旦 宣許入內 俾演蓮經 師 螭陛躡雲 貌床講雨 標眞顯正 牛車之奥旨箕張 剪惑裁疑 龜木之妙詮玉振".

14) "强識群書 時譽冠惠超".

『왕오천축국전』임을 상기해 보면, 해린 역시 고대 인도에 관한 지식이 매우 풍부한 인물이었음을 추정할 수 있겠다.

이런 해린의 업적에 대해, 정유산은 부처의 시대가 멀어져 유풍이 끊어지려고 할 때, 그 끊어짐을 그치게 하고 이어 준 사람이 바로 해린이니,[15] 바로 계현戒賢(생몰년 미상, 636년 현장玄奘이 그를 스승으로 삼고자 찾아갔을 때는 106세 고령)이 다시 세상에 나오고, 무착無着(생몰년 미상. 4~5세기경의 사람)이 두 번 사는 것과 같다고[16] 평가하였다.

그러면 이러한 생각을 염두에 두고, 해린 승탑비의 현화사에서의 '경조금언敬造金言'(1054년, 문종 8)을 다시 한번 생각해 보자. 6천여 권을 570개 함에 나누어 두었던 초조대장경은 1011년(현종 2)에 시작하여 1030년(현종 21), 그리고 문종(1046~1083) 초에 시작하여 1087년(선종 4)에 완결하였다. 1054년(문종 8) 해린의 '경조금언敬造金言'은 바로 이 시기에 해당한다. 그리고 30여 년이 지난 1086년(선종 3) 소현이 교정한 유식론 등이 스승인 해린이 했던 경조금언과 관련이 있었겠다.

1091년 의천이[17] 흥왕사에 교장도감을 두고 제종諸宗의 장소章疏를 수집하여 목록화 작업(신편제종교장총록)을 하였듯이, 소현도 금산사 광교원에서 법상종 관련 장소를 수집하여 목록화 작업을 하였다. 소현은 1083년 (태강太康 9년, 고려문종 37, 순종 원년)부터 말년(1096)에 이르기까지 자은대사慈恩大師가 지은 『법화현찬法華玄贊』과 『유식술기唯識述記』 등 장소章疏를 찾아서 32부部 공계共計 353권을 그 본본을 고정考正하고 각공刻工을 모집하여 판각板刻하고는 개인적으로 지묵紙墨을 갖추어 인경印經하여 유

---

15) "去聖逾遙 遺風欲絶其誰紹者 唯我尸之".

16) "戒賢再出 無着重生".

17) 넷째 왕자인 의천은 1065년, 여섯째 왕자인 왕탱은 1070년 각각 화엄종 사찰과 법상종 사찰로 출가하였다.

**〈김부식 영통사비의 화엄 9조〉**

| 화엄9조 | 인도승려 | | | | 중국승려 | | | | |
|---|---|---|---|---|---|---|---|---|---|
| | 馬鳴 | 龍樹 | 世親 | 覺賢 | 慧光 | 杜順 | 智儼 | 法藏 | 澄觀 |

**〈임존 선봉사비의 천태 9조〉**

| 천태9조 | 인도승려 | 중국승려 | | | | | | | |
|---|---|---|---|---|---|---|---|---|---|
| | 龍樹 | 慧文 | 慧思 | 智顗 | 灌頂 | 智威 | 慧威 | 玄郎 | 湛然 |

**〈법상 9조 추정〉**

| 법상9조 | 인도승려 | | | | | 중국승려 | | | |
|---|---|---|---|---|---|---|---|---|---|
| | 彌勒 | 無着 | 世親 天親 | 戒賢 | 護法 | 玄奘 | 窺基 | 慧沼 | 智周 |

**〈혜덕왕사비의 법상 해동 6조〉**

| 해동6조 | 초조 | 2조 | 3조 | 4조 | 5조 | 6조 |
|---|---|---|---|---|---|---|
| | 元曉 | 太賢 | 法鏡 | 鼎賢 | 海麟 | 英念 |

통함으로써 널리 법보시法布施를 행하였다고 한다.[18]

　소현이[19] 스승 해린과 함께 한편으론 법상종 경전을 정리하고 각공刻工을 모집하여 판각板刻 및 인간印刊을 하고, 다른 한편으론 법상종의 법통설을 정리하기 위해 인도와 중국 불교계를 아우르는 법상 9조와 해동 6조를 정리하였다.[20] 화엄 9조와 천태 9조의 법통을 정리하고, 해동 화엄과 해동 천태의 역사를 정리하고자 했던 당시 불교계의 학문적 경향성을 반영한 것이기도 하였다.[21]

---

18) "自太康九年 至師之末年 搜訪慈恩所撰 法華玄贊 惟識述記等 章疏 三十二部 共計三百五十三卷 考正其本 募工開板 私紙墨印 布流通以廣法施也".

19) 남동신, 2009, 「고려 전기 금석문과 法相宗」『불교연구』30

20) 이렇게 초조대장경의 법상종 계통의 판하본 원본이 만들어졌을 것이다. 요컨대 해린 승탑비의 현화사에서의 '敬造金言'(1054년, 문종 8)은 초조대장경의 제작과정에서 법상종 계통의 경전들을 보완해 나갔던 과정을 증빙하는 사건이라고 판단하고 있다.

21) 고려 건국이후 천하다원론과 화이론적 천하관, 자국중심 천하관으로 나누어

## 2. 거돈사 원공 지종의 마하지관 강의

거돈사의 원공 지종을 본격적으로 거론한 이가, 의천의 천태종 개립을 축하함과 동시에 조계와 화엄, 유가 등 3대업과 함께 천태종을 포함한 4대업으로 올리기 위해 선봉사 대각국사비를 찬술한 임존이다. 임존은 대업의 조건으로 불경과 이에 대한 해석의 역사(궤철軌轍), 본보기가 될 만한 역대 조사에 대한 이해(사범師範), 재계의 실행 등을 들었다.[22]

임존은 천태 9조와 함께 해동 천태종의 효시로서 제관과 지종을 들면서,[23] 고려 땅에 종학을 세우지 못하고 오랫동안 끊겨 있었다고 하였다.

임존은 천태종의 6법권으로[24] 남숭산 선봉사와 함께, 남한강의 고달사(여주), 거돈사(원주), 정토사(충주, 허흥식 홍법대선사, 혹 해주 북숭산 신광사[25]), 낙동강의 영암사(합천), 지곡사(진주)를 거론하였다.

거돈사는 968년부터 970년까지 2년 동안 국청사(의통의 전교원)에서 마하지관을 강의한 지종(930~1018)의 하산소였고, 고달사는 본인의 유학 시절 천태에서 깊은 뜻을 찾기도 하고, 지종의 꿈에 나타나 유학과 귀국을 권유한 찬유(869~958)가 있었다. 진주 지곡사의 진관 석초(912~964)는

---

있던 고려 사회가, 현종대에 들어서면서 천하다원론이 우위에 서면서 1010년(현종 원년) 화이론자들이 폐지시킨 팔관회와 연등회를 부활시켰다고 한다. 노명호, 2009, 「Ⅴ. 해동천자의 천하와 '번(藩)'」『고려국가와 집단의식』.

22) 李仁在, 2006, 「金富軾과 朴浩·林存의 義天 評價」『歷史敎育』99, 129쪽.

23) 당시 오월에서 활동하던 고려승으로서는 중국 천태종의 제16조가 된 의통 (927~988)이 있었으나, 임존이 거론하지 않고, 제관과 지종을 효시로 거론한 것은 해동천태의 법통을 세우려했기 때문이었을 것이다. 최동순, 2008, 「송 천태종 중흥과 의통의 역할」『한국불교학』50 ; 최동순, 2015, 「고려 諦觀이 중국불교에 끼친 영향」『한국불교사연구』8.

24) 法眷 : 선종에서, 한 승려 밑에서 佛法을 수행하는 제자들.

25) 김영수, 1936, 「오교양종에 대하여」『진단학보』8 ; 허흥식, 1978, 「고려전기 불교계와 천태종의 형성과정」『한국학보』11.

원공국사비 　　　　　　　　　지종 승탑

충주 출신이면서 원주 법천사 관단에서 구족계를 받은 인물로서 940년(태조 23) 오월로 유학 가서 946년(정종 원년)에 귀국하였고, 원주 흥법사에서 태어난 합천 영암사의 적연 영준(932~1014)은 968년 오월국 연수선사에게 유학하여 972년 귀국하였다. 충주 정토사의 법경 현휘(879~941)는[26] 906년부터 924년까지 복건성과 절강성에서 유학생활을 하였는데, 이때 천태산天台山의 이적異跡을 앙모하여 곳곳마다의 풍속을 보면서 영외嶺外로 행각行脚하되, 지극한 마음으로 천태조사天台祖師의 탑에 참배하고는 호남湖南으로 발길을 돌려 이름난 선백禪伯들을 친견하였다고 하였다.[27]

　선봉사가 세워졌을 때, 고달사와 거돈사, 정토사, 영암사, 지곡사 등 선종 승려들이 동참했다는 것은 다른 말로, 나말여초 각 사원의 주요 학승이었던 찬유, 현휘, 석초, 지종, 영준 등 다섯 승려의 천태학 이해 수준과, 그 수준에 걸 맞는 선승 1,000여 명에 이르는 학통 계승(5법권)이

---

26) 허흥식은 해주 북숭산 신광사, 혹은 충주 정토사의 홍법대선사로 추정하면서 홍법이 덕소가 아닌가 생각하였다.

27) "所以天台仰異地境觀風嶺外擔登虔禮祖師之塔湖南負笈遠投禪伯之居".

1132년(인종 10) 선봉사 대각국사비가 세워졌을 때까지 이어졌다는 것을 의미한다면, 임존 역시, 천태 9조의 확립과 함께 해동 천태의 계보 학립을 위한 모색을 하였다고 판단해도 좋겠다.

나말여초 다섯 승려의 천태 관련 활동이 너무 단편적이어서 해동 천태의 학통을 세우는 기준을 가늠하기가 쉽지 않지만, 그래도 단서가 없는 것은 아니다. 임존이 지종과 함께 거론한 제관이 있기 때문이다.[28)

제관諦觀(?~970)이 중국을 방문하게 된 계기가 된 사정은 다음과 같다. 당시 오월왕 전홍숙錢弘俶(929~988)이 『영가집永嘉集』을 읽다가 내용 중에 "동시에 사주혹四住惑을 제거하면 이 자리가 제齊이지만, 만약 무명에 굴복되면 삼장이 곧 열劣이다. 동제사주同除四住 차처위제此處爲齊 약복무명若伏無明 삼장즉열三藏則劣"이라는 구절의[29) 출처가 궁금해져서 천태 덕소德韶(891~972)에게 문의하였다. 그러자 덕소는 자신은 모르고 아마도 천태 관련 구절이니 나계 의적義寂(919~987)에게 물으면 알 수 있을 것이라고 추천하였다. 그런데 전홍숙의 문의를 받은 의적이, 정작 본인은 그 책을 가지고 있지 않으나 그 구절은 천태 지의의 삼대부三大部(법화현의, 법화문구, 마하지관)의 하나인 묘법연화경현의의 위묘位妙에 나오는 문구인데, 해당 구절을 포함한 책부터 천태종 관련 많은 책들이 당나라 말기에 모두 해외로 유출되어 고려에서나 책을 구할 수 있을 것이라고 설명하였다. 천태 덕소의 설명을 들은 전홍숙이 마침내 천태종 책들을 구할 수 있는지 고려에 사신을 보내 문의하였다.

당시 이 요청을 받은 고려 광종은 960년(광종 11) 제관을 오월에 보내면서 다음과 같이 말하였다. "천태종 관련 책자 모음집(교승敎乘) 가운데, 지론소

---

28) 강남석, 2001, 「제관의 천태사교의와 천태사상」『한국종교사연구』9 ; 최동순, 2015, 「고려 諦觀이 중국불교에 끼친 영향」『한국불교사연구』8.
29) 원각불교사상연구원 편, 2010, 『한국 천태종사』, 94쪽.

智論疏, 인왕소仁王疏, 화엄골목華嚴骨目, 오백문론五百門論은 가지고 가지 말고, (나머지) 지니고 간 천태 관련 서적들도 오월의 유명 학승들에게 물어 관련 책자 모음집의 진가를 알지 못하면 도로 가지고 오라"고 명하였다.[30] 이에 제관은 나계 의적에게 가서 10여 년 동안 함께 토론하면서 관련 서적을 인계하고, 관련 서적 인계를 위해 진행한 교상문敎相門(법화현의 20권, 법화문구 20권) 위주의 강의를 위해 정리한『천태사교의天台四敎儀』를 지어 후대에 전하였다.

중국 천태 15조인 나계 의적이 그랬듯이, 중국 천태 16조 의통(927~988, 고려출신)도 고려에서 파견(961~968)되어 천태 덕소에게 법안종을 배우던 삼십대 후반의 지종에게 귀국 전 2년 동안(968~970) 제관이 미처 다루지 않았던 관심문觀心門 중심의 마하지관에 관한 강의를 본인이 세운 진교원에서 하도록 요청한 것을 보면, 지종 역시 마하지관을 강의하기 위한 강의안이 준비되어 있었을 것이고, 앞서『천태사교의』도 제관이 중국 천태 승려들에게 강의를 하기 위해 마련했던 강의안이었겠다.

이렇게 본다면 천태종 관련 서작을 연구하던 나말여초의 다섯 승려 가운데 찬유와 현휘는 845년 전후의 회창폐불 때 신라로 대규모 유입된 천태관련 서적들을 보고 연구하던 선종 승려들이었겠고, 석초, 지종, 영준과 거돈사를 비롯한 다섯 사찰의 수많은 승려들이 광종의 '천태 관련 서적들을 다 가져가지 말고, 가져간 것도 그곳에서 진가를 모르면 도로 가져 오라'는 하늘을 찌를 듯한 자부심의 근원이 되었던 천태종 연구 승려들이었을 것으로 판단해도 좋겠다. 그리고 천태 5사찰의 여러 승려 가운데 거돈사이 지종이 지접 오월에서 천태 삼대부의 하나인 마하지관을 직접 강의한 그런 승려였던 것이다.

---

30)『불조통기』卷10 제관법사.

이렇게 나말여초 불교계에 천태학 연구 수준이 높았기 때문에, 태조 왕건의 후삼국 통일전쟁에 승려로서 참여했던 능긍能兢 무리가 올린 글을 보면, "대당국大唐國에는 회삼귀일會三歸一을 설한 묘법연화경妙法蓮華經과 천태지자天台智者의 일심삼관선법一心三觀禪法이 있다고 들었습니다. 성군聖 君께서 삼한을 합하여 한 나라를 이룬 것과 (당나라의) 풍토가 합하므로, 이 법을 구하여 이 땅에 널리 유포토록 한다면 뒤를 잇는 용손龍孫의 수명이 끊어지지 않아서 항상 일가一家를 이룰 것"이라는[31] 주장을 펼 수 있었던 것이다.

그런데 이런 지종이 초조대장경 각경시기인 1013년 84세의 나이로 왕사가 되었다. 아마도 5법권의 사찰 승려들과 함께 초조대장경의 천태관련 서적들의 각경을 돕지 않을 이유는 없다.


## 3. 흥법사 진공 충담의 인도 불교사 연구

염거화상은 844년 흥법사에서 입적한 가지산문의 제2조이다.[32] 염거의 승탑은 일제 강점기 때 탑골공원으로 옮겨졌다가 지금은 국립중앙박물관에 있으나, 원래는 원주 흥법사 터에 있었다고 전해 왔다.[33] 하지만 현재 흥법사 터에는 염거화상 승탑 자리가 확인되지 않아, 진위 여부가 확실하지 않았다. 그런데 염거 사후 100년 후 입적한 충담비(869~940)의 음기를

---

31) 閔漬,「國淸寺 金堂主佛 釋迦如來舍利 靈異記」『東文選』卷68. "故在我太祖創業之時 行軍福田 四大法師 能兢等上書云 聞大唐國有會三歸一妙法華經及天台智者一心三觀 禪法 與聖君 合三韓成一國 風土相合 若求是法流行 則後嗣龍孫 壽命延長 王業不絶 常爲一家矣".

32) 허흥식은 나말여초에 구산문이란 용어를 사용하지 않았다고 한다. 허흥식, 1978,「앞의 글」.

33) 정병삼 역, 1992,「廉居和尙塔誌」(한국고대사회연구소편, 1992,『역주 한국고대 금석문』3).

보면, 염거가 흥법사에 머물렀을 것
으로 추정되는 글귀가 있다.

염거화상 승탑

흥법선원을 하산소로 삼으려는
충담에 대해 태조 왕건이 "흥법선
원은 오래된 절로서(종위고사縱爲古
寺) 항상 어짊을 행하는 방법을 모색
하던 곳(상재인방尙在仁方)인데, (예
전에도) ◎◎화상和尙이 살아생전
무언가를 탐색하느라 몸 붙일 데
없이 바빠하던 곳(생전영작서황지
처生前永作栖遑之處)이었으므로, 충담도 그렇게 할 것"이라고 답하였는데,
태조가 거론한 ◎◎화상和尙이 염거화상이 아닐까 한다.

염거의 스승인 도의는 784년에 당나라에 가서 서당 지장에게 배우다가,
821년에 귀국하였다. 그러나 귀국 직후에는 교종의 득세로 선종이 전면에
나서지 못할 사정이었기 때문에 경주에서 포교하는 것을 포기하고 설악산
의 진전사(현 지명 : 강원도 양양군 강현면 둔전리)에서 평생을 머물렀
다.[34] 그를 이어 염거선사가 설악산 억성사에서 도의를 모시다가 844년
입적하고, 보조선사 체증이 880년 입적한 다음[35] 선각국사 형미가 가지산
문을 이었다. 그러나 형미는 912년 왕건과 함께 철원에 갔다가 917년
54세의 나이로 궁예에게 죽임을 당한 경력을 가지고 있다.[36]

이러한 가지산문을 계승한 이가 신라 왕족 출신인 진공 △운△運(855~

34) 『조당집』 17 설악 진전사 원적선사 ; 이지관, 1993, 「봉암사지증대사법조탑비
　　문」 『역주 역대고승비문 - 신라편』.
35) 이지관, 1993, 「보림사 보조선사창성탑비문」 『역주 역대고승비문 - 신라편』.
36) 한국역사연구회편, 1996, 「무위사선각대사편광탑비」 『역주 나말여초금석문』.

충담 승탑비

937)이었다.[37] 그는 진전사에서 도의의 법을 배우고, 김해로 갔다가 930년부터 소백산사에 머물면서 황보능장과 최선필의 도움을 받았다. 황보능장은 지금의 영천지역인 고울부의 호족으로서 925년 왕건에 귀부한 사람이었고,[38] 최선필은 지금의 의성군 진보면의 성주(재암성 성주)로 있다가 930년 왕건에 귀부한 사람이었다.[39] 이 두 사람이 가지산문의 진공대사 △운을 후원했다면, 그것은 930년대의 일이었을 것이다. 그리고 이후 경순왕이 왕건에 귀부한 935년을 전후하여 진공대사가 왕건을 만났다면, 가지산문의 승려들은 이때에 왕건을 받아들였을 것이다. 이상의 기록을 검토해 보면, 고려 건국기 원주에서 가지산문의 승려들이 큰 영향력을 행사했다고 보기는 어렵다.

충담비는 태조 왕건이 글을 짓고, 최언위의 아들 최광윤이 당나라 태종의 글씨를 집자하여 완성하였다. 이 시기 임금이 비문을 지은 사례는 신라 경명왕의 봉림산문 심희비와, 태조 왕건의 흥법사 충담비 둘 뿐이다.

940년 7월 18일 입적한 충담의 소식을 들은 태조 왕건은, "가슴이 미어져 충담 스님의 큰 덕을 추모함이 더욱 애절하다"고 하였고, 충담을 처음 만났을 때를 추억하면서 "과인은 어려서부터 무武에 전념하느라 학문을 정밀히 하지 못하여 선왕의 법을 알지 못한다."고 했다.[40] 창업군주

---

37) 이하 진공대사에 관한 기록은 한국역사연구회편, 1996, 「비로암진공대사보법탑비」 『역주 나말여초금석문』.
38) 『高麗史』 卷1 태조 8년 동10월 기사.
39) 『高麗史節要』 卷1 태조 13년 춘정월.
40) 이하 일곱 문단은 이인재의 다음 글에서 전재한 것이다. 이인재, 2009, 「禪師

충담 승탑 및 석관

가 몰랐다던 선왕의 법은 당연히
태조 왕건의 집안 역사나 고려 역사
는 아닐 것이다.

과연 충담의 업적을 거론하면서
태조 왕건은 "설산에도 도를 이루
고, 연동에서 마음을 증거하여 인도
선종계의 18대 조종과 3(2)천년을
이어온 선의 가르침의 계통을 잡아,
널리 퍼뜨렸다."라고[41] 하였다.[42]

충담 비문

---

忠湛(869~940)의 生涯와 忠湛碑 磨滅字 補完 受容 問題」(이인재편,『원주금석문
집』제2권).
41) "雪山成道 煙洞證心 傳十八代之祖宗 統三千年之禪敎 則知浹治".

그러면서 태조 왕건은 충담비 서두에서 충담을 평가하면서 묘지전심妙旨專心, 즉 선禪의 역사에서 인도 초조 가섭에서 2조 경희, 3조 화수와 12조 마명과 14조 용수 등, 인도 선종사의 주요 인물 5명을 거론하고, 다시 인도 28조이자 중국 초조인 달마부터 6조 혜능까지 불법이 서로 이어지고 (조법상승祖法相承) 마음의 등불이 끊어지지 않아(심등부절心燈不絶) 선불교가 발전하다가 마침내 마조 도일(709~788)로부터 선을 전수받아 우리 충담대사께서 우리의 도(오도吾道), 즉 고려의 선불교를 다시 드높였다고 하였다.

그런데 여기서 우리가 주목할 것은 태조 왕건이 선禪의 가르침, 즉 선교禪敎의 계보를 설명할 때 특별히 인도 고대불교사의 정리를 충담 업적 평가의 중심에 두었다는 것이다. 11개의 비문을 작성한 최언위를 비롯한 여러 선사 비문 작성자들이 해동 선종과 중국 선종과의 상관성을 강조했던 것과는 상당히 다른 자세이다.

태조 왕건이 인도 선교사를 강조하고 우리의 도(오도吾道)를 거론한 것은, 태조의 국제문화 수용의 자세와 관련이 있다. 943년(태조 26) 태조 왕건은 후대 왕들이 지켜야 할 고려 국가 통치 원칙의 대강大綱을 설명하면서, "우리나라는 오래 전부터 당나라 풍을 존중하여 문물예약이 모두 당제를 준수해 왔는데, 풍토도 다르고 인성도 다르니(수방이토殊方異土) 반드시 같을 필요가 없다(불필구동不必苟同)"고 하였다.[43] 이러한 태조 왕건의 '수방이토론殊方異土論'은 아들인 광종이 주장한 '용하변이론用夏變夷論', 즉 중국의 제도를 써서 고려를 변화시킨다는 정책 입론하고는 상당히

---

42) 염거화상의 탑지에 의하면 석가가 입적한 佛滅年을 B.C 960년으로 잡은 것으로 보면, 3천년 선의 가르침의 역사가 아니라 2천년 선의 가르침의 역사가 타당할 것이다.

43) 『高麗史』卷2 태조 26년 4월. "其四曰 惟我東方 舊慕唐風 文物禮樂 悉遵其制 殊方異土 人性各異 不必苟同 契丹是禽獸之國 風俗不同 言語亦異 衣冠制度 愼勿效焉".

강조점이 다르다. 아마도 태조의 수방이토론은 신라 통일기에 수·당隋唐 제도를 당이상잡唐夷相雜적 관점에서[44] 수용했던 역사성을 염두에 둔 정책이기도 하다.

사실 충담 비문의 서체를 당태종의 글씨체를 집자하도록 결정한 것은 최광윤의 임의 선택이 아니었다. 비문을 작성한 태조 왕건의 고도의 정치적 선택이었다.[45] 고조선이 멸망하고 중국 중심의 동아시아 문명권을 인정한 이후, 고·중세 한국문명이 지향한 군주상은 요순이었다. 그러다가 당나라 성립이후 대당육전을 토대로 한 당태종의 군주상 역시, 중세 한국사회에서 요순 만큼이나 중요한 군주상의 전범으로 인정받았다.[46] 중국 당 왕조가 성취한 고등문명을 수용하지 않으면 안 되지만, 전통문명·고유문명의 전통 속에서 수용, 변용하지 않으면 고등문명에 흡수·용해될 위험성이 농후하였다.

이미 고구려 계승의식과 수방이토론에 입각한 주체적 선진문명 수용을 선택했던 고려 태조 왕건은 인도 불교계에 조예가 깊은 충담의 비문을 직접 작성함으로써, 중국 선종계 뿐만 아니라 인도 선종계를 병렬 배치함으로서 고려 선종 불교계가 중국 선종계에 일방적으로 기울어질 수 있는 위험성을 방지코자 했던 고도의 통치행위였던 것이다.[47] 이렇게 태조

---

44) 『三國史記』卷38 職官上. "新羅官號, 因時沿革, 不同其名言, 唐夷相雜, 其曰侍中·郎中等者, 皆唐官名, 其義若可考. 曰伊伐飡·伊飡等者, 皆夷言, 不知所以言之之意".

45) 고려시기 이상군주의 하나가 당태종이고, 다른 하나가 二帝三王이다. 도현철, 1995, 「고려말기 사대부의 이상군주론」『동방학지』88.

46) 『高麗史』卷93 최승로전. "竊見 開元史臣吳兢 撰進貞觀政要 欲勸玄宗勤修太宗之政 盖以事體相近 不出一家而其政休明 可爲師範也".

47) 나말여초 선종계에 만연한 불도동류설에 대해서는 다음 글이 참고된다. 정성본, 1995, 『신라선종의 연구』; 박윤진, 2006, 「신라말 고려초의 불법동류설」『한국중세사연구』21. 박윤진은 "인도의 석가모니불이 제자 마하가섭에게 부촉한 正法眼藏이 서천 28조와 중국의 6조를 거쳐 우리나라의 승려에 의해 해동으로 전래되어 우리나라가 석가불 정법의 주처라고 자임한 전승을 불법동류설"이라

왕건이 수방이토론과 해동 선종을 주장할 수 있었던 배경에는 나말여초 선종 승려들 사이에 불도동류설에 입각한 자부심이 뒷받침되었기 때문이었겠다.

선승 충담이 인도 불교계를 염두에 두고 공부를 해서 그런지, 혜능 이전에 선정禪定을 익힌 사람이 혼동하기도 했다던 율부도 공부하였다.[48] 비문을 보면 20대의 충담을 묘사하는 구절에 "상부를 익히고 習其相部 비니를 면밀히 연구하였다精究毗尼"는 것이 있다. 여기서의 비니毗尼는 부처님이 제자들을 위하여 마련한 계율의 총칭이니, 계율을 면밀히 연구하였다고 해석해야 할 터인데, 그 계율 연구의 단서를 상부相部를 통해서 했다는 것으로 이해하는 것이 자연스럽겠다. 상부는 당나라 스님 법려法礪 (569~635)가 세운 사분율의 하나인 상부율相部律를 말하는 것인데, 이는 선승으로서 법상을 익힌 매우 희귀한 예이다.[49]

---

고 보았다. 正法眼藏에 대해서는 올바른 불법을 볼 줄 아는 능력을 구족하는 것이며, 정법안장의 부촉이란 정법안장을 구비한 스승과 제자간의 이심전심, 교외별전의 사실과 전수라고 설명하였다. 이와 관련하여 선종 육조혜능대사 頂相(초상화) 동래연기설도 주목된다. 남동신, 1992, 「2. 단속사 신행선사 (704~779)비」(한국고대사회연구소편, 1992, 『역주 한국고대금석문』 3). "그런 뒤에야 신라로 돌아와서 여러 몽매한 이들을 인도하였는데, 도의 근기가 있는 자를 위해서는 '마음을 보라(看心)'는 한마디로 가르치고, 그릇이 익은 자를 위해서는 수많은 방편을 보여 주었다. 한 시대의 비밀스런 전적에 통하였으며 삼매의 밝은 등불을 전하였으니, 실로 부처의 해가 동쪽에서 다시 떠오르고 법의 구름이 동쪽에서 다시 일어났다고 할 수 있겠다.(然後 還到雞林 倡導群蒙, 爲道根者 誨以看心一言 爲熟器者 示以方便多門. 通一代之秘典 傳三昧之明燈, 寔可謂 佛日再杲自暘谷 法雲更起率扶桑)".

48) 勞思光, 1990, 「中國佛敎哲學」『中國哲學史(漢唐篇)』(鄭仁在 譯). 생활방식(율부)과 의지의 단련(선정)은 관련이 있기 때문이라고 한다.

49) 김남윤, 1996, 「고려 전기의 법상종과 해린」『강원불교사연구』, 121쪽.

## Ⅲ. 주체적 세계화의 산실로서의 원주 폐사지

고려 사람들이 만든 네 가지 세계문화유산은 전술한 바와 같이 세계 유일의 침략전쟁에 맞선 평화인문정신과 밀접한 관련을 맺고 있다. 초조대장경 및 재조대장경의 각경 사업은 거란과 몽골의 침략전쟁을 인문사업으로 극복하고자 한 세계 유일의 사례라는 점에서 그 가치를 새롭게 평가받아야 한다. 한국에서조차 이전의 수당전쟁과 이후의 임란·병란 때에도 없던 방식이다. 침략전쟁을 인문사업으로 대처하고 극복하려는 기획은 어느 날 갑자기 마련된 것은 아니었다. 오랫동안 그렇게 해야 할 만한 역사와 철학과 문화가 있었기 때문에 가능한 것이었다.

고려시대의 네 유산은 당시 세계(천하)를 주체적 세계화론(천하다원화론과 해동천자, 해동6조론)에 입각하여 사고하던 고려 사람들이 조성한 것들이다. 고려 사람들은 대륙의 강대국에 대한 세 가지 관점과 태도를 유지하고 있었다. 화이론적 세계관과 자국중심적 세계관, 천하다원론적 세계관이 그것이다.[50] 앞의 두 세계관은 일원적 세계관이 특징이지만, 천하다원론은, 천하는 하나의 중심이 있는 것이 아니라 여러 천하가 병렬적으로 존재한다는 철학이다. 당풍도 존중하고, 국풍도 존중한다는 이론인 것이다. 전통문화만 고집하면 화이적 천하체제에서 낙오, 고립에 빠질 위험이 있고, 화이적 천하체제의 수용만을 추구하다보면 전통문화는 소멸, 해체될 가능성이 높기 때문에 자기 문화의 보전을 전제로 천하체제를 수용하려는 천하다원론은 국내외적으로 평가받을 만한 자세라 하겠다. 실제 고려 사람들의 천하다원론은 당시 국제적으로 인정받았다. 송나라

---

50) 노명호, 2009, 「Ⅴ. 해동천자의 천하와 '번(藩)'」『고려국가와 집단의식』, 140~142쪽 ; 김용섭, 2015,『동아시아 역사속의 한국문명의 전환 - 충격, 대응, 통합의 문명으로(신정·증보판)』.

항주 승천사 승려인 법원이 문종의 아들인 의천을 '진제眞帝의 아들'이라고
지칭한 것이 그런 예이다.51)

천하다원론은 해동천자론과 동전의 양면을 이루고 있었다. 해동천자론
의 대표적인 증거 유물은 원유관遠遊冠이 아니라 통천관通天冠을 쓴 고려
태조 왕건의 동상이었다.52) 고구려 문명의 계승과 고조선 문명의 계승을
역사로 하는 불교계의 천하다원론은 나말여초 태조 왕건의 수방이토론과
고려 불교 4대업이라 자부했던 선종불교계의 불법동류론, 그리고 해동
화엄과 법상, 천태를 스스로의 역사로 체계화하는 것으로 구현되었다.
그런 의미에서 충담과 지종, 해린이 각각 하산소로 삼은 흥법사와 거돈사
그리고 법천사는 한국 중세 불교계의 주체적 천하화(세계화)의 산실이라
할 수 있겠다. 그 가운데 특히, 법천사 해린 승탑비의 신단수와 세발
까마귀, 흰 두꺼비 그림은 고조선, 고구려 역사를 바탕으로 한 천하 불교의
한 축으로서 고려 법상종의 위치와 역할을 어떻게 자부하고 있었는지를
잘 보여준다는 점에서 매우 의미가 있다.53)

해린 승탑비에는 다음과 같은 그림이 있다. 이 그림(image)을 제대로
이해하려면 문자(text)로 된, 다음 행사(historical field)와 관련을 지워 해석해

---

51) 『대각국사문집 외집』 卷11 대송사문법원시(노명호, 145쪽에서 재인용).
52) 노명호, 2011, 『앞의 책』.
53) 김대식, 2007, 「지광국사비에 나타난 고려의 용화세계」『고문화』 70. 김대식은
    이 그림을 용화세계의 구현으로 해석한 바 있다. 필자의 생각은 다음과 같다.
    원주 동쪽에 있는 치악산은 원래 赤岳이라고 하였다. 붉은 산이라는 뜻이다.
    최상수는 한국의 민간전설집을 내면서 1936년 원주읍내 사는 박동필과의
    인터뷰를 근거로 단풍이 아름다워 적악이라고 해석했으나, 그 의미를 분명히
    하려면, 지금의 흥원창인 서쪽의 은섬포와 더불어 해석해야 한다. 蟾은 잘
    알다시피 두꺼비이다. 은섬은 흰두꺼비가 되고, 적악은 붉은 산, 곧 세발 까마귀
    가 되는 것이다. 『大東地志』 卷15 江原道 原州 山水 雉岳山(一云赤岳 東二十五里
    峻高雄盤洞府幽深 泉石淨潔) ; 『高麗史』 卷79 식화2. "銀蟾浦 前號蟾口浦 平原郡(銀
    蟾浦 이전에는 蟾口浦라고 하였는데 平原郡에 있다." ; 최상수, 1958, 「치악산과
    상원사」 『한국민간전설집』.

해린 승탑비의 해와 달

야 한다. 승탑비 상단의 이미지는 승탑비 본문과 깊은 연관이 있다는
것이다. 실제 비문에는 다음과 같은 이야기가 실려 있다. 1021년(현종
12) 여름의 일이었다. 당시 평양 중흥사 여름 결제 중에 있었던 강경법회에
서 해린의 연설에 대한 평가를 보면, "고난에 빠진 중생들을 시원하게
만들어 줄 수 있는 말씀으로 부처의 가르침(법택法澤)을 베풀고, 어두운
밤거리를 골고루 밝게 비출 수 있도록 자비의 등불(자등慈燈)을 비추시면서,
인도에서 건너온 은밀한 가르침을 깨닫게 하면서도, (해린이) 매번 '기자箕
子의 옛 서울'을 신창하면 법회에 참석한 사람들이 세 번 따라 외쳤다."는
것이다.54) 천하 법상종 속에 해동 법상종이 하나의 천하를 이루려면,
해동 역사의 이해를 전제로 해당 시대 법상종 불교계의 시대적 과제와
임무를 자리 매겨야 하는데, 해린 역시 그 의미를 잘 알고 있었고, 실제
실전에 옮기고 있었나.

『삼국유사』를 지은 일연이 단군조선에 대해 자세히 서술하여 해동

---

54) "天禧五年 於鎬京重興寺 爲夏講說 師 談傾法澤 伻火宅以晨凉 炤徹慈燈 底昏衢之夜曉
쁘□西意 師 每一稱箕子古都 衆皆三讚".

역사의 기원으로 삼은 반면 기자조선에 대해서는 간단히 언급하고,『삼국사기』를 지은 김부식은 입장을 달리하여 우리 역사를 삼국사에 한정하고 기자에 대해서는 당서唐書를 인용하여 고구려에서는 기자가한신箕子可汗神에 대한 제사풍속이 있었다고만 소홀히 언급한 것과 비교하면, 해린은 일연과 김부식과 달리 탑신 본문의 기자 언급에서 미처 못한 자신의 역사관을 고구려 문화 반영이 확실한 은두꺼비와 세발 까마귀와 함께, 고조선 문화 반영이 확실한 신단수를 새겨 놓음으로써 해린과 소현으로 이어지는 법상종 승려들만의 역사의식을 세상에 보여주려고 했던 것이다.

　해린의 이런 역사의식에는 고조부와 증조부부터 내려오는 가학家學의 영향도 있었다. 비문에서는 고·증조부의 행적을 한마디로 적선적경積善積慶이라고 묘사하고 있는데, 이는『주역周易』「곤坤」의 "선행善行을 쌓는 집안에는 반드시 후손까지 경사가 있고, 악행을 쌓는 집안에는 반드시 후손까지 재앙이 있다"라는 글귀가[55] 그 출처이다.

　그리고 고·증조부 공부의 특징을 복희씨의 역과 현상을 항구히 유지하려는 작용의 노래를 공부했다고 하였는데,[56] 이는 문왕 팔괘와 복희 팔괘의 구분이 있었음을 알고, 문왕 팔괘보다는 복희 팔괘의 공부에 일가견이 있었음을 설명하는 내용이다. 희역犧易은 복희씨가 팔괘를 획劃함으로써 시작되었다고 한다.

　그러므로『주역』괘사전에서는 "옛날 포희씨包犧氏(=복희씨伏羲氏)가 천하를 다스릴 제, 위로 우러러서는 천체의 변화현상(천상天象)을 보고, 아래로 굽어서는 땅의 법칙(지법地法)을 보았으며, 또 조수鳥獸의 문채와 해당 지역 문화(지地)의 알맞고 마땅함(적의適宜)함을 보아, 가까이는 내 몸에서 취하고, 멀리는 물物에서 취하여 이에 있어 비로소 팔괘八卦를

---

55) "積善之家　必有餘慶　積不善之家　必有餘殃".
56) "覉犧易·安貞之辭".

지음으로써 신명神明의 덕德을 통하여 그것으로써 만물의 실정을 분류하였다."고 하였다.

사실 원주에 살던 원주 원씨들은 이러한 복희씨 역에 익숙했던 것으로 판단된다. 운곡 원천석 역시, 복희 팔괘 연구로 유명한 소강절의 시구들을 자유롭게 활용하고 있기 때문이다.57)


## Ⅳ. 맺음말 : 원주 세 폐사지의 세계유산으로서의 가치

폐사지는 늘 사라지고 있는, 그러다 우연히 스스로 문자 한 자, 유물 한 조각 등 작은 단서를 세상에 제공하여 사람들의 생각을 환기시키는 기억저장소이다. 폐사지가 산중사찰이었을 시절, 그 자리를 채우고 있었던 수없이 많은 사람들과, 그 사람들이 만든 작품들, 공간과 사물과 사람이 혹은 하나가 되고, 혹은 여럿이 되어 만든 수많은 사건들이 폐사지라는 기억저장소에 보관되어 있다.

역사가들은 문자 발굴 혹은 유물 발굴을 통해 당시의 기억저장소를 회복해 내려고 노력을 경주하고 학자들과 작가, 기자들은 회복된 기억의 파편을 확장하려고 많은 노력을 한다. 폐사지에서 전체가 아니라 파편으로 세상에 드러나는 문자 하나, 유물 하나는 학자나 기자, 작가들에게 실체가 있는 산중사찰에서 보다 훨씬 더 자유로운 인문학적 상상력을 자극한다. 원주 세 폐사지는 지금까지 발견되었거나 앞으로 발견될 수많은 문자와 문헌, 유물과 유적들을 단서로 해당 시기 특정 사람들의 생각과 활동이 끊임없이 재탄생될 그런 공간이다.

---

57) 『운곡시사』. "六十吟(二首, 康節集. 有性情吟), 次康節邵先生春郊十詠詩(幷序)".

이 글은 그 중의 한 부분, 원주 세 폐사지의 세 인물, 충담, 지종, 해린을 중심으로 해당 사찰의 해당 시기 인물과 사건을 재현해 본 것이다.[58] 원주 폐사지의 이들 세 분의 생전 활동은 기왕에 세계유산으로 지정된 개경역사지구와, 해인사장경판전, 팔만대장경과 『불조직지심체요절』 등 고려시대 네 유산과 깊은 문화적 연대를 맺고 있었다.

고려시대 네 유산 가운데 백미는 역시 팔만대장경이다. 세계에서 유일하게 침략전쟁을 평화인문사업으로 대처한 고려인의 담대한 기개가 내재화된 사업이기 때문이다. 당대의 세계 최강 정예 군사들인 거란병과 몽골병을 상대로 한 번도 아니라 두 번이나 각경 사업이라는 대규모 평화인문사업을 벌였기 때문에 그 역사적 의미는 아무리 강조해도 지나치지 않겠다. 이 가운데 원주 세 폐사지의 세 인물들의 활동은 그 가운데 첫 번째 평화인문사업, 즉 초조대장경 각경 사업과 밀접하게 관련을 맺고 있었다.

초조대장경 각경 사업은 전시에만 진행된 사업이 아니었다. 목판에 새길 판하본 대교본은 전쟁 전 평시의 꾸준한 연구와 작업을 통해 저본을 만들어 갔고,[59] 전시 각경 사업에서도 제작되었으며, 전후 일정 시기까지 꾸준히 진행되었다. 1054년(문종 8) 법천사 해린의 '경조금언敬造金言'은 초조대장경이 전국에 산재한 사찰과 승려와 백성의 도움을 받아 만들어졌음을 설명하는 사례이며, 고려 태조 왕건이 자부한 홍법사 충담의 인도 불교사 연구와, 거돈사 지종이 오월국 유학시 행한 마하지관 강의에서 확인된 고려 광종의 천태학 관련 서적 연구에의 자부심이 쌓여서 전시라는 극한 상황에서도 담대하게 각경 사업이라는 평화인문학을 진행할 수 있었겠다. 각경사업은 고려인들의 평시 교육열과 학구열이 치열했기 때문

---

58) 세 인물의 활동은 선봉사 창건 당시 지종스님의 학통을 계승한 수십명의 학자승려들이 참여했다는 것으로 보아, 개인의 활동으로 국한시킬 이유는 없겠다.

59) 이인재, 2005, 「禪師 兢讓(878~956)의 생애와 大藏經」『한국사연구』 131.

에 전쟁이라는 최악의 상황에서도 담담하게 인문사업으로 대처할 수 있는 자부심의 발로이고 결과였다.

선종 승려들의 불법 동류에의 자부심, 화엄·법상·천태의 세계(천하) 불교 속의 해동 불교 자리매김은, 고려 전기 천하다원론자들의 해동천자론과 맥을 같이 하는 고려 교육열과 학구열의 상징이었다. 화이론적 세계관과 자국중심적 세계관과 같은 일원론적 세계관과, 천하다원론적 세계관과 같은 다원론적 세계관이 한국 전 역사에서 순환, 반복되고 있을 때, 원주 세 폐사지의 세 인물과 그들의 업적은, 존재는 하지만 한국에서 문헌으로 잘 증명되지 않았던 고려인의 주체적 세계관, 평화인문정신의 원천을 잘 드러냈다는 점에서 세계유산으로의 가치가 있다.

## 1. 사료와 보고서

『삼국사기』『삼국유사』『고려사』『고려사절요』

이우성 교역, 1995, 『신라 사산비명』, 아세아문화사.
이지관 편, 1993, 『교감역주 역대고승비문(신라편)』, 가산문고.
이지관 편, 1994, 『교감역주 역대고승비문(고려편 1)』, 가산문고.
이지관 편, 1995, 『교감역주 역대고승비문(고려편 2)』, 가산문고.
한국고대사회연구소 편, 1992, 『역주 한국고대금석문』Ⅰ·Ⅱ·Ⅲ, 가락국사적개발연구소.
한국역사연구회, 1996, 『역주 나말여초금석문』(상·하), 혜안.

새한건축문화연구소, 1986, 『거돈사지 석물실측 및 지표조사보고서』(원성군).
宋義政·尹炯元, 2000 『法泉里 Ⅰ』(국립중앙박물관 고적조사보고 제31책).
尹炯元, 2002, 『法泉里 Ⅱ』(국립중앙박물관 고적조사보고 제33책).
예맥문화재연구원, 2006 『원주건등리 아파트신축부지내 유적 발굴조사 약보고서』.
중원문화재연구원, 2008, 『충주시 클린에너지파크 건설사업부지내 문화재 연장발굴
　　　　조사 시도위원회 자료』.
차용걸, 1998, 『原州 鵄原山城·海美山城 地表調査報告書』.
충청북도, 1982, 『상당산성지표조사보고서』.

## 2. 단행본

강은경, 2002, 『고려시대 호장층 연구』, 혜안.
김기섭, 2000, 『백제와 근초고왕』, 학연문화사.
김리나, 1989, 『한국 고대 불교조각사 연구』, 일조각.
김상기, 1974, 『동방사논총』, 서울대 출판부.

김승옥, 2000,『백제史上의 전쟁』, 서경문화사.

김용선, 2008,『궁예의 나라, 태봉 : 그 역사와 문화』, 일조각.

김원룡, 1980,『한국 고미술의 이해』, 서울대 출판부.

김갑동, 1990,『나말여초의 호족과 사회변동연구』, 고려대 출판부.

김남규, 1989,『고려양계지방사연구』, 새문사.

김용섭, 2015,『동아시아 역사속의 한국문명의 전환 - 충격, 대응, 통합의 문명으로』, 지식산업사.

김철준, 1975,『한국고대사회연구』, 지식산업사.

노명호, 2009,『고려국가와 집단의식』, 서울대 출판부.

노명호, 2011,『고려태조 왕건의 동상 : 황제제도·고구려 문화전통의 형상화』, 지식산업사.

勞思光(정인재 역), 1990,『중국철학사(漢唐편)』, 탐구당.

박상진, 2007,『나무에 새겨진 팔만대장경의 비밀』, 김영사.

박시형, 1960,『조선토지제도사(상),(중)』, 신서원.

박종기, 2002,『지배와 자율의 공간 - 고려의 지방사회』, 푸른역사.

벤자민 R. 바버(조은경, 최은정 옮김), 2014,『뜨는 도시, 지는 국가(If Mayors Ruled the World)』, 21세기 북스.

서영일, 1999,『신라 육상교통로 연구』, 학연문화사.

신호철, 1996,『후백제견훤정권연구』, 일조각.

여호규, 2014,『고구려 초기 정치사연구』, 신서원.

원각불교사상연구원 편, 2010,『한국 천태사』, 대한불교조계종.

이경식, 2005,『한국 고대·중세초기 토지제도사』, 서울대 출판부.

이광규, 1977,『한국가족의 사적 연구』, 일지사.

이도학, 2015,『후백제 진훤대왕』, 주류성.

이병도, 1959,『한국사 - 고대편』(진단학회), 을유문화사.

이재범, 2007,『후삼국시대 궁예정권연구』, 혜안.

장일규, 2008,『최치원의 사회사상 연구』, 신서원.

장준식, 1998,『신라 중원경 연구』, 학연문화사.

정성본, 2000,『선의 역사와 사상』, 불교시대사.

鄭在永·南豊鉉·尹幸舜·李丞宰·金永旭·小林芳規·西村浩子, 2003,『韓國 角筆 符號口訣 資料와 日本 訓點 資料 研究 - 華嚴經 資料를 중심으로』, 태학사.

조범환, 2001,『신라 선종연구』, 일조각.

조인성, 2007,『태봉의 궁예정권』, 푸른역사.

채웅석, 2000,『고려시대의 국가와 지방사회- 본관제의 시행과 지방지배질서』, 서울대 출판부.

千寬宇, 1989,『고조선사·삼한사 연구』, 일조각.

천혜봉, 1995, 『나려羅麗 인쇄술의 연구』, 경인문화사.
최병현, 1992, 『신라 고분 연구』, 일지사.
최성은, 1995, 『철불』, 대원사.
최성은, 2013, 『고려시대 불교조각 연구』, 일조각.
최영성, 1987, 『譯註四山碑銘』, 아세아문화사.
추만호, 1992, 『나말여초 선종사상사연구』, 이론과 실천.
한국고대사연구회편, 1994, 『신라말 고려초의 정치사회변동』, 신서원.
허흥식, 1986, 『고려불교사연구』, 일조각.
홍승기, 2001, 『고려사회사연구』, 일조각.

## 3. 논문

강남석, 2001, 「제관의 천태사교의와 천태사상」 『한국종교사연구』 9.
강은경, 2002, 「지방통치체제의 정비와 호장층의 형성과정」 『고려시대 호장층 연구』.
강희웅, 1977, 「고려 혜종대 왕위계승전의 신해석」 『한국학보』 7.
고석규, 1998, 「지방사 연구의 새로운 모색」 『지방사와 지방문화』 1.
고석규, 2000, 「전남지방 향토사·지방사 연구의 추이」 『한국지방사연구의 현황과
　　　　　과제』.
고석규, 2005, 「한국학과 지방학」, 『21세기 한국학, 어떻게 할 것인가』.
구산우, 1993, 「고려 성종대 향촌지배체제의 강화와 그 정치·사회적 갈등」 『한국문화
　　　　　연구』 6.
구산우, 1995, 「고려 전기 향촌지배체제연구」, 부산대 박사학위논문.
구산우, 2002, 「고려시기 계수관의 지방행정 기능과 위상」 『역사와 현실』 43.
구산우, 2008, 「신라말 고려초 김해 창원지역의 호족과 봉림산문」 『한국중세사연구』
　　　　　25.
권덕영, 1992, 「신라 홍각선사 비문의 복원시도」 『가산 이지관스님 화갑기념논총
　　　　　한국불교문화사상사』.
권덕영, 1998, 「홍각선사탑비문을 통해 본 신라 억성사지의 추정」 『사학연구』 55·56합.
권덕영, 2009, 「신라 도의선사의 초기 법계와 억성사」 『신라사학보』 16.
권오영, 1986, 「초기백제의 성장과정에 대한 일고찰」, 『한국사론』 15.
권오영, 1988, 「4세기 백제의 지방통제방식 일례」 『한국사론』 18.
권오영, 1996, 「삼한의 국國에 대한 연구」, 서울대 박사학위논문.
권오영, 2001, 「백제국(伯濟國)에서 백제(百濟)로의 전환」 『역사와 현실』 40.
김갑동, 1985, 「고려건국기의 청주세력과 왕건」 『한국사연구』 48.
김갑동, 1988, 「고려 초기 관계의 성립과 그 의의」, 『역사학보』 117.

김갑동, 1990, 「고려초기의 관계제와 공신제」『나말여초의 호족과 사회변동연구』.

김갑동, 1990, 「지방세력과 지방제도」『나말여초의 호족과 사회변동연구』.

김광수, 1969, 「고려시대의 동정직」『역사교육』11·12.

김광수, 1969, 「고려시대의 서리직」『한국사연구』4.

김광수, 1973, 「고려태조의 삼한공신」『사학지』7

김광수, 1979, 「나말여초의 호족과 관반」『한국사연구』23.

김광수, 1984, 「고려 관반체제의 변화와 양반호적 정리」『역사교육』35.

김광수, 1996, 「신라관명 대등의 속성과 사적 추이」『역사교육』59.

김기섭, 1996, 「백제 근초고왕대의 동경(東境)」『백제문화』25.

김기흥, 2000, 「골품제 연구의 현황과 전망」『한국고대사논총』9.

김남규, 1989, 「지방봉사자로서의 별감과 그 기능」『고려양계지방사연구』.

김남윤, 1996, 「고려 전기의 법상종과 해린」『강원불교사연구』.

김당택, 1983, 「무신정권시대의 군제」『고려군제사』.

김대식, 2007, 「지광국사비에 나타난 고려의 용화세계」『고문화』70.

김동수, 1998, 「전남 지방사연구의 현황과 과제」『지방사와 지방문화』1.

김동전, 2000, 「제주지방사 연구현황과 과제」『한국지방사연구의 현황과 과제』.

김리나, 1989, 「한국의 고대(삼국·통일신라) 조각과 미의식」『한국고대불교조각사연구』.

김미경, 1996, 「고구려의 낙랑·대방지역 진출과 그 지배형태」『학림』17.

김병인, 1995, 「김부식과 윤언이」『전남사학』9.

김상기, 1960, 「신라말 지방군웅의 對中 통교 ─ 특히 왕봉규를 중심으로」『황의돈선생고희기념사학논총』.

김상돈, 1996, 「신라말 구가야권의 김해 호족세력」『진단학보』82.

김상현, 1984, 「신라 중대 전제왕권과 화엄종」『동방학지』44.

김성우, 2000, 「건축문화재 복원의 동향과 방향」『건축역사연구』9-1.

김성찬, 1998, 「삼국유사 원주 비마라사 위치고 ─ 원주 관련문헌을 중심으로」『박물관지』7(충청대학).

김수태, 1989, 「고려초 충주지방의 호족 ─ 충주유씨를 중심으로」『충청문화연구』1.

김승옥, 2000, 「한성백제의 형성과정과 대외관계」『백제사상의 전쟁』.

김영미, 1996, 「나말여초 연구와 금석문」『역주 나말여초불교금석문(상)』.

김영수, 1936, 「오교양종에 대하여」『진단학보』8.

김영심, 1996, 「백제 지방통치체제연구 ─ 5~7세기를 중심으로」, 서울대 박사학위논문.

김영태, 1978, 「희양산선파의 성립과 그 법계에 대하여」『한국불교학』4.

김용선, 2006, 「현욱 심희 찬유와 여주 고달사」『한국중세사연구』21.

김용섭, 2000, 「토지제도의 사적 추이」『한국중세농업사연구』.

김용섭, 2001, 「고려 충렬왕조의 「광산현제용시설」의 분석 - 신라 김씨가 관향의 광산지역 정착과정을 중심으로 - 」『역사학보』172.

김용섭, 2016, 「고조선 기자조선의 쇠망과 그 유민들의 국가재건」『역사교육』137.

김원룡, 1973, 「원성군 법천리 석관묘와 출토유물」『고고미술』120.

김원룡, 1975, 「백제 건국지로서의 한강상류유역」『백제문화』7·8合.

김윤곤, 2003, 「고려 '國本' 대장경의 혁신과 그 배경」『민족문화논총』27.

김재응, 1994, 「신라말고려초 선종사원의 삼강전」『진단학보』77.

김종천, 1987, 「중국의 대장경 간행에 대한 역사적 고찰」『상명대학교 논문집』.

김창겸, 1999, 「신라 원성왕계 왕의 황제·황족적 지위와 진골 초월화」『백산학보』52.

김창호, 2000, 「중원고구려비의 건립연대」『고구려발해연구』10.

김철준, 1962, 「신라 귀족세력의 기반」『인문과학』7.

김철준, 1968, 「고려초의 천태학연구」『동서문화』2.

김철준, 1968, 「신라시대의 친족집단」『한국사연구』1.

김현길, 1982, 「비마라사지를 찾아서」『중원문학』4.

김현영, 2000, 「방법으로서의 지방사 - 조선시기 사족지배체제론을 중심으로」『한국지방사연구의 현황과 과제』.

김혜완, 2000, 「보원사 철불의 조상 - 고려초 원주 철불과 관련하여」『사림』14.

김혜완, 2002, 「고달사의 불교사적 고찰」『고달사지』I.

김혜완, 2008, 「나말여초 남한강 주변의 선종사원과 선사들의 활동」『한국고대사연구』49.

나각순, 1990, 「고려 향리의 신분변화」『국사관논총』13.

나각순, 1992, 「고려 향리의 신분적 특성과 그 변화」『사학연구』45.

나말여초연구반, 1991, 「나말여초 호족의 연구동향」『역사와 현실』5.

남동신, 1993, 「나말여초 화엄종단의 대응과 《(화엄)신중경》의 성립」『외대사학』5.

남동신, 1996, 「나말여초 선종법계도」『역주 나말여초 금석문(상)』.

남동신, 2000, 「신라의 승정기구와 승정제도」『한국고대사논총』9.

남동신, 2002, 「성주사 무염비의 '득난'조에 대한 고찰」『한국고대사연구』28.

남동신, 2011, 「고려중기 왕실과 화엄종 - 왕족출신 화엄종 5국사를 중심으로」『역사와 현실』79.

남풍현, 2000, 「중원 고구려비문의 해독과 이두적 성격」『고구려발해연구』10.

노명식, 1986, 「지방사연구의 역사와 개황 - 프랑스를 중심으로」『대구사학』30.

노명호, 1986, 「고려초기 왕실출신의 향리 세력 - 여초 친속들의 정치세력화 양태」『고려사의 제문제』.

노명호, 1988, 「고려시대 향촌사회의 친족관계망과 가족」『한국사론』19.

노명호, 1988, 「고려시대 양측적 친족조직에 관한 연구」, 서울대 박사학위논문.

노명호, 1999, 「고려시기의 다원적 천하관과 해동천자」 『한국사연구』 105.

노명호, 2009, 「해동천자의 천하와 '번(藩)'」 『고려국가와 집단의식』.

노용필, 1984, 「홍자번의 편민십팔사에 대한 연구」 『역사학보』 102.

노중국, 1985, 「한성시대 백제의 지방통치체제 - 담로체제를 중심으로」 『변태섭박사 화갑기념사학논총』.

노중국, 1987, 「마한의 성립과 변천」, 『마한·백제문화』 10.

노중국, 1995, 「삼국사기의 백제 지리 관계 기사 검토」 『삼국사기의 원전검토』.

노태돈, 1975, 「삼국시대 부에 관한 연구」 『한국사론』 2.

노태돈, 1976, 「고구려의 한수 유역 상실의 원인에 대하여」 『한국사연구』 13.

노태돈, 1978, 「나대의 문객」 『한국사연구』 21·22합.

노태돈, 1989, 「부여국의 경역과 그 변천」 『국사관논총』 4.

노태돈, 1996, 「5~7세기 고구려의 지방제도」 『한국고대사논총』 8.

니시 마사유키(西正之), 2014, 「일본의 지역학 지원학의 구상과 실천」 『마을로 간 인문학』.

도현철, 1995, 「고려말기 사대부의 이상군주론」 『동방학지』 88.

민두기, 1986, 「중국사연구에 있어서의 지방사연구」 『대구사학』 30.

민후기, 2004, 『고대 중국에서의 작제의 형성과 전개』, 연세대학교 박사학위논문.

박경안, 1990, 「갑인주안고」 『동방학지』 66.

박경안, 2005, 「고려시대 한국인의 mentality 복원연구 - 고려전기 다원적 국제간관계 와 국가, 문화귀속감」 『동방학지』 129.

박경안, 2007, 「다원적 국제관계와 국가문화귀속감」 『고려시대 사람들의 삶과 생각』.

박경자, 1974, 「고려 향리제도의 성립」, 『역사학보』 63.

박경자, 1986, 「고려시대의 향리 연구」, 숙명여대 박사학위논문.

박경자 1992, 「고려 향리의 경제적 기반」 『국사관논총』 39.

박상국, 1998, 「의천의 교장 - 교장총록의 편찬과 교장간행에 대한 재고찰」 『보조사 상』 11.

박상진, 2007, 「다시 새기는 팔만대장경」 『나무에 새겨진 팔만대장경의 비밀』.

박순발, 2001, 「백제의 성장과정」 『한성 백제의 탄생』.

박순발, 2001, 「한강유역 백제 기층문화의 전개과정」 『한성 백제의 탄생』.

박영기, 1992, 「봉림산문의 법계와 그 문제점들」 『한국불교학』 17.

박윤진, 2006, 「신라말고려초의 불법동류설」 『한국중세사연구』 21.

박정주, 1994, 「신라말고려초 사자산문과 정치세력」 『진단학보』 77.

박종기, 1990, 「고려전기 사회사연구동향」 『역사와 현실』 2.

박종기, 1992, 「고려시대 외관 속관제 연구」 『진단학보』 74.

박종기, 1994, 「14세기 군현구조의 변동과 향촌사회」 『14세기 고려의 정치와 사회』.

박종기, 1997, 「고려시대의 지방관원들 - 속관을 중심으로」, 『역사와 현실』 24.
박종진, 2005, 「고려시기 계수관의 기능과 위상」, 『역사와 현실』 56.
박진석, 2000, 「중원 고구려비의 건립연대 고증」, 『고구려발해연구』 10.
박진훈, 2003, 「고려시대 감옥의 설치와 운영체계」, 『역사와 현실』 47.
박찬규, 1995, 「백제의 마한정복과정 연구」, 단국대 박사학위논문.
박태우, 1987, 「통일신라시대의 지방도시에 대한 연구」, 『백제연구』 18.
박혁순, 1998, 「중국 지방사연구의 현황과 과제」, 『지방사와 지방문화』 1.
박현숙, 1991, 「백제초기의 지방통치체제 연구 - 部의 성립과 변화과정을 중심으로」, 『백제문화』 20.
박현숙, 1993, 「백제 담로제의 실시와 그 성격」, 『송갑호 교수 정년퇴임기념논문집』.
박현숙, 1998, 「삼국사기 백제본기 온조왕조의 검토」, 『선사와 고대』 10.
배상현, 2004, 「진경 심희의 활동과 봉림산문」, 『사학연구』 74.
배종도, 1989, 「신라하대의 지방제도 개편에 대한 고찰」, 『학림』 11.
백강녕, 1996, 「고려초 혜종과 정종의 왕위계승」, 『진단학보』 82.
백미선, 2013, 「5세기 고구려 지방제도와 守事」, 『진단학보』 119.
백종오, 2008, 「남한내 고구려 유적·유물의 새로운 이해 - 최근 발굴유적을 중심으로 - 」, 『선사와 고대』 28.
백충현, 1989, 「해외유출·불법반출문화재 반환의 국제법적 규제」, 『서울대학교 법학』 30-3·4호.
서영일, 2000, 「중원 고구려비에 나타난 고구려 성과 국방체계 - 우벌성과 고모루성을 중심으로」, 『고구려발해연구』 10.
서영일, 2003, 「한성 백제의 남한강 수로 개척과 경영」, 『문화사학』 20.
서영일, 2005, 「남한강 수로의 물자유통과 흥원창」, 『사학지』 37.
서의식, 1995, 「9세기말 신라의 득난과 그 성립과정」, 『한국고대사연구』 8.
서의식, 2006, 「한국고대국가의 이종용립 구조와 그 전개」, 『역사교육』 98.
손영종, 1985, 「중원 고구려비에 대하여」, 『역사과학』. 85-2.
송준호, 1986, 「남원지방을 예로 하여본 조선시대 향촌사회의 구조와 성격」, 『대구사학』 30.
신안식, 1994, 「대봉항쟁기 민의 동향」, 『14세기 고려의 정치와 사회』.
신영문, 2001, 「나말여초 사자산문의 사상과 그 성격」, 『북악사론』 9.
신영우·김의환, 2000, 「충청지역 지방사 연구의 현황과 과제」, 『한국지방사연구의 현황과 과제』.
신종원, 1994, 「치악산 석남사지의 추정과 현존 민속」, 『정신문화연구』 17권 1호.
신형식, 1992 「신라의 발전과 한강」, 『한국사연구』 77.
신호철, 1996, 「견훤정권의 성립」, 『후백제견훤정권연구』.
신호철, 1998, 「哈丹賊의 침입과 원충갑의 영원성(치악성) 승첩」, 『원주 영원산성·해미산성』.
신호철, 2008, 「신라의 멸망원인」, 『한국고대사연구』 50.
안승주, 1986, 「호서지방 지방사연구의 현황과 과제」, 『대구사학』 30.
안영근, 1992, 「나말여초 청주세력의 동향」, 『박영석교수화갑기념 한국사학논총(상)』.
안지영, 2009, 「이왕가 박물관의 설립과 전시체계의 변화」, 연세대 석사학위논문.
양기석, 1993, 「신라 오소경의 설치와 서원경」, 『호서문화연구』 11.
양정석, 2009, 「공간구조를 통해 본 신라의 오소경과 발해의 오경」, 『역사와담론』
    53.
여호규, 2002, 「한국고대의 지방도시 - 신라 5소경을 중심으로」, 『강좌 한국고대사』
    7.
여호규, 2010, 「고구려 초기의 왕위계승원리와 고추가」, 『동방학지』 150.
오금성, 1986, 「명대 양자강 중류 삼성지역의 사회변화와 신사」, 『대구사학』 30.
오영교, 2000, 「강원지방사 연구현황과 과제」, 『한국지방사연구의 현황과 과제』.
오주환, 1986, 「지방사 연구 : 그 이론과 실제 - 영국을 중심으로」, 『대구사학』 30.
위은숙, 1985, 「나말여초 농업생산력발전과 그 주도세력」, 『부대사학』 9.
유현용, 1997, 「온조왕대 마한정복기사의 재고찰」, 『사총』 46.
윤경진, 1996, 「고려 태조대 군현제 개편의 성격 - 신라 군현제와의 상관성을 중심으
    로」, 『역사와 현실』 22.
윤경진, 1997, 「고려전기 향리제의 구조와 호장의 직제」, 『한국문화』 20.
윤경진, 2000, 「고려 군현제의 구조와 운영」, 서울대 박사학위논문.
윤경진, 2001, 「고려 군현제의 운영원리와 주현-속현 영속관계의 성격」, 『한국중세사
    연구』 10.
윤경진, 2003, 「고려전기 계수관의 설정원리와 그 변화」, 『진단학보』 96.
윤경진, 2004, 「고려초기 재지관반의 정치적 위상과 지방사회 운영」, 『한국 고대·중세
    지방제도의 제문제』.
윤선태, 1993, 「신라 골품제의 구조와 기능」, 『한국사론』 30.
윤선태, 2001, 「마한의 진왕과 신분고국」, 『백제연구』 34.
윤용구, 1999, 「삼한의 對中교섭과 그 성격」, 『국사관논총』 85.
이경란, 2014, 「마을에서 짜는 배움의 틀과 마을인문학」, 『마을로 간 인문학』.
이경식, 1986, 「고려전기의 평전과 산전」, 『이원순교수화갑기념논총』.
이경희, 1994, 「고려시대 향리제도에 관한 연구사적 검토」, 『부산여대사학』 12.
이경희, 1995, 「고려 초기 상주목의 군현편성과 屬邑통치의 실태」, 『한국중세사연구』
    2.
이계황, 2000, 「일본의 지방사 연구 논리의 추이」, 『한국지방사연구의 현황과 과제』.
이기남, 1971, 「충선왕의 개혁과 사림원의 설치」, 『역사학보』 52.
이기백, 1968, 「고려주현군고」, 『고려병제사연구』.

이기백, 1972, 「신라 오악의 성립과 그 의의」 『진단학보』 33.

이도학, 1988, 「영락6년 광개토왕의 남정과 국원성」 『손보기박사 정년기념 한국사학
논총』.

이도학, 2007, 「궁예의 북원경 점령과 그 의의」 『동국사학』 43.

이동기, 2009, 「문화재환수협약의 성립경위와 현황」 『법학논총』 22-1.

이동훈, 2015, 「2장 3절 1항 수사의 성격과 유형」 『고구려 중·후기 지배체제 연구』,
고려대 박사학위논문.

이병도, 1936, 「삼한문제의 신고찰 4 - 진국급삼한고」 『진단학보』 5.

이병도, 1959, 「남방열행의 제사회」 『한국사 - 고대편』.

이병도, 1979, 「중원 고구려비에 대하여」 『사학지』 13.

이성무, 1970, 「조선초기의 향리」 『한국사연구』 5.

이성무, 1978, 「조선 전기 중인층의 성립문제」 『동양학』 8.

이수건, 1974, 「조선조 향리의 일연구 - 호장에 대하여 - 」 『문리대학보』 3(영남대).

이수건, 1984, 「고려 전기 지배세력과 토성」 『한국중세사회사연구』.

이수건, 1986, 「17,8세기 안동지방 유림의 정치사회적 기능」 『대구사학』 30.

이순근, 1983, 「고려초 향리제의 성립과 실시」 『김철준박사화갑기념사학논총』.

이영자, 1980, 「의천의 천태회통사상」 『불교학보』 17.

이영자, 1982, 「의천의 신편제종교장총록의 독자성」 『불교학보』 19.

이우성, 1964, 「고려조의 리에 대하여」 『역사학보』 23.

이익주, 1994, 「충선왕 즉위년(1298) 관제개혁의 성격」 『14세기 고려의 정치와 사회』.

이인영, 1988, 「고려시대 철불상의 고찰」, 동국대 석사학위논문.

이인재, 1990, 「고려 중·후기 지방제 개혁과 감무」 『외대사학』 3.

이인재, 1993, 「신라통일기 연호의 토지소유」 『동방학지』 77·78·79합.

이인재, 1995, 「신라통일기 토지제도연구」, 연세대 박사학위논문.

이인재, 1996, 「고려 중·후기 수조지탈점의 유형과 성격」 『동방학지』 93.

이인재, 2000, 「1291년 카단(哈丹)의 치악성 침입과 원충갑의 항전」 『한국 사상과
문화』 7.

이인재, 2003, 「나말여초 북원경의 정치세력 재편과 불교계의 동향」 『한국고대사연
구』 31.

이인재, 2005, 「고려전기 홍경사의 창건과 삼교공존론」 『한국사학보』 23.

이인재, 2006, 「고려 초기 원주 지방의 역사와 문화」 『한국사상과 문화』 32.

이인재, 2006, 「김부식과 빅호·임존의 의천평가」 『역사교육』 99.

이인재, 2006, 「부여·고구려의 식읍제」 『동방학지』 136.

이인재, 2009, 「한국 중세의 기점」 『논쟁으로 읽는 한국사1 - 전근대』.

이재환, 2007, 「고고학자료를 통해 본 통일신라시대 북원경연구」, 강원대 석사학위논
문.

이종서, 1997,「나말여초 성씨 사용의 확대와 그 배경」『한국사론』 37.
이종욱, 1981,「고려초 940년대의 왕위계승전과 그 정치적 성격」『고려광종연구』.
이종욱, 1996,「백제 초기국가로서 십제의 형성」『국사관논총』 69.
이종욱, 1996,「백제의 국가형성 - 삼국사기 백제본기를 중심으로」『대구사학』 11.
이태진, 1977,「김치양난의 성격」『한국사연구』 7.
이태진, 1986,「휴전고」『한국사회사연구』.
이혜옥, 1985,「고려시대의 향역」『이화사학연구』 17·18합.
이훈상, 1985,「고려중기 향리제도의 변화에 대한 일고찰」『동아연구』 6.
이훈상, 2000,「타자로서의 지방과 중앙의 헤게모니」『한국지방사연구의 현황과
　　　　 과제』.
인　경, 2000,「선정일치에 관한 사상사적 고찰」『대각사상』 3.
임기환, 2000,「3세기~4세기 초 위·진의 동방정책 - 낙랑군·대방군을 중심으로 - 」
　　　　 『역사와 현실』 36.
임기환, 2000,「중원고구려비를 통해 본 고구려와 신라의 관계」『고구려발해연구』
　　　　 10.
임기환, 2003,「남북조기 한중 책봉·조공관계의 성격」『한국고대사연구』 32.
임병태, 1967,「신라소경고」『역사학보』 35·36.
장덕호, 2005,「나말여초 고달선원의 형성」『신천식교수정년기념사학논총』.
장준식, 1999,「세달사의 위치에 대한 고찰」『문화사학』 11·12·13합.
장창은, 2006,「중원고구려비의 연구동향과 주요쟁점」『역사학보』 189.
장충식, 1973,「신라 비마라사지고」『동국사상』 12.
전덕재, 2002,「신라 소경의 설치와 그 기능」『진단학보』 93.
정광균, 2015,「영명 연수의 원융심성과 귀결점」『정토학연구』 24.
정병삼, 2006,「일연선사비의 복원과 고려 승려비문의 문도 구성」『한국사연구』
　　　　 133.
정병철, 2000,「중국사에서의 지방사 연구의 현황과 과제」『한국지방사연구의 현황과
　　　　 과제』.
정영호, 1969,「신라 사자산 흥녕사지 연구」『백산학보』 7.
정영호, 1979,「중원 고구려비의 발굴 조사와 연구 전망」『사학지』 13.
정인보, 1935,「처음 겪은 흥망」『조선사연구(상)』.
정장호, 1997,「원주의 지리적 환경」『원주의 역사와 문화유적』.
정진영, 1998,「영남지역 지방사 연구의 현황과 과제」『지방사와 지방문화』 1.
정진영, 2000,「영남지역 지방사 연구의 현황과 과제」『한국지방사연구의 현황과
　　　　 과제』.
조경시, 1988,「신라하대 화엄종의 구조와 경향」『부대사학』 13.
조경시, 2000,「고려 성종대의 대불교시책」『한국중세사연구』 9.

조범환, 1994, 「신라말 봉림산문과 신라왕실」, 『진단학보』 78.

조범환, 2008, 「신라 하대 원감선사 현욱의 남종선 수용과 활동」, 『동북아문화연구』 14.

조성을, 2000, 「경기지역의 지방사 연구 현황과 과제」, 『한국지방사연구의 현황과 과제』.

주보돈, 2008, 「신라 하대 김헌창의 난과 그 성격」, 『한국고대사연구』 51.

주보돈, 2009, 「신라 골품제 연구의 새로운 경향과 과제」, 『한국고대사연구』 54.

주채혁, 1995, 「외적의 침입과 강원지방」, 『강원도사 - 역사편』.

진홍섭, 1967, 「흥녕사 징효대사유적」, 『이화사학연구』 2.

채상식, 1982, 「정토사지 법경대사비 음기의 분석」, 『한국사연구』 36.

채웅석, 1998, 「고려 문종대 관료의 사회적 위상과 정치운영」, 『역사와 현실』 27.

천혜봉, 1987, 「의천의 입송구법과 송각 주화엄경판」, 『동방학지』 54·55·56합.

최동순, 2008, 「송 천태종 중흥과 의통의 역할」, 『한국불교학』 50.

최동순, 2015, 「고려 제관이 중국불교에 끼친 영향」, 『한국불교사연구』 8.

최병헌, 1972, 「신라 하대 선종구산파의 성립」, 『한국사연구』 7.

최병헌, 1975, 「천태종의 성립」, 『한국사』 6(국사편찬위원회).

최병헌, 1978, 「신라말 김해지방의 호족세력과 선종」, 『한국사론』 4.

최병헌, 1980, 「고려시대 화엄학의 변천」, 『한국사연구』 30.

최병헌, 1991, 「대각국사 의천의 도송활동과 고려·송의 불교교류」, 『진단학보』 71·72.

최병헌. 1990, 「고려시대 화엄종단의 발전과정과 그 역사적 성격」, 『한국사론』 20.

최병현, 1994, 「묘제를 통해 본 4~5세기 한국 고대사회」, 『한국고대사논총』 6.

최성은, 1995, 「고려초기 광주철불연구」, 『불교미술연구』 2.

최성은, 1996, 「나말여초 중부지역 철불의 양식계보」, 『강좌미술사』 8.

최성은, 2002, 「나말여초 중부지역 석불조각에 대한 고찰」, 『역사와 현실』 44.

최연식, 1993, 「대각국사비의 건립과정에 대한 새로운 고찰」, 『한국사연구』 83.

최연식, 2007 「사자산 선문의 성립과정에 대한 재검토」, 『불교학연구』 21.

최원식, 1985, 「신라하대의 해인사와 화엄종」, 『한국사연구』 45.

최인선, 1998, 「한국철불연구」, 한국 교원대학교 박사학위논문.

최인표, 1996, 「나말여초 사자산문의 동향」, 『한국전통문화연구』 11.

최종덕, 2003, 「경복궁 복원의 의미」, 『건축역사연구』 12-3.

최홍규, 2000, 「수원지방사 연구 현황과 과제」, 『한국지방사연구의 현황과 과제』.

최희수, 2012, 「5~6세기 고구려 지방통치의 운영」, 『한국고대사탐구』 10

추만호, 1992, 「선종 법계 승계의 특징과 북종의 법계법신」, 『나말여초 선종사상사연구』.

추만호, 1992, 「선종의 사회적 기반과 성격」, 『나말여초선종사상사연구』.

추명엽, 2005, 「고려시기 해동인식과 해동천하」, 『한국사연구』 129.

하일식, 1997,「신라통일기 왕실직할지와 군현제」『동방학지』97.

하일식, 1999,「고려 초기 지방사회의 주관(州官)과 관반(官班) - 금석문 자료 분석을 통한 시론적 해석 - 」『역사와 현실』34.

하일식, 2000,「당 중심의 세계질서와 신라인의 자기인식」『역사와 현실』37.

하일식, 2000,「삼국시대 관등제의 특성에 대하여」『한국고대사논총』9.

하현강, 1968,「고려 혜종대의 정변」『사학연구』20.

하현강, 1974,「고려왕조의 성립과 호족연합정권」『한국사』4.

하현강, 1975,「고려초기의 지방통치」『고려지방제도의 연구』.

하현강, 1975,「최승로의 정치사상」『이대사원』12.

하현강, 1988,「태조의 대내정책과 정치사상」『한국중세사연구』.

하현강, 1993,「지방통치구조의 정비와 그 구조」『한국사 13』(국사편찬위원회).

한기문, 2007,「고려시대 혜목산 고달사의 위상과 종풍」『고달사지』II.

한우근, 1960,「고대국가 성장과정에 있어서의 대복속민시책 - 기인제 기원설에 대한 검토에 붙여서(상)(하)」『역사학보』12·13.

허흥식, 1978,「고려전기 불교계와 천태종의 형성과정」『한국학보』11.

허흥식, 1981,「고려시대의 가족구조」『고려사회사연구』.

허흥식, 1986,「개경사원의 기능과 소속종파」『고려불교사연구』.

허흥식, 1986,「불교계의 조직과 행정제도」『고려불교사연구』.

허흥식, 1986,「승과제도와 그 기능」『고려불교사연구』.

허흥식, 1986,「천태종의 형성과정과 소속사원」『고려불교사연구』.

허흥식, 1988,「정토사오층석탑조성형지기」『한국의 고문서』.

현명철, 1998,「일본 지방사연구의 현황과 과제」『지방사와 지방문화』1.

홍성필, 2000,「문화재의 불법유통에 관한 국제적 규제」『국제법학회논총』45-1(통권 87).

홍승기, 1989,「고려 후기 사심관 제도의 운용과 향리의 중앙진출」『동아연구』17.

홍연진, 1993,「고려전기 도제의 성립과 그 성격」『부대사학』17.

황보경, 2004,「하남지역 나말여초 유적연구」『선사와 고대』21.

황선영, 1988,「신라 하대 김헌창 난의 성격」『부산사학』35.

황선영, 1994,「신라 하대의 부(府)」『한국중세사연구』창간호.

황수영, 1982,「통일신라시대의 철불」『고고미술』154·155.

■ㄱ

478

본서는 필자의 다음 논문들을 토대로 작성한 것이다.

① 2001, 「나말여초 원주불교계의 동향과 특징」『원주학연구』 2.
② 2003, 「羅末麗初 北原京의 政治勢力 再編과 佛敎界의 動向」『한국고대사연구』 31.
③ 2003, 「나말여초 거돈사 승려 활동에 관한 연구 - 지증 도헌과 원공 지종을 중심으로」『매지논총』 19.
④ 2004, 「법천리 고분군을 통해서 본 삼국시대 원주와 마한, 백제와의 관계」『동방학지』 126.
⑤ 2005, 「禪師 兢讓(878~956)의 생애와 大藏經」『한국사연구』 131.
⑥ 2006, 「김부식과 박호 임존의 의천평가」『역사교육』 99.
⑦ 2006, 「총론 : 법천사와 지광국사 연구의 새로운 진전을 위하여」『北原文化와 法泉寺』(강원의 얼 선양을 위한 제6회 운곡학회 학술대회).
⑧ 2006, 「고려 전기 홍경사 창건과 삼교공존론」『한국사학보』 23.
⑨ 2006, 「고려 초기 원주 지방의 역사와 문화」『한국사상과 문화』 32.
⑩ 2008, 「충주 정토사 현휘와 영월 흥녕사 절중」『한국고대사연구』 49.
⑪ 2008, 「나말여초 북원문화 연구방법과 사례 - 불교문화를 중심으로」『나말여초 원주문화』.
⑫ 2009, 「禪師 忠湛(869~940)의 生涯와 忠湛碑 磨滅字 補完 受容 問題」(이인재편,『원주금석문집』 제2권).
⑬ 2010, 「나말여초 사회변동과 후삼국」『한국중세사연구』 10.
⑭ 2012, 「20세기 말~21세기 초 원주지방의 문화재 환수운동과 복원·재현사업」『복원과 재현-역사와 현재의 만남』(도서출판 선인).
⑮ 2013, 「신라하대 남한강 불교문회의 흥교사」『영월 흥교사의 고고·역사적 가치와 보존 및 활용방안』(중부고고학연구소 제1차 학술대회).
⑯ 2016, 「원주 세 폐사지의 세계유산으로서의 가치」『원주 폐사지 - 세계유산 잠정목록 등재 검토 연구 2차 심포지움』(강원문화재연구소, 세계유산적 관점에서 본 한국의 폐사지).

# 근대 한국학 총서를 내면서

새 천년이 시작된 지도 벌써 몇 해가 지났다. 식민지와 분단국가로 지낸 20세기 한국 역사의 와중에서 근대 민족국가 수립과 민족문화 정립에 애써 온 우리 한국학계는 세계사 속의 근대 한국을 학술적으로 미처 정립하지 못한 채, 세계화와 지방화라는 또 다른 과제를 안게 되었다. 국가보다 개인, 지방, 동아시아가 새로운 한국학의 주요 연구대상이 된 작금의 현실에서 우리가 겪어온 근대성을 다시 한 번 정리하고 21세기에 맞는 새로운 모습으로 탈바꿈시키는 것은 어느 과제보다 앞서 우리 학계가 정리해야 할 숙제이다. 20세기 초 전근대 한국학을 재구성하지 못한 채 맞은 지난 세기 조선학·한국학이 겪은 어려움을 상기해 보면, 새로운 세기를 맞아 한국 역사의 근대성을 정리하는 일의 시급성은 아무리 강조해도 지나치지 않다.

우리 '근대한국학연구소'는 오랜 전통이 있는 연세대학교 조선학·한국학 연구 전통을 원주에서 창조적으로 계승하고자 하는 목표에서 설립되었다. 1928년 위당·동암·용재가 조선 유학과 마르크스주의, 그리고 서학이라는 상이한 학문적 기반에도 불구하고 조선학·한국학 정립을 목표로 힘을 합친 전통은 매우 중요한 경험이었다. 이에 외솔과 한결이 힘을 더함으로써 그 내포가 풍부해졌음은 두말할 나위가 없다. 연세대학교 원주캠퍼스에서 20년의 역사를 지닌 '매지학술연구소'를 모체로 삼아, 여러 학자들이 힘을 합쳐 근대한국학연구소를 탄생시킨 것은 이러한 선배학자들의 노력을 교훈으로 삼은 것이다.

이에 우리 연구소는 한국의 근대성을 밝히는 것을 주 과제로 삼고자 한다. 문학 부문에서는 개항을 전후로 한 근대 계몽기 문학의 특성을 밝히는 데 주력할 것이다. 역사부분에서는 새로운 사회경제사를 재확립하고 지역학 활성화를 위한 원주학 연구에 경진할 것이다. 철학 부문에서는 근대 학문의 체계화를 이끌고 사회과학 분야에서는 학제간 연구를 활성화시키며 근대성 연구에 역량을 축적해 온 국내외 학자들과 학술교류를 추진할 것이다. 이러한 연구들은 일방성보다는 상호 이해와 소통을 중시하는 통합적인 결과물의 산출로 이어질 것이다.

근대한국학총서는 이런 연구 결과물을 집약적으로 정리하기 위해 마련하였다. 여러 한국학 연구 분야 가운데 우리 연구소가 맡아야 할 특성화된 분야의 기초 자료를 수집·출판하고 연구 성과를 기획·발간할 수 있다면, 우리 시대 연구자들뿐만 아니라 학문 후속세대들에게도 편리함과 유용함을 줄 수 있을 것이다. 새롭게 시작한 근대 한국학 총서가 맡은 바 역할을 충분히 할 수 있도록 주변의 관심과 협조를 기대하는 바이다.

연세대학교 원주캠퍼스 근대한국학연구소

이 인 재

연세대학교 사학과 졸업. 동 대학원 문학석사 및 박사
연세대학교 원주캠퍼스 인문예술대학 역사문화학과 교수
한국역사연구회 회장(2011), 인문예술대학장(2013), 인문도시 원주 사업단장(2015)

편저 | 『운곡시사』, 『지방지식인 원천석의 삶과 생각』, 『2011 매장문화재법의 두 가지 현안과 대안』, 『한국토지용어사전』 외 다수.

연세근대한국학총서 108 (H-021)

북원경과 남한강 불교문화

이 인 재 지음

**초판 1쇄 발행**  2016년 11월 30일

**펴낸이**  오일주
**펴낸곳**  도서출판 혜안

**등록번호**  제22-471호
**등록일자**  1993년 7월 30일

**주  소**  ⓟ04052 서울시 마포구 와우산로 35길 3(서교동) 102호
**전  화**  3141-3711~2
**팩  스**  3141-3710
**이메일**  hyeanpub@hanmail.net

ISBN  978-89-8494-566-1  93910

값  34,000 원